云南省哲学社会科学创新团队成果文库

哈尼语窝尼话研究

A Study on Woni Language

杨 艳 / 著

社会科学文献出版社
SOCIAL SCIENCES ACADEMIC PRESS(CHINA)

　　本书出版得到云南省社会科学界联合会、玉溪师范学院资助

《云南省哲学社会科学创新团队成果文库》
编辑说明

《云南省哲学社会科学创新团队成果文库》是云南省哲学社会科学创新团队建设中的一个重要项目。编辑出版《云南省哲学社会科学创新团队成果文库》是落实中央、省委关于加强中国特色新型智库建设意见，充分发挥哲学社会科学优秀成果的示范引领作用，为推进哲学社会科学学科体系、学术观点和科研方法创新，为繁荣发展哲学社会科学服务。

云南省哲学社会科学创新团队 2011 年开始立项建设，在整合研究力量和出人才、出成果方面成效显著，产生了一批有学术分量的基础理论研究和应用研究成果，2016 年云南省社会科学界联合会决定组织编辑出版《云南省哲学社会科学创新团队成果文库》。

《云南省哲学社会科学创新团队成果文库》从 2016 年开始编辑出版，拟用 5 年时间集中推出 100 本云南省哲学社会科学创新团队研究成果。云南省社科联高度重视此项工作，专门成立了评审委员会，遵循科学、公平、公正、公开的原则，对申报的项目进行了资格审查、初评、终评的遴选工作，按照"坚持正确导向，充分体现马克思主义的立场、观点、方法；具有原创性、开拓性、前沿性，对推动经济社会发展和学科建设意义重大；符合学术规范，学风严谨、文风朴实"的标准，遴选出一批创新团队的优秀成果，根据"统一标识、统一封面、统一版式、统一标准"的总体要求，组织出版，以达到整理、总结、展示、交流，推动学术研究，促进云南社会科学学术建设与繁荣发展的目的。

编委会

2017 年 6 月

缩写符号

TOP	topic	话题标记
NOM	nominative	名词化标记
GEN	genitive	属格
DAT	dative	与格
LOC	locative	处所格
INS	instrumental	工具格
AG	agentive	施格
ABL	ablative	从格
ALL	allative	向格
ACC	accusative	受格
BEN	benefactive	受益格
COM	comitative	伴随格
ADV	adverbial	状语助词
SEQP	sequence particle	顺时助词
PRT	particle	语气助词
CONJ	conjunctive	连接助词
DIR	directional	趋向动词
PAUP	pause particle	停顿助词
ANP	analogical particle	比拟助词
COOP	coordinate particle	同时助词

OCP	objective clause particle	长宾语助词
INCHO	inchoative aspect	起始体
DUR	durative aspect	持续体
PFV	perfective aspect	完成体
PROS	prospective aspect	将行体
PROG	progressive aspect	进行体
IMM	immediate	即行体
EXP	experiential	曾行体
INCH	inchoative	起始貌
SUS	sustainable	留存貌
ATT	attemptable	尝试貌
POS	positioned	搁置貌
REC	reciprocal	相互态
INFR	inference	推断（示证）
ASSU	assumption	推测（示证）
HRS	hearsay	传闻
QUOT	quotative	引述

目 录

第一章

绪　论

　　窝尼人自称 xa³¹ ŋi³¹，属于哈尼族的一个支系，"窝尼"是外族人对他们的称呼。使用窝尼话的人群主要分布在玉溪市峨山彝族自治县（简称峨山县），部分分布在玉溪市新平彝族傣族自治县（简称新平县）、通海县、易门县和红塔区。此外，昆明市晋宁县和红河州石屏县也有少数窝尼人居住。

　　历史上窝尼人居住在四面环山的峡谷之中，以原始耕种、采集、打猎为生，由于道路不通，与外界接触较少。新中国成立以后，修建了公路，窝尼人与外界开始频繁接触，许多村寨40岁以下的窝尼人开始转用汉语或其他民族的语言。

　　哈尼语属于汉藏语系藏缅语族彝语支，是使用人口较多，分布范围较广的语言，但其内部还有方言差别。有的方言内部差别不大，而有的方言内部有显著差别，又可分为次方言、土语等。窝尼话有什么特点？属于何种方言？与其他方言的关系如何？本书拟对窝尼话的语音、词汇以及语法进行较全面的共时描写，并与相关哈尼语方言进行比较，以便更深入地认识、了解该语言。

一　窝尼话使用族群的分布

　　峨山县的窝尼人主要居住在化念镇和岔河乡。岔河乡西南接化念镇，化念镇东南与石屏县龙武镇交界，西南与新平县扬武镇、平甸乡接壤。从这一地域分布可以看出，窝尼人居住在一个相邻的三角地带。从村寨分布上来看，峨山县的窝尼人居住在双汇街道的回龙村，岔河乡的青龙寨村、哈龙村、布度冲村、三家人村、新寨村、旧寨村、乌木村、谢家村、棚祖坝村、梁家村等村寨中，化念镇的罗里村、羊毛冲村、老行寨村、马鹿塘村、他达莫村、法图山村等寨子中。新平县的窝尼人居住在与化念镇西南相邻的亚尼社区勒达村和岔河村，少数几户从峨山县老行寨村和马鹿塘村搬迁来的人居住在扬武镇居拉里村。晋宁县的窝尼人居住在夕阳乡等6个自然村中。石屏县的窝尼人居住在与化念镇东南相邻的龙武镇育英村。分布在这些区域中的窝尼人口，一共只有5000多人。表1-1数据为笔者调查所得。

表1-1　2014年窝尼人人口分布情况

单位：人

州　县	乡　镇	村　寨	人　口
玉溪市峨山县	化念镇	羊毛冲村	560
		罗里村	372
		老行寨村	46
		马鹿塘村	109
		法图山村	50
		他达莫村	23
	双汇街道	回龙村	500
	岔河乡	青龙寨村	310
		哈龙村	229
		布度冲村	104
		三家人村	68
		新寨村	97
		旧寨村	102
		乌木村	123
		谢家村	188
		棚祖坝村	15
		梁家村	34
玉溪市新平县	桂山街道亚尼社区	勒达村	129
		岔河村	155
	扬武镇	居拉里村	14
昆明市晋宁县	夕阳乡*	张安村、丫租村、赖家新村、小石板河村、把火山村、鲁企祖村	1470

续表

州 县	乡 镇	村 寨	人 口
红河州石屏县	龙武镇	育英村	708
人口总计			5406

说明：*此地数据引自新平县内部刊物《哈尼文化探讨》（2014 年第 2 期），由新平县哈尼族文化研究学会会长王泽居调查所得。

居住在表 1－1 所示村寨中的窝尼人由于婚嫁、搬迁等原因，相互往来十分频繁。比如新平县岔河村中，就有 12 位从石屏县育英村嫁来的媳妇，她们带来了育英村的风俗和歌舞，带领孩子们频繁地与娘家人来往。勒达村中则有从育英村、老行寨村、他达莫村、马鹿塘村嫁来的窝尼妇女 7 人。新平县扬武镇居拉里村的窝尼人则是从峨山县老行寨村、马鹿塘村搬迁而来。笔者对峨山县、石屏县窝尼人的调查，就是在新平县勒达村、岔河村老乡的带领下进行的。

本书语料的代表音点是云南省新平县桂山街道亚尼社区勒达村。该村位于桂山街道东边，距离桂山街道政府 15 公里，海拔 1200 米，年平均气温 24℃，40 户共 182 人，其中窝尼人 129 人，彝族 36 人，汉族 14 人，傣族 2 人，拉祜族 1 人。该村窝尼人外的其他民族中，除 6 人系女婿外，其余均为嫁入的媳妇。据《新平彝族傣族自治县民族志》记载，这里的窝尼人约于清初由外县相继迁入，但村里已无人能够说清祖先来自何处。

二 窝尼人的历史渊源

据《云南民族史》记载，"和泥"（亦称"和蛮"）这一称谓出现在南诏统一云南各民族地区之后，受南诏设置的通海都督（驻今玉溪通海）和开南节度（驻今景东南部开南）管辖。元朝统治时期，把哈尼族写作"斡泥"或"禾泥"。[1] 明朝统治时期，开始写作"窝泥"，又写作"和泥""倭尼"。[2] 这一时期汉族与"窝泥"接触的机会较元朝时期增多，了解也更加深入，他们发现"窝泥"内部还存在许多不同的名称。清朝时期，随

① 尤中：《云南民族史》，云南大学出版社，1994，第 309 页。
② 尤中：《云南民族史》，云南大学出版社，1994，第 381 页。

着对云南南部地区统治的不断深入，发现"窝泥"内部除明朝发现的"果葱""孔答"外，还有"卡堕"、"黑辅"、"糯比"、"喇乌"、"罗缅"等名称的族群。①《峨山彝族自治县志》记载："唐代，从'昆明'族中分出'和蛮'分支，元代称'斡尼'或'和泥'，清代称'窝泥'，民国亦然，建国后统称'哈尼族'。"②戴维思（H. R. Davies）对窝尼进行过论述："云南南部住着许多民族，说的是傈僳语的方言，汉人管他们都叫做窝尼。这倒是个方便的名称，可以包括那些民族，……如卡都（Ka-tu）巴都（Pa-tu）、比窝（Pi-o）、马黑（Ma-hei）、罗比（Lo-Pi）、阿卡（A-ka）……"③

从以上文献来看，不同历史统治时期所记录的"斡泥""禾泥""和泥""倭尼""窝泥"等，均指现在的哈尼族。哈尼族内部有许多支系，新中国成立后，根据本民族意愿，不同的支系对外统一使用"哈尼"这一族称，但在内部使用自称。因此，袁家骅先生指出，戴维思几乎把所有的迤南（云南）民族都认为是窝尼的分支了，"但是迤南有一个民族，自称和尼（hɔ³¹ni³¹），汉人管他们叫窝尼的，却被戴维思遗漏了"④。

虽然在历史上"窝泥"或"窝尼"曾用作哈尼族的统称，但从清代以来，这一名称只指哈尼族内部的一个族群。如《道光新平县志》中对窝尼人的记载："窝泥，常衣白衣……；耕田纳粮……；住居近水，善捕鱼虾；婚用媒妁，死无棺；吊者击鼓摇铃插鸡尾跳舞。名曰'洗鬼'，忽泣忽饮，三日采松为架，焚而葬其骨；祭用牛羊。"⑤

民国《石屏县志》卷四十中引乾隆《石屏州志》说："石屏土人有僳罗、摆夷、山苏、朴喇、窝尼、苗子、野鸡、僰儿子不一，其类各有所长。如窝尼，能筑三层屋，下畜牧，中床，灶上储栗。"明天启《滇志》卷三十中说："窝尼，男耳环跣足，妇花布衫，以红白棉线辫发数绺，继海贝杂珠，盘旋为螺髻，穿青黄珠，垂胸为络，裳无襞积，红黑纱缕相

① 尤中：《云南民族史》，云南大学出版社，1994，第537页。
② 云南省峨山彝族自治县志编纂委员会编《峨山彝族自治县志》，中华书局，2001，第124页。
③ 袁家骅：《窝尼语音系》，载王福堂、孙宏开编选《袁家骅文选》，北京大学出版社，2010，第61页。
④ 袁家骅：《窝尼语音系》，载王福堂、孙宏开编选《袁家骅文选》，北京大学出版社，2010，第62页。
⑤ （清）李诚纂修，梁耀武点校《道光新平县志》，云南人民出版社，1993，第93页。

同，杂饰其左右，既适人，则以滕束膝下为识。"①

现代的记述则对"窝尼"是哈尼族的一个支系这种关系有更为明确的阐述。如《峨山彝族自治县志》记载："居住在化念水湾哨、罗里、羊毛冲、西松甸、者都、玉河寨、大巴格等地的哈尼族自称窝泥，据当地老人讲是很久以前由石屏县迁入。居住在峨山岔河乡的哈尼族也自称窝泥，大约在300年前由化念迁入。"②

《新平彝族傣族自治县民族志》③记其为"哦尼"，述其分布在平甸乡的亚尼村公所，有200多人，书中还对窝尼人的生活、风土人情及语言进行了简述。

从以上各县志记述来看，"窝泥"或"窝尼"曾是哈尼族的统称，但从清代以来，这一名称只指哈尼族内部的一个族群。

从《道光新平县志》的记载来看，窝尼人在清代时就已在新平县亚尼生息。时光荏苒，今天生活在这一区域的窝尼人已不知他们的祖先来自哪里。该县哈尼族文化研究学会会长王泽居进行田野调查后认为，这两个村子的窝尼人迁自晋宁县夕阳乡。据夕阳乡一位老者讲述，他们的祖先因追逐一只马鹿，穿过深山密林，来到亚尼，见这里田地肥美，河水潺潺，宜于栽种，回去遂向族长禀报。族长率人再次过来考察，见果如猎人所言，回去之后就准备搬迁事宜。宜迁之日，全村人畜举家前往新地。安居之后，几次水牛失踪，人们遁着水牛脚印前往找寻，发现其竟回到原居之地。村民们认为是其祖先不舍旧地，因而一部分人又搬回居住。其后人即为如今生活在夕阳乡的窝尼人。在新平县亚尼定居下来的人，一直生活至今。

故事是否属实，现在已不能考证。新平县亚尼社区的窝尼人只知道他们在这个地方生活了二三百年，其他信息均早已失传。

三　窝尼话的使用情况

公路的开通、现代通信设备的使用，使窝尼人与外部世界的互动变得

---

① 云南省石屏县志编纂委员会编纂《石屏县志》，云南人民出版社，1990，第665页。
② 云南省峨山彝族自治县志编纂委员会编《峨山彝族自治县志》，中华书局，2001，第124页。
③ 新平彝族傣族自治县民族事务委员会编《新平彝族傣族自治县民族志》，云南民族出版社，1992，第168～176页。

更加频繁起来，他们的语言使用情况也随着发生了变化。我们调查的22个窝尼人村寨中，化念镇羊毛冲村村民的母语能力比较强，全部使用窝尼话进行交际。此外，由于他们周边居住着彝族、汉族，许多40岁以上的人不仅会说窝尼话，还会说彝语、汉语。村中龙玉良老人（61岁）向我们介绍说，1952年土改时，从龙武搬来20来户彝族家庭，现在他们已完全融入窝尼人的生活。从外面嫁进来的汉族、彝族妇女，一年左右就会说窝尼话。他本人能流利使用窝尼话、汉话，彝话略差一些。他的岳父、岳母是从龙树搬来的彝族，妻子在羊毛冲村出生，会说窝尼话、彝话和汉话。他们的孩子、孙子（女）都会说窝尼话和汉话。

峨山县岔河乡青龙寨村村民窝尼话的使用能力不如化念镇羊毛冲村村民。这里20岁以上的人都说窝尼话，但20岁以下的就不大会说了，而从外面读书回来的就更不会说了。布度冲村的情况与青龙寨村相似。哈龙村有78户315人，1970年修通公路之后，村子位于公路边上，旁边居住着彝族、汉族。嫁入哈龙村的彝族姑娘较多，由于与其他民族的接触比较频繁，40岁以上的人都已不能通顺地讲窝尼话，30岁以下的人都不会使用自己的母语，转用了汉语和彝语。

除羊毛冲村、青龙寨村、布度冲村窝尼话的活力还比较强外，其他村寨的窝尼人母语使用能力普遍处于衰退之中。例如马鹿塘村、老行寨村中40岁以下、育英村中30岁以下的人都已不会说窝尼话。居拉里村的窝尼人只有从老行寨村搬来的8户，他们与彝族居住在一起，只有70岁以上的人会说窝尼话，50多岁的人也只会说几句，其他人都不再使用自己的母语。

勒达村和岔河村窝尼话的使用能力也处于衰退之中。发音人马大妈出生于1948年。公路修通之前，这里的人不太会说汉话。她的母亲从岔河村嫁来，汉话不熟练，一直与她用窝尼话交谈。1952年修公路时，腊鲁人（彝族支系）住在这里，与当地人用汉话交流。村里的支书也是汉族，开会时使用汉语。从她记事起，就一直在家与母亲使用窝尼话，在外使用汉语。公路修通之后，人们与外界的交流增多，如今许多人转用了汉语。我们的调查结果显示，勒达村45岁以上的人能熟练使用窝尼话；32—44岁的20人中，只有8人能熟练使用窝尼话，其余都已转用了汉语。岔河村的情况也大体相似，34岁以上的人都能熟练使用母语，30—34岁人群中只有

1 人能听懂一般日常用语，其余的人都不再使用了。

四　窝尼话的研究概况

过去，窝尼人居于深山之中，很少受到外界关注，国内外关于窝尼人的文献资料较为匮乏。最早见于文献的窝尼话描述是民国二十二年（1933）石印本《云南省新平县志》①第十六节"方言"中列出了88个日常用词，用当地汉语方言标音，与彝语（谓之猡猓）、傣语（谓之罢夷）、卡多话（谓之卡惰）一起分列出来。该县志指出，新平各种民族散居于各地，风俗不同，语言亦各异。虽然各族方言不相通，但都是单音节和复合两种词语结构，而双音节或三音节字亦无非是由单音节字凑在一起而成。可以看出，在民国时期，人们已开始对彝语、傣语、窝尼话、卡多话予以关注，并进行相关分析研究。

1942年夏天，高华年先生在扬武镇调查了自称 xɔ³³ni³³ 的哈尼族（即窝尼人），发表了《扬武哈尼语初探》一文。②当时该村只有20多户，八九十人，只有年纪大一些的人才会讲自己的语言。高先生记录了1100多个词汇和一些语法例句，分音韵、语法和词汇三部分描述了这一语言，并与汉语借词的音系作了对比。2015年，我们到达该地调查，只有三四户窝尼人家，并都已转用了汉语。

1943年夏天，袁家骅先生调查了居住在峨山县约北纬25度地区的窝尼人，发现"汉人所说的窝尼都自称和尼，跟云南地方志上的记载大体符合"③。袁先生记录了1000多个词汇，14个故事。袁先生1944年在《学原》第1卷第11期发表了《窝尼语音系》；1947年在《边疆人文》第4卷合刊上发表了《峨山窝尼语初探》；2010年由王福堂、孙宏开两位先生把这两篇文章整理编选入《袁家骅文选》。

高华年先生描写了窝尼话的大致面貌。他记录的1100多个词语中，有的在亚尼窝尼话中已经失传，因此对窝尼话的研究具有补充作用。但是，

---

① 《云南省新平县志》，民国二十二年石印本，成文出版社，第119～121页。
② 高华年：《扬武哈尼语初探》，《中山大学学报》（社会科学）1955年第2期，第175～230页。
③ 袁家骅：《窝尼语音系》，载王福堂、孙宏开编选《袁家骅文选》，北京大学出版社，2010，第62页。

该文只是对窝尼话进行了一个介绍性的描写，对窝尼话丰富的语音、语法特点还没有进行深入研究。袁家骅先生对峨山窝尼话的音系描写比较细致，对每一个音位的发音状态作了详细的说明，分析了元音、辅音及其变体出现的条件，对一些音的演变作了解释，但是在语法描写方面，只介绍了峨山窝尼话的词序、类词、人称代词、指示代名词、状词，表示趋向、情态的几个词，并简单介绍了窝尼话的构词方式。高华年、袁家骅两位先生对窝尼话进行过调查和描写，他们的研究揭示了窝尼话的一些语音和语法特征，为笔者的后续跟进研究奠定了坚实的基础。但是，两位先生的调查，距离今天已有约80年，其间社会、经济、文化、生活方式等发生了巨大的改变。语言总是处于演变之中，并与社会的发展息息相关。在两位先生的指引下，本书将对这一语言进行系统、全面、深入、细致的调查、研究和描写。

第二章

语 音

新平窝尼话的语音现象与哈尼语其他方言有相似的地方，也有自己突出的特点。主要体现在以下几个方面：①声母系统中塞音、塞擦音浊音消失，只在擦音中还保留浊音。少数词语中双唇辅音稍微带浊，但并不十分明显。②有边擦音 ɬ，有唇齿音 f、v。③有 n、ŋ 韵尾，但在语流中常为鼻化音。④卷舌音 tʂ、tʂh、ʂ、ʐ 与齿龈音 ts、tsh、s、z 相混使用。⑤韵母系统中没有紧音。本章主要对窝尼话的语音现象作详细描写。

一 声母系统

勒达窝尼话共有 29 个声母，除 l、v、z、ʐ、ɣ 几个浊音外，其他均为清音（见表 2 - 1）。

表 2 - 1 勒达窝尼话声母系统

发音部位 \ 发音方法		双唇	唇齿	齿龈	卷舌	硬腭前	硬腭	软腭
塞音	不送气	p		t				k
	送气	ph		th				kh
塞擦音	不送气			ts	tʂ	tɕ		
	送气			tsh	tʂh	tɕh		
鼻音		m		n		ȵ		ŋ
边擦音	清音			ɬ				
	浊音			l				

续表

发音部位＼发音方法		双唇	唇齿	齿龈	卷舌	硬腭前	硬腭	软腭
擦音	清音（送气）		f	s	ʂ	ɕ		
	浊音		v	z	ʐ			ɣ
近音		w					j	x

新平亚尼社区的窝尼话与高华年调查的扬武哈尼话相比较，亚尼窝尼话声母系统中无喉塞音 ʔ；与袁家骅调查的峨山窝尼话相比较，亚尼窝尼话无喉塞音 ʔ 和浊擦音 lʒ，有 ȵ 和软腭擦浊音 ɣ，其他音位比较一致。

（一）声母说明

1. 少数年纪较大的人在发清塞音 p、t 时带有轻微浊音。例如"脚（踢一脚）"记为 pɔ^{31}，但实际音质倾向于 bɔ^{31}；to^{31} "话"，实际音值倾向于 do^{31}。

2. ȵ 除在汉语借词"腻"中与 a 相拼外，其余只与 i 相拼。数词 ȵi^{31} "二"后跟量词 ɔ^{55} 时，两词合并为一个音节 ȵɔ^{13} "两"。

3. tɕ、tɕh、ɕ 除与 i、ɔ 相拼的音节外，其余都出现在汉语借词中。与 i 相拼时，带有后滑音 e，因此实际音值为 ie，本文只记为 tɕi、tɕhi、ɕi。

4. v 可自成音节，本文记为 vu。

5. tʂ、tʂh、ʂ、ʐ 在窝尼话语词中常与 ts、tsh、s、z 自由替换，使用极不稳定，因此本书在附录参照词汇中没有设 ʐ 栏词汇。例如：

帽子	wo^{31}tsho^{31}⟷wo^{31}tʂho^{31}	灶	tʂu^{55}⟷tsu^{55}
梯子	ta^{55}tʂu^{55}⟷ta^{55}tsu^{55}	人	tʂho^{55}⟷tsho^{55}
牙齿	sɿ^{31}tsɿ^{55}⟷ʂʅ^{31}tʂʅ^{55}	花朵	ʐu^{55}vi^{55}⟷zu^{55}vei^{55}

6. ŋ 作声母时，主要与 o、ɔ 相拼，少数与 ɛ、ɯ 相拼。作韵尾时，只与 a 和 o 相拼。n、ŋ 作韵尾时，在单字中比较清楚，但在语流中常常消失或变成鼻化。例如：

"藏族"单独读作 tsaŋ^{13}tshu^{31}，在语流中读作 tsã^{13}tshu^{31} 或 tsa^{13}tshu^{31}。

7. 近音 j 只与 i、a 相拼，摩擦不强烈，与 i 拼接近 ie，与 a 拼接近 ia。例如 xa^{31}ji^{55} "豺狗"，ja^{33}xɣ^{33} "别人"。

8. 近音 w 只与 a、o 相拼。例如：wo^{31} "天"；wa^{13} "下（方）"。

9. ʐ 只与 ui、u、ʅ、ɯ、oŋ 相拼。例如：ʐui^{13} "生命"，ʐu^{31} pha^{31} "岳父"，xa^{31} zʅ^{31} "豹子"。ʐ 与 z 相混。例如：勒达的 "香油" 读作 zoŋ^{13}，羊毛冲读作 ʐoŋ^{13}。在勒达本地，也存在这样的情况。例如："走"，男性发音人读作 ʐɯ^{31}，女性发音人读作 zɯ^{31}。

10. 零声母只见于 ɛn^{53} "水牛"、aŋ^{13} "蚜虫" 等少数几个词中。"水牛" 一词带有先喉塞 ʔ，严格来说可记为 ʔɛn^{53}。但 ʔ 在其他词语中并不明显，而且 ʔɛn^{53} 借自彝语，因此没有把其列入音位系统。

11. 软腭擦浊音 ɣ 出现在一部分人的读音中，另一部分人的读音中无这一音位。

12. x 的实际音值是 h，由于音位归并的需要，本书记为 x。

（二）声母例词

p	po^{55}	脓	pu^{33}	饱	pɔ^{31}	薄
ph	phu^{55}	银子	phi^{55}	辣	phɔ^{55}	轻
m	mo^{31}	马	mɯ^{31}	山药	mɔ^{31}	多
w	wo^{31}	天	wo^{55}	做	wa^{33}	他的
f	faŋ^{31}	雪	fu^{33} sha^{31}	老鼠	fɔ^{55} ti^{55}	刀
v	va^{31}	猪	vɔ^{33} tsu^{55}	渔网	vi^{55}	背（动词）
ts	tsɯ^{31}	双	tsɔ^{31}	吃	tsu^{31}	腰
tsh	tsho^{55}	拉	tshi^{31}	系	tsho^{53}	沸
s	sɯ^{55}	浅	si^{31}	磨	sɔ^{31}	苦难
z	zʅ^{31}	割	zɔ^{33}	得到	zʅ^{55}	唱
t	to^{55}	喝	tɔ^{31}	传染	ti^{31}	推
th	thu^{55}	直	tha^{13}	上	tho^{33}	段
n	na^{31}	深	no^{55}	短	no^{33}	夹（菜）
ɬ	ɬi^{55}	扔	ɬu^{55}	动	ɬu^{31}	晒
l	lɤ^{31}	钻	lu^{55}	倒	lɔ^{55}	来
tʂ	wo^{31} tʂʅ^{31}	雷	tʂʅ^{31} mɔ^{55}	官	tʂu^{55}	读
tʂh	tʂhuaŋ^{31}	船	tʂho^{55}	扎破	tʂhei^{31} tshi^{55}	仇
ʂ	ʂʅ^{31}	远	ʂʅ^{33}	拉	ʂɔ^{31}	照

ʐ	ʐui¹³	生命	ʐu³¹phɔ³¹	岳父	zɔ³¹zu⁵⁵	儿子
tɕ	tɕi⁵⁵	盛（饭）	tɕi⁵³	些	tɕi³¹	家畜
tɕh	tɕhi⁵⁵	撕	tɕhi³³	驮	tɕhɔ³³	洗
ȵ	ȵi⁵⁵	小	ȵi⁵⁵pho⁵⁵	霜	ȵi³³mɔ³³	巫婆
ɕ	ɕi³¹	撒	ɕi⁵⁵	虱	ɕa³³	擦
j	ji⁵⁵	跳（舞）	ji⁵⁵	去	ji³¹	醉
k	ko⁵⁵	清（水）	kɯ³³	干	kɛ³¹	靠近
kh	kho³¹	咬	khu⁵⁵	喊	kha⁵⁵	稀疏
ŋ	ŋa³³za³¹	鸟	ŋɔ³¹sɔ³¹	鱼	ŋɯ⁵⁵	是
x	xɣ³¹	大	xai³¹	断	xɛ³¹	（一）口
ɣ	ɣɯ³¹	背（孩子）	ɣai³¹	矮		

二　韵母系统

窝尼话的韵母系统包括 11 个单元音韵母，5 个前元音，6 个后元音，即 i、ɿ、ʅ、e、ɛ、a、ɔ、o、u、ɣ、ɯ。u 和 o 存在相混的情况，有的人读作 u，有的人读作 o，但少数几个词语中 u 和 o 具有对立区别的作用，因此仍保留这两个音位。有 15 个双元音：iu、iɛ、ei、ai、au、ui、uɛ、ua、uɔ、in、ɛn、un、ɛŋ、aŋ、oŋ。5 个三元音：uai、iɛn、iaŋ、uaŋ、iau。

（一）韵母说明

1. ɿ、ʅ 只与齿龈音 ts、tsh、s、z 和卷舌音 tʂ、tʂh、ʂ、ʐ 相拼。在汉语借词中，ɿ、ʅ 是 i 的变体，常为年纪较大的女性使用，如 foŋ³¹zʅ⁵⁵tsɿ⁵⁵ "缝纫机"，koŋ³³tsɿ⁵⁵ "工具"，其他多数人则用 i。但在本族语中，仍然用 ɿ 与 ts、tsh、s、z 相拼，在一些词中不能用 i 而只能用 ɿ，例如：paŋ³¹tsɿ³³ "胸膛"，sɿ⁵⁵la³¹nu⁵⁵ "青年男子"，tshɿ³¹to⁵⁵nɔ³³ "本家"。但在一些词中 ɿ 是 i 的变体。例如 "一（个）" 一词，有人读为 tshɿ³¹，有人读为 tshi³¹；"喜欢" 有人读 si³¹xuaŋ³³，有人读 sɿ³¹xuaŋ³³；"打针" 有人读 tʂɛn³³tsi³¹，有人读 tʂɛn³³tsɿ³¹。由于在一些词语中 ɿ、ʅ、i 不可替换，在本音系中把它们作为三个音位处理，不作归并。此外，i 与 tɕ、tɕh、ɕ 相拼并不带韵尾时，读作 ie，本音位系统中只记为 i。

2. 窝尼话韵母系统中 [u] 和 [o] 音位正在进行链移演化的过程，即 [u] > [ɣ]，然后拉动 [o] 上移，补充到 [u] 的位置上。但是，[o] > [u] 的移动还在进行之中。一些词语，女性发音人倾向于读 [o]，男性发音人则更倾向于读 [u]，例如：

衣领：lo⁵⁵tɕhi³¹→ lu⁵⁵tɕhi³¹　　　　　锁：ku³³tso³³→ ku³³tsu³³

（打桩后的）洞：zo³¹kho³³→ zu³¹kho³³　　纸：so³¹kɔ³¹lɔ³¹→ su³¹kɔ³¹lɔ³¹

1943 年，袁家骅先生调查峨山窝尼话时，认为 o 严格应写作 ʊ。[①] 考察窝尼话中 [o] > [u] 的变化，我们可以发现窝尼话中的元音链移演变过程，即 [ɣ] > [ʊ] > [u] > [o]。

但是，[o]、[u] 在一些词语中仍存在最小对立，因此在本音系中仍然保留这两个音位，不作归并。例如：

tsho⁵⁵	人	tshu⁵⁵	肥
po⁵⁵	脓；飞	pu⁵⁵	抖（动）
tso³¹	凿子	tsu³¹	腰
to³³	穿	tu³³	回想；出
no³³	夹（菜）	nu³³	天（日子）
nu³¹	黄牛	no³¹	少
kho⁵⁵	线	khu⁵⁵	喊
mo³¹	马	mu³¹	猴
ko³¹	针	ku³¹	缝补
kho³¹	歌	khu³¹	六

3. 自成音节 [ɣ̩] 记作 [vu]，例如：vu³¹tu³¹ "头"，vu³¹fu³³ "斗笠"。

4. ɔ 是半开圆唇后元音，在窝尼话中比较普遍。

5. ɛ 是半开的扁唇前元音，在新平窝尼话中是卷舌音，实际音值是 ɚ。袁家骅先生在《窝尼语音系》（1944）一文中提到他调查的脚落村人读作 ɛ，阿宝珠村人读作 ɚ。

6. ɛ 和 ai 相混。ai 是从汉语中借入的音位，在一些词语中有人读作 ɛ，

① 袁家骅：《窝尼语音系》，载王福堂、孙宏开编选《袁家骅文选》，北京大学出版社，2010，第 70 页。

有人读作 ai。例如："豆子"，有人读 nɛ⁵⁵pɛ⁵⁵，有人读 nai⁵⁵pai⁵⁵。

7. a 的实际音值为 ɑ。a 和 ɔ 相混。有人把 ɔ 都读作 a。例如：否定副词，有人读为 mɔ³¹，有人读为 ma³¹。此外，通用量词 ɔ 一般情况下与数词一起出现。如果只读量词，不读数词，ɔ 的实际音值为 a。

8. 复合元音主要出现在汉语借词中，在窝尼话中出现的比较少。例如：iu 只见于 piu⁵³ "蛋"。"蛋"在窝尼话中读作 piu⁵³，在绿春大寨哈尼话中读作 a⁵⁵u⁵⁵，在各朗和雅尼话中读作 u³³，在水癸豪尼话中读作 a⁵⁵ɣ³³，在莱园碧约话中读作 ɣ³³。从不同方言中的同源词可以看出，窝尼话中 piu⁵³ "蛋"一词应是两个词语的合音，可能是 pi⁵⁵u³³，但 pi⁵⁵ 的来源尚不清楚。

au 只见于一个词中：lau³¹pi⁵⁵ "秋千"。

iɛ 只见于两个词中：ma⁵⁵liɛ¹³ "样"，pu⁵⁵tiɛ³¹ "快"。

ui 只见于一个词中：ʐui¹³ "生命"。

ei 只见于少数几个词中。例如：sei¹³ "肉"，mu³¹thei³¹ "头帕"，xei⁵⁵thi³¹ "喷嚏"，xei⁵³xi⁵⁵ "哈欠"等几个词中。"肉"较为古老的说法是 sa³¹。

uɔ 应是两个音节的合音。如 a⁵⁵xuɔ³¹lɔ⁵⁵ "前边"，a⁵⁵nuɔ³³lɔ⁵⁵ "后边"，高华年先生（1955）分别记为 ɔ⁵⁵xu³¹lɔ⁵⁵ 和 ɔ⁵⁵nu³¹lɔ⁵⁵。两个音节合并后，省略 l，成为 uɔ。

9. 三合元音只出现在汉语借词中。

10. 窝尼话中除跟 tɕ、tɕh、ȵ、ɕ 相拼有腭化现象外，其他只在 cɔ³¹miɔ⁵³ "妻子"，piu⁵³ "蛋"两个词中发腭化音。除此之外，带有腭化音的词语都出现在汉语借词中，本书将之处理为前滑音 i。

11. ɛŋ，在窝尼语中，有人读作 ɛn。ɛn 主要出现在汉语借词中，"水牛"一词有人读作 ɚn，有人读作 ɛn。

（二）韵母例词

1. 单元音韵母

单元音韵母 11 个：i、ɿ、ʅ、e、ɛ、a、ɔ 、o、u、ɣ、ɯ。例如：

i	ji⁵⁵	拿	ȵi⁵⁵	捉	thi⁵⁵	春
ɿ	sɿ⁵⁵	金子	tshɿ⁵⁵a³¹	麂子	tsɿ³³	袋
ʅ	ʂʅ³³	拉	wo³¹tʂʅ³¹	雷	ʂʅ³¹	远
e	xe³³	哄	ȵe³¹	近	zu³³ve³³	花

ε	tsε³¹xε³¹ 雾	nε⁵⁵mε⁵⁵ 鼻子	kε³¹lu⁵⁵ 垭口
a	xa³³ 鸡	pha⁵⁵ 搔	pa³¹ 挑
ɔ	nɔ⁵⁵ 刺痛	mɔ³¹ 多	pɔ³¹ 薄，说
o	to³¹ 钝	wo³³ 户	to⁵⁵ 喝
u	vu³¹tu³¹ 头	ku³¹tsu³¹ 山	tsu³¹ 腰
ɤ	mɤ⁵⁵ 叫	mɤ³¹ 好	khɤ³¹çi⁵⁵ 跳蚤
ɯ	ɯ⁵⁵tu³¹ 水井	ɯ⁵⁵ma³¹ 波浪	mɯ⁵⁵sɯ³¹ 沙子

2. 双元音韵母

双元音韵母 15 个：iu、iɛ、ei、ai、au、ui、uɛ、ua、uɔ、in①、ɛn、un、ɛŋ、aŋ、oŋ。其中，有的出现在窝尼话词汇中，有的只出现在汉语借词中。例如：

iu	piu⁵³ 蛋	kei³³liu³³pa³³ 钩子
iɛ	pu⁵⁵tiɛ³¹ 差不多	liɛ¹³xo⁵⁵ 像
ei	sei¹³ 肉	mu³¹thei³¹ 头帕
ai	phai³¹ 呕吐	tsai³³ 把
au	tshau³¹xo³¹ 碓窝	lau³¹pi⁵⁵ 秋千
ui	ʐui¹³ 生命	lui³¹ 铝
uɛ	tshuɛ⁵³ 串	mɤ³¹thuɛ³¹ 面片儿
ua	kua⁵⁵ta³³ 挂着	si³³kua³³ 西瓜
uɔ	nuɔ³³tɔ³³ 后面	xuɔ³¹ 碗
in	xin⁵³ 蚂蟥	pin³¹ 白蚂蚁
ɛn	jaŋ³¹jɛn³³ 鸦片	sɛn³¹ 省（行政区划）
un	xun³³mɛ⁵⁵ 随便	tʂun⁵³tɕho³¹ 准确
ɛŋ	xo³¹pɔ³³pɛŋ¹³ 蜂蜜	pɛŋ¹³tu³³ 菜刀
aŋ	aŋ¹³ 蚜虫	faŋ³¹ 雪
oŋ	koŋ³¹ 矿	zoŋ¹³ 香油

---

① 窝尼人发 [n] 是舌尖与齿龈没有明显接触，但比鼻化音清晰，因此本书作为韵尾处理。一些音则完全舍去韵尾 [n]，如 phu³¹ji⁵⁵tʂhun³³ "普应春"，当地汉语读为 phu³¹jin⁵⁵tʂhun³³，窝尼人省去 [n]。pa⁵⁵ "搬"，当地汉语读为 paŋ³³，窝尼人读为 pa³³。

3. 三元音韵母

三元音韵母 5 个：uai、iɛn、iaŋ、uaŋ、iau，只出现在汉语借词中。例如：

uai	khuai³¹	元（一元）	sʅ⁵⁵tsʅ³¹suai³¹	舞狮
iɛn	kho³¹liɛn³¹	可怜	mo⁵⁵miɛn⁵⁵tsi³³	磨面机
iaŋ	liaŋ³¹	梁	saŋ³³liaŋ³¹ko³¹	山楂
uaŋ	xuaŋ³³tʂaŋ³³	慌张	khuaŋ³³	宽
iau	miau⁵⁵	庙	phiau⁵⁵	浮

三　声调

勒达窝尼话有 5 个声调，其中高平调 55、中平调 33 和低降调 31 比较稳定，音节数量比较多。高降调 53 比较少，主要出现在语气助词上。低升调 13 稳定使用的词语较少，主要出现在语流中发生变调的词语上。

声调例词：

高平调	ɔ⁵⁵xo⁵⁵	雨	ȵi⁵⁵phu⁵⁵	霜
55	xɔ⁵⁵kho⁵⁵	菜地	to⁵⁵na⁵⁵	森林
中平调	kɔ⁵⁵ta³³	上坡	lo⁵⁵mɔ³³	河
33	ma³³pi⁵⁵	眼泪	i⁵⁵zɔ³³	奶奶
低降调	wo³¹tʂʅ³¹	雷	tsho³¹phi³¹	露水
31	sa³¹xɛ³¹	蒸汽	a³¹phɔ³¹	父母
高降调	min⁵³phɔ³¹	疟疾	xɔ³³miɔ⁵³	妻子
53	tɕi⁵³	些	piu⁵³	蛋
低升调	ʐui¹³	生命	sei¹³	肉
13	aŋ¹³	蚜虫	zoŋ¹³	香油

四　语流音变

在语流中，因为发音器官的制约和说话时经济原则的支配，音位与音位接续时会发生一定的变化，产生连读变调、同化、异化、弱化、脱落、合并等音变现象。窝尼话中常见的音变现象有连读变调、音节合并、逆同化、辅音脱落等几种。

（一）连读变调

在语音层面，连读变调指"两个或两个以上音节连在一起时，音节的高低升降往往发生变化"[1]，或"连读变调简称变调，指音节连读时发生的声调变化"[2]。

窝尼话在语流中，音节相连时互相发生影响，基本调值发生了变化。主要有以下几种类型。

1. 31 调变 13 调

31 调变 13 调，常见的有以下几种类型。

1）前后音节均为平调 55 或 33 调时，中间 31 调常变为个低升调 13，例如：

（1）ji^{55} tɕo^{55} tsɿ$^{31/13}$ khɔ^{33} tɛ^{33} ji^{55} xo^{55} tɔ^{33} ku^{31} lɔ^{53}.

他　就　骑　　下　SEQP　家　LOC　回　PRT

他就骑着回家了。

（2）ta^{31}xo^{33} la$^{31/13}$ kɯ^{33} tɕi^{53}….

客人　接　NOM　些

迎接客人的这些人……

（3）ji^{55} kɛ^{31} tɕhi^{55} kɛ$^{31/13}$ lo^{55} mɔ^{33} lu^{55} ti^{13}.

他　九　十　九　　河　　抢　PRT

他抢了九十九条河。

2）前后音节均为 31 调时，中间的 31 调变为 13 调。例如：

（4）wo^{55} zɔ^{31} mi$^{31/13}$ li^{31} kɔ^{31}….

她的　女儿　　四　个

她的四个女儿……

（5）zɔ^{31} nu$^{31/13}$ ȵi^{31} kho^{55} tshɿ^{31} xui^{55} kau^{33} ti^{55}.

那　牛　两　条　一　样　高　PRT

那两条牛一样高。

---

[1] 《中国大百科全书》语言文字，中国大百科全书出版社，2002，第 184 页。

[2] 《中国语言学大辞典》，江西教育出版社，1991，第 242 页。

3）前面音节为 31 调，后面音节为平调时，平调前一个 31 调变为 13 调。例如：

（6） khɯ^{31}tu^{31} sɔ$^{31/13}$ kɯ^{33}　　sɔ^{55}, xɔ^{31}phɔ^{31} ɳi^{13} kɯ^{33}　　ɳi^{31}.
　　 甜菜　　找　　NOM　找　石蚌　　捉　NOM　捉
　　 有的找甜菜，有的捉石蚌。

（7） a^{55}tshi^{31} ka$^{31/13}$　khɔ^{33}　tɛ^{33}　　vu^{33}　ji^{55}.
　　 羊　　赶　　下　　SEQP　放　DIR
　　 赶着羊去放。

（8） tshŋ^{31} nu^{33}, mo^{31}ka^{31}phɔ^{31} sɔ^{31} kɔ^{31} mo^{31} ka$^{31/13}$　khɔ^{33}　tɛ^{33}　　mɔ^{31}tiɛn^{55}
　　 一　日　赶马人　三　个　马　赶　　下　　SEQP 马店
　　 tɔ^{33}　khɯ^{55}　ja^{55}.
　　 LOC　到　　PRT
　　 一日，三个赶马人赶着马到马店去。

4）前面音节是平调，后面音节是 31 调，中间的 31 调变为 13 调。例如：

（9） tsho^{55} za$^{31/13}$ fu^{31} lɔ^{53}.
　　 人　下　　回　DIR
　　 人下回来。

（10） ji^{55} kɛ^{31} tɕhi^{55} kɛ$^{31/13}$ ku^{31}tsu^{31} lu^{55} ti^{13}.
　　　 他　九　十　九　山　　抢　PRT
　　　 他抢了九十九座山。

（11） a^{55} pai^{55}ku$^{31/13}$ tshŋ^{31} tɔ^{55}, zo^{31}li^{55} ŋɯ^{55} ti^{55},　　mɔ^{31} tha^{33}.
　　　 这 柴刀　　一　把　旧　是　PRT　　不　快
　　　 这把砍柴刀旧了，不快。

5）位于句首的 31 调常变为 13 调。例如：

（12） zɔ$^{31/13}$ tshŋ^{31} nu^{33} i^{55}tso^{55}tso^{55}　tɛ^{33}　i^{55}tɕhɛn^{33} tɔ^{33} kɯ^{55} kɯ^{33}tsho^{55} lɔ^{55}.
　　　 那　一　天　总共　　ADV 一千　多　个　的　人　来
　　　 那天，一共来了一千多个人。

（13） zɔ$^{31/13}$ kɔ^{31} tɕo^{55} xɔ^{31} nu^{55} kɔ^{31} tɔ^{33}　 thu^{55} a^{53}⋯.
　　　 那　个　就　男人　个　ALL　说　PRT
　　　 那个就向男人说，……

6）位于句末的 31 调也常常变为 13 调。例如：

（14）a^{31}ɕi^{55} kɯ^{33} xɔ^{55}ɬo^{31} tɔ^{33}　tsa^{33}kɯ^{31} xi^{31} lu^{33} mo^{55} tɛ^{33}　tu^{33} lɔ^{55} tshi$^{31/13}$.

　　　谁　GEN 田　LOC 草　　八 度　长 ADV 出 DIR 会

　　　谁田里的草会长出八庹长来。

（15）ɔ^{31}xɔ^{55} kɯ^{33}　zo^{33}tsho^{31}　tshɿ^{31} kɔ^{31} tsha$^{31/13}$ kɯ^{33}　kɔ^{55} tʂo$^{31/13}$.

　　　另外　的　伙伴　　一　个　骂　NOM 听 着

　　　其他伙伴听到（他们）骂。

2. 31 调变 55 调

31 调变为 55 调，常见的有以下三种类型。

1）连续几个 31 调在一起时，倒数第二个 31 调音节变为 55 调。例如：

（16）na^{33}xɤ^{55} ȵi^{31} so^{31} kɔ^{31}　tu$^{31/55}$ xɔ^{31}.

　　　你们　两 三 个　想　ATT

　　　你们二三个想一下。

（17）na^{33}xɤ^{55} thu^{55}　a^{53}　ŋɔ^{55}zɔ^{31} nu^{55}nu^{55} kɯ^{33}　xo^{31} xɛ$^{31/55}$ tsɔ^{31}.

　　　你们　说　PRT 我 娃娃　GEN 饭 偷 吃

　　　你们说我偷娃娃的饭吃。

（18）ji^{55}xo^{55} tɔ^{33}　ku^{31} ji^{55}　xo^{31} tsha$^{31/55}$ tsɔ^{31} ka^{31}.

　　　家　LOC 回 去 饭 煮　吃 得

　　　回家煮饭吃得了。

2）位于句首时，31 调音节变为 55 调。例如：

（19）zɔ$^{31/55}$ mo^{31}ȵi^{13} tɕi^{53} ji^{55} lɔ^{31} ɕi^{53}nɛ^{31} xɯ^{31}　pu^{31}thu^{55} ka^{31} ti^{55}.

　　　那　东西　些 拿来 才 挖 开　得 PRT

　　　把那些东西拿来，才挖得开。

（20）zɔ$^{31/55}$ tsha^{31}lɤ^{31} mɔ^{55} phu^{33} mɔ^{55} tɔ^{33} zɯ^{31} phu^{33} ji^{31} zɯ^{31} phu^{33}lɔ^{31}

　　　那　狼　　那 村子那 LOC 走 过 去 走 过 来

　　　nɛ^{33} zɯ^{31} ti^{55}.

　　　ADV 走 PRT

　　　那只狼崽村子里走过去走过来。

3）前一个音节是 55 调，后一个音节是 31 调，中间的 31 调变为 55 调，例如：

（21）a^{55} mo^{31} mo^{55} $x\varepsilon^{31/55}$ $t\underset{}{s}o^{31}$ a^{53}.

　　这　马　那　偷　　着　PRT

　　偷到那匹马了。

（22）ja^{55} $x\gamma^{55}$ $xu\underset{}{w}^{31/55}$ pu^{31} thu^{55} mo^{31} ka^{31}.

　　他们　挖　开　　不　能

　　他们不能挖开。

（23）ku^{31} li^{55} $so^{31/55}$ to^{31} khu^{55}.

　　连续　三　回　喊

　　连续喊了三回。

3. 55 调变 13 调

55 调在语流中常变为 13 调，主要在以下三种条件下发生：

1）前后音节均为 31 调，中间的 55 调音节变为 13 调。例如：

（24）zo^{31} mo^{31} mo^{55} ko^{31} $t\varphi i^{55/13}$ $t\underset{}{s}u^{31}$ zi^{55} mo^{31} 　tsa^{33} $t\varphi a^{53}$.

　　老妈妈　那个　就　　主意　不　有　PRT

　　老婆婆就没有主意了。

（25）wo^{55} 　zo^{31} mi^{31} li^{31} ko^{31} $t\varphi o^{55/13}$ si^{31} $xuan^{31}$ a^{53}.

　　她的　姑娘　四　个　就　　喜欢　PRT

　　她的四个女儿就喜欢了。

2）在 55/55 + 33（31）的音节结构中，第二个 55 调音节变为 13 调。

例如：

（26）$phu^{31}phi^{55}$ 　lo^{55} 　$pu^{31}tshu^{55}$ mo^{55} $pu^{55/13}kho^{33}$ $t\varepsilon^{33}$ 　$lo^{55}ku^{33}to^{33}$ $\ddagger i^{55}$

　　普皮　　ACC　罐　　那　抱　下　SEQP　箐沟　LOC　扔

　　$tho^{53/55}$ 　ji^{55}.

　　ASP　　DIR

　　让普皮把那个罐子抱到箐沟扔掉。

（27）wo^{55} xo^{31} nu^{55} $t\varphi o^{55/13}$ 　mo^{31} wo^{55} mo^{31} 　$a^{55}n\varepsilon^{33}$ tu^{33} ji^{55}.

　　她　男人　就　　活计　做　要　CONJ　出　去

　　她男人因为要做活计，就出去。

（28）$u\underset{}{w}^{55}\ddagger o^{55}$ mo^{55} $nu^{55/13}$ $tu\underset{}{w}^{31}$ $tshi^{31}$ ti^{55}.

　　蛇　那　你　等　会　PRT

　　那条蛇会等你的。

3）位于句首时，55 调的音节常变为 13 调。例如：

（29）wa⁵⁵ᐟ¹³ mo³¹ tu³³ ji⁵⁵ tɛ³³ tsɔ³¹ᐟ¹³ kɯ³³ sɔ⁵⁵ ji⁵⁵.
　　　她　母亲　出 DIR SEQP 吃 NOM 找 去
　　　她母亲出去找吃的。

（30）ŋɔ⁵⁵ᐟ¹³ mo³¹ su³¹ku³¹lɔ⁵⁵ma³³tɕhi³¹ lɔ⁵⁵ nɛ³³, ɯ⁵⁵ɬɔ⁵⁵thɔ¹³ mo⁵⁵ ti³¹ti⁵⁵.
　　　我　母亲 枇杷果　　　　 摘 来 CONJ 蛇　一条见　PRT
　　　我母亲因为去摘枇杷果，见到一条蛇。

4. 55 调变 31 调

前一个音节是 31 调，后一个音节是 55 调时，中间的 55 调音节变为 31 调。例如：

（31）nu⁵⁵ ŋɔ³³ lo⁵⁵ tshi³¹ pu⁵⁵ᐟ³¹ lɔ⁵⁵.
　　　你　我 ACC 一下 抱 来
　　　你来抱我一下。

（32）zɔ¹³ kɯ³³ xo³¹ sɔ⁵⁵ᐟ³¹ ji⁵⁵ mo³¹ ti⁵⁵.
　　　儿子 GEN 饭 送　去 要 PRT
　　　要把儿子的饭送去。

5. 33 调变 13 调

33 调变为 13 调，主要有两种类型。

1）前后音节都是平调，中间的 33 调变为 13 调。例如：

（33）tsho⁵⁵ su⁵⁵tu³³ khɯ³³ᐟ¹³ khɔ³³tɛ³³ vu³¹tu³¹ thu³³ ji⁵⁵.
　　　人　香 点　　　 下 SEQP 头　　磕 DIR
　　　人点着香磕头。

（34）phu³¹phi⁵⁵ ka³³ᐟ¹³ nɛ³³ tshŋ³¹xa³¹tɛ³³ ka³¹tsi³³ mɔ⁵⁵ tsi¹³.
　　　普皮　 冷　 CONJ 一 夜 ADV　磨　那 推
　　　普皮因为冷，一夜都推磨。

2）前一音节是平调，后一音节是 31 调，或者前一音是 31 调，后一音节是平调时，中间的 33 调变为 13 调。例如：

（35）ji⁵⁵ tɕo⁵⁵ ka³³ᐟ¹³ mɔ³¹ʂ̩³¹ tɕa⁵³.
　　　他 就　冷　 不 知道 PRT
　　　他就不知道冷了。

（36）i^{55}phi^{31}　ka$^{33/13}$　nɛ^{33}　　po^{55}ti^{31}　ti^{31}　thu^{55}　lɔ^{31}　tɕa^{53}.

　　老爷　冷　CONJ　寒噤　打　起　来 PRT

　　老爷因为冷，打起寒噤来了。

综上所述，窝尼话的连读变调主要发生在 31、55 和 33 三个基本调上，13 调出现在基本调发生变化的音节上。其变化类型和变化条件可总结如下：

表 2-2　勒达窝尼话连读变调类型及条件

变调类型	变调条件
31/13	前后音节均为平调 55 或 33 调
	前后音节均为 31 调
	前面音节为 31 调，后面音节为平调
	前面音节为平调，后面音节为 31 调
	位于句首
	位于句末
31/55	连续几个 31 调在一起时，倒数第二个 31 调音节变为 55 调
	位于句首时，31 调音节变为 55 调
	前一个音节是 55 调，后一个音节是 31 调
55/13	前后音节均为 31 调，中间的 55 调音节变为 13 调
	在 55/55+33（31）的音节结构中，第二个 55 调音节变为 13 调
	位于句首时，55 调的音节常变为 13 调
55/31	前一个音节是 31 调，后一个音节是 55 调时，中间的 55 调音节变为 31 调
33/13	前后音节都是平调，中间的 33 调变为 13 调
	前一音节是平调，后一音节是 31 调，或者前一音节是 31 调，后一音节是平调时，中间的 33 调变为 13 调

（二）音节合并

窝尼话中两个单音节词连在一起使用时，前一个音节常与后一个音节合并成为一个音节。能发生音节合并的条件主要有三个：其一，前一个音节中韵母为 i，后一个音节是零声母，韵母常为 a 或 ɔ；其二，前一个音节中韵母为 u 或 o，后一音节是零声母；其三，前一个音节的韵母与后一个零声母韵母相同。

1. 前一个音节中韵母为 i，后一个音节是零声母，韵母常为 a 或 ɔ。

前后音节合并后，前面音节中的 i 变为前滑音。例如：

（37）ŋɔ⁵⁵ sɔ⁵⁵　li³³pu³³ ȵiɔ¹³ tsɔ³¹ thɔ⁵³.

　　　我　麦子馒头　　两个　吃　PFV

　　　我吃了两个馒头了。

（38）ji⁵⁵ a⁵⁵nuɔ³³ tshɿ³¹ tsaŋ⁵⁵ ja⁵³.

　　　他　后来　一　趟　去

　　　他后来也去了一趟。

例（37）中 ȵiɔ¹³ 由 ȵi³¹ɔ⁵⁵ 两个音节组成。例（38）中 ja⁵³ 由 ji⁵⁵ 和 a⁵³ 构成，既表去向，也表语气。

2. 前一个音节中韵母为 u 或 o，后一音节是零声母。音节合并后 o 变为 u，成为前滑音。例如：

（39）nu³³ju⁵⁵ kɯ³³　va³¹　a³¹mɔ¹³　tsuɛ⁵⁵？

　　　你家　GEN　猪　几头　有

　　　你家有多少头猪？

（40）mi⁵⁵nu³³ xa³³ suɔ¹³　çi³¹thɔ⁵³.

　　　昨天　鸡　三只　杀 PFV

　　　昨天杀了三只鸡。

（41）"vu³¹ tshi⁵⁵ ji⁵⁵　pu⁵⁵tiɛ³¹　a⁵³"，　tshu⁵⁵sɔ³¹mi³¹ku⁵⁵mi³¹na⁵⁵thua⁵³.

　　　天黑　DIR IMM　PRT　熊　　　　说

　　　熊说："天快黑了。"

例（39）中的 tsuɛ⁵⁵ 由 tsɔ⁵⁵ "有" 和语气词 ɛ⁵⁵ 两个音节组成，合并后 o 变为 u。例（40）中 suɔ¹³ 由 so³¹ "三" 和 ɔ⁵⁵ "只" 组成。例（41）句的 thua⁵³ 是 thu⁵⁵ "说" 和语气词 a⁵³ 的合音。人们已经习惯把这两个词读作一个音节，只有在语篇中才能发现其原貌。值得注意的是，例（39）中的 a³¹mɔ¹³ 由 a³¹mo³³ "多少" 和 ɔ⁵⁵ "只" 构成，由于声母 m 是双唇音，o、ɔ 是圆唇音，发音时 o、ɔ 自然合并为 ɔ。

3. 前一个音节的韵母与后一个零声母韵母相同。这一种音变常发生在以 ɔ 结尾的数词和量词 ɔ⁵⁵ 连用的情况下。两个音节合并后，调值变为 13 调。例如：

（42）a³¹ȵi⁵⁵ faŋ³¹mo⁵⁵ mɔ⁵⁵ tɤ³³ lɔ³¹　tɛ³³，　ŋa³³lu⁵⁵phu³¹thɔ¹³ tsɯ³¹tshɯ³¹ti³¹ti⁵⁵.

　　　兄弟　竹子　那　砍 DIR SEQP鸟笼　一　编成　　　PRT

弟弟砍来竹子，编成一个鸟笼。

（43）pɛ³³kho⁵⁵pu³³thɔ¹³　tɔ³³　tshɔ⁵⁵mɔ⁵⁵ʂʅ³³　tɕi³³　phɛ⁵³　　ɯ⁵⁵tsho⁵⁵pu⁵⁵li³³

　　　妖怪洞　　一个　LOC什么　　拉　　进　CONJ　坝塘

　　wa¹³tɔ³³　tshɔ⁵⁵mɔ⁵⁵phiau³³　thu⁵⁵lɔ³¹.

　　下面　　什么　　　漂　起　DIR

　　妖怪洞中如果拖进什么（东西）去，下面就漂起什么来。

例（42）、（43）中的 thɔ¹³ 是数词 thɔ³¹ "一"和量词 ɔ⁵⁵ 的合音，两词组合后变为升调。

音节合并在数词中比较常见。窝尼人数数时习惯在数词后加单音节零声母量词 ɔ⁵⁵，两个词合并为一个词，读作升调。例如：

一	thɔ³¹ ɔ⁵⁵	→	thɔ¹³
二	ȵi³¹ ɔ⁵⁵	→	ȵɔ¹³
三	su³¹ ɔ⁵⁵	→	suɔ¹³
四	li³¹ ɔ⁵⁵	→	liɔ¹³
五	ŋɔ³¹ ɔ⁵⁵	→	ŋɔ¹³
六	khu³¹ ɔ⁵⁵	→	khuɔ¹³
七	sʅ³¹ ɔ⁵⁵	→	sʅɔ¹³
八	xi³¹ ɔ⁵⁵	→	xiɔ¹³
九	kɛ³¹ ɔ⁵⁵	→	kɛɔ¹³
十	tɕhi⁵⁵ ɔ⁵⁵	→	tɕhɔ¹³

从以上例子来看，窝尼话中发生音节合并的情况，是因为前一个音节中的 i 或 u 在合并后的音节中成为介音。u、o 本来在很多词语中就有相混的现象，其后音节为零声母单元音韵母构成时，o 自然变为 u 与其相拼。前一个音节的韵母与后一个音节韵母相同而合并为一个音节时，音调拉长，变为 13 调。

（三）逆同化

一些音由于受到后面音节开头字母读音或元音的影响，而变为与后一音节开头字母读音相同或相近的音，或者直接变为后面音节中的元音。例如：

（44）ŋɔ⁵⁵ mai³¹ sai³³.

　　　我　不　俏

　　　我不俏。

（45）li³¹tɕi³¹ i³³ tha³¹la³¹ ja⁵⁵xɤ⁵⁵ tɔ³³　　pɛ⁵⁵ thɛ⁵⁵tɕhi³³ ti⁵⁵.

　　　孙子　现在　他们　BEN　跟　打架　PRT

　　　小孙子正在跟他们打架。

（46）ja⁵⁵xɤ⁵⁵ tɛ³³mɛ⁵⁵ tun³³mɛ⁵⁵　　tu³¹ ɔ⁵⁵ xɔ³¹.

　　　他们　BEN　多　PAUP　想　瞧　ATT

　　　替他们多想想。

（47）to³¹pɔ³¹ xui³³ mɛ⁵⁵ pɔ³¹ kɯ³³　　ȵi³¹ kɔ³¹ tu¹³ lɔ⁵⁵ tɕa⁵³.

　　　话　乱　ADV　说　NOM　两　个　真　来　PRT

　　　乱说话的两个人真来了。

例（44）中 mai³¹ 是否定副词 mɔ³¹ 受到后面音节 sai³³ 的影响，变为 mai³¹。例（45）中 pɛ⁵⁵ 是 pɔ⁵⁵ "跟"，受后面音节 "打" 中元音 ɛ 的影响，变为 pɛ⁵⁵。例（46）中 tun³³mɛ⁵⁵ "多" 一词 tun³³ 来源于 to³³ "多"，受后一个音节开头音位 m 的影响，增加了鼻韵尾 n，元音也发生了变化。例（47）中的 xui³³ "乱" 实际应为 xun³³，受后面 mɛ⁵⁵ 的影响，xun³³ 的鼻韵尾脱落，在双唇音 m 和前元音 ɛ 的影响下，读为含混的 xui³³。

（四）声母脱落

一些词在语流中，后一个音节的声母脱落，元音与前一个音节的声母相拼。例如：

妻子　　xɔ³³mi⁵⁵zɔ³¹　　→　xɔ³³miɔ⁵³　　（辅音 z 脱落）

碗　　　xo³¹zɔ³¹　　　→　xuɔ³¹　　　（辅音 z 脱落）

（48）ji⁵⁵ lu³³ kɯ³³ no³³xa³¹ tɔ³³ phɛ³¹,　　lo⁵⁵mɔ³³ tɔ³³ ŋɔ³¹sɔ³¹ ȵi¹³.

　　　他 闲 NOM 时候 LOC CONJ　　河 LOC 鱼 捉

　　　闲下来的时候，他就到河里捉鱼。

（49）a⁵⁵nuɔ³³, ji⁵⁵xo⁵⁵ tɔ³³ kui⁵⁵, wa³³mo³¹ lo⁵⁵ khɔ⁵⁵ʂʅ³¹.

　　　后来　家 LOC 回去 他 母亲 ACC 告诉

　　　后来，他回去告诉母亲。

例（48）句中的 ȵi¹³ 由 ȵi³¹ "捉" 和 ji⁵⁵ "去" 合并而成，ji⁵⁵ 的声母 j

脱落。例（49）句中的 kui^{55} 由 ku^{31} "回" 和 ji^{55} "去" 组合而成，ji^{55} 的声母 j 脱落后，剩余的 i 与前一个音节中的 u 组成一个音节。

（五）弱化

在语流中，受前、后音的影响，一些词的读音出现弱化。例如：

（50）lo^{55} mɔ^{33}　tɛ^{33}　ɣɯ^{31} mo^{31}.

　　　河　　LOC　背　要

　　　过河要背。

　　　（句中位格标记 tɔ^{33} 弱化为 tɛ^{33}）

（51）khe^{55} thi^{55} thi^{31}　tɕi^{53}　fu^{31}　lɔ^{31}　mo^{31}　ti^{55}.

　　　脚杆　跨　进　回　DIR　要　PRT

　　　脚杆要跨进来。

　　　（句中 khɯ^{55} thi^{55} 弱化为 khe^{55} thi^{55}）

五　次方言间的词汇语音变体

对新平县勒达村、峨山县回龙村和羊毛冲村、石屏县育英村四地窝尼话的 100 个核心词进行比较发现，这些地区窝尼人所使用的窝尼话基本一致，如塞音、塞擦音都没有浊音，都有边擦音 ɬ，人们能够毫无障碍地进行通话等。但是，不同地区的窝尼话之间也存在一些差别，如存在少数异源词，存在或多或少的声母、韵母变体（见如表 2-3）。

表 2-3　峨山县回龙村与新平县勒达村窝尼话异源词

序　号	汉　语	峨山县回龙村窝尼话	新平县勒达村窝尼话
1	这	xa^{55} ma^{55}	a^{31} mɔ^{55}
2	全部	ka^{31} ka^{55}	i^{55} tso^{55} tso^{55}
3	长	wan^{55}	mo^{55}
4	男人	xa^{31} non^{55}	zɔ^{31} ɔ^{55} zɔ^{31}
5	根	kɛn^{33}	to^{31} phu^{55} lu^{55}
6	骨头	sin^{31} kɚ^{55} tɚ^{55} lɚ^{55}	sɔ^{31} zi^{31}
7	脚	pha^{31} su^{31}	a^{55} khɯ^{55}
8	膝盖	phɛn^{31} tshɛn^{31}	pha^{31} thu^{33} lu^{33}

续表

序　号	汉　语	峨山县回龙村窝尼话	新平县勒达村窝尼话
9	脖颈	kho³¹ɕi³¹	lo⁵⁵tshɛ⁵⁵
10	肝	phi³¹	sa³¹tsho³¹
11	沙子	ɬo³³ma³³si⁵⁵li⁵⁵	mɯ⁵⁵sɯ³¹
12	云	oŋ³¹pa³¹la³¹	wo³¹to⁵⁵
13	绿	lu³¹	ɲi⁵⁵tsha³¹lɯ³¹
14	黄	xuaŋ³¹	sʅ⁵⁵
15	白	pɯ³¹	a⁵⁵phu⁵⁵phu⁵⁵

$$\text{9} \quad \text{脖颈} \quad kho^{31}\varphi i^{31} \quad lo^{55}tsh\varepsilon^{55}$$

比较峨山县回龙村窝尼话和新平县勒达村窝尼话 100 个核心词，异源词较多一些，原因是峨山县回龙村窝尼话受周边民族语言影响较大，借词较多，如"绿、黄、白"这三个词借自汉语（见表 2-3）。

表 2-4　峨山县回龙村与新平县勒达村窝尼话中的音位变体

变　体	汉　语	峨山县回龙村窝尼话	新平县勒达村窝尼话
ɔ-ɯ	我们	ŋɔ³³xɔ⁵⁵	ŋɔ³³xɤ⁵⁵
æ-ei	肉	sæ¹³	sei¹³
i-ɛ	尾	to³¹mi³¹	to³¹mɛ³¹
ɛ-i	嘴	tɕhɛ³¹mɛ⁵⁵	tɕhi³¹mi³³
u-ɯ	指甲	la³¹su³¹	la³¹sɯ³¹
ɯ-u	耳朵	na³¹pɯ⁵⁵	na³¹pu⁵⁵
l-ɬ	草木灰	xɔ³¹li⁵⁵	xɔ³¹ɬi⁵⁵
ʅ-ɯ	新	sʅ³¹	sɯ³¹
f-h	雨	ɔ⁵⁵fu⁵⁵	ɔ⁵⁵ho⁵⁵
s-tsh	水	i⁵⁵su³¹	i⁵⁵tshu³¹

表 2-4 显示，峨山县回龙村与新平县勒达村窝尼话 100 个核心词中存在 15 个异源词，其中有 4 个是汉语借词。元音或辅音音位上存在一些变体，如"我们"一词存在 ɔ-ɯ 变体，"水"一词存在 s-tsh 变体，"雨"存在 f-h 变体。袁家骅先生所调查的峨山县脚落村窝尼话中的"我们"为 ŋɔ³³xɔ³³，元音与回龙村窝尼话相同，"水"为 i⁵⁵ʂu³¹，"雨"为 ɔ⁵⁵fu⁵⁵，辅音与回龙村窝尼话相同。此外，还有 æ-ei、i-ɛ、ɛ-i、u-ɯ、ɯ-u、l-ɬ、ʅ-ɯ 等相互对应的变体。

峨山县羊毛冲村与新平县勒达村窝尼话 100 个核心词中同源词的数量

有 93 个，只有 7 个异源词，同源词之间也有相互对应的元音或辅音变体。

表 2-5　峨山县羊毛冲村与新平县勒达村窝尼话异源词

序号	汉语	峨山县羊毛冲村窝尼话	新平县勒达村窝尼话
1	（头）发	tso^{55}ma^{55}	tɕhi^{55}kho^{55}
2	膝盖	pha^{31}xo^{33}lo^{33}	pha^{31}thu^{33}lu^{33}
3	腹（肚子）	ɚ^{31}phu^{31}／wo^{31}phu^{31}	wo^{31}mɔ^{33}
4	脖颈	kho^{31}sɿ^{31}	lo^{55}tshɛ^{55}
5	游泳	ɯ^{55}ma^{31}ma^{31}	ɯ^{55}khɯ^{31}khɯ^{31}
6	草木灰	ɬi^{55}phɯ^{33}	xɔ^{31}ɬi^{55}
7	山	ko^{33}li^{33}	ku^{31}tsu^{31}

表 2-6　峨山县羊毛冲村与新平县勒达村窝尼话中的音位变体

变体	汉语	峨山县羊毛冲村窝尼话	新平县勒达村窝尼话
ɿ-ɯ	树	sɿ^{33}tso^{55}	sɯ^{33}tso^{55}
ɿ-i	眼睛	ma^{55}tsɿ^{55}	ma^{33}tsi^{33}
ɿ-i	睡觉	zɿ^{31}tsa^{33}	ji^{31}tsa^{33}
o-ɯ	指甲	la^{31}so^{31}	la^{31}sɯ^{31}
ɯ-u	心	nɯ^{33}ma^{33}	nu^{33}mɔ^{33}
s-tsh	水	i^{55}su^{31}	i^{55}tshu^{31}

从表 2-5、表 2-6 来看，峨山县羊毛冲村与新平县勒达村窝尼话 100 个核心词中同源词的数量较多。元音音位变体主要集中在高元音上。如新平县勒达村窝尼话中前高元音 i 和后高元音 ɯ 在回龙村窝尼话中舌尖化，变成 ɿ。勒达村窝尼话中的后高展唇元音 ɯ 变为 o，而圆唇元音 u 变为 ɯ。辅音上，勒达村窝尼话中的 tsh 在羊毛冲村窝尼话中变为 s。

石屏县育英村与新平县勒达村窝尼话 100 个核心词中同源词的数量占到 96%，音位变体也比较少。

表 2-7　石屏县育英村与新平县勒达村窝尼话异源词

序号	汉语	石屏县育英村窝尼话	新平县勒达村窝尼话
1	（头）发	tʂu^{55}ma^{55}	tɕhi^{55}kho^{55}
2	脖颈	kho^{31}ʂɿ^{31}	lo^{55}tshɛ^{55}
3	沙子	na^{55}tɕhi^{33}	mɯ^{55}sɯ^{31}
4	膝盖	pha^{31}xo^{55}	pha^{31}thu^{33}lu^{33}

表 2 - 8　石屏县育英村与新平县勒达村窝尼话中的音位变体

变体	汉语	石屏县育英村窝尼话	新平县勒达村窝尼话
æ – a	你们	næ^{33}hɯ^{55}	na^{33}xɣ^{55}
ɿ – ɯ	树	sɿ^{33}tso^{55}	sɯ^{33}tso^{55}
o – u	种子	ʐo^{55}zi^{31}	zu^{33}zi^{31}
o – ɯ	指甲	la^{31}so^{31}	la^{31}sɯ^{31}

从表 2 - 7、表 2 - 8 来看，石屏县育英村与新平县勒达村窝尼话异源词只有 4 个。音位变体也比较少，除羊毛冲村窝尼话中的 æ 在勒达村窝尼话中低化为 a 外，羊毛冲村窝尼话中舌尖化的 ɿ 在窝尼话中低化为 ɯ。此外，羊毛冲村窝尼话中 o 在勒达村窝尼话中高化为圆唇 u 或展唇 ɯ。o 高化为 u 的现象在勒达村窝尼话中比较常见，一些词人们可读为 o，也可读为 u，但在一些词中却是对立的音位，说明这两个音位正处于变化之中。

对比新平县勒达村、峨山县回龙村和羊毛冲村、石屏县育英村四地窝尼话的 100 个核心词可以看出，同一种语言，由于处于不同地区，与周边不同人群相接触，不可避免地会发生变化。四个村寨中，峨山县回龙村窝尼话受汉语影响最大，100 个核心词中有 4 个汉语借词。与新平县勒达村窝尼话相对比，异源词最多，音位变体也最多。羊毛冲村与石屏县育英村的窝尼话与新平县勒达村窝尼话比较，只有少数几个异源词，其余均为同源词。音位变体均有 ɿ – ɯ、o – ɯ 等变化。

值得注意的是，新平县勒达村窝尼话中 tɕhi^{55}kho^{55}"头发"一词与其他三地的不同，峨山县羊毛冲村为 tso^{55}mɑ^{55}，石屏县育英村为 tʂu^{55}ma^{55}，回龙村为 tɕhi^{55}xo^{55}；勒达村窝尼话中 lo^{55}tshɛ^{55}"脖子"一词，羊毛冲村为 kho^{31}sɿ^{31}，育英村为 kho^{31}ʂɿ^{31}，回龙村为 kho^{31}ɕi^{31}，说明勒达村的为异源词，其他三地的为同源词。这些差异说明，新平县勒达村窝尼人处于其他民族的包围之中，其语言受到其他民族语言的影响，发生了变化。

第三章

词　汇

新中国成立前，窝尼人长期生活在深山河谷之中，男子开荒种地，上山打猎；女子采摘野菜，下河捉鱼，生活比较清苦。语言词语的发展演化与其生活方式密切相关，窝尼话中的词语反映了其农业生产方式和淳朴的生活习俗。由于其周边生活着彝族和汉族，词汇中也借入了一些彝语和汉语词汇。新中国成立后，交通便捷，传媒发达，社会经济快速发展，窝尼人与汉族及其他民族的接触、交流增多，生产生活方式也发生了转变，其词汇中借入了大量汉语词语。下文分析窝尼话的基本词汇特点、借词特点及窝尼话词语的构成方式。

一　窝尼话基本词语特点分析

窝尼人的基本词是较古老、使用较稳定的词语，反映他们的生产生活方式特征。一些词语反映他们对自然、社会的认知方式，例如有关度量衡、季候、亲属称谓等方面的词语。下文从表示身体部位、传统服饰、度量单位、月份季节、亲属称谓的词语来进行说明。

（一）表示身体部位、器官的词语

身体部位、器官是最基本、最稳定的词语，在哈尼语各方言中核心部分比较一致，难以改变。

表 3 - 1　窝尼话表身体器官词语与其他哈尼语方言

汉语	大寨 （哈尼话）	格朗和 （雅尼话）	菜园 （碧约话）	水癸 （豪尼话）	勒达 （窝尼话）
骨头	$sa^{31}jø^{31}$	$ça^{31}jø^{31}$	$ɔ^{31}ji^{31}$	$ʃɔ^{31}ji^{31}$	$sɔ^{31}zi^{31}$
尾	$dɔ^{31}mi^{31}$	$dɔ^{31}mi^{31}$	$tɔ^{31}mi^{31}$	$tu^{31}mɛ^{31}$	$to^{31}mɛ^{31}$
头	$u^{31}du^{31}$	$u^{31}du^{31}$	$ɣ^{31}khe^{31}$	$ɣ^{31}tɣ^{31}$	$vu^{31}tu^{31}$
耳朵	$na^{31}bo^{55}$	$na^{31}pa^{31}$	$nɔ^{31}pu^{55}$	$nɔ^{31}pɣ^{55}$	$na^{31}pu^{55}$
眼睛	mja^{33}	$mja^{33}nɯ^{33}$	$ma^{33}tsʅ^{33}$	$ma^{33}tsi^{33}$	$ma^{33}tsi^{33}$
鼻子	$na^{55}me^{55}$	$na^{55}mɛ^{55}$	$na^{55}me^{55}$	$nɔ^{55}mɛ^{55}$	$nɛ^{55}mɛ^{55}$
牙齿	$sɣ^{31}$	$sɣ^{31}$	$ɔ^{31}tsʅ^{55}$	$ɔ^{31}tʃuʅ^{55}$	$sʅ^{31}tsʅ^{55}$
舌	$la^{55}ma^{33}$	$mɛ^{31}la^{55}$	$a^{31}la^{55}$	$ɔ^{31}ɬɔ^{55}$	$ɔ^{31}ɬɔ^{55}$
指甲	$la^{31}sɔ^{31}$	$la^{31}saŋ^{31}$	$la^{31}sʅ^{31}$	$la^{31}su^{31}$	$la^{31}sɯ^{31}$
脚	$a^{31}khɣ^{55}$	$a^{31}khɣ^{55}$	$ɔ^{31}tɕhi^{55}$	$ɔ^{31}khɣ^{55}$	$a^{55}khɯ^{55}$
手	$a^{31}la^{31}$	$a^{31}la^{31}$	$a^{31}la^{31}$	$a^{31}la^{31}$	$la^{31}la^{31}$
心	$nɯ^{33}ma^{33}$	$nɯ^{33}ma^{33}$	$nɣ^{33}mɔ^{33}$	$nɯ^{33}mɔ^{33}$	$nu^{33}mɔ^{33}$

表 3 - 1 中，勒达窝尼话与哈雅方言代表点大寨哈尼话和格朗和雅尼话、碧卡方言代表点菜园碧约话、豪白方言水癸豪尼话表示身体部位的词语相比较，来源都一致，差别比较小。各代表点之间虽然语音存在差异，但这些基本词语并没有发生较大变化，说明了这些词语在哈尼语中的古老性，以及在传承使用中的稳固性。

（二）服饰与装饰物词语

窝尼人的传统服饰以白、黑、蓝为主，《道光新平县志》① 记其"常衣白衣"，女子穿左开襟衣，布纽相扣，系腰带，包包头。男子穿褂子，闲时穿长衫。饰物常见的有戒指、耳环和手镯等。如以下词语所示：

$ɬu^{55}mu^{55}xa^{31}ɬu^{55}$	长衫	$la^{31}ti^{33}li^{33}$	褂子
$pi^{33}si^{31}$	布纽	$mu^{31}thei^{31}$	头帕
$wo^{31}tsho^{31}$	帽子	$khai^{55}nu^{33}$	鞋
$kha^{33}si^{55}$	篦子	$na^{31}tsu^{33}$	耳环
$la^{31}pi^{31}$	戒指	$ko^{31}to^{31}$	手镯

---

① （清）李诚纂修，梁耀武点校《道光新平县志》，云南人民出版社，1993，第 93 页。

从这些常用词语来看，窝尼人从事农耕，穿着比较简单，衣服颜色比较单调，常见的饰品也较少。到了现代，据笔者在调查中所见，窝尼人平时均着汉服，过年过节时所穿的民族服饰颜色多样，饰物较为丰富，一方面因借鉴了其他民族的花色式样，另一方面因生活水平得到提高，穿着打扮已不同于以前。

（三）度量单位词语

古代窝尼人没有测量工具，对物体的计量主要靠肢体来实现，常用的有"庹""拃""步"等。使用现代度量衡单位后，窝尼话中原来使用的词语逐渐失传，只剩下以下几个。例如：

tshɿ³¹ lo⁵⁵	一庹	tshɿ³¹ thu⁵⁵	一拃
tshɿ³¹ thu³¹	一步	tshɿ³¹ pɛ³¹ thu³¹	一拳

以上词语中，lo⁵⁵"庹"指两臂伸长的长度。lo⁵⁵还可作动词使用，如 nu⁵⁵ lo⁵⁵ xɔ³¹ 意为"你庹庹看"。thu⁵⁵"拃"指拇指尖到食指尖的长度。thu³¹"步"指成人跨出一步的距离。pɛ³¹ thu³¹"拳"是手握起来的长度。

（四）表示季候的词语

窝尼人生活在四面环山的河谷之中，四季特征不明显，词语中只分热天和冷天。"热天"为 tshɔ⁵⁵ tho³¹，tshɔ⁵⁵"热"，tho³¹"时候"，两词合在一起即为"热的时候"。"冷天"也采用同样的表示方法。ka³³ tho³¹ 为"冷的时候"。春、夏由于与生产密切相关，使用"打春"和"立夏"来表示栽种季节。月份则使用汉历 12 个月表示，一月称为"春节月"或"正月"，年底月称为"腊月"。例如：

ku⁵⁵ ɬi⁵⁵ tu³³	打春	çi⁵⁵ wo⁵⁵	立夏
tshɔ⁵⁵ tho³¹	热天	ka³³ tho³¹	冷天
xo³¹ sɯ³³ pɔ³³ ɬɔ³³	一月	pin³¹ ɬɔ³³	二月
saŋ³¹ ɬɔ³³	三月	li³¹ ɬɔ³³	四月
ŋɔ³¹ ɬɔ³³	五月	khu³¹ ɬɔ³³	六月
sɿ³¹ ɬɔ³³	七月	xi³¹ ɬɔ³³	八月
kɛ³¹ ɬɔ³³	九月	tçhi⁵⁵ ɬɔ³³	十月
tçhi⁵⁵ thi³¹ ɬɔ³³	十一月	tçhi⁵⁵ ȵi³¹ ɬɔ³³	十二月

pɔ³³ɬɔ³³vu³¹tu³¹	月初	pɔ³³ɬɔ³³kuɔ⁵⁵tɕhi³³	月中
pɔ³³ɬɔ³³to³¹mɛ³¹	月底	tsu³³ɬɔ³³	腊月

（五）表示亲属称谓的词语

亲属称谓是常用的基本词语，并反映家庭关系和族群内部的社会关系。窝尼人的亲属称谓词语反映辈份、亲疏及性别等关系。

1. 反映辈份关系：爷爷辈称谓带前缀 i⁵⁵，"儿子""女儿"辈用前缀 zɔ³¹，孙辈带前缀 li³¹。例如：

i⁵⁵phi³¹	爷爷	i⁵⁵zɔ³³	奶奶
zɔ³¹zu⁵⁵	儿子	zɔ³¹mi³¹	女儿
li³¹tɕi³¹	孙子	li³¹mɔ³³	孙女

2. 使用不同的称谓：反映内亲、外亲关系。例如：

i⁵⁵phi³¹	爷爷	i⁵⁵zɔ³³	奶奶
ɛ⁵⁵koŋ³³	外公	a⁵⁵pho³¹	外婆
mo⁵⁵mo³³	伯父	mo⁵⁵mo³³	伯母
a⁵⁵pha³³	姑父	a⁵⁵xo³¹	嬢嬢
a³¹kɛ⁵⁵	舅舅	a⁵⁵mɣ³³	舅母
a⁵⁵ta⁵⁵	哥哥	a⁵⁵tshu³³	嫂子
a⁵⁵tɕi³¹	姐姐	a³¹so³¹	姐夫

在传统窝尼话中，i⁵⁵phi³¹、i⁵⁵zɔ³³ 既指"爷爷"、"奶奶"，也指"外公"、"外婆"。借入汉语词语后，使用汉语词语来指"外公"、"外婆"。其他称谓也是内亲、外亲一样，比如不分堂亲或表亲，都称为"哥哥"、"姐姐"。"公公"、"婆婆"和"岳父"、"岳母"也是相同的词语，没有变化。例如：

ʐu³¹phɔ³¹	岳父/公公	ʐu³¹mɔ³³	岳母/婆婆
a⁵⁵ta⁵⁵	亲哥/堂哥/表哥	a⁵⁵tɕi³¹	亲姐/堂姐/表姐

（六）只见于歌谣中的词语

一些词语只见于歌谣中，在日常用语中不再出现，或被汉语借词代替（见表3-2）。

表3-2 只见于窝尼歌谣中的词语

类别	词义	语音形式	词义	语音形式	词义	语音形式
亲属称谓	兄弟	i⁵⁵tshŋ⁵⁵	姐妹	i⁵⁵tsho³¹	阿妈	i⁵⁵mo³¹（自称）
	前辈	xɣ³¹tshŋ⁵⁵xɣ³¹mi⁵⁵；xɣ³¹mi⁵⁵	小辈	ŋi⁵⁵tshŋ³³ŋi⁵⁵mi⁵⁵；ŋi⁵⁵mi⁵⁵	老老小小	zɔ³¹mo³¹zɔ³¹nu⁵⁵
	父母	a³¹phɔ³¹mɔ³³	你母	na³³mɔ³³	家庭	wo³¹tso⁵⁵
	大囡	mi³¹ta⁵⁵；mi³¹xɣ³¹；zɔ³¹mi³¹mi³¹xɣ³¹	幺儿	zɔ³¹lɛ³¹	老大	zɔ³¹xɣ³¹
朋友昵称	姑娘	pa³¹sŋ⁵⁵；pa³¹pa³¹mu³¹；i⁵⁵tshŋ⁵⁵i⁵⁵tsho³¹	小哥小郎	kɯ⁵⁵mu³¹；kɯ⁵⁵sŋ⁵⁵；kɯ⁵⁵mi⁵⁵；	伙伴	zɔ³¹xɔ³³i⁵⁵tsho³¹；wo⁵⁵tsho³¹
一般称谓	别人	sŋ⁵⁵mu³¹	世人	sŋ⁵⁵xo⁵⁵	一辈子	tshŋ³¹sŋ⁵⁵
肢体	脚手	khɯ⁵⁵tu³¹la⁵⁵khɯ⁵⁵	手背	la³¹ku³¹lu³¹	手掌	la³¹xo³¹lo³¹
时间自然地理	凌晨	so³¹mɔ³³	白天	nu³³a³³	晚上；半夜	tshŋ³¹a³³；i⁵⁵a³¹
	古时候	phi³¹ku³³lu³³sŋ⁵⁵	水	ɯ⁵⁵		
	水潭	ɯ⁵⁵tɕhi⁵⁵	下雨天	mi⁵⁵na³³		
	山梁子山顶	tsɛ³¹；tsɛ³¹mi³¹tshi⁵⁵；tsɛ³¹lu³³	山尖	ko⁵⁵li⁵⁵；mi³¹tshŋ⁵⁵ko⁵⁵li⁵⁵；	垭口	kɛ³¹lu⁵⁵；kɛ³¹li³¹
植物	枯草	tsa³³po³¹	草垫子	zu³³sɔ⁵⁵	叶子	fu³¹zu³¹
	马耳朵花	tɕhi³¹thɯ⁵⁵la⁵⁵thɯ³³	碎米花	i⁵⁵pi³³ti⁵⁵li⁵⁵	金竹	mɔ⁵⁵sŋ⁵⁵
	松明芯	mi³¹su³¹xo³¹lo⁵⁵	菠萝叶	pha³¹mɔ³³	大树	sɯ³³xɣ³¹
	树根	sɯ³³tɕhi⁵⁵	树枝	la³¹pha³¹la³¹；sɯ³¹la³¹	树叶	sɯ³³pha³¹
	树桩	sɯ³³mu³¹	草根	tsa³³tɕhi⁵⁵；tsa³³pu³¹lu³¹；tsa³³tɕhi⁵⁵li³¹	草团	tsa³³to³¹

续表

类别	词义	语音形式	词义	语音形式	词义	语音形式
性状	强（能力）	no^{31}	泪流满面的	xo^{31}li^{31}li^{31}	亮闪闪	liaŋ^{13}xo^{31}
	大雨淋漓的样子	xo^{55}tho^{31}tho^{31}	嫩	lɛ^{31}	轻巧	phɔ^{55}mi^{55}
样貌	样子	jaŋ^{55}tso^{55}	模样	jaŋ^{55}kɯ^{33}jaŋ^{55}tso^{55}	笑声	ɯ^{55}thi^{55}
生活用品	银子	xɯ^{55}sʅ^{31}	土沙碗	xo^{31}sɔ^{55}xo^{31}phi^{55}；xo^{31}phi^{55}	东西	tsa^{55}mi^{55}
食品	胖猪火腿	va^{31}phɔ^{31}khɯ^{55}phu^{55}	美食	sa^{31}khɯ^{55}	美酒	tsʅ^{55}khɯ^{55}
动作	拨开	ɬa^{55}kɛ^{31}	搬	ɬa^{55}	托生	pi^{55}a^{31}；pi^{55}sʅ^{55}
	开心	sɔ^{55}mi^{55}	明白	si^{31}	痛	ko^{55}
	压迫	fɛ^{55}sɯ^{31}	咒骂	tsɛ^{55}khɔ^{33}	欺负	tsɛ^{55}
抽象名词	老天爷	i^{55}phi^{31}i^{55}sɔ^{55}；i^{55}sɔ^{55}	命运	xo^{31}mɔ^{33}	好福气	lu^{31}mɤ^{31}
副词	可能	xɔ^{55}lu^{13}	顺着	pɔ^{55}mi^{55}	怎么	a^{31}mi^{55}

表 3-2 中见于歌谣的词语大体反映了新中国成立前窝尼人的生活状况。其一，朋友间、年轻人间的称谓比较丰富，体现出当时集体劳作的生活情境。其二，多次出现的"山梁"、"山垭"，以及以 sɯ^{33} "树"、tsa^{33} "草"为词根构成的一系列词语，说明了他们生产、活动的野外场景。其三，今天已不再使用的 tɕhi^{31}thɯ^{55}la^{55}thɯ^{33} "马耳朵花"、i^{55}pi^{33}ti^{55}li^{55} "碎米花"，是当时人们充饥的野菜；提到的 va^{31}phɔ^{31}khɯ^{55}phu^{55} "胖猪火腿"、sa^{31}khɯ^{55} "美食"（好吃的肉）、tsʅ^{55}khɯ^{55} "美酒"（好喝的酒），包括用"亮闪闪"的瓷碗代替 xo^{31}sɔ^{55}xo^{31}phi^{55} "土沙碗"，是人们在物质匮乏，生活困苦的时代，对美好生活的向往。

二　借词特点分析

窝尼人长期以来与汉族及其他民族接触交往，语言中融入了许多借词。在搬来新平县亚尼的 200 多年间，窝尼人周围都居住着彝族人，与彝族人的往来比较频繁,语言中自然借入了一些彝语词语。而通过赶集,窝尼人与汉族及其他民族也有不同程度的接触。新中国成立后修通了公路,与汉族人的接触更多了。随着社会经济的发展,大量汉语词语进入窝尼话词汇之中。因此,窝尼话中的借词主要有两个来源,一是彝语借词,二是汉语借词。

(一) 彝语借词

彝语与窝尼话具有亲缘关系,一些核心词来源相同。但分化后各自的演变道路不同,语音、词汇上产生了很大差异。窝尼人与彝族人毗邻而居,在相互交往过程中借入了少量彝语词语,包括动物、植物名称,生产用具,地名及少部分动词(见表 3 - 3)。

表 3 - 3　彝语词语与窝尼话借词对比词表

汉义	彝语	窝尼话	汉义	彝语	窝尼话
刀	$fɛ^{55}tɛ^{55}$	$fɔ^{55}ti^{55}$	猪	$vȩ^{31}$	va^{31}
水牛	$\tilde{ɛ}^{33}$	$ɛn^{53}$	鹅	$ɔ^{55}lɛ^{33}mo^{31}$	$ɛ^{13}lo^{33}$
小麦	so^{55}	$sɔ^{55}$	玉米	$ʑi^{55}mɛ^{31}$	$i^{55}mi^{33}$
荞子	$go̠^{33}$	$kɔ^{31}$	油菜	$kɔ^{55}lɔ^{31}$	$kai^{55}la^{31}$
青菜	$ɣɔ^{31}ni^{55}$	$ko^{31}ȵi^{55}$	竹子	mo^{55}	$faŋ^{31}mo^{55}$
桌子	$tsɔ^{55}tsʅ^{33}$	$tsɔ^{55}tsʅ^{33}$	想	du^{31}	tu^{31}
左	$ɔ^{55}fɛ^{33}$	$ɛ^{55}fɛ^{33}$	个	$ɔ^{31}$	$ɔ^{55}$
断	$ɕhi̠^{31}$	$tɕhi^{33}$	够	lu^{31}	lu^{31}
洗马塘(地名)	$mo^{33}tshi^{33}xɯ^{31}$	$mo^{33}tshi^{33}xɯ^{31}$	得勒箐(地名)	$tɛ^{55}lu^{33}$	$tɛ^{55}lu^{33}$

(二) 汉语借词

窝尼人与汉族具有长期接触、交往的历史。在漫长的社会历史发展过程中,汉族的语言、经济、文化对各族人民产生了深远的影响,在其语言中留下了深深的印迹。在不同历史时期,窝尼话中借入了大量的汉语词汇。经过融合、改造,许多汉语借词已难以看出其来源。此外,由于窝尼话与汉语具有亲缘关系,也难以分清哪些是同源词,哪些是汉语借词。

三 词的构成方式

窝尼话的词语主要有单纯词和合成词两种。从音节数量来看，单纯词分为单音节词、双音节词和多音节词。合成词由两个或两个以上词素按一定的方式组合而成。

(一) 单纯词

窝尼话中的单纯词比较普遍，其中单音节词的数量比较多，双音节词次之，多音节单纯词的数量比较少。

1. 单音节单纯词

单音节的单纯词由一个语素形成，包括名词、动词、形容词、数词、副词等，但动词、形容词的数量最多。

例如：

名词		动词		形容词		量词	
$fa\eta^{31}$	雪	φi^{31}	撒	xa^{31}	咸	$k\mathfrak{o}^{31}$	个
xo^{31}	饭	ka^{31}	赶	$xa\eta^{31}$	嫩	$\dagger o^{31}$	丘
$kh\gamma^{31}$	狗	$kh\mathfrak{o}^{31}$	嚼	$x\gamma^{31}$	大	tsu^{55}	棵
ku^{31}	针	kho^{31}	舀	mi^{31}	饿	kho^{33}	根
$m\mathfrak{u}^{31}$	山药	li^{31}	写	xa^{55}	旱	$s\mathfrak{u}^{33}$	升
φi^{55}	虱	$l\gamma^{31}$	钻	ku^{55}	清	tsa^{33}	遍
kho^{55}	线	$\dagger\mathfrak{u}^{31}$	剥	ka^{33}	冷	$tsai^{33}$	把

2. 双音节单纯词

双音节单纯词由两个语素构成，但两个音节都没有独立意义，必须合在一起才能表达意义。例如：

$m\mathfrak{u}^{55}s\mathfrak{u}^{31}$	沙	$f\mathfrak{o}^{55}ti^{55}$	刀	$fu^{55}nu^{55}$	蘑菇
$xa^{31}mo^{31}$	泡沫	$xai^{31}nai^{55}$	贼	$x\mathfrak{o}^{31}\dagger u^{55}$	衣服
$xo^{55}si^{31}$	雹子	$ka^{31}li^{33}$	汤圆	$pi^{31}k\mathfrak{u}^{55}$	星星
$ka^{33}s\mathfrak{o}^{33}$	醋	$k\varepsilon^{31}lu^{55}$	垭口	$kho^{31}tsi^{55}$	老鹰
$k\mathfrak{u}^{31}t\varphi hi^{55}$	罗锅	$ku^{31}\textrm{\textipa{\ng}}i^{55}$	青菜	$k\mathfrak{u}^{55}tsha^{31}$	蛤蚧
$ko^{31}to^{31}$	手镯	$ku^{55}pu^{55}$	布谷鸟	$\dagger\mathfrak{u}^{31}ma^{55}$	稗子

la³¹tɕhi⁵⁵	开水	i⁵⁵tshɯ³¹	水	khɯ³¹tu³¹	甜菜
ɬu⁵⁵thu³¹	蛆	mɛ⁵⁵nu⁵⁵	亲戚	pɛ³¹thu³¹	拳头
mɛ⁵⁵tsɛ³³	石榴	na³³tɯ³¹	粘	pai⁵⁵mai⁵⁵	故意

3. 多音节单纯词

多音节单纯词由多个语素构成，但这些语素必须合在一起才能表达意义。多音节单纯词的数量不多，主要是一些表示动物植物名称的词语。例如：

fu⁵⁵pu³¹tsha³¹xo³¹	松鼠	fu⁵⁵tsho⁵⁵tsho⁵⁵si³¹	山蚂蚱
xo⁵⁵ŋa³³la³¹tshi⁵⁵	鸡油菌	pa³³tsʅ⁵⁵mo⁵⁵lo⁵⁵	鳝鱼
pu³³lu³³pɛ⁵⁵lɛ⁵⁵	丝瓜	su³¹ku³¹lɔ⁵⁵ma³³	红枇杷
tsha³³ȵi³³tsu³³lu³³	藤子	a³¹tɔ³³la³¹mɔ³³kho⁵⁵kha³¹	大蜘蛛
sʅ³¹pi⁵⁵thaŋ³¹laŋ³¹tsʅ⁵³	柿子树	tsho⁵⁵sa³¹mi³¹ku⁵⁵mi³¹na⁵³	大猩猩

4. 窝尼话多音节单纯词中的双声叠韵现象

窝尼话是一种韵律优美的语言，一些构成双音节或三音节的单纯词在音节上具有双声、叠韵等韵律关系，其中叠韵词的数量较多。

1）双声：两个音节的声母相同。例如：

lo³³li⁵⁵	蝉	xo³¹xɛ³¹	斑鸠
kho³³kha³¹	蜘蛛	pa³³pu³¹	棍子

2）叠韵：两个音节的韵母相同。例如：

wo³¹to⁵⁵	云	tsɛ³¹xɛ³¹	雾	nɛ⁵⁵mɛ⁵⁵	鼻子
mɛ³¹xɛ³¹	火烟	ku³¹tsu³¹	山	mɯ⁵⁵khɯ³¹	粪
pu⁵⁵lu³³	山梁	zo³¹kho⁵⁵	洞	ɔ³¹ɬɔ⁵⁵	舌头
mɯ⁵⁵sɯ³¹	沙子	to³¹no³³	屁股	mɔ⁵⁵nɔ⁵⁵	疮
tho³¹xo⁵⁵	房顶	vu³¹tu³¹	头	sɔ³¹phɔ³¹	大腿
zu³³lu⁵⁵	肠子	zo³³tsho³¹	朋友	i⁵⁵phi³¹	爷爷
zo³³so⁵⁵	主人	xɔ³¹kɔ⁵⁵	鹧鸪	po⁵⁵to⁵⁵	翅膀
zu⁵⁵mu³¹	毛	xɔ³¹ɬɔ³¹	老虎	phu⁵⁵thu³¹	骨髓
ŋɔ³¹sɔ³¹	鱼	pi³¹tɕi⁵⁵	虾	ɬu⁵⁵thu³¹	蛆
kɛ⁵⁵lɛ⁵⁵	蟋蟀	fu⁵⁵tshu⁵⁵	蚂蚱	zɔ⁵⁵khɔ³¹	筛子
pi³¹tshi⁵⁵	甘蔗	tɛ³³phɛ⁵⁵	橄榄	ku³³nu³¹	糯米

3）双声叠韵：两个音节的声母和韵母均相同。窝尼话中双声叠韵名

词的数量不多，部分是汉语借词。例如：

mo⁵⁵mo³³	伯父	la³¹la³¹	手
xo³¹xo⁵⁵	盒子	mi³¹mi⁵⁵	谜语
jɛ⁵⁵jɛ⁵⁵	痕迹	pɔ³¹pɔ³³	边上
tɕaŋ³³tɕaŋ³³	刚刚	puɪ³¹puɪ⁵⁵	胜利

4）少数三音节名词是叠韵词。例如：

pɔ³³tɔ³³lɔ³³	茎	xa³³pha³¹la³¹	叶子
uɪ¹³tuɪ⁵⁵luɪ⁵⁵	山茶花	pi³¹ti⁵⁵li⁵⁵	蚯蚓
xo⁵⁵pu³¹tu⁵⁵lu⁵⁵	青头菌	mɛ³¹xɛ³¹tsɛ³³	水烟筒

（二）合成词

窝尼话中合成词的构成方式主要有两种：一种是附加法，即"把词缀粘附在词根上的构词方式"[①]，另一种是复合法，即把两个或两个以上的词根组合成一个词。

1. 附加法

附加法是窝尼话中一种重要的构词手段，其实质是把单音节名词双音节化。从亲属语言的比较可知，彝缅语的名词多经历了从单音节到双音节的发展过程。使词语双音节化，一是节律的需要，二是区别词义的需要。从语音上看，双音节词的节奏感比单音节词强，更容易与修饰语一起构成节律性更强的四音节词。彝缅语中的基数词和量词多为单音节词，数量词修饰双音节名词时，就构成四音节词。如窝尼话中的 suɪ³³tso⁵⁵ "树"，tshi³¹ "一"，tso⁵⁵ "棵"。形容词修饰名词时，通过在单音节形容词之前加 zo³³，使之变为双音节词，而与其修饰的名词一起构成四音节词，如窝尼话中 xɔ³¹łu⁵⁵ "衣服"，zo³³suɪ³¹ "新"。从语义上看，单音节词容易产生同音词，造成交际的不便。名词双音节化后，有助于解决这一问题。

窝尼话中的附加成分可分为前加成分和后加成分。前加成分有的能标记词类，有的充当配音成分，有的具有意义。后加成分则具有语法或类别意义。

1）前加成分 a-。a-是使名词双音节化的重要手段，常出现在表示

---

① 朱德熙：《语法讲义》，商务印书馆，1982，第 28 页。

亲属称谓的名词、动物名词、人体器官名词、方位名词、疑问代词等词前面，不能出现在动词前面，具有形态价值。在这些名词中，除亲属称谓名词外，都不能省略 a－单独使用。少数形容词前加 a－可变为名词，如 ηi^{55} "小"是形容词，加 a－变为名词 $a^{31}\eta i^{55}$ "弟弟"，na^{33} "黑"是形容词，$a^{55}na^{33}$ "乌鸦"是名词，在这种情况下，a－可看作是一个名词前缀。a－常常读作高平调 55 或低降调 31。

（1）a－添加在表示亲属称谓的名词前，具有亲热的意味。亲属称谓名词除与人称代词领格的曲折形式搭配可省略 a－外，其他情况下都须带 a－。例如：

$a^{55}ta^{55}$	哥哥	$a^{55}tshu^{33}$	嫂子
$a^{55}p\mathfrak{o}^{31}$	父亲	$a^{55}\textsl{l}a^{33}$	重孙
$a^{55}t\varphi i^{31}$	姐姐	$a^{31}\eta i^{55}m\mathfrak{o}^{33}$	妹妹
$a^{31}\eta i^{55}$	弟弟	$a^{55}p\mathfrak{o}^{31}$	父亲
$a^{55}mo^{31}$	母亲	$a^{55}pha^{55}mo^{55}$	爹娘
$a^{31}ph\mathfrak{o}^{31}$	父母	$a^{55}pha^{33}$	小姑父
$a^{55}xo^{31}$	嬢嬢	$a^{31}k\varepsilon^{55}$	舅舅
$a^{55}t\varphi o^{55}$	舅舅	$a^{55}m\gamma^{33}$	舅母

（2）a－位于表示动物的名词前。例如：

$a^{31}\eta\mathfrak{o}^{55}$	鹅	$a^{31}pi^{31}la^{31}xo^{31}$	蝴蝶
$a^{31}pi^{55}$	鸭子	$a^{31}pi^{31}tsh\mathfrak{o}^{31}$	甲子虫
$a^{55}\eta i^{55}$	猫	$a^{31}t\mathfrak{o}^{33}la^{31}m\mathfrak{o}^{33}kho^{55}kha^{31}$	大蜘蛛
$a^{55}lo^{31}p\varepsilon^{55}$	蝌蚪	$a^{55}kha\eta^{33}p\varepsilon^{55}po^{31}$	螃蟹
$a^{55}mu^{31}$	猴子	$a^{55}na^{33}$	乌鸦
$a^{55}pi^{55}li^{55}$	蜻蜓	$a^{55}po^{55}x\mathrm{u}^{33}$	蚌
$a^{55}t\mathrm{u}^{33}$	狐狸	$a^{55}tshi^{31}$	山羊
$a^{55}pi^{55}li^{55}$	蜻蜓	$a^{55}po^{55}x\mathrm{u}^{33}$	蚌
$a^{55}\eta i^{55}xa^{33}la^{33}$	野猫		

（3）a－位于方位名词前，具有近指的作用。例如：

$a^{13}t\mathfrak{o}^{33}$	这里	$a^{31}ph\mathfrak{o}^{55}$	这边
$a^{31}k\mathrm{u}^{33}$	外面	$a^{31}k\mathrm{u}^{33}a^{31}n\mathfrak{o}^{33}$	里里外外
$a^{31}na^{33}$	里面	$a^{55}xu\mathfrak{o}^{31}l\mathfrak{o}^{55}$	前边

a⁵⁵kua⁵⁵la⁵⁵tɕhi³³	中间	a⁵⁵la³¹	右
a⁵⁵nuɔ³³lɔ⁵⁵	后边	a³¹tha¹³	上面

（4）a‑位于少数人体器官名称前，主要作用是使词根双音节化。例如：

a⁵⁵khɯ⁵⁵	脚	a⁵⁵tsu³³	乳房

（5）a‑位于代词前。例如：

a³¹ɕi⁵⁵	谁	a³¹tɔ¹³kɔ³¹	谁个
a³¹mo³³	何时	a³¹tɔ³³	哪里
a³¹tɔ³³mɔ⁵⁵	什么	a³¹mo³³lo³¹	多少
a³¹mo³³kɔ³¹	几个	a³¹mɔ⁵⁵	这个
a³¹ju⁵⁵	这家		

（6）a‑作为配音音节①。位于重叠颜色形容词前的 a 没有词法或语义作用，只起到配音音节作用。例如：

a⁵⁵na³³na³³	黑黑的	a⁵⁵phu⁵⁵phu⁵⁵	白白的
a⁵⁵sɿ⁵⁵sɿ⁵⁵	黄黄的		

2）前加成分 ta³³ "初"，常附加在数词 "一" 至 "十" 的前边，表示农历日期。ta³³ 的来源还不清楚。值得注意的是，表示 "初一" 时，数词不用 thɔ³¹，而用 thi³¹。例如：

ta³³thi³¹	初一	ta³³n̠i³¹	初二
ta³³so³¹ᐟ⁵⁵	初三	ta³³li³¹ᐟ⁵⁵	初四
ta³³ŋɔ³¹	初五	ta³³tɕhi⁵⁵	初十

3）意义虚化前加成分。这些前加成分原来具有比较明确的语义，有的是单独的词语，有的是词根，与其他成分组合在一起后，词义虚化，并总出现在词头。残留的词语意义具有区分事物类别的作用，并使单音节词变为双音节词。值得注意的是，这样的前加成分数量较多，但构词能力有限。

（1）sa³¹。较古老的窝尼话中 "肉" 的读音是 sa³¹，如今普遍读为 sei¹³。sa³¹ 与少数表示身体器官的名词词根构成双音节词，也表示这些名词

---

① 傅爱兰、李泽然在《哈尼语的 a 音节》（《中央民族大学学报》1995 年第 6 期）一文中提到 a 可作为配音音节，加在单音节词素前构成双音节词。

与"肉"有关。在其他地方已难以看到 sa^{31} 的踪迹。例如：

sa^{31} + $z\gamma^{31}$（骨）	→sa^{31} $z\gamma^{31}$	骨头
sa^{31} + pho^{31}（肺）	→sa^{31} pho^{31}	肺
sa^{31} + $tsho^{31}$（肝）	→sa^{31} $tsho^{31}$	肝
sa^{31} + khu^{33}（筋）	→sa^{31} khu^{33}	肉，干巴

（2） pi^{31}。 pi^{31} 来源于 pi^{31} tsu^{31} "虫"， pi^{31} 不能单独使用，加在其他成分之前，一起构成表示虫类或具有虫类特征的小动物名词。例如：

$pi^{31/55}$ $\eta_i i^{55}$	萤火虫	pi^{31} ti^{55} li^{55}	蚯蚓
pi^{31} $t\varepsilon i^{55}$	虾	pi^{31} pho^{55}	蟑螂
pi^{31} po^{55}	甲鱼	pi^{31} mu^{55} $kh\gamma^{55}$ $s\gamma^{55}$	蜈蚣
pi^{31} ko^{33}	壁虱	pi^{31} ko^{55} xa^{33} $tshi^{55}$	蝗虫
pi^{31} fu^{55}	黑蚂蚁	pi^{31} mu^{31} $ło^{5}$ mu^{31}	毛毛虫

（3） la^{31}。 la^{31} 表示"手"，与其他语素一起构成与"手"有关的词语。例如：

la^{31} la^{31}	手	la^{31} xo^{31}	手掌
la^{31} xo^{31} lu^{31}	掌心	la^{31} $\eta_i i^{55}$	手指
la^{31} kho^{55} lu^{55}	手掌纹路	la^{31} ku^{31} $\eta_i i^{55}$ mo^{33}	腋
la^{31} mo^{33}	拇指	la^{31} phi^{55}	肩膀
la^{31} po^{31}	手背	la^{31} sw^{31}	指甲

以上词语中， la^{31} $\eta_i i^{55}$ "手指" 由 la^{31} "手" 和 $\eta_i i^{55}$ "小" 构成； la^{31} mo^{33} "拇指" 由 la^{31} 和 mo^{33} （表"大"后加成分）构成。其他与 la^{31} 组合的语素都不能单独使用。

（4） w^{55}。 w^{55} 在现代窝尼话中不能单独使用，常与其他成分构成与水有关的名词。与 w^{55} 组合的成分目前还不清楚其来源。例如：

w^{55} ko^{55} lo^{55}	水沟	w^{55} ko^{33} mi^{31}	水口
w^{55} ma^{31}	波浪	w^{55} pu^{31} xa^{55}	水田
w^{55} tso^{33}	口水	w^{55} $tsho^{55}$	河坝
w^{55} $ts\gamma^{31}$	大水	w^{55} tu^{31}	水井
w^{55} $\eta_i i^{55}$	洪水	w^{55} tho^{31}	水桶

（5） xa 或 xo。 xa、xo 不能单独使用，需与其他成分一起构成表示动物的名词。例如：

xa³¹ ji⁵⁵	豺狗	xɔ³¹ phɔ³¹	石蚌
xa³¹ zɿ³¹	豹子	xa³³ ka⁵⁵ la⁵⁵	野鸡
xa⁵⁵ n̠i⁵⁵ mɔ⁵⁵	绿头苍蝇	xa⁵⁵ pho³¹	苍蝇
xɔ³¹ kɔ⁵⁵	鹧鸪	xɔ³¹ ɬɔ³¹	老虎
xɔ⁵⁵ çi⁵⁵	蚊子	xɔ⁵⁵ sa³³	小黑虫

（6）zɔ³¹。与不同成分构成表不同年龄段的人。例如：

zɔ³¹ mo³¹	老人	zɔ³¹ mo³¹ phɔ³¹	老头
zɔ³¹ ɔ⁵⁵ zɔ³¹	男人	zɔ³¹ mi⁵⁵ zɔ³¹	女人
zɔ³¹ mi⁵⁵ khɣ³¹ mɔ³³	新娘	zɔ³¹ nu⁵⁵ nu⁵⁵	儿童
zɔ³¹ zu⁵⁵	儿子	zɔ³¹ khɣ³¹ mɔ³³	儿媳妇
zɔ³¹ mi³¹	女儿	zɔ³¹ hɔ³¹	弟兄

（7）ɬa⁵⁵。来源于ɔ³¹ɬa⁵⁵"舌头"，与其他成分构成与"舌"相关的词语。例如：

ɬa⁵⁵ vu³¹ tu³¹	舌尖	ɬa⁵⁵ khɯ⁵⁵ to³¹	舌根

（8）sɯ³³。是sɯ³³tso⁵⁵"树"的词根，与其他成分构成"树叶"、"树桩"等词。但这些词语只见于歌谣中。例如：

sɯ³³ xɣ³¹	大树	sɯ³³ tɕhi⁵⁵	树根
sɯ³³ pha³¹	树叶	sɯ³¹ la³¹	树枝

（9）tsa³³。是tsa³³kɯ³¹"草"的词根，与其他成分构成新词。例如：

tsa³³ tɕhi⁵⁵	草根	tsa³³ to³¹	草团

（10）lo⁵⁵。是lo⁵⁵mɔ³³"河"的词根，能构成的新词数量较少。例如：

lo⁵⁵ vu³¹ tu³¹	河头	lo⁵⁵ to³¹ mɛ³¹	河尾

4）后加成分。后加成分加在词根之后，有的表示语法意义，有的表示词语意义。窝尼话中常见的后加成分有 xɣ⁵⁵、zɔ³¹、si³¹、ta³³、tsho³¹、fu³¹、sɿ⁵⁵、sɔ⁵³、a⁵⁵、tɔ³³、mu³¹等。这些成分前面的语素有的能单独使用，有的必须同后加成分一起才能存在。

（1）－xɣ⁵⁵。主要添加在名词和代词后表示复数。例如：

zɔ³¹ ɔ⁵⁵ zɔ³¹ xɣ⁵⁵	男人们	zɔ³¹ mi³³ zɔ³¹ xɣ⁵⁵	女人们
sɿ⁵⁵ la³¹ nu⁵⁵ xɣ⁵⁵	小伙子们	sɿ⁵⁵ la³¹ mɔ³³ xɣ⁵⁵	小姑娘们
ŋɔ³³ xɣ⁵⁵	我们	na³³ xɣ⁵⁵	你们

ji⁵⁵xɤ⁵⁵   他们   zɔ³¹mo³¹xɤ⁵⁵   老人们

（2）– zɔ³¹ "幼小"，加在动物名词后表示尚未成年的动物。– zɔ³¹ 与前加成分 zɔ³¹– 在语义上有一定联系，都来源于"儿"义。例如：

pɔ¹³zɔ³¹   蜂儿   pi³¹fu⁵⁵zɔ³¹   蚂蚁儿

tshŋ⁵⁵a³¹zɔ³¹   小麂子   çoŋ³¹zɔ³¹   小熊

ŋa³³za³¹zɔ³¹   小鸟   mo³¹zɔ³¹   小马

zɔ³¹ 还用于表示人。以下三个词语中，除了 zɔ³¹mi⁵⁵zɔ³¹ "女人"一词可以拆析为 zɔ³¹mi³¹ "姑娘"和 zɔ³¹ 外，其他两个词中 zɔ³¹ 前面的语素不能单独存在。

xɔ³³mi⁵⁵zɔ³¹   妻子   zɔ³¹ɔ⁵⁵zɔ³¹   男人   zɔ³¹mi⁵⁵zɔ³¹   女人

（3）– si³¹。si³¹ 表"核、粒"之意，常常与一些词根构成表示粒状事物的名词。例如：

xo⁵⁵si³¹   雹子   zu⁵⁵si³¹   果子

ma³³tsi³³si³¹   眼珠   nu⁵⁵si³¹   心脏

tshɯ³¹si³¹   椎栗果   su⁵⁵si³¹   荸荠

mi⁵⁵si³¹   花生   nɤ³³ku³¹si³¹   豌豆

（4）– sɿ⁵⁵。sɿ⁵⁵ 表示"死"，位于动词之后，表示动作行为的程度达到极点。例如：

ku³³sɿ⁵⁵ 吓死   ɯ⁵⁵sɿ⁵⁵ 笑死   xɛn⁵⁵sɿ⁵⁵ 恨死

（5）– sɔ⁵³。sɔ⁵³ 表示"晴"，如 wo³¹sɔ⁵³ "天晴"。表示"好玩、好看"等意时，使用一种比较特殊的构词方式，即动词 + 名词化标记"kɔ³³ + sɔ⁵³"。例如：

ɔ⁵⁵ + kɔ³³ + sɔ⁵³ → 好看   ŋi⁵⁵ + kɔ³³ + sɔ⁵³ → 好玩

看   NOM   好   玩   NOM   好

tso⁵⁵ + kɔ³³ + sɔ⁵³ → 好在   ça³³ + kɔ³³ + sɔ⁵³ → 擦得舒服

在   NOM 好   擦   NOM   好

（6）– a⁵⁵，经常位于 tso⁵⁵ "在"，xo³¹ "站"之后，构成具有"地方"义的名词。例如：

tso⁵⁵a⁵⁵   在的地方   xo³¹a⁵⁵   站的地方

（7）– tɔ³³。常作为位格使用，可跟在名词、动词词根之后构成表示"方位"的名词。例如：

ma³³tsi³³　眼睛→ ma³³tɔ³³　眼里　　tɕhi³¹mi³³　嘴 → tɕhi³¹tɔ³³　嘴里

pi⁵⁵sŋ⁵⁵　托生→ pi⁵⁵tɔ³³　出生地　wo³¹łi⁵⁵　风 → łi⁵⁵tɔ³³　风里

wa¹³　　下 → wa¹³tɔ³³　下面　　ɯ⁵⁵　　　水 → ɯ⁵⁵tɔ³³　　水里

kuɔ³³　落 → kuɔ³³tɔ³³　西边　　tsha³¹　　煮 → tsha³¹tɔ³³　煮处

（8）– mu³¹。是"毛"的词根，与其他成分一起构成新词，构词能力较强。例如：

khɯ⁵⁵mu³¹　　　脚毛　　　　la³¹mu³¹　　　汗毛（手毛）

ma³³mu³¹　　　眉毛　　　　tsha³¹mu³¹　　汗毛

pi⁵⁵mu³¹　　　鸭毛　　　　xa³³mu³¹　　　鸡毛

　　一些后加成分表示名词的性，如 phɔ³¹位于名词之后，表示雄性，mɔ³³表示雌性。详细请参词类"名词的性"部分。

　　2. 复合词

　　复合词是词根与词根组合在一起构成的词。江荻指出："复合词是从句法继承而来，通过词汇化及其所催生的构词法而不断产生。"[①]因此，窝尼话中复合词各组成成分之间的关系基本上与句法结构关系一致，大致可分为联合式、偏正式、主谓式、动宾式、动补式，以及"词根＋词根＋后缀"等构成方式。由于复合词的结构和句法结构是平行的，所以有时二者比较难以区分。朱德熙在《语法讲义》中对汉语复合词和句法结构进行了区分：①组成成分里有不定位粘着语素的格式是复合词，不是句法结构。如果组成成分都是自由语素，整个格式可能是句法结构，也可能是复合词。②后一个音节是轻声的格式是复合词。如果读轻声的音节是定位语素，整个格式也可能是句法结构。③不能扩展的是复合词，能扩展的是句法结构。④句法结构的意义是它的组成部分的意义的综合，复合词的意义却不一定能从组成部分的意义看出来。[②]本书对窝尼话复合词和句法结构的区分也主要以这四点为基础。

　　1）联合式。主要由词义相近、相关或相反的语素并列构成，表示整体概念。窝尼话中的联合式复合词主要是名词。例如：

phu⁵⁵ + sŋ⁵⁵→ 金银　　　　　　　sa³¹ + xε³¹→ 蒸汽

---

① 江荻：《现代藏语复合名词的构词方法》，中国民族语言学会成立 40 周年学术讨论会发言，徐州，2019。

② 朱德熙：《语法讲义》，商务印书馆，1982，第 33 ~ 34 页。

银　　金　　　　　　　　　　气　　烟

$tsi^{55/31}$ + $tshi^{31}$ → 酒药　　　　pi^{33} + si^{31} → 布纽

酒　　药　　　　　　　　　　纽　　粒

$ɯ^{55}$ + $tshu^{31}$ → 水　　　　　　$mɔ^{55}nɔ^{55}$ + pa^{33} → 疮疤

水　　水　　　　　　　　　　疮　　疤

$xɔ^{55}ɬo^{31}$ + $ti^{33}mɔ^{33}$ → 平坝　　$i^{55}phi^{31}$ + $i^{55}zɔ^{33}$ → 祖宗

田　　　　坝子　　　　　　　爷爷　　奶奶

$a^{55}tɕi^{31}$ + $ȵi^{55}mɔ^{33}$ → 姐妹　　$kɣ^{31}pa^{33}$ + $xɯ^{55}ʂʅ^{31}$ → 金银财宝

姐姐　　妹妹　　　　　　　　铜元　　贝壳

$zɔ^{31}mo^{31}$ + $zɔ^{31}nu^{55}$ → 老老小小　$zɔ^{31}tshi^{33}$ + $zɔ^{31}sɔ^{31}$ → 孤儿

老人　　年轻人　　　　　　　儿 无父母　儿 穷

$a^{31}kɯ^{33}$ + $a^{31}nɔ^{33}$ → 里里外外　$tha^{13}tha^{13}$ + $wa^{13}wa^{13}$ → 上上下下

里　　外　　　　　　　　　　上上　　　下下

以上复合词中，多数词的组成成分是单个语素，比较简单。但少数词的构造比较复杂。例如 $kɣ^{31}pa^{33}xɯ^{55}ʂʅ^{31}$ "金银财宝" 一词包含了四个语素：$kɣ^{31}$ "铜"、pa^{33} "块"，$xɯ^{55}$ "贝"、$ʂʅ^{31}$（si^{31}）"粒"。历史上哈尼族以铜块和贝壳作为货币进行交换，因此 $kɣ^{31}pa^{33}xɯ^{55}ʂʅ^{31}$ 用来指代金银财宝。[①] 在现代窝尼话中，$kɣ^{31}$ "铜" 一词已被汉语借词 $thoŋ^{31}$ 所取代，$xɯ^{55}ʂʅ^{31}$ 也不再单独使用，这几个语素都只存在于 $kɣ^{31}pa^{33}xɯ^{55}ʂʅ^{31}$ 之中。除此之外，$a^{55}tɕi^{31}ȵi^{55}mɔ^{33}$ "姐妹" 也由四个语素组成：a^{55} 是位于亲属称谓之前的前缀，$tɕi^{31}$ "姐"，$ȵi^{55}$ "小、妹"，$mɔ^{33}$ 是表示女性的后缀。

2）偏正式。组成词的两个成分之间是修饰与被修饰的关系。修饰成分可以是名词，也可以是形容词。窝尼话中偏正式词语有两种。一种是中心成分在前，修饰成分在后；另一种是中心成分在后，修饰成分在前。偏正式复合词的词类性质是名词，具有名词的句法功能。

第一，中心成分在前，修饰成分在后的偏正式词语中，修饰成分通常由性质形容词充当。由这一种方式构成的复合词，语义经历了一定程度的转喻，不能直接从组成成分来预测复合词的语义。此外，中心词后面形容

---

① 段贶乐：《哈尼语中的货币史痕迹》，《民族翻译》2015 年第 2 期。

词的意义相对弱化，只说明复合词具有其描述的一些特征。例如：

$xo^{31} + ka^{33} \to$ 午饭　　　　　$sei^{13} + phu^{55} \to$ 肥肉

　饭　　冷　　　　　　　　肉　　白

$\text{w}^{55} + na^{33} \to$ 大黑蛇　　　　$sei^{13} + \text{ņi}^{55} \to$ 瘦肉

　蛇　　黑　　　　　　　　肉　　红

$mi^{31} + \text{ņi}^{55} \to$ 小老婆　　　　$tsi^{55} + phu^{55} \to$ 甜白酒（醪糟）

　女　　小　　　　　　　　酒　　白

$xɔ^{55} + na^{33} \to$ 火地　　　　　$xɔ^{55} + phi^{31} \to$ 山地

　田　　黑　　　　　　　　田　　红

$pi^{31} + tshi^{55} \to$ 甘蔗　　　　　$nɤ^{33} + pu^{31} \to$ 豆豉

　芽　　甜　　　　　　　　豆　　臭

以上名词与形容词构成的复合词不能进行扩展。例如 $xo^{31} ka^{33}$ "中饭"中间不能加其他成分。但这一词语的来源与 $ka^{33} k\text{w}^{33} xo^{31}$ "冷的饭"有关。通常，窝尼人吃完早饭就出去干活，中午的时候不再回家吃饭，而在山野田间吃早上带出去的饭菜。这时，饭菜已经凉了。因此，$xo^{31} ka^{33}$ "冷饭"通指午饭，不再具体指某一凉了的饭。$sei^{13} phu^{55}$ "肥肉"、$sei^{13} \text{ņi}^{55}$ "瘦肉"一开始显然是以肉的颜色来区分，但现在并不特指红颜色的肉或白颜色的肉。

第二，修饰成分在前，中心语在后的偏正式。窝尼话中常见的前偏后正式有四种：①由形容词修饰成分加名词成分构成。②由名词性成分作为修饰语，后加"大类"名词成分构成。③由两个名词词根构成，前一个名词词根对后一个名词词根具有修饰作用。④由动物名称加 fu^{31} "年"构成表示十二属相的名词。

A. 形容词成分修饰名词成分。窝尼话中"形容词＋名词"构成复合词的情况比较少见，只发现以下几例。例如：

$ka^{33} + tho^{31} \to$ 冷季　　　$tshɔ^{55} + tho^{31} \to$ 热季　　　$pɔ^{33} + \text{ɬ}ɔ^{33} \to$ 月亮

冷　时候　　　　　　热　时候　　　　　　亮　月

B. 名词成分加"大类"名词成分。与 $nai^{33} pai^{33}$ "豆"组合的词已不能独立表达意义，也难以探知其来源，必须和"大类"名词在一起才有意义。例如：

sin³¹ + zo³³tso⁵⁵→ 桃树   si³¹li⁵⁵mɔ⁵⁵ + zo³³tso⁵⁵→ 梨树

桃子　树   梨　　　　　　树

ɯ⁵⁵mɯ³¹ + zo³³tso⁵⁵→ 柳树   pi³¹tsɿ⁵⁵ + zo³³tso⁵⁵→ 桑树

柳　　　　树   桑　　　　　树

ɯ⁵⁵tsu⁵⁵ + sɯ³³tso⁵⁵→ 杉椤树   nɤ³³pho⁵⁵ + nai³³pai³³→ 黄豆

杉椤　　　　树   （词义不明）豆

kɔ³¹li⁵⁵ + nai³³pai³³→ 蚕豆   nɤ³³tɕhi⁵⁵ + nai³³pai³³→ 豇豆

（词义不明）豆   （词义不明）豆

C. 两个名词语素组合构成名词，前面的语素对后面语素具有修饰和限制作用。例如：

wo³¹ + ɬi⁵⁵→ 风   khɯ⁵⁵ + mu³¹→ 脚毛

天　　风   脚　　毛

tsho⁵⁵ + xo⁵⁵→ 人家   ɕi⁵⁵ + piu⁵⁵→ 虮子

人　　房   虱子　蛋

tɕhi⁵⁵ + zi³¹→ 谷种   va³¹ + tsɔ⁵⁵→ 猪食

谷　　籽   猪　　食物

xɔ⁵⁵ + mu³¹→ 杂草   la³¹ + tshɯ³¹→ 手关节

田　　毛   手　　节

ma³³ + mu³¹→ 眉毛   khɯ⁵⁵ + tshɯ³¹→ 脚关节

眼　　毛   脚　　节

nɤ³³ + pi³¹→ 豆芽   kɤ³¹ + pa³³→ 铜元（金钱）

豆　　芽   铜　　块

D. 表示动物名称的名词加 fu³¹ "年" 构成表示十二属相的名词。例如：

fu⁵⁵fu³¹	子（鼠）	nu³¹fu³¹	丑（牛）
la³¹fu³¹	寅（虎）	tho³¹ɬa³³fu³¹	卯（兔）
lo³³fu³¹	辰（龙）	sɛ⁵⁵fu³¹	巳（蛇）
mo³¹fu³¹	午（马）	zu⁵⁵fu³¹	未（羊）
mu³¹fu³¹	申（猴）	xa³³fu³¹	酉（鸡）
khɤ³¹fu³¹	戌（狗）	va³¹fu³¹	亥（猪）

E. 少部分名词由动词语素加名词语素构成。动词语素说明名词语素的特点或用途。例如：

tho^{31} + khɤ^{31}→ 穿山甲　　　　si^{31} + ɬo^{33}→ 磨刀石

穿梭　狗　　　　　　　　磨　石

tsi^{31} + phu^{31}→ 榔头　　　　　tsi^{31} + lo^{55}　→ 打谷盆

打　坨　　　　　　　　　打　船

以这种方式构成的词大多是生活用具。一些被汉语替代的单音节词仍然保留在复合词中。例如 lo^{55} "船"一词，绿春大寨哈尼话中为 lo^{31}，水癸豪尼话中为 ly̤^{31}，菜园碧约话中为 lu^{31}，现代窝尼话中借用汉语方言 tʂhuaŋ^{31}，但在 tsi^{31}lo^{55} 中得到保留。

3）主谓式。组成词的两个成分，前一个是被陈述对象，后一个对前者进行陈述。窝尼话中以这种方式构成的复合词主要是具有名词性质的词。例如：

ɯ^{55} + tu^{33}→ 出水地　　　　ma^{33} + tsho^{31}→ 瞎子

水　出　　　　　　　　　眼睛　跑

mi^{55} + ɬu^{33}→ 地震　　　　　wo^{31} + tʂɿ^{31}（tsɿ^{31}）→ 雷

地　动　　　　　　　　　天　打

以上通过主谓式构成的词语已完全具有名词的特征和功能，中间不能插入其他成分。有趣的是，这些复合词可与第二个语素同形的动词构成 ABB 式短语。如"出水"为 ɯ^{55}tu^{33}tu^{33}，"眼瞎"为 ma^{33}tsho^{31}tsho^{31}，"打雷"为 wo^{31}tʂɿ^{31}tʂɿ^{31}，"地震"为 mi^{55}ɬu^{33}ɬu^{33}。

4）动宾式。组成词语的两个成分，前一个表示动作或行为支配的对象，后一个表示动作或行为。例如：

xa^{33} + so^{31}→ 阉鸡（阉过的鸡）　　khɤ^{31} + so^{31}→ 骟狗（骟过的狗）

鸡　阉　　　　　　　　　　　狗　骟

nu^{31} + so^{31}→ 阉牛（阉过的牛）　　mo^{31} + so^{31}→ 骟马（骟过的马）

牛　阉　　　　　　　　　　　马　骟

tsu^{31} + tshi^{31}→ 裤带　　　　　khɯ^{55} + tsho^{31}→ 袜子

腰　系　　　　　　　　　　脚　戴

ka^{31} + tsi^{31}→ 石磨　　　　　mi^{31} + ka^{31}→ 柴堆

面　打　　　　　　　　　　柴　堆

5）动补式。组成词的两个成分，前一个表示动作或行为，后一个表示由该动作或行为所产生的结果。窝尼话中大部分作补语的成分是语法标记，没有实在意义。但在日常使用中，一些体、貌标记常跟动词一起出现。例如：

$the^{55} + t\varphi hi^{33} \rightarrow$ 打架 　　　$tso^{55} + xa^{55} \rightarrow$ 难过

打　　REC 　　　　　　在　　难

$tso^{55} + tsho^{31} \rightarrow$ 坐 　　　　$k\varepsilon^{31} + ta^{33} \rightarrow$ 躺、靠

坐　　DUR 　　　　　　躺　　DUR

$n\mathfrak{o}^{55} + x\mathfrak{o}^{31} \rightarrow$ 问 　　　　$ku^{55} + tsha^{31} \rightarrow$ 放下

问　　ATT 　　　　　　放　　SUS

6）窝尼话中一些词通过"词根 + 词根 + 后加成分"的方式构成复合词。两个词根之间是动宾关系，后加成分为 $ph\mathfrak{o}^{31}$、$m\mathfrak{o}^{33}$。$ph\mathfrak{o}^{31}$ 表示男性，$m\mathfrak{o}^{33}$ 表示女性。三个成分在一起构成表示职业或某种身份的词语。例如：

$x\mathfrak{o}^{31}\l u^{55} + ku^{33} + ph\mathfrak{o}^{31} \rightarrow$ 男裁缝 　　$x\mathfrak{o}^{31} + s\mathfrak{o}^{55} + ts\mathfrak{o}^{31} + ph\mathfrak{o}^{31} \rightarrow$ 乞丐

衣服　　做　男 　　　　　　　饭　找　吃　男

$khai^{55} no^{33} + ku^{33} + ph\mathfrak{o}^{31} \rightarrow$ 鞋匠 　　$ko^{31} tsha^{31} + ku^{33} + ph\mathfrak{o}^{31} \rightarrow$ 厨子

鞋子　　做　男 　　　　　　　菜　　做　男

$ku^{31} tsu^{31} + tsho^{31} + ph\mathfrak{o}^{31} \rightarrow$ 猎人 　　$tsh\mathfrak{1}^{55} a^{31} + \eta a^{33} + p\mathfrak{w}^{33} + ph\mathfrak{o}^{31} \rightarrow$ 打猎人

山　　跑　男 　　　　　　　麂子　鸟　打　男

$\l o^{33} + tsi^{33} + ph\mathfrak{o}^{31} \rightarrow$ 石匠 　　　$min^{55} + sua\eta^{55} + ph\mathfrak{o}^{31} \rightarrow$ 算命先生

石头 打　男 　　　　　　　命　算　男

$nai^{55} pai^{33} + ku^{33} + ph\mathfrak{o}^{31} \rightarrow$ 泥水匠 　$n\mathfrak{o}^{55} + zi^{55} + ph\mathfrak{o}^{31} \rightarrow$ 男医生

泥巴　　做　男 　　　　　　病　医　男

$nu^{31} + fu^{55} + ph\mathfrak{o}^{31} \rightarrow$ 养牛人 　　$nu^{31} + vu^{55} + ph\mathfrak{o}^{31} \rightarrow$ 牧童

牛　养　男 　　　　　　　牛　放　男

$so^{55} + tsi^{33} + ph\mathfrak{o}^{31} \rightarrow$ 铁匠 　　　$n\mathfrak{o}^{55} + \mathfrak{o}^{55} + ph\mathfrak{o}^{31} \rightarrow$ 男病人

铁　打　男 　　　　　　　病　看　男

$tsho^{55} + vu^{31} + ph\mathfrak{o}^{31} \rightarrow$ 男疯子 　　$vu^{31} tu^{31} + tshu^{33} + ph\mathfrak{o}^{31} \rightarrow$ 理发匠

人　疯　男 　　　　　　　头　　剃　男

$tshua\eta^{31} + xua^{13} + ph\mathfrak{o}^{31} \rightarrow$ 船夫 　　$ts\mathfrak{1}^{31} m\mathfrak{o}^{55} + ph\mathfrak{o}^{31} \rightarrow$ 官

船　　划　男 　　　　　　　官　　男

$x\mathfrak{o}^{31}\l u^{55} + ku^{33} + m\mathfrak{o}^{33} \rightarrow$ 女裁缝 　$n\mathfrak{o}^{55} + zi^{55} + m\mathfrak{o}^{33} \rightarrow$ 女医生

衣服　　做　女 　　　　　　病　医　女

$$n\mathfrak{o}^{55} + \mathfrak{o}^{55} + m\mathfrak{o}^{33} \rightarrow 女病人 \qquad tsho^{55} + vu^{31} + m\mathfrak{o}^{33} \rightarrow 女疯子$$
　　病　看　女　　　　　　　人　疯　女

7）窝尼歌谣中常见一种由动词或形容词与 $l\mathfrak{o}^{33}x\mathfrak{o}^{55}x\mathfrak{o}^{55}$ 或 $l\mathfrak{o}^{55}xa^{33}xa^{33}$ 构成的四音格结构，在句子中后面跟该动词或形容词加 φi^{31}（$t\varphi i^{55}$）ηi^{31}，韵律十分优美。例如：

$wo^{55}l\mathfrak{o}^{33}x\mathfrak{o}^{55}x\mathfrak{o}^{55}$	做死做活	$khu^{31}l\mathfrak{o}^{33}x\mathfrak{o}^{55}x\mathfrak{o}^{55}$	苦死苦活
$\eta\varepsilon n^{31}l\mathfrak{o}^{55}x\mathfrak{o}^{55}x\mathfrak{o}^{55}$	念死念活	$tu^{31}l\mathfrak{o}^{55}x\mathfrak{o}^{55}x\mathfrak{o}^{55}$	想死想活
$s\mathfrak{o}^{31}l\mathfrak{o}^{55}x\mathfrak{o}^{55}x\mathfrak{o}^{55}$	穷死穷活	$wo^{55}l\mathfrak{o}^{55}xa^{33}xa^{33}$	做死做活
$ku^{33}l\mathfrak{o}^{55}xa^{33}xa^{33}$	做死做活	$khu^{31}l\mathfrak{o}^{55}xa^{33}xa^{33}$	做死做活

$wo^{55}l\mathfrak{o}^{55}xa^{33}xa^{33} wo^{55} \varphi i^{31} \quad \eta i^{31}.$
做死做活　　做　还　衬
做死做活的做。

$\eta\varepsilon n^{31}l\mathfrak{o}^{55}x\mathfrak{o}^{55}x\mathfrak{o}^{55} \eta\varepsilon n^{31} \quad t\varphi i^{55} \eta i^{31}.$
念死念活　　　念　衬　衬
念死念活的念。

四　窝尼话词语的双音节化

从以上窝尼话的构词方式，以及一些词语在古歌谣中出现的形式来看，窝尼话词语具有双音节化的倾向。常见的有名词、动词和形容词，其中，名词的数量较多。

(一) 名词的双音节化

一些名词在日常生活中以双音节的形式出现，但在歌谣中以单音节的形式出现。例如：

日常用语	词义	在歌谣中出现的形式	歌谣译文
$la^{31}la^{31}$	手	$la^{31} ku^{55} ta^{33} \quad ph\mathfrak{o}^{55}mi^{55} to^{31}.$	手儿轻巧地甩。
		手　甩　DUR 轻巧　衬	
$a^{55}khu^{55}$	脚	$khu^{55} to^{33} \mathfrak{o}^{55} \quad mi^{55}v\varepsilon^{31} ti^{55} t\varepsilon^{33}.$	看脚脚好看。
		脚　LOC 看 衬 团 PRT 衬	
$t\varphi hi^{31}mi^{33}$	嘴	$nu^{55} t\varphi hi^{31} t\mathfrak{o}^{33} \quad p\mathfrak{o}^{31} t\varphi i^{55} to^{31}.$	你嘴上讲。

你　　嘴　LOC　讲　衬　衬

to³¹thi⁵⁵　　声音　pa³¹sʅ⁵⁵ thi⁵⁵ tɔ³³ phɔ³³ kɔ⁵⁵.　　小哥声音若听到。

　　　　　小哥　声音LOC CONJ　听

ma³³tsi³³　　眼睛　ma³³ tɔ³³ ɔ⁵⁵ mi⁵⁵ phɔ³³ sai⁵⁵，　看眼眼好看。

　　　　　眼　LOC 看 衬 CONJ 漂亮

ma³³phɯ³¹　脸　kɯ⁵⁵sʅ⁵⁵ phu³¹ li³³ phɔ³³ mo⁵⁵ a⁵³. 小郎面容如得见。

　　　　　小哥　　面 衬 CONJ 见　PRT

从上面例句来看，名词双音节化的方式有重叠词根、添加前缀 a、添加后缀、与其他词根组合等方式。其中，重叠词根的方式最为少见，只见 la³¹la³¹ "手" 一词。比较常见的是添加前缀 a，以这样的方式构成的双音节词数量较多。此外，如以上章节讨论，单音节词成为类义词缀或后缀，与其他成分一起构成双音节词，或者单音节名词后添加一些语法成分，构成双音节词语。

（二）动词的双音节化

动词的单音节变为双音节，常见的是几个表感官义的词，在其后面添加尝试貌标记 xɔ³¹ 构成。例如：

日常用语 词义 在歌谣中出现的形式　　　　　　　歌谣译文

kɔ³³xɔ³¹　听　kɔ³³ xɯ⁵⁵ pu⁵⁵ kɯ³³ pɑ³¹mu³¹ kɔ³¹. 听话的小妹记心上。

　　　　　听　肯　很　的　小妹　个

nɔ⁵⁵xɔ³¹　听　nɔ⁵⁵ lɔ⁵⁵ so³¹ pi⁵⁵ khu⁵⁵ fu³¹ ni⁵³. 听到应三声。

　　　　　听　来　三　声　喊　回　衬

ɔ⁵⁵xɔ³¹　看　khɯ⁵⁵ tɔ³³ ɔ⁵⁵ mi⁵⁵ vɛ³¹ tɕi⁵⁵ tɛ³³. 看脚脚好看。

　　　　　脚　LOC看衬 团 衬 衬

少数词在后面加ʂʅ³¹（si³¹，sʅ³¹）。比如 zɔ⁵⁵sʅ³¹ "认识"，kɔ¹³ʂʅ³¹ "知道"，分别在词根 zɔ⁵⁵、kɔ³³ 后加ʂʅ³¹（si³¹，sʅ³¹）构成双音节。

（三）形容词的双音节化

形容词最为常见的双音节化方式是在其前面加 zo³³，但在现代窝尼话中，zo³³ 的使用频率在降低，并且加 zo³³ 后形容词可直接在句中作谓语。但在歌谣中，不见形容词词根加 zo³³ 的情况。

第四章

实　词

朱德熙先生指出，词类是反映词的语法功能的类，词类是根据词的语法功能分出来的。[1] 他把汉语的词分为实词和虚词两大类，并从功能和意义两个方面对实词和虚词作出区别：从功能上看，实词能够充任主语、宾语或谓语，虚词不能充任这些成分。从意义上看，实词表示事物、动作、行为、变化、性质、状态、处所、时间等，虚词有的只起语法作用，本身没有什么具体的意义。除此之外，实词和虚词还有以下一些区别：①实词绝大部分是自由的（能单独成句），虚词绝大部分是粘着的（不能单独成句）。②绝大部分实词在句法里的位置是不固定的，可以前置，也可以后置。绝大部分虚词在句法结构里的位置是固定的。③实词是开放类，虚词是封闭类。根据语法功能，实词包括体词和谓词两大类，体词包括名词、处所词、方位词、时间词、区别词、数词、量词和体词性代词。谓词包括谓词性代词、动词和形容词。虚词则包括副词、介词、连词、助词、语气词、拟声词和感叹词。

以上实词和虚词的分类，除副词外，各家的分类比较一致。除朱德熙先生持副词虚词说外，其他还有黎锦熙[2]，吕叔湘[3]，陆俭明、马真[4]和罗杰瑞[5]等学者；持副词实词说的有陈望道[6]、胡裕树[7]、邢公畹[8]、刘月华[9]

---

① 朱德熙：《语法讲义》，商务印书馆，1982，第 38~41 页。
② 黎锦熙：《新著国语文法》，商务印书馆，1924。
③ 吕叔湘主编《现代汉语八百词》增订本，商务印书馆，1999。
④ 陆俭明、马真：《现代汉语虚词散论》，北京大学出版社，1985。
⑤ 罗杰瑞：《汉语概说》，张惠英译，语文出版社，1995。
⑥ 陈望道：《文法简论》，上海教育出版社，1997。
⑦ 胡裕树主编《现代汉语》增订本，上海教育出版社，1981。
⑧ 邢公畹主编《现代汉语教程》，南开大学出版社，1994。
⑨ 刘月华等：《实用现代汉语语法》增订本，商务印书馆，2004。

等学者。王力先生在《中国现代语法》① 中则认为副词居于虚实之间。

　　窝尼话是分析性很强的一种语言，优势语序为 SOV，主要靠语序和虚词来表现语法关系。本书根据语法功能，把窝尼话词汇分为实词和虚词两个大类。根据窝尼话的实际情况，把副词划归实词，因此窝尼话的实词包括名词、动词、形容词、代词、数词、量词、副词等七类。

一　名词

　　名词是表示人、事物、时间、地点或抽象概念的名称。窝尼话的名词可分为普通名词、抽象名词、专有名词、集合名词和方位名词。作为 SOV 语序语言，名词作前置修饰语时，语序为 N + GEN + N，但结合比较紧密的两个名词，中间无须使用属格标记 GEN，如 $xɔ^{31}$ $łɔ^{31}$ to^{31} $mɛ^{31}$ "老虎尾巴"。本节讨论窝尼话各类名词的功能，名词的性、数，名词指大和指小的表示法。

（一）普通名词

　　普通名词是表示人或事物名称的词。窝尼话是 SOV 语序，主语位于句首，宾语位于谓语之前。普通名词在句中可作主语、宾语、名词修饰语和同位语等。例如：

（52）tui^{55} $tɔ^{33}$ 　　$kɤ^{31}pa^{33}$ ji^{55} tu^{33} $lɔ^{31}$.

　　　　队　　LOC　　钱　　拿　出　DIR

　　　　队上拿出钱来。

（53）$ji^{55}xo^{55}$ $kɯ^{33}$ 　$tʂhuaŋ^{55}tsʅ^{31}$ $mɔ^{31}$ $tɕi^{31}phi^{31}$.

　　　　房子　GEN　窗户　　　没　关

　　　　房子的窗户没关。

（54）$zɔ^{31}ɔ^{55}zɔ^{31}$ $xɔ^{55}phi^{31}$ $xɯ^{31}$, $zɔ^{31}mi^{55}zɔ^{31}$ $mi^{31}tsa^{31}$ $tɤ^{33}$.

　　　　男人　　　地　挖　女人　　　柴　砍

　　　　男人挖地，女人砍柴。

---

① 王力：《中国现代语法》，商务印书馆，1985，第 13 页。

（55） khɣ³¹ tsho⁵⁵ lo⁵⁵　kho³¹ tshŋ³¹ ti⁵⁵.

　　　狗　人　ACC　咬　会　PRT

　　　狗会咬人。

（56） kai⁵⁵la³¹ zu⁵⁵tsi⁵⁵ tɕi⁵³ tsho⁵⁵ phɣ³¹ lɔ⁵⁵ a⁵³.

　　　油菜　籽　些　人　变　DIR　PRT

　　　油菜籽变成人了。

（57） xɔ³¹ɬɔ³¹ to³¹mɛ³¹ mɔ⁵⁵ tiau⁵⁵ thu⁵⁵ thɔ⁵³.

　　　老虎　尾巴　那　吊　起　PFV

　　　把老虎尾巴吊起来了。

（58） a⁵⁵ko³¹to³¹ mɔ⁵⁵ ŋɔ³³ kɯ³³　ŋɯ⁵⁵　ti⁵⁵, zɔ³¹ko³¹to³¹ mɔ⁵⁵ nu³³ kɯ³³

　　　这手镯　那　我　GEN　是　PRT　那手镯　那　你 GEN

　　　ŋɯ⁵⁵　ti⁵⁵.

　　　是　PRT

　　　这是我的手镯，那是你的手镯。

（59） a⁵⁵ta⁵⁵　nu³³mɔ³³ tu³¹, a⁵⁵tshu³³ nu³³mɔ³³ na³³.

　　　哥哥　良心　毒　嫂嫂　良心　黑

　　　哥哥良心毒，嫂嫂良心黑。

例（52）句中，kɣ³¹pa³³"钱"位于谓语 ji⁵⁵ tu³³ lɔ³¹"拿出来"之前作宾语。例（53）句中 ji⁵⁵xo⁵⁵"房子"修饰 tʂhuaŋ⁵⁵tsʅ³¹"窗户"，中间使用属格标记 kɯ³³ 连接。例（54）句是典型的 SOV 结构，zɔ³¹ɔ⁵⁵zɔ³¹"男人"、zɯ³¹mi⁵⁵zɔ³¹"女人"作主语，xɔ⁵⁵phi³¹"地"、mi³¹tsa³¹"柴"分别作谓语 xɯ³¹"挖"和 tɣ³³"砍"的宾语。例（55）中 khɣ³¹"狗"作主语，tsho⁵⁵"人"作宾语。由于 tsho⁵⁵ 是受事，其后须用对象个标记 lo⁵⁵ 来标示。例（56）、（57）句中 kai⁵⁵la³¹"油菜"修饰 zu⁵⁵tsi⁵⁵"籽"，xɔ³¹ɬɔ³¹"老虎"修饰 to³¹mɛ³¹"尾巴"，中间不使用任何标记，是因为修饰语和中心语的关系非常紧密，不是临时组成的修饰关系。例（58）句的谓语由判断动词 ŋɯ⁵⁵"是"充当，充当主语的中心语 ko³¹to³¹"手镯"和宾语是等同的，因而在宾语位置只保留了"代词 + 属格标记"，省略了被修饰语 ko³¹to³¹。例（59）句中 a⁵⁵ta⁵⁵"哥哥"和 a⁵⁵tshu³³"嫂嫂"分别作修饰语，nu³³mɔ³³"良心"作主语。

（二）抽象名词

窝尼话中常见的抽象名词有下面几个：

tsɔ³¹ fu⁵⁵	口福	ŋi³¹ xa³¹	鬼
pɛ³³	妖精	zo³³ ɬa⁵⁵	灵魂
ka³¹ xa³³	力气	sa³¹ tɕhi³³	声音
a⁵⁵ le³¹	影子	ma⁵⁵	梦
nu³³ mɔ³³	良心	ʐui¹³	生命

抽象名词可在句中作宾语、主语等成分。例如：

（60）xɔ³¹ ɬɔ³¹ thu⁵⁵ a⁵³, "wo⁵⁵ ti³¹ ti⁵⁵ a⁵³, zɔ³¹ nu³³ ŋɔ⁵⁵ tsɔ³¹ fu⁵⁵ tsa³³ ti⁵⁵".
　　　老虎　说　PRT　小东西　　今天　我　口福　有　PRT
　　　老虎说："小东西，今天我有口福了。"

（61）kɔ⁵⁵ mɔ³³ phin³¹ lu⁵⁵ pha³³ zɯ³¹　a⁵³, ka³¹ xa³³ tɕha⁵⁵ sɛn³¹; kɔ⁵⁵ ta³³ xa³³
　　　路　　平路　CONJ　走　PRT 力气　一点　省　坡路　硬
　　　kɯ³³　pha³³　zɯ³¹ a⁵³,　ka³¹ xa³³ mo³¹ ti⁵⁵.
　　　NOM CONJ　走　PRT　力气　要　PRT
　　　平路走来省力气，坡路走起来费力。（ka³¹ xa³³ 作宾语）

（62）a⁵⁵ nuɔ³³, tsho⁵⁵ kɔ³¹ ɕi⁵³ nɛ³³ xɔ³¹ ɬɔ³¹ zo³³ ɬa⁵⁵ khu³³ kɯ³³ no³³ xa³¹ tɕhi⁵⁵
　　　后来　　人　个　和　　老虎　魂　　喊　GEN 日子　择
　　　ji⁵⁵.
　　　去
　　　后来，人和老虎都选了一个日子去叫魂。

（63）pɛ³³　　ŋi³¹　ɔ⁵⁵ thu⁵⁵ a⁵³, ….
　　　妖怪　　二　个　说　PRT
　　　两个妖怪说，……

　　例（60）、（61）、（62）句中的 tsɔ³¹ fu⁵⁵ "口福"、ka³¹ xa³³ "力气"、
zo³³ ɬa⁵⁵ "魂"均在句中作宾语。例（63）句中的 pɛ³³ "妖怪"作主语。

（三）专有名词

　　"专有名词是指表示特有事物，或者特定人、特定地点的名称。"①专有

---

①　江荻、李大勤、孙宏开：《达让语研究》，民族出版社，2013，第70页。

名词在句中可充当主语、宾语、定语等成分。

1. 地点名词

窝尼话中常见的地点名词有下列几个，其中有的是汉语或彝语借词。例如：

kɯ³¹mi³³sɿ⁵⁵　　　岔河　　　　　ŋa³¹n̠i³³sɿ⁵⁵　　　亚尼乡

ŋa³¹lɔ³³ma³¹sɿ⁵⁵　亚尼河　　　　phɯ³¹ti³³lo⁵⁵mɔ³³　新平河

lo⁵⁵lɛ³³sɿ⁵⁵　　　罗里　　　　　ai⁵⁵lau³¹ku³¹tsu³¹　哀劳山

tɛ⁵⁵lu³³sɿ⁵⁵　　　得勒箐　　　　mo³¹′³³tshi³³xɯ³¹　洗马塘

ti³¹ka⁵⁵mo³¹　　　底嘎莫　　　　maŋ⁵³kaŋ⁵⁵　　　曼干

mo⁵⁵mi⁵⁵　　　　勐迷

表示地名的名词在句中常作主语、定语、宾语、状语等。例如：

（64）ji⁵⁵ kɯ³³mi⁵⁵sɿ⁵⁵kɯ³³　 tsho⁵⁵, ji⁵⁵ kɯ³³ zo³³mo⁵⁵mɔ⁵⁵ a⁵⁵tshau⁵⁵ tɛ³³
　　　他 岔河　　　GEN 人　他 GEN 名字　那 阿抽　　OCP
　　　khu⁵⁵ kɯ³³　　liɛ¹³xo⁵⁵ ti⁵⁵.
　　　喊　　NOM　像　　PRT
　　　他是岔河人，名字好像叫"阿抽"。

（65）kɯ³¹mi³³sɿ⁵⁵kɯ³³ ku³¹tsu³¹a⁵⁵pa³³lɔ⁵⁵ko³³vu³¹tu³¹, ku³¹tsu³³ vu³¹tu³¹
　　　岔河　　　　GEN 山　箐　头　　　　山　　头
　　　pɛ³³kho⁵⁵pu³³ thɔ³¹ ɔ⁵⁵ tsa³³　 ti⁵⁵.
　　　妖怪洞　　　一 个 有　　PRT
　　　岔河山上，箐头，山头上有一个妖怪洞。

（66）zɔ¹³tho³¹ma⁵⁵lu³³, tɛ⁵⁵lu³³sɿ⁵⁵ tɔ³³　 a⁵⁵tshi³¹vu³³　 kɯ³³　zɔ³¹nu⁵⁵nu⁵⁵a³¹
　　　很久以前　　　得勒箐　 LOC 羊　放　　GEN　娃娃
　　　tshɿ³¹ kɔ³¹ tso⁵⁵ ti⁵⁵.
　　　一　 个 有 PRT
　　　很久以前，得勒箐有一个放羊的小孩。

（67）phu³³tɯ³³ kɯ³³ tsho⁵⁵ lo⁵⁵lɛ³³sɿ⁵⁵ tɔ³³　 li³³ kɯ³³　 no³¹ ti⁵⁵.
　　　寨子　GEN 人 罗里　　 LOC 去 NOM 少 PRT
　　　村里的人很少去罗里。

（68）ji⁵⁵ lɯ³¹tɯ⁵⁵sɿ⁵⁵ tɔ³³　 li³³　a⁵³.
　　　他 勒达　　　LOC 去 PRT
　　　他去勒达了。（lɯ³¹tɯ⁵⁵sɿ⁵⁵作宾语）

例（64）、（65）句中 kɯ³³ mi⁵⁵ sɿ⁵⁵ "岔河"均作定语，后面需跟助词 kɯ³³ "的"一起修饰其后成分。例（66）、（67）、（68）句中地点名词后均跟处所格标记 tɔ³³，例（67）、（68）句中地点名词与 tɔ³³ 一起位于谓语之前作宾语。例（66）句中地点名词和 tɔ³³ 位于时间状语之后作地点状语。

2. 人名

窝尼人的名字都使用汉名，故事中出现一些人名中有的是彝族人名。例如：

phu³¹ ji⁵⁵ tʂhun³³　　普应春　　　　　　a⁵⁵ phi⁵⁵ saŋ⁵⁵ kɯ³¹　　阿皮桑格

phu³¹ phi⁵⁵　　普皮　　　　　　　　　a⁵⁵ lu⁵⁵　　　　　阿鲁

（69）　phu³¹ ji⁵⁵ tʂhun³³　mo³¹　mɔ⁵⁵　tsɿ³¹ ta³³　thɔ⁵³　　tɛ³³，　　mo³³ tshi³³ xɯ³¹ kɯ³³

　　　　普玉春　　　　马　那　　骑　上　PFV　SEQP　　洗马塘　　　GEN

　　　　tɔ³³　　po⁵⁵ phu³³ lɔ³¹.

　　　　地方　飞　过　DIR

　　　　普玉春骑上马，飞到洗马塘来。

（70）　phu³¹ phi⁵⁵ a⁵⁵ tshi³¹ mɔ⁵⁵ khaŋ³¹ khɔ³³ tɛ³³，çau³¹ lu⁵⁵　mɔ⁵⁵　tɔ³³ tɛ³³

　　　　普皮　　羊　　　那　扛　下　SEQP　小路　　那　ABL

　　　　ka⁵⁵ tɕi⁵⁵ tɕi⁵⁵ ja⁵³.

　　　　上前　　　PRT

　　　　普皮扛着羊，从小路走到（老爷）前面去了。

（71）　tshɿ³¹ nu³³ kɔ⁵³，　　a³¹ pi⁵⁵ wo³¹ phɔ³¹ phu³¹ ji⁵⁵ tʂhun³³ lo⁵⁵　　tei⁵⁵ tʂo¹³.

　　　　一日　　LOC　　卖鸭子的人　普应春　　　　　ACC　遇　着

　　　　一天，（一个）卖鸭子的人遇到普应春。

以上三句中，例（69）、（70）句中人名 phu³¹ ji⁵⁵ tʂhun³³ 和 phu³¹ phi⁵⁵ 均作主语。例（71）句中的人名作宾语。其后所跟的 lo⁵⁵ 标示其宾语地位。

（四）集合名词

集合名词指成群的人或事物，与指代个数的名词相对立，不受数量短语或指示词等修饰语的限制。例如：

za³¹ xa³¹ zo³³ tsho³¹　　朋友　　　　　　i⁵⁵ phi³¹ i⁵⁵ zɔ³³　　祖宗

a⁵⁵ pha⁵⁵ mo⁵⁵　　　　爹娘　　　　　　mɛ⁵⁵ nu⁵⁵　　　　亲戚

pha³¹ mo³³ ȵi⁵⁵ nu³³　　兄弟姐妹　　　　a⁵⁵ tɕi³¹ ȵi⁵⁵ mɔ³³　姐姐妹妹

tshŋ³¹ to⁵⁵ nɔ³³	一家人	zo³³ kɔ³³ lɔ³³	野生物
pa³³ tsʅ⁵⁵	泥鳅、鳝鱼总称	pi³¹ tsu³¹ pi³¹ na⁵⁵	虫虫鸟鸟
ŋa³³ tshʅ⁵⁵ ŋa³³ tsha³³	雀雀鸟鸟	to⁵⁵ na³³	树<u>丛</u>
ko³¹ tsha³¹	蔬菜	fu⁵⁵ nu⁵⁵	蘑菇
tu⁵⁵ pu³¹ xɔ³¹ ɬu⁵⁵	衣服裤子	zɔ³¹ mo³¹ zɔ³¹ nu⁵⁵	老老小小

集合名词可在句中作主语或宾语等成分。例如：

（72）zɔ³¹ mo³¹ zɔ³¹ nu⁵⁵ mɛ⁵⁵   zʅ⁵⁵ kɯ³³   zʅ⁵⁵,   ɯ⁵⁵ kɯ³³   ɯ⁵⁵,   ji³³ kɯ³³   ji³³,

     老老小小   PAUP 唱 NOM 唱   笑 NOM 笑   跳 NOM 跳

     tshŋ³¹ pɔ⁵⁵ mɔ³³ sʅ⁵⁵ tɛ³³   ni⁵⁵ kɔ³³ sɔ⁵³.

     一寨   ADV   好玩

     老老小小的唱的唱，跳的跳，一寨的好玩了。

（73）wo⁵⁵ xa⁵⁵ nu⁵⁵   kɯ³³   wo⁵⁵ zɔ³¹ kɯ³³   tu⁵⁵ pu³¹ xɔ³¹ ɬu⁵⁵ sei⁵⁵ tɛ³³   tɕhɔ³³

     她 男人   GEN   她儿子 GEN   衣服裤子   收 SEQP 洗

     tɛ³³   ɬo³¹ ta³³.

     SEQP 晒   DUR

     收拾、洗晒她男人、儿子的衣服裤子。

例（72）句中 zɔ³¹ mo³¹ zɔ³¹ nu⁵⁵ "老老小小"作主语。例（73）句中 tu⁵⁵ pu³¹ xɔ³¹ ɬu⁵⁵ "衣服裤子"作宾语。

（五）方位名词

窝尼话中表"东、南、西、北"的方位词，据一位 80 多岁的老人回忆，她曾听老一辈人念作 ʂʅ³¹ "东"、nɔ³¹ "南"、tse³¹ "西"、zi³¹ "北"，但现在已没有人知道。在歌谣中，歌词 tha¹³ lo⁵⁵ mɔ³³ lo⁵⁵ tsɔ⁵⁵ kuɔ³¹ tɔ³³ zo³¹ ja⁵³ to³¹ "天上太阳转啊，转到西边去了"，kuɔ³¹ tɔ³³ 可理解为"西边"义，tɔ³³ 可表方位、处所，kuɔ³¹ 的来源还不清楚。羊毛冲村的窝尼人使用太阳升起和落下的短语来表示东、西的方位概念。例如 ɔ⁵⁵ tshɔ⁵⁵ tu³³ lɔ⁵⁵ kɯ³³ phɔ³¹ "太阳出来的那边"为东边；ɔ⁵⁵ tshɔ⁵⁵ lɔ³¹ ji⁵⁵ kɯ³³ phɔ³¹ "太阳落下的那边"为西边。但"南"、"北"借用汉语。

窝尼话中单纯方位词只见 tha¹³ "上"、wa¹³ "下"两个。其他的都与前加或后加成分结合成合成方位词，单纯词不再单独使用。方位名词后都可以跟通常用作位格标记的 tɔ³³ 结合。有的已经结合得非常紧密，在处所词或方位词充当句法成分时，tɔ³³也必须出现，与方位名词构成一体。

tha¹³	上	wa¹³	下
tha¹³tɔ³³	上方	wa¹³tɔ³³	下方
ɛ⁵⁵fɛ³³	左	a⁵⁵la³¹	右
xɔ¹³phɔ³³	这边	zɔ¹³phɔ³³	那边
a⁵⁵kua⁵⁵la⁵⁵tɕhi³³	中间	lɔ⁵⁵xɯ⁵⁵	对面
ma³³phu³¹	对面	xo⁵⁵tɔ³³	里面
i⁵⁵nu³³xo⁵⁵tɔ³³	里面	a³¹na³³	里面
mɔ⁵⁵tɔ³³	里面	a⁵⁵xuɔ³¹lɔ⁵⁵	前边
a³¹kɯ³³	外面	xuɔ¹³tɔ³³	面前
a⁵⁵nuɔ³³lɔ⁵⁵	后边	a³¹kɯ³³	前边
nuɔ³³tɔ³³	后面	nuɔ³³	后
pɔ³¹tɕi⁵⁵	旁边	na⁵³nu⁵⁵	后面

方位名词在句中可作状语、主语、谓语等成分。例如：

（74）a³¹kɯ³³ zɔ³¹mo³¹ tshŋ³¹ kɔ³¹ lɔ⁵⁵ ŋa³¹.

前边 老人 一 个 来 PRT

前边走来了一个老人。

（75）xo³¹zɔ³¹ mɔ⁵⁵ tsɔ⁵⁵tsŋ³³ tha¹³.

饭碗 那 桌子 上

碗在桌子上。

（76）xo³¹zɔ³¹ mɔ⁵⁵ tsɔ⁵⁵tsŋ³³ wa¹³.

饭碗 那 桌子 下

碗在桌子底下。

（77）ŋa³³mɔ³³ thɔ¹³ ji⁵⁵ tɔ³³ po⁵⁵lɔ³¹, nɔ¹³nɔ¹³ tɛ³³ ji⁵⁵ kɯ³³ a⁵⁵xua³¹lɔ⁵⁵

凤凰 一只 她 ALL 飞 来 乖乖 ADV 她 GEN 前面

tɔ³³ nɔ³¹thɔ⁵³.

LOC 停 PFV

一只凤凰向她飞来，乖乖地停在她的面前。

（78）ji⁵⁵xo⁵⁵ wa¹³tɔ³³.

家 下面

在家下面。

（79）ji⁵⁵xo⁵⁵ ma³³phu³¹tɔ³³.

　　　家　　对面

　　在家对面。

（80）a⁵⁵ pɛ³³kho⁵⁵pu³³ wa¹³tɔ³³ ɯ⁵⁵tsho⁵⁵ pu⁵⁵li³³ thɔ³¹ ɔ⁵⁵ tsa³³ ti⁵⁵.

　　　这 妖怪洞　　下面　坝塘　　靠内 一　个 有 PRT

　　妖怪洞下面有一个靠内的坝塘。

例（74）句中的方位名词 a³¹kɯ³³ "前边" 作状语。例（75）、（76）句中没有介词，tha¹³ "上"、wa¹³ "下" 在句法上作状语。例（77）句中 a⁵⁵xua³¹lɔ⁵⁵ "前面" 后跟 tɔ³³，充当宾语。例（78）、（79）句中 wa¹³ "下"、ma³³phu³¹ "对面" 后跟 tɔ³³，在句中充当谓语。例（80）句中 wa¹³tɔ³³ "下面" 充当主语。

tɔ³³ 作为表处所的一个成分，具有虚、实两重性。词义较虚时，须粘附在其他实义成分之后，构成方位名词、指示代词；或者跟在实义名词或代词后作为位格、向格等使用。词义较实在时，可以单独作为一个句子成分使用。

1. tɔ³³ 可与表 "前"、"后"、"里"、"外"、"上"、"下" 等义的词一起构成方位名词。例如：

tha¹³tɔ³³　　　上方　　　　　wa¹³tɔ³³　　　　下方

xo⁵⁵tɔ³³　　　里面　　　　　a³¹kɯ³³tɔ³³　　外面

xuɔ¹³tɔ³³　　　前面　　　　　nuɔ³³tɔ³³　　　后面

2. 与 "这"、"那" 义词一起构成指示地点的指示代词。例如：

a¹³tɔ³³　　这里　　　xɔ¹³tɔ³³　　这里（稍远）　　za¹³tɔ³³　　那里

3. tɔ³³ 跟在实义名词后，作为位格使用。例如：

（81）sɯ³³tso⁵⁵ tɔ³³ kua⁵⁵ ta³³ ji⁵⁵.

　　　树　　LOC 挂　上　DIR

　　挂到树上去。

（82）ɬi⁵⁵po⁵⁵lo⁵⁵ tɔ³³ phɤ³³ tsɔ³¹.

　　　火堆　　　LOC 烧　吃

　　在火堆里烧吃。

（83）ji⁵⁵xo⁵⁵ tɔ³³ khɯ⁵⁵ ja⁵³.

　　　家　LOC 到　PRT

　　到家里去。

4. 跟在名词或代词后作向格。例如：

（84）wo^{31} kɯ^{33} ȵi^{31} ŋɔ^{13} tsho^{55} kɔ^{31} tɔ^{33} pau^{31} tʂɛn^{55} thi^{31} phɤ^{31} ti^{55}.

　　天　GEN　神　　二个人　个　ALL　保证　　提　敢　PRT

　　天神敢向人们提保证。

（85）ji^{55} wa^{33}mo^{31} tɔ^{33} khu^{55}.

　　他　他母亲　ALL　喊

　　他向他母亲喊。

（86）ji^{55} tɔ^{33} pu^{55} lɔ^{31}.

　　她　ALL　飞　来

　　向她飞来。

5. tɔ^{33}可以作为实词使用，表"里"、"处"、"地方"等义，常位于带有"的"义的kɯ^{33}之后。例如：

（87）ji^{55} ʐui^{55} mɔ^{31} mo^{31} mɛ^{55} mi^{33}pɛ^{31} kɯ^{33} tɔ^{33} tsho^{31} ji^{55} ti^{55}.

　　她命　不　要　ADV　裂缝　的　地方　跑　去　PRT

　　她不要命地朝着裂缝跑去。

（88）tɕo^{55} tʂ̩^{31}mɔ^{55} kɯ^{33} tɔ^{33} khɔ^{33}ʂ̩^{31} ja^{53}.

　　就　官　　的　地方　告诉　　PRT

　　就到衙门里去告官。

（89）zɔ^{31}nu^{55}nu^{55} a^{31}kɔ^{31} wo^{55} a^{55}tɕo^{55} tɔ^{33} ȵi^{55}kɔ^{33} ji^{55}, nɔ^{55}kɯ^{33}tɔ^{33} mɤ^{31} lɔ^{53}.

　　娃娃　　这个　他　舅舅　地方玩　DIR　疼的　地方　好　PRT

　　这个小孩到他舅舅家去玩，疼处痊愈了。

6. 在古歌谣中，tɔ^{33}作为实词使用得更加普遍，可单独受形容词、名词或动词的限制，作句子成分的中心语。例如：

（90）ku^{31}tsu^{31} xɔ^{55} xɤ^{31} xɔ^{55} mo^{55} tɔ^{33}.

　　山　　最　大　最　高　地方

　　在最大最高的高山上。

（91）ɬi^{55} tɔ^{33} po^{55}mi^{55} ji^{55} pi^{31} mo^{31} tɕi^{55} tɛ^{33}.

　　风　地方　顺着　去　让　要　衬词

　　让（她）顺风吹着去。

（92）pi^{55}a^{31} pi^{55} tɔ^{33} mɔ^{31} khɯ^{55} tɛ^{33}.

　　托生　托　地方　没　到　衬词

没能托生到这样的地方。

（93） su^{31} tɔ^{33} kho^{31}li^{33} mɔ^{31} ti^{55} to^{31}.

领　地方 可怜　　不 止 衬词

可可怜怜的抚养大。

（六）名词的一些特点分析

窝尼话的名词有性、数、指大、指小等表示方法。在句法上，名词兼有表领属、修饰的功能。

1. 名词的数

窝尼话名词的复数表示方法有两种。一种是在指人的名词后加 xɤ^{55}，另一种是在名词后加 tɕi^{53}。tɕi^{53} 可用于指人、动物、植物等名词之后，没有限制。

1）在名词或代词后加 xɤ^{55} 表示复数。例如：

zɔ^{31}ɔ^{55}zɔ^{31} xɤ^{55}	男人们	zɔ^{31}mi^{33}zɔ^{31} xɤ^{55}	女人们
sɿ^{55}la^{31}nu^{55} xɤ^{55}	小伙子们	sɿ^{55}la^{31}mɔ^{33} xɤ^{55}	小姑娘们

2）tɕi^{53} 可用在可数或不可数的名词后面。例如：

zɔ^{31}mo^{31} tɕi^{53}	老人些	sɿ^{55}la^{31} tɕi^{53}	年轻人些
zɔ^{31}nu^{55}nu^{55} a^{31} tɕi^{53}	娃娃些	pin^{33} tɕi^{53}	兵些
tsho^{55} tɕi^{53}	人些	li^{31}mɔ^{33} tɕi^{53}	孙女些
ŋa^{33}za^{31} tɕi^{53}	鸟些	nu^{31} tɕi^{53}	牛些
xɔ^{55}na^{33} tɕi^{53}	火地些	zu^{33}tsi^{33} tɕi^{53}	菜籽些
na^{55}tɕhi^{33} tɕi^{53}	土些	mo^{31}ȵi^{31} tɕi^{53}	东西些

2. 名词的性

窝尼话中表示事物性别的成分共有三个，phi^{55}、mɔ^{33} 和 phɔ^{31}。其中 phi^{55} 和 phɔ^{31} 表示雄性，mɔ^{33} 表示雌性。phi^{55} 只能用于动物，phɔ^{31} 和 mɔ^{33} 既可用于动物，也可用于人。

1）在飞禽类动物名词后加 –phi^{55} 表示雄性。例如：

ɛ^{13}lo^{33} wɔ^{33} phi^{55}　公鹅　　xa^{33} phi^{55}　公鸡　　pi^{55} phi^{55}　公鸭

2）雄性后加成分 –phɔ^{31}，可用于动物，也可用于人。

在大型动物名词后加 –phɔ^{31}，表示雄性。例如：

mo^{31} phɔ^{31}　公马　　nu^{31} phɔ^{31}　公牛　　va^{31} phɔ^{31}　阉公猪

用于人，表示男性。例如：

a^{31}zɔ^{31}phɔ^{31}	女婿	a^{55}zɤ^{31}phɔ^{31}	男结巴
mi^{31}ȵi^{55}phɔ^{31}	继父	mi^{31}tshi^{31}phɔ^{31}	鳏夫
zɔ^{31}mo^{31}phɔ^{31}	老头	ʐu^{31}phɔ^{31}	公公
ta^{55}fu^{55}phɔ^{31}	富人	tsho^{55}sɔ^{31}phɔ^{31}	穷人

3）雌性后加成分 - mɔ^{33}。可用于修饰人，也可用于修饰动物名词。

在动物名词后加 - mɔ^{33}，表示雌性。例如：

ɛ^{13}lo^{33}wɔ^{33}mɔ^{33}	母鹅	xa^{33}mɔ^{33}	母鸡
mo^{31}mɔ^{33}	母马	nu^{31}mɔ^{33}	母牛
pi^{55}mɔ^{33}	母鸭	va^{31}mɔ^{33}	阉母猪

在名词后加 - mɔ^{33}，表示女性。例如：

a^{31}ȵi^{55}khɯ^{31}mɔ^{33}	弟妇	a^{31}ȵi^{55}mɔ^{33}	妹妹
ȵi^{55}ȵi^{55}mɔ^{33}	小姑	i^{31}ȵi^{55}mɔ^{33}	姨妹
a^{55}zɤ^{31}mɔ^{33}	女结巴	ȵi^{33}mɔ^{33}	巫婆
mi^{31}ȵi^{55}mɔ^{33}	继母	mi^{31}tshi^{31}mɔ^{33}	寡妇
pi^{31}ta^{33}mɔ^{33}	女乞丐	tsi^{55}zɔ^{31}mɔ^{33}	女媒人
tsho^{55}vu^{31}mɔ^{33}	女疯子	zɔ^{31}khɤ^{31}mɔ^{33}	儿媳妇
zɔ^{31}mi^{55}khɤ^{31}mɔ^{33}	新娘	ʐu^{31}mɔ^{33}	婆婆

3. 名词的指大和指小表示法

1）后加成分 - mɔ^{33}位于名词之后，表体积"大"或居于头领地位。例如：

lo^{55}mɔ^{33}	太阳	kɔ^{55}mɔ^{33}	路
ɬo^{33}mɔ^{33}	石头	zu^{55}mɔ^{33}	房间
phɔ^{31}mɔ^{33}	脚拇指	la^{31}mɔ^{33}	手拇指
pi^{31}ȵi^{55}mɔ^{33}	大蚂蚁王	ko^{33}mɔ^{33}	大背篓
tho^{31}mɔ^{33}	大池塘	zɔ^{33}mɔ^{33}	象
to^{31}mɔ^{33}	木头	ŋa^{33}mɔ^{33}	大雁（凤凰）
xɔ^{55}ȵi^{55}mɔ^{33}	绿头苍蝇	xo^{33}mɔ^{33}	鸡枞

2）小称表示法。窝尼话中表示小称的方式常见的有以下三种：

在名词后加 ti^{55}ti^{55}，a^{55}ti^{55}ti^{55}可以单独使用，表示任何小的事物。其来源还不清楚。例如：

ŋa³³ti⁵⁵ti⁵⁵	小鸟	xa³³ti⁵⁵ti⁵⁵	小鸡
wo⁵⁵ti³¹ti⁵⁵	小东西	va³¹ti⁵⁵ti⁵⁵	小猪

重复双音节名词的后一个音节。例如：

la³¹ȵi⁵⁵ȵi⁵⁵	小手指	va³¹ɬi⁵⁵ɬi⁵⁵	小公猪
zɔ³¹nu⁵⁵nu⁵⁵	小孩	xa³³phi⁵⁵phi⁵⁵	小公鸡
khɣ³¹ɕi⁵⁵ɕi⁵⁵	小跳蚤	ta³¹lu⁵⁵lu⁵⁵	小小的池塘
fu³³tsha³¹tsha³¹	小老鼠	ŋa³³za³¹za³¹	小鸟（才孵出）

在以上小称后，可加配音音节－a³¹或－a⁵³，构成四音节词，意思不变。例如：

xa³³ti³³ti³³a³¹	小鸡	la³¹ȵi⁵⁵ȵi⁵⁵a³¹	小手指
va³¹ɬi⁵⁵ɬi⁵⁵a³¹	小公猪	zɔ³¹nu⁵⁵nu⁵⁵a³¹	小孩
va³¹ti⁵⁵ti⁵⁵a⁵³	小猪	wo⁵⁵ti³¹ti⁵⁵a⁵³	小东西
xa³³phi⁵⁵phi⁵⁵a⁵³	小公鸡	a⁵⁵ti⁵⁵ti⁵⁵a⁵³	小东西

在表示小动物的名词后加tsha³¹，表示"幼小"义。例如

xa³³	鸡	xa³³tsha³¹	小鸡
fu³³tsha³¹	老鼠	fu³³tsha³¹tsha³¹	小老鼠
a³¹pi³¹tsha³¹	甲子虫	a³¹pi³¹tsha³¹tsha³¹	小甲子虫
kɯ⁵⁵tsha³¹	蜥蜴	kɯ⁵⁵tsha³¹tsha³¹	小蜥蜴

4. 名词表领属、修饰关系

名词后加领属格标记kɯ³³，修饰其后的名词，表示领属或修饰关系。常见的有普通名词、地点名词、时间名词、方位名词等。

1）普通名词、地点名词等＋kɯ³³＋名词构成具有领属关系的短语。例如：

a⁵⁵tço⁵⁵kɯ³³mo³¹	舅舅的马	kɯ³³mi⁵⁵sʅ⁵⁵kɯ³³tsho⁵⁵	岔河人
nu³¹kɯ³³ka³¹xa³³	牛的力气	mo³¹kɯ³³zu⁵⁵mu³¹	马的毛
zu⁵⁵mɔ³³kɯ³³mi³¹tsa³¹	屋子里的火	phu³³tɔ³³kɯ³³tsho⁵⁵	村里的人
tshɯ³¹nɯ⁵⁵kɯ³³sɔ⁵⁵pɔ³¹	今年的红糖		
ku³¹tsu³¹kɯ³³fu⁵⁵nu⁵⁵	山上的菌		
ji⁵⁵xo⁵⁵kɯ³³tʂhuaŋ⁵⁵tsʅ³¹	房子的窗户		
ŋɔ³³ȵi⁵⁵kɯ³³phi³¹tshi⁵⁵	我兄弟的脾气		
zɔ³¹nu⁵⁵nu⁵⁵kɯ³³nɔ⁵⁵ku⁵⁵	孩子的病		
mi⁵⁵su⁵⁵phɔ³¹kɯ³³ji⁵⁵xo⁵⁵	财主的家		

mo³³tshi³³xɯ³¹kɯ³³i⁵⁵tshu³¹　　　　　　洗马塘的水

ŋɔ⁵⁵wa³³ta⁵⁵kɯ³³pɛ³³ku³¹　　　　　　哥哥的砍刀

2）时间名词、方位名词＋kɯ³³＋名词构成具有修饰关系的短语。例如：

zɔ³¹mi⁵⁵sa³³lu³³kɯ³³xo³¹　今晚的饭　　vu³¹tshi³³kɯ³³xo³¹　　　晚饭

mi⁵⁵nu³³kɯ³³wo³¹ɬi⁵⁵　昨天的风　　tha¹³kɯ³³tshʅ³¹pɔ³³ɬɔ³³　上个月

zɔ³¹tho³¹kɯ³³zɔ³¹mi³¹　古时的姑娘　a⁵⁵nuɔ³³kɯ³³sin³³tshʅ³³　下个星期

a⁵⁵nuɔ³³kɯ³³kɔ⁵⁵mɔ³³　　　　　　　今后的路

zɔ³¹mi⁵⁵sa³³lu³³kɯ³³lu³¹tiɛn³¹　　　　晚上六点钟

在具有明确领属关系的短语中，可以省略属格标记kɯ³³。例如：

（94）ɔ⁵⁵phi³¹saŋ⁵⁵kɯ³¹la³¹la³¹ŋɔ¹³　mi⁵⁵tsha³¹pha⁵⁵tsho³³mo⁵⁵tʂo³¹.

　　　阿皮桑格　　　　手　两只　地　　爬　DUR　见　PFV

　　　看见阿皮桑格的两只手爬在地上。

（95）a⁵⁵phi³¹saŋ⁵⁵kɯ³¹nu³³mɔ³³mɤ³¹ti⁵⁵.

　　　阿皮桑格　　　　心　　好　PRT

　　　阿皮桑格的心好。

（96）zɔ³¹pɔ⁵⁵lɔ⁵⁵a⁵⁵kua⁵⁵la⁵⁵tɕhi³³mi³³pɛ³¹pɛ³¹ja⁵³.

　　　悬崖　　　中间　　　　　裂开　　PRT

　　　悬崖的中部裂开了。

（七）名词化的分析

名词化指谓词性成分语法化为体词性成分的过程。认知语言学认为，概念物化是名词化的根本机制。即人们对事物进行认知时，通过概念隐喻，把物理实体或抽象实体概念化。从语义功能的角度来看，"名词化指的就是把某个过程或特征看作事物，而词性转换只是这种现象得以实现的一种方式"①。窝尼话中谓词性成分转化为体词性成分的方式主要有两种：一种是在动词、形容词后加名词化标记kɯ³³，另一种是句子的谓语部分是否定式时，在动词之后加kɔ³³。

1. 动词的名词化

1）一般情况下，在动词后加kɯ³³使之名词化。例如：

---

① 朱永生：《名词化、动词化与语法隐喻》，《外语教学与研究》2006 年第 2 期。

zɯ³¹ kɯ³³ 走   thi⁵⁵ kɯ³³ 催   fu⁵⁵ kɯ³³ 养   wo⁵⁵ kɯ³³ 做

tsɔ³¹ kɯ³³ 吃   to⁵⁵ kɯ³³ 喝   zʅ⁵⁵ kɯ³³ 唱   tsho³¹ kɯ³³ 跑

ji³³ kɯ³³ 跳   tsi³¹ kɯ³³ 打   pa³¹ kɯ³³ 抬   kai⁵⁵kɯ³³ 盖

动词加 kɯ³³ 名词化后，常在句中充当主语，宾语等成分，有的位于句首充当话题。例如：

（97） tsɔ³¹ᐟ¹³ kɯ³³ mɔ³¹ tsa³³ tɕa⁵³.

       吃   NOM 没 有   PRT

       没有吃的了。

（98） ŋɔ⁵⁵ xɛ³¹ kɯ³³   ku³³ a⁵⁵nɛ³³, so⁵⁵ lɔ⁵⁵   ti³¹ ti⁵⁵.

       我 偷 NOM 怕 CONJ   守 DIR PRT

       我怕（贼）偷，所以来守着。

（99） tsɔ³¹ kɯ³³, tsi⁵⁵pa³¹ to⁵⁵ kɯ³³, zʅ⁵⁵ kɯ³³, tsho³¹ kɯ³³, ji³³ kɯ³³,

       吃 NOM 酒   喝 NOM 唱 NOM 跑   NOM 跳 NOM

       i⁵⁵tso⁵⁵tso⁵⁵ nɔ³¹ thɔ⁵⁵   tɕa⁵³.

       全部   停 PFV PRT

       吃的，喝酒的，唱的，跑的，跳的，都停下来了。

（100） tsɔ¹³ kɯ³³   tshʅ³¹ kɔ³¹ᐟ³³ tshʅ³¹ kɔ³¹ tsɔ³¹ tshi³¹ ti⁵⁵, wo⁵⁵ kɯ³³

       吃   NOM 一 个   一 个 吃 会 PRT 做 NOM

       tshʅ³¹ kɔ³¹ᐟ³³ tshʅ³¹ kɔ³¹ wo⁵⁵ mɔ³¹ tshi³¹.

       一 个   一 个 做 不 会

       吃，人人都会，做，不是人人都能。

以上例句中的名词化成分，例（97）句中的作主语；例（98）句中的作宾语；例（99）、（100）句中的作话题。

2）在动宾短语后加 kɯ³³，使整个短语名词化。例如：

（101） so⁵⁵ tsi³¹ kɯ³³, nu³¹ vu³³ kɯ³³, to³¹mɔ³³ pa³¹ kɯ³³, ji⁵⁵xo⁵⁵ kai⁵⁵ kɯ³³,

       铁 打 NOM 牛 放 NOM 木头   抬 NOM 房子   盖 NOM

       i⁵⁵tso⁵⁵tso⁵⁵ tɛ³³ xa¹³tɔ³³ xo³¹ tsɔ³¹ ti³¹ti⁵⁵.

       全部   ADV 这里 饭 吃 PRT

       打铁的，放牛的，抬木头的，盖房子的，都在这里吃饭。

3）在小句后加 kɯ³³，使整个小句名词化后充当句中的主语、宾语或话题等成分。

A. 小句名词化后在句中充当主语。例如：

（102）zɔ¹³ tho³¹ nu³³ xa¹³ tɔ³³ tsho⁵⁵ lɔ⁵⁵ kɯ³³　tu¹³ no³¹ ti⁵⁵.

那时候　　这里　人　来 NOM 很　少 PRT

那时候很少有人到这儿来。

（103）a⁵⁵ kɔ⁵⁵ ta³³ mɔ⁵⁵ sɯ³³ tso⁵⁵ ti⁵⁵ kɯ³³　tu¹³ mɤ³¹ a⁵³.

这山坡　那　树　　栽 NOM　很　好 PRT

这山坡种树最合适。

（104）a³³ kɔ³¹ mo³¹ wo⁵⁵ kɯ³³ kɯ³¹ tsʅ³¹ mɔ³¹ tɯ³¹, ji⁵⁵ xa⁵⁵ mɤ³¹ᐟ⁵⁵ tɛ³³　wo⁵⁵

那个　活计做 NOM 实在　不 行　他 好好　　ADV 做

kɔ³³　mɔ³¹ nu⁵⁵.

NOM　不　想

这个人做活计不踏实，好好的不做。

B. 小句名词化后在句中充当宾语。例如：

（105）nu⁵⁵ ŋɔ³³ xɤ⁵⁵ lo⁵⁵　zɯ³¹ kɯ³³　thɔ³¹ thi⁵⁵.

你 我们　ACC　走 NOM　别　催

你不能催我们走。

（106）ji⁵⁵ lo⁵⁵　va³¹ fu⁵⁵ kɯ³³　tshi³³ ʂʅ⁵⁵ xɔ³¹　pi³¹.

他 ACC 猪 养　NOM　一下 试　ATT　给

让他试试养猪。

（107）ŋɔ⁵⁵ na³³ xɤ⁵⁵ lo⁵⁵　thi⁵⁵ kɯ³³　mɔ³¹ tu³¹.

我 你们　ACC 催　NOM　不　想

我不想催你们走。

（108）ja⁵⁵ xɤ⁵⁵ sʅ⁵⁵ la³¹ tɕi⁵³ zʅ⁵⁵ kɯ³³　ɔ⁵⁵ xɔ³¹ ji⁵⁵　lɛ³³.

他们　年轻人 些 唱 NOM 瞧 ATT DIR PRT

去看他们年轻人唱。

　　例（105）、（106）句中，发生名词化的小句 ŋɔ³³ xɤ⁵⁵ lo⁵⁵ zɯ³¹ "让我们走" 和 ji⁵⁵ lo⁵⁵ va³¹ fu⁵⁵ "让他养猪" 中主语后都带有宾格标记 lo⁵⁵，表示其谓语部分发生的动作是受到主句中主语的影响而发生的。例（107）句中发生名词化的小句是 na³³ xɤ⁵⁵ lo⁵⁵ thi⁵⁵，thi⁵⁵ "催" 是主句主语发生的动作，na³³ xɤ⁵⁵ "你们" 是 thi⁵⁵ 的对象，因此其后须接宾格标记 lo⁵⁵。例（108）句中名词化部分是 ja⁵⁵ xɤ⁵⁵ sʅ⁵⁵ la³¹ tɕi⁵³ zʅ⁵⁵ kɯ³³ "他们年轻人唱的",在整个句子中作宾语。由于 zŋ⁵⁵ "唱" 是小句主语 ja⁵⁵ xɤ⁵⁵ sŋ⁵⁵ la³¹ tɕi⁵³ 主动发出的动作,其后没有宾格标记 lo⁵⁵。

C. 小句名词化后位于句首充当话题。例如:

(109) ka³¹li³³ ȵi³¹ xuɔ³¹ tsɔ³¹ kɯ³³　ŋɔ⁵⁵ ŋɯ⁵⁵ ti⁵⁵.

　　　汤圆　两　碗　吃　NOM　我　是　PRT

　　　吃两碗汤圆的是我。

(110) ko³¹tsha³¹ ti⁵⁵ kɯ³³　a⁵⁵mo³¹ ŋɯ⁵⁵ ti⁵⁵.

　　　菜　　栽　NOM　母亲　是　PRT

　　　妈妈栽的是菜。

(111) ŋɔ⁵⁵ mo⁵⁵ tʂo¹³　kɯ³³　ji⁵⁵ ko³¹tsha³¹ mɔ⁵⁵ tsɔ⁵⁵tsŋ³³tɔ³³　ku⁵⁵tha³³

　　　我　见　PFV　NOM　他　菜　　那　桌子　LOC　放

　　　thɔ⁵³.

　　　PFV

　　　我看见他把菜放在桌子上了。

(112) ŋɔ⁵⁵ tɯ³³ka³¹ kɯ³³　ɛ⁵⁵　nu³³ju⁵⁵ kɯ³³　sɔ⁵⁵　ŋɔ³¹ tso⁵⁵mo³³ a⁵³.

　　　我　记得　NOM　PAUP　你家　GEN　麦子　借　EXP　PRT

　　　我记得借过你家的麦子

(113) ŋɔ⁵⁵ kɔ⁵⁵ lɔ⁵⁵　kɯ³³　ji⁵⁵ lɯ³¹tɯ⁵⁵sŋ⁵⁵ tɔ³³　lɔ⁵⁵ tso⁵⁵mo³³ a⁵³.

　　　我　听　PRT　NOM　他　勒达　　LOC　来　EXP　PRT

　　　我听说他来过勒达。

以上例句中,例(109)、(110)句中名词化后的小句逻辑意义上是句子的宾语,提到句首成为话题,表示强调。例(111)、(112)、(113)句中,逻辑意义上,名词化标记 kɯ³³ 后的小句是整个句子的宾语,但是由于添加名词化标记的作用,kɯ³³ 前面的小句概念化为一个整体事件,位于句首成为话题。

　　4)句中谓语是 mɔ³¹ xo⁵⁵ "不用"、mɔ³¹ mi⁵⁵ "不及"、mɔ³¹ nu⁵⁵ "不想" 等词语时,在动词后加名词化标记 kɔ³³,使小句名词化后在句中作主语。例如:

nɔ⁵⁵xɔ³¹ kɔ³³　问　　　ȵi⁵⁵ kɔ³³　　哭　　　tsŋ¹³ kɔ³³　急

kuaŋ³¹ kɔ³³　管　　sei⁵⁵li³¹ kɔ³³　收拾　　ma³¹ kɔ³³　忙

tɕhɔ³³ kɔ³³　洗　　tsɔ³¹ kɔ³³　吃　　　wo⁵⁵ kɔ³³　做

（114）na³³xɤ⁵⁵nɔ⁵⁵xɔ³¹ kɔ³³　　mɔ³¹ xo⁵⁵ tɕa⁵³.
你们　问　NOM　不用　PRT
你们不用问了。

（115）nu⁵⁵ ȵi⁵⁵　kɔ³³　mɔ³¹ xo⁵⁵.
你 哭　NOM　不　用
你不用哭了。

（116）nu⁵⁵ tsɿ¹³　kɔ³³　mɔ³¹ xo⁵⁵, nu⁵⁵ a³¹tɛ⁵⁵ pɔ³¹ a³¹tɛ⁵⁵ ŋa⁵³.
你 急　NOM 不 用　你　怎么 说　怎么 是
你不用急，你怎么说怎么是。

（117）ŋɔ³³ tshi³¹tsho⁵⁵ kuaŋ³¹ kɔ³³　　mɔ³¹ xo⁵⁵.
我　任何事　管　NOM　不　用
你什么都不用管。

（118）sei⁵⁵li³¹ kɔ³³　　mɔ³¹ xo⁵⁵.
收拾　NOM　不　用
不用收拾。

（119）i⁵⁵tshɔ³¹, nu⁵⁵ ma³¹ kɔ³³　　mɔ³¹ xo⁵⁵.
老姊妹 你 忙　NOM　不　用
老姊妹，你不用忙。

（120）a⁵⁵mo³¹ mɔ³¹ ŋɯ⁵⁵, tɕhɔ³³ kɔ³³　　mɔ³¹ xo⁵⁵.
妈妈 不 是　洗　NOM　不　用
（她）不是妈妈，不用洗。

（121）ji⁵⁵ ma³¹ tɛ³³　　nɔ⁵⁵xɔ³¹ kɔ³³　　mɔ³¹ mi⁵⁵.
她 忙 SEQP　问　　NOM　不　及
她忙着，不用问。

（122）ji⁵⁵ xa⁵⁵mɤ³¹ᐟ⁵⁵ tɛ³³　wo⁵⁵ kɔ³³　mɔ³¹ nu⁵⁵.
他 好好　ADV 做 NOM 不 想
他不想好好的干活。

（123）ŋɔ⁵⁵ tsɔ³¹ kɔ³³　　mɔ³¹ mi⁵⁵.
我 吃 NOM　不 闲
我没空吃。

5）kɔ³³与一些动词结合表示"舒服，好玩，得意"等义，后面常跟

$sɔ^{53}$ "好"。例如：

$tso^{55}kɔ^{33}sɔ^{53}$　　舒服　　　　　　　　$tso^{55}kɔ^{33}sɔ^{53}$　　得意

$ɔ^{55}kɔ^{33}sɔ^{53}$　　好看　　　　　　　$tu^{31}kɔ^{33}sɔ^{53}$　　安心

（124）$zɔ^{31}kɔ^{31}ji^{55}xo^{55}tɔ^{33}$　　$tso^{55}ɕi^{55}nɛ^{33}ji^{55}tu^{31}kɔ^{33}$　　$sɔ^{53}ti^{55}$.

儿子　家　LOC 在 CONJ 他 想 NOM 好 PRT

只有在儿子回家的时候，她才稍微安心一些。

（125）$mɔ^{31}ŋɯ^{55}ŋɔ^{55}li^{33}kɔ^{33}$　　$mɔ^{31}nu^{31}$, $taŋ^{33}miɛn^{55}pɔ^{31}kɔ^{33}$　　$mɔ^{31}sɔ^{53}$.

不 是 我 去 NOM 不 想 当面　　说 NOM 不 好

$ŋɔ^{55}li^{33}nu^{55}mɔ^{31}n̠i^{31}$, $taŋ^{33}miɛn^{55}pɔ^{31}kɔ^{33}$　　$mɔ^{31}sɔ^{53}$.

我 去 想 不 想 当面　　说 NOM 不 好

虽然我也不想去，但又不便当面说。

（126）$wa^{33}ta^{55}tɕo^{55}wo^{31}mɔ^{33}mɔ^{55}tso^{55}kɔ^{33}sɔ^{53}$.

他 哥哥 就 肚子 那 在 NOM 好

他哥哥肚子就舒服了。

（127）$ji^{55}n̠i^{55}kɔ^{33}sɔ^{53}$, $a^{31}tɔ^{33}tshɻ^{31}nu^{33}ji^{55}ɯ^{55}tsɻ^{31}tsɻ^{31}n̠i^{55}kɔ^{33}$,

他 玩 NOM 好 每天　　　 他 澡 洗 玩 NOM

$kɔ^{55}mɔ^{33}zɯ^{31}n̠i^{55}kɔ^{33}$, $zɻ^{55}n̠i^{55}kɔ^{33}$.

路 　　走 玩 NOM 唱 玩 NOM

他好玩啦，每天游游泳，走走路，唱唱歌。

$kɔ^{33}$与$n̠i^{55}$"玩"已经结合得非常紧密，因此人们把$n̠i^{55}kɔ^{33}$作为一个动词使用，并在其后加$kɯ^{33}$使其名词化。例如：

（128）$zɔ^{31}nu^{55}nu^{55}a^{31}pi^{31}tsu^{31}pi^{31}na^{55}n̠i^{55}kɔ^{33}kɯ^{33}$　　$si^{31}xuaŋ^{33}ti^{55}$.

孩子　　　 小动物　　　玩　NOM 喜欢 PRT

孩子喜欢小动物。

2. 形容词的名词化

在性质形容词或状态形容词后加名词化标记$kɯ^{33}$，可使之名词化。名词化后，形容词原来的语法功能得到改变，可以担任句中的主语或宾语。同时，形容词的意义也发生了改变。

1）名词化成分在句中作宾语。例如：

（129）$ji^{55}mɤ^{31}kɯ^{33}mɔ^{31}ti^{55}$.

他 好 NOM 多 PRT

他的优点很多。

（130）ŋɔ⁵⁵ zu³¹ tsho³¹ pu⁵⁵ᐟ¹³ kɯ³³ ai³³ ti⁵⁵.

　　我　热闹　　　　NOM　爱　PRT

　　我爱热闹。

（131）ji⁵⁵ ma³¹ faŋ³¹ᐟ¹³ kɯ³³ ku³³ ti⁵⁵.

　　他　麻烦　　　NOM　怕　PRT

　　他怕麻烦。

（132）a⁵⁵ ta⁵⁵ tsaŋ³³ kɯ³³　çɛn³¹　ti⁵⁵.

　　哥哥　脏　　NOM　　嫌　　PRT

　　哥哥嫌脏。

（133）ŋɔ⁵⁵ tshi³¹ mɤ³¹ lɔ⁵³, ŋɔ⁵⁵ tshi³¹ ka³³ kɯ³³　liɛ¹³ xo⁵⁵ ti⁵⁵.

　　我　一点 好 PRT 我 一点　冷 NOM　好像　　PRT

　　我好一点儿，觉得有点儿冷。

2）名词化成分在句中作主语。例如：

（134）phi⁵⁵ n̠i⁵⁵ n̠i⁵⁵ kɯ³³　sֵ³¹ su³³ si⁵⁵ li⁵⁵（ŋɯ⁵⁵ ti⁵⁵）, n̠i⁵⁵ tsha³¹ lɯ⁵⁵ kɯ³³

　　红彤彤　　　NOM　杨梅　　　　　是　PRT　绿绿　　　　NOM

ma⁵⁵ mu³¹（ŋɯ⁵⁵ ti⁵⁵）.

　　芒果　　　是　PRT

　　红的是杨梅，绿的是芒果。

（135）xɤ³¹ᐟ¹³ kɯ³³　　ŋa³³ mɔ³³ ŋɯ⁵⁵, n̠i⁵⁵ kɯ³³　　sֵ⁵⁵ piᐟ³¹ la⁵⁵ xo⁵⁵ ŋɯ⁵⁵.

　　大　NOM　　大雁　　是　小　NOM　燕子　　　　是

　　大的是大雁，小的是燕子。

二　代词

代词是代替或指示人或事物的词。按其意义和功能的不同，可分为人称代词、指示代词、疑问代词和反身代词。

（一）人称代词

窝尼话的人称代词在数的方面有单数和复数的区分；格有主格、受格的区分，第一人称和第二人称主格、受格的区分由声调的曲折变化来体现。复数有 ŋɔ³³xɤ⁵⁵ 和 a⁵⁵xɤ⁵⁵ 两种表示方法。ŋɔ³³xɤ⁵⁵ 是"我们"对第三者说。a⁵⁵xɤ⁵⁵ 是在"我们"之间说（见表 4-1）。

表 4-1　窝尼话人称代词表

人　称	数	主　格	受　格
第一人称	单数	ŋɔ⁵⁵	ŋɔ³³
	双数	ŋɔ⁵⁵ȵi³¹kɔ³¹（排除式） a⁵⁵ȵi³¹kɔ³¹　（包括式）	ŋɔ⁵⁵ȵi³¹kɔ³¹
	复数	ŋɔ³³xɤ⁵⁵（排除式） a⁵⁵xɤ⁵⁵　（包括式）	ŋɔ³³xɤ⁵⁵
第二人称	单数	nu⁵⁵	nu³³
	双数	nu⁵⁵ȵi³¹kɔ³¹ na³³ȵi³¹kɔ³¹	na³³ȵi³¹kɔ³¹
	复数	na³³xɤ⁵⁵	na³³xɤ⁵⁵
第三人称	单数	ji⁵⁵	ji⁵⁵
	双数	ji⁵⁵ȵi³¹kɔ³¹	ji⁵⁵ȵi³¹kɔ³¹
	复数	ji⁵⁵xɤ⁵⁵ / ja⁵⁵xɤ⁵⁵	ji⁵⁵xɤ⁵⁵ / ja⁵⁵xɤ⁵⁵

1. 人称代词的数①和格

窝尼话人称代词的数有单数和复数之分。

严格来说，窝尼话人称代词没有双数的语法范畴，表示双数时，通常由人称代词主格 + ȵi³¹"俩" + kɔ³¹"个"来表示。第一人称单数主格的双数表示法有两种，ŋɔ⁵⁵ȵi³¹kɔ³¹表示"我俩个一起跟第三者说"，a⁵⁵ȵi³¹kɔ³¹表示"我俩个"两人之间的对话。第二人称也有 nu⁵⁵ȵi³¹kɔ³¹ 和 na³³ȵi³¹kɔ³¹ 两种形式，但 nu⁵⁵ȵi³¹kɔ³¹使用得较多。

在人称代词后加 xɤ⁵⁵"们"构成复数。如第一人称主格的复数形式为 ŋɔ⁵⁵xɤ⁵⁵"我们"，受格形式为 ŋɔ³³xɤ⁵⁵。但第二人称主格、受格均为na³³xɤ⁵⁵，未见 nu⁵⁵xɤ⁵⁵。第三人称主格和受格一致，均有 ji⁵⁵xɤ⁵⁵ 和 ja⁵⁵xɤ⁵⁵ 两种形式。

窝尼话的人称代词可分为主格和受格。

---

① 这里描写的"数"是非严格意义上的语法数。人称代词中存在"双数"表示方法，指人的名词后可加 xɤ⁵⁵表示复数，tɕi⁵³加在指人、动物、植物等名词之后表示多数。

与主格相比，第一人称和第二人称代词受格具有声调上的曲折变化。第一人称和第二人称的主格分别为高平调 $\eta\mathfrak{o}^{55}$、nu^{55}，受格变为中平调 $\eta\mathfrak{o}^{33}$、nu^{33}。第三人称的受格无论单数、复数或双数形式均与主格一致。

2. 人称代词的领属表示法

窝尼话人称代词表示领属的方法主要有四个特点：①所有人称代词都可以在其后加领属标记 $k\mathrm{u}^{33}$ "的" 来表示领有。第一、二人称单数加 $k\mathrm{u}^{33}$ 时，$\eta\mathfrak{o}^{55}$、nu^{55} 的声调变为中平调 $\eta\mathfrak{o}^{33}$、nu^{33}。第三人称领属形式为 $ji^{55}\,k\mathrm{u}^{33}$，$ji^{55}$ 没有变化。②除第一人称外，第二人称和第三人称单数都可以语音曲折变化方式来表示领格，如第二人称代词领格为 na^{13}，第三人称代词领格有指代男性的 wa^{13} 或 wa^{33}，指代女性的 wo^{55}。但区分性别的用法只限于老年人使用，较年轻的人则把 wa^{33} 和 wo^{55} 混淆了，不再作性别区分。③对于人称代词的双数和复数形式，所有人称代词都须加属格标记 $k\mathrm{u}^{33}$ 来表示和其他事物名词所存在的领属关系。④人称代词后跟亲属称谓名词时，不须使用领属标记 $k\mathrm{u}^{33}$。第一人称存在排除式和包括式的区别。例如，当用 $a^{13}mo^{31}$ "阿妈" 时，交谈对象是家里的兄弟姐妹。使用 $\eta\mathfrak{o}^{13}mo^{31}$ "我妈" 时，交谈对象是外人（见表 4 – 2）。

表 4 – 2　窝尼话人称代词的领属表示法

第一人称领属表示法			第二人称领属表示法			第三人称领属表示法		
单数	我的	$\eta\mathfrak{o}^{33}k\mathrm{u}^{33}$ a^{13}（包括式） $\eta\mathfrak{o}^{13}$（排除式）	你的		$na^{13}\,k\mathrm{u}^{33}$ $nu^{33}\,k\mathrm{u}^{33}$	他的		wa^{13}/wa^{33}（男性） wo^{55}（女性） $ji^{55}\,k\mathrm{u}^{33}$（通用）
复数	我们的	$\eta\mathfrak{o}^{33}\,x\gamma^{55}\,k\mathrm{u}^{33}$	你们的		$na^{33}\,x\gamma^{55}\,k\mathrm{u}^{33}$	他们的		$ja^{55}\,x\gamma^{55}\,k\mathrm{u}^{33}$
双数	我俩的	$\eta\mathfrak{o}^{55}\,\mathfrak{n}i^{31}\,k\mathfrak{o}^{31}\,k\mathrm{u}^{33}$	你俩的		$na^{33}\,\mathfrak{n}i^{31}\,k\mathfrak{o}^{31}\,k\mathrm{u}^{33}$	他俩的		$ji^{55}\,\mathfrak{n}i^{31}\,k\mathfrak{o}^{31}\,k\mathrm{u}^{33}$

第三人称主格、受格，单、双、复数中均有词素 ji^{55}，为什么领属形式变为 wa^{13}/wa^{33} 和 wo^{55}？从新平窝尼话来看，难以探寻其来源，但或可从袁家骅先生的调查中看到一些踪迹。袁先生 1943 年调查的是峨山县的窝尼话，在他《峨山窝尼语初探》[①] 一文中可以看到该调查点窝尼话第三人称

---

① 袁家骅：《峨山窝尼语初探》，载王福堂、孙宏开编选《袁家骅文选》，北京大学出版社，2010，第 90 页。

领格为 o³³（他的）。亲属称谓词带有前缀 ɔ，例如 ɔ³³pɔ⁵⁵ "父亲"，
ɔ⁵⁵mɔ³¹ "母亲"，o 与 ɔ 发生结合作用，变为 uɔ。例如 o³³ɔ³³pɔ⁵⁵ "他父亲"
和 o³³ɔ⁵⁵mɔ³¹ "他母亲" 在语流中就变为 uɔ³³pɔ³³uɔ³⁵mɔ³¹ "他的爹娘"；
o³³ɔ³³ȵi⁵⁵ 就变为 uɔ³³ȵi⁵⁵ "他的妹妹"。

　　新平县与峨山县接界，窝尼人相互之间居住的距离并不遥远，语言
上变化不大。目前新平窝尼话第三人称读作 ji⁵⁵，与峨山的 o³³ 不同，可
能是受其他语言的影响而发生了变化。新平窝尼人仅居住在相邻的两个
村子之中，周围居住着其他民族，其语言成为孤岛语言。在长期与其他
民族的接触交往中，窝尼话可能受到影响而产生变化，但有些音保留了
下来，例如 uɔ。

　　一般情况下，人称代词常与属格标记 kɯ³³ 一起，表示跟其后的名词存
在领属关系。例如：

ŋɔ³³xɤ⁵⁵ kɯ³³ phu³³	我们的寨子	ŋɔ³³ kɯ³³ ta³¹xo³³	我的客人
ŋɔ³³ kɯ³³ la³¹phi⁵⁵	我的肩膀	na³³xɤ⁵⁵ kɯ³³ ko³¹to³¹	你们的手镯
nu³³ kɯ³³ mo³¹	你的活计	nu³³ju⁵⁵ kɯ³³ va³¹	你家的猪
nu³³ju⁵⁵ kɯ³³ sɔ⁵⁵	你家的麦子	ji⁵⁵ kɯ³³ pɔ³¹tɕi⁵⁵	他的旁边
ji⁵⁵ kɯ³³ xa³³	他的鸡	a³³ju⁵⁵ kɯ³³ khɤ³¹	他家的狗
ja⁵⁵xɤ⁵⁵ kɯ³³ phu³³	他们村	a³¹tshu³¹ kɯ³³ sʅ⁵⁵tɕhin³¹	别人的事情

3. 人称代词的句法功能

人称代词在句中可充当主语、宾语及定语等成分。

1）作主语。人称代词位于句首作主语。例如：

(136) ŋɔ⁵⁵ ji⁵⁵xo⁵⁵tɔ³³　ku³¹ ji⁵⁵　nu⁵⁵ȵi³¹a⁵³.
　　　我　家　LOC　回　DIR　想　　PRT
　　　我想回家。

(137) ŋɔ³³xɤ⁵⁵　ji⁵⁵xo⁵⁵zɔ³¹mo³¹mo³¹ mɔ⁵⁵ tso⁵⁵ ti³¹ti⁵⁵.
　　　我们　　房子　老　　　　那　在　PRT
　　　我们住的是一座老房子。

(138) ji⁵⁵　ŋɔ³³ lo⁵⁵　tshʅ³¹fu⁵⁵ a³¹.
　　　他 我 ACC 欺负 PRT
　　　他欺负我。

（139）nu⁵⁵ ji⁵⁵　lo⁵⁵　thɔ³¹ tshʅ³¹fu⁵⁵.
　　　　你　他　ACC　别　欺负
　　　　你别欺负他。

2）作宾语

人称代词作宾语时，第一人称和第二人称单数采用具有声调曲折变化的受格形式，位于主语之后，后面使用宾格标记 lo⁵⁵。例如：

（140）ŋɔ⁵⁵ nu³³ lo⁵⁵　tshʅ³¹fu⁵⁵ tso⁵⁵　mɔ³¹ mo³³.
　　　　我　你　ACC　欺负　EXP　没　EXP
　　　　我没欺负你。

（141）nu⁵⁵ ŋɔ³³xɤ⁵⁵ lo⁵⁵　zɯ³¹ kɯ³³　thɔ³¹ thi⁵⁵.
　　　　你　我们　ACC　走　NOM　别　催
　　　　你不能催我们走。

（142）ŋɔ⁵⁵ na³³xɤ⁵⁵ lo⁵⁵　thi⁵⁵ kɯ³³　mɔ³¹ tu³¹.
　　　　我　你们　ACC　催　NOM　不　想
　　　　我不想催你们走。

（143）ŋɔ⁵⁵ ji⁵⁵xɤ⁵⁵ lo⁵⁵　thi⁵⁵ kɯ³³　mɔ³¹ tu³¹.
　　　　我　他们　ACC　催　NOM　不　想
　　　　我不想催他们走。

（144）ji⁵⁵　ŋɔ³³　lo⁵⁵　ko³¹ȵi⁵⁵ tshi³¹mi³¹ pi³¹ ti³¹ti⁵⁵.
　　　　他　我　ACC　青菜　一些　给　PRT
　　　　他给了我些青菜。

主语和宾语属于等同事物，谓语为判断动词时，用"人称代词＋GEN"充当类别宾语，省略被其修饰的中心语，位于判断动词前。例如：

（145）a⁵⁵ la³¹pi³¹ mɔ⁵⁵ ŋɔ⁵⁵ ȵi³¹ kɔ³¹ kɯ³³ ŋɯ⁵⁵, zɔ³¹ la³¹pi³¹ mɔ⁵⁵ na³³ ȵi³¹
　　　　这 戒指 那 我 俩 个 GEN 是　那 戒指 那 你俩
　　　　kɔ³¹ kɯ³³　ŋɯ⁵⁵.
　　　　个　GEN　是
　　　　这个戒指是我俩的，那个戒指是你俩的。

（146）a⁵⁵ mu³¹thei³¹ mɔ⁵⁵ ŋɔ³³xɤ⁵⁵ kɯ³³ ŋɯ⁵⁵, zɔ³¹ mu³¹the³¹ mɔ⁵⁵ na³³xɤ⁵⁵
　　　　这 头帕 那 我们 GEN 是　那 头帕 那 你们

kɯ³³ ŋɯ⁵⁵.

GEN 是

这块头帕是我们的，那块头帕是你们的。

3）作定语

窝尼话人称代词作定语主要表示领属关系，常见的有三种形式：①第二人称和第三人称具有语音曲折变化的领格形式，作定语的格式为"人称代词＋名词"。②没有语音或声调曲折变化的人称代词，作定语修饰语时须用属格标记 kɯ³³，格式为"人称代词＋kɯ³³＋名词"。③没有语音或声调曲折变化的人称代词，但作定语修饰语时不须用属格标记 kɯ³³，格式为"人称代词＋名词"。

A. 具有语音曲折变化的"人称代词＋名词"格式，位于被修饰成分之前。例如：

（147）na¹³ pɔ³¹ nu³³ lo⁵⁵ kuaŋ³¹ tu¹³ jan³¹ lɔ⁵⁵?

你 爸 你ACC 管 很 严 PRT

爸爸对你很严厉吗？

（148）wa³³ta⁵⁵ nu³³ phi⁵⁵phi⁵⁵ ja⁵³.

他哥哥 眼红 PRT

他哥哥眼红了。

（149）wo⁵⁵ zɔ³¹ wa³³ mo³¹ tsho³¹ kɛ³¹ ji⁵⁵ʹ³¹mo⁵⁵ tʂo¹³ a⁵³.

她 儿子 他 母亲 跑 掉 去 看 着 PRT

儿子看见母亲跑了。

B. "人称代词＋kɯ³³＋名词"格式，位于其领属对象之前。例如：

（150）nu³³ kɯ³³ xɔ⁵⁵kho⁵⁵ a³¹tɔ³³ ŋɛ⁵⁵?

你 GEN 菜地 哪里 是

你的菜地在哪里？

（151）ji⁵⁵ kɯ³³ fu³¹tha³¹ mɔ⁵⁵ khu³¹ tɕhi⁵⁵ fu³¹ mɔ³¹tshŋ⁵⁵ lu³¹ a⁵³.

他 GEN 年纪 那 六 十 岁 不仅 够 PRT

他有60多岁了。

（152）ŋɔ³³xɤ⁵⁵ kɯ³³ ji⁵⁵xo⁵⁵ wo³¹ thɔ⁵³.

我们 GEN 房子 卖 PFV

我们卖了房子。

（153） ji⁵⁵ kɯ³³ xa³³ a³¹mo³³ ɔ⁵⁵ tso⁵⁵ ɛ⁵⁵？

他 GEN 鸡 几 只 有 PRT

他有几只鸡？

（154） a⁵⁵pɔ³¹ ŋɔ³³ kɯ³³ la³¹phi⁵⁵ mɔ⁵⁵ tɔ³³ tshi³¹ thɛ⁵⁵.

父亲 我 GEN 肩膀 那 LOC 一 拍

爸爸拍拍我的肩膀。

C. 无语音曲折变化的"人称代词 + 名词"格式，位于被修饰成分之前。例如：

（155） ŋɔ³³ ɲi⁵⁵ kɯ³³ phi³¹tshi⁵⁵ mɔ³¹ mɤ³¹.

我 兄弟 GEN 脾气 不 好

我兄弟的脾气不好。

（156） nu⁵⁵ va³¹ a³¹ta³³xɤ³¹lɛ³¹ tsa³³ ti³¹ji⁵⁵？

你 猪 多大 有 PRT

你的猪有多大？

（157） nu⁵⁵ fɔ⁵⁵ti⁵⁵ mɔ⁵⁵ʂɛn³¹ ti⁵⁵， ŋɔ⁵⁵ tshi³¹ ɔ⁵⁵ xɔ³¹.

你 刀 那 神 PRT 我 一下 瞧 ATT

你的刀神奇，让我瞧一下。

（158） ji⁵⁵ pɔ³¹tɕi⁵⁵ tɔ³³ xa³³tshi⁵⁵ ku⁵⁵ tsha³¹ ti¹³.

他 旁边 LOC 背篓 放 SUS PRT

背篓放在他的旁边。

（159） nu⁵⁵ xɔ³¹ɬu⁵⁵ mɔ⁵⁵ ŋa³³ lo⁵⁵ phɔ⁵⁵ tɔ³³ pi³¹ lɔ⁵⁵.

你 衣服 那 我 ACC 换 穿 给 PRT

把你的衣服换给我穿。

这种用法常出现在三种情况下。第一种中心语是亲属称谓词，如例（155）句。第二种是强调中心语与定语的紧密关系，如例（156）句，特别询问"你的猪"的成长情况。第三种强调领有人所持的物体与众不同，如例（157）句中"你的刀"具有神奇威力。

"人称代词 + 亲属义名词"常作为一个整体，后面加 kɯ³³ 表示与其后面的名词存在领属关系。例如：

（160） ŋɔ⁵⁵ wa³³ta⁵⁵ kɯ³³ pɛ³³ku³¹ mo⁵⁵ tso⁵⁵ mɔ³¹ mo³³.

我 他哥哥 GEN 弯刀 见 PFV 没 见

我没见过他哥哥的砍刀。

（161）nu³³ ju⁵⁵ kɯ³³　va³¹ a³¹ mo³³ ɔ⁵⁵ tso⁵⁵ ɛ⁵⁵?

你家　GEN　猪　几　头　有　PRT

你家有多少头猪？

（二）指示代词

指示代词具有替代作用和指称作用。根据所指对象的不同，窝尼话指示代词可分为指物、指人、指处所、指性状等四类。

1. 指物指示代词

这一类指示代词指代事物，区分单数与复数，近指和远指。单数近指用 a⁵⁵mɔ⁵⁵ 或 a³¹mɔ⁵⁵，zɔ³¹mɔ⁵⁵；远指用 za⁵⁵phɔ³³。复数形式在单数前一个音节上添加 tɕi⁵³ "些"构成，如 a³¹tɕi⁵³ "这些"，zɔ³¹tɕi⁵³ "那些"。但没有 za⁵⁵phɔ³³tɕi⁵³（见表 4-3）。

表 4-3　窝尼话的指示代词

单　　数	汉　义	复　　数	汉　义
a⁵⁵mɔ⁵⁵ / a³¹mɔ⁵⁵	这	a³¹tɕi⁵³	这些
zɔ³¹mɔ⁵⁵ / na³³mɔ⁵⁵	那	zɔ³¹tɕi⁵³	那些
za⁵⁵phɔ³³	那（远指）		

1）指物指示代词的句法功能

指物指示代词可在句中可以充当主语、宾语和限定语。但单独作宾语的情况比较少见。例如：

A. 指物指示代词作主语

（162）zɔ³¹mɔ⁵⁵tshɔ⁵⁵mɔ⁵⁵ ŋɯ⁵⁵?

那　什么　是

那是什么？

（163）a³¹mɔ⁵⁵ ji⁵⁵ lɛ³³ nu⁵⁵ pi³¹ kɯ³³　mo³¹ ɳi³¹ ŋɯ⁵⁵ ti⁵⁵.

这个　他 AG 你　给　GEN　东西　是　PRT

这是他给你的东西。

（164）a³¹mɔ⁵⁵ xɛ³¹ mo³¹.

这个　偷　要

要偷这个。

以上例句中，指示代词单独作主语，位于句首。这些句子均为判断句，指示代词是谓语陈述的对象，起到强调的作用。

B. 指物指示代词作宾语

指物指示代词单独作宾语的情况比较少见，仅见到以下一列：

（165）tsho⁵⁵ kɔ³¹ mo³¹ khɯ⁵⁵ zɔ³¹mɔ⁵⁵ so³³ ŋi³¹ a⁵⁵ti⁵⁵ti⁵⁵, a³¹mɔ⁵⁵ so³³ ŋi³¹

人 个 马 脚 那个 摸 也 小小的 这个 摸 也

a⁵⁵ti⁵⁵ti⁵⁵.

小小的

这个人摸着的马脚，这个小小的，那个也小小的。

例（165）句中 a³¹mɔ⁵⁵ "这个" 位于谓语 so³³ "摸" 之前，单独作宾语。这种情况是因为被修饰语与前面小句中的相同，而在后一小句中被省略。

C. 指物指示代词作限定语

（166）ŋa⁵⁵ŋi⁵⁵ma⁵⁵ŋa³³ zɔ³¹mɔ⁵⁵wa³³ ŋi⁵⁵ lɛ³³ tho¹³sɛn³³ ti³¹ti⁵⁵.

星星花鸟 那 他兄弟 AG 托生 PRT

那只星星花鸟是他弟弟托生的。

（167）zɔ³¹mɔ⁵⁵ ji⁵⁵xo⁵⁵ zo³³li⁵⁵ tho¹³ ŋa⁵³, xa⁵⁵mɤ³¹/⁵⁵mɤ³¹/⁵⁵ tshi³¹ kɯ³³fu³¹

那 房子 旧 一 PRT 好好 一下 修

çi⁵⁵nɛ³³ tso⁵⁵ tshi³¹ ŋa⁵³.

才 住 会 PRT

那是一座老房子，得好好把它整修一下才能住。

例（165）和（166）句中，指示代词位于其修饰语之后，符合 SOV 语言修饰语位于被修饰语之后的语言共性。例（167）句作为修饰语的 zɔ³¹mɔ⁵⁵ "那" 位于被修饰语 ji⁵⁵xo⁵⁵ "房子" 之前，是因为受了汉语语序的影响，这样的句子不多。

2）指物指示代词的变化

窝尼话中指示代词作修饰语时，常见中间插入被修饰语、省略 a 或省略 mɔ⁵⁵ 对名词进行修饰的情况。

A. a⁵⁵mɔ⁵⁵ / a³¹mɔ⁵⁵、zɔ³¹mɔ⁵⁵ 中间插入被修饰名词。例如：

（168）a⁵⁵ xa³³ti³³ti³³ mɔ⁵⁵ ŋɔ⁵⁵ kɯ³³ ŋɯ⁵⁵, zɔ³¹ xa³³ti³³ti³³ mɔ⁵⁵ nu⁵⁵ kɯ³³

这 小鸡 那 我 GEN 是 那 小鸡 那 你 GEN

ŋɯ⁵⁵.

是

这只小鸡是我的，那只小鸡是你的。

(169) a⁵⁵ mo³¹ mɔ⁵⁵ ŋɔ³³ lo⁵⁵　pi³¹ lɔ⁵⁵.

这　马　那　我　DAT　给　PRT

把这匹马给我吧。

(170) zɔ³¹ wo³¹tsho³¹ mɔ⁵⁵ ji⁵⁵ kɯ³³ ŋɯ⁵⁵ lɔ⁵⁵?（zɔ³¹mɔ⁵⁵）ji⁵⁵ kɯ³³　mɔ³¹

那　帽子　　那　他　GEN　是　PRT　那个　　他　GEN　不

ŋɯ⁵⁵.

是

那是他的帽子吗？那不是他的。

例（168）和（169）句中被限定成分 xa³³ti³³ti³³ 和 mo³¹ 插入指示代词
a⁵⁵mɔ⁵⁵ 中间。例（170）句被修饰成分 wo³¹tsho³¹ 插入 zɔ³¹mɔ⁵⁵ 之间。

B. 省略 mɔ⁵⁵，a⁵⁵ 或 a³¹ 置于名词之前对其进行限定。例如：

(171) a³¹ ji⁵⁵xo⁵⁵ tshŋ³¹ so³¹ ŋɔ³³ju⁵⁵ kɯ³³　ŋɯ⁵⁵ ti⁵⁵.

这　房子　一　所　我家　GEN　是　PRT

这所房子是我的。

(172) a⁵⁵ ko³¹to³¹ tshŋ³¹ pha³³la³³ ŋɔ⁵⁵ ȵi³¹ kɔ³¹ kɯ³³ ŋɯ⁵⁵ ti⁵⁵, zɔ¹³ tshŋ³¹

这　手镯　　一　只　　我　俩　个　GEN　是　PRT　那　一

pha³³la³³ na³³ ȵi³¹ kɔ³¹ ŋɯ⁵⁵ ti⁵⁵.

只　　你　俩　个　是　PRT

这是我俩的手镯，那是你俩的手镯。

(173) zɔ³¹ miau⁵⁵ tɔ³³ su⁵⁵ tho¹³ kɯ³³ mo³¹ mɔ⁵⁵ za⁵⁵mi³³ xɔ⁵⁵ɬo³¹ ti³³ mɔ³³

那　庙　LOC　塑　PFV　GEN　马　那　峨山　　田坝心

tɔ³³　tsɔ⁵⁵tso⁵⁵ tsɔ³¹ ji⁵⁵.

LOC　庄稼　　吃　DIR

塑在庙里的那匹马到峨山田坝心去吃庄稼。

C. 省略 a⁵⁵ 或 a³¹，mɔ⁵⁵ 置于名词之后对其进行限定。例如：

(174) lo⁵⁵mɔ³³ i⁵⁵tshu³¹ mɔ⁵⁵ za¹³tho³¹no³³ ta³³　no³¹ ji⁵⁵　pu⁵⁵ a⁵³.

河　水　　那　以前　　　上　少　DIR　多　PRT

河水比以前少多了。

（175）tshɿ³¹ nu³³, wa³³ ta⁵⁵ nu³¹ mɔ⁵⁵ tsho⁵⁵ khɔ³³ tɛ³³ xɔ⁵⁵ tɕhi³¹ ji⁵⁵.

一 日 他哥哥牛那 拉 下 SEQP 田 犁 DIR

一天，他哥哥拉着牛去犁田。

（176）wa³³ ȵi⁵⁵ li³¹ khɤ³¹ mɔ⁵⁵ khu⁵⁵ khɔ³³ tɛ³³ xɔ⁵⁵ tɕhi³¹ ji⁵⁵.

他兄弟也 狗 那 喊 下 SEQP 田 犁 DIR

弟弟也喊着狗去犁田。

（177）mo³¹ mɔ⁵⁵ tshɿ³¹ tsaŋ³¹ tɕo⁵⁵ xɤ³¹ lɔ⁵⁵ tɕa⁵³.

马 那 一 下 就 大 DIR PRT

那匹马一下就长大了。

指物指示代词的这三种用法具有语用和语法上的区别。在指示代词中间插入名词的用法定指性较强。省略 mɔ⁵⁵ 的时候，a⁵⁵ 或 a³¹ 总位于其所限定的成分前，而且其所修饰和限定的成分常常是数量短语。省略 a⁵⁵ 或 a³¹时，剩下的 mɔ⁵⁵ 总位于其所限定的成分之后，定指性较弱。

2. 指人指示代词

这类指示代词由 a³¹/ a⁵⁵、zɔ³¹/ na³³ 加 kɔ³¹ "个"构成，不区分近指和远指，只能用于单数。位于其所限制的名词之后。但是也可像指物指示代词一样，把其所限制的名词插入中间；或省略 a³¹/ a⁵⁵、zɔ³¹，只用 kɔ³¹ 来限制名词；或者在名词后使用 mɔ⁵⁵，再加 kɔ³¹。

1）a³¹ kɔ³¹ 或 zɔ³¹ kɔ³¹ 位于名词之后，对其进行限定。例如：

（178）zɔ³¹ nu⁵⁵ nu⁵⁵ a³¹ kɔ³¹ ku³³ sɿ⁵⁵ thɔ⁵³.

小孩 这 个 吓 死 PFV

这个小孩吓着了。

（179）a⁵⁵ zɔ³¹ nu⁵⁵ nu⁵⁵ a³¹ kɔ³¹ kɯ³³ zo³³ mo⁵⁵ phu³¹ ji⁵⁵ tʂhun³³ tɛ³³ khu⁵⁵ ti⁵⁵/³³.

这 小孩 这 个 GEN 名字 普应春 OCP 喊 PRT

这个小孩的名字叫普玉春。

（180）zɔ³¹ mi³¹ zɔ³¹ kɔ³¹ thu⁵⁵ a⁵³, "nu⁵⁵ ŋɔ³³ lo⁵⁵ thɔ³¹ xo⁵⁵ tshɿ³¹".

姑娘 那 个 说 PRT 你 我 ACC 别 拦

那个姑娘说："你别拦着我。"

（181）zɔ³¹ mi³¹ zɔ³¹ kɔ³¹ ji⁵⁵ lo⁵⁵ tsha³³ a⁵³.

女人 那 个 他 ACC 骂 PRT

那个女人就骂他。

以上例句中，例（179）句除在被限制成分后使用 $a^{31}ko^{31}$ "这个"进行限制外，还在其前用了 a^{55} "这"进一步限定，表示强调。

2）省略 a^{31}／a^{55}、zo^{31}，只用 ko^{31} 来限制名词。例如：

（182）$zo^{31}mo^{31}pho^{31}$ ko^{31} ta^{33} fu^{31} ji^{55} $t\varepsilon^{33}$ $m\varepsilon^{31}x\varepsilon^{31}ts\varepsilon^{33}$ mo^{55} ji^{55} fu^{31} ji^{55}.
老倌　　　　个　上　回　DIR　SEQP　烟斗　　　那　拿　回　DIR
老倌转回去拿烟斗。

（183）$tsh\eta^{31}$ $nu^{33}ko^{53}$, $i^{55}phi^{31}mi^{55}su^{55}pho^{31}ko^{31}$ $ta^{31}xo^{55}$ wo^{55} tso^{31} ji^{55} mo^{31}.
一　日　LOC　财主老爷　　　个　客　　做　吃　DIR　要
一日，财主老爷要去做客。

（184）$tsh\eta^{31}thi^{55}$ na^{53}, $tsho^{55}$ ko^{31} $xo^{31}\textfi o^{31}$ $ku\text{\uu}^{33}$ $\text{\uu}^{55}khu\text{\uu}^{55}$ so^{33} $t\textcts o^{31}$ a^{53}.
一会儿　后　人　个　老虎　GEN　脚　　　摸　着　PRT
一会儿，这个人摸着老虎的脚。

（185）$s\text{\textctz}^{55}la^{31}nu^{55}$ ko^{31} ji^{55} lo^{55} $no^{55}xo^{31}$, "nu^{55} $a^{31}to^{33}$ ji^{55}?"
小伙子　　个　她　ACC　问　　　你　哪里　去
这个小伙子问她："你到哪里去？"

（186）$zo^{13}zo^{31}$ ko^{31} $zo^{55}\text{\textctz}^{31}$ a^{53}, $a^{13}ko^{31}$ wo^{55} $xo^{33}mio^{53}$ mo^{31} $\eta\text{\uu}^{55}$.
男人　个　知道　　PRT　这个　他的妻子　　不　是
男人知道这个不是他的妻子。

3）把所限定名词插入 $a^{55}ko^{31}$ 中间。例如：

（187）$a^{31}t\varepsilon^{55}m\varepsilon^{55}\eta i^{33}$ a^{55} $phu^{31}phi^{55}$ ko^{31} lo^{55} thi^{33} tu^{33} tho^{55} mo^{31} ti^{55}.
无论如何　　　这　普皮　　个　ACC　撙　出　PFV　要　PRT
无论如何要把这普皮撙出去。

（188）a^{55} $zo^{31}mi^{55}zo^{13}$ ko^{31} wo^{55} zo^{13} ko^{31} lo^{55} $ti^{31}ti^{55}$ $su^{55}t\varepsilon^{33}$ tso^{55} $ti^{31}ti^{55}$.
那妇女　　个　她儿子个　ACC　只　守　SEQP　在　PRT
那个妇女就守着她这个儿子生活。

（189）a^{55} zo^{31} ko^{31} $nu^{33}mo^{33}$ mo^{31} $m\text{\textgamma}^{31}$.
这儿子　个　良心　　不　好
这个儿子良心不好。

（190）a^{55} $s\text{\textctz}^{55}la^{31}mo^{55}$ ko^{31} $sa^{31}tu^{55}$ $x\text{\textgamma}^{31}$ ti^{55}, $tsho^{55}$ pha^{33} mo^{55} a^{53}, tu^{33}
这小姑娘　　个　害羞　大　PRT　人　CONJ　见　PRT　出
$lo^{55}ko^{33}$ mo^{31} si^{55}, $ji^{55}xo^{55}to^{33}$ $i^{55}phu^{55}tho^{53}$.

来 NOM 不 愿 家 LOC 躲 PFV

这姑娘害羞，见人就不好意思，在家躲起来了。

4）在所限定名词后加 mɔ⁵⁵，再加 kɔ³¹ 进行限制。例如：

（191）zɔ³¹ mo³¹ mɔ⁵⁵ kɔ³¹ thu⁵⁵ a⁵³，"ŋɔ⁵⁵ kɯ⁵⁵ sŋ³¹ nu⁵⁵ zɔ³¹ nu⁵⁵ tso⁵⁵ ti⁵⁵"．

老人 那 个 说 PRT 我 GEN 丫鬟 有 PRT

那个老人说："我有丫鬟了。"

（192）zɔ³¹ mo³¹ mɔ⁵⁵ kɔ³¹ tɕi⁵⁵ tʂu³¹ zi⁵⁵ mɔ³¹ tsa³³ tɕa⁵³．

老妈妈 那 个 就 主意 不 有 PRT

那个老妈妈就没有主意了。

3. 处所指示代词

按所指处所与说话人距离的远近，窝尼话中的处所指示代词有六个，区分近指和远指（见表4-4）。

表4-4　窝尼话的处所代词

近　　指		远　　指	
a¹³tɔ³³	这里	a³¹phɔ³³	这边
xɔ¹³tɔ³³	这里（稍远）	xɔ¹³phɔ³³	这边（稍远）
zɔ¹³tɔ³³	那里	zɔ¹³phɔ³³	那边

在实际应用中，表示近指的 a¹³tɔ³³ 和 xɔ¹³tɔ³³ 并没有明显区分，可以互相换用。表远指的 a³¹phɔ³³ 和 xɔ¹³phɔ³³ 也是一样。这些指示代词在句中常常作状语，有时作主语、宾语和定语。

1）作状语

（193）zɔ¹³tɔ³³ tshŋ⁵⁵ a³¹ ȵi³¹ kho³³ mɔ³¹ ŋɯ⁵⁵，va³¹thi³¹ ȵi³¹ ɔ⁵⁵ ŋɯ⁵⁵ ti⁵⁵．

那儿 麂子 两 只 不是 野猪 两 只 是 PRT

那儿不是两只麂子，是两只野猪。

（194）a¹³tɔ³³ tho³¹tso⁵⁵ mɔ³¹ no³¹．

这里 松树 不 少

这儿有不少松树。

（195）zɔ¹³tɔ³³ ŋɔ³³xɤ⁵⁵ kɯ³³ phu³³ ŋɯ⁵⁵ ti⁵⁵．

那里 我们 GEN 寨子 是 PRT

那儿是我们的寨子。

（196）ji⁵⁵ xɔ¹³ tɔ³³ xɤ³¹ lɔ⁵⁵　ti³¹ti⁵⁵.

他　这里　大　DIR　PRT

他是这里长大的。

（197）ŋɔ³³xɤ⁵⁵ xɔ¹³tɔ³³ sʅ⁵⁵kua⁵⁵　ti⁵⁵　ti³¹ti⁵⁵.

我们　这里　丝瓜　栽　PRT

我们这里种植丝瓜。

（198）ŋɔ⁵⁵ tɕhi⁵⁵ xi³¹ fu³¹ tɛ³³　a¹³tɔ³³ mo³¹ wo⁵⁵ ŋa⁵³.

我　十　八　岁　ABL　这里　活计　做　PRT

我从 18 岁就在这里做活计了。

以上例句中，例（193）、（194）、（195）句指示代词位于句首；例（196）、（197）句中指示代词位于主语之后；例（198）中位于从格 tɛ³³ 之后。

2）作定语

处所指示代词常与属格标记 kɯ³³ 一起限制其后的名词，构成"处所指示代词 + GEN + 中心语"格式，表示领属关系。例如：

a¹³tɔ³³ kɯ³³ tsɔ⁵⁵tso⁵⁵　这里的庄稼　xa¹³tɔ³³ kɯ³³ tsho⁵⁵　这里的人

zɔ¹³tɔ³³ kɯ³³ a⁵⁵tshʅ³¹　那里的羊肉　zɔ¹³tɔ³³ kɯ³³ ku³¹tshi³³　那里的韭菜

（199）ji⁵⁵ xɔ¹³tɔ³³ kɯ³³ tsho⁵⁵ ŋɯ⁵⁵　ti⁵⁵.

他　这里　GEN　人　是　PRT

他是这里的人。

（200）a¹³tɔ³³　kɯ³³　tsɔ⁵⁵tso⁵⁵xɤ³¹ tshi³¹ti⁵⁵.

这里　GEN　庄稼　大　会　PRT

这里的庄稼长得好。

（201）zɔ¹³tɔ³³ kɯ³³　a⁵⁵tshʅ³¹ sei¹³　khɯ⁵⁵ ti⁵⁵.

那里　GEN　羊　肉　好吃　PRT

那里的羊肉好吃。

3）作宾语

处所指示代词作时，位于谓语之前。例如：

（202）ji⁵⁵ kɯ³³　ji⁵⁵xo⁵⁵ xɔ¹³tɔ³³　ŋɯ⁵⁵　ti⁵⁵.

他　GEN　家　这里　是　PRT

他的家就在这里。

（203） a⁵⁵nuɔ³³ kɯ³³ sin³³tshʅ³³ ji⁵⁵ xɔ¹³tɔ³³ tso⁵⁵ tshʅ³¹ ti⁵⁵.
后 GEN 星期 他 这里 在 会 PRT
下个星期他会在这儿的。

（204） ji⁵⁵xɤ⁵⁵ na³³su³¹ khɛn³¹tin⁵⁵ a¹³tɔ³³ lɔ⁵⁵ mo³¹ ti⁵⁵.
他们 明天 肯定 这里 来 要 PRT
他们明天肯定要来这里。

（205） nu⁵⁵ nu³¹ mɔ⁵⁵ a¹³tɔ³³ tsho⁵⁵ khɔ³³ lɔ³¹.
你 牛 那 这里 牵 下 DIR
你把牛牵到这里来。

4. 性状指示代词

性状指示代词指示动作行为的方式、性质和状貌。常见的有 i⁵⁵nɛ⁵⁵ "这样"、i⁵⁵mi⁵⁵ "这么"、i⁵⁵mo³³lo³¹ "这么多" 等几个，不区分近指和远指。在句中充当状语修饰语或定语修饰语。例如：

（206） ji⁵⁵ zɔ¹³tho³¹nu³³ i⁵⁵mo³¹lo³¹ mɔ³¹ tshu⁵⁵.
她 当时 那么多 不 胖
她当时还没有这么胖。

（207） i⁵⁵phi³¹sa⁵⁵lɔ⁵⁵ wo³¹, i⁵⁵mi⁵⁵ ji⁵⁵xɤ³¹lɤ³¹ tɛ³³ tsa³³ tshi³¹ ti⁵⁵.
老天爷 这么 大 ADV 有 会 PRT
天哪，这么大呀！

（208） nu⁵⁵ i⁵⁵mo³¹lo³¹ tɛ³³ sai³³ tshi³¹ ti⁵⁵？
你 怎么 ADV 俏 会 PRT
你怎么那么俏？

（209） ji⁵⁵ tu³¹："a⁵⁵khu³³ mɔ⁵⁵ i⁵⁵mo³¹ tɛ³³ li⁵⁵xai⁵⁵ ŋa⁵³ta¹³, ŋɔ³³lo⁵⁵
他 想 这漏 那 那么 ADV 厉害 是 我 ACC
thu³³ tsʅ³¹ phɤ³¹ ti⁵⁵".
上 骑 敢 PRT
他想："这漏那么厉害，竟敢骑到我身上来。"

（210） ŋɔ⁵⁵ mɔ³¹ tu³¹ khɯ⁵⁵ ŋɔ⁵⁵ zɔ³¹ tshʅ³¹thi⁵⁵ mɛ⁵⁵ i⁵⁵nɛ⁵⁵ tshʅ³¹ kɔ³¹
我 没 想 到 我 儿 一下 ADV 这样 一 个
phɤ³¹ ja⁵³.
成 PRT

我没想到我儿一下变成了这样的一个。

例句（206）、（207）、（208）、（209）句中指示代词位于形容词前作状语。例（206）句中形容词前有否定词 mo^{31} "不"，指示代词后不须加状语助词 $t\epsilon^{33}$。例（210）句中指示代词 $i^{55}n\epsilon^{55}$ 位于数量词 $tsh\eta^{31}\ ko^{31}$ "一个"之前，对其进行修饰，作定语。

（三）疑问代词

疑问代词对人、事物、时间、处所、数量、性质方式等进行提问。窝尼话中常见的疑问代词有问人的 $a^{31}\,ci^{55}$、$a^{31}\,to^{13}\,ko^{31}$ "谁"；问物的 $tsho^{55}mo^{55}$、$a^{31}\,to^{33}\,mo^{55}$ "什么"；问处所的 $a^{31}\,to^{33}$ "哪里"；问数量的 $a^{31}\,mo^{33}$ "多少"；问时间的 $a^{31}\,mo^{33}\,tien^{31}$ "几点"等。

1. 指人疑问代词 $a^{31}\,ci^{55}$ 和 $a^{31}\,to^{13}\,ko^{31}$

指人疑问代词常见的有 $a^{31}\,ci^{55}$ 和 $a^{31}\,to^{13}\,ko^{31}$ 两个。其中 $a^{31}\,ci^{55}$ 用得比较普遍。在句中可以充当主语、宾语和定语。

1）作主语

主要由询问人的疑问代词充当。例如：

（211）$a^{31}\,ci^{55}\ za^{31}\,t\varphi hi^{33}\ to^{33}\quad kh\mu^{55}\ ji^{55}\ tso^{55}mo^{31}\quad \epsilon^{55}$？

　　　　谁　　昆明　　LOC　　到　　去　　EXP　　　PRT

　　　　谁去过昆明？

（212）$a^{31}\,ci^{55}\ vu^{31}\,tu^{31}\,x\upsilon^{31}\,pho^{31}\ \eta\mu^{55}$？

　　　　谁　　头领　　　　　　是

　　　　谁是领导？

（213）$a^{55}\ s\mu^{33}\,tso^{55}\ tsh\eta^{31}\ tso^{55}\ a^{31}\,ci^{55}\ l\epsilon^{33}\quad ti^{55}\ ti^{31}\ \epsilon^{55}$？

　　　　这树　　　一　棵　谁　AG　栽　PRT

　　　　这棵树是谁种的？

例（211）、（212）句中疑问代词 $a^{31}\,ci^{55}$ 位于句首作主语。例（213）句中 $a^{31}\,ci^{55}$ 位于句子中间，但其后的施格标记 $l\epsilon^{33}$ 表明了其施事主语的地位。

2）作宾语

主要由询问人的疑问代词 $a^{31}\,ci^{55}$ 和 $a^{31}\,to^{13}\,ko^{31}$ 充当。可分为其后带标记和不带标记两类。

A. 疑问代词作判断动词的宾语时，位于主语之后，判断动词之前，不须使用任何标记。例如：

（214）ji^{55} a^{31}çi^{55} ŋɯ^{55}？

他　谁　　是

他是谁？

（215）nu^{55} a^{31}çi^{55} ŋɯ^{55}？

你　谁　　是

你是谁？

B. 由实义动词作谓语时，疑问代词位于主语之后，谓语之前，并须在疑问代词后加宾格标记 lo^{55}。例如：

（216）nu^{55} a^{31}çi^{55} lo^{55}　　mo^{55} tso^{55} mo^{33}　ɛ^{55}？

你　谁　ACC　见　EXP　　PRT

你见过谁？

（217）ji^{55}　a^{31}çi^{55}　lo^{55}　tui^{55}　mɛ^{55}　mɣ^{31} ɛ^{55}？

他　谁　　ACC　对　PAUP　好　PRT

他对谁最好？

3）作定语。

疑问代词作定语时，后加领属格标记 kɯ^{33}，位于其所限制的名词之前，表示领属关系。例如：

（218）a^{31} nɔ^{55}tshŋ^{31} mɔ^{55} a^{31}çi^{55} kɯ^{33}　　ŋɯ^{55}？

这药　　　那谁　GEN　是

这是谁的药？

（219）a^{31}çi^{55} kɯ^{33}　tshi^{31}ku^{31} ȵi^{55}pɔ^{55} ti^{13}？

谁　GEN　锄头　　忘记　PRT

谁的锄头忘记了。

例（218）句中"疑问代词 + kɯ^{33}"所修饰的中心语与主语中心语一致，在句中被省略。

2. 指物疑问代词 tshɔ^{55}mɔ^{55} 和 a^{31}tɔ^{33}mɔ^{55}

常见的有 tshɔ^{55}mɔ^{55}"什么"和 a^{31}tɔ^{33}mɔ^{55}"什么"两个，tshɔ^{55}mɔ^{55}用得比较普遍。在句中可以充当主语、宾语和定语。

1）作主语

指物疑问代词作主语时，位于句首。例如：

（220）a^{31}tɔ^{33}mɔ^{55} tu^{13} khɯ^{55}　ɛ^{55}?

　　　什么　　很　好吃　　PRT

　　　什么是最好吃的？

（221）a^{31}tɔ^{33}mɔ^{55} tu^{13} sai^{33}　ɛ^{55}?

　　　什么　　很　好看　　PRT

　　　什么最好看？

2）作宾语

指物疑问代词作宾语时，位于主语之后，动词之前。例如：

（222）zɔ^{31}mɔ^{55} tshɔ^{55}mɔ^{55} ŋɯ^{55}?

　　　那　　什么　　是

　　　那是什么？

（223）nu^{55} tshɔ^{55}mɔ^{55} thɔ^{13} tsɔ^{31} nu^{55}n̻i^{31}?

　　　你　什么　　一　吃　想

　　　你想吃点什么？

（224）ji^{55}　tshɔ^{55}mɔ^{55} thɔ^{13} ku^{33} nu^{55}n̻i^{31}?

　　　他　什么　　一　做　想

　　　他想做什么？

3）作定语

指物疑问代词作定语时，位于其所修饰的名词之前。如果要询问领属关系，则须在疑问代词后加领属标记 kɯ^{33} "的"。例如：

（225）nu^{55} tshɔ^{55}mɔ^{55} tshi^{55}tʂɤ^{33} si^{31}xuaŋ^{55}?

　　　你　什么　　汽车　　喜欢

　　　你喜欢什么车？

（226）tau^{55}ti^{31} tshɔ^{55}mɔ^{55} sɿ^{55}tɕin^{31} ŋɛ^{55}?

　　　到底　什么　　事情　　是

　　　到底是怎么回事？

（227）ji^{55} nu^{33} kɯ^{33} tshɔ^{55}mɔ^{55}kɯ^{33}　tsho^{55} ŋɛ^{55}?

　　　他　你　GEN什么　　GEN　人　是

　　　他是你的什么人？

（228）nu^{55} ji^{55} kɯ^{33} tshɔ^{55}mɔ^{55} kɯ^{33}　tsho^{55} ŋɛ^{55}?

　　　你　他　GEN什么　　GEN　人　是

你是他的什么人？

3. 处所疑问代词 a³¹tɔ³³

常见的处所疑问代词有 a³¹tɔ³³ "哪里"，在句中主要作状语，少数作宾语。

1）作状语

处所疑问代词作状语时，常位于动词之后，谓语之前。例如：

（229）ja⁵⁵xɤ⁵⁵ a³¹tɔ³³ li³³ tshi¹³？

　　　　他们　哪里　去　会

　　　　他们会到哪儿去呢？

（230）a⁵⁵tɕi³¹ zɔ³¹nu³³ a³¹tɔ³³ li³³ ti¹³？

　　　　姐姐　今天　哪里　去　PRT

　　　　姐姐今天去哪里了？

（231）nu⁵⁵ kɤ³¹pa³³ mɔ⁵⁵ a³¹tɔ³³ ji⁵⁵ lɔ³¹ ti¹³？

　　　　你　钱　那　哪里　拿　来　PRT

　　　　你的钱哪里拿来的？

（232）a³¹tɔ³³ nu³¹ vu⁵⁵ zɔ³³ ka³¹ ɛ⁵⁵？

　　　　哪儿　牛　买　得　能　PRT

　　　　哪儿能买到牛？

例（232）句中缺省了主语，疑问代词 a³¹tɔ³³ 移至句首。

2）作判断动词宾语

处所疑问代词作判断动词宾语时，位于判断动词之前。例如：

（233）ŋɔ⁵⁵ ʂu³¹ mɔ⁵⁵ a³¹tɔ³³ ŋɛ⁵⁵？

　　　　我　书　那　哪里　是

　　　　我的书在哪里？

（234）nu³³ kɯ³³ xɔ⁵⁵kho⁵⁵ a³¹tɔ³³ ŋɛ⁵⁵？

　　　　你　GEN　菜地　哪里　是

　　　　你的菜地在哪里？

4. 时间疑问代词 a³¹mo³³

窝尼话中询问时间的疑问代词主要是 a³¹mo³³ "何时"，如果要提问具体时间，可在 a³¹mo³³ 后加具体名词。例如 a³¹mo³³tiɛn³¹ "几点" 和 a³¹mo³³xau⁵⁵ "几号"。时间疑问代词在句中常位于主语之后作状语，少数作判断动词的宾语。例如：

（235）nu⁵⁵ a³¹mo³³ xa⁵⁵ ti⁵⁵ ji⁵⁵?

你　何时　秧　栽　去

你什么时候去栽秧？

（236）ji⁵⁵ a³¹mo³³ xo³¹ wo⁵⁵ tsɔ³¹ ɛ⁵⁵?

他　何时　饭　做　吃　PRT

他什么时候煮饭？

（237）a⁵⁵tɕo⁵⁵　a³¹mo³³ lo⁵⁵lɛ³³sɿ⁵⁵ tɔ³³　li³³ tso⁵⁵mo³¹ ti¹³?

舅舅　　何时　罗里　　LOC　去　EXP　PRT

舅舅什么时候去过罗里？

（238）zɔ³¹nu³³ a³¹mo³³ xau⁵⁵ ŋɛ⁵⁵?

今天　　几　号　是

今天几号？

以上例句中，例（235）、（236）、（237）句中疑问代词作状语，例（238）句作宾语。

5. 数量疑问代词 a³¹mo³³

提问数量时，常常在 a³¹mo³³"多少，几"后加上量词来进行提问。"a³¹mo³³＋量词"主要位于动词之前。例如：

（239）nu³³ju⁵⁵　kɯ³³　va³¹ a³¹mo³³ ɔ⁵⁵　tso⁵⁵ ɛ⁵⁵?

你家　GEN　猪　几　头　有　PRT

你家有多少头猪？

（240）nu⁵⁵ nu³¹ a³¹mo³³ kho³³ fu⁵⁵　ti¹³?

你　牛　几　　条　养　PRT

你养着几头牛？

（241）ji⁵⁵ kɯ³³　xa³³ a³¹mo³³ ɔ⁵⁵ tso⁵⁵ ɛ⁵⁵?

他　GEN　鸡　几　　只　有　PRT

他家有几只鸡？

（242）nu⁵⁵ a³¹mo³³ tsi⁵⁵ mo³¹ ɛ⁵⁵?

你　几　斤　要　PRT

你要几斤？

6. 性状疑问代词

窝尼话中 a³¹tɛ³³mi⁵⁵nɛ³³、i⁵⁵mi⁵⁵、a⁵⁵mi⁵⁵、a³¹tɛ⁵⁵、a⁵⁵mi⁵⁵xɛ¹³等均表
"怎么，怎样"。朱德熙把这样一类代词称为谓词性代词。[①] tshɔ⁵⁵mɔ⁵⁵ "什
么"加 xi³¹a⁵⁵nɛ³³ "原因"或动词也可就性状进行提问。性状疑问代词主
要在句中作状语，一般位于主语之后，动词之前，在主语和疑问代词之间
可插入时间名词。例如：

（243） na³³ŋi³¹kɔ³¹ a³¹tɛ³³mi⁵⁵nɛ³³ ku³¹tsu³¹tɔ³³　　ta³³ji⁵⁵ ti¹³？
　　　　你俩个　　怎么　　　　　山　LOC 上 DIR　PRT
　　　　你俩怎样上山的？

（244） nu⁵⁵ i⁵⁵mi⁵⁵ ka⁵⁵tɕi⁵⁵　khɯ⁵⁵lɔ⁵⁵ tshɿ³¹ ti¹³？
　　　　你　怎么　上前　　到　来 会　PRT
　　　　你怎么到前边来了？

（245） ŋɔ⁵⁵ a³¹tɛ⁵⁵ɕi⁵⁵nɛ³³ pɯ⁵⁵ khɔ³³ ji³¹　　tshi³¹？
　　　　我　怎么　　　跳　下 DIR　会
　　　　我怎样才能跳下去？

（246） nu⁵⁵ a³¹tɛ³³mi⁵⁵nɛ³³ ku³³ji⁵⁵？
　　　　你　怎么　　　　整 DIR
　　　　你想怎么整？

（247） a³¹ŋi⁵⁵ no³³xa³¹　a³¹tɛ³³ tso⁵⁵ tshɯ³¹ ti¹³？
　　　　妹妹　日子　怎么　在　成　PRT
　　　　妹妹日子过得怎么样？

（248） nu⁵⁵ mi⁵⁵tshi³¹ i⁵⁵mi⁵⁵ mɔ³¹ ka³³ ɕi³¹　　thɔ⁵⁵ ti¹³？
　　　　你　昨晚　怎么 不 冷 死　PFV　PRT
　　　　你昨晚怎么没冷死掉？

（249） zɔ³¹nu³³ a⁵⁵mi⁵⁵ xei¹³tshi³¹sɯ³¹xɯ⁵⁵ khɯ⁵⁵　tshi³¹ ti¹³？
　　　　今日　怎么　这个时候　　　到　会　PRT
　　　　今日怎么会到这个时候？

窝尼话中性状疑问代词主要询问方式和原因。以上例句中，例（243）—
（246）句提问方式。例（247）句法上作状语，语义上询问状态。例

---

① 朱德熙：《语法讲义》，商务印书馆，1982，第91页。

（248）、（249）句提问原因。

提问原因时，还可以在 tshɔ⁵⁵mɔ⁵⁵ "什么" 后加名词 xi³¹a⁵⁵nɛ³³ "原因"，有的简化为 tshɔ⁵⁵，后面跟动词，但不通用。例如：

（250）tshɔ⁵⁵mɔ⁵⁵ xi³¹a⁵⁵nɛ³³？

　　　　什么　　原因

　　　　这是什么原因

（251）nu⁵⁵ tshɔ⁵⁵mɔ⁵⁵ xi³¹a⁵⁵nɛ³³ ŋi⁵⁵？

　　　　你　什么　　原因　　哭

　　　　你为什么原因哭？

（252）ja⁵⁵xɤ⁵⁵ tshɔ⁵⁵mɔ⁵⁵ xi³¹a⁵⁵nɛ³³ thɛ⁵⁵tɕhi³³ ti¹³？

　　　　他们　什么　　原因　　　打 – REC PRT

　　　　他们为什么原因打架？

（253）ji⁵⁵ tshɔ⁵⁵ ku³³ nɛ³³ mɔ³¹ lɔ⁵⁵ ti¹³？

　　　　他 什么 整 CONJ 不 来 PRT

　　　　他为什么不来？

7. 疑问代词的领属用法

疑问代词 + kɯ³³ + 名词可构成具有领属关系的短语。例如：

a³¹çi⁵⁵ kɯ³³ tshi³¹ku³¹　谁的锄头　　　a³¹çi⁵⁵ kɯ³³ mo³¹ŋi³¹　谁的东西

a³¹tɔ³³ kɯ³³ va³¹　　　　哪里的猪　　a³¹tɔ³³ kɯ³³ tsho⁵⁵　　哪里的人

8. 疑问代词的非疑问用法

疑问代词还可用于非疑问句中，表示周边性意义或虚指意义。这一类疑问代词有表性状的疑问代词，指物、指人疑问代词，处所疑问代词和数量疑问代词等。

1）表示虚指意义的性状疑问代词主要有 a³¹tɛ³³mɛ⁵⁵、a³¹tɛ³³mi⁵⁵nɛ³³ 等，常位于主语之后，谓语之前。例如：

（254）ji⁵⁵ a³¹tɛ³³mɛ⁵⁵ thɛ⁵⁵ ŋi⁵³ mɔ³¹ tshɛn³¹zɛn⁵⁵.

　　　　他 怎么　　打 CONJ 不 承认

　　　　怎么打他都不承认。

（255）a³¹tshu³¹ a³¹tɛ³³mɛ⁵⁵ khu⁵⁵ a³¹ ji⁵⁵ a³¹tɛ³³mɛ⁵⁵ wo⁵⁵.

　　　　别人　怎么　　喊 PRT 他 怎么　　做

　　　　别人怎么说，他就怎么做。

（256）ŋɔ^{55} tshi^{31} tu^{33} xɔ^{31}, a^{31}tɛ^{33}mi^{55}nɛ^{33} ku^{33} ji^{55}.

我 一下 想 ATT 怎么 整 DIR

我想想看，怎么办。

（257）ji^{55} tshŋ^{31} tsho^{55} mɔ^{31} pɔ^{31} mɛ^{55} ŋɛ^{31} thu^{55} a^{53}, ji^{55} kɯ^{33} nu^{33}mɔ^{33}

他 什么 没 说 PAUP 走 起 PRT 他 GEN 心

a^{31}tɛ^{33}mɛ^{55} tu^{31} tɛ^{33} zɔ^{55} mɔ^{31} ʂʅ^{31}.

怎么 想 SEQP 知 不 道

他没说什么就走了，不知道他心里怎么想的。

2）tshɔ^{55}mɔ^{55} "什么" 是主要的指物疑问代词。表虚指时，tshɔ^{55}mɔ^{55}常与连词 ɲi^{53} "无论" 连用。此外，tshɔ^{55}mɔ^{55}还可与 kɯ^{33}一起修饰名词。例如：

（258）ji^{55} tshɔ^{55}mɔ^{55} ɲi^{53} tsɔ^{31} phɤ^{31} ti^{55}.

他 什么 CONJ 吃 敢 PRT

他什么东西都敢吃。

（259）ŋɔ^{33}xɤ^{55} tshɔ^{55}mɔ^{55} ɲi^{53} wo^{55} tshŋ^{31} ti^{55}.

我们 什么 CONJ 做 会 PRT

我们什么都会做。

（260）tshɔ^{55}mɔ^{55} kɯ^{33} tsho^{55} mo^{55} a^{53}, tshɔ^{55}mɔ^{55} kɯ^{33} to^{31}pɔ^{31} pɔ^{31}.

什么 GEN 人 见 PRT 什么 GEN 话 说

见什么人说什么话。

（261）ɔ^{55}xo^{55} lɔ^{55} kɯ^{33} no^{55}xa^{31}, tshɔ^{55}mɔ^{55} kɯ^{33} mo^{31} wo^{55}mɔ^{31} tshɯ^{31}.

雨 下 NOM 时候 什么 GEN 活计 做 不 成

下雨的时候，任何事情都做不了。

3）指人疑问代词 a^{31}ɕi^{55} "谁" 常重复出现在两个小句中，前后配合使用，所指相同，表示任指性或周边性。充当判断动词宾语时，还可读为 a^{31}ɕi^{55}ɕi^{55}，表示委婉的语气。有的句子中，还与 ɲi^{53} "无论" 或 li^{31} "也" 呼应。例如：

（262）a^{31}ɕi^{55} a^{55}tɕi^{55} lɔ^{53} a^{31}ɕi^{55} a^{55}tɕi^{55} tsɔ^{31}.

谁 先 来 谁 先 吃

谁先来谁先吃。

（263）a^{31}ɕi^{55} a^{55}tɕi^{55} lɔ^{53} a^{31}ɕi^{55} a^{55}tɕi^{55} zɯ^{31}.

谁 先 来谁 先 走

谁先来谁先走。

（264）a³¹çi⁵⁵ kɯ³³ mo³¹ n̯i³¹ ŋa⁵³ a³¹çi⁵⁵ ji⁵⁵ fu³¹ ji³¹.

　　　 谁　 GEN 东西　是　 谁　 拿　回　DIR

　　　 谁的东西谁带回去。

（265）ja⁵⁵xɤ⁵⁵ a³¹çi⁵⁵ n̯i⁵³　　 zɔ⁵⁵ mɔ³¹ʂɿ³¹.

　　　 他们　 谁　 CONJ　 认　不　识

　　　 他们谁也不认识谁。

（266）ji⁵⁵ a³¹tɔ¹³kɔ³¹ lo⁵⁵　 li³¹　 mɤ³¹ ti⁵⁵.

　　　 他 谁个　 ACC 也　好　PRT

　　　 他对谁都很好。

4）处所疑问代词 a³¹tɔ³³ "哪里" 可与曾行体标记 tso⁵⁵mo³³ 配合使用，或在句中前后重复出现，表示周边性。例如：

（267）ji⁵⁵ tshɿ³¹ kɔ⁵⁵ a³¹tɔ³³ li³³ tso⁵⁵ mɔ³¹ mo³³.

　　　 他 一　 个 哪里 去 EXP 没 EXP

　　　 他一个人哪里都没去过。

（268）a³¹tɔ³³ tɛ³³　 lɔ⁵⁵ phɛ⁵³　 a³¹tɔ³³　 li³³.

　　　 哪里 ABL　 来 CONJ　 哪里　 去

　　　 哪里来哪里去。

5）数量疑问代词

与 a³¹mo³³ 具有相同词根的 a³¹mo³³lo³¹ "多少" 可作为数量疑问代词使用，在肯定句中表虚指。例如：

（269）kɤ³¹pa³³ xɯ⁵⁵ʂɿ³¹, nu⁵⁵ a³¹mo³³lo³¹ pa³¹ thu⁵⁵ ka³¹ phɛ⁵³　 ji⁵⁵　 ji³¹.

　　　 金银财宝　　　 你 多少　 挑起 能 CONJ 拿 去

　　　 金银财宝，你挑得动多少就拿多少去。

（四）反身代词

反身代词指代施动者，并把动作或行为在形式上回指到施动者自己身上。朱德熙把此种现象称为 "复指"。① 窝尼话中的反身代词常见的有 ɛ⁵⁵mɛ³³ 或 ɛ⁵⁵mɛ³³mɛ³³ 两个，常在人称代词或名词作主语时，置于主语之

---

① 朱德熙：《语法讲义》，商务印书馆，1982，第 83 页。

后。例如：

（270）ja^{55}xɣ^{55} ɛ^{55}mɛ^{33} kɯ^{33}　　tsho^{55} tu^{31} a^{55}nɛ^{33}　ŋɛn^{55} ti^{33}.

他们　自己　GEN　人　想　CONJ　念　PRT

他们想念自己的亲人。

（271）a^{31}mɔ^{55} nu^{55} ɛ^{55}mɛ^{33}　ku^{33} ti^{13}　kɯ^{33}　fɔ^{55}ti^{55} ŋɯ^{55} lɔ^{55}？

这　　你　自己　做　PRT NOM　刀　是　PRT

这是你自己做的刀吗？

（272）zɔ^{31}mo^{31} thu^{53} a^{53}, ɛ^{55}mɛ^{31} kɯ^{33}　　mo^{31} ɛ^{55}mɛ^{31} wo^{55}.

老人　说　PRT 自己　GEN　活计　自己　做

老人说，自己的活计自己做。

（273）ji^{55} a^{55}mɛ^{33}mɛ^{33} pɔ^{31} fu^{31}.

他　自己　　说　回

他自言自语。

（274）lo^{55}mɔ^{33} i^{55}tshu^{31} ɛ^{55}mɛ^{33}mɛ^{33} kɯ^{33}　tɕhi^{33} ja^{31}.

河　水　自己　　GEN　断　PRT

河水自己断流了。

以上例句中，ɛ^{55}mɛ^{33} 或 ɛ^{55}mɛ^{33}mɛ^{33} 回指的对象不同。例（270）、（271）、（272）句中是宾语修饰语回指到主语上，因此在反身代词后须加属格标记 kɯ^{33}。例（273）句中除使用反身代词外，还在动词后用 fu^{31}"回"强调回指。例（274）句的主语是名词，ɛ^{55}mɛ^{33}mɛ^{33} 的后面跟属格标记 kɯ^{33}，表示仍然回指主语，起到强调的作用。

三　数词

数词表示数目和次序。窝尼话中的数词可分为基数词、约数词、分数词和倍数词，序数词和小数词借用汉语来表示。

（一）基数词

基数词表示数目的多少。窝尼话中的基数词分为单纯数词和复合数词两种。

1. 单纯数词。"一"至"九"这 9 个数词是系数，"十"、"百"、

"千"、"万"、"亿"是位数。"万"、"亿"没有本语词，借自汉语。

thɔ³¹	一	n̠i³¹	二	so³¹	三
li³¹	四	ŋɔ³¹	五	khu³¹	六
sʅ³¹	七	xi³¹	八	kɛ³¹	九
tɕhi⁵⁵	十	xɔ⁵⁵	百	tho⁵⁵	千
vaŋ⁵⁵	万	zʅ⁵⁵	亿		

值得注意的是，窝尼人在数数时，习惯于加上量词 ɔ⁵⁵ "个"。由于 ɔ⁵⁵ 是单元音，容易与前面元音相结合，尤其是在含有 i 和 u 的词中，容易拼合成双元音。含 i 的拼合为 iɔ，含 u 的拼合为 uɔ，声调全部变为低升调 13。例如：

thɔ¹³	一个	ŋɔ¹³	二个
suɔ¹³	三个	liɔ¹³	四个
ŋɔ¹³	五个	khuɔ¹³	六个
sʅɔ¹³	七个	xiɔ¹³	八个
kɛɔ¹³	九个	tɕhɔ¹³	十个

2. 复合数词

系数词和位数词组合成复合数词。"十"以上整数由系数词加位数词 tɕhi⁵⁵ "十"、xɔ⁵⁵ "百"、thu⁵⁵ "千"、vaŋ⁵⁵ "万"、zʅ⁵⁵ "亿"构成。例如：

tshʅ³¹ tɕhi⁵⁵	一十	n̠i³¹ tɕhi⁵⁵	二十
so³¹ tɕhi⁵⁵	三十	li³¹ tɕhi⁵⁵	四十
ŋɔ³¹ tɕhi⁵⁵	五十	khu³¹ tɕhi⁵⁵	六十
sʅ³¹ tɕhi⁵⁵	七十	xi³¹ tɕhi⁵⁵	八十
kɛ³¹ tɕhi⁵⁵	九十	tshʅ³¹ xɔ⁵⁵	一百
n̠i³¹ xɔ⁵⁵	二百	so³¹ xɔ⁵⁵	三百
li³¹ xɔ⁵⁵	四百	ŋɔ³¹ xɔ⁵⁵	五百
khu³¹ xɔ⁵⁵	六百	sʅ³¹ xɔ⁵⁵	七百
xi³¹ xɔ⁵⁵	八百	kɛ³¹ xɔ⁵⁵	九百
tshʅ³¹ tho⁵⁵	一千	n̠i³¹ tho⁵⁵	二千
so³¹ tho⁵⁵	三千	li³¹ tho⁵⁵	四千
ŋɔ³¹ tho⁵⁵	五千	khu³¹ tho⁵⁵	六千

sๅ³¹ tho⁵⁵	七千	xi³¹ tho⁵⁵	八千
kε³¹ tho⁵⁵	九千	tshๅ³¹ vaŋ⁵⁵	一万

位数词和位数词也可组合成复合数词。一般位数低的放在前面，位数高的放在后面。例如：

tɕhi⁵⁵ vaŋ⁵⁵	十万	pɯ³¹ vaŋ⁵⁵	百万
tɕhɛn³¹ vaŋ⁵⁵	千万	so³¹ zๅ⁵⁵	三亿

"十"以上整数带个数的，十位数在前，个位数在整数之后，中间不须用连词连接。例如：

tɕhi⁵⁵ thɔ³¹	十一	tɕhi⁵⁵ ȵi³¹	十二
tɕhi⁵⁵ so³¹	十三	tɕhi⁵⁵ li³¹	十四
tɕhi⁵⁵ ŋɔ³¹	十五	tɕhi⁵⁵ khu³¹	十六
tɕhi⁵⁵ sๅ³¹	十七	tɕhi⁵⁵ xi³¹	十八
tɕhi⁵⁵ kε³¹	十九	ȵi³¹ tɕhi⁵⁵ thɔ¹³	二十一
ȵi³¹ tɕhi⁵⁵ ŋɔ¹³	二十二	so³¹ tɕhi⁵⁵ suɔ¹³	三十三
li³¹ tɕhi⁵⁵ khuɔ¹³	四十六	ŋɔ³¹ tɕhi⁵⁵ sๅɔ¹³	五十七

数词"零"用 nε³³ 表示。与其他数词在一起组合时，读的顺序与汉语普通话一致。例如：

tshๅ³¹ xɔ⁵⁵ nε³³ thɔ¹³　一百零一	tshๅ³¹ tho⁵⁵ nε³³ ŋɔ¹³　一千零五

（二）序数词

窝尼话中的序数词并不常用，因此只有 a⁵⁵ tsi⁵⁵ tsi⁵⁵ kɯ³³ "第一的"和 a⁵⁵ nuɔ³³ kɯ³³ "第二的"两个。而 a⁵⁵ tsi⁵⁵ tsi⁵⁵ kɯ³³ 的原意为"前头的"，a⁵⁵ nuɔ³³ kɯ³³ 的原意为"后头的"。其余的均在汉语借词后加 kɯ³³ 表示。例如：

ti⁵⁵ zๅ³¹ kɯ³³	第一	ti⁵⁵ ε⁵⁵ kɯ³³	第二
ti⁵⁵ saŋ³¹ kɯ³³	第三	ti⁵⁵ sๅ⁵⁵ kɯ³³	第四
ti⁵⁵ vu³¹ kɯ³³	第五	ti⁵⁵ lu³¹ kɯ³³	第六
ti⁵⁵ tshๅ³¹ kɯ³³	第七	ti⁵⁵ pa³¹ kɯ³³	第八
ti⁵⁵ tɕu³¹ kɯ³³	第九	ti⁵⁵ sๅ³¹ kɯ³³	第十

表示时间序列时，有的借用汉语词语表示，有的在基数词上加前加成分或后加成分表示。

1. 表示一周内各天次序用汉语借词表示。例如：

çin⁵⁵tshʅ⁵⁵zʅ³¹　　　　星期一　　　　çin⁵⁵tshʅ⁵⁵ɛ⁵⁵　　　　星期二

çin⁵⁵tshʅ⁵⁵saŋ⁵⁵　　　　星期三　　　　çin⁵⁵tshʅ⁵⁵sʅ³³　　　　星期四

çin⁵⁵tshʅ⁵⁵vu³³　　　　星期五　　　　çin⁵⁵tshʅ⁵⁵lu³¹　　　　星期六

çin⁵⁵tshʅ⁵⁵zʅ⁵⁵　　　　星期天

2. 表示农历一月内各天次序，在基数词前加 ta³³，有的基数词发生音变。例如：

ta³³thi³¹　　　　初一　　　　　　ta³³ȵi³¹　　　　初二

ta³³so³¹ᐟ⁵⁵　　　　初三　　　　　　ta³³li³¹ᐟ⁵⁵　　　　初四

ta³³ŋɔ³¹　　　　初五　　　　　　ta³³khu³¹　　　　初六

ta³³sʅ³¹　　　　初七　　　　　　ta³³xi³¹　　　　初八

ta³³kɛ³¹　　　　初九　　　　　　ta³³tɕhi⁵⁵　　　　初十

ta³³tɕhi⁵⁵thi³¹　　　　初十一　　　　ta³³tɕhi⁵⁵ȵi³¹　　　　初十二

ta³³tɕhi⁵⁵so³¹　　　　初十三　　　　ta³³tɕhi⁵⁵li³¹　　　　初十四

ta³³tɕhi⁵⁵ŋɔ³¹　　　　初十五　　　　ta³³tɕhi⁵⁵khu³¹　　　　初十六

ta³³tɕhi⁵⁵sʅ³¹　　　　初十七　　　　ta³³tɕhi⁵⁵xi³¹　　　　初十八

ta³³tɕhi⁵⁵kɛ³¹　　　　初十九　　　　ta³³ȵi³¹tɕhi⁵⁵kɛ³¹　　　初二十九

ta³³ȵi³¹tɕhi⁵⁵so³¹　　　初二十三　　　ta³³so³¹tɕhi⁵⁵　　　　初三十

3. 表示公历一月内各天次序，在基数词之后加 nu³³ "日、天"。例如：

thi³¹nu³³　　　　一号　　　　　　ȵi³¹nu³³　　　　二号

so³¹nu³³　　　　三号　　　　　　li³¹nu³³　　　　四号

ŋɔ³¹nu³³　　　　五号　　　　　　khu³¹nu³³　　　　六号

sʅ³¹nu³³　　　　七号　　　　　　xi³¹nu³³　　　　八号

kɛ³¹nu³³　　　　九号　　　　　　tɕhi⁵⁵nu³³　　　　十号

tɕhi⁵⁵thi³¹nu³³　　　十一号　　　　tɕhi⁵⁵ȵi³¹nu³³　　　十二号

tɕhi⁵⁵so³¹nu³³　　　十三号　　　　tɕhi⁵⁵li³¹nu³³　　　十四号

tɕhi⁵⁵ŋɔ³¹nu³³　　　十五号　　　　tɕhi⁵⁵khu³¹nu³³　　　十六号

ȵi³¹tɕhi⁵⁵nu³³　　　二十号　　　　ȵi³¹tɕhi⁵⁵thi³¹nu³³　　二十一号

ȵi³¹tɕhi⁵⁵so³¹nu³³　　二十三号　　　ȵi³¹tɕhi⁵⁵li³¹nu³³　　二十四号

ȵi³¹tɕhi⁵⁵xi³¹nu³³　　二十八号　　　so³¹tɕhi⁵⁵nu³³　　　三十号

现在人们普遍直接使用汉语来表示日期。例如：

（275）zɔ³¹ nu³³ lu³¹ xau⁵⁵.

今天　　六　号

今天是6号。

（276）na³³ su³¹ tshi³¹ xau⁵⁵.

明天　　七　号

明天是7号。

（三）约数词

窝尼话中表示约数的方法常见的有四种，分述如下：

1. 窝尼话中表示不确定的概数用相邻的两个数字表示。例如：

n̠i³¹ so³¹ ɔ⁵⁵　　　　两三个　　　　sɻ³¹ xi³¹ tsɯ³¹　　　　七八双

li³¹ ŋɔ³¹ nu³³　　　　四五天　　　　ŋɔ³¹ khu³¹ tɕhi⁵⁵ tsi⁵⁵　　五六十斤

约数词在句中可与量词或名词成分一起充当谓语、宾语、定语等成分。

1）与量词一起作谓语，位于主语之后。例如：

（277）xɤ³¹ xɤ³¹ n̠i⁵⁵ n̠i⁵⁵ li³¹ ŋɔ³¹ ɔ⁵⁵.

大大小小　　　四　五　个

大大小小四五个。

（278）to³¹ pai³³ nɛ³¹ pai³³ tɕhi⁵⁵ n̠i³¹ so³¹ tsi⁵⁵.

木耳　　　　十　二　三　斤

木耳十二三斤。

2）与量词一起作宾语，位于谓语之前。例如：

（279）xa³³ phi⁵⁵ xa³³ so³¹ n̠i³¹ so³¹ tɕhi⁵⁵ ɔ⁵⁵ fu⁵⁵ ti³¹ ti⁵⁵.

公鸡　阉鸡　二　三　十　只　养　PRT

养着二三十只公鸡、阉鸡。

（280）ŋɔ⁵⁵ nu³³ lo⁵⁵ xa⁵⁵ mɤ³¹/⁵⁵ n̠i³¹ so³¹ xɛ³¹ khu⁵⁵ a⁵³.

我　你 ACC 好　　二　三　声　喊　PRT

我喊你好几声了。

3）作定语。约数词后使用属格标记 kɯ³³ 位于被修饰语之前，可不使用量词。不使用属格标记 kɯ³³ 时，须在约数词后加量词，一起后置于其所修饰的名词之后。例如：

（281） zɔ³¹ tshʅ³¹ nu³³ tsui⁵⁵ mɔ³¹ kɯ³³ ŋɔ³¹ khu³¹ xɔ⁵⁵ kɯ³³ tsho⁵⁵ lɔ⁵⁵ ti³¹ ti⁵⁵.

　　　　那　一　日　最　多　GEN　五　六　百　GEN　人　来　PRT

　　　　那天最多来了五六百多人。

（282） a³¹　zu⁵⁵si¹³ n̪i³¹ sɔ³¹ tsoŋ³¹ ŋɔ⁵⁵ tsɔ³¹ tso⁵⁵mo³³ a⁵³.

　　　　这　果子　二　三　种　我　吃　EXP　PRT

　　　　这几种果子我都吃过了。

2. 在数量词后加 mɔ³¹tshʅ⁵⁵ "多，不仅"表示约数。例如：

（283） a¹³tɔ³³ xo³¹zɔ³¹ tɕhi⁵⁵ ɔ⁵⁵ mɔ³¹tshʅ⁵⁵ tsa³³ ti⁵⁵.

　　　　这里　碗　十　个　不仅　　有　PRT

　　　　这里有十多个碗。

（284） a⁵⁵ᐟ³³ phu³³ mɔ⁵⁵ tɔ³³ tsho⁵⁵ tshʅ³¹ xɔ⁵⁵ mɔ³¹tshʅ⁵⁵ ŋɯ⁵⁵（tso⁵⁵）ti⁵⁵.

　　　　这　寨子　那　LOC　人　一　百　不仅　　是　　有　PRT

　　　　这个寨子有 100 多个人。

（285） ji⁵⁵ kɯ³³ fu³¹tha³¹ mɔ⁵⁵khu³¹ tɕhi⁵⁵ fu³¹ mɔ³¹tshʅ⁵⁵ lu³¹ a⁵³, ji⁵⁵ lo⁵⁵

　　　　他　GEN　年纪　那　六　十　岁　不仅　　够　PRT　他　ACC

　　　　ɔ⁵⁵xɔ³¹ kɯ³³　ɛ⁵⁵, li³¹ tɕhi⁵⁵ fu³¹ mɔ³¹tshʅ⁵⁵ lu¹³ kɯ³³ liɛ¹³xo⁵⁵ çi³¹.

　　　　看　　NOM　PRT　四　十　岁　不仅　　够　NOM　像　　还

　　　　她 60 多岁了，还像 40 多岁的人。

3. 在数词后加 tha¹³ "上"、wa¹³ "下"表示约数。例如：

（286） sʅ³¹ tɕhi⁵⁵ fu³¹ tha¹³

　　　　七　十　岁　上

　　　　七十多岁。

（287） tɕhi⁵⁵ ŋa³¹ fu³¹ tha¹³

　　　　十　五　岁　上

　　　　十五岁以上。

（288） tɕhi⁵⁵ ŋa³¹ fu³¹ wa¹³

　　　　十　五　岁　下

　　　　十五岁以下。

（289） a⁵⁵ tsho⁵⁵ kɔ³¹ sɔ³¹ tɕhi⁵⁵ fu³¹tha¹³ ŋɯ⁵⁵ ka³¹ a⁵³.

　　　　这　人　个　三　十　岁上　是　得　PRT

　　　　这个人可能三十多岁了。

4. 在数词后借用汉语 to^{33} "多"表示约数。例如：

（290）tɕhi^{55} to^{33} ɔ^{55}.

　　　 十　　多个

　　　 十多个。

（291）zɔ^{31} tshɿ^{31} nu^{33} i^{55}tso^{55} tso^{55} tɛ^{33}　i^{55}tɕhɛn^{33} to^{33} kɯ^{55} kɯ^{33} tsho^{55} lɔ^{55}.

　　　 那　一　　天　总共　　ADV　一千　多　个　GEN 人　来

　　　 那天总共来了一千多人。

（四）分数和倍数词

窝尼话中分数的分子、分母均使用基数词加 fɛ^{33} "份"和属格标记 kɯ^{33} 来表示，构成"基数词分母 + fɛ^{33} + kɯ^{33} + 基数词分子 + fɛ^{33}"结构。但现在窝尼人已普遍使用汉语来表示。例如：

ŋɔ^{31} fɛ^{33} kɯ^{33} ȵi^{31} fɛ^{33}　　　 五分之二

li^{31} fɛ^{33} kɯ^{33} so^{31} fɛ^{33}　　　 四分之三

窝尼话中表示倍数的词语仍然是 fɛ^{33} "份"，但已完全借用汉语来表示。例如：

so^{31} fɛ^{33}　　 三倍　　　 li^{31} fɛ^{33}　　 四倍

三　 份　　　　　 四　 份

（五）小数

窝尼话中无小数的概念。人们从学校学习获得小数的概念后，用汉语来读出小数。例如：

1.437　　　　　 zi^{31} tiɛn^{31} sɿ^{33} saŋ^{33} tshi^{31}

0.05　　　　　 lin^{31} tiɛn^{31} lin^{31} vu^{31}

四　量词

量词是用于计量人或事物的单位。在汉藏语研究中，一般分为名量词和动量词两大类。名量词表示事物的类别或度量，动量词表示动作的频率或持续的时间。窝尼话的量词主要由单音节词构成，少量为双音节词。从来源来看，窝尼话的量词有本族语量词和汉语借入量词。

（一）名量词

窝尼话中的名量词比较丰富，按意义和功能来分，可分为个体量词、集体量词、度量衡量词、时间量词等。

1. 个体量词

个体量词可分为类别量词、性状量词、通用量词和反响型量词等类别。这些量词的来源为名词、双音节名词的前或后一音节，以及汉语借词等。

1）类别量词

类别量词用于称量具有同类属性的事物。窝尼话中常见的类别量词有 $kɔ^{31}$ "个"、tso^{55} "棵"等。

第一，$kɔ^{31}$ 只用于表示人。例如：

$tsho^{55}\ tshɿ^{31}\ kɔ^{31}$	$tsho^{55}\ n̠i^{31}\ kɔ^{31}$
人　一　个	人　二　个
一个人	两个人
$zɔ^{31}\ nu^{55}\ nu^{55}\ a^{31}\ tshɿ^{31}\ kɔ^{31}$	$tau^{55}\ sɿ^{33}\ tshɿ^{31}\ kɔ^{31}$
娃娃　　一　个	道士　一　个
一个娃娃	一个道士
$si^{31}\ nu^{33}\ tshɿ^{31}\ kɔ^{31}$	$mi^{55}\ su^{55}\ phɔ^{31}\ tshɿ^{31}\ kɔ^{31}$
长工　一　个	老爷　　一　个
一个长工	一个老爷
$zɔ^{31}\ mo^{31}\ tshɿ^{31}\ kɔ^{31}$	$ta^{31}\ xo^{33}\ ŋɔ^{31}\ kɔ^{31}$
老人　一　个	客人　五　个
一个老人	五个客人

第二，tso^{55} "棵"只用于表"树"。来源于 $suɯ^{33}\ tso^{55}$ "树"的后一音节。例如：

$vu^{31}\ mi^{55}\ tso^{55}\ tshɿ^{31}\ tso^{55}$	$su^{31}\ ku^{31}\ lɔ^{55}\ ma^{33}\ tshi^{31}\ tso^{55}$
龙树　　一　棵	枇杷树　　一　棵
一棵龙树	一棵枇杷果树
$sɿ^{31}\ pi^{55}\ thaŋ^{31}\ laŋ^{31}\ tsɿ^{53}\ tshɿ^{31}\ tso^{55}$	$faŋ^{31}\ mo^{55}\ tshɿ^{31}\ tso^{55}$
柿子树　　　　　一　棵	竹子　一　棵

一棵柿子树　　　　　　　　　一棵竹子

2）性状量词

用于表示性状相同或相近事物的量。

第一，kho³³"条"、"根"，用于表示细长条状或面积小的条状事物。

例如：

tshɔ³³khɯ³³ ŋi³¹ kho³³　　　　　　kho⁵⁵ tshɿ³¹ kho³³

绳子　　两　条　　　　　　　　线　一　根

两条绳子　　　　　　　　　　　一根线

ɯ⁵⁵kɔ⁵⁵lɔ⁵⁵ tshɿ³¹ kho³³　　　　kɔ⁵⁵mɔ³³ tshɿ³¹ kho³³

水沟　　一　条　　　　　　　　路　一　条

一条水沟　　　　　　　　　　　一条路

tsha³³ŋi³³tsu³³lu³³ so³¹ kho³³　　lo⁵⁵mɔ³³ tshɿ³¹ kho³³

藤子　　　三　条　　　　　　　河　一　条

三条藤子　　　　　　　　　　　一条河

ta³¹tsu⁵⁵li³¹ kho³³　　　　　　　mɔ⁵⁵nɔ⁵⁵pɔ⁵⁵ tshɿ³¹ kho³³

桥　四　座　　　　　　　　　　疤痕　　一　条

四座桥　　　　　　　　　　　　一条疤痕

tsa³³kɯ³¹ tshɿ³¹ kho³³　　　　　zu⁵⁵mu³¹ ŋi³¹ kho³³

草　　一　根　　　　　　　　　毛　二　根

一根草　　　　　　　　　　　　两根毛

su⁵⁵tu³³ so³¹ kho³³

香　三　根

三炷香

kho³³也用于表示衣服或牲口的量。例如：

xɔ³¹ɬu⁵⁵ tshɿ³¹ kho³³　　　　　la³¹ti³³li³³ tshɿ³¹ kho³³

衣裳　一　件　　　　　　　　　裙子　　一　件

一件衣裳　　　　　　　　　　　一件裙子

ka³¹pa³¹ tshɿ³¹ kho³³　　　　　nu³¹li³¹ kho³³

粑粑　一　块　　　　　　　　　牛　四　头

一块粑粑　　　　　　　　　　　四头牛

tshɿ⁵³a³¹zɔ³¹ tshɿ³¹ kho³³　　　mo³¹ tshɿ³¹ kho³³

小麂子　一　头　　　　　马　一　匹
一头小麂子　　　　　　　一匹马

在一些短语中读为 kho³¹ "根、颗" 等，用于表示钉子、木头等事物的量。例如：

thoŋ³¹ tin⁵⁵ li³¹ kho³¹　　　　tu³¹ mɔ⁵⁵ tshŋ³¹ kho³¹
铜钉　　四　颗　　　　　　木头　　一　　根
四颗铜钉　　　　　　　　　一根木头

sŋ³¹ tsŋ⁵⁵ tshŋ³¹ kho³¹
牙　　　　一　　颗
一颗牙

第二，xɛ³¹ "句、口、声"，表示与 "口" 相关事物的量。例如：

to³¹ pɔ³¹ tshŋ³¹ xɛ³¹　　　　xo³¹ tshŋ³¹ xɛ³¹
话　　　一　　句　　　　　饭　一　口
一句话　　　　　　　　　　一口饭

sa³¹ tshŋ³¹ xɛ³¹
气　一　　声
一口（声）气

第三，pai³³ "颗，粒"，表示圆形颗粒状事物的量。例如：

tɕhi⁵⁵ phu⁵⁵ tshŋ³¹ pai³³　　　nai⁵⁵ pai⁵⁵ so³¹ pai³³
米　　　　一　　粒　　　　豆　　　三　　颗
一粒米　　　　　　　　　　三颗豆

i⁵⁵ mi³³ ȵ̩ɿ³¹ pai³³
玉米　二　颗
二颗玉米

第四，po⁵⁵ "泡、团"，用于表示火、唾沫、尿等事物的量词。例如：

thi³¹ xɔ³¹ tshŋ³¹ po⁵⁵　　　va³¹ tʂhŋ³¹ tshŋ³¹ po⁵⁵
唾沫　　　一　　泡　　　　猪粪　　一　　泡
一泡唾沫　　　　　　　　　一泡猪粪

a⁵⁵ so³¹ tshŋ³¹ po⁵⁵　　　mi³¹ tsa³¹ tshŋ³¹ po⁵⁵
尿　一　　泡　　　　　火　　　一　　团
一泡尿　　　　　　　　　　一团火

第五，tɔ⁵⁵"把"，专用于表示"刀"的量词。表"小刀"时，也可用汉语借词 pɔ³¹。例如：

fɔ⁵⁵ti⁵⁵ tshʅ³¹ tɔ⁵⁵　　　　　　　　fɔ⁵⁵ti⁵⁵ tshʅ³¹ pɔ³¹

小刀　一　把　　　　　　　　　　小刀　一　把

一把小刀　　　　　　　　　　　　一把小刀

pai⁵⁵ku³¹ tshʅ³¹ tɔ⁵⁵

柴刀　　一　把

一把柴刀

第六，tiɛ³¹"滴、点、片"，汉语借词，表示事物较少的量。例如：

zoŋ¹³ tshʅ³¹ tiɛ³¹　　　　　　　　　sei¹³ tshʅ³¹ tiɛ³¹

油　一　滴　　　　　　　　　　　　肉　一　点

一滴油　　　　　　　　　　　　　　一点肉

wo³¹to⁵⁵ tshʅ³¹ tiɛ³¹

云　　　一　片

一片云

第七，ku³¹"股"，汉语借词。例如：

sʅ³¹ȵi⁵⁵ tshʅ³¹ ku³¹　　　　　　　　mɛ³¹xɛ³¹ tshʅ³¹ ku³¹

血　　一　股　　　　　　　　　　　烟　　　一　股

一股血　　　　　　　　　　　　　　一股烟

第八，pha³³la³³"半"，用于表示事物的一半或双数事物中的一个。例如：

sin³¹ tshʅ³¹ pha³³la³³　　　　　　　ko³¹to³¹ tshʅ³¹ pha³³la³³

桃　一　半　　　　　　　　　　　　手镯　　一　只

一半桃　　　　　　　　　　　　　　一只手镯

na³¹pu⁵⁵ tshʅ³¹ pha³³la³³　　　　　lo⁵⁵ko³³ tshʅ³¹ pha³³la³³

耳朵　　一　只　　　　　　　　　　门　　一　扇

一只耳朵　　　　　　　　　　　　　一扇门

tɕi³¹tɔ⁵⁵ tshʅ³¹ pha³³la³³　　　　　khai⁵⁵nu³³ tshʅ³¹ pha³³la³³

筷子　一　只　　　　　　　　　　　鞋子　　一　只

一只筷子　　　　　　　　　　　　　一只鞋子

第九，容器名词常作为量词使用。下列短语中作为量词使用的均为表示容器的名词。例如：

tsi⁵⁵pa³¹ tshɿ³¹ pi⁵⁵　　　　　　　　tsi⁵⁵pa³¹ tshɿ³¹ tsɿ⁵⁵tshɿ⁵⁵

酒　　一　　杯　　　　　　　　酒　　　一　　壶

一杯酒　　　　　　　　　　　　一壶酒

nɔ⁵⁵tshi³¹　tshɿ³¹ xo³¹　　　　　　tsi⁵⁵pa³¹ so³¹ tʂoŋ³³

药　　　　一　　盒　　　　　　酒　　三　　盅

一盒药　　　　　　　　　　　　三盅酒

la³¹tɕhi⁵⁵ tshɿ³¹ so⁵⁵tshɛ⁵⁵　　　kai³¹la³¹zu³³tsi³³ ȵi³¹ pu³¹tshu⁵⁵

开水　一　锅　　　　　　　　油菜籽　　　两　　罐

一锅开水　　　　　　　　　　　两罐油菜籽

tsi⁵⁵phu⁵⁵ tshɿ³¹ pu³¹tshu⁵⁵　　　i⁵⁵tshu³¹ tshɿ³¹ tho³¹

甜酒　一　　罐　　　　　　　水　　　一　　桶

一罐甜酒　　　　　　　　　　　一桶水

xo³¹ tshɿ³¹ xuɔ³¹　　　　　　　ku³³nu³¹ tshɿ³¹ xuɔ³¹

饭　一　碗　　　　　　　　　糯米　一　　碗

一碗饭　　　　　　　　　　　　一碗糯米

piu⁵³xo³¹ tshɿ³¹ xuɔ³¹　　　　　mi³¹tsa³¹ tshi³¹ pɯ⁵⁵

鸡蛋饭　一　　碗　　　　　　火　　一　　盆

一碗鸡蛋饭　　　　　　　　　　一盆火

除以上所列词语外，窝尼话中常用的性状量词还有 tsɯ⁵⁵ "把"、phi⁵⁵ li⁵⁵（phi³¹）"块"、tsɛ³¹ "股"、wo³³ "户"、khɯ⁵⁵ "棵"、tshɯ³¹ "节"、ta³¹lu⁵⁵ "潭" 等。例如：

za³³phi⁵⁵ tshɿ³¹ tsɯ⁵⁵　　　　　i⁵⁵tshu³¹ tshi³¹ ta³¹lu⁵⁵

扫帚　一　把　　　　　　　　水　　一　　潭

一把扫帚　　　　　　　　　　　一潭水

xɔ⁵⁵na³³ tshɿ³¹ phi³¹　　　　　a⁵⁵pɔ⁵⁵la⁵⁵ tshɿ³¹ tsɛ³¹

火地　一　　块　　　　　　　坡　　　一　　股

一块火地　　　　　　　　　　　一股坡

tsho⁵⁵ tshɿ³¹ wo³³　　　　　　ku³¹tsu³¹ tshi³¹ thu⁵⁵lu⁵⁵

人　一　户　　　　　　　　　山　　一　　段

一户人家　　　　　　　　　　　一段山路

xo⁵⁵khɯ⁵⁵ li³¹ khɯ⁵⁵　　　　　　faŋ³¹mo⁵⁵ tshɿ³¹ tshɯ³¹

柱子　　四　　棵　　　　　　　竹子　　一　　节

四棵柱子　　　　　　　　　　　一节竹子

xo³¹ tshɿ³¹ pi⁵⁵　　　　　　　　ɔ⁵⁵xo⁵⁵ tshɿ³¹ thi³³

饭　一　顿　　　　　　　　　　雨　　一　　阵

一顿饭　　　　　　　　　　　　一阵雨

第十，除使用本族语量词外，窝尼话中还从汉语中借入了一些量词。例如：

sɿ⁵⁵tɕhin³¹ tshɿ³¹ thai³¹　　　　　ji⁵⁵xo⁵⁵ tshɿ³¹ so³¹

事情　　　一　台　　　　　　　房子 一　所

一台事情　　　　　　　　　　　一所房子

zu⁵⁵mu³¹ tshɿ³¹ tso³¹　　　　　　su³¹kɔ³¹lɔ³¹ so³¹ tsaŋ³³

毛　　一　　撮　　　　　　　　纸　　　　三　　张

一撮毛　　　　　　　　　　　　三张纸

ʂu³¹li³¹ phiɛ⁵⁵　　　　　　　　　ʂu³¹ ȵi³¹ pɛn³¹

书 四 页　　　　　　　　　　　书　二　本

四页书　　　　　　　　　　　　两本书

nai⁵⁵pai³³ tshɿ³¹ thaŋ³³　　　　　sei¹³ tshɿ³¹ phiɛ³³

泥巴　　　一　　摊　　　　　　肉　一　　片

一摊泥巴　　　　　　　　　　　一片肉

ko³³　　tshɿ³¹ sei³¹　　　　　　　zu⁵⁵mɔ³³ tshɿ³¹ tɕɛn⁵⁵

歌　　一　　首　　　　　　　　房间　　　一　　间

一首歌　　　　　　　　　　　　一个房间

3）通用量词

通用量词能够超越具体名词语义条件的制约，表示不同事物的量，使用频率较高。窝尼话中常见的通用量词是 ɔ⁵⁵，可用于有生命的物体，也可用于无生命的物体。例如：

xo³¹zɔ³¹ thɔ³¹ ɔ⁵⁵　　　　　　　xa³³piu⁵³ thɔ³¹ ɔ⁵⁵

碗　　　一　个　　　　　　　　鸡蛋　　　一　个

一个碗　　　　　　　　　　　　一个鸡蛋

ŋa³³ za³¹ ȵi³¹ ɔ⁵⁵

鸟　　二　只

两只鸟

tɕhɛn³³ pi³¹ thɔ³¹ ɔ⁵⁵

铅笔　　　一　支

一支铅笔

zu³³ ve³³ thɔ³¹ ɔ⁵⁵

花　　一　朵

一朵花

zu⁵⁵ mɔ³³ thɔ³¹ ɔ⁵⁵

房间　　一　个

一个房间

va³¹ ŋɔ³¹ ɔ⁵⁵

猪　五　头

五头猪

khɤ³¹ thɔ³¹ ɔ⁵⁵

狗　一　只

一只狗

ŋa³³ lu⁵⁵ phu³¹ thɔ³¹ ɔ⁵⁵

鸟笼　　　一　个

一个鸟笼

pu³¹ tu³³ lu³³ thɔ³¹ ɔ⁵⁵

刀鞘　　　一　个

一个刀鞘

a⁵⁵ mu³¹ thɔ³¹ ɔ⁵⁵

猴子　一　只

一只猴子

tsu³¹ ji⁵⁵ thɔ³¹ ɔ⁵⁵

主意　一　个

一个主意

pa⁵⁵ pu³¹ so³¹ ɔ⁵⁵

棍子　三　根

三根棍子

ɬo³³ mɔ³³ thɔ³¹ ɔ⁵⁵

石头　一　块

一块石头

zʅ⁵⁵ kho³¹ thɔ³¹ ɔ⁵⁵

歌　　一　首

一首歌

xa³³ thɔ³¹ ɔ⁵⁵

鸡　一　只

一只鸡

lu⁵⁵ tsha⁵⁵ la⁵⁵ thɔ³¹ ɔ⁵⁵

支流　　　一　条

一条支流

fu³¹ tshu⁵⁵ thɔ³¹ ɔ⁵⁵

饭团　　一　个

一个饭团

a⁵⁵ tshi³¹ ȵi³¹ ɔ⁵⁵

羊　　两　头

两头羊

miau⁵⁵ thɔ³¹ ɔ⁵⁵

庙　一　座

一座庙

fu³³ tsha³¹ thɔ³¹ ɔ⁵⁵

老鼠　　一　只

一只老鼠

xɔ³¹ ɬɔ³¹ thɔ³¹ ɔ⁵⁵

老虎　一　只

一只老虎

kuai⁵⁵ vu³¹ thɔ³¹ ɔ⁵⁵   ɯ⁵⁵ ɬo⁵⁵ thɔ³¹ ɔ⁵⁵

怪物　　一　　个   蛇　　　一　　条

一个怪物   一条蛇

tha⁵⁵ phi³¹ thɔ³¹ ɔ⁵⁵   la³¹ ȵi⁵⁵ thɔ³¹ ɔ⁵⁵

棺材　　一　　口   手指　　一　　个

一口棺材   一个手指

li³³ pu³³ ȵi³¹ ɔ⁵⁵

馒头　　两　个

两个馒头

有些名词可用性状量词作为量词，也可用通用量词来表量。例如：

tshɔ³³ khɯ³³ tshɿ³¹ kho³³   tshɔ³³ khɯ³³ thɔ³¹ ɔ⁵⁵

绳子　　　一　　条   绳子　　　一　　根

一条绳子   一根绳子

wo³¹ tsho³¹ tshɿ³¹ tin³¹   wo³¹ tsho³¹ thɔ³¹ ɔ⁵⁵

帽子　　一　顶   帽子　　一　顶

一顶帽子   一顶帽子

zu⁵⁵ mɔ³³ tshɿ³¹ tɕɛn⁵⁵   zu⁵⁵ mɔ³³ thɔ³¹ ɔ⁵⁵

房间　　一　　间   房间　　一　　个

一个房间   一个房间

4）反响型量词

与被限定的名词相同或部分相同的量词称为反响型量词。这一类量词来源于被称量的名词，也只能用于对这一名词的称量，因此也称为"专用量词"、"拷贝型量词"、"反身量词"或"临时量词"。

窝尼话中出现的少部分反响型量词来自于被其限制的双音节名词的后一音节。用被限制名词本身作量词的只见 phu³³ "寨子"一词。例如：

sɯ³³ tso⁵⁵ tshɿ³¹ tso⁵⁵   xɔ⁵⁵ phi³¹ tshɿ³¹ phi³¹

树　　一　　棵   地　　　一　　块

一棵树   一块地

xa³³ pha³¹ tshɿ³¹ pha³¹   tɕhi⁵⁵ kho⁵⁵ tshɿ³¹ kho³³

树叶　　一　　片   头发　　　一　　根

一片树叶

xɔ⁵⁵ ɬo³¹ tshɿ³¹ ɬo³¹

一根头发

phu³³ ȵi³¹ so³¹ phu³³

田　　一　　丘

一丘田

寨子　二　三　寨

两三寨

2. 集体量词

集体量词用于称量成双、成对、成群、成捆的事物。窝尼话中常见的集体量词有以下几类:

1) ku³¹ "双"、tsɯ³¹ "对"、tsai³³ "叠"、vi⁵⁵ "背"、tsi⁵⁵li⁵⁵ "排"、lu⁵⁵ "行"、la³¹xo³¹ "捧"、zɛ³³lɛ³³ "群"、khun³¹ "捆"、"筐"、fu⁵⁵ "副、剂"、po⁵⁵ "抱"、thau⁵⁵ "套"、ku⁵⁵ "窝"、pu³³ "拨" 等。例如:

khai⁵⁵nu³³ tshɿ³¹ ku³¹

鞋子　　一　　双

一双鞋子

tho³¹ɬa³³ tshɿ³¹ tsɯ³¹

兔子　　一　　对

一对兔子

a⁵⁵tshi³¹ tshɿ³¹ zɛ³³lɛ³³

羊　　一　　群

一群羊

xɔ³¹phɔ⁵⁵ tshɿ³¹ khun³¹

布　　　一　　捆

一捆布

kɤ³¹pa³³ tshɿ³¹ tsai³³

钱　　一　　叠

一叠钱

ko³¹tsha³¹ tshɿ³¹ xai⁵⁵tu³³

菜　　　一　　筐

一筐菜

mi³¹tsɔ³¹ tshɿ³¹ vi⁵⁵

柴　　一　　背

一背柴

mɯ³³sɯ³¹ tshɿ³¹ la³¹xo³¹

沙　　　一　　捧

一捧沙

ji⁵⁵xo⁵⁵ tshɿ³¹ tsi⁵⁵li⁵⁵

房子　一　　排

一排房子

nɔ⁵⁵tshi³¹ tshɿ³¹ fu⁵⁵

药　　　一　　副

一副药

sɔ⁵⁵ so³¹ lu⁵⁵

麦子　三　行

三行麦子

mi³¹tsa³¹ tshɿ³¹ po³³

柴　　　一　　抱

一抱柴

xo³¹pɔ³¹ tshɿ³¹ ku⁵⁵

蜜蜂　一　　窝

一窝蜜蜂

tsɔ⁵⁵tso⁵⁵ tshɿ³¹ po³³

庄稼　　一　　拨

一拨庄稼

mo³¹loŋ³¹thei³³ tshŋ³¹ thau⁵⁵   mo³¹to⁵⁵tsŋ³³ tshŋ³¹ tɕhi³³

马笼头　　　一　套　　　　　马驮子　　　一　驮

一套马笼头　　　　　　　　　一驮马驮子

nu³¹tshŋ³¹ tshŋ³¹ po⁵⁵lo⁵⁵   tɕhi⁵⁵çi³¹ tshŋ³¹ po⁵⁵lo⁵⁵

牛屎　　一　堆　　　　　　　谷子　　一　堆

一堆牛屎　　　　　　　　　　一堆谷子

2) la³¹tho³³ "把"，表示一只手能握住的粒状事物。例如：

tɕhi⁵⁵pho⁵⁵ tshŋ³¹ la³¹thu³³

米　　　　一　把

一把米

nai⁵⁵pai⁵⁵ tshŋ³¹ la³¹thu³³

豆子　　　一　把

一把豆子

tsai³³ "把"，表示捆扎起来，手掌能握住的事物，也能用 la³¹thu³³。例如：

ko³¹tsha³¹ tshŋ³¹ tsai³³   tɕhi⁵⁵ phu³¹ tshŋ³¹ tsai³³

菜　　一　把　　　　　　　稻草　　　一　把

一把菜　　　　　　　　　　一把稻草

ko³¹tsha³¹ tshŋ³¹ la³¹thu³³   tɕhi⁵⁵ phu³¹ tshŋ³¹ la³¹thu³³

菜　　一　把　　　　　　　稻草　　　一　把

一把菜　　　　　　　　　　一把稻草

但是，表示"一把米"、"一把豆子"时，不能换用 tsai³³，因为"米"和"都做"不能捆扎起来。

3) tshai⁵⁵ti³³ "袋"，表示装袋的事物。例如：

tɕhi⁵⁵ tshŋ³¹ tshai⁵⁵ti³³   nai⁵⁵pai⁵⁵ tshŋ³¹ tshai⁵⁵ti³³

谷子 一　袋　　　　　　　豆子　　　一　袋

一袋谷子　　　　　　　　　　一袋豆子

4) mi³¹ "些"与 ku⁵⁵ "窝"、po³³ "拨"等一样，用于表示不确定的集合量。例如：

tsho⁵⁵ tshŋ³¹ mi³¹   xɔ³¹pho⁵⁵ tshŋ³¹ mi³¹

人　　一　些　　　　　　　布　　　一　些

一些人　　　　　　　　　　一些布

tsi⁵⁵ phu⁵⁵ tshʅ³¹ mi³¹	tsa³³ kɯ³¹ tshʅ³¹ mi³¹
甜酒 一 些	草 一 些
一些甜酒	一些草

nɤ³³ ɬu⁵⁵ tshʅ³¹ mi³¹	tsai⁵⁵ tshɛ⁵⁵ tshʅ³¹ mi³¹
炒豆 一 些	麻线 一 些
一些炒豆	一些麻线

3. 度量衡量词

度量衡量词是用于度量事物和货币单位的名词，包括标准度量衡量词和非标准度量衡量词。

1）标准度量衡量词

窝尼话中的标准度量衡量词借自汉语，如 tsi⁵⁵ "斤"、lo³¹ "两"、tɕhɛn³¹ "钱"、tɤ³³ "斗"等。表示事物名词的量时，可用窝尼话数词或汉语中借入数词与之搭配。常见的有以下几个：

tshʅ³¹ tsi⁵⁵	tshʅ³¹ lo³¹	tshʅ³¹ tɕhɛn³¹
一 斤	一 两	一 钱
一斤	一两	一钱

ȵi³¹ tɤ³³	so³¹ sɯ³³	zʅ³¹ koŋ⁵⁵ fɛn⁵⁵
两 斗	三 升	一 公分
两斗	三升	一公分

tshʅ³¹ tʂhʅ³¹	tshʅ³¹ tʂaŋ⁵⁵	tshʅ³¹ mu³¹
一 尺	一 丈	一 亩
一尺	一丈	亩

2）非标准度量衡量词

非标准度量衡量词常见于身体部位名词，尤其是用手指、拳头等来度量事物。窝尼话中主要有以下几个：

tshʅ³¹ lo⁵⁵	tshʅ³¹ thu⁵⁵	tshʅ³¹ ɔ⁵⁵
一 庹	一 拃	一 指
一庹	一拃	一指

tshʅ³¹ thu³¹	tshʅ³¹ pɛ³¹ thu³¹	
一 步	一 拳	
一步	一拳	

4. 时间单位量词

用于计量时间单位，有的借自汉语。常见的有：

ji^{31} kɯ^{55} tsoŋ^{33} thei^{31}	tshɿ^{31} xa^{31}	tshɿ^{31} nu^{33}
一 个 钟头	一 夜	一 天
一小时	一夜	一天

pɔ^{33} ɬɔ^{33} thɔ^{31} ɔ^{55}	tshɿ^{31} fu^{31}	ʐui^{55} tshɿ^{31} tshɿ^{31}
月 一 个	一 年	命 一 一
一个月	一年	一辈子

（二）动量词

动量词与动词配合在一起，计量动作行为的次数。动量词的数量不多，常用的有 to^{31} "回，觉"、tsaŋ^{31} "下"、xɛ^{31} "声，口"、pi^{33} "趟"、pi^{55} "顿"、vi^{55} "背"、tsa^{33} "遍"等。例如：

tshɿ^{31} to^{31} lɔ^{55}	ȵi^{31} so^{31} to^{31} nɔ^{55} xɔ^{31}	tshɿ^{31} to^{31} ji^{31} tsa^{33}
一 回 来	二 三 回 问	一 觉 睡
来一回	问两三回	睡一觉

ȵi^{31} pi^{33} lɔ^{55}	tshɿ^{31} tsaŋ^{31} phɯ^{31}	tshɿ^{31} tsaŋ^{31} kɯ^{55}
两 趟 来	一 下 拍	一 下 甩
来两趟	拍一下	甩一下

tshɿ^{31} tsaŋ^{31} xua^{55}	tshɿ^{31} tsaŋ^{31} thɛ^{55}	tshɿ^{31} xɛ^{31} khu^{55}
一 下 画	一 下 打	一 声 喊
画一下	打一下	喊一声

tshɿ^{31} xɛ^{31} pu^{31}	tshɿ^{31} xɛ^{31} mɤ^{55}	tshɿ^{31} xɛ^{31} kho^{31}
一 口 亲	一 声 叫	一 口 咬
亲一口	叫一声	咬一口

tshɿ^{31} vi^{55} phi^{33}	tshɿ^{31} pi^{55} tsɔ^{31}	tshɿ^{31} pa^{31} thi^{55}
一 背 背	一 顿 吃	一 脚 踢
背一背	吃一顿	踢一脚

（三）量词的句法功能

量词不能单独充当句子成分，必须与数词搭配，或者与数词、其限定的名词一起构成数量短语，才能成为句子成分。数量短语可在句中充当主语、宾语、定语和状语的等成分。

1. 数量短语（主要是名量短语）位于句首作主语。例如

（292）tshʅ^{31} wo^{33} tshʅ^{31} wo^{33} mo^{31} tho^{31} tsa^{33} ti^{55}.

一　　家　　一　　家　　摩托　　有　PRT

家家都有摩托。

（293）tshʅ^{31} kɔ^{33} tshʅ^{31} kɔ^{31} ŋɛ^{31} ka^{31} ti^{55}.

一　　个　　一　　个　　做　能　PRT

个个都很能干。

（294）tshʅ^{31} wo^{33} nu^{31} tshʅ^{31} kho^{33} pi^{55} pi^{31}.

一　　家　牛　一　　头　　分　给

每家分给一头牛。

2. 数量短语（主要是动量短语）位于动词谓语之前作宾语。例如

（295）zɔ^{33} nu^{55} nu^{55} a^{53}　　xa^{55} mɤ$^{31/55}$ mɤ$^{31/55}$ tshʅ^{31} to^{31}　ji^{31} tsa^{33} a^{53}.

娃娃　　　　　　好好地　　　　　一　觉　睡　　PRT

娃娃好好地睡了一觉了。

（296）nu^{31} xɔ^{55} tɕhi^{31} a^{55} nɛ^{33} li^{31} tsa^{33} tɕhi^{31} a^{53}.

牛　田　犁　CONJ　四　遍　犁　　PRT

牛犁田犁了四遍了。

（297）ŋɔ^{55} xa^{13} tɔ^{33} ȵi^{31} pi^{33} lɔ^{55} tsɔ^{55} mo^{33} a^{53}.

我　这里　二　趟　来　EXP　　PRT

这里我来了两趟了。

（298）ji^{55} mi^{31} tsa^{31} tshʅ^{31} vi^{55} phi^{33}, ŋɔ^{55} mi^{31} tsa^{31} tshʅ^{31} pa^{31} pa^{31}.

她　柴　　一　背　背　我　柴　　一　　挑　挑

她背着一背柴，我挑着一挑柴。

（299）ŋɔ^{55} sɔ^{55}　li^{33} pu^{33} ȵi^{31} ɔ^{55} tsɔ^{31} tho^{53}.

我　麦子　馒头　两　个　吃　PFV

我吃了两个麦子馒头了。

（300）mi^{55} nu^{33} xa^{33} so^{31} ɔ^{55} ɕi^{31} tho^{53}.

昨天　　鸡　三　只　杀　PFV

昨天杀了三只鸡。

3. 数量短语（主要是名量短语）位于被修饰名词之后作定语。例如：

（301） ji⁵⁵ xo⁵⁵ tɔ³³   ta³¹ xo³³ ŋɔ³¹ kɔ³¹ lɔ⁵³.

家　　LOC　客人　五　个　来

家里来了五个客人。

（302） wo³¹ to⁵⁵ tshɿ³¹ tiɛ³¹ tsa³³ ti⁵⁵, ɔ⁵⁵ xo⁵⁵ lɔ⁵⁵ pu⁵⁵ liɛ³¹ a⁵³, ɔ⁵⁵ xo⁵⁵ khu³³

云　一　点　有 PRT 雨　下　像　　PRT 雨　漏

tshɿ³¹ lɔ⁵⁵?

会　　PRT

天上有一片云彩，像是要下雨了，是否会漏雨？

（303） kɔ⁵⁵ mɔ³³ ʂɿ³¹ ʂɿ¹³ tsho⁵⁵ tshi³¹ zɛ⁵⁵ lɛ⁵⁵ lɔ⁵⁵ ti³³.

路　　远远　　人　一　群　来 PRT

远远的来着一群人。

（304） tsi³¹ lo⁵⁵ tɔ³³ tɕhi⁵⁵ ɕi³¹ tshɿ³¹ po⁵⁵ lo⁵⁵ tsa³³ ti⁵⁵.

打谷盆 LOC 谷子　　一　堆　在 PRT

打谷盆中有一堆谷子。

有时，数量短语还与指示代词一起来修饰名词。指示代词位于名词中心语之前，数量短语位于其后。例如：

（305） a⁵⁵ sɯ³³ tso⁵⁵ tshɿ³¹ tso⁵⁵ a³¹ ɕi⁵⁵ lɛ³³   ti⁵⁵ ti³¹ ɛ⁵⁵?

这 树　　一　棵 谁 AG 栽 PRT

这棵树是谁种的？

（306） a⁵⁵ kɔ³¹ to³¹ tshɿ³¹ pha³³ la³³ ŋɔ⁵⁵ n̠i³¹ kɔ³¹ kɯ³³ ŋɯ⁵⁵ ti⁵⁵, zɔ¹³ tshɿ³¹

这 手镯　一　只　　我 俩　个 GEN 是 PRT 那　一

pha³³ la³³ na³³ n̠i³¹ kɔ³¹ ŋɯ⁵⁵ ti⁵⁵.

只　　你 俩　个 是 PRT

这只是我俩的手镯，那只是你俩的手镯。

在数量短语后加领属格标记 kɯ³³ 后，位于名词前对其进行修饰。例如：

so³¹ nu³³ kɯ³³ no³³ xa³¹	三天的时间
so³¹ tho⁵⁵ kɯ³³ sɯ³³ tso⁵⁵	三千棵树
so³¹ tɕhi⁵⁵ li³¹ kɯ³³ kɔ⁵⁵ mɔ³³	三十里的路
ŋɔ³¹ khu³¹ xɔ⁵⁵ kɯ³³ tsho⁵⁵	五六百个人

4. 数量短语之后加状语助词，后可作状语，有的数量短语位于谓语之前，说明动作行为发生的频率。例如：

（307） tsʰɿ³¹ fu³¹ tɛ³³ kʰu³¹ a⁵⁵nɛ³³, xo³¹sɯ³¹ xa⁵⁵mɤ³¹ᐟ⁵⁵ tɛ³³ sɯ³¹ mo³¹ti⁵⁵.
　　　　一　年　ADV　苦　CONJ　年　　好好　　　ADV 过 要 PRT
　　　　苦了一年了，要好好地过个年。

（308） ŋɔ³³xɤ⁵⁵ tsʰɿ³¹ fu³¹ tsʰɿ³¹ fu³¹ i⁵⁵mi³³ ti⁵⁵ mo³¹　ti⁵⁵.
　　　　我们　一　年　一　年　玉米　栽　要　　PRT
　　　　我们每年都要种玉米。

（309） ŋɔ⁵⁵ tsʰɿ³¹ to³¹ sɔ⁵⁵ ȵi³¹ to³¹ sɔ⁵⁵ a⁵⁵nuɔ³³ xai¹³sɿ³³ sɔ⁵⁵ mo⁵⁵ a⁵³.
　　　　我　一　遍　找　二　遍　找　后　　还是　　找　见 PRT
　　　　我找了一遍又一遍总算找着了。

五　形容词

形容词是表示性质、状态的词。按表达功能来分，形容词可分为性质形容词和状态形容词。窝尼话的性质形容词通常表示事物的性质，单音节形容词较多，也有一些是双音节形容词。状态形容词主要是描写性的，表示事物的状态，窝尼话中由形容词的重叠形式来表示。

窝尼话中的形容词以单音节形式为主，有少量双音节形容词，有丰富的重叠形式，可在句中充当不同句子成分。

（一）　性质形容词的前加成分

哈尼语性质形容词前大多有前加成分。例如绿春大寨哈尼话形容词的前加成分是 jo³³，带前加成分的形容词兼有名词的性质，不受副词的修饰；其后不能再有后附成分；不能用来构成新词。[1] 墨江卡多话形容词带前加成分 a³¹ 可名词化。[2]墨江西摩洛语形容词的前加成分主要有 ɔ³¹、a³¹、ɤ³¹ 等。[3]

窝尼话中形容词的前加成分是 zo³³，但这种现象并不普遍。常见带 zo³³

---

① 李永燧、王尔松：《哈尼语简志》，民族出版社，1986，第 55 页。
② 赵敏：《墨江哈尼族卡多话参考语法》，中央民族大学博士学位论文，2009，第 47 页。
③ 戴庆厦等：《西摩洛语研究》，民族出版社，2009，第 69 页。

的形容词主要有以下几个，这些形容词可单独在句中作谓语。zo^{33}加在这些单音节形容词前，构成双音节词对其前面的名词进行修饰。zo^{33}还可帮助单音节形容词重叠构成三音节词，表示状态的加深，并使形容词生动化，在句中可作谓语。例如：

kɯ^{33}	干的	zo^{33}kɯ^{33}	zo^{33}kɯ^{33}kɯ^{33} 干干的
tso^{31}	湿的	zo^{33}tso^{31}	zo^{33}tso^{31}tso^{31} 湿湿的
li^{55}	旧的	zo^{33}li^{55}	zo^{33}li^{55}li^{55} 旧旧的
sɯ^{31}	新的	zo^{33}sɯ^{31}	zo^{33}sɯ^{31}sɯ^{31} 新新的
tso^{31}	生的	zo^{33}tso^{31}	zo^{33}tso^{31}tso^{31} 生生的
mo^{33}	熟的	zo^{33}mo^{33}	zo^{33}mo^{33}mo^{33} 熟熟的
tshɛ^{55}	酸的	zo^{33}tshɛ^{55}	zo^{33}tshɛ^{55}tshɛ^{55} 酸酸的
tshi^{55}	甜的	zo^{33}tshi^{55}	zo^{33}tshi^{55}tshi^{55} 甜甜的

这些形容词在句中可单独作谓语，其重叠形式加 zo^{33}后也作谓语。单个形容词加 zo^{33}构成的双音节形容词则作后置定语。例如：

（310）xɔ^{31}ɫu^{55}（mɔ^{55}）kɯ^{33}ja^{53}.　　　　衣服干了。

xɔ^{31}ɫu^{55}（mɔ^{55}）zo^{33}kɯ^{33}kɯ^{33}ja^{53}.　衣服干了。

xɔ^{31}ɫu^{55} zo^{33}kɯ^{33}　　　　　　　干衣服

（311）xɔ^{31}ɫu^{55}（mɔ^{55}）li^{55}ja^{53}.　　　　衣服旧了。

xɔ^{31}ɫu^{55}（mɔ^{55}）zo^{33}li^{55}li^{55}ja^{53}.　衣服旧了。

xɔ^{31}ɫu^{55} zo^{33}li^{55}　　　　　　　旧衣服

（312）xɔ^{31}ɫu^{55}（mɔ^{55}）tso^{31}ja^{53}.　　　　衣服湿了。

xɔ^{31}ɫu^{55}（mɔ^{55}）zo^{33}tso^{31}tso^{31}ja^{53}.　衣服湿了。

xɔ^{31}ɫu^{55} zo^{33}tso^{31}　　　　　　　湿衣服

（313）mɔ^{55}mu^{31}（mɔ^{55}）mo^{33}ja^{53}.　　　小芒果熟了

mɔ^{55}mu^{31}（mɔ^{55}）zo^{33}mo^{33}mo^{33}ja^{53}.　小芒果熟了

mɔ^{55}mu^{31} zo^{33}mo^{33}　　　　　　熟芒果

（314）tsɛ^{55}tshɛ^{55}（mɔ^{55}）tshɛ^{55}ja^{53}.　　腌菜酸了。

tsɛ^{55}tshɛ^{55}（mɔ^{55}）zo^{33}tshɛ^{55}tshɛ^{55}ja^{53}.腌菜酸了。

tsɛ^{55}tshɛ^{55} zo^{33}tshɛ^{55}　　　　　酸腌菜

（二）形容词的重叠

形容词的重叠形式表示程度加深，并使形容词生动化。窝尼话中单音节形容词和双音节形容词重叠的形式存在差别。

1. 单音节形容词的重叠形式

根据形容词自身重叠、添加成分重叠情况的不同，前、后置成分的不同，单音节形容词的重叠方式主要有以下 9 种：

1) 单音节形容词自身重叠，并加后置配音音节 $tɛ^{33}$ 构成 AAB 形式，低平调 33 的词重叠后第一个音节变为低升调 13。例如：

mo^{55}	长	$mo^{55} mo^{55} tɛ^{33}$	长长的
so^{55}	干净	$so^{55} so^{55} tɛ^{33}$	干干净净的
na^{31}	早	$na^{31} na^{31} tɛ^{33}$	早早的
po^{33}	满	$po^{13} po^{33} tɛ^{33}$	满满的
mi^{33}	热	$mi^{13} mi^{33} tɛ^{33}$	热乎乎的
$pɔ^{33}$	亮	$pɔ^{13} pɔ^{33} tɛ^{33}$	亮堂堂的
$kɯ^{33}$	干	$kɯ^{13} kɯ^{33} tɛ^{33}$	干干的
$xaŋ^{33}$	软	$xaŋ^{13} xaŋ^{33} tɛ^{33}$	软软的
$tsʅ^{55}$	密	$tsʅ^{55} tsʅ^{55} tɛ^{33}$	密封的
$sɯ^{33}$	闪	$sɯ^{13} sɯ^{33} tɛ^{33}$	闪闪的
$tshi^{55}$	甜	$tshi^{55} tshi^{55} tɛ^{33}$	甜甜的
$nɔ^{33}$	乖	$nɔ^{13} nɔ^{33} tɛ^{33}$	乖乖的
thu^{33}	直	$thu^{13} thu^{33} tɛ^{33}$	直直的
$tɯ^{33}$	静	$tɯ^{13} tɯ^{33} tɛ^{33}$	静静的

2) 有的单音节形容词自身重叠后，再加后置配音音节 $mɛ^{55}$ 构成 AAB 形式。例如：

$tshɛ^{55}$	酸	$tshɛ^{55} tshɛ^{55} mɛ^{55}$	酸酸的
na^{31}	深	$na^{31} na^{31} mɛ^{55}$	深深的
$sɯ^{33}$	浅	$sɯ^{33} sɯ^{33} mɛ^{55}$	浅浅的
xa^{31}	苦	$xa^{31} xa^{31} mɛ^{55}$	苦苦的

有的单音节形容词自身重叠后，再添加前置成分 a^{55} –、后置成分 – $a^{31} mɛ^{55}$，或只加后置成分来表程度的进一步加深。例如：

no^{55}	短	$a^{55} no^{55} no^{55} a^{31} mɛ^{55}$	短短的
$tshu^{55}$	胖	$tshu^{55} tshu^{55} a^{31} mɛ^{55}$	胖胖的

表示极 "小" 时，不使用形容词 $ŋi^{55}$ "小"，而使用 $a^{55} ti^{55} ti^{55}$ "小小

的"，并在其后加 a^{31}mɛ^{55} 表"极其小的"。例如：

a^{55}ti^{55}ti^{55}　　　　小小的　　　　　a^{55}ti^{55}ti^{55} a^{31}mɛ^{55}　　　　极其小的

3）少数形容词重叠后置配音音节，构成 ABB 形式。例如：

pɔ^{31}　　　　薄　　　　　pɔ^{31}tha^{33}tha^{33}　　　　薄薄的

na^{33}　　　　黑　　　　　na^{33}pɯ^{31}pɯ^{31}　　　　黑暗暗的

tshi^{55}　　　　甜　　　　　tshi^{55}pɔ^{31}pɔ^{31}　　　　甜蜜蜜

表"水"清、浑的单音节形容词加前置成分 ɯ^{55}"水"，自身重叠构成 ABB 形式。例如：

ko^{55}　　　　清　　　　　ɯ^{55}ko^{55}ko^{55}　　　　清清的

ȵi^{55}　　　　浑　　　　　ɯ^{55}ȵi^{55}ȵi^{55}　　　　浑浑的

4）一些单音节形容词可加前置成分 ji^{31}-，再加后置配音音节，重叠形容词或配音音节构成 ABCC 或 ABBC 四音节形式，有的后两个音节的声调发生变化。例如：

kau^{33}　　　　高　　　　　ji^{31}kau^{33}li^{33}li^{33}　　　　高高的

mo^{55}　　　　长　　　　　ji^{31}mo^{31}lɛ^{33}lɛ^{55}　　　　长长的

xɤ^{31}　　　　大　　　　　ji^{31}xɤ^{31}lɛ^{33}lɛ^{55}　　　　大大的

no^{55}　　　　短　　　　　ji^{31}no^{55}no^{55}a^{53}　　　　短短的

少数形容词加前、后置成分，并重叠后置成分构成 ABCC 形式，一些后置重叠成分的音节声调发生高低变化。例如：

na^{33}　　　　黑　　　　　a^{55}na^{33}khɯ^{31}khɯ^{33}　　　　黑洞洞的

xa^{33}　　　　硬　　　　　pɔ^{33}xa^{33}tsʐ^{31}tsʐ^{33}　　　　硬板板的

ka^{33}　　　　冷　　　　　ka^{33}tshʐ^{55}ȵi^{55}ȵi^{55}　　　　阴冷的

5）词义相反的两个单音节形容词重叠后组合在一起构成 AABB 形式。例如：

na^{31}　深　sɯ^{33}　浅　　na^{31}na^{31}sɯ^{33}sɯ^{33}　　　　深深浅浅

xɤ^{31}　大　ȵi^{55}　小　　xɤ^{31}xɤ^{31}ȵi^{55}ȵi^{55}　　　　大大小小

tshoŋ^{33}　重　phɔ^{55}　轻　　tshoŋ^{33}tshoŋ^{33}phɔ^{55}phɔ^{55}　　　　重重轻轻

ka^{33}　冷　phɔ^{55}　清　　ka^{33}ka^{33}phɔ^{55}phɔ^{55}　　　　冷冷清清

ka^{33}　冷　tshɔ^{55}　热　　ka^{33}ka^{33}tshɔ^{55}tshɔ^{55}　　　　冷冷热热

ʂʐ^{31}　远　ȵe^{31}　近　　ʂʐ^{31}ʂʐ^{31}ȵe^{31}ȵe^{31}　　　　远远近近

mo^{55}　长　no^{55}　短　　mo^{55}mo^{55}no^{55}no^{55}　　　　长长短短

tshɛ⁵⁵ 酸   tshi⁵⁵ 甜   tshɛ⁵⁵tshɛ⁵⁵tshi⁵⁵tshi⁵⁵   酸酸甜甜

tshu⁵⁵ 胖   kɯ³³① 瘦   tshu⁵⁵tshu⁵⁵kɯ³³kɯ³³   胖胖瘦瘦

6）汉语借词加上窝尼话形容词或窝尼话后置配音音节构成 AABB 形式。例如：

tsi⁵⁵密   mai³³汉语借词"麻"   tsi⁵⁵tsi⁵⁵mai³³mai³³   密密麻麻

ti³³配音音节   tau⁵⁵汉语借词"倒"   tau⁵⁵tau⁵⁵ti³³ti³³   倒倒的

li⁵⁵配音音节   kau³³汉语借词"高"   kau³³kau³³li⁵⁵li⁵⁵   高高的

7）由否定副词 mɔ³¹ 与词义相反的两个单音节形容词构成 ABAC 形式。例如：

na³¹ 深   sɯ³³ 浅   mɔ³¹na³¹mɔ³¹sɯ³³   不深不浅

ʂ̩³¹ 远   ȵe³¹ 近   mɔ³¹ʂ̩³¹mɔ³¹ȵe³¹   不远不近

xɤ³¹ 大   ȵi⁵⁵ 小   mɔ³¹xɤ³¹mɔ³¹ȵi⁵⁵   不大不小

mo⁵⁵ 长   no⁵⁵ 短   mɔ³¹mo⁵⁵mɔ³¹no⁵⁵   不长不短

8）一些单音节形容词后加配音音节的重叠形式，再加 mɛ⁵⁵ 构成 ABBC 形式。例如：

phɔ⁵⁵ 轻   phɔ⁵⁵tɔ⁵⁵tɔ⁵⁵mɛ⁵⁵   轻飘飘的

tshi⁵⁵ 甜   tshi⁵⁵pɔ³¹pɔ³¹mɛ⁵⁵   甜蜜蜜的

ka³³ 冷   ka³³tshɿ³³tshɿ³³mɛ⁵⁵   冷森森的

tshɛ⁵⁵ 酸   tshɛ⁵⁵tɔ⁵⁵tɔ⁵⁵mɛ⁵⁵   酸唧唧的

9）由数词 thɔ³¹ "一"和单音节形容词构成 ABAC 形式，thɔ³¹ 变为低升调 13。例如：

mo⁵⁵ 长   no⁵⁵ 短   thɔ¹³mo⁵⁵thɔ¹³no⁵⁵   一长一短

xɤ³¹ 大   ȵi⁵⁵ 小   thɔ¹³xɤ³¹thɔ¹³ȵi⁵⁵   一大一小

ʂ̩³¹ 远   ȵe³¹ 近   thɔ¹³ʂ̩³¹thɔ¹³ȵe³¹   一远一近

2. 双音节形容词的重叠形式

双音节形容词可通过重叠后一个音节或分别重叠前、后两个音节，主要有以下三种构成方式：

1）重叠后一个音节构成 ABB 式。例如：

_____

① 窝尼话中表"瘦"的词常以双音节 la⁵⁵kɯ³³ 的形式出现，只在此四音节形式中以单音节形式出现。

la^{55}kɯ^{33}	瘦	la^{55}kɯ^{33}kɯ^{33}	瘦瘦的
kho^{31}kha^{31}	涩	kho^{31}kha^{31}kha^{31}	涩涩的
lɛ^{55}kɛ^{31}	花的	lɛ^{55}kɛ^{31}kɛ^{31}	花碌碌
zi^{33}lɛ^{55}	光滑	zi^{33}lɛ^{55}lɛ^{55}	滑碌碌
tha^{55}pa^{33}	扁	tha^{55}pa^{33}pa^{33}	扁扁的
tsi^{33}tsu^{31}	皱	tsi^{33}tsu^{31}tsu^{31}	皱皱的
pɛ^{55}ku^{33}	弯	pɛ^{55}ku^{33}ku^{33}	弯弯的
na^{33}tɯ^{31}	粘	na^{33}tɯ^{31}tɯ^{31}	粘糊糊的
ta^{31}me^{33}	慢	ta^{31}me^{33}me^{33}	慢腾腾的
phi^{55}tɕhi^{33}	尖	phi^{55}tɕhi^{33}tɕhi^{33}	尖尖的
ka^{55}mi^{31}	滑（路）	ka^{55}mi^{31}mi^{31}	滑滑的
mi^{31}lɛ^{55}	滑（路）	mi^{31}lɛ^{55}lɛ^{55}	滑滑的
tai^{31}xɛ^{31}	凹	tai^{31}xɛ^{31}xɛ^{31}	凹凹的
kɛ^{55}xo^{31}	热闹	kɛ^{55}xo^{31}xo^{31}	热闹闹

2）双音节形容词前、后两个音节分别重叠构成 AABB 式。例如：

na^{33}tɯ^{31}	粘糊	na^{33}na^{33}tɯ^{31}tɯ^{31}	粘粘糊糊
pɛ^{55}tsɛ^{33}	斜歪	pɛ^{55}pɛ^{55}tsɛ^{33}tsɛ^{33}	斜斜歪歪
pɛ^{55}ze^{31}	弯扭	pɛ^{55}pɛ^{55}ze^{31}ze^{31}	弯弯扭扭
pi^{33}tsha^{33}	毛糙	pi^{33}pi^{33}tsha^{33}tsha^{33}	毛里毛糙
pa^{33}tsha^{33}	毛糙	pa^{33}pa^{33}tsha^{33}tsha^{33}	毛里毛糙
pɛ^{33}po^{31}	歪，弯	pɛ^{33}pɛ^{33}po^{31}po^{31}	横牛倒马

3）少数由“zo^{33}词头 + 形容词词根”构成的双音节形容词，可以重叠形容词词根构成 ABB 式。例如：

li^{55}	旧	zo^{33}li^{55}	zo^{33}li^{55}li^{55}	旧旧的
kɯ^{33}	干	zo^{33}kɯ^{33}	zo^{33}kɯ^{33}kɯ^{33}	干干的
sɯ^{31}	新	zo^{33}sɯ^{31}	zo^{33}sɯ^{31}sɯ^{31}	新新的
mo^{33}	熟	zo^{33}mo^{33}	zo^{33}mo^{33}mo^{33}	熟熟的
tshɛ^{55}	酸	zo^{33}tshɛ^{55}	zo^{33}tshɛ^{55}tshɛ^{55}	酸酸的
tshi^{55}	甜	zo^{33}tshi^{55}	zo^{33}tshi^{55}tshi^{55}	甜甜的

有些带有前缀 zo^{33} 的双音节形容词形式，其生动形式通过添加重叠的配音音节构成。例如：

| zo³³tso³¹ | 湿 | zo³³tso³¹kha⁵⁵kha⁵⁵ | 湿淋淋的 |
| zo³³ti³³ | 活 | zo³³ti³³kha⁵⁵kha⁵⁵ | 活生生的 |

4）少数双音节形容词可重叠构成 ABAB 式。例如：

| na³³tɯ³¹ | 粘 | na³³tɯ³¹na³³tɯ³¹ | 粘黏粘黏 |
| mi³³li³³ | 温热 | mi³³li³³mi³³li³³ | 温热温热 |

3. 表颜色形容词的重叠形式

窝尼话中表示颜色的形容词除 na³³"黑"常常使用单音节形式外，其他词常以重叠形式出现。要进一步加深程度时，在这些重叠形式上再添加前缀或后置配音音节。

1）颜色词原式为单音节形容词，通过加前缀 a⁵⁵– 或其他成分，再重叠颜色形容词构成重叠形式。例如：

na³³	黑	a⁵⁵na³³na³³	黑黑的
sɿ⁵⁵	黄	a⁵⁵sɿ⁵⁵sɿ⁵⁵	黄黄的
phu⁵⁵	白	a⁵⁵phu⁵⁵phu⁵⁵	白白的
phɤ⁵⁵	灰	xo³¹phɤ⁵⁵phɤ⁵⁵	灰灰的
ŋi⁵⁵	红	phi⁵⁵ŋi⁵⁵ŋi⁵⁵	红红的

2）通常以重叠形式出现的颜色词，要表示更深程度时，添加后置成分 a³¹mɛ⁵⁵构成五音节形式。例如：

phi⁵⁵ŋi⁵⁵ŋi⁵⁵	红红的	phi⁵⁵ŋi⁵⁵ŋi⁵⁵a³¹mɛ⁵⁵	红彤彤的
a⁵⁵na³³na³³	黑黑的	a⁵⁵na³³na³³a³¹mɛ⁵⁵	黑黝黝的
a⁵⁵sɿ⁵⁵sɿ⁵⁵	黄黄的	a⁵⁵sɿ⁵⁵sɿ⁵⁵a³¹mɛ⁵⁵	黄生生的
a⁵⁵phu⁵⁵phu⁵⁵	白白的	a⁵⁵phu⁵⁵phu⁵⁵a³¹mɛ⁵⁵	白生生的
xo³¹phɤ⁵⁵phɤ⁵⁵	灰灰的	xo³¹phɤ⁵⁵phɤ⁵⁵a³¹mɛ⁵⁵	灰扑扑的

有些颜色形容词只见其重叠形式，很难发现其单音节形式，如 ŋi⁵⁵tsha³¹lɯ³¹"绿"。有的词则是合成词，没有单音节形式，如 ŋi⁵⁵xo⁵⁵"紫"。ŋi⁵⁵xo⁵⁵"紫"的构成具有理据。ŋi⁵⁵为"红"，xo⁵⁵为"稍微"，两个语素合起来字面意义为"稍微红"，其生动形式也通过重叠后一个音节所得，即 ŋi⁵⁵xo⁵⁵xo⁵⁵"紫紫的"。

窝尼话中没有专门指"蓝色"的词语，常用表"绿色"词语的重叠形式来表示。例如 tsha³¹ni⁵⁵ni⁵⁵可以表示"蓝蓝的"，也可表示"绿茵茵的"。

（315）tsha³¹ni⁵⁵ni⁵⁵ kɯ³³wo³¹tɔ³³　ŋa³³mɔ³³tho¹³　ji⁵⁵ tɔ³³ po⁵⁵lɔ³¹.

蓝蓝　　　　　 GEN 天 LOC 鸟王　　 一只　她　ALL 飞　来

蓝蓝的天上，一只凤凰向她飞来。

（316）tshŋ^{31}tsho^{55}tshŋ^{31}tsho^{55} zu^{33}ve^{33} ȵi^{31}pho^{33}la^{33} kɯ^{33} tsha^{31}ȵi^{55}ȵi^{55}

各种各样　　　　　　　　 花　 两边　　　 GEN　绿茵茵

kɯ^{33}　sɯ^{33}tso^{55} kɔ^{55} khɔ^{33} thɔ^{53}.

GEN 树　　　 掉　下　 PFV

各种各样的花从两边的树上掉下来。

4. 其他来源的重叠形式

1）除单音节、双音节形容词词根外，少数名词、动词、方位词、副词也可以通过添加成分、重叠等形式来构成具有形容词性质的词语。有的词语为了使韵律和谐，发生变调。例如：

na^{55}pu^{31}	泥巴	na^{55}pu^{31}na^{55}li^{33}	泥泞的
khɯ^{31}pu^{55}	汗	khɯ^{31}pu^{55} li^{33}li^{55}	大汗淋漓
ta^{31}lu^{55}	小池塘	ta^{31}ta^{55}lu^{55}lu^{55}	洼洼潭潭的
ku^{31}li^{55}	反复	ku^{31}li^{55}ku^{31}li^{55}	接二连三的
ȵi^{55}	哭	ȵi^{55}ȵi^{55}pɛ^{33}pɛ^{33}	哭哭啼啼
pɯ^{33}	跳	pɯ^{33}pɯ^{33}ti^{55}ti^{55}	跑跑跳跳

有些语义上相反或相近的动词重叠，或使用否定副词，重叠否定副词后构成能够描述状态的短语。例如：

ji^{55}, li^{33}	去	lɔ^{55}	来	ji^{55}li$^{33/55}$kɔ^{55}lɔ^{55}	来来往往
sŋ^{53}	死	ti^{33}	活	mɔ^{31}sŋ$^{53/55}$mɔ^{31}ti$^{33/31}$	不死不活
tsɔ^{31}	吃	to^{55}	喝	tsɔ^{31}tsɔ^{31}to^{55}to^{55}	吃吃喝喝

少数名词与重叠的形容词一起构成形容词性质的词语。例如：

| khɯ^{55} | 脚 | la^{31} | 手　 | phɔ^{55} | 轻 |

khɯ^{55}phɔ^{55}la^{31}phɔ^{55}　　　 轻手轻脚

2）一些具有形容词性质的 ABAB、ABAC 或 AABB 式重叠形式已成为常用表示状态的词语，其词根已难以分离出来。例如：

kho^{31}li^{55}kho^{31}sa^{55}	哑声哑气	tɔ^{31}tɔ^{55}xo^{31}xo^{31}	凸凸凹凹
ne^{55}ne^{55}the^{55}the^{55}	跌跌撞撞	li^{55}li^{55}ŋɯ^{31}ŋɯ^{31}	踉踉跄跄
pɔ^{55} pɔ^{55}xo^{31}xo^{31}	踉踉跄跄	pu^{55}pu^{55}lu^{33}lu^{33}	七高八低
pi^{33} pi^{33}tsha^{33}tsha^{33}	匆匆忙忙	a^{55}li^{55}a^{55}mu^{33}	乱七八糟

n̠i⁵⁵ n̠i⁵⁵ nu¹³ nu³¹   丁丁吊吊（褴褛的）

上文例子显示，窝尼话形容词具有丰富的重叠形式，其构成方式主要有 AAB 式、ABB 式、ABCC 式、AABB 式、ABAC 式、ABBC 式或 ABAB 式等，少数词可添加前、后置成分构成五音节形式。

（三）形容词的句法功能

形容词可以充当句中的句法成分，但大部分是以重叠的形式出现，使得其表现程度更深，音韵更和谐。

1. 作定语

窝尼话形容词重叠形式可作后置、前置定语。后置定语较为常见。

1）形容词重叠形式置于中心语之后，作后置定语。例如：

ji⁵⁵ xo⁵⁵ mi¹³ mi³³   zu³³ si³¹ a⁵⁵ ti⁵⁵ ti⁵⁵

房子 热乎乎   果子 小小

热乎乎的房子   小小的果子

pa³³ pu³¹ phi⁵⁵ tɕhi³³ tɕhi³³   zu³³ si³¹ tshɛ⁵⁵ tɔ⁵⁵ tɔ⁵⁵

棍子 尖尖   果子 酸溜溜

尖尖的棍子   酸溜溜的果子

tsha³¹ tshi³¹ xei⁵⁵ xei⁵⁵

墙   厚厚

厚厚的墙

2）形容词重叠形式作前置定语时，需在中心语前加结构助词 kɯ³³ "的"。例如：

mi¹³ mi³³ kɯ³³ ji⁵⁵ xo⁵⁵   a⁵⁵ ti⁵⁵ ti⁵⁵ kɯ³³ zu³³ si³¹

热乎乎 的 房子   小小   的 果子

热乎乎的房子   小小的果子

po¹³ po³³ kɯ³³ i⁵⁵ tshu³¹   phi⁵⁵ tɕhi³³ tɕhi³³ kɯ³³ pa³³ pu³¹

满满 的 水   尖尖   的 棍子

满满的水   尖尖的棍子

tshɛ⁵⁵ tɔ⁵⁵ tɔ⁵⁵ kɯ³³ zu³³ si³¹   xei⁵⁵ xei⁵⁵ kɯ³³ tsha³¹ tshi³¹

酸溜溜   的 果子   厚厚 的 墙

酸溜溜的果子   厚厚的墙

mɤ³¹ kɯ³³ sɿ⁵⁵lɔ³¹nu⁵⁵　　　　　　na⁵⁵pu³¹na⁵⁵li³³ kɯ³³ ku³¹tsu³¹kɔ⁵⁵mɔ³³
好　的　小伙子　　　　　　　　泥泞　　　的　山路
强壮的小伙子　　　　　　　　泥泞的山路

ka³³tshɿ⁵⁵ȵi⁵⁵ȵi⁵⁵ kɯ³³ zu⁵⁵mɔ³³
阴冷　　　　的　房间
阴冷的房间

2. 作状语

有三种形式：①形容词重叠形式直接置于动词之前，对其进行修饰。②在重叠形式后、动词前加 tɛ³³ 后修饰动词。③表颜色的形容词重叠后加 kɯ³³ 再修饰单音节颜色词。

1）形容词重叠形式直接置于动词之前。例如：

kua³³kua³³ zɯ³¹　　　　　　　　xa⁵⁵mɤ³¹/⁵⁵mɤ³¹/⁵⁵ tsu⁵⁵
快快　　走　　　　　　　　　好好　　　　　学
快快走　　　　　　　　　　　好好地学

tau⁵⁵tau⁵⁵ti³³ti³³ zɯ³¹/¹³ a⁵³　　　pɛ⁵⁵pɛ⁵⁵tsɛ³³tsɛ³³ zɯ³¹/¹³ ti⁵⁵a⁵³
倒倒　　　　走　PRT　　　歪斜　　　　走　　PRT
倒倒地走。　　　　　　　　歪歪斜斜地走。

2）在重叠形式后加状语助词 tɛ³³，构成"形容词重叠形式 + 状语标记"，位于动词之前对其进行修饰。例如：

kɯ³³/¹³kɯ³³ tɛ³³ tsɔ³¹　　　　　　pu³³/¹³pu³³ tɛ³³ tsɔ³¹
干干　　ADV 吃　　　　　　饱饱　　ADV 吃
干干地吃　　　　　　　　　饱饱地吃

（317）thu¹³thu³³ tɛ³³ ɔ⁵⁵phi³¹ kɯ³³ ji⁵⁵tɔ³³ ta³³ ja⁵³.
　　　　直直　ADV 阿皮　GEN 家 LOC 上 PRT
　　　　径直上去到阿皮的家里。

（318）i⁵⁵phi³¹ to³¹pɔ³¹ pɔ³¹ khu³¹li⁵³khu³¹sa⁵⁵ tɛ³³ khɔ⁵⁵ʂɿ³¹.
　　　　老爷　话　说　哑声哑气　　　ADV 回答
　　　　老爷哑声哑气地回答。

（319）ku³¹tsu³¹zɔ³¹ wa¹³, maŋ⁵⁵kaŋ⁵⁵ lo⁵⁵mɔ³³ i⁵⁵tshu³¹ tɯ³³/¹³tɯ³³ tɛ³³ zɯ³¹
　　　　山　崖　下　曼干　河　水　静静　ADV 流
　　　　tsho³³.

DUR

山崖下曼干河的水静静地流着。

（320） na⁵⁵ ȵi³¹ nu⁵⁵ a⁵⁵ khɯ⁵⁵ tɕhɔ³³ ji⁵⁵, ma³³ phu³¹ tsɯ³¹ ji⁵⁵, so⁵⁵ so⁵⁵

你姊妹俩 脚 洗 去 脸 洗 去 干干净净

tɛ³³ tɕhɔ³³.

ADV 洗

你姊妹俩洗脚脸去，干干净净地洗。

3）表颜色的形容词重叠形式修饰单音节颜色词。颜色形容词可在配音音节和结构助词 kɯ³³ "的" 的帮助下，用自身的重叠形式修饰非重叠形式。读的时候重叠形式的音调拖长，表示程度较深。有些早已不使用的形容词原式可在这种格式中出现，但 lɯ³¹ 并不是 "绿" 的单音节形式，只起到节律的作用。例如：

phi⁵⁵ ȵi⁵⁵ ȵi⁵⁵ kɯ³³ ȵi⁵⁵   ȵi⁵⁵ tshɔ³¹ lɯ¹³ kɯ³³ lɯ³¹

红彤彤 GEN 红   绿油油 GEN 绿

红彤彤的红   绿油油的绿

a⁵⁵ phu⁵⁵ phu⁵⁵ kɯ³³ phu⁵⁵   a⁵⁵ sʅ⁵⁵ sʅ⁵⁵ kɯ³³ sʅ⁵⁵

白生生 GEN 白   黄生生 GEN 黄

白生生的白   黄生生的黄

a⁵⁵ na³³ na³³ kɯ³³ na³³   xo³¹ phɣ⁵⁵ phɣ⁵⁵ kɯ³³ phɣ⁵⁵

黑黝黝 GEN 黑   灰扑扑 GEN 灰

黑黝黝的黑   灰扑扑的灰

3. 作补语

形容词重叠形式跟在作动词之后作补语，说明动作完成的状态。须在动词后加停顿助词① nɛ³³，形容词重叠形式后的 tɛ³³ 起配音音节的作用。例如：

（321） zɔ³¹ nu⁵⁵ nu⁵⁵ a³¹ xɣ³¹/¹³ nɛ³³ tshu⁵⁵ tshu⁵⁵ tɛ³³.

娃娃 大 OCP 胖胖 PRT

娃娃长得胖胖的。

① 江荻先生在《面向机器处理的现代藏语句法规则库和词类、组块标注集》（载江荻、孔江平主编《中国民族语言工程研究新进展》，社会科学文献出版社，2005）一文中给停顿助词下的定义是："主要指接在主语或宾语后表示停顿的（词），相当于汉语的'啊、呀、呐、呢、嘿'"。这里窝尼话中的 nɛ³³，在句中起停顿的作用。

（322） ji⁵⁵ xo³¹ tshɔ³¹ʹ¹³ nɛ³³ xaŋ¹³ xaŋ³³ tɛ³³.

他 饭 煮 OCP 软软 PRT

他把饭煮得软软的。

（323） ŋɔ⁵⁵ lɛ³³ i⁵⁵ tshu³¹ pa³¹ʹ¹³ nɛ³³ po¹³ po³³ tɛ³³.

我 AG 水 挑 OCP 满满 PRT

我把水挑得满满的。

（324） ŋɔ³³ xɤ⁵⁵ tsɔ³¹ʹ¹³ nɛ³³ pu¹³ pu³³ tɛ³³.

我们 吃 OCP 饱饱 PRT

我们吃得饱饱的。

（325） a⁵⁵ta⁵⁵ pa³³ pu³¹ mɔ⁵⁵ sɯ³³ nɛ³³ phi⁵⁵thɔ³¹ thɔ³¹ mɛ⁵⁵.

哥哥 棍子 那 削 OCP 尖尖 PRT

哥哥把棍子削得尖尖的。

4. 作谓语

形容词或形容词重叠形式作谓语描述事物的性质、状态，位于主语之后。例如：

（326） no³³ xa³¹ mɔ³¹ mo⁵⁵ tɕa⁵³.

时间 不 长 PRT

时间不早（长）了。

（327） so³¹ nu³³ kɯ³³ no³³ xa³¹ mo⁵⁵ tɕa⁵³.

三 天 GEN 时间 长 PRT

时间三天太长。

（328） xo³¹ xaŋ³¹ ja⁵¹.

饭 软 PRT

饭软了。

（329） wo³¹ nɔ³³ nɔ³³ a⁵³.

天 阴 阴 PRT

天阴了。

（330） khɤ³¹ çi⁵⁵ a⁵⁵ ti⁵⁵ ti⁵⁵.

跳蚤 小

跳蚤小小的。

（331） sɯ³³tso⁵⁵ xɤ³¹ lɔ⁵⁵ a⁵³.

树　　大　DIR　PRT

树长大了。

（332） mo³¹n̩i³¹no³¹ ji⁵⁵ tɕa⁵³.

东西　坏　DIR　PRT

东西坏了。

（333） a⁵⁵ kɔ³¹ xaŋ³¹ ti⁵⁵.

这　个　软　PRT

这个人懦弱。

（334） wa³³ta⁵⁵ nu³³ phi⁵⁵ phi⁵⁵ ja⁵³.

他哥哥　眼　红　红　PRT

他哥哥眼红了。

（335） nu⁵⁵ xɔ³¹ɬu⁵⁵ tsi³³tsu³¹tsu³¹ a⁵³.

你　衣裳　皱巴巴　　PRT

你衣裳皱了。

（336） kɔ⁵⁵mɔ³³　ka⁵⁵mi³¹mi³¹ a⁵³.

路　　　滑滑　　　PRT

路滑。

（337） a³¹n̩i⁵⁵ kɯ³³ xɔ³¹ɬu⁵⁵ zo³³tso³¹kha⁵⁵kha⁵⁵.

弟弟　GEN 衣裳　湿淋淋

弟弟衣衫湿淋淋的。

（338） kɔ⁵⁵mɔ³³ mi³¹lɛ⁵⁵lɛ⁵⁵.

路　　滑滑的

路滑滑的。

（339） i⁵⁵tshu³¹ ɯ⁵⁵ko⁵⁵ko⁵⁵ a⁵³.

水　　清清的　　PRT

水清清的。

（340） ma³³tsi³³ a⁵⁵si⁵⁵ ti⁵⁵.

眼睛　细　PRT

眼睛细细的。

一些作谓语的形容词后带有判断动词。哈尼语中的判断动词在句中位于句尾，常常虚化为语气助词。如李永燧、王尔松在《哈尼语简志》中指出："判断动词 ŋɯ⁵⁵ '是'（表）肯定判断，一般在句末用语气助词 ŋa³³ 就可以了，需要强调时才用 ŋɯ⁵⁵ '是'。"[①] 窝尼话中的判断动词与哈尼语判断动词用法相同。一些形容词重叠形式作谓语时，句中的判断动词 ŋɯ⁵⁵ 或其变体 ŋɔ⁵³ 虚化为语气助词，位于形容词重叠形式之后。但在一些强调事物状态的句子中，仍然使用具有实意的判断动词 ŋɯ⁵⁵，后面还带语气助词。在这样类型的句子中，形容词重叠形式须与配音音节 mɛ⁵⁵、a⁵⁵ nɛ³³ 或 a³¹ mɛ⁵⁵ 配合使用。例如：

（341） a⁵⁵ tɕhi⁵⁵ nu⁵⁵ tɕi⁵³ a⁵⁵ sʅ⁵³ sʅ⁵⁵ mɛ⁵⁵   ŋɔ⁵³.
        这 谷穗   些   黄澄澄   配音音节   是
        这些谷穗黄澄澄的。

（342） ku³¹tsu³¹ kɯ³³   zu³³ve³³ phi⁵⁵ ŋ̩i⁵⁵ ŋ̩i⁵⁵ a³¹ mɛ⁵⁵   ŋɯ⁵⁵ ti⁵⁵.
        山上   GEN   花   红彤彤   配音音节   是   PRT
        山上的花红彤彤的。

（343） ji⁵⁵   kɯ³³   mɔ⁵⁵mu³¹ tshɛ⁵⁵ tɔ⁵⁵ tɔ⁵⁵ ŋɯ⁵⁵ ti⁵⁵.
        他   GEN   小芒果   酸溜溜   是   PRT
        他家的小芒果酸溜溜的。

（344） a⁵⁵ tsha³¹ tshi³¹ zi³³lɛ⁵⁵lɛ⁵⁵ ŋɯ⁵⁵ ti⁵⁵.
        这 墙   滑溜溜   是   PRT
        这墙滑溜溜的。

5. 作主语

形容词的重叠形式后加 kɯ³³ 名词化后可作主语。例如：

（345） zu¹³zu³³tɛ³³ kɯ³³   thɔ³¹ tsɔ³¹.
        稠糊糊   NOM   别   吃
        别吃稠糊糊的。

（346） a⁵⁵sʅ⁵⁵sʅ⁵⁵ kɯ³³   mo³³ a⁵³,   ŋ̩i⁵⁵ tshɔ³¹lɯ¹³ kɯ³³   mɔ³¹ mo³³.
        黄   NOM   熟   PRT   绿   NOM   不   熟
        黄的熟，绿的不熟。

---

① 李永燧、王尔松编著《哈尼语简志》，民族出版社，1986，第 52 页。

6. 作宾语

形容词重叠形式需后跟 kɯ³³ 名词化后作宾语。例如：

（347）ja⁵⁵ xɤ⁵⁵ phi⁵⁵ phi⁵⁵ tɛ³³ kɯ³³　kɛ⁵⁵　ti⁵⁵.

　　　　他们　辣辣　　　NOM　喜欢　PRT

　　　　他们喜欢辣辣的。

（348）ja⁵⁵ xɤ⁵⁵ phi⁵⁵ ȵi⁵⁵ ȵi⁵⁵ kɯ³³　to³³ xɯ⁵⁵ ti⁵⁵.

　　　　他们　红红　　　NOM　穿　肯　PRT

　　　　他们愿意穿得红红的。

六　动词

动词是表示判断、动作、行为、心理活动、存在等的词。窝尼话中的动词包括判断动词、存在动词、动作动词、心理动词和助动词等。

（一）判断动词

判断动词也称为系词（copula），本身没有实在意义。"语用功能是用来表达说话人对事物或对象外延关系的判定，表达'A（不）是B'的意思。"① 即对人或事物的属性、状态等进行断定。窝尼话中的判断动词为 ŋɯ⁵⁵，相当于汉语的"是"，在肯定句中可以省略，但在否定句和疑问句中不能省略。在肯定句中用 ŋɯ⁵⁵ 时，表示说话者对事物、对象或其性质、状态灯所作的判断具有强调肯定的意味。ŋɯ⁵⁵ 在句中常出现在句尾位置，可直接由否定副词来修饰。在疑问句中可变读为 ŋɛ⁵⁵，应为 ŋɯ⁵⁵ 与语气词 ɛ³³ 的合音。

1. 判断动词的肯定形式

（349）a³¹ ji⁵⁵ xo⁵⁵ tshɿ³¹ so³¹ ŋɔ³³ ju⁵⁵ kɯ³³　ŋɯ⁵⁵ ti⁵⁵.

　　　　这 房子 一　所 我家 GEN　是　PRT

　　　　这所房子是我的。

（350）zɔ¹³ tɔ³³ ŋɔ³³ xɤ⁵⁵ kɯ³³ phu³³　ŋɯ⁵⁵ ti⁵⁵.

　　　　那里　我们　GEN 寨子　是　PRT

---

① 张军：《藏缅语系词的分布与来源》，《民族语文》2013 年第 4 期。

那儿是我们的寨子。

（351）ja⁵⁵xɤ⁵⁵ ŋɔ³³ kɯ³³　za³¹xa³¹ ŋɯ⁵⁵ ti⁵⁵.

　　　他们　我　GEN　弟兄　是　PRT

　　　他们是我的好朋友。

（352）ji⁵⁵ lɔ³¹ko⁵⁵ ŋɯ⁵⁵ ti⁵⁵.

　　　他　彝族　是　PRT

　　　他是彝族

2. 判断动词的否定形式

在判断动词前加否定副词 mɔ³¹，对所属事物或其属性、性质进行否定。例如：

（353）ŋɔ⁵⁵ ji⁵⁵thai³¹ çi⁵⁵ne³³ ji⁵⁵ ɔ³¹xɔ³¹ mɔ³¹ ŋɯ⁵⁵ kɯ³³　zɔ⁵⁵ʂ ʅ³¹ ti⁵⁵.

　　　我　这会儿　才　他　汉人　不　是　NOM　知道　PRT

　　　我刚知道他不是汉人。

（354）zɔ¹³tɔ³³ tshʅ⁵⁵a³¹ ȵi³¹ kho³³ mɔ³¹ ŋɯ⁵⁵, va³¹thi³¹ ȵi³¹ ɔ⁵⁵ ŋɯ⁵⁵ ti⁵⁵.

　　　那儿　麂子　两　只　不　是　野猪　两　只　是　PRT

　　　那不是两只麂子，是两只野猪。

（355）ji⁵⁵ mɔ³¹ lɔ⁵⁵ kɯ³³　mɔ³¹ ŋɯ⁵⁵, ŋɔ³³ le³³　mɔ³¹ lɔ⁵⁵ ti³¹ti⁵⁵.

　　　他　不　来　NOM　不　是　我　AG　不　来　PRT

　　　不是他来，而是我不来。

（356）ji⁵⁵ sɔ⁵⁵ mo³¹ kɯ³³　tɕhi⁵⁵çi³¹ ŋɯ⁵⁵　ti⁵⁵,　i⁵⁵mi³³ mɔ³¹ ŋɯ⁵⁵.

　　　他　找　要　NOM　谷子　是　PRT　包谷　不　是

　　　他要找的是谷子，而不是包谷。

3. 判断动词的疑问形式。判断动词位于句末，通常带语气助词 ɛ⁵⁵，并常与其合读为 ŋɛ⁵⁵。例如：

（357）zɔ³¹nu³³ a³¹mo³³ xau⁵⁵ ŋɛ⁵⁵?

　　　今天　几　号　是

　　　今天几号？

（358）ji⁵⁵ sɯ³¹ kɯ³³ no³³xa³¹ a³¹tɔ³³ tshʅ³¹ nu³³ ŋɛ⁵⁵?

　　　他　生　GEN　日子　哪　一　日　是

　　　他的生日是几号？

（359）ji⁵⁵ a³¹çi⁵⁵ ŋɯ⁵⁵?

他　谁　　是

他是谁？

4. 判断动词的正反疑问句，由判断动词 $ŋ{uu}^{55}$ + $lɔ^{55}$ + $mɔ^{31}$ + $ŋ{uu}^{55}$ 构成。在有的句子中，第二个 $ŋ{uu}^{55}$ 与语气助词 $ɛ^{55}$ 合读为 $ŋɛ^{55}$。例如：

（360）$ŋɔ^{55}$ ji^{55} $l{uu}^{31}$ $t{uu}^{55}$ $sɿ^{55}$ $k{uu}^{33}$ $tsho^{55}$ $ŋ{uu}^{55}$ $lɔ^{55}$ $mɔ^{31}$ $ŋ{uu}^{55}$ $zɔ^{55}$ $mɔ^{31}$ $ʂʅ^{31}$.

　　　　我　他　勒达　　GEN人　是　PRT不　是　知　不　道

　　　　我不知道他是不是"勒达"人。

（361）na^{33} $xɤ^{55}$ $ŋ{uu}^{55}$ $lɔ^{55}$ 　$mɔ^{31}$ $ŋɛ^{55}$ $tsho^{55}$ $mɔ^{55}$ wo^{55} $tsho^{55}$ ti^{33}?

　　　　你们　　是　PRT不　是　什么　　做　错　PRT

　　　　是不是你们做错了什么事情？

（362）$zɔ^{31}$ nu^{55} nu^{55} a^{31} ji^{55} xo^{55} $tɔ^{33}$ 　$mɔ^{31}$ ku^{31} $lɔ^{55}$, $ŋ{uu}^{55}$ $lɔ^{55}$ $mɔ^{31}$ $ŋɛ^{55}$?

　　　　孩子　　　　　　家　LOC没　回　来　是　PRT不　是

　　　　孩子还没回家，是不是？

（363）a^{55} $pɔ^{31}$ za^{55} mi^{33} $tɔ^{33}$ li^{33} ti^{13} 　$k{uu}^{33}$ 　$ŋ{uu}^{55}$ 　$lɔ^{55}$ $mɔ^{31}$ $ŋ{uu}^{55}$ $ɛ^{55}$?

　　　　爸爸　峨山　LOC去　PRT NOM　是　　PRT不　是　PRT

　　　　是不是爸爸去峨山？

（364）nu^{55} $l{uu}^{55}$ $ʂu^{31}$ lo^{55} 　$lɔ^{31}$ ji^{55} $ŋ{uu}^{55}$ $lɔ^{55}$ 　$mɔ^{31}$ $ŋ{uu}^{55}$ $ɛ^{55}$?

　　　　你　二叔　　ACC接　去　是　PRT不　是　　PRT

　　　　是你去接的二叔，是不是？

（二）存在动词

存在动词表示人或事物等的存在。本书的存在动词指的是表示"在、有"义的动词。黄成龙指出"许多藏缅语中同一个存在类动词出现在处所结构、存在结构和领有结构中，是存在类动词的共同特征。若要表达'处所义'、'存在义'或'领有义'，就要通过论元的不同位置来表达。"[①]他用公式来表示藏缅语处所结构、存在结构和领有结构：

处所结构：存在物　+　处所　　　+　存在类动词

存在结构：处所　　+　存在物　　+　存在类动词

领有结构：领有者　+　被领有者　+　存在类动词

---

①　黄成龙：《藏缅语存在类动词的概念结构》，《民族语文》2013 年第 2 期。

窝尼话中存在动词的使用受事物生命度等级差异的制约。tsa³³ 和 tso⁵⁵ 两个存在动词分别表示有、无生命事物或植物、动物生命的存在。其基本特点是都能带宾语，不能重叠，可以接受否定副词的修饰，同时表示"处所义"、"存在义"和"领有义"。

1. tsa³³ "有，在"，指有生命的植物和无生命物体的存在。这种句子中常常在表示处所的名词后加处所格标记 tɔ³³，构成状语位于句首。处所格标记后的名词位于存在动词前作其宾语。例如：

（365）ji⁵⁵ xo⁵⁵ lo⁵⁵ ko³³ tɕhi³¹ tɔ³³　　sɯ³³ tso⁵⁵ ŋi³¹ tso⁵⁵ tsa³³ ti⁵⁵.

　　　　家　门　前　LOC　树　　两棵　有　PRT

　　　　家门前有两棵树。

（366）ku³¹ tsu³¹ tɔ³³　　ɬo³³ mɔ³³ tha⁵⁵ pi⁵⁵ thɔ³¹ ɔ⁵⁵ tsa³³ ti⁵⁵.

　　　　山　　LOC 石板　　　　一　块　有　PRT

　　　　山上有一块石板呢。

（367）a¹³ tɔ³³　　xo³¹ zɔ³¹ tɕhi⁵⁵ ɔ⁵⁵ mɔ³¹ tshʅ³³ tsa³³ ti⁵⁵.

　　　　这里　碗　　十　个　不仅　有　PRT

　　　　这里有十多个碗。

（368）mo⁵⁵ xo³¹ tɔ³³　　tɕhi⁵⁵ phu⁵⁵ tsa³³.

　　　　盆　　LOC 米　　有

　　　　盆里有米。

（369）phai⁵⁵ tu³³ lu³³ tɔ³³　　kɣ³¹ pa³³ tsa³³ ti⁵⁵.

　　　　口袋　　LOC 钱　有　PRT

　　　　口袋里有钱呢。

变为否定形式时，在 tsa³³ 前加否定副词 mɔ³¹。例如：

（370）ji⁵⁵ xo⁵⁵ lo⁵⁵ ko³³ tɕhi³¹ tɔ³³　　sɯ³³ tso⁵⁵ mɔ³¹ tsa³³.

　　　　家　门　前　LOC　树　没　有

　　　　家门前没有树。

（371）ku³¹ tsu³¹ tɔ³³　　ɬo³³ mɔ³³ tha⁵⁵ pi⁵⁵ mɔ³¹ tsa³³.

　　　　山　　LOC 石板　　　　没　有

　　　　山上没有石板。

（372）mo⁵⁵ xo³¹ tɔ³³　　tɕhi⁵⁵ phu⁵⁵ mɔ³¹ tsa³³.

　　　　盆　　LOC 米　　　没　有

盆里没有米。

（373） phai⁵⁵tu³³lu³³ tɔ³³   kɤ³¹pa³³ mɔ³¹ tsa³³.

口袋   LOC 钱   没 有

包里没有钱。

2. tso⁵⁵ "有，在"，表示人或有生命动物的存在。在使用 tso⁵⁵ 的句子中，如果使用表示处所的名词，其后须使用处所标记 tɔ³³ 一起构成状语。事物名词有的在句中作主语，有的作宾语。例如：

（374） lo⁵⁵mɔ³³ tɔ³³   ŋɔ³¹sɔ³¹ tu¹³ tso⁵⁵ pu⁵⁵ ti⁵⁵.

河   LOC 鱼   很 有 相当 PRT

河里有很多鱼。

（375） a³¹ɕi⁵⁵ ji⁵⁵xɔ⁵⁵ tɔ³³   tso⁵⁵ ti¹³？

谁   家   LOC 在 PRT

谁在家里？

（376） tso⁵⁵ 的否定形式也在其前加否定副词。例如：

lo⁵⁵mɔ³³ tɔ³³   ŋɔ³¹sɔ³¹ mɔ³¹ tso⁵⁵.

河   LOC 鱼   没 有

河里没有鱼。

（377） a⁵⁵tɔ⁵⁵ phu³³ tɔ³³   mɔ³¹ tso⁵⁵.

哥哥 寨子 LOC 没 在

哥哥没在村里。

（378） ji⁵⁵ a⁵⁵tɕi³¹ mɔ³¹ tso⁵⁵.

他 姐姐 没 有

他没有姐姐。

（379） tsa³³kɯ³¹ xo⁵⁵tɔ³³ ɯ⁵⁵ɬo⁵⁵ mɔ³¹ tso⁵⁵.

草   里面 蛇 没 有

草里没有蛇。

3. tsa³³ 和 tso⁵⁵ 表示 "处所义"、"存在义" 和 "领有义"。

1) 表示 "处所义"。结构为 "存在物 + 处所 + 有生命存在动词 tso⁵⁵"。存在物在句中作主语。例如：

（380） a⁵⁵tɔ⁵⁵ phu³³ tɔ³³   tso⁵⁵ ti⁵⁵.

哥哥 寨子 LOC 在 PRT

哥哥在村里。

（381） ji⁵⁵ xɔ³³ nu⁵⁵ ji⁵⁵ xo⁵⁵ tɔ³³　　tso⁵⁵ ti⁵⁵.

　　　　她 丈夫　家　　LOC　在　PRT

　　　　她丈夫在家里

2）表示"存在义"。结构为"处所 + 存在物 + 存在动词 tso⁵⁵ / tsa³³"。存在物在句中作宾语。例如：

（382） tsa³³ kɯ³¹ xo⁵⁵ tɔ³³　ɯ⁵⁵ ɬo⁵⁵ tso⁵⁵.

　　　　草　　里面　蛇　　有

　　　　草里有蛇。

（383） lo⁵⁵ mɔ³³ vu³¹ tu³¹ kɯ³³　phu³³ tɔ³³　sʅ⁵⁵ la³¹ mɔ⁵⁵ tshŋ³¹ kɔ³¹ tso⁵⁵ ti⁵⁵.

　　　　河头　　　　　GEN　村子 LOC　姑娘　　　　一　　个　有　PRT

　　　　河头村子中有一个姑娘。

（384） xɔ⁵⁵ ɬo³¹ tɔ³³　　i⁵⁵ tshu³¹ tsa³³.

　　　　田　　LOC　水　　有

　　　　田里面有水。

（385） ko³¹ tsha³¹ tɔ³³　　tsa³¹ ɬa³¹ tsa³³ ti⁵⁵.

　　　　菜　　　LOC　花椒　　有　PRT

　　　　菜里有花椒。

（386） tshaŋ¹³ tɔ³³　　tsha³¹ tɯ³¹ tsa³³ a⁵³.

　　　　汤　　LOC　盐　　　有　PRT

　　　　汤里有盐了。

（387） i⁵⁵ tshu³¹ tɔ³³　　sɔ⁵⁵ pɔ³¹ tsa³³.

　　　　水　　LOC　糖　　有

　　　　水里有糖。

3）表示"领有义"。结构为"领有者 + 被领有者 + 存在动词 tso⁵⁵ / tsa³³"。在这一结构中，除亲属称谓词直接跟在人称代词后外，动物生命的领有者和被领有者之间需要用领属标记 kɯ³³ 来连接。无生命名词作为领有者时，其后仍须使用处所标记 tɔ³³，但这样的句子不多。此外，使用存在动词 tso⁵⁵ 或 tsa³³ 由被领有者的生命度来决定。如果领有者是有生命的，被领有者是无生命的，使用 tsa³³。被领有者在句中作宾语。例如：

（388）ŋɔ⁵⁵xɤ⁵⁵kɯ³³　　nu³¹ tso⁵⁵ pu⁵⁵　ti⁵⁵.

　　　　我们　GEN　牛　有　多　PRT

　　　　我们有很多牛。

（389）ji⁵⁵ a⁵⁵tɕi³¹ tshɳ³¹ kɔ³¹ tso⁵⁵ .

　　　　他　姐姐　一　个　有

　　　　他有一个姐姐。

（390）ŋɔ⁵⁵ kɤ³¹pa³³ tsa³³ ti⁵⁵.

　　　　我　钱　　有　PRT

　　　　我有钱。

（391）ku³¹tsu³¹ tha³¹sɳ⁵⁵tha¹³ tɔ³³　　sɯ³³tso⁵⁵ tsa³³ ti⁵⁵.

　　　　山　　座座　　LOC　树　　有　PRT

　　　　山山（每座山）都有树。

（392）lo⁵⁵mɔ³³ tha³¹sɳ⁵⁵tha¹³ tɔ³³　　ta³¹tsu⁵⁵ tsa³³ ti⁵⁵.

　　　　河　条条　　LOC　桥　　有　PRT

　　　　河河（每条河）都有桥。

综上，窝尼话中的存在动词主要凸显生命度，有 tso⁵⁵ 和 tsa³³ 两个。在表示"处所义"、"存在义"和"领有义"方面，结构上跟藏缅语有一致的类型特征。表"处所义"时，只能用表示动物生命的 tso⁵⁵，存在物在句中作主语。表示"存在义"和"领有义"时，由"存在物"和"被领有者"的生命度来决定 tso⁵⁵ 和 tsa³³ 的选用，"存在物"和"被领有者"在句中作宾语。

（三）动作动词

动作动词是表示动作行为的动词，是动词中数量最多的部分，多数是单音节词。从动词能否带宾语来看，窝尼话中的动作动词可分为及物动词和不及物动词两个大类。

1. 及物动词

及物动词带有施事和受事两个论元。一般不需要使用施事或受事助词，直接构成"主语＋宾语＋谓语"（SOV）语序。例如：

（393）ŋɔ³³ n̪i⁵⁵　tsɳ⁵⁵ li³¹　ti⁵⁵.

　　　　我　兄弟　字　写　PRT

弟弟写字。

（394）ja⁵⁵xɣ⁵⁵ mo³¹ wo⁵⁵ ti⁵⁵.

他们　活计　做　PRT

他们做着活计。

（395）zɔ³¹nu⁵⁵nu⁵⁵a³¹ a⁵⁵tsu³³ to⁵⁵ ti⁵⁵.

小孩　　　　奶　喝　PRT

小孩吃奶。

（396）i⁵⁵phi³ lo⁵⁵ko³³ mɔ⁵⁵ phɔ³³ thɔ⁵³.

老爷　门　那　开　PFV

老爷开门。

及物动词可以带三个论元，分别是施事、受事和与事。与事强制性使用与格标记 lo⁵⁵，使得这三者的语义角色不会产生混淆。例如：

（397）a⁵⁵mo³¹ ŋɔ³³ lo⁵⁵　xɔ³¹ɬu⁵⁵ zo³³ sɯ³¹ tshŋ³¹ kho³³ ku³¹ pi³¹ ti³¹ti⁵⁵.

妈妈　我　DAT 衣服　新　一　件　缝　给　PRT

妈妈为我缝了件新衣服。

（398）nu⁵⁵ ŋɔ³³ lo⁵⁵　nɔ⁵⁵ku⁵⁵ thɔ¹³ nɔ⁵⁵ pi³¹.

你　我　DAT 病　一　病　给

你让我病一下。

（399）tsi³¹tshŋ⁵⁵tsi³¹nɔ⁵⁵, pɔ¹³pɔ³¹tɕi⁵⁵ ji⁵⁵　lo⁵⁵　sei¹³ tshŋ³¹ tiɛ³¹ pi³¹.

逢年过节　　　　隔壁邻居　她　DAT 肉　一　点　给

逢年过节，隔壁邻居给她一点肉。

2. 不及物动词

不及物动词不能带宾语的，只带有一个直接论元。例如：

（400）vu³¹su³³ ŋa⁵³, nu⁵⁵ thu⁵⁵ lɔ⁵⁵ tho³¹kha⁵³.

天亮　PRT 你　起　来　时候

天亮了，你该起来了。

（401）i⁵⁵phi³¹ tshŋ³¹ ti⁵⁵.

爷爷　咳　PRT

爷爷咳着嗽。

（402）zɔ³¹　ȵi³¹ lɔ⁵³.

娃娃　醒　PRT

娃娃醒了。

（403）nu^{31} tshu^{31} phu^{33} lɔ^{31} a^{53}.

　　　牛　跑　过　来　PRT

　　　牛跑过来了。

（404）ŋɔ^{55}xɤ^{55} tshŋ^{31}thi^{55} nɔ^{31}ɕi^{31} lɛ^{33}.

　　　我们　　一下　歇　　PRT

　　　我们休息一下。

（405）lo^{55}mɔ^{33} tu^{33} lɔ^{55}.

　　　太阳　　出　来

　　　太阳出来了。

（406）i^{55}tshu^{31} ɯ^{55}tu^{33} tu^{33} ti^{55}.

　　　水　　出　　　PRT

　　　水出来。

（407）xo^{31} sa^{31} ta^{33} lɔ^{55}.

　　　饭　汽上　来

　　　饭蒸汽上来了。

（408）i^{55}tshu^{31} ti^{31} khɔ^{33} lɔ^{55}.

　　　水　　滴　下　来

　　　水滴下来

（四）心理动词

心理动词在句中作为谓语动词使用。如果其所带宾语具有生命的人或物，可在宾语后加宾格标记 lo^{55}，也可不加。不加宾格标记时，由语序来体现受事关系，即宾语总位于主语之后。如果其宾语是无生命事物，不必添加对象格标记 lo^{55}，使用 SOV 语序即可。例如：

（409）ŋɔ^{55} nu^{55} tu^{31} a^{53}.

　　　我　你　想　PRT

　　　我想你了。

（410）ŋɔ^{55} ji^{55}xo^{55} zɔ^{31}mo^{31} mo^{31} mɔ^{55} tu^{31} ti^{55}.

　　　我　房子　老　　　那　想　PRT

　　　我想念这座老房子。

（411）lau³¹ sʅ⁵⁵ tsai⁵³　ŋɔ³³ xɤ⁵⁵ lo⁵⁵　kuaŋ³¹ sin³¹ ti⁵⁵.

老师　总是　我们 ACC 关心　PRT

老师总是很关心我们。

（412）ji⁵⁵ tshi³¹ to⁵⁵ nɔ³³ tɛ³³　ŋɔ⁵⁵ zɔ⁵⁵ ʂʅ³¹ ti⁵⁵.

他 一家　　TOP 我 知道 PRT

他全家人我都熟悉。

（413）ŋɔ⁵⁵ mi³¹ tsa³¹ tɤ³³ kɔ³³　mɔ³¹ nu⁵⁵.

我 柴　砍 NOM 不 想

我不想砍柴。

（414）ji⁵⁵ to³¹ pɔ³¹ pɔ³¹ kɔ³³　mɔ³¹ nu⁵⁵.

他 话　说 NOM 不 爱

他不爱说话。

（五）助动词

窝尼话中常用的助动词有 tshi³¹ "会"、phɤ³¹ "敢"、xɯ⁵⁵ "肯"、ka³¹ "能" 等。助动词位于谓语动词之后。

1）tshi³¹ "会" 可以表示能力，也可表示推测。例如：

（415）zɔ³¹ mɔ⁵⁵ ji⁵⁵ xo⁵⁵ zo³¹ li⁵⁵ thɔ¹³　ŋa⁵³, xa⁵⁵ mɤ³¹ᐟ⁵⁵ mɤ³¹ᐟ⁵⁵ tshi⁵⁵ ku³³

那 座 房子 旧　一所 是　好好地　　　一下 整

fu³¹ ɕi⁵⁵ nɛ³³ tso⁵⁵ tshi³¹ ŋa⁵³.

回 才　　住 会 PRT

那是一座老房子，得好好把它整修一下才能住。

（416）tshʅ³¹ kɔ³³ tshʅ³¹ kɔ³¹ tsɔ³¹ tshi³¹ ti⁵⁵.

一 个 一 个 吃 会 PRT

人人都会吃。

（417）ŋɔ³³ xɤ⁵⁵ kɯ³³ nu³¹ tɕi⁵³ tsho³¹ pa⁵⁵ thɔ⁵³ tshi³¹ ti⁵⁵.

我们 GEN 牛 些 跑 丢 PFV 会 PRT

我们这些牛会跑丢的。

（418）ji⁵⁵ a³¹ fɔ⁵⁵ ti⁵⁵ mɔ⁵⁵ ji⁵⁵ khɔ³³ nɛ³³,　xo⁵⁵ tʂhuaŋ³¹ tshi³¹ ti⁵⁵.

他 那 刀 那 拿 下 CONJ　祸 闯 会 PRT

他如果拿着那把刀，会闯祸的。

否定式在 tshŋ³¹ 前加否定副词 mɔ³¹。例如：

（419）ŋɔ⁵⁵ zɔ⁵⁵ ʂʅ³¹ ti⁵⁵　ɔ⁵⁵xo⁵⁵ lɔ⁵⁵ mɔ³¹ tshi³¹.

　　　我　知道　PRT　雨　　下　不　会

　　　我知道不会下雨。

（420）ŋɔ⁵⁵ wo³¹mɔ³³ mɔ⁵⁵ nɔ⁵⁵ mɔ³¹ tshi³¹ tɕa⁵³.

　　　我　肚子　　那　疼　不　会　PRT

　　　我肚子不会疼了。

（421）xo³¹ thu⁵⁵ lɔ⁵⁵ mɔ³¹ tshi³¹.

　　　站　起　来　不　会

　　　不会站起来。

2）phɤ³¹ 表示"敢，敢于"。例如：

（422）ji⁵⁵ pɔ³¹　n̠i³¹ phɤ³¹ ti⁵⁵.

　　　他　蜜蜂　拿　敢　PRT

　　　他敢掏蜜蜂。

（423）ji⁵⁵ tshɔ⁵⁵mɔ⁵⁵ n̠i⁵³ʹ³³　tsɔ³¹ phɤ³¹ ti⁵⁵.

　　　他　什么　　CONJ　吃　敢　PRT

　　　他什么东西都敢吃。

（424）wo³¹ kɯ³³ n̠i³¹ n̠ɔ¹³ tsho⁵⁵ kɔ³¹ tɔ³³　pau³¹ tʂɛn⁵⁵ thi¹³ phɤ³¹ ti⁵⁵.

　　　天　GEN　神　俩　人　个　ALL　保证　　提　敢　PRT

　　　天上的两位神敢向人保证。

否定式在 phɤ³¹ 前加否定副词 mɔ³¹。例如：

（425）ji⁵⁵ tsho⁵⁵ tshŋ³¹ kɔ³¹ ti⁵⁵ ji³¹tsa³³ mɔ³¹ phɤ³¹.

　　　她　人　一　个　只　睡　　不　敢

　　　她不敢一个人睡觉。

（426）a³¹ n̠i⁵⁵ ku³³　nɛ³³　zɛn⁵⁵ mɔ³¹ phɤ³¹.

　　　兄弟　怕　CONJ　认　不　敢

　　　兄弟很害怕，不敢承认。

（427）xun³³ mɛ⁵⁵　ji⁵⁵ tu³³ lɔ³¹ mɔ³¹ phɤ³¹.

　　　随便　ADV　拿　出　来　不　敢

　　　不敢随便拿出来。

（428）mo³¹ mɔ⁵⁵ mo³¹ mɔ³¹ phɤ³¹ tɕa⁵³.

马 那 要 不 敢 PRT

不敢要那匹马了。

3）xɯ⁵⁵表示"肯"或"喜欢"。例如：

（429）ŋɔ⁵⁵ za¹³ tho³¹ no³³, ku³¹ tsu³¹ tɔ³³ ta³³ ji⁵⁵ tɛ³³ fu⁵⁵ nu⁵⁵ ku³³ ji⁵⁵ xɯ⁵⁵ ti⁵⁵.

我 以前 山 LOC 上 去 SEQP 菌子 捡 去 肯 PRT

我过去肯上山去拾菌子。

（430）ŋɔ⁵⁵ za¹³ tho³¹ no³³ laŋ³¹ kɯ³³ ji³¹ tsa³³ xɯ⁵⁵ ti⁵⁵.

我 以前 懒 NOM 睡 肯 PRT

我以前肯睡懒觉。

（431）ŋɔ⁵⁵ tɛ³³ phɛ⁵⁵ tsɔ³¹ xɯ⁵⁵ ti⁵⁵.

我 橄榄 吃 肯 PRT

我喜欢吃橄榄。

（432）ji⁵⁵ a⁵⁵ ti⁵⁵ ti⁵⁵ tho³³ tɛ³³ ŋɔ³¹ sɔ³¹ tsɔ³¹ xɯ⁵⁵ ti⁵⁵.

他 小 时候 ABL 鱼 吃 肯 PRT

他从小就喜欢吃鱼。

否定式在 xɯ⁵⁵ 前加否定副词 mɔ³¹。例如：

（433）ŋɔ⁵⁵ tsʅ³¹ ta¹³ kɯ³³ zɯ³¹ mɔ³¹ xɯ⁵⁵.

我 骑 上 NOM 走 不 肯

我骑上（它）不肯走。

（434）zɔ³¹ xo³¹ tsɔ³¹ mɔ³¹ xɯ⁵⁵, nu⁵⁵ ji⁵⁵ lo⁵⁵ tsɔ³¹ tɕhi⁵⁵.

娃娃 饭 吃 不 肯 你 他 ACC 吃 使

孩子不肯吃饭，你让他吃。

（435）ji⁵⁵ tsho⁵⁵ tshʅ³¹ kɔ³¹ ti³¹ ti⁵⁵ ji⁵⁵ xo⁵⁵ tɔ³³ ku⁵⁵ tha⁵⁵ tsha³¹ mɔ³¹ xɯ⁵⁵.

他 人 一 个 只 家 LOC 搁下 DUR 不 肯

他不肯一个人留在家里。

4）ka³¹表示"得"或"能"。例如：

（436）a³¹ tɔ³³ nu³¹ vu⁵⁵ zɔ³³ ka³¹ ɛ⁵⁵?

哪儿 牛 买 得 能 PRT

哪儿能买到牛？

（437）tɕha⁵³ ji⁵⁵ phɛ³¹ ka³¹ a⁵³.

小点 拿 CONJ 得 PRT

拿一小点就得了。

（438） nu³¹ tsh̩³¹ kho³³ tɕhi⁵⁵ phu⁵⁵ li³¹ tɕhi⁵⁵ sɯ³³ phɔ⁵⁵ zɔ³³ ka³¹ ti⁵⁵.

　　　　黄牛　一 条 米　　四 十 升 换 得 能 PRT

　　　　一头黄牛可以换四十升米。

（439） i⁵⁵nu³³xo⁵⁵ tɔ³³ tɛ³³　ɔ⁵⁵ tu³³ ji⁵⁵　kɯ³³　ɔ⁵⁵ tu³³ ka³¹ ti⁵⁵.

　　　　里面　　ABL　 看出去 NOM 看出 得 PRT

　　　　从里往外看能看得清。

（440） nu⁵⁵ lɔ⁵⁵ ka³¹ lɔ⁵⁵？

　　　　你 来 能 PRT

　　　　你能来吗？

（441） ŋɔ⁵⁵ lɔ⁵⁵ ka³¹ ti⁵⁵.

　　　　我 来 能 PRT

　　　　我能来。

否定形式在 ka³¹ 之前加否定副词 mɔ³¹。例如：

（442） nu⁵⁵ lɔ⁵⁵ ka³¹ lɔ⁵⁵，lɔ⁵⁵ mɔ³¹ ka³¹ ɛ⁵⁵？

　　　　你 来 能 PRT 来 不 能 PRT

　　　　你能不能来？

（443） ŋɔ⁵⁵ lɔ⁵⁵ mɔ³¹ ka³¹.

　　　　我 来 不 能

　　　　我不能来。

（444） nu⁵⁵ wo⁵⁵ ji⁵⁵ mɔ³¹ ka³¹.

　　　　你 进 去 不 得

　　　　你不能进去。

（445） kɤ³¹pa³³ mɔ³¹ tsa³³ kɯ³³　tsho⁵⁵ xɔ³³miɔ⁵³ sɔ⁵⁵ zɔ³³ mɔ³¹ ka³¹.

　　　　钱　　没 有 GEN 人 媳妇　娶 得 不 能

　　　　没有钱的人娶（买）不了妻子。

（446） xa³³ thɔ³¹ ɔ⁵⁵ tɕhi⁵⁵ɕi³¹ ŋɔ³¹ sɯ³³ phɔ⁵⁵ mɔ³¹ ka³¹.

　　　　鸡 一 只 谷子　五 升 换 不 得

　　　　一只鸡不能换五升谷子。

（447） vu³¹ mɔ³¹ su⁵⁵ tho³³，a³¹ tɛ³³mɛ⁵⁵ŋi³³　ku³¹tsu³¹ tɔ³³ ji⁵⁵ mɔ³¹ ka³¹.

　　　　天 不 亮 时 无论如何　　山 LOC 去 不 得

天不亮千万别上山。

（448） a^{31}ku^{33} tɛ^{33} a^{31}na^{33} ɔ^{55} tɕi^{33} ji^{31} ɔ^{55} tu^{33} mɔ^{31} ka^{31}.

外面　ABL里面　看进　去看　出不　能

从外面看不到里面。

从以上例句来看，窝尼话助动词在肯定句中均位于谓语动词之后，这与其他哈尼语方言一致。但在否定式中的位置与其他方言不同。在其他哈尼语方言否定句中，助动词位于谓语动词之后，而否定副词位于谓语动词之前。窝尼话中助动词位于否定副词之后。下面以哈尼语的一个方言西摩洛语①为例进行说明。

（449） ŋʌ^{55} mʌ^{31} ji^{55} khɿ^{31} lʌ^{55}.

我　不　去　敢　PRT

我不敢去。

（450） ɯ^{55} ko^{33} mʌ^{31} tʃhã^{55} khɿ^{31}.

他　歌　不　唱　会

他不会唱歌。

（451） ɯ^{55} mʌ^{31} ji^{55} ŋjv^{55} pɿ^{31}.

他　不　去　愿意　PRT

他不愿意去。

（452） ŋʌ^{55} a^{31}zɿ^{33} mʌ^{31} kv̱^{31} khɿ^{31} lʌ^{55}.

我　花　不　绣　会　PRT

我不会绣花。

窝尼话助动词在否定句中位置与其他哈尼语方言不同，但与彝语的相同。试与山苏彝语②助动词的否定式进行比较：

（453） ŋa^{33} phi^{21} tsɿ^{55} se^{21} ma^{21} kə^{55}.

我奶奶　字　写　不　会

奶奶不会写字。

（454） e^{55} pɛr^{21}li^{55} kɛ^{55} tshɛ^{21} ma^{21} di^{55}.

他　镰刀　用　割　不　愿意

---

① 西摩洛语语料引自戴庆厦等著《西摩洛语研究》，民族出版社，2009，第96页。
② 山苏彝语例句引自许鲜明、白碧波等著《山苏彝语研究》，民族出版社，2013，第188～189页。

他不愿用镰刀割。

（455）ŋa³³ a⁵⁵mu³³tshi²¹ ba³³　　do̥³³ zi³³ ma²¹ pi⁵⁵.

　　　　我　夜里　　　时助　出　去　不　敢

　　　　我夜里不敢出去。

从以上例句可以看出，窝尼话助动词的否定式语序与彝语的一致。究其原因，可能是来自周边彝语的影响。在窝尼人迁入新平县的 200 多年时间中，其周围一直居住着彝族人，窝尼话语言系统中除借入了一些彝语词语外，句法结构也受到了一些影响。

（六）泛指动词

泛指动词与一般动词的相同点在于，都表示动作行为，都能在句中作谓语。不同之处是，泛指动词在不同的语境中，可产生不同的语义，因而可以表示一类动作行为，而不只是某一具体动作。窝尼话中常见的泛指动词是 ŋɛ³¹。例如：

（456）—— nu⁵⁵ tshɔ⁵⁵mɔ⁵⁵ ŋɛ³¹ ji⁵⁵ ti³³？

　　　　　　你　什么　　　做　去　PRT

　　　　　　你去做什么？

　　　　—— mo³¹ ŋɛ³¹　ji⁵⁵　lɔ³¹？

　　　　　　活计做　　DIR　PRT

　　　　　　做活计去？

（457）ji⁵⁵ ŋɛ³¹ thu⁵⁵　a⁵³.

　　　　他　走　DIR　PRT

　　　　他走了。

（458）wa³³ mo³¹ tɛ³³mɛ⁵⁵ pau⁵⁵tʂhei³¹ ŋɛ³¹ ji⁵⁵　mo³¹ ti⁵⁵.

　　　　他　妈　BEN　报仇　　　报　DIR　要　PRT

　　　　要替他妈妈报仇去。

（459）wa³³ȵi⁵⁵ tɕo⁵⁵ kau⁵⁵tɕui³³ ŋɛ³¹ a⁵³, a⁵⁵tɕi³¹ thu⁵⁵ a⁵³, "nu⁵⁵ a⁵⁵mo³¹

　　　　她妹妹就　告嘴　　告　PRT　姐姐　说　PRT　你　妈妈

　　　　mɔ³¹ ŋɯ⁵⁵.

　　　　不　是

　　　　妹妹就去告嘴，姐姐说："你不是我们的妈妈"。

在以上例句中，（456）句中的 ŋɛ³¹ 表示"做"；例（457）句表示"走"。例（458）、（459）句中，ŋɛ³¹ 的宾语是汉语借词 pau⁵⁵tʂhei³¹ "报仇"和 kau⁵⁵tɕui³³ "告嘴"，这两个词在句中的功能是宾语，作为名词使用，ŋɛ³¹ 是谓语，在句中分别表示"报"和"告"。

从例句来看，泛指动词 ŋɛ³¹ 在句中宾语之后，其功能是作谓语，语义比较宽泛，由其所在的语境而定。

（七）动词的名动同形

窝尼话中有一类特殊的动词类型。这些动词来源于双音节名词的第二个音节，因此也可说这类动词是拷贝名词而来。以这种方式转化而来的动词和名词构成的短语具有一些特征：①在语音上，由于动词和其来源名词的一个音节同音，常构成 ABB 式短语，具有很强的节律。②在语义关系上，存在两种情况：一种是，名词是动词陈述的对象；一种是，名词是动词的受事。

1. 拷贝动词与名词具有主谓关系。例如：

i⁵⁵tshɯ³¹ → i⁵⁵tshɯ³¹ tshɯ⁵⁵   xo³¹sɯ³¹→xo³¹sɯ³¹ sɯ³¹
水   水   开   年   年   过
水开   过年
kɯ³¹ti³¹ → kɯ³¹ti³¹ ti³¹   mɔ⁵⁵nɔ⁵⁵→mɔ⁵⁵nɔ⁵⁵ nɔ⁵⁵
癫子   癫子 生   疮   疮   生
生癫子   生疮
zu³³ve³³ →zu³³ve³³ ve³³   mi³³pɛ³¹→mi³³pɛ³¹ pɛ³¹
花   花   开   裂缝   裂缝 裂
开花   裂开
na³¹pu⁵⁵→na³¹pu³¹ pu³¹   ɬu³³thu³¹→ɬu³³thu³¹ thu³¹
耳朵   耳   聋   蛆   蛆   生
耳聋   生蛆

一些动词与名词词根结合后构成名词。其动词形式与这些类型的名词再一起构成主谓短语。例如：

wo³¹tʂʅ³¹→wo³¹tʂʅ³¹ tʂʅ³¹
雷   雷   打

打雷

这一短语中，wo³¹（天）＋ tʂʅ³¹（打）＝雷（名词）＋ tʂʅ³¹ ＝打雷。

wo³¹ɬi⁵⁵ → wo³¹ɬi⁵⁵ ɬi⁵⁵

风　　　风　刮

刮风

这一短语的构成格式为：wo³¹（天）＋ ɬi⁵⁵（吹、刮）＝风（名词）＋ ɬi⁵⁵ ＝刮风。

2. 拷贝动词与名词具有动宾关系。例如：

kho³³kha³¹ → kho³³kha³¹ kha³¹　　　　kho⁵⁵tho³¹ → kho⁵⁵tho³¹ tho³¹

蜘蛛网　蛛网　结　　　　　　　疙瘩　　疙瘩　结

结蜘蛛网　　　　　　　　　　　结疙瘩

fu⁵⁵tho³³ → fu⁵⁵tho³³ tho³³　　　　thi³¹ȵi³¹ → thi³¹ȵi³¹ ȵi³¹

拐杖　拐杖　挂　　　　　　　　集市　集　赶

挂拐杖　　　　　　　　　　　　赶集

phi⁵⁵ɬi⁵⁵ → phi⁵⁵ɬi⁵⁵ ɬi⁵⁵　　　　wo³¹tsho³¹ → wo³¹tsho³¹ tsho³¹

口哨　口哨　吹　　　　　　　　帽子　帽子　戴

吹口哨　　　　　　　　　　　　戴帽子

to³¹pɔ³¹ → to³¹pɔ³¹ pɔ³¹　　　　tsɛ⁵⁵ɬhɛ⁵⁵ → tsɛ⁵⁵ɬhɛ⁵⁵ ɬhɛ⁵⁵

话　话　说　　　　　　　　　　酸菜　酸菜　腌

说话　　　　　　　　　　　　　腌酸菜

vu³¹fu³³ → vu³¹fu³³ fu³³　　　　to³¹mɛ³¹ → to³¹mɛ³¹ mɛ³¹

斗笠　斗笠　戴　　　　　　　　尾巴　尾巴　甩

戴斗笠　　　　　　　　　　　　甩尾巴

zu³³ku³³ → zu³³ku³³ ku³³　　　　tshʅ³¹ko³¹ → tshʅ³¹ko³¹ ko³¹

窝　窝　做　　　　　　　　　　稀屎　稀屎　喷

做窝　　　　　　　　　　　　　稀屎喷（出来）

可以看出，以上动名同形的短语中，无论是表主谓关系或表动宾关系，有些名词是双音节词，其动词形式是后一个音节，如 to³¹mɛ³¹ "尾巴"，mɔ⁵⁵nɔ⁵⁵ "疮"。有些复合名词是由"名词＋动词"的方式构成的。在短语中，又重复动词成分。如 to³¹pɔ³¹ "话"由 to³¹（话）＋pɔ³¹（说）组成。

少数动词来源于名词的第一个音节。例如：

phai³¹ti³¹ phai³¹　　　　　　　　　zɔ⁵⁵mɔ³³ zɔ⁵⁵

心　　　难受　　　　　　　　　　簸箕簸

恶心　　　　　　　　　　　　　　簸簸箕

phɔ⁵⁵pi³³ phɔ⁵⁵ᐟ³³　　　　　　　　mu³¹thei³¹ mu³¹

扣子　　　开　　　　　　　　　　包头　　包

解开扣子　　　　　　　　　　　　包包头

3. 除了拷贝动词与名词构成 ABB 式短语外，窝尼话中有的双音节名词与动词组合时，省略后一个音节，重复动词，构成 ABB 式。该动词必须与之搭配的名词词根在一起才能重叠。例如：

ma³³tsi³³→ma³³tsho³¹ tsho³¹　　　ma³³tsi³³→ma³³thi³³ thi³³

眼睛　　眼　　　　跑　　　　　　眼睛　　眼　　　眨

眼瞎　　　　　　　　　　　　　　眨眼睛

ŋɔ³¹sɔ³¹→ŋɔ³¹mɔ³¹ mɔ³¹　　　　mi⁵⁵tsha³¹→ mi⁵⁵ɬu³³ ɬu³³

鱼　　鱼　　　钓　　　　　　　　地　　　地　　　动

钓鱼　　　　　　　　　　　　　　地震

na³¹pu⁵⁵→na³¹zi⁵⁵ zi⁵⁵　　　　la³¹→ la³¹ vɛ³¹ vɛ³¹

耳朵　　耳 脓 脓　　　　　　　　手　手 摇 摇

耳脓　　　　　　　　　　　　　　招手

kɔ⁵⁵mɔ³³→kɔ⁵⁵tsɔ⁵⁵ tsɔ⁵⁵　　　vu³¹tu³¹→vu³¹ȵi⁵⁵ ȵi⁵⁵

道路　　道绕绕　　　　　　　　　头　　头 点 点

绕道　　　　　　　　　　　　　　点头

vu³¹tu³¹→vu³¹kɯ⁵⁵ kɯ⁵⁵　　　la³¹la³¹→la³¹ xo³¹ xo³¹

头　　头 摇 摇　　　　　　　　　手　　手 捧 捧

摇头　　　　　　　　　　　　　　捧起

少数动词与单音节名词组合，重复动词。这一类动词在语义上同与之组合的名词搭配，并须以重叠形式与该名词组合使用。例如：

ɯ⁵⁵→ ɯ⁵⁵ tsɻ³¹ tsɻ³¹　　　　　ɯ⁵⁵→ɯ⁵⁵ khɯ³¹ khɯ³¹

水　　水 打 打　　　　　　　　　水　　水 游 游

洗澡　　　　　　　　　　　　　　游泳

tsu³¹→ tsu³¹ xo⁵⁵ xo⁵⁵　　　　vu³¹→ vu³¹ pi³¹ pi³¹

腰　腰弯弯　　　　　　　　芽　芽发发

弓腰　　　　　　　　　　　发芽

vi⁵⁵→ vi⁵⁵ pa³¹ pa³¹　　　　po⁵⁵→ po⁵⁵ xo³¹ xo³¹

担　担挑挑　　　　　　　　脓　脓生生

挑担子　　　　　　　　　　生脓

xa³³→xa³³ so³¹ so³¹　　　　xo³¹→ xo³¹ no³³ no³³

鸡　鸡阉阉　　　　　　　　饭　饭噎噎

阉鸡　　　　　　　　　　　饭噎

有的短语词与词之间结合得比较紧密，二者都难以分离出来单独使
用。例如：

tshŋ⁵⁵ pu³¹ pu³¹	亲吻	mo³¹ pi⁵⁵ pi⁵⁵	告诫
ɬo⁵⁵ pi⁵⁵ pi⁵⁵	假话	kho⁵⁵ tɕhi⁵⁵ tɕhi⁵⁵	绣花
pu³¹ xa³¹ xa³¹	腐烂	nu³³ phi⁵⁵ phi⁵⁵	嫉妒
mi³¹ lɛ⁵⁵ lɛ⁵⁵	滑坡	ɯ⁵⁵ lo³³ lo³³	打滚儿
to³¹ xo⁵⁵ xo⁵⁵	以为	po⁵⁵ ti¹¹ ti³¹	抖动

有的动词重叠为 AABB、ABAB、ABCC 或 ABAC 等格式的四音格词。
例如：

ji⁵⁵ ji⁵⁵ lo⁵⁵ lo⁵⁵	来来去去	si³¹ si³¹ xuaŋ³³ xuaŋ³³	喜喜欢欢
ȵi⁵⁵ ȵi⁵⁵ pɛ⁵⁵ pɛ⁵⁵	哭哭啼啼	ne⁵⁵ ne⁵⁵ the⁵⁵ the⁵⁵	跌跌撞撞
li⁵⁵ li⁵⁵ ŋɯ³¹ ŋɯ³¹	踉踉跄跄	po⁵⁵ po⁵⁵ xo³¹ xo³¹	踉踉跄跄
pɯ³³ pɯ³³ ti⁵⁵ ti⁵⁵	跑跑跳跳	phu³¹ ji⁵⁵ phu³¹ lo⁵⁵	转去转来
ɯ⁵⁵ sɯ³¹ tha³³ tha⁵⁵	笑眯哈啦	ji⁵⁵ li⁵⁵ ka⁵⁵ lo⁵⁵	来来往往
tso³¹ tso³¹ to⁵⁵ to⁵⁵	吃吃喝喝	mo³¹ sɿ⁵⁵ mo³¹ ti³¹	不死不活

（八）动词的否定形式

动词的否定形式是在动词前加否定副词 mo³¹ "不" 或 tho³¹ "别" 表示。

1. 在动词前加 mo³¹ "不"。例如：

mo³¹ mo³³	mo³¹ tu³¹	mo³¹ lo⁵⁵	mo³¹ po³¹
不 熟	不 想	不 来	不 说
mo³¹ fu³¹	mo³¹ to⁵⁵	mo³¹ paŋ³³	mo³¹ ji⁵⁵
不 舍	不 喝	没 搬	不 去

mɔ³¹ tsɔ³¹	mɔ³¹ tu⁵⁵	mɔ³¹ kɛ⁵⁵	mɔ³¹ mo³¹
没 吃	不 吸	不 喜欢	不 要
mɔ³¹ ku³³	mɔ³¹ fu⁵⁵	mɔ³¹ pi³¹	mɔ³¹ tso³³
不 怕	不 养	不 给	不 信

2. 一些双音节词的否定形式通过把否定副词 mɔ³¹ 插入该词中间构成。少数三音节词中，mɔ³¹ 位于第二个音节之后。例如：

zɔ⁵⁵ ʂɿ³¹→zɔ⁵⁵ mɔ³¹ ʂɿ³¹　　　　　kɔ⁵⁵ ʂɿ³¹→kɔ³¹ mɔ³¹ ʂɿ³¹

知道　　　　　　　　　　　　认识

不知道　　　　　　　　　　　不认识

nu⁵⁵ ȵi³¹→nu⁵⁵ mɔ³¹ ȵi³¹　　　tso⁵⁵ mo³³→ tso⁵⁵ mɔ³¹ mo³³

想　　　　　　　　　　　　　曾经

不想　　　　　　　　　　　　没经历过

nu³³ phi⁵⁵ phi⁵⁵→nu³³ phi⁵⁵ mɔ³¹ phi⁵⁵　　kho³¹ sɔ³¹ sɔ³¹→ kho³¹ sɔ³¹ mɔ³¹ sɔ³¹

眼红　　　　　　　　　　　　可怜

不嫉妒　　　　　　　　　　　不可怜

一些双音节词结合得比较紧密，否定副词不能插入其间，只能位于该动词之前。例如：

kɔ³³ xɔ³¹→ mɔ³¹ kɔ³³ xɔ³¹　　　　不听

tu³¹ pɔ⁵⁵→mɔ³¹ tu³¹ pɔ⁵⁵　　　　不忘记

tɯ³³ ka³¹→mɔ³¹ tɯ³³ ka³¹　　　　不记得

li⁵⁵ ko³¹→mɔ³¹ li⁵⁵ ko³¹　　　　不离开

窝尼话双音节动词的否定形式，有的在词中间插入否定副词，有的只能把否定副词置于词前。产生这一现象的原因在于：能把否定副词插入其间的动词主要是合成词，而把否定副词置于之前的动词主要是单纯词。例如 zɔ⁵⁵ ʂɿ³¹ "知道" 的词根是 zɔ⁵⁵，ʂɿ³¹ 是后加成分。nu⁵⁵ ȵi³¹ "想" 由 nu⁵⁵、ȵi³¹ 构成，两个语素在句中可以分别单独使用。但是，少数合成动词的否定副词不置于其间，而置于其首。例如 kɔ³³ xɔ³¹ "听"，由词根 kɔ³³ "听" 和后置成分 xɔ³¹ "一下" 组成。但是两个成分在长期的使用过程中已结合得非常紧密，不能再分开单独使用，因而否定副词也只能置于其前。

3. 双音节汉语借词的否定形式中，否定副词置于动词之前。例如：

mɔ³¹ tshɛn³¹ zɛn⁵⁵   mɔ³¹ thoŋ³¹ʐ̩⁵⁵

不　承认   不　同意

不承认   不同意

mɔ³¹ xo³¹s̩⁵⁵   mɔ³¹ khɯ³¹tshi⁵⁵

不　合适   不　客气

不合适   不客气

4. 在动词前加 thɔ³¹ "别"，表示禁止。例如：

thɔ³¹ thi⁵⁵   thɔ³¹ kuaŋ³¹   thɔ³¹ xɛn⁵⁵   thɔ³¹ tsɔ⁵⁵

别　催   别　管   别　恨   别　转

thɔ³¹ pɔ³¹   thɔ³¹ to⁵⁵   thɔ³¹ mɤ⁵⁵   thɔ³¹ tsi³¹

别　说   别　喝   别　叫   别　急

thɔ³¹ taŋ³¹ko⁵⁵   thɔ³¹ wo⁵⁵   thɔ³¹ pi³³thu⁵⁵   thɔ³¹ tsʅ³¹tɕau⁵⁵

别　耽误   别　进   别　睁开   别　计较

（九）动词的正反疑问式

动词的正反疑问式由"动词 + mɔ³¹ + 动词"构成，还可在第一个动词后加 lɔ⁵⁵，使语气和缓。例如：

xo³¹ mɔ³¹ xo³¹   对不对   tso⁵⁵ mɔ³¹ tso⁵⁵   在不在

ȵi³¹ mɔ³¹ ȵi³¹   想不想   lɔ⁵⁵ mɔ³¹ lɔ⁵⁵   来不来

to⁵⁵ mɔ³¹ to⁵⁵   喝不喝   ji⁵⁵ mɔ³¹ ji⁵⁵   去不去

mo³¹lɔ⁵⁵mɔ³¹mo³¹   要不要   ŋɯ⁵⁵ lɔ⁵⁵ mɔ³¹ ŋɯ⁵⁵   是不是

ȵi³¹lɔ⁵⁵ mɔ³¹ ȵi³¹   想不想   to⁵⁵ lɔ⁵⁵ mɔ³¹ to⁵⁵   喝不喝

（460）ja⁵⁵xɤ⁵⁵ ji⁵⁵xo⁵⁵ tɔ³³   mɔ³¹ ku³¹ lɔ⁵⁵, ŋɯ⁵⁵ lɔ⁵⁵   mɔ³¹ ŋɯ⁵⁵?
　　　他们　家　LOC 没　回　来　是　PRT 不　是
　　　他们还没回家，是不是？

（461）ji⁵⁵ lɔ⁵⁵ mɔ³¹ lɔ⁵⁵?
　　　他来　不　来
　　　他来不来？

（462）lɔ⁵⁵ mɔ³¹ lɔ⁵⁵ ji⁵⁵ lo⁵⁵   tu³¹ ti⁵⁵.
　　　来　不　来他 ACC 想 PRT

来不来随他的便。

（463）nu⁵⁵ tsʅ⁵⁵ pa³¹ to⁵⁵ mɔ³¹ to⁵⁵?

你 白酒 喝 不 喝

你喝不喝白酒？

（464）pɔ³¹ lɔ⁵⁵ mɔ³¹ pɔ³¹ nu³³ lo⁵⁵ tu³¹ ti⁵⁵.

说 PRT 不 说 你 ACC 想 PRT

说还是不说随你的便。

（465）tsɔ³¹ mɔ³¹ tsɔ³¹ ŋɔ³³ lo⁵⁵ tu³¹ ti⁵⁵.

吃 不 吃 我 ACC 想 PRT

吃不吃由我。

（十）名词化动词的修饰功能

动词或动宾短语之后加 kɯ³³，使之名词化，可对其后的名词进行修饰。例如：

zɔ⁵⁵ ʂʅ³¹ kɯ³³ tsho⁵⁵

知道 的 人

认识的人

ʂu³¹ tʂu⁵⁵ kɯ³³ tsho⁵⁵

书 读 的 人

读书人

tu³³ kɯ³³ xɔ³¹ ɬu⁵⁵

穿 的 衣服

穿的衣服

tsha⁵⁵ tɕhi³³ kɯ³³ pu³¹ mi⁵⁵

吵 – REC 的 原因

吵架的原因

ɬu⁵⁵ kɯ³³ ko³¹ tsha³¹

炒 的 菜

炒的菜

khu³³ kɯ³³ tɔ³³

漏 的 地方

漏的地方

sɯ³¹ kɯ³³ no³³ xa³¹

领 的 日子

出生的日子

tɕhi⁵⁵ tsi³¹ kɯ³³ no³³ xa³¹

稻 割 的 日子

割稻的日子

（466）ji⁵⁵ tɕhi⁵⁵ tsɔ¹³ kɯ³³ si³¹ nu⁵⁵ kɯ³³ zo³³ mo⁵⁵ mɛ⁵⁵ tsɛ³³ zu³³ ve³³ tɛ³³

她 使唤 吃 NOM 丫头 GEN 名字 石榴 花 OCP

khu⁵⁵ ti¹³.

喊 PRT

她使唤的丫头名叫石榴花。

（467）sei¹³ z̩³¹ kɯ³³　pɛŋ¹³ tu³³ mɔ⁵⁵ xei¹³ tsh̩³¹ tɔ⁵⁵ ŋɯ⁵⁵ ti⁵⁵.

　　　　肉 切 GEN　菜刀　那 把 一 把 是 PRT

　　　　切肉的是这把刀。

（468）ɔ⁵⁵xo⁵⁵ lɔ⁵⁵ kɯ³³ no⁵⁵xa³¹, tshɔ⁵⁵mɔ⁵⁵ kɯ³³　mo³¹ wo⁵⁵ mɔ³¹ tshɯ³¹.

　　　　雨 下 GEN 时候　什么　GEN 活计 做 不 成

　　　　下雨的时候，任何事情都做不了。

（十一）动词的几个语法特点分析

窝尼话中的动词是词类中语法特点最丰富的一类词。其语法范畴主要有"体"、"貌"范畴，"态"的范畴，及趋向范畴等。本节主要分析其特点。

1. 动词的"体"范畴

窝尼话的"体"是什么？本文主要依照下面几条对窝尼话的"体"来进行判断：①"体"是表示动作行为的过程、时间等语义。②"体"的语法意义由已经语法化，粘附在谓语动词后的功能成分来表示。③表示"体"的大多是助词，可以是一个助词，也可以是粘结在一起的几个助词。窝尼话动词的"体"大致可分为即行体、将行体、持续体、曾行体、完成体、进行体等六种。

1）即行体（IMM）

即行体表示动作或事件即将发生。窝尼话用 pu⁵⁵tiɛ³¹ "快要" 和 lɔ⁵⁵/ji⁵⁵ + ŋa⁵³ 两个标记表示。pu⁵⁵tiɛ³¹ "快要"，两个音节融为一个标记，不能拆开使用，也不知其来源。"lɔ⁵⁵/ji⁵⁵ + ŋa⁵³" 中的 ŋa⁵³ 来自判断动词 ŋɯ⁵⁵ "是"，ŋɯ⁵⁵ 虚化为语气助词后变读为 ŋa⁵³。lɔ⁵⁵ "来"、ji⁵⁵ "去" 是趋向动词，但在这类句子中已经虚化，不表实义趋向。相比之下，pu⁵⁵tiɛ³¹ "快要" 多用于表示主观不可控的客观事物即将发生动作行为上。lɔ⁵⁵/ji⁵⁵ + ŋa⁵³ 表示的动作、行为既可是主观可控的，也可是主观不可控的。例如：

（469）ji⁵⁵ zɔ³¹ sɯ³¹ pu⁵⁵tiɛ³¹ a⁵³.

　　　　她 娃 生 IMM　PRT

　　　　她很快就要生孩子了。

（470）tshɔ⁵⁵tho³¹ tɕi⁵⁵ kɛ³¹ja⁵³, ka³³tho³¹ khɯ⁵⁵ lɔ⁵⁵ pu⁵⁵tiɛ³¹ a⁵³.

热天　　过 PFV　冷天　到　来 IMM　PRT

夏天过去了，冬天快来了。

（471）vu³¹tshi³³　ji⁵⁵ŋa⁵³, a³¹ŋɔ⁵⁵ ku³¹ lɔ⁵⁵　tho³¹kha⁵³.

晚　　　IMM　鹅　回 DIR　时候

天快黑了，大鹅该回来了。

（472）ŋɔ⁵⁵ tshɿ³¹thi⁵⁵ ku³¹ lɔ⁵⁵ŋa⁵³.

我　一会儿　回 IMM

我一会儿就回来。

（473）ŋɔ⁵⁵ tshɿ³¹thi⁵⁵ phɛ³³ tɕhi⁵⁵çi³¹ nu³³ tɔ³³　sɔ³³ lɔ³¹ŋa⁵³.

我　一会儿　就　谷子　　你 ALL 送 IMM

我马上送谷子来给你。

（474）ji⁵⁵ lɔ⁵⁵ ŋa⁵³　tɕi³¹.

他来 IMM　HRS

听说他快来了。

（475）ɔ⁵⁵xo⁵⁵ lɔ⁵⁵ ŋa⁵³.

雨　下 IMM

快下雨了。

以上例句中，例（469）句"要生孩子"或例（470）句"冬天要来了"都是主观不可控的。例（471）、（472）、（473）、（474）、（475）句有客观不可控的自然现象，也有人们主观的意向。此外，例（474）、（475）句中 lɔ⁵⁵ 具有双重功能，既在句中充当谓语，又与 ŋa⁵³ 一起构成即行体标记。

lɔ⁵⁵／ji⁵⁵ + ŋa⁵³ 的"即行"义从下列对比中能够明显看出：

（476a）khɯ⁵⁵ lɔ⁵⁵.

到　DIR

来到。

（476b）khɯ⁵⁵ lɔ⁵⁵ ŋa⁵³.

到　IMM

快来到。

（477a）vu³¹tshi³¹ ji⁵⁵　a⁵³.

黑　　DIR PRT

天黑了。

（477b）　vu³¹tshi³¹　ji⁵⁵ŋa⁵³.

　　　　　黑　　　IMM

　　　　　天要黑了。

（478a）　ŋɔ³³xɤ⁵⁵　ji⁵⁵tɔ³³　tʂaŋ⁵⁵　suan⁵⁵　ji⁵⁵　a⁵³.

　　　　　我们　他 ALL 账　算　　去　 PRT

　　　　　我们去找他算账了。

（478b）　ŋɔ³³xɤ⁵⁵　ji⁵⁵tɔ³³　tʂaŋ⁵⁵　suan⁵⁵　ji⁵⁵ŋa⁵³.

　　　　　我们　他 ALL 账　　算　　　IMM

　　　　　我们要去找他算账。

2）将行体（PROS）

表示将要发生的事件。在动词后加 nɛ³³xi³³ 表示。nɛ³³xi³³ 具有"想，打算"之意，已完全虚化。xi³³ 在疑问句中发生变调，读 xi¹³。例如：

（479）　nu⁵⁵zɔ³¹nu³³　tshɔ⁵⁵mɔ⁵⁵wo⁵⁵　ji⁵⁵　　nɛ³³xi¹³？

　　　　　你　今天　什么　　　做 DIR PROS

　　　　　你今天打算做什么？

（480）　nu⁵⁵na³³su³¹　a³¹tɔ³³　　li³³nɛ³³xi¹³？

　　　　　你　明天　哪里　　去 PROS

　　　　　你明天去哪儿啊？

（481）　kai⁵⁵la³¹zu³³tsi³³　ȵi³¹　pu³¹tshu⁵⁵　vu³¹tɕi³³tɛ³³　　pin³³phɤ³¹lɔ⁵⁵

　　　　　油菜籽　　　　两罐　　捂 进 SEQP 兵 变 DIR

　　　　　pi³¹tɛ³³　　　tʂaŋ⁵⁵tsi³¹nɛ³³xi³³　ti⁵⁵.

　　　　　让 SEQP　仗　打 PROS　　PRT

　　　　　捂了两罐油菜籽，打算菜籽变成兵后去打仗。

（482）　va³¹ti⁵⁵ti⁵⁵　mɔ⁵⁵phi³¹khɔ³³tɛ³³，　vu³¹tu³¹thu³³tɛ³³　zo³³ɬa⁵⁵khu⁵⁵

　　　　　小猪　　那 放 下 SEQP 头　磕 SEQP 魂　喊

　　　　　nɛ³³xi³³.

　　　　　PROS

　　　　　把小猪放下，打算磕头喊魂。

3）持续体（DUR）

窝尼话的持续体，可分为动作行为本身的持续，以及动作行为实现或结束后所形成状态的持续。表动作本身持续的标记是 tsho^{33}。表动作行为所形成的持续状态的标记是 ta^{33}。

A. tsho^{33} 位于动词之后，与动词结合的紧密程度较高，难以看出其原义及来源。tsho^{33} 的语法化程度较高，与前面的动词合为一体，已不能单独作为句子成分。例如：

（483）ŋɔ^{55} ka^{55}tɕi^{55} zɯ^{31} tsho^{33} mo^{31} a^{53}.

我 上前 走   DUR 要 PRT

我要朝前走了。

（484）ji^{55} mi^{55}tsha^{31} tɔ^{33} pha^{55} tsho^{33} tɛ^{33} mɤ^{55}.

他 地   LOC 爬 DUR ADV 吹

他爬在地上吹。

（485）maŋ^{55} kaŋ^{55} lo^{55}mɔ^{33} i^{55}tshu^{31} tɯ^{13}tɯ^{55} tɛ^{33} zɯ^{31} tsho^{33}.

曼干   河   水   静静   ADV 流 DUR

曼干河的水静静地流着。

（486）wa^{33} po^{55}to^{55} mɔ^{55} lɛ^{33} xa^{33}ti^{55}ti^{55} vu^{55} tsho^{33} ti^{31}ti^{55}.

她 翅膀 那 INS 小鸡 捂 DUR PRT

她用翅膀捂着小鸡。

（487）zɔ^{31} xɔ^{55} tɕhi^{31} thɔ^{53} na^{53} tso^{55} tsho^{33} tɛ^{33} xo^{31} tɯ^{31} tsɔ^{31}.

儿子 田 犁 PFV 后 坐 DUR SEQP 饭 等 吃

儿子犁完田后坐着等饭吃。

例（483）中 ŋɔ^{55} "我" 边走边说要走在听话者之前，"走" 的动作一直在持续。例（484）句表示 "趴着" 的动作还在继续。例（485）句表示水不停的流着。例（486）句表母鸡一直不停地捂着小鸡。例（487）句表示 "儿子" 犁完田后一直坐着。

B. ta^{33} 位于动词之后，表示动作行为完成或结束后形成的状态的持续。ta^{33} 源自动词 "上"，受其语义的支配，置于动词之后可表动作的方向，进一步语法化后表示动作进行的状态。其语法化途径为 "实义动词'上' > 趋向动词'向上' > 持续体标记'着'"。例如：

（488）fɔ^{55}ti^{55} mɔ^{55} tsha^{31}tshi^{31} tɔ^{33} kua^{33} ta^{33}.

刀 那 墙   LOC 挂 DUR

刀在墙上挂着。

（489）ɬo³³mɔ³³thɔ⁵⁵phi⁵⁵li⁵⁵tɔ³³　　sɔ⁵⁵xi³³tu³³ta³³　　tɛ³³　　fɔ⁵⁵ti⁵⁵thɔ³¹ɔ⁵⁵
　　　　大石板　　　　　　ABL 锈 生 出 DUR SEQP 刀　　一 把

　　　tu³³lɔ⁵⁵ti³¹ti⁵⁵.
　　　出 来 PRT
　　　大石板（那里）出来一把生锈的刀。

（490）fɔ⁵⁵ti⁵⁵mɔ⁵⁵ji⁵⁵tu³³lɔ³¹　　nɛ³³　　phi³³ta³³.
　　　　刀 那 拿 出 DIR CONJ 背 DUR
　　　把刀拿出来背着。

（491）tshɿ³¹pu³¹xɔ⁵⁵sa³³ji⁵⁵lo⁵⁵　　n̠i³³fu³¹tɛ³³　　ɕi³¹thɔ⁵³mo³¹ti⁵⁵　　tɛ³³
　　　　到处　　　　　　他 ACC 抓 回 SEQP 杀 PFV 要 PRT OCP

　　　kau⁵⁵ʂɿ⁵⁵thi³¹ta³³　　ti³¹ti⁵⁵.
　　　告示　　贴 DUR PRT
　　　到处贴纸要他抓住杀死的告示。

　　　例（488）句表示"刀"挂在墙上的状态。例（489）句表示"刀"生着绣的样子。例（490）句表示"刀"背在背上。例（491）句表"告示"贴着的状态。

　　　ta³³可以跟在一些动词后表示动作行为本身长时间的进行。例如：

（492）ji⁵⁵za³¹tɕhi³³tɔ³³　　va³¹sei¹³xa⁵⁵mɤ⁵⁵tɕhi⁵⁵kɯ³³　　no³³xa³¹wo³¹
　　　　他 昆明 LOC 猪肉 很长　　　　GEN 时间 卖

　　　ta³³　　a⁵³.
　　　DUR　　PRT
　　　很长一段时间，他都在昆明卖着猪肉。

（493）ji⁵⁵ŋa³³mɔ³³tsɿ³¹ta³³　　toŋ⁵⁵piɛn⁵⁵li³³.
　　　　她 鸟王 骑 DUR 东边　　去
　　　她骑着凤凰往东边去。

　　　例（492）句表示"他"在一段时间内卖着猪肉。例（493）句表示"她"一直骑在凤凰上飞行。

　　　4）曾行体（EXP）

　　　表示事件是曾经发生过的，说话时这个事件已经结束，是一种经历、体验。在谓语动词之后加 tso⁵⁵mo³³"曾经，过"来表示。tso⁵⁵mo³³由存在动词 tso⁵⁵"有"和 mo³³"熟"构成，但已语法化了，母语人已离析其具体来源。例如：

（494）ji^{55} ɕau^{31} tɕhaŋ^{31} lo^{55}　tsha^{33} tso^{55}mo^{33} a^{53}.

　　　他　小强　　　ACC　骂　EXP　　PRT

　　　他骂过小强。

（495）ŋɔ^{55} zɔ^{31}nu^{55}nu^{55} kɯ^{33} taŋ^{55}koŋ^{33} mo^{55} tso^{55}mo^{33} a^{53}.

　　　我　孩子　　　GEN　弹弓　　见　EXP　　PRT

　　　我见过孩子的弹弓。

（496）ŋɔ^{55} xo^{31} tsɔ^{31} tso^{55}mo^{33} a^{53}.

　　　我　饭　吃　EXP　　PRT

　　　我吃过饭了。

（497）ŋɔ^{55} ji^{55} kɯ^{33}　tɔ^{33} xo^{31} tsɔ^{31} tso^{55}mo^{33} a^{53}.

　　　我　他　GEN　家　饭　吃　EXP　　　PRT

　　　我在他家吃过饭。

（498）nu^{55} a^{31}ɕi^{55} lo^{55}　mo^{55} tso^{55}mo^{33} ɛ^{55}?

　　　你　谁　　ACC　见　EXP　　PRT

　　　你见过谁？

（499）ŋɔ^{55} zɔ^{55}ʂŋ^{31} lɛ^{33}　kɯ^{13} ti^{55}　a^{31}ɕi^{55} lɔ^{55} tso^{55}mo^{33} ti^{13}?

　　　我　知道　PRT　想　PRT　谁　来　EXP　　　PRT

　　　我想知道今天谁来过？

（500）a^{55}tɕo^{55} a^{31}mo^{33}　lo^{55}lɛ^{33}sŋ^{55} tɔ^{33}　li^{33} tso^{55}mo^{33} ti^{13}?

　　　舅舅　何时　罗里　　LOC　去　EXP　　PRT

　　　舅舅什么时候去过罗里？

（501）ji^{55} ŋɔ^{33} kɯ^{33}　ji^{55}xo^{55} tɔ^{33}　lɔ^{55} tso^{55}mo^{33} a^{53}.

　　　他　我　GEN　家　　LOC　来　EXP　　PRT

　　　他到过我家。

5）完成体（PFV）

表示事件已经完成或结束。有四个完成体标记：① thɔ^{53}；② kɛ^{31}ja^{53} 和 kɛ^{31} thɔ^{53}；③ tʂo^{31}。其中 kɛ^{31}ja^{53} 和 kɛ^{31} thɔ^{53} 带有趋向义。tʂo^{31} 是汉语借词"着"，在当地汉语方言中总是位于动词之后，表示动作或行为已经达到目的。这四个标记都可表示动作、事件的结束，但语义上存在区别。

A. thɔ⁵³，表示动作、事件的完结。例如：

（502）ŋɔ³³xɤ⁵⁵ kɯ³³ ji⁵⁵xo⁵⁵ wo³¹ thɔ⁵³.

我们 GEN 房子 卖 PFV

我们卖了房子。

（503）mi⁵⁵nu³³ xa³³ so³¹ ɔ⁵⁵ ɕi³¹ thɔ⁵³.

昨天 鸡 三 只 杀 PFV

昨天杀了三只鸡。

（504）ŋɔ³³xɤ⁵⁵ zɔ³¹mi⁵⁵sa³³ （lu³³） kɯ³³ xo³¹ tsɔ³¹ thɔ⁵³.

我们 今晚 GEN 饭 吃 PFV

我们吃过了晚饭了。

（505）mi⁵⁵nɯ⁵⁵ ŋɔ³³ kɯ³³ sɔ³¹phɔ³¹ɫu³³ na⁵⁵ thɔ⁵³.

去年 我 GEN 大腿 摔 伤 PFV

去年我摔伤了腿。

（506）tha¹³ kɯ³³ tshŋ³¹ pɔ³³ɫɔ³³, a³¹n̠i⁵⁵ wo³¹ tsɔ³¹ thɔ⁵³.

上面 GEN 一 月 妹妹 卖 吃 PFV

上个月，妹妹结婚了。

（507）ɔ⁵⁵xo⁵⁵ mɔ⁵⁵ tsoŋ³¹zŋ⁵⁵ nɔ³¹ thɔ⁵³.

雨 那 终于 停 PFV

雨终于停了下来。

（508）a³³ ju⁵⁵ kɯ³³ khɤ³¹ mɔ⁵⁵ sŋ⁵⁵ thɔ⁵³.

他家 GEN 狗 那 死 PFV

他家的狗死了。

（509）ji⁵⁵ tshŋ⁵⁵a³¹zɔ³¹ tshŋ³¹ kho³³ n̠i⁵⁵fu³¹ thɔ⁵³.

他 麂子 一 头 逮住 PFV

他逮住了一头麂子。

B. kɛ³¹ja⁵³、kɛ³¹thɔ⁵³，常与瞬间动词搭配，表示动作已经实施，而且主语已离开原地。例如：

（510）ji⁵⁵ tsho³¹ kɛ³¹ja⁵³.

他 跑 PFV

他跑了。

（511）li³¹tɕi³¹ kɔ³³ tʂo¹³ nɛ³³, tsho³¹ kɛ³¹ja⁵³.

孙子 听 PFV CONJ 跑 PFV

小孙子一听，撒腿就跑了。

(512) a⁵⁵mu³¹ mɔ⁵⁵ tsho³¹kɛ³¹ja⁵³.

猴子 那 跑 PFV

猴子跑了。

(513) ji⁵⁵ tu³³ kɛ³¹ja⁵³.

他 出 PFV

他出去了。

(514) ja⁵⁵xɤ⁵⁵ ku³¹tsu³¹ thɔ¹³ zɯ³¹ kɛ³¹thɔ⁵³.

他们 山 一座 走 PFV

他们走过了一座山。

C. tʂo³¹，是汉语借词，在当地汉语中表示结果。如"东西拿着了"表示拿到需要的东西了。窝尼话中借入 tʂo³¹，主要放在表"摸、看、听"等感光动词之后，强调动作已完成，目标已得到实现。例如：

(515) tshŋ³¹thi⁵⁵ na⁵³, tsho⁵⁵kɔ³¹ xɔ³¹ɬɔ³¹ kɯ³³ ɯ⁵⁵khɯ⁵⁵ so³³ tʂo³¹ a⁵³.

一会儿 后 人 个 老虎 GEN 脚 摸 PFV PRT

一会儿，那个人就摸到了老虎的脚。

(516) a⁵⁵mo³¹ mɔ⁵⁵ xɛ³¹ tʂo³¹ a⁵³.

这马 那 偷 PFV PRT

偷到一匹好马了。

(517) ŋɔ⁵⁵ pɛ³³ to³¹pɔ³¹pɔ¹³ kɯ³³ kɔ³³ tʂo³¹ a⁵³.

我 妖怪话 说 NOM 听 PFV PRT

我听到妖怪说的话了。

(518) i⁵⁵phi³¹ phu³¹phi⁵⁵ lo⁵⁵ mo⁵⁵ tʂo³¹ a⁵³.

老爷 普皮 ACC 见 PFV PRT

老爷见到普皮了。

6）进行体（PROG）

表示说话人说话时自己或别人正在发生的动作。窝尼话中在谓语动词之后加 pu⁵⁵çi³¹表示。例如：

(519) ŋɔ⁵⁵ xai¹³ ku³¹tsu³¹ tɔ³³ mi³³tsa³¹ tɤ³³ pu⁵⁵çi³¹.

我 还 山 LOC 柴 砍 PROG

我还正在山上砍柴。

（520）ji⁵⁵ xo³¹ tsɔ³¹ pu⁵⁵ çi³¹.

他　饭　吃　PROG

他在吃饭。

（521）i⁵⁵ phi³¹ a⁵⁵ tshi³¹ vu³³ pu⁵⁵ çi³¹.

爷爷　羊　　放　PROG

爷爷在放羊。

7）窝尼话"体"的补充手段

"体"是一个语义语法系统。除了以上由语法化手段表示"体"之外，不足的"体"意义有的使用实词表示，以满足"体"范畴的整个语义系统的需要。如表示未行、将行、进行等语义，窝尼话调动动词、副词等来表示。这几个语义"体"，不是语义语法"体"，但有的实词已出现轻微程度的语法化。例如：

表未行：表示动作、事件还未发生变化，仍然处于原来的状态。在谓语动词或形容词之后加副词 çi³¹ "还"构成，但还需在动词或形容词之后加否定副词 mɔ³¹，即由动词、形容词的否定式加 çi³¹ 构成未行体标记。

（522）xɔ³¹ ɬu⁵⁵ mɔ³¹ kɯ³³ çi³¹.

衣服　　没　干　还

衣服还没有干。

（523）ŋɔ⁵⁵ ji⁵⁵ xo⁵⁵ mɔ³¹ paŋ³³ çi³.

我　家　　没　搬　还

我还没搬家。

表将行：表示在将来时间内会发生的动作事件，具有较强的主观计划性。在谓语动词后加 mo³¹ "要"表示。mo³¹ 在一些句子中使用具体的词义，但在一些句子中已处于语法化中。例如：

（524）ji⁵⁵ xɤ⁵⁵ na³³ su³¹ khɛn³¹ tin⁵⁵　a¹³ tɔ³³ lɔ⁵⁵ mo³¹ ti⁵⁵.

他们　明天　肯定　　　这里　来　要　PRT

他们明天肯定要来这里。

（525）a⁵⁵ xa⁵⁵ phi³¹ tshɿ³¹ phi³¹ ku⁵⁵ tha³³　tɛ³³　pi³¹ tshɿ⁵⁵ ti⁵⁵ mo³¹ ti⁵⁵.

这地　　一　块　留　SUS SEQP 甘蔗　栽要　PRT

这块地留着要种甘蔗。

表进行：表示动作、事件正在进行。使用副词 i³³ tha³¹ la³¹ "现在" 或汉语借词 tsɛn⁵⁵ "正" 表示：

（526） ji⁵⁵ xɤ⁵⁵ i³³ tha³¹ la³¹ pi³¹ tshi⁵⁵ tɤ³³ ti⁵⁵.

他们 现在 甘蔗 砍 PRT

他们正在砍甘蔗。

（527） sɿ⁵⁵ la³¹ mɔ³³ tɕi⁵³ tsɛn⁵⁵ tsho³¹ ti⁵⁵.

小姑娘 些 正 跑 PRT

小姑娘们正跑着。

2. 动词的貌

窝尼话中表示"貌"的标记主要从动词虚化而来，虚化程度高的，已与前面的动词粘附在一起，看不出其来源；虚化程度低的，能够看出是由哪个动词虚化来的。窝尼话中的貌有起始貌、留存貌、搁置貌和尝试貌等四种。

1）起始貌（INCH）

表示事件或动作开始发生，并将继续下去。窝尼话中有两种表示方法：一种在动词后使用趋向动词意义十分虚化的 lɔ⁵⁵ "来"、ji⁵⁵ "去" 后加语气助词 tɕa⁵³ 构成。一种在动词后加 thu⁵⁵ lɔ³¹ tɕa⁵³ 或 thu⁵⁵ lɔ³¹ a⁵³ 表示，构成 thu⁵⁵ lɔ³¹ + tɕa⁵³/a⁵³ 或格式。其中，thu⁵⁵ 由动词 "起" 语法化而成，lɔ³¹ 是趋向动词 lɔ⁵⁵ 的变体。thu⁵⁵ 与 lɔ³¹ 结合在一起后，置于谓语动词之后，与 tɕa⁵³ 或 a⁵³ 一起表示动作的发起。例如：

（528） i⁵⁵ tha³¹ la³¹ wo³¹ sɔ⁵³ ɕi³¹, ju⁵⁵ ɔ⁵⁵ xo⁵⁵ lɔ⁵⁵ tɕa⁵³.

刚才 天 晴 还 又 雨 下 INCH

刚才还是晴天，又下起雨来了。

（529） ja⁵⁵ xɤ⁵⁵ ku³¹ tsu³¹ tɔ³³ tshɿ⁵⁵ a³¹ ŋa³³ za³¹ pɯ³³ ji⁵⁵ tɕa⁵³.

他们 山 LOC 麂子 小鸟 打 INCH

他们到山上打猎去了。

（530） ji⁵⁵ ji³¹ tsa³³ khɔ³³ thɔ⁵⁵, sa³¹ mɤ⁵⁵ thu⁵⁵ lɔ³¹ tɕa⁵³.

他 睡 下 PFV 鼾 打 INCH

他一睡下去，就打起呼噜了。

（531） ji⁵⁵ zɔ³¹ mɯ⁵⁵ xɔ³¹ ɬu⁵⁵ tɕhɔ³³ thu⁵⁵ lɔ³¹ a⁵³.

她 现在 衣服 洗 INCH

她开始洗起衣服来了。

（532）ŋɔ³¹sɔ³¹ mɔ⁵⁵ ti³¹ thu⁵⁵lɔ³¹a⁵³.

　　　鱼　那　活　INCH

　　　鱼儿又活了。

（533）ji⁵⁵ xo³¹ thu⁵⁵lɔ³¹a⁵³.

　　　他　站　INCH

　　　他站起来了。

例（528）中"下雨"为ɔ⁵⁵xo⁵⁵lɔ⁵⁵，lɔ⁵⁵表示"下"。为避免重复，起始貌标记中的lɔ⁵⁵被省略，因此本句中的lɔ⁵⁵担任双重职责，既表"下雨"，又与tɕa⁵³共同成为貌标记。

2）留存貌（SUS）

表示动作结束后所产生的影响或因动作而使事物留下的状态。窝尼话中常见的留存貌标记是tsha³¹。tsha³¹具有"留下、留住"之意，表示动作、行为发生之后事物留存的状态。tsha³¹还可独立使用，但比较少见。例如：

（534）sɯ³³tso⁵⁵ mɔ⁵⁵ tsaŋ³¹ tɛ³³ po⁵⁵fu³¹thɔ⁵³ tɛ³³ tso⁵⁵ tsha³¹ a⁵³.

　　　树　那　立即　ADV　抱住　PFV　SEQP　在　SUS　PRT

　　　（人）立即抱住那棵树在住了。

（535）wa¹³ mo³¹ kɯ³³ xɔ³¹ɬu⁵⁵ tshi³¹ tɕhɔ³³ tsha³¹ pi³¹.

　　　她　母亲　GEN　衣服　一下　洗　SUS　给

　　　把母亲的衣服洗留下。

（536）ji⁵⁵ kɯ³³ mɛ³¹xɛ³¹tsɛ³³ mɔ⁵⁵ ŋi⁵⁵pɔ⁵⁵ tsha³¹ a⁵³.

　　　他　GEN　烟筒　那　忘记　SUS　PRT

　　　他的烟筒忘记在（那里）了。

（537）ji⁵⁵ pɔ³¹tɕi⁵⁵ tɔ³³ xa³³tshi⁵⁵ ku⁵⁵ tsha³¹ ti¹³

　　　他　旁边　LOC　背篓　放　SUS　PRT

　　　他旁边放着背篓。

例（534）句表示"人"抱住树就没有继续往前而留住的状态。例（535）句表示把"母亲"衣服洗干净后留下的结果。例（536）句表示"他"因忘记而把烟筒留下。例（537）句表示"背篓"留在旁边的状态。

tsha³¹正处于虚化之中。一方面还保留着原来的语义，另一方面在语法上产生了变化。窝尼话中两个或多个动作连续发生时，动词或动词短语之间需用 tɛ³³ 来连接。但 tsha³¹ 与前面动词之间不须用 tɛ³³。例如：

（538） wa¹³ mo³¹ tɕo⁵⁵ ȵi⁵⁵ tsha³¹ a⁵³.

　　　　 她　母亲　就　哭　留下　PRT

　　　　 她母亲就哭着留下了。

（539） va³¹ ti⁵⁵ ti⁵⁵ a⁵³ phi³¹ khɔ³³ tsha³¹ thɔ⁵³　tɛ³³　to³¹ mɛ³¹ li³¹ thu⁵⁵ thɔ⁵³

　　　　 小猪　　　　 放下　搁　PFV　SEQP 尾巴　立　起　PFV

　　　　 tɛ³³　　 tsho³¹ kɛ³¹ ja⁵³.

　　　　 SEQP　跑　PFV

　　　　（老虎）把小猪放下搁在（那儿），立起尾巴跑了。

（540） tshŋ³¹ sŋ⁵⁵ ti⁵⁵　ȵi³¹　　tsha³¹ tha³³　to³¹.

　　　　 一辈子　可怜　CONJ　留　POS　衬

　　　　 留下一辈子都可怜（的我）。（歌谣）

（541） mɔ³³　lɛ³³　khu³¹ kɔ³³　tsha³¹ nɛ³³.

　　　　 娘　AG　苦　NOM　留　衬

　　　　 阿妈辛苦劳作留下的（东西）。（歌谣）

3）搁置貌

表示事物搁置的状态。搁置貌标记是 tha³³。tha³³ 常常出现在 ku⁵⁵ "放置"、phi³¹ "放"、zu³¹ "让"、tsha³¹ "留" 这一类动词之后，反映一种事物长时间搁置的状态，具有 "搁置" 之意。tha³³ 语法化程度较高，与前面的动词合为一体，已不能单独作为句子成分。例如：

（542） va³¹ tɕi⁵³, tshu⁵⁵ kɯ³³　çi³¹ thɔ⁵³, la⁵⁵ kɯ³³ kɯ³³ phɛ³¹, ku³¹ tsu³¹

　　　　 猪　些　胖　NOM　杀　PFV　瘦　　 NOM CONJ　山

　　　　 tɔ³³　phi³¹ tha³³　kɛ³¹ ja⁵³.

　　　　 LOC　放　POS　PFV

　　　　 这些猪，肥的宰掉，瘦的放到山上去了。

（543） a⁵⁵ tsɔ⁵⁵ tsŋ³³ mɔ⁵⁵ tɔ³³　pu³¹ tshu⁵⁵ thɔ³¹ ɔ⁵⁵ ku⁵⁵ tha³³　ti³¹ ti⁵⁵.

　　　　 这　桌子　那　LOC　罐　　 一　个　放　POS　PRT

　　　　 桌子上放着一个罐。

（544） ji⁵⁵ lo⁵⁵　zu³¹ tha³³　tɛ³³　zɯ³¹ pi³¹.

　　　　 他　ACC　让　POS　SEQP 走　让

让开给他走。

（545）ji⁵⁵ tsho⁵⁵ tshŋ³¹ kɔ³¹ ti³¹ ti⁵⁵ ji⁵⁵ xo⁵⁵ tɔ³³ ku⁵⁵ tha³³ tsha³¹ mɔ³¹ xɯ⁵⁵.

　　　他 人 一 个 只 家 LOC 放 POS SUS 不 肯

他不肯一个人留在家里。

（546）zɔ³¹mi³¹ tsɔ³¹ kɔ³³ tsha³¹ tha³³ tɛ³³.

　　　女儿 吃 NOM 留 POS 衬

留下给女儿吃的（东西）。

例（544）句强调"让开"后的状态。例（545）句中两个表"貌"的标记连用，表示被放搁留在家里，是一种强调用法。

4）尝试貌（ATT）

表示动作、行为的尝试状态。通常由 xɔ³¹ 表示。xɔ³¹ 原意为"一下"，与ɔ⁵⁵"看"结合为ɔ⁵⁵xɔ³¹"看瞧下"，表示尝试貌。例如：

（547）ŋɔ⁵⁵ a³¹ zɔ³¹ nu⁵⁵ nu⁵⁵ a³¹kɔ³¹ lo⁵⁵ tshi³¹ ɔ⁵⁵ xɔ³¹.

　　　我 这 娃娃 这个 ACC 一下 看 ATT

我看看这个娃娃。

（548）ji⁵⁵ lo⁵⁵ va³¹ fu⁵⁵ kɯ³³ tshi³¹ ʂʅ⁵⁵ xɔ³¹ pi³¹.

　　　他 ACC 猪 养 NOM 一下 试 ATT 让

让他试试养猪。

（549）ji³¹ta³¹ ŋɔ⁵⁵ nu⁵⁵ ɬu⁵⁵ kɯ³³ ko³¹tsha³¹ tshi³¹ tsɔ³¹ xɔ³¹.

　　　咋样 我 你 炒 GEN 菜 一下 吃 ATT

来我尝尝你炒的菜咋个样。

（550）ŋɔ⁵⁵ tshi³¹ tu³³ xɔ³¹, a³¹ tɛ³³ mi⁵⁵ nɛ³³ ku³³ ji⁵⁵.

　　　我 一下 想 ATT 怎么 整 DIR

我想想看，怎么办。

3. 动词的态

"态"是表示"句中动词行为和名词短语事物之间的关系的模式的语法范畴"。①窝尼话的动词有自动态和使动态、主动态和被动态、相互态及反身态。根据动作、行为的自主进行或是由外力所致，可分为自动态和使动态。根据主语是施事还是受事可分为主动态和被动态。两个动作主体相

---

① 劳允栋编《英汉语言学词典》，商务印书馆，2004，第558页。

互间发生的动作或行为，为相互态。动作主体对自身的为反身态。动词的这些"态"有的由具有"使、弄"义的动词来表示，有的由格标记来表示，有的由已经语法化了的虚词来表示。

1）自动态和使动态

窝尼话的动词具有自动态和使动态的区别。自动态指动作、行为是本身（客体）所发出的，使动态则指动作、行为是由外部力量（主体）引起的。窝尼话动词使动态的语法形式是分析式的，主要有三种表示方法：①在动词前加带有"使、整"义的动词 ku^{33}。②在动词后加意义已经虚化的 tɕhi^{55}。③在动词后加带有"给、让"义的 pi^{31}。在这三种表示方法中，①是前置式的，②、③是后置式的。ku^{33} 表示致动义。pi^{31} 和 tɕhi^{55} 都表示使役义。

A. 在自动词前加动词 ku^{33}"弄、整"表示使动意义。即主体帮助客体实施动作或行为。例如：

自动态		使动态	
tɕhi^{33}	断	ku^{33} tɕhi^{33}	弄断
po^{55}	飞	ku^{33} po^{55}	弄飞
pa^{55}	丢	ku^{33} pa^{55}	弄丢

例句：

（551a）tshɔ^{33}khɯ^{33} tɕhi^{33} ja^{53}.

绳子　　断　PRT

绳子断了。

（551b）zɔ^{31}nu^{55}nu^{55}a^{53} tshɔ^{33}khɯ^{33} mɔ^{55} ku^{33} tɕhi^{33} thɔ^{53}.

娃娃　　　　绳子　　那 弄　断　PFV

娃娃把绳子弄断了。

（552a）ŋa^{33}za^{31} po^{55} kɛ^{31}ja^{53}.

鸟　飞　PFV

鸟飞了。

（552b）a^{55}ȵi^{55} mɔ^{55} ŋa^{33}za^{31} mɔ^{55} ku^{33} po^{55} kɛ^{31}ja^{53}.

猫　那　鸟　　那　弄 飞　PFV

猫把鸟弄飞了。

（553a）zɔ^{31} pa^{55} ja^{53}.

娃娃　丢　PRT

孩子丢了。

（553b）zɔ³¹ nu⁵⁵ nu⁵⁵ a⁵³ ku³³ pa⁵⁵ thɔ⁵³.

娃娃　　　　弄　丢　PFV

孩子让弄丢了。

以上例句中，a 句表示客体本身发生的动作。b 句表示在主体的参与下，使客体发生了动作。例（553b）句中主体没有直接出现，但从 ku³³ "弄"可以推测动作主体的存在。

B. 在动词后加 tɕhi⁵⁵表示。tɕhi⁵⁵已经虚化，没有实在意义，不能独立使用，只能附在动词后表示使动意义。在句中"使"的对象是受事，因此宾格标记 lo⁵⁵须强制出现。例如：

tsɔ³¹	吃	tsɔ³¹ tɕhi⁵⁵	使吃
wo⁵⁵	做	wo⁵⁵ tɕhi⁵⁵	使做
wo³¹	卖	wo³¹ tɕhi⁵⁵	使卖
tɕhɔ³³	洗	tɕhɔ³³ tɕhi⁵⁵	使洗
ʂʅ³¹ka³¹	照顾	ʂʅ³¹ka³¹ tɕhi⁵⁵	使照顾

例句：

（554）zɔ³¹ xo³¹ tsɔ³¹ mɔ³¹ xɯ⁵⁵, nu⁵⁵ ji⁵⁵ lo⁵⁵ tsɔ³¹ tɕhi⁵⁵.

娃娃 饭 吃 不 肯　你 他 ACC 吃 使

孩子不吃饭，你让他吃。

（555）ji⁵⁵ mo³¹ mɔ³¹ wo⁵⁵, nu⁵⁵ ji⁵⁵ lo⁵⁵ mo³¹ wo⁵⁵ ji⁵⁵ tɕhi⁵⁵.

他 活计 不 做　你 他 ACC 活计 做 去 使

他不做活计，你让他去做。

（556）a⁵⁵nuɔ³³ tshʅ³¹ thi³¹ ȵi³¹, phu³¹phi⁵⁵ lo⁵⁵ va³¹ ɕi³¹ wo³¹ ji⁵⁵ tɕhi⁵⁵.

后来 一 街 普皮 ACC 猪 杀 卖 DIR 使

后来一次赶集，让普皮把猪杀了去卖。

（557）ji⁵⁵ lo⁵⁵ ka³¹ mɔ³¹ ka³¹ lo⁵⁵mɔ³³ tɔ³³ xɔ³¹ɬu⁵⁵ tɕhɔ³³ ji⁵⁵ tɕhi⁵⁵.

她 ACC 得 不 得 河 LOC 衣服 洗 DIR 使

得不到就使她到河边去洗衣服。

（558）tɕhɔ⁵⁵ nɔ⁵⁵ ȵi⁵³ ji³¹tsa³³ mo³¹ a⁵³, xɔ³³nu⁵⁵ lo⁵⁵ ʂʅ³¹ka³¹ tɕhi⁵⁵

小 病 CONJ 睡 要 PRT 丈夫 ACC 照顾 使

mo³¹ a⁵³.

要　PRT

生小病就要睡，还要让丈夫照顾。

后置虚化动词 tɕhi⁵⁵ 的来源不详，但似乎与藏缅语中许多带有使动义的后置虚化动词具有同源关系。例如，古藏语中为 ɦdʑug，独龙语中为 dʐɯ⁵⁵，错那门巴语中为 dʑu⁵³，麻窝羌语中为 tʃə，桃坪羌语中为 zʅ³¹，普米语中为 ʃtʃɛ³¹，傈僳语中为 tsʅ⁴⁴/tshʅ⁵⁵，怒苏语中为 tʂɿ³³/tʂhi⁵⁵。①

C. 在动词后加 pi³¹ "给，让" 表示。pi³¹ "让" 带有 "允许、要求、命令" 等使役义。例如：

tso⁵⁵	在	tso⁵⁵ pi³¹	让在
ji³¹ tsa³³	睡	ji³¹ tsa³³ pi³¹	让睡
zu³¹	使唤	zu³¹ pi³¹	让使唤
kɛ⁵⁵ sʅ⁵⁵	高兴	kɛ⁵⁵ sʅ⁵⁵ pi³¹	让高兴
lɔ⁵⁵	来	lɔ⁵⁵ pi³¹	让来

例句：

（559）zɔ³¹ mi³¹ mɔ³¹ lɔ⁵⁵ tɕa⁵³，ŋɔ⁵⁵ ji⁵⁵ lo⁵⁵　ji⁵⁵ xo⁵⁵ tɔ³³　tso⁵⁵ tsho³³ pi³¹

姑娘　不来 PRT　我 她 ACC 家　　LOC 在 DUR 让

ja⁵³.

PRT

姑娘不来了，我让她待在家里。

（560）ji⁵⁵ mɔ³¹ ji³¹ tsa³³，ŋɔ⁵⁵ xɤ⁵⁵ paŋ³³ fa³¹ ɕaŋ³¹ tɛ³³　ji⁵⁵ lo⁵⁵　ji³¹ tsa³³

他 不 睡　　我们　办法 想 SEQP 他 ACC 睡

pi³¹.

让

他不睡觉，我们想办法让他睡。

（561）nu⁵⁵ i⁵⁵ mi⁵⁵ tsho⁵⁵ lɛ³³　i⁵⁵ nɛ³³　zu³¹　pi³¹ tshi³¹？

你 这么 人 AG 如此　使唤 让 会

你怎么会让人这么使唤？

（562）tshʅ³¹ nu³³ vu³¹ tshi⁵⁵，sʅ⁵⁵ la³¹ mɔ⁵⁵ xai³¹ nai⁵⁵ vu³¹ tu³¹ kɛ⁵⁵ sʅ⁵⁵ pi³¹.

---

① 例词引自杨将领《藏缅语使动范畴的分析形式》，《民族语文》2003 年第 3 期。

一　天　天黑　　姑娘　　强盗头　　高兴　让

一天晚上，姑娘让强盗王高兴。

（563）ɯ⁵⁵ɬo⁵⁵, na³³su³¹ xa¹³tɔ³³ lɔ⁵⁵ pi³¹ lɛ³¹?

蛇　　　明日　这儿　来　让　PRT

蛇，（你）让明天到这里来吗？

D. 窝尼话使动态表示法与其他语言的比较

以上窝尼话使动态的三种表示方法中，ku³³ "弄、整"，pi³¹ "给，让"，tɕhi⁵⁵ "使唤"，意义都比较实在，能单独作谓语。在句法位置上，ku³³出现在自动词前，pi³¹和tɕhi⁵⁵出现在自动词后。值得注意的是，使动词出现在自动词前，是哈尼语各方言中的常式。使动词出现在自动词后则比较少见。请看下面的例句。

① 绿春大寨哈尼话。[①] 哈尼话中的使动词是 bi³³。bi³³在语音和语义上和动词 bi³¹ "给" 有一定联系。bi³³用在其他动词前边，表示使动。例如：

（564）za³¹gu³¹ bi³³ ju̠³¹

孩子　使　睡

使孩子睡觉

（565）a³¹jo³¹ bi³³ dzo⁵⁵

他　使　读

使他读

② 墨江西摩落语。[②] 西摩落语中表示使动态的方式有曲折式和分析式两种。分析式有两种表达形式，一种是在自动词前加 pɿ³³。pɿ³³来源于动词 pɿ³¹ "给"。一种是在自动词前加汉语借词 tʃɛ̃³¹ "整、弄"。例如：

（566）ɯ⁵⁵ tʃʌ⁵⁵　　mɿ³¹tʃɔ³¹ pɿ³³　phɿ³³.

他　（宾助）柴　　让　背

让他背柴。

（567）ɯ⁵⁵ tʃʌ⁵⁵　　pɿ³³ tɣ̠³³ ji⁵⁵.

他（宾助）让 出 去

让他出去。

---

① 例句引自李永燧、王尔松《哈尼语简志》，民族出版社，1986，第52页。

② 例句引自戴庆厦等《西摩落语研究》，民族出版社，2009，第87~89页。

（568）ŋʌ⁵⁵ khɯ⁵⁵ tʃɛ̃³¹ tʃhi³³ phɔ³¹ ʌ⁵⁵.

　　　我　线　弄　断　了　PRT

　　　我把线弄断了。

（569）ɯ⁵⁵ ja³³ tʃɛ̃³¹ sɿ⁵⁵ phɔ³¹ ʌ⁵⁵.

　　　他　鸡　弄　死　了　PRT

　　　他把鸡弄死了。

　　在绿春哈尼话和墨江西摩落语中，使动词 bi³³ 和 pɿ³³ 均来源于具有"给、让"义的动词，都位于自动词之前。

　　与新平接壤的峨山山苏彝语中，使动范畴除使用语音曲折的方式来表示外，还使用分析式表示。① 使动词为 tɛ⁵⁵，位于自动词之后，具有"让、给"义。例如：

（570）a³¹nə⁵⁵ lo³³　i̠²¹　tɛ⁵⁵.

　　　婴儿　受助　睡　使

　　　使婴儿睡觉。

（571）ŋa³³ ma³³ ŋa³³ lo³³　tho⁵⁵ ve²¹ tɛ⁵⁵.

　　　我　母亲我　受助　衣服　穿　让

　　　妈妈让我穿上衣服。

　　杨将领讨论了藏缅语使动范畴的分析形式中，使动词存在前置式和后置式两种情况。他认为前置式与"动词＋补语"的动补结构有关，后置式可能与句末的能愿动词有关。② 他同时指出，藏缅语"动词＋补语"的动补结构是后起的形式，这种结构在羌语支语言、藏语和独龙语中尚未产生，因此这些语言都没有前置的分析形式。新平窝尼话中的使动词 pi³¹ 来源于"给、让"义动词，来源与哈尼话和西摩落语相同，但在句中的位置与这两种方言不同，而与山苏彝语相同。这种用法是古语的保留，还是语言接触引起的借用，还需进一步探讨。

　　2）动词的相互态（REC）

　　表示动作、行为在两个主体之间进行。常常在表示两者中进行的"吵"、"打"等动词后加 tɕhi³³ 表示。tɕhi³³ 已经完全虚化，不能单独使用。

----

① 例句引自许鲜明、白碧波等《山苏彝语研究》，民族出版社，2013，第 193～194 页。

② 杨将领：《藏缅语使动范畴的分析形式》，《民族语文》2003 年第 3 期。

例如：

（572）ji⁵⁵ ȵi³¹ kɔ³¹ tsha⁵⁵tɕhi³³ a⁵³.

　　　他 两 个 吵架 – REC PRT

　　　他两个吵架了。

（573）ja⁵⁵xɤ⁵⁵ tshɔ⁵⁵mɔ⁵⁵ xi³¹a⁵⁵nɛ³³ thɛ⁵⁵tɕhi³³ ti¹³?

　　　他们 什么 原因 打 – REC PRT

　　　他们为什么原因打架？

（574）zɔ³¹ khɤ³¹ ȵi³¹ ɔ⁵⁵ kho³¹tɕhi³³ ŋa⁵³.

　　　那 狗 俩 个 咬 – REC PRT

　　　那两只狗在打架。

（575）zɔ³¹ nu³¹ ȵi³¹ kho³³ tho³¹tɕhi³³ ŋa⁵³.

　　　那 牛 俩 条 角 – REC PRT

　　　那两头牛在打角架。

除使用语法化标记来表示外，窝尼话中还可重复数量词表示"互相，彼此"之意。例如：

（576）ja⁵⁵xɤ⁵⁵ tshɿ³¹ kɔ³¹ tshɿ³¹ kɔ³¹ lo⁵⁵ zɔ⁵⁵ mɔ³¹ʂɿ³¹.

　　　他们 一 个 一 个 ACC 认 不 识

　　　他们彼此不认识。

（577）ŋɔ⁵⁵xɤ⁵⁵ tshɿ³¹ kɔ³¹ tshɿ³¹ kɔ³¹ tɔ³³ ka³³ wo⁵⁵.

　　　我们 一 个 一 个 ALL 帮 做

　　　我们互相帮忙。

（578）ja⁵⁵xɤ⁵⁵ tshɿ³¹ kɔ³¹ tshɿ³¹ kɔ³¹ tɔ³³ xa⁵⁵ ka³³ ti⁵⁵ ti³¹ti⁵⁵.

　　　他们 一 个 一 个 ALL 秧 帮 栽 PRT

　　　他们互相帮栽秧。

3）动词的反身态

表示施动者把动作反射到自己这里。窝尼话表示反身态的方式有三种：① 在人称代词主语后加反身代词 ɛ⁵⁵mɛ³³mɛ³³ 表示。如果强调"回指"概念，还可在动词后加 fu³¹ "回"表示。② 重复人称代词，即句中主语和宾语是同一个人。在动词后可加 fu³¹ "回"。③ 在两个人称代词之间加 kɯ³³ "的"表示。

A. 在人称代词主格后加反身代词 ɛ⁵⁵mɛ³³mɛ³³。例如：

（579） na³³xɤ⁵⁵ ɛ⁵⁵mɛ³³mɛ³³ kɯ³³ xɛn⁵⁵ fu³¹ lɔ⁵⁵?

　　　你们　自己　　　GEN 根 回 PRT

　　　你们恨你们自己？

（580） ja⁵⁵xɤ⁵⁵ ɛ⁵⁵mɛ³³mɛ³³ kɯ³³　xɛn⁵⁵ fu³¹ lɔ⁵⁵?

　　　他们　自己　　　GEN 根 回 PRT

　　　他们恨他们自己？

（581） ŋɔ³³xɤ⁵⁵ ɛ⁵⁵mɛ³³mɛ³³ kɯ³³　xɛn⁵⁵ fu³¹.

　　　我们　自己　　　GEN 根 回

　　　我们恨我们自己。

B. 人称代词的回指表示对施事的强调。通过人称代词的变化及使用其他成分构成反身态，常见的有四种方式：① 在人称代词主格后加受格形式，并在受格形式后使用宾格标记 lo⁵⁵ 强调动作、行为的回指性。② 如果动词带宾语，而宾语的修饰语是主语代词的领属格形式，使用"人称代词主格 + 领属格 + 名词"的格式。③ 重复人称代词，并在动词后加 fu³¹。④ 使用"人称代词 + kɯ³³ + 人称代词"的形式。如果句中人称代词所指代的名词出现时，在句中作主语。

①人称代词主格 + 受格 + kɯ³³ + 名词

（582） ŋɔ⁵⁵ ŋɔ³³ lo⁵⁵　xɛn⁵⁵ ti⁵⁵.

　　　我 我 ACC 根　PRT

　　　我恨我自己。

（583） nu⁵⁵ nu³³ lo⁵⁵　xɛn⁵⁵ lɔ⁵⁵?

　　　你 你 ACC 根　PRT

　　　你恨你自己？

② 人称代词主格 + 领属格 + 名词

（584） nu⁵⁵ nu³³ kɯ³³　mo³¹　wo⁵⁵ ji⁵⁵.

　　　你 你 GEN 活计 做 DIR

　　　你去干自己的活计吧。

（585） ŋɔ⁵⁵ ŋɔ³³ kɯ³³　mo³¹　wo⁵⁵ ji⁵⁵　ti⁵⁵ᐟ³³.

　　　我 我 GEN 活计 做 DIR PRT

　　　我去干自己的活计吧。

③ 代词 + 代词 + 动词 + fu³¹

（586）na³³xɤ⁵⁵ na³³xɤ⁵⁵ xɛn⁵⁵ fu³¹ lɔ⁵⁵?

你们　你们　恨　回　PRT

你们恨你们自己？

（587）ja⁵⁵xɤ⁵⁵ ja⁵⁵xɤ⁵⁵ xɛn⁵⁵ fu³¹ lɔ⁵⁵?

他们　他们　恨　回　PRT

他们恨他们自己？

（588）ŋɔ³³xɤ⁵⁵ ŋɔ³³xɤ⁵⁵ xɛn⁵⁵ fu³¹.

我们　我们　恨　回

我们恨我们自己。

（589）ji⁵⁵ kɯ³³　ji⁵⁵ xɛn⁵⁵ fu³¹ ti⁵⁵.

他 GEN 他 恨　回 PRT

他恨他自己。

（590）ja⁵⁵xɤ⁵⁵ thu⁵³ a⁵³,　a⁵⁵ vɛn⁵⁵ thi³¹ tɕi⁵³ ja⁵⁵xɤ⁵⁵ ja⁵⁵xɤ⁵⁵ kai³¹tɕi³¹

他们　说　PRT 这 问题　些　他们　他们　解决

tshi³¹ ti⁵⁵.

会　PRT

这些问题他们说自己去解决。

④ 在重复的人称代词之间加入属格标记 kɯ³³。人称代词所指代的名词出现时，在句中作主语。例如：

（591）mi⁵⁵tshi³¹ wo³¹ɬ⁵⁵ ɬi⁵⁵ nɛ³³,　ji⁵⁵xo⁵⁵ mɔ⁵⁵ ji⁵⁵ kɯ³³ ji⁵⁵ lu⁵⁵ ja⁵³.

昨晚　风　刮 CONJ 房子 那 它 GEN 它 倒 PRT

昨晚刮大风，房子自己倒了。

（592）mo³¹ mɔ⁵⁵ ji⁵⁵ kɯ³³　ji⁵⁵ kɔ⁵⁵mɔ³³ kɔ⁵⁵ʂ̩³¹.

马 那 它 GEN 它 路　认识

马自己认识路。

（593）ji⁵⁵　kɯ³³　ji⁵⁵ zɔ⁵⁵ mɔ³¹ʂ̩³¹.

他 GEN 他 知 不 道

他自己都不知道。

（594）ji⁵⁵ kɯ³³　ji⁵⁵ mɔ³¹ ɕau³¹ɕin¹³ nɛ³³,　a⁵⁵khɯ⁵⁵ thɛ⁵⁵ tʂo³¹ ti³¹ ti⁵⁵.

他 GEN 他 不 小 心　CONJ 脚　打 PFV PRT

他不小心砸着了自己的脚。

4）动词的被动态

"主动态"表示主语是动作、行为的施事者；"被动态"指主语是动作、行为的受事者。SOV 语言中，名词性主语和宾语均位于动词之前，为区别施事和受事，须使用格标记，尤其在主语、宾语生命度相当，或者主语生命度低而宾语生命度高的时候，格标记的添加尤显重要。

窝尼话中，当句子语序为 SOV 时，常在宾语之后加宾格标记 lo^{55}，其句中基本结构为"施事 + 受事 + lo^{55}"。当宾语提至句首，即将受事提到句首，施事位于受事之后，语序为 OSV 时，须在施事之后加施事格助词 lɛ^{33} 强调、凸显其施动地位。因此窝尼话的被动态句式严格说来是一种强调施受关系句，其基本结构为"受事 + 施事 + lɛ^{33}"。试比较：

（595a） ŋɔ^{55} ji^{55} lo^{55}　thɛ^{55} a^{53}.

　　　　我　他 ACC　打　PRT

　　　　我打他。

（595b） ŋɔ^{55} ji^{55} lɛ^{33}　thɛ^{55} ti^{31} ti^{55}.

　　　　我　他 AG　打　PRT

　　　　我被他打了。

（596a） a^{31}ȵi^{55} ŋɔ^{33} kɯ^{33}　a^{55}khɯ^{55} tɛn^{55} tʂo^{31}　a^{53}.

　　　　弟弟 我 GEN 脚　　踩 PFV PRT

　　　　弟弟踩到我的脚了。

（596b） ŋɔ^{33} kɯ^{33}　a^{55}khɯ^{55} a^{31}ȵi^{55} lɛ^{33}　tɛn^{55} tʂo^{31}　a^{53}.

　　　　我 GEN 脚　　弟弟 AG 踩 PFV PRT

　　　　我的脚被弟弟踩了。

（597a） a^{55}mo^{31} zɔ^{31}　lo^{55}　tsha^{33} a^{53}.

　　　　母亲　娃娃 ACC　骂　PRT

　　　　妈妈骂娃娃了。

（597b） zɔ^{31}　a^{55}mo^{31} lɛ^{33}　tsha^{33} a^{53}.

　　　　娃娃　母亲 AG　骂　PRT

　　　　娃娃被妈妈骂了。

（598a） a^{31}ȵi^{55} xo^{31}zɔ^{31}　mɔ^{55} thɛ^{55} pɛ^{31} thɔ^{53}.

　　　　弟弟 饭碗　那 打 炸 PFV

　　　　弟弟把碗打碎了。

（598b）xo³¹zɔ³¹ mɔ⁵⁵ a³¹ ȵi⁵⁵ lɛ³³ thɛ⁵⁵ no³¹ thɔ⁵³.

饭碗　　那　弟弟　AG　打　烂　PFV

碗被弟弟打烂了。

（599）ji⁵⁵ ɯ⁵⁵ɬo⁵⁵ lɛ³³ thɔ³³ tʂo³¹ a⁵³.

他　蛇　　AG　咬　PFV　PRT

他被蛇咬了。

（600）nu³¹ vu³³ kɯ³³ zɔ³¹nu⁵⁵nu⁵⁵a³¹ pɔ³¹ lɛ³³ ti³¹ tʂo³¹ a⁵³.

牛　放　GEN　娃娃　　　蜂　AG　叮　PFV　PRT

放牛娃娃被蜂叮了。

（601）i⁵⁵tso⁵⁵tso⁵⁵ kɯ³³ tsɔ³¹ka³³li⁵⁵to³¹ji⁵⁵ lɛ³³ tsɔ³¹ thɔ⁵⁵ tɕa⁵³.

所有　　　GEN　东西　　　他　AG　吃　PFV　PRT

所有的东西都被他吃光了。

（602）ji⁵⁵ a³¹tshu³¹ lɛ³³ tʂuaŋ⁵⁵ phu³³ thɔ⁵³.

他　人　　AG　撞　倒　PFV

他被人撞倒了。

（603）ɯ⁵⁵phu³¹li⁵⁵ tu³³ xai³¹nai³³ lɛ³³ xɛ³¹ thɔ⁵³.

葫芦　　　　贼　　　AG　偷　PFV

葫芦被贼偷了。

以上例（595）–（598）句中，a 句表主动，b 句表被动。如果施事和受事的生命度相当，在表主动的句子中，在受事后必须使用宾格标记 lo⁵⁵。在表被动的句子中，受事提至句首，施事移至句子中间，施格标记 lɛ³³ 强制出现，表明其是动作行为的发出主体。在受事是无生命的句子中，在表主动的句子中不须使用语法标记，但在表被动的句子中，必须在施事后使用施格标记 lɛ³³。

在一些句子中没有出现施事，而位于句首的成分属于自己不能发出动作的名词，其作为受事的语义不受影响，可不使用任何语法标记。例如：

（604）xo³¹zɔ³¹ mɔ⁵⁵ thɛ⁵⁵ no³¹ thɔ⁵³.

饭碗　那　打　烂　PFV

碗被打烂了。

（605）sɯ³³tso⁵⁵ mɔ⁵⁵ tɤ³³ phu³¹ thɔ⁵¹.

树　　那　砍　倒　PFV

树被砍倒了。

（606）pu³³lu³³pɛ⁵⁵lɛ⁵⁵　tɕhi³¹　thɔ⁵⁵　tɕa⁵³.

　　　丝瓜　　　　　摘　　PFV　　PRT

　　　丝瓜被摘完了。

（607）ɯ⁵⁵phu³¹li⁵⁵tu³³　xɛ³¹　thɔ⁵³.

　　　葫芦　　　　　偷　　PFV

　　　葫芦被偷了。

（608）xa³³　mɔ⁵⁵　ɕi³¹　thɔ⁵³.

　　　鸡　　那　　杀　　PFV

　　　鸡被杀了。

有的句子中，位于句首的主语要实施的动作行为是被迫发生的，其后用宾格标记 lo⁵⁵ 来标示。例如：

（609）zɔ³¹mi³¹lo⁵⁵　　a³¹tɛ⁵⁵mɛ⁵⁵ɳi³³　i⁵⁵phi³¹mi⁵⁵su⁵⁵phɔ³¹kɯ³³　zɔ³¹　wo³¹

　　　姑娘　ACC　无论如何　　　财主　　　　　　GEN　儿子　嫁

　　　tsɔ³¹　mo³¹　ti⁵⁵.

　　　吃　　要　　PRT

　　　姑娘无论如何要被嫁给财主的儿子。

一些句子中用 tʂo³¹ "着"表示被动义。tʂo³¹ "着"是汉语借词。在新平汉语方言中，用"着"表示被动义是比较普遍的用法，如"我着他打了"，意为"我被他打了"；"小孩着骂了"意为"小孩被骂了"。窝尼话中也借入了这一用法。不同的是，汉语方言中，"着"位于动词之前。在窝尼话中，tʂo³¹ 位于动词之后。例如：

（610）sɯ³³tso⁵⁵mɔ⁵⁵tɤ³³　phu³¹　tʂo³¹　a⁵³.

　　　树　　那　砍　倒　着　PRT

　　　树被砍倒了。

（611）ʂɿ³¹pi⁵⁵thaŋ³¹tsɿ⁵¹　tsɔ³¹　thɔ⁵⁵　tʂo³¹　a⁵³.

　　　柿子　　　　　　　吃　PFV　着　PRT

　　　柿子被吃掉了。

4. 动词的趋向（DIR）

"趋向"意义是人或物体通过动作在空间移动的方向。通常以说话人的立足点为基点，朝向立足点移动的是向心趋向，离开立足点向另一目标移动的是离心趋向。往立足点上方移动的是向上趋向，往立足点下方移动的是向下趋向。

动词的趋向意义由趋向助动词来表示。趋向助动词是动作动词语法化的结果。动作动词表示动作行为，在句中充当谓语。动作动词语法化为趋向助动词后，位于谓语动词之后，在句中充当补语，可以表示具体的动作、行为的趋向，也可进一步引申表示抽象的事物发展的趋势、状态或结果。

窝尼话的趋向主要有向心、离心、向上和向下四类。趋向助动词在构成上可分为两类：① 单纯趋向助动词，如 $lɔ^{55}$ "来"、ji^{55} "去"。② 复合趋向助动词，由含有趋向义的动词与 $lɔ^{55}$ "来"、ji^{55} "去" 或其变体组合在一起构成。

值得注意的是，窝尼话中表 "去" 的词有两个，即 ji^{55} 和 li^{33}。作为谓语动词使用时，二词可以换用。但表趋向义时，只能用 ji^{55}，不能用 li^{33}。此外，ji^{55} 能与其他动词组合成复合趋向助动词，而 li^{33} 不能（见表 6-1）。

表 6-1　窝尼话趋向助动词

单纯词	$lɔ^{55}$ 来	ji^{55} 去	ta^{33} 上	$khɔ^{33}$ 下	$tɕi^{33}$ 进	tu^{33} 出	fu^{31} 回	phu^{33} 过	thu^{55} 起	$khɯ^{55}$ 到
复合词			$ta^{33}lɔ^{55}$ 上来	$khɔ^{33}lɔ^{55}$ 下来	$tɕi^{33}lɔ^{55}$ 进来	$tu^{33}lɔ^{55}$ 出来	$fu^{31}lɔ^{55}$ 回来	$phu^{33}lɔ^{55}$ 过来	$thu^{55}lɔ^{55}$ 起来	$khɯ^{55}lɔ^{55}$ 到来
			$ta^{33}ji^{55}$ 上去	$khɔ^{33}ji^{55}$ 下去	$tɕi^{33}ji^{55}$ 进去	$tu^{33}ji^{55}$ 出去	$fu^{31}ji^{55}$ 回去	$phu^{33}ji^{55}$ 过去		$khɯ^{55}ji^{55}$

在构成复合趋向助词的成分中，$tɕi^{33}$ "进" 和 phu^{33} "过" 的语法化程度最高，它们不能单独作句子成分，必须与 $lɔ^{55}$ "来"、ji^{55} "去" 或其变体组合在一起，跟在动词后表示趋向。fu^{31} "回"、thu^{55} "起"、$khɔ^{33}$ "下" 等词可单独作谓语，但用得较少，常与 $lɔ^{55}$ "来"、ji^{55} "去" 组合构成趋向助动词。

1）向心趋向

向心趋向表示动作、行为朝说话人的方向移动。趋向助词由语法化的 $lɔ^{55}$ "来" 或复合词充当，位于谓语动词之后。$lɔ^{55}$ 语法化后可变读为 $lɔ^{53}$。

A. $lɔ^{55}$ 或 $lɔ^{53}$ 作趋向助动词。例如：

（612）a⁵⁵nuɔ³³ ŋɔ³³xɤ⁵⁵ nu³³ lo⁵⁵ za³¹tɕhi³³ tɔ³³ ɔ⁵⁵ lɔ⁵⁵ lɛ³³.
以后 我们 你 ACC 昆明 LOC 看 DIR PRT
将来我们来昆明看你。

（613）zɔ¹³khɤ³¹mɔ³¹ ji⁵⁵xo⁵⁵ tɔ³³ wo⁵⁵ lɔ⁵³.
儿媳 家 LOC 进 DIR
儿子媳妇进家来啦。

（614）khɤ³¹li³³li³³a⁵³ tso⁵⁵xo⁵⁵ tɔ³³ wo⁵⁵ lɔ⁵³.
小狗 厨房 LOC 进 DIR
小狗进厨房里来了。

（615）ja⁵⁵xɤ⁵⁵ i⁵⁵tso⁵⁵ tɛ³³ tu³³ lɔ⁵³.
他们 都 ADV 出 DIR
他们都出来了。

B. 由 tɕi³³ "进" + lɔ³¹ 构成趋向助动词，意为"进来"。例如：

（616）khɤ³¹li³³li³³mɔ⁵⁵ tso⁵⁵xo⁵⁵ tɔ³³ tsho³¹ tɕi³³ lɔ³¹ a⁵³.
小狗 那 厨房 LOC 跑 进 DIR PRT
小狗跑进厨房里来了。

（617）ta³¹xo³³phu³³ tɔ³³ zɯ³¹ tɕi³³ lɔ³¹ a⁵³.
客人 寨子 LOC 走 进 DIR PRT
客人走进村子来了。

（618）a⁵⁵tɕi³¹lo⁵⁵mɔ³³ tɔ³³ i⁵⁵tshu³¹ ji⁵⁵xo⁵⁵ tɔ³³ pa³¹ tɕi³³ lɔ³¹.
姐姐 河里 ABL 水 家 LOC 挑 进 DIR
姐姐从河里挑水进家来。

C. fu³¹ "回" + lɔ³¹ 构成趋向助动词，意为"回来"。例如：

（619）ji⁵⁵ ŋɔ³³lo⁵⁵ ʂ̩³³ fu³¹ lɔ³¹.
他 我 ACC 拉 回 DIR
他把我拉回来。

（620）li³¹tɕi³¹ tsɔ⁵⁵ fu³¹ lɔ³¹ a⁵³.
孙子 转 回 DIR PRT
小孙子转（圈）转回来了。

D. khɯ⁵⁵ "到" + lɔ⁵⁵ 构成趋向助动词，意为"到来"。例如：

（621）tsho⁵⁵kɔ³¹a³¹pi⁵⁵ pa³¹ khɯ⁵⁵ lɔ⁵⁵ ŋa⁵³.

人   个   鸭   挑   到   DIR PRT

那个人挑着鸭子来到了。

E. phu^{33}"过" + lɔ^{31}构成趋向助动词，意为"过来"。例如：

（622）ŋa^{33}za^{31}po^{55}phu^{33}lɔ^{31}.

鸟   飞   过   DIR

鸟飞过来。

（623）vu^{31}tu^{31}tsɔ^{55}phu^{33}lɔ^{31}.

头   转   过   DIR

头转过来。

phu^{33}进一步虚化后，由表示空间意义引申为表示动作状态的开始或延续。例如：

（624）mɛ^{55}tsɛ^{33}zu^{33}ve^{33}nɔ^{55}phu^{33}thɔ^{53}.

石榴 花   病   倒   PFV

石榴花病倒了。

（625）xɔ^{33}nu^{55}ma^{31}phu^{33}lɔ^{31} mɔ^{31}ka^{31}.

丈夫   忙   过 DIR   不   能

丈夫忙不过来。

2）离心趋向

离心趋向与向心趋向相对，表示动作、行为朝与说话人相反的方向运动。趋向助动词是语法化后的 ji^{55}"去"，或 ji^{55}与其他具有趋向义动词的组合，均位于谓语动词后。ja^{53}是 ji^{55}和语气词 a^{53}的连读形式，可写为 ja^{53}，也可写为 ji^{55} a^{53}。

A. ji^{55}"去"语法化后位于动词之后表示离心趋向。例如：

（626）ŋɔ^{33}xɤ^{55}ku^{31}tsu^{31}tɔ^{33} fu^{55}nu^{55}ku^{31}ji^{55}.

我们   山   LOC 菌子   拾   DIR

我们到山上拾菌子去。

（627）ji^{55} ji^{55}xo^{55}tɔ^{33}tɛ^{33}tu^{33} ji^{55} ti^{31}ti^{55}.

他   家   ABL 出   DIR PRT

他是从家里出去的。

（628）a^{31}ȵi^{55}zu^{55}mɔ^{33}tɔ^{33} wo^{55} ji^{55} a^{53}.

妹妹 房间   LOC   进   DIR PRT

妹妹进房里去了。

(629) ŋɔ⁵⁵ lo⁵⁵mɔ³³ pa³¹pa³³ tɔ³³　khɯ⁵⁵ ji⁵⁵　a⁵³.
　　　我　河　　边　　LOC　到　DIR　PRT
　　　我去到河边了。

(630) i⁵⁵phi³¹ nɔ⁵⁵tshi³¹ xɯ³¹ ji⁵⁵　a⁵³.
　　　爷爷　药　　挖　DIR　PRT
　　　爷爷挖药去了。

B. tu³³ "出" + ji³¹位于谓语之后，意为"出去"。例如：

(631) wo³¹ sɔ⁵³, tɕhi⁵⁵ɕi³¹ phi³³　tu³³ ji³¹　tɛ³³ ɬu³¹ ji⁵⁵.
　　　天　晴　谷子　背　出　DIR　SEQP　晒　DIR
　　　天晴了，把谷子背出去晒。

(632) nu⁵⁵ a³¹tɛ⁵⁵mɛ⁵⁵ȵi³³ pɔ³¹ tu³³ ji⁵⁵　mɔ³¹ ka³¹.
　　　你　无论如何　　说　出　DIR　不　能
　　　你无论如何不能说出去。

C. khɯ⁵⁵ "到" + ji³¹位于谓语之后，意为"到"。例如：

(633) nu³¹ mɔ⁵⁵ lo⁵⁵mɔ³³ tɔ³³　tsho³¹ khɯ⁵⁵ ji⁵⁵　a⁵³.
　　　牛　那　河　　LOC　跑　到　DIR　PRT
　　　牛跑到河里去了。

(634) xɔ³¹ɬɔ³¹ mɔ⁵⁵ a³¹ lɔ⁵⁵xɤ⁵⁵ ku³¹tsu³¹ tɔ³³　tsho³¹ khɯ⁵⁵ ji³¹.
　　　老虎　那　这　对面　山　　LOC　跑　到　DIR
　　　那只老虎跑到对面山上去。

(635) ji⁵⁵ zɔ³¹pɔ⁵⁵lɔ⁵⁵ wa¹³tɔ³³ zɯ³¹ khɯ⁵⁵ ji⁵⁵.
　　　她　悬崖　　下面　走　到　DIR
　　　她走到悬崖下面去。

D. fu³¹ "回" + ji⁵⁵位于谓语之后，意为"回去"。例如：

(636) ŋɔ⁵⁵ nu³¹ vu³³ fu³¹ ji⁵⁵　mo¹³ ɕi³¹.
　　　我　黄牛　放　回　DIR　要　还
　　　我还要把黄牛赶回去。

(637) wa³³ȵi⁵⁵ kɤ³¹pa³³ mɔ⁵⁵ pa³¹ fu³¹ ja⁵³①.

---

① 句中的 ja⁵³是 ji⁵⁵和 a⁵³的合音。

他兄弟 钱　　那 挑 回 PRT

弟弟把钱挑回去了。

E. phu³³ "过" + ji³¹ 位于谓语之后，意为 "过去"。例如：

（638）ŋɔ³¹ sɔ³¹ khɯ³¹ phu³³ ji³¹.

鱼 游 过 DIR

鱼游过去。

（639）wo³¹ ɬi⁵⁵ ɬi⁵⁵ phu³³ ji³¹.

风 刮 过 DIR

风刮过去。

3）向上趋向

表示人或物体向上方运动。窝尼话中常常用 ta³³ "上" 或 thu⁵⁵ "起" 来表示趋向义。ta³³ 本身可以作为谓语动词，这时后面加 lɔ⁵⁵ "来" 就可表趋向意义。ta³³ 也可与 lɔ⁵⁵ 一起构成复合趋向助动词，一起位于谓语动词之后。thu⁵⁵ 的语法化程度比较高，单独使用的不多，主要与 lɔ⁵⁵ "来" 组合在一起使用。lɔ⁵⁵ 可变读为 lɔ³¹ 或 lɔ⁵³。例如：

（640）ɔ⁵⁵ tshɔ⁵⁵ ta³³ lɔ⁵⁵ tɕa⁵³.

太阳 上 DIR PRT

太阳升起来了。

（641）a³³ pɔ³¹ lei³¹ tɔ³³ ta³³ lɔ⁵³.

爸爸 楼 LOC 上 DIR

爸爸上楼来了。

（642）to³¹ mɔ⁵⁵ mɔ⁵⁵ ʂʅ³³ ta³³ lɔ³¹.

木头 那 拉 上 DIR

把木头拉上来。

（643）kuɔ³³ a⁵³ a³¹ȵi⁵⁵ lo⁵⁵ po³³ thu⁵⁵ lɔ³¹.

快 PRT 弟弟 ACC 抱 起 DIR

快把弟弟抱起来。

（644）xa³³ phi⁵⁵ mɔ⁵⁵ li³¹ vu³¹ tu³¹ pa³¹ thu⁵⁵ lɔ³¹.

公鸡 那 也 头 抬 起 DIR

公鸡也把头抬起来。

thu⁵⁵ lɔ³¹ 位于形容词之后，可引申为事物变化的趋向、状态或结果。

例如：

（645） a^{55} wo^{31} mɔ^{55} lo^{33}lo^{55} tshɔ^{55} thu^{55} lɔ^{31} a^{53}.

这天 那 慢慢 热 起 DIR PRT

天气渐渐热了起来。

（646） zɔ^{31} nu^{55} nu^{55} a^{31} ɲi^{31}ɔ^{55} xɤ^{31} lɔ^{55} ɲi^{31}ɔ^{55} kau^{33} thu^{55} lɔ^{31} tɕa^{53}.

小娃娃 越 长 DIR 越 高 起 DIR PRT

娃娃越长越高了。

（647） i^{55}tshu^{31} mɔ^{55} pin^{33} thu^{55} thɔ^{53}.

水 那 冰 起 PFV

水结冰了。

例（645）句指"天气"变热的趋向，例（646）句指"娃娃"长高的趋向。例（647）句表示"水结冰"的状态。

thu^{55}本身带有"起"的意思，在句子中有的使用本义，有的使用引申义，有的与不同语法成分结合后表示某种语法义。在与带有"抱、抬、站"等义的词语搭配时，可以表示向上趋向义。跟随在形容词之后，可以引申表示事物发展的趋势。"thu^{55} + lɔ^{55} + a^{53}/tɕa^{53}"格式跟在动词之后时，可以表示动作、事物起始的状态，成为起始貌标记。

4）向下趋向

表示动作或行为向下方运动或延展。窝尼话中常用 za^{31} "下" 和 khɔ^{33} "下"来表示。za^{31}可以作谓语，后面接 lɔ^{55} "来" 或 ji^{55} "去" 表示趋向义。khɔ^{33}原义是"下蛋"的"下"，如 piu^{53} thɔ^{13} khɔ^{33} "下一个蛋"。语法化后，表示动作、行为的结果。表趋向义时，khɔ^{33}必须与 lɔ^{55}或 ji^{55}及其变体组合使用，如 lɯ^{31} khɔ^{33} ji^{31}意为"滚下去"。

A. za^{31} "下" + lɔ^{55}/ji^{55}表向下趋向。例如：

（648） ŋa^{31}lɔ^{33}ma^{31}sŋ^{55} kɯ^{33} i^{55}tshu^{31} naŋ^{31}faŋ^{33} tɔ^{33} za^{31} ji^{55} ti^{31}ti^{55}.

亚尼河 GEN 水 南方 LOC 下 DIR PRT

亚尼河流向南方。

（649） ja^{55}xɤ^{55} ku^{31}tsu^{31} tɔ^{33}tɛ^{33} za^{31}lɔ^{53}.

他们 山 ABL 下 DIR

他们从山上下来啦。

（650）a³¹ n̻i⁵⁵ lo⁵⁵　khu⁵⁵ tɛ³³　lei³¹　tɔ³³ za³¹ lɔ⁵⁵.
　　　 弟弟　ACC　喊　SEQP 楼　ABL 下　DIR
　　　 喊弟弟下楼来。

（651）i⁵⁵tshu³¹ mɔ⁵⁵ ku³¹tsu³¹ tɔ³³　za³¹　lɔ⁵⁵　ti³¹ti⁵⁵.
　　　 水　那 山　ABL　下　DIR　PRT
　　　 水从山上流下来。

B. khɔ³³ "下" + lɔ³¹／ji³¹ 位于谓语动词之后表趋向义。例如：

（652）nu⁵⁵ nu³¹ mɔ⁵⁵ a¹³tɔ³³　tsho⁵⁵ khɔ³³ lɔ³¹.
　　　 你 牛 那 这里　牵　下　DIR
　　　 你把牛牵到这里（下方）来。

（653）ji⁵⁵ ku³¹tsu³¹ tɔ³³　mi³¹tsa³¹ phi³³ khɔ³³ lɔ³¹.
　　　 他 山　LOC 柴　背　下　DIR
　　　 他把柴从山上背下来。

（654）to³¹mɔ³³ mɔ⁵⁵ ku³¹tsu³¹ tɔ³³tɛ³³ lɯ³¹ khɔ³³ ji³¹　a⁵³.
　　　 木头 那 山　ABL 滚 下 DIR PRT
　　　 木头从山上滚下来了。

（655）ɬo³³mɔ³³ ku³¹tsu³¹ tɔ³³　tsho⁵⁵tsho⁵⁵ lɯ³¹ khɔ³³ ji³¹.
　　　 石头　山　LOC 顺着　滚 下 DIR
　　　 石头沿着山坡滚了下去。

khɔ³³进一步语法化后，还可事物发展变化的趋向或结果。例如：

（656）tsɔ⁵⁵tsu⁵⁵ mo³³ khɔ³³ thɔ⁵³, no³³xa³¹ sɤ³³　lɔ⁵⁵　tɕa⁵³.
　　　 庄稼　熟 下 PFV 日子 凉　DIR PRT
　　　 庄稼成熟了，天气凉了。

（657）a³³tɛ³³mɛ⁵⁵ wo³¹ xa⁵⁵ n̻i⁵³,　phu³³ tɔ³³ i⁵⁵tshu³¹ tsa³³ ti⁵⁵　xa⁵⁵ ti⁵⁵
　　　 不论　天 旱 CONJ 寨子 LOC 水　有 PRT 秧 栽
　　　 khɔ³³　ka³¹ ti⁵⁵.
　　　 下　能 PRT
　　　 尽管天干，村民们还是有水栽秧。

（658）zɔ³¹ a⁵⁵n̻i⁵⁵ mɔ⁵⁵ khɤ³¹ mɔ⁵⁵ lɛ³³　na³¹pu⁵⁵ tshŋ³¹ pha⁵⁵la⁵⁵ kho³¹
　　　 那 猫 那 狗 那 AG 耳朵 一 只 咬
　　　 khɔ³³ thɔ⁵³.

下 PFV

那只猫让狗把耳朵给咬掉了一只。

例（656）句表示"庄稼"朝"熟"的方向变化；例（657）句是条件句，表示虽然目前天气状况不佳，但"秧"有栽下的趋向。能愿动词 ka^{31}"能，得"增强了实现的可能性。例（658）句表"耳朵"被咬下的结果。

5. 示证范畴

示证（Evidentiality），是表示消息的来源的语法方式，与人们的"认知方式、交际方式、知识类型和文化传统相关"[①]。表示信息的来源，有的语言使用实词，有的使用语法标记。从语言类型上来看，一些语言表示亲知，即通过亲眼看见或感官感觉获得的信息，句中不使用任何语法标记，"没有任何标记的示证范畴尤其体现了其作为说话者亲见的、第一手信息的特征"[②]。表示推断、测定、传闻和引述等消息来源的，常常有语法标记显示说话者消息的出处。从我们获得的语言材料来看，窝尼话中有推断、测定、传闻、引述等几种表示信息来源的语法标记。同时，还使用词语方式来表示信息来源。

作为一种语法范畴，窝尼话的示证标记位于动词之后。请看下面例句。

1）亲知

说话者自己亲见的事实或亲身获得的感觉。不使用语法标记。例如：

（659） a^{31}ȵi^{55} lɔ^{55} a^{53}.

妹妹 来 PRT

妹妹来了。

（660） a^{55}pɔ^{31} tsɿ^{55}pɔ^{31} to^{55}.

父亲 酒 喝

父亲喝酒。

（661） ji^{55} kɯ^{33} va^{31} tshu^{55} ti^{55}.

他 GEN 猪 胖 PRT

① Aikhenvald, A. Y., *Evidentiality*, Oxford University Press, 2004, p. xi.

② Delancey, S., *Evidentiality and Volitionality in Tibetan*, in *Evidentiality: The Linguistic Coding of Epistemology*, Edited by Chafe & Nichols, Ablex Publishing Corporation, 1986, pp. 214–222.

他的猪胖的。

（662）i⁵⁵zɔ³³ vu³¹tu³¹ nɔ⁵⁵.

奶奶　头　　疼

奶奶头疼。

（663）a⁵⁵ta⁵⁵ zɯ³¹ a⁵³.

哥哥　走　PRT

哥哥走了。

（664）ji⁵⁵ tsho⁵⁵thu³³phɔ³¹ tshɿ³¹ kɔ³¹ ŋɯ⁵⁵ ti⁵⁵.

他　老实人　　　一　个　是　PRT

他是个老实人。

以上几个例子中，句尾助词 a⁵³、ti⁵⁵，只表示语气，叙述说话者看见或感觉到的事实或事物存在的状态。

2）推断

说话者基于自己看到或感觉到的现象，推断事物的发展、变化情况，结论具有较强的确定性和可靠性。窝尼话在句末用 tɔ³¹ 进行标记。随着窝尼话使用能力的衰退，汉语借词的不断进入，人们更多地使用 ɕaŋ⁵⁵ "像"来标记推断义。例如：

（665）zɔ³¹mi³¹ mo⁵⁵ ȵi⁵⁵ ŋa⁵³,　ji⁵⁵xɤ⁵⁵ tsha³³tɕha³³　tɔ³¹.

姑娘　那　哭　PROG　他们　吵架 – REC　INFR

姑娘在哭，他们吵架了吧。

（666）mi⁵⁵tsha³¹ tɔ³³　i⁵⁵tshu³¹ mo⁵⁵ a⁵³,　ɔ⁵⁵xo⁵⁵　lɔ⁵⁵ ti¹³　tɔ³¹.

地　　　LOC　水　见　PRT　雨　　下　PRT　INFR

地上有水，可能是下雨了。

（667）ji⁵⁵ nɔ³³ mo³¹ mɔ⁵⁵ vu⁵⁵ thɔ⁵³ ɕaŋ⁵⁵.

他　那　马　那　买　PFV　INFR

那匹马，他买了吧。

（668）a⁵⁵ zɔ³¹nu⁵⁵ nu⁵⁵ kɔ³¹ ȵi³¹ fu³¹ lu³¹ a⁵³　ɕaŋ⁵⁵.

这　娃娃　　个　两　岁　满　PFV　INFR

这孩子有两岁了吧。

（669）ji⁵⁵ a⁵⁵khɯ⁵⁵ mɔ⁵⁵ niu³¹ tʂo³¹ a⁵³　ɕaŋ⁵⁵.

他　脚　　那　扭　PFV　PRT　INFR

他怕扭着脚了。

例句（665）句中说话者看到"姑娘"在哭，联系日常发生的情况，推测"他们"吵架了。例（666）句看到地上的积水，作出"下雨"的推测。例（667）句说话人从买马人相马的态度上来推测他把"马"买了。例（668）句从小孩的个头来对他的年纪进行推断。例（669）句从看到他摔倒，以及走路的样子来推断"他"可能扭到脚了。

ŋɯ^{55}kɔ^{31}是复合词，由几个成分构成，也可表推断义。

ŋɯ^{55}kɔ^{31}由判断动词"是"和"个"构成，判断动词本身具有判断义。例如：

(670) i^{55}zɔ^{33} na^{31}na^{31} tɛ^{33} ji^{31}tsa^{33} ja^{53}, ji^{55} vu^{31}tu^{31} nɔ^{55} kɯ^{33} ŋɯ^{55}kɔ^{31}
奶奶 早早 ADV 睡 PRT 她头 疼 NOM INFR
ti^{55}.
PRT
奶奶早早地睡了，可能是头疼。

(671) mi^{55}tsha^{31} i^{55}su^{31} ti^{31}ti^{55}, ɔ^{55}xo^{55} lɔ^{55} tso^{55}mo^{33} ȵi^{33} ŋɯ^{55}kɔ^{13}.
地 湿漉 PRT 雨 来 EXP PRT INFR
地上湿漉漉的，可能是下过雨了。

3）测定

说话者根据逻辑推理或普通常识得出结论，某一事件可能会发生，但不能确定。窝尼话中用 lɛ^{33}ku$^{33/13}$ŋa^{53} 或 kɯ^{33}khui^{55}ŋa^{53} 来表示。例如：

(672) a^{31}ȵi^{55} lɔ^{55} lɛ^{33}ku$^{33/13}$ ŋa^{53}.
妹妹 来 ASSU
妹妹可能要来的。

(673) a^{55}ta^{55} zɯ^{31} lɛ^{33}ku^{33} ŋa^{53}.
哥哥 走 ASSU
哥哥好像要走了。

(674) ja^{55}xɣ^{55} tsɿ^{31}lo^{55} pa^{31} khɔ^{33} tɛ^{33}, tɕhi^{55} tsi^{31} lɛ^{33}ku^{33} ŋa^{53}.
他们 打谷盆 抬 下 SEQP 谷子 打 ASSU
他们抬着打谷盆，可能是要打谷子了。

(675) ji^{55}xɣ^{55} tɕhi^{55}çi^{31} tsɿ^{31} kɯ^{33}khui^{13} ŋa^{53}.
他们 谷子 打 ASSU

他们可能是要打谷子了。

（676） ji⁵⁵ lɔ⁵⁵ kɯ³³ khui¹³ ŋa⁵³.

　　他 来 ASSU

　　他可能要来了。

pi⁵⁵lɔ³¹lɔ⁵⁵也可表测定义。三个构成成分中，pi⁵⁵有"说"义，例如 mo³¹pi⁵⁵pi⁵⁵意为"告诫"，ɬɔ⁵⁵pi⁵⁵pi⁵⁵意为"说假话"。pi⁵⁵也有"样子"义，例如下面例（677）句。lɔ³¹是lɔ⁵⁵的变体，作为动词意为"来"，也可作趋向动词或语气助词。

（677） a⁵⁵pɔ³¹ tsʅ⁵⁵pɔ³¹ to⁵⁵ pi⁵⁵pi⁵⁵ ku³³ çi³¹.

　　父亲 酒 喝 样子 整 还

　　父亲还想喝酒的样子。

（678） ji⁵⁵ kɯ³³ va³¹ mɔ⁵⁵, a³¹mo³³ tsʅ⁵⁵ tso⁵⁵ pi⁵⁵lɔ³¹lɔ⁵⁵ ŋɛ⁵⁵?

　　他 GEN 猪 那 多少 斤 有 ASSU 是

　　他的猪像有几斤的样子？

（679） ja⁵⁵xɤ⁵⁵ tsʅ³¹lo⁵⁵ pa³¹ khɔ³³ tɛ³³, tɕhi⁵⁵ tsi³¹ pi⁵⁵lɔ³¹lɔ⁵⁵.

　　他们 打谷盆 抬 下 SEQP 谷子 打 ASSU

　　他们抬着打谷盆，像是要打谷子。

4）传闻

说话者没有亲见，所述事件信息来源于别人，在句末用tɕi³¹来进行标记。例如：

（680） a³¹n̠i⁵⁵ lɔ⁵⁵ a⁵³ tɕi³¹.

　　妹妹 来 PRT HRS

　　听说妹妹来了。

（681） mi⁵⁵nu³³ i⁵⁵zɔ³³ vu³¹ tu³¹ nɔ⁵⁵ tɕi³¹.

　　昨天 奶奶 头 疼 HRS

　　听说昨天奶奶头疼。

（682） a³¹n̠i⁵⁵ lɔ⁵⁵ mo³¹ tɕi³¹.

　　妹妹 来 要 HRS

　　听说妹妹要来了。

（683） ji⁵⁵ kɯ³³ va³¹ tshu⁵⁵ tɕi³¹.

　　他 GEN 猪 胖 HRS

听说他的猪胖的。

（684） tsɛ⁵⁵kɛ³¹ xo⁵⁵tɔ³³ tsho⁵⁵ tso⁵⁵ ti⁵⁵ tɕi³¹.

　　　　草丛　　里面　人　有　PRT HRS

听说草丛里有人。

（685） phi³¹ku³³lu³³sŋ⁵⁵ tɛ³³ xɣ³¹ khɔ³³ lɔ⁵⁵ ti⁵⁵ tɕi³¹.

　　　　古时候　　　　ABL 大　下　来 PRT HRS

（竜树）是古时候就要祭祀的说。

传闻标记 tɕi³¹ 的使用与事件发生的时间无关。上面例（680）、（681）句中说话者听到的是已经发生过的事件，即"妹妹"已经来了。"昨天"奶奶头疼。例（682）句中听到的是还未发生的事件，"妹妹"还未来到。例（683）句中听到的是对当前事物状态的描述，"他的猪"是胖的。例（684）句听到的"草丛里有人"这一事件可能是当前发生的，也可能是已经发生过的。例（685）句是歌谣歌词，表示信息来源于前辈老人们的讲述。

tɕi³¹来源于"说"义动词，在窝尼话中已完全虚化，与一些哈尼语方言，以及一些藏缅语方言存在语音对应关系。①

5）引述

说话者直接引用别人所说的话，说明信息来源具有一定可信度和可靠度。这种句子的上半段通常提出"某人说啊（啦）"，后半段接直接引语，句末引述标记 tɕi³¹ 不必强制出现。但是，使用 tɕi³¹ 的，强调信息的转述性，说明说话者对信息的真实、可靠性有所保留。不使用 tɕi³¹ 的，表示说话者对比较信赖该信息。例如：

（686） ja⁵⁵xɣ⁵⁵ thu⁵⁵ a⁵³, "a⁵⁵pɔ³¹ tʂŋ⁵⁵pɔ³¹ to⁵⁵ a⁵³" tɕi³¹.

　　　　他们　说 PRT 父亲　酒　　喝 PRT HRS

他们说："父亲喝酒了"。

（687） ji⁵⁵xɣ⁵⁵ thu⁵⁵ a⁵³, "ji⁵⁵ kɯ³³ va³¹ tshu⁵⁵ ti⁵⁵" tɕi³¹.

　　　　他们　说 PRT 他 GEN 猪　胖　PRT HRS

他们说："他的猪胖的"。

（688） zɔ³¹nu⁵⁵nu⁵⁵a⁵³ thu⁵⁵ a⁵³, "i⁵⁵zɔ³³ vu³¹tu³¹ nɔ⁵⁵ a⁵³" tɕi³¹.

① 杨艳、罗增勇：《哈尼语窝尼话的示证范畴》，《贵州民族研究》2018 年第 2 期。

娃娃　　　说　PRT　奶奶　头　　疼　PRT　HRS
娃娃说："奶奶头疼"。

（689）ji⁵⁵xɤ⁵⁵ lɛ³³ khu⁵⁵ wa³³, "ji⁵⁵ tsho⁵⁵thu³³phɔ³¹ tshʅ³¹ kɔ³¹ ŋɯ⁵⁵" tɕi³¹.
他们　AG　说　PRT　他　老实人　　　一　个　是　HRS
他们说："他是一个老实人"。

（690）zɔ³¹nu⁵⁵nu⁵⁵ kɔ³¹ khu⁵⁵ wa³³："a⁵⁵ȵi⁵⁵mɔ⁵⁵ ŋa³¹ sɔ³¹ tsɔ³¹ a⁵³" tɕi³¹.
娃娃　　　个　说　PRT　猫　那　鱼　吃　PRT　HRS
那个娃娃说："猫把鱼吃了"。

（691）ji⁵⁵xɤ⁵⁵ lɛ³³ khu⁵⁵ wa³³, "ji⁵⁵ tsho³¹ kɛ³¹ja⁵³" tɕi³¹.
他们　AG　说　PRT　他　跑　PFV　　　HRS
他们说："他跑了"。

（692）a⁵⁵pɔ³¹ lɛ³³ khu⁵⁵ wa³³, "ji⁵⁵xɤ⁵⁵ tsha³³tɕha³³ a⁵³."
父亲　AG　说　　PRT　他们　　吵 - REC　PRT
父亲说："他们吵架了"。

（693）ta³¹xo⁵⁵ lɛ³³ khu⁵⁵ wa³³, "za³³ma³³tsu⁵⁵ tɔ³³ wo³¹ɬi⁵⁵ ɬi⁵⁵ ŋa⁵³".
亲戚　AG　说　PRT　羊毛冲　　LOC　风　刮　PROG
亲戚说羊毛冲刮风了。

例（686）-（691）句中，前面部分小句中用了 thu⁵⁵、khu⁵⁵ 表示"说"义，句末也用了标记 tɕi³¹，说明说话者虽然指明信息的来源，但毕竟是转述，对该事件是真是假还有所疑虑。在例（692）、（693）句中，说话者认为前面小句中"某人说"已经明确信息的来源，并且认为该事件确实存在，句末不使用 tɕi³¹。

6）其他表示信息来源的方式

除上文讨论的几种表示信息来源的语法标记外，还有一些语法范畴可以表示信息的来源，例如使用具有"看"、"见"、"听"义词语，表示信息提供者亲见。一些句式，例如真实条件句"如果……就"，由于含有人们对事物、社会活动规则等惯常性、常识性和规律性的认识，而具有示证义。例如：

（694）ŋɔ⁵⁵ ɔ⁵⁵xɔ³¹ kɔ³³,　　ji⁵⁵ kɯ³³ zo³³tsho³¹ tsho⁵⁵ ti⁵⁵.
我　看　NOM　他 GEN　伙伴　掺　PRT
我见她和小伙伴在一起。

（695）ŋɔ⁵⁵ kɔ³³ xɔ³¹ nu⁵⁵ ŋɛ⁵⁵ tshi³¹ pu⁵⁵ ti⁵⁵.

我 听说 你 做 会 相当 PRT

我听说你相当能干。

（696）ŋɔ⁵⁵ kɔ³³ lɔ⁵⁵ kɯ³³ ji⁵⁵ lɯ³¹ tɯ⁵⁵ sŋ⁵⁵ tɔ³³ lɔ⁵⁵ tso⁵⁵ mo³³ a⁵³.

我 听来 NOM 他 勒达 LOC 来 EXP PRT

我听说他来过勒达

（697）ji⁵⁵ a³¹ fɔ⁵⁵ ti⁵⁵ mɔ⁵⁵ ji⁵⁵ khɔ³³ nɛ³³，xo⁵⁵ tʂhuaŋ³¹ tshi³¹ ti⁵⁵.

他 这 刀 那 拿下 CONJ 祸 闯 会 PRT

他如果拿着那把刀，会闯祸的。

（698）ku³¹ tsu³¹ vu³¹ tu³¹ tɔ³³ pha⁵⁵ pha³³ khɯ⁵⁵ ja⁵³， tɕo⁵⁵

山 头 LOC 爬 CONJ 到 PRT 就

pɛ³³ ta³¹ lu⁵⁵ mo⁵⁵ ka³¹ a⁵³.

妖怪潭 见 能 PRT

只要能爬到山顶就能看到妖怪潭。

例（694）、（695）、（696）句通过使用"看"、"听"义词语表示说话者信息的来源。例（697）、（698）句是条件句，蕴含着说话者根据自身经验或常识作出推测判定。

七　副词

副词的主要句法功能是充任状语，修饰、限定动词、形容词或整个句子，在句中说明动作、行为或性质状态等的特征。按语义及其在句中所处的位置，窝尼话的副词可分为时间、地点、频率、程度、范围、方式、否定、语气和情状等九类。

（一）时间副词

时间副词说明动作或事件发生的时间。窝尼话中表示时间的副词比较丰富，有的是本族语词，有的则借自当地汉语方言。常见的有 ji⁵⁵ tsi³¹ "一直"，tshŋ³¹ thi⁵⁵ "一下、马上"，tɕaŋ³³ tɕaŋ³³ "刚刚"，thu³¹ zaŋ³¹ "突然"，tsau³¹ tshŋ³¹ "迟早"，a⁵⁵ nuɔ³³ "后来、后的"，tshi³¹ thi⁵⁵ li³¹ "从来"，zɔ¹³ tho³¹ nu³³ "当时、那时候"，tsɛn⁵⁵ "正"，i³³ tha³¹ la³¹ "现在"，

zɔ³¹mɯ⁵⁵、khai⁵⁵sʅ³¹"开始"等。分述如下：

1. ji⁵⁵tsi³¹"一直"，汉语借词，表示动作的持续状态，后面常接状语助词 mɛ⁵⁵。通常位于形容词或动词之前。例如：

（699）a⁵⁵n̪i³¹kɔ³¹ ji⁵⁵tsi³¹ mɛ⁵⁵ mɤ³¹ khɔ³³ ji³¹ ti³¹ti⁵⁵.

我俩个　　一直　ADV　好　下　DIR　PRT

我们俩的关系一直很好。

（700）lo⁵⁵ko³³ mɔ⁵⁵ ji⁵⁵tsʅ³¹ mɛ⁵⁵ tɕi³¹phi³¹ ti³¹ti⁵⁵.

门　　那　一直　ADV　关着　　PRT

门一直关着。

（701）nu⁵⁵ ji⁵⁵tsʅ³¹ mɛ⁵⁵ pɔ³¹ khɔ³³ ji³¹.

你　一直　ADV　讲　下　DIR

你接着讲下去吧。

2. tshʅ³¹thi⁵⁵，变体为 tshi³¹thi⁵⁵"一下、一会儿、马上"，表示动作即将发生，还可表示"突然"之意。后面可接状语助词 mɛ⁵⁵，或可单独使用。常位于句首或动词之前。例如：

（702）ŋɔ⁵⁵ tshʅ³¹thi⁵⁵ mɛ⁵⁵ zɯ³¹ mo³¹ a⁵³.

我　一下　ADV　走　要　PRT

我马上就走。

（703）tshʅ³¹thi⁵⁵ mɛ⁵⁵ ŋa³³za³¹ po⁵⁵ lɔ³¹ po⁵⁵ a³¹.

一会儿　ADV　鸟　　飞　来　飞　PRT

一会儿鸟飞来飞去。

（704）tshi³¹thi⁵⁵ mɛ⁵⁵ a⁵⁵n̪i⁵⁵xa³³la³³ thɔ¹³ lɯ³¹ tu³³ lɔ³¹, wa³³ mo³¹ lo⁵⁵

突然　ADV 野猫　　　一只　钻　出　DIR　他　妈　ACC

sʅ⁵⁵ kɛ³¹ja⁵³.

拖　PFV

突然，一只野猫钻出来，把他妈拖走了。

tshʅ³¹thi⁵⁵后不加 mɛ⁵⁵时，表示"一会儿"，常位于主语之后。例如：

（705）ŋɔ⁵⁵ tshʅ³¹thi⁵⁵ ku³¹ lɔ⁵⁵ ŋa⁵³.

我　一会儿　回　来　PRT

我一会儿就回来。

3. ji⁵⁵thai³¹çi⁵³nɛ³³、a³³sɯ⁵⁵、tɕaŋ³³tɕaŋ³³"刚刚"，表示动作或行为发

生在说话前或某一时间之前。ji⁵⁵ thai³¹ çi⁵³ nɛ³³、a³³ sɯ⁵⁵ 常位于主语之后，宾语之前。tçaŋ³³ tçaŋ³³ 常位于动词之前。例如：

（706） ŋɔ⁵⁵ ji⁵⁵thai³¹ çi⁵³nɛ³³ nu⁵⁵ mi³¹tsa³¹ phi³³ ji⁵⁵ kɯ³³ mo⁵⁵ ti³¹ti⁵⁵.

我 这会儿才 你 柴 背 DIR NOM 见 PRT

我刚看见你去背柴。

（707） ji⁵⁵ a³³sɯ⁵⁵ tshɔ⁵⁵mɔ⁵⁵ pɔ³¹ ɛ⁵⁵?

他 刚才 什么 说 PRT

他刚才到底说了些什么呀？

（708） ji⁵⁵ tçaŋ³³tçaŋ³³ ku³¹ lɔ⁵³.

他 刚 回 来

他刚回来。

4. tshi³¹tʂaŋ³¹、thu³¹zaŋ³¹ "突然"，表示出乎意料发生的动作，可以在其后加 mɛ⁵⁵，也可不加。常位于主语之后，表示主语突然发生的动作。例如：

（709） wo³¹ɬi⁵⁵ tshi³¹tʂaŋ³¹ ɬi⁵⁵ lɔ³¹.

风 突然 刮 DIR

突然刮起风来。

（710） a⁵⁵wo³¹ mɔ⁵⁵ thu³¹zaŋ³¹ mɛ⁵⁵ xo⁵⁵si³¹ ka³³ thu⁵⁵ lɔ³¹ a⁵³.

这 天 那 突然 ADV 冰雹 下 起 DIR PRT

天忽然下起了冰雹。

5. tsau³¹tshʅ³¹ "迟早"，表将来要发生的动作或行为，常位于主语之后。例如：

（711） ji⁵⁵ tsau³¹tshʅ³¹ tshʅ³¹nu³³ ka⁵³ zɯ³¹ mo³¹ ti⁵⁵, ji⁵⁵ lo⁵⁵ zɯ³¹ pi³¹.

他 早迟 一 日 LOC 走 要 PRT 他 ACC 走 让

他迟早要走的，就让他走吧。

（712） a⁵⁵ mo³¹ȵi³¹ tsau³¹tshʅ³¹ vu⁵⁵mo³¹ ti⁵⁵.

这 东西 早迟 买要 PRT

这东西是迟早要买的。

6. a⁵⁵nuɔ³³ "然后、以后"，表示随后发生的动作或行为。可位于主语之后或句首。例如：

（713） ji⁵⁵ a⁵⁵nuɔ³³ tshʅ³¹ tsaŋ⁵⁵ ji⁵⁵ a⁵³.

他 后来 一 趟 去 PRT

她后来也去了一趟。

(714) a^{55}nu$\mathfrak{o}^{33}$, khγ^{31} kw^{33} ɬw^{31}po^{55} t$\mathfrak{o}^{33}$, fa$\mathfrak{y}^{31}$mo^{55} tsh$\mathfrak{l}^{31}$ tso^{55} tu^{33}

后来 狗 GEN 坟 LOC 竹子 一 棵 出

l$\mathfrak{o}^{55}$ ti^{31}ti^{55}.

DIR PRT

后来，狗的坟上长出一棵竹子来。

(715) a^{55}nu$\mathfrak{o}^{33}$, nu^{33}m$\mathfrak{o}^{33}$ tu^{31} kw^{33} a^{55}ta^{55} mo^{55} t$\mathfrak{so}^{31}$ a^{53}.

后来 良心 毒 GEN 哥哥 见 PFV PRT

后来，良心毒的哥哥看见了。

(716) a^{55}nu$\mathfrak{o}^{33}$, ji^{55} f$\mathfrak{o}^{55}$ti^{55} m$\mathfrak{o}^{55}$ pu^{31}tu^{33}lu^{33} th$\mathfrak{o}^{31}$ $\mathfrak{o}^{55}$ ku^{33} tε^{33} to^{33} t$\mathfrak{ci}^{33}$

后来 他 刀 那 刀鞘   一 个 整 SEQP 装 进

th$\mathfrak{o}^{53}$.

PFV

后来，他做了一个刀鞘，把刀装进去。

7. tshi^{31}/tsh$\mathfrak{l}^{31}$thi^{55}li^{31} "一下、一会儿"，常与否定副词 m$\mathfrak{o}^{31}$ 连用，位于主语之后，表示动作的持续不停的进行。例如：

(717) t$\mathfrak{ci}^{31}$mi^{33} tshi$^{31/55}$thi^{55}li^{31} m$\mathfrak{o}^{31}$ n$\mathfrak{o}^{31}$ "$\mathfrak{ni}^{55}$$\mathfrak{ni}^{55}m\mathfrak{o}^{33}$ s$\mathfrak{o}^{55}$", tsai^{53}

嘴 一下 不 闲 姑 找 再

"$\mathfrak{ni}^{55}$$\mathfrak{ni}^{55}m\mathfrak{o}^{33}s\mathfrak{o}^{55}$" ti^{31}ti^{55} khu^{55} ti$^{55/33}$.

姑 找 PRT 喊 PRT

嘴里一下不停地"找姑、找姑"的喊。

(718) ji^{55} tshi^{31}thi^{55}li^{31} ts$\mathfrak{l}^{55}$ p$\mathfrak{o}^{31}$ m$\mathfrak{o}^{31}$ to^{55}.

他 一下 酒 不 喝

他从来不喝白酒。

(719) a^{55} tsho^{55} k$\mathfrak{o}^{31}$ tsh$\mathfrak{l}^{31}$thi^{55}li^{31} m$\mathfrak{o}^{31}$ n$\mathfrak{o}^{31}$ mε^{55} mε^{31}xε^{31}ti^{55} tu^{55}, ji^{55} lo^{55}

这 人 个 一会儿 不 歇 ADV 烟 只 吸 他 ACC

th$\mathfrak{o}^{31}$ tu^{55} tε^{33} khu^{55} li^{31} m$\mathfrak{o}^{31}$ k$\mathfrak{o}^{33}$ x$\mathfrak{o}^{31}$.

别 吸 OCP 喊 也 不 听 ATT

这人不停地抽烟，叫他不要抽，但不听。

8. z$\mathfrak{o}^{13}$tho^{31}nu^{33} "当时、古时"，表示过去的时间。可位于句首或主语之后。例如：

（720） ji⁵⁵ zɔ¹³ tho³¹ nu³³ i⁵⁵ mo³³ lo³¹ mɔ³¹ tshu⁵⁵.

她 当时 那么多 不 胖

她当时还没有这么胖。

（721） zɔ¹³ tho³¹ nu³³，ku³¹ tsu³¹ tɔ³³ tsho⁵⁵ tshʅ³¹ wo³³ tso⁵⁵.

古时候 山上 LOC 人 一 户 有

古时候，山上有一户人家。

9. tsɛn⁵⁵ "正，正在"，i³³ tha³¹ la³¹ "现在、正"，表示动作或行为正在进行。i³³ tha³¹ la³¹ 后还可跟 çi³¹ "还"，表示动作还没停止，仍然在进行之中。常位于主语之后。汉语借词 tsai⁵³ "在" 也用于表示动作的进行。例如：

（722） zɔ³¹ nu⁵⁵ nu⁵⁵ a³¹ tsɛn⁵⁵ zʅ⁵⁵ ti⁵⁵.

孩子 正 唱 PRT

孩子在唱歌。

（723） ŋɔ⁵⁵ tʂɛn⁵⁵ xo³¹ tsɔ³¹ ti³³.

我 正 饭 吃 PRT

我正在吃饭。

（724） ŋɔ³³ xɤ⁵⁵ i³³ tha³¹ la³¹ pu³³ lu³³ pɛ⁵⁵ lɛ⁵⁵ tɕhi³¹ ti⁵⁵ （çi³¹）.

我们 现在 丝瓜 摘 PRT 还

我们正在摘丝瓜。

（725） ja⁵⁵ xɤ⁵⁵ i³³ tha³¹ la³¹ xɔ⁵⁵ ɬo³¹ tɔ³³ tɕhi⁵⁵ zi³¹ çi³¹.

他们 现在 田 LOC 谷子 割 还

他们在地里割谷子。

（726） tsai⁵³ ɔ⁵⁵ xo⁵⁵ lɔ⁵⁵ ti⁵⁵.

在 雨 下 PRT

（天）在下着雨呢。

10. ta³¹ suaŋ⁵⁵ "打算"，位于主语之后，表示主语计划发生的动作或行为。例如：

（727） ŋɔ³³ ɲi⁵⁵ ta³¹ suaŋ⁵⁵ ji⁵⁵ xo⁵⁵ zo³³ sɯ³¹ tshʅ³¹ so³¹ kai⁵⁵ lɛ³³ ku³³

我 兄弟 打算 房子 新 一 所 盖 OCP 整

ti⁵⁵.

PRT

我弟弟家打算盖一座新房子。

（728） ŋɔ⁵⁵ ta³¹ suaŋ⁵⁵ thi³¹ n̠i³¹ tɔ³³   li³³ ti³¹ti⁵⁵.

我 打算 街   LOC 去 PRT

我打算到街上去。

11. zɔ³¹mɯ⁵⁵ "开始"、khai⁵⁵sɿ³¹ "开始"，位于主语之后，表示主语着手进行新的行为或动作，常位于动词之前或宾语之前。例如：

（729） lɯ³¹tɯ⁵⁵sɿ⁵⁵ khai⁵⁵sɿ³¹ sin³¹ ti⁵⁵ ti³³.

勒达   开始   桃子 种 PRT

勒达开始种桃子了。

（730） a⁵⁵ta⁵⁵ zɔ³¹mɯ⁵⁵ ji³³ a⁵³.

哥哥 开始   跳 PRT

哥哥开始跳舞了。

（731） ji⁵⁵ zɔ³¹mɯ⁵⁵ xɔ³¹ɬu⁵⁵ tɕhɔ³³ thu⁵⁵ lɔ³¹ a⁵³.

她 开始   衣服 洗   起 来 PRT

她开始洗起衣服来了。

（732） a⁵⁵tshu³³ zɔ³¹mɯ⁵⁵   xo³¹ wo⁵⁵ tsɔ³¹ a⁵³.

大嫂 开始   饭 做 吃 PRT

嫂子开始煮饭了。（以前嫂子不煮饭）

12. çi⁵³nɛ³³，tshai³¹ "才"，表示动作或行为在前不久或刚刚发生。

1）çi⁵³nɛ³³是窝尼话本族语词，常位于动词之前。例如：

（733） zei¹³thi³¹la³¹，çi⁵³nɛ³³ a⁵⁵ mo³¹ mɔ⁵⁵ lɛ³³   tsɔ³¹ lɔ⁵⁵ ti³¹ti⁵⁵   tɛ³³

到那时   才 这 马 那 AG 吃 来 PRT OCP

zɔ⁵⁵ʂɿ³¹ ti⁵⁵.

知道 PRT

到那时，才知道是那匹马来吃的（庄稼）

（734） zɔ³¹ mo³¹n̠i³¹ tɕi⁵³ ji⁵⁵ lɔ³¹ çi⁵³nɛ³³ xɯ³¹ pu³¹thu⁵⁵ ka³¹ ti⁵⁵.

那 东西 些 拿 来 才 挖 开   能 PRT

要把那些东西拿来才挖得开。

（735） lo⁵⁵mɔ³³ kɛ³¹ ji⁵⁵ tɕi⁵⁵ çi⁵³nɛ³³ khɯ⁵⁵ ji⁵⁵ ti⁵⁵.

太阳 落 去 时候 才 到 DIR PRT

太阳落山才到达。

（736）xɔ³¹ tsɔ³¹ thɔ⁵³ çi⁵³ nɛ³³ ji⁵⁵.

　　　饭　吃　PFV 才　　去

　　　吃完饭才去。

2）tshai³¹是汉语借词，常位于谓语或宾语之前，小句末尾常用çi³¹与之搭配。在含有完成体标记 thɔ⁵³ 的句子中，thɔ⁵³ 后须跟çi³¹，强调说明刚发生动作的完成。例如：

（737）a³¹ ɲi⁵⁵ tshai³¹ zɛn⁵⁵："ŋɔ⁵⁵ lɛ³³　phi³¹ ti³¹ ti⁵⁵".

　　　兄弟　才　认　我 AG　放　PRT

　　　兄弟才承认："是我放的。"

（738）fɔ⁵⁵ ti⁵⁵ mɔ⁵⁵ tshai³¹ tshi⁵⁵ ɔ⁵³ ʂɹ³³ tu³³ lɔ¹³　çi³¹, a³¹ pi⁵⁵ wo³¹ phɔ³¹

　　　刀　那　才　一点　拉出 DIR 才　卖鸭子的人

　　　kɯ³³ vu³¹ tu³¹ mɔ⁵⁵ ju¹³ kɔ⁵⁵ ja⁵³.

　　　GEN 头　那　又　掉 PRT

　　　刀才抽出来一点点，那个卖鸭人的头又掉了。

（739）ŋɔ⁵⁵ zɔ³¹ tshai³¹ tɕhi⁵⁵ kɔ³¹ sɯ³¹ thɔ⁵³ çi³¹.

　　　我　儿　才　十　个　生 PFV 才

　　　我才生了十个娃娃。

（740）ji⁵⁵ to³¹ pɔ³¹ tshai³¹ pɔ³¹ thɔ⁵³ çi³¹, "xua⁵⁵" tɛ³³ wo³¹ ɬi⁵⁵ tshi³¹ tsaŋ³¹

　　　她话　才　说 PFV 才 "哗" ADV 风　一下

　　　ɬi⁵⁵ lɔ³¹ a⁵³.

　　　刮　来 PRT

　　　她才说完，一下"哗"地刮来一阵风。

（741）su³¹ na³³ kɔ³¹ tsha³¹ tshai³¹ wo³¹ thɔ⁵³ çi³¹, vu³¹ tshi³³ jo⁵⁵ mɯ⁵⁵ khɯ³¹

　　　早上 菜　　才　卖 PFV 才 晚上　又 粪

　　　pa³¹ khɔ³³ tɛ³³　tsa⁵⁵ tso⁵⁵ tɔ³³　xɔ³³ so³¹ ji⁵⁵　mɔ³¹ a⁵³.

　　　挑　下 SEQP 菜棵　LOC 浇　DIR 要 PRT

　　　早上才卖完菜，晚上又要挑粪去浇菜。

13. tɕo⁵⁵ "就"，表示在很短时间内动作、行为即将发生，常位于谓语或宾语之前。例如：

（742）wa¹³ mo³¹ tɕo⁵⁵ thu⁵⁵ a⁵³.

　　　她母亲　就　说 PRT

她母亲就说。

（743）ji⁵⁵ tɕo⁵⁵ li³³ a⁵³.

　　　她　就去　PRT

　　　她就去了。

（744）wa¹³ tɕi³¹ tɕo⁵⁵ ji⁵⁵ lo⁵⁵ khu⁵⁵.

　　　她姐姐　就　她　ACC　喊

　　　她姐姐就喊她。

（745）wa³³tɕi³¹ tɕo⁵⁵ zɔ³¹ kɔ³¹ ɣɯ³¹ khɔ³³ tɛ³³ wa³³ȵi⁵⁵ kɯ³³ ji⁵⁵xo⁵⁵ tɔ³³

　　　她姐　就　孩子个　背　下　SEQP　她妹　GEN　家　LOC

　　　ku³¹ ja⁵³.

　　　回　PRT

　　　姐姐就背着孩子，回她妹妹家去了。

（二）频度副词

频度副词描述一段时间内动作或事件反复的频次或间隔时间。①窝尼话中常见的频度副词有 a³¹mo⁵⁵ȵi⁵³ "经常"；thi³¹lɔ⁵⁵mɔ³¹la³¹ "经常，不断"；tshɿ³¹thi⁵⁵mɛ³¹lɛ³³ "常常"；thi³¹la³¹ "有时" 等。

1. a³¹mo⁵⁵ȵi⁵³ "经常，时时"，表示反复发生的动作或行为，常位于宾语之前。例如：

（746）a⁵⁵ ȵi³¹fu³¹ a³¹mo⁵⁵ȵi⁵³ a⁵⁵ sɿ⁵⁵tɕhin³³ mɔ⁵⁵ tsho⁵⁵ji⁵⁵ tɔ³³ ti³¹ti⁵⁵

　　　这　两年　经常　　这事情　　那人　他　ALL　只

　　　pɔ³¹ tshɿ³¹ti⁵⁵.

　　　说　会　PRT

　　　这些年常常有人向他说起这件事。

（747）tɕhi³¹mi³³ tɔ³³ a³¹mo⁵⁵ȵi⁵³ "ȵi⁵⁵ȵi⁵⁵mɔ³³ sɔ⁵⁵"，"ȵi⁵⁵ȵi⁵⁵mɔ³³ sɔ⁵⁵"

　　　嘴　LOC　时时　　姑　找　姑　找

　　　tɛ³³ ti³¹ti⁵⁵ khu⁵⁵ ti³³.

　　　OCP　只　喊　PRT

　　　嘴里时时"找姑、找姑"地喊。

---

① 江荻、李大勤、孙宏开：《达让语研究》，民族出版社，2013，第128页。

2. thi³¹lɔ⁵⁵mɔ³¹la³¹ "经常"，表示动作或行为发生的频率较高。例如：

（748）xei¹³ n̠i³¹ so³¹ nu³³ thi³¹lɔ⁵⁵mɔ³¹la³¹ to³¹ pɔ³¹so⁵⁵ kɔ³³xɔ³¹ lɔ⁵⁵ kɯ³³

        这 两 三 日 经常 话 听 来 GEN

        tsho⁵⁵ tso⁵⁵ ti⁵⁵.

        人 有 PRT

        这几天不断有人前来打听消息。

（749）na³³xɤ⁵⁵ thi³¹lɔ⁵⁵mɔ³¹la³¹ tsha⁵⁵ tɕhi³³ lɔ⁵⁵？

        你们 经常 吵架 – REC PRT

        你们经常吵架吗？

（750）ji⁵⁵ thi³¹lɔ⁵⁵mɔ³¹la³¹ phɯ³¹ti³³ tɔ³³ li³³ ti⁵⁵.

        他 经常 新平 LOC 去 PRT

        他经常去新平。

（751）ɔ⁵⁵tshɔ⁵⁵ mɔ⁵⁵ thi³¹lɔ⁵⁵mɔ³¹la³¹ thuaŋ³¹thuaŋ³¹ ŋɯ⁵⁵ ti⁵⁵.

        太阳 那 总是 团团 是 PRT

        太阳什么时候都是圆的。

3. tshŋ³¹thi⁵⁵mɛ³¹lɛ³³ "常常"，表示动作或行为时常发生，后面可跟状语助词 mɛ⁵⁵。例如：

（752）a⁵⁵ pɛ³³zo³¹kho⁵⁵ mɔ⁵⁵tɔ³³ pɛ³³ tshŋ³¹thi⁵⁵mɛ³¹lɛ³³ mɛ⁵⁵ tu³³ lɔ⁵⁵.

        这 妖怪洞 那 LOC 妖怪 经常 ADV 出 DIR

        这个妖怪洞经常有妖怪出来。

（753）tshŋ³¹thi⁵⁵mɛ³¹lɛ³³ xo³¹ mɔ³¹ pi³¹ tsɔ³¹.

        经常 饭 不 给 吃

        经常不给饭吃。

4. thi³¹la³¹ "有时"，表示动作或行为发生的频率不高，常位于主语之后。例如：

（754）pɔ³³ɬɔ³³ɔ⁵⁵tshɔ⁵⁵ mɔ⁵⁵ thi³¹la³¹ phɛ⁵³ jɛn³¹ thu⁵⁵ lɔ³¹ tɕa⁵³.

        月亮 那 有时 CONJ 圆 起 来 PRT

        月亮有时候也会变圆。

如果在 thi³¹la³¹ 之前加修饰词 xa⁵⁵mɤ³¹/⁵⁵ "较长、较好"，表示较长的一段时间。例如：

（755）ji⁵⁵ sɯ³³ tso⁵⁵ mɔ⁵⁵ xa⁵⁵mɤ³¹ᐟ⁵⁵ thi³¹la³¹ ɔ⁵⁵xɔ³¹ a⁵³.

他 树 那 好一阵 看 PRT

他老盯着那棵树看。

5. ɕi³¹"还"，xai¹³sη³³"还是"，xai¹³"还"，表示动作、行为继续进行或状况继续存在。

1）ɕi³¹常与否定副词mɔ³¹连用，位于动词或形容词之后。例如：

（756）ŋɔ⁵⁵ ji⁵⁵xo⁵⁵ mɔ³¹ paŋ³³ ɕi³¹，ŋɔ⁵⁵ ji⁵⁵xo⁵⁵ zɔ³¹mo³¹ mɔ⁵⁵ tɔ³³ tʂu⁵⁵

我 家 没 搬 还 我 家 老 那 LOC 住

ti¹³ ɕi³¹.

PRT 还

我没有搬家，还住在老地方。

（757）xɔ³¹ɬu⁵⁵ mɔ³¹ kɯ³³ ɕi³¹.

衣服 没 干 还

衣服还没有干。

（758）sin³¹ mɔ³¹ mo³³ ɕi³¹.

桃子 没 熟 还

桃子还没熟。

（759）ŋɔ³³xɤ⁵⁵ ji⁵⁵ lo⁵⁵ xa⁵⁵mɤ³¹ᐟ⁵⁵ tɛ³³ nu³³mɔ³³ nɔ⁵⁵ tso⁵⁵ mɔ³¹ mo³³ ɕi³¹.

我们 她 ACC 好好 ADV 心 疼 EXP 没 EXP 还

我们还没有好好地心疼过她。

（760）tshη³¹ fu³¹ mɔ³¹ lu³¹ ɕi³¹，ji⁵⁵xo⁵⁵ kɯ³³ tsɔ⁵⁵si³¹ tsɔ³¹ thɔ⁵⁵ tɕa⁵³.

一 年 不 够 还 家 GEN 粮食 吃 PFV PRT

还不到年底，家里的粮食都吃光了。

2）在肯定句中，ɕi³¹位于动词之后，表示除了提到的情况之外，还有增补，即还会发生其他事情，或者还涉及其他人。例如：

（761）za³¹mi⁵⁵，tsho³¹ a⁵⁵ tho³¹mɔ³³ mɔ⁵⁵ kɯ³³ pɔ³¹tɕi⁵⁵tɔ³³ pha³³

现在 人 这 潭子 那 GEN 边 LOC CONJ

khɯ⁵⁵ ja⁵³，tsha³¹mɯ³¹pi³¹tɛ³³ ŋɯ⁵⁵ ɕi³¹.

到 PRT 鸡皮疙瘩 是 还

现在，人们如果到那个潭子边上，身上还会起鸡皮疙瘩。

（762）nu⁵⁵ tɔ³³　　tɛ³³ pha³³ tɕi⁵⁵ ja⁵³，　a³¹ sʅ⁵⁵ tɕhin³¹ mɔ⁵⁵ zɔ⁵⁵ sʅ³¹ kɯ³³
　　　　你　LOC　　除了　　　PRT　那　事情　　那　知道　GEN

tsho⁵⁵ tso⁵⁵ ɕi³¹ lɔ⁵⁵？
人　　有　　还　PRT

除了你之外，别人（其他人）还知道这件事吗？

（763）ŋɔ⁵⁵ tsɔ³¹ kɔ³³　mɔ³¹ mi⁵⁵，ŋɔ⁵⁵ nu³¹　ɛn⁵³ vu³³ fu³¹ ji⁵⁵ mo¹³
　　　　我　吃　NOM　没　空　　我　黄牛　水牛　放　回　DIR　要

ɕi³¹.
还

我没空吃，还要把黄牛、水牛赶回去。

3）ɕi³¹ 与汉语借词 xai¹³ 连用，表示动作的持续、增补等。常。例如：

（764）ji⁵⁵ xai¹³ vu³¹ tshi³³ kɯ³³ xo³¹ mɔ³¹ tsɔ³¹ ɕi³¹.
　　　　他　还　晚　　GEN 饭　不　吃　还

他还没有吃晚饭。

（765）a⁵⁵ nuɔ³³，tho³¹ tso⁵⁵ mɔ⁵⁵ tshai³¹ liau⁵⁵ ku³³ tshi³¹ tɕi⁵⁵ xai¹³ mi³¹ su³¹
　　　　从此　　松树　那　材料　　　做　会　外　还　松明

khɯ³³ tshi³¹ ɕi³¹.
点　　会　还

从此，松树除了会作为材料，还会用于照明。

4）ɕi³¹ 与 tsai⁵³ "仍然" 连用，表示动作或状态继续存在。例如：

（766）tshʅ³¹ pu³¹ xɔ⁵⁵ sa³³ tɛ³³　faŋ³¹ ka³³ ti⁵⁵，　wa¹³ tshu³³ tsai⁵³　wa³³
　　　　到处　　　　　TOP 雪　下　PRT　她嫂嫂　仍然　　她

ȵi⁵⁵ ȵi⁵⁵ mɔ³³ lɔ⁵⁵　sɔ⁵⁵ ɕi³¹.
小姑　　ACC　找　还

到处都在下雪，嫂嫂仍然在找小姑。

（767）zu⁵⁵ mɔ³³ kɯ³³　mi³¹ tsa³¹ tsai⁵³ thu⁵⁵ ɕi³¹.
　　　　房间　GEN 火　仍然　亮　还

屋子里的火还亮着。

（768）ji⁵⁵ tsai⁵³ vu³¹ tshi³³ kɯ³³ xo³¹ mɔ³¹ tsɔ³¹ ɕi³¹.
　　　　他　仍然　晚　　GEN 饭　不　吃　还

他还没有吃晚饭。

5）xai¹³sʅ³³ "还是，仍然"，表示动作、行为保持原来的状态。没有变化。例如：

（769）ŋɔ⁵⁵ tshʅ³¹ to³¹ sɔ⁵⁵ n̠i³¹ to³¹ sɔ⁵⁵ a⁵⁵nuɔ³³ xai¹³sʅ³³ sɔ⁵⁵ mo⁵⁵ a⁵³.

　　　我 一 遍 找 二 遍 找 后 还是 找 见 PRT

　　　我找了一遍又一边总算找着了。

（770）ji⁵⁵ xai¹³sʅ⁵⁵ wa³³ n̠i⁵⁵ liɛ¹³ tɕhi⁵⁵phu⁵⁵ mo⁵⁵ ŋa³³lu⁵⁵phu³¹ mɔ⁵⁵ to³³

　　　他 还是 他兄弟 像 米 那 鸟笼 那 LOC

　　　tu⁵⁵ tɕi³³.

　　　放 进

　　　他还是像他弟弟一样，把米放进鸟笼里去。

（771）a⁵⁵tshi³¹ mɔ⁵⁵ xai¹³sʅ⁵⁵ zɯ³¹ thu⁵⁵ mɔ³¹ ka³¹.

　　　羊 那 还是 走 起 不 能

　　　那只羊还是走不起来。

（772）tshɔ⁵⁵mɔ⁵⁵ mɔ³¹ tsa³³ n̠i⁵³, xai¹³sʅ⁵⁵ ji⁵⁵ tshau⁵⁵ɕin⁵⁵ mo³¹ ti⁵⁵.

　　　什么 不 有 CONJ 还是 她 操心 要 PRT

　　　什么都没有，还是要她去操心。

（773）wa³³ tɕi³¹ zɔ³¹ tshɛ³³ mɔ⁵⁵ ka³¹, ji⁵⁵ xai¹³sʅ⁵⁵ tshɛ³³ pi³¹ lɔ⁵³.

　　　她 姐 那 提 不 能 她 还是 提 给 PRT

　　　姐姐不让提，她还是提给了。

6）tsai⁵³ "再"，表示同类事情或同一动作的重复。例如：

（774）ŋɔ⁵⁵ tsai⁵³ ɯ⁵⁵tsʅ³¹tsʅ³¹ kɔ³³ mɔ³¹ ji⁵⁵ tɕa⁵³.

　　　我 再 洗澡 NOM 不 去 PRT

　　　我再也不去游泳了。

（775）tsai⁵³ pɔ³¹, ŋɔ⁵⁵zɔ³¹ tshai³¹ tɕhi⁵⁵ kɔ³¹ sɯ³¹ thɔ⁵³ ɕi³¹.

　　　再 说 我儿 才 十 个 生 PFV 才

　　　再说，我才生了十个小孩。

（776）"nu⁵⁵ xo³¹ mo³¹ lɔ⁵⁵?" ji⁵⁵ tsai⁵³vu³¹ kɯ⁵⁵ kɯ⁵⁵.

　　　你 饭 要 PRT 他 再 头 摇 摇

　　　"你要饭吗？"他再摇摇头。

（777）ji⁵⁵ tsai⁵³ mɔ³¹ po³³.

　　　她 再 不 抱

她还是不抱。

（三）程度副词

程度副词修饰形容词或动词，表示性质状态或动作行为的程度。窝尼话中的程度副词主要有 pu⁵⁵ "相当，很"；tu¹³ "最，很"；tshi³³、tshʅ³³ "稍微，一下，一点"；tsui¹³，xɔ⁵⁵ "最"；mu⁵⁵tu³³ "足够" 等几个。

1. pu⁵⁵ "相当，很"，主要修饰形容词或存在动词 tso⁵⁵。位于形容词或 tso⁵⁵ 之后。例如：

（778）ŋɔ⁵⁵ zɔ³¹mo³¹ mo³¹ ji⁵⁵ pu⁵⁵ a⁵³.

　　　　我　老人　　老　DIR　相当　PRT

　　　　我老多了。

（779）a⁵⁵ lo⁵⁵mɔ³³ mɔ⁵⁵ khuaŋ³³ pu⁵⁵ ti⁵⁵.

　　　　这　河　　　那　宽　　相当　PRT

　　　　这条河比较宽。

（780）a⁵⁵ zu³³ve³³ thɔ³¹ ɔ⁵⁵ phi⁵⁵n̠i⁵⁵n̠i⁵⁵ pu⁵⁵ ti⁵⁵.

　　　　这　花　　　一　朵　红　　　　相当　PRT

　　　　这朵花比较红。

（781）lɯ⁵⁵mo³³ kɯ³³ xa³³ tso⁵⁵ pu⁵⁵ ti⁵⁵.

　　　　二婶　　GEN　鸡　有　相当　PRT

　　　　二婶家的鸡十分多。

（782）lo⁵⁵mɔ³³ ŋɔ³¹sɔ³¹ xɤ³¹ pu⁵⁵ ti⁵⁵.

　　　　河　　鱼　　大　相当　PRT

　　　　河里的鱼十分大。

有时借用汉语 çaŋ³³taŋ³³ "相当" 来表示程度较大，但其后常接状语助词 mɛ⁵⁵。例如：

（783）a⁵⁵ lo⁵⁵mɔ³³ tshʅ³¹ kho³³ çaŋ³³taŋ³³ mɛ⁵⁵ khuaŋ³³ ti⁵⁵.

　　　　这　河　　　一　条　相当　　ADV　宽　PRT

　　　　这条河相当宽。

2. tu¹³ "最，很"，位于动词或形容词之前。例如：

（784）a³¹tɔ³³mɔ⁵⁵ tu¹³ khɯ⁵⁵ ɛ⁵⁵?

　　　　什么　　　最　好吃　PRT

什么是最好吃的？

（785） a³¹tɔ³³mɔ⁵⁵ tu¹³ sai³³ ɛ⁵⁵?

什么　　最　好看 PRT

什么最好看？

（786） ja⁵⁵xɤ⁵⁵ tu¹³ ku³³ ti⁵⁵.

他们　很　怕 PRT

他们很害怕。

（787） zɔ³¹nu⁵⁵nu⁵⁵a⁵³ tu¹³ sa³¹tu⁵⁵ ti⁵⁵.

娃娃　　　　很　害羞　PRT

娃娃很害羞。

（788） a⁵⁵zu³³ve³³ thɔ³¹ɔ⁵⁵ phi⁵⁵ȵi⁵⁵ tu¹³ ȵi⁵⁵.

这花　　一 朵 红　很 红

这朵花相当红。

（789） phu³³kɯ³³ xo³¹tu¹³ khɯ⁵⁵ ti⁵⁵.

村子 GEN 饭 很 好吃 PRT

村子里的饭特别香。

（790） ku³¹tsu³¹kɯ³³ fu⁵⁵nu⁵⁵ tu¹³ mɔ³¹ti⁵⁵.

山　　　 GEN 菌子　很　多　PRT

山上的菌特别多。

3. tshi⁵⁵、tshʅ⁵⁵"稍微、一下、一点"，可变读为低降调31。位于动词或形容词之前。例如：

（791） a⁵⁵zu³³ve³³ thɔ³¹ɔ⁵⁵ phi⁵⁵ȵi⁵⁵ tshi⁵⁵ ȵi⁵⁵ ti⁵⁵.

这花　　一 朵 红　稍微 红 PRT

这朵花稍微红一点。

（792） zɔ³¹sɯ³³tso⁵⁵ tshʅ³¹ tso⁵⁵ tshʅ⁵⁵ xɤ³¹ti⁵⁵.

那 树　　一 棵 稍微 粗 PRT

那棵树稍微粗一点。

（793） ŋɔ⁵⁵ a³¹ zɔ³¹nu⁵⁵nu⁵⁵ a³¹kɔ³¹lo⁵⁵ tshi⁵⁵ ɔ⁵⁵ xɔ³¹.

我 这 娃娃　　 这个 ACC 一下 瞧 ATT

我看看这个娃娃。

（794）wa³³ mo³¹ lo⁵⁵　fɔ⁵⁵ ti⁵⁵ mɔ⁵⁵ tshi⁵⁵　ji⁵⁵ lɔ³¹　tɛ³³　khu⁵⁵.

他　母亲 ACC 刀　　那 一下 拿 DIR　OCP　喊

喊他母亲把刀拿来一下。

4. tsui¹³、xɔ⁵⁵ "最"，tsui¹³是汉语借词，与窝尼话中的 xɔ⁵⁵ 互换使用，位于形容词之前。例如：

xɔ⁵⁵ xɣ³¹/¹³ kɯ³³ lo⁵⁵mɔ³³　　　　最大的河

tsui⁵⁵ xɣ³¹ kɯ³³ tsho⁵⁵　　　　　　年龄最大的人

xɔ⁵⁵ xa³¹ kɯ³³ nɔ⁵⁵tshi³¹　　　　　最苦的药

（795）a³¹ nɔ⁵⁵tshi³¹ mɔ⁵⁵ tsui¹³ xa³¹ ti⁵⁵.

这药　　　那　最 苦 PRT

这种药是最苦的了。

（796）a⁵⁵ nɔ⁵⁵tshi³¹ mɔ⁵⁵ xɔ⁵⁵xa³¹kɯ³³ nɔ⁵⁵tshi³¹ ŋa⁵³.

这药　　　那 最 苦 GEN 药　　是

这种药是最苦的了。

（797）a⁵⁵/xa³³ lo⁵⁵mɔ³³ mɔ⁵⁵ ŋɔ³³xɣ⁵⁵ tɔ³³ xɔ⁵⁵ xɣ³¹/¹³ kɯ³³lo⁵⁵mɔ³³ ŋa⁵³.

这　河　　那 我们　地方 最 大　GEN 河　　是

这条河是我们这儿最大的河。

5. mu⁵⁵tu³³ "足够"，表示事物的变化达到一定程度。位于动词之后。例如：

（798）xɣ³¹ a⁵³, zɔ³¹mi³¹ wo⁵⁵ tsɔ³¹ mu⁵⁵tu³³a⁵³, zɔ³¹ sɔ⁵⁵ mu⁵⁵tu³³a⁵³.

大 PRT 姑娘　嫁 吃 足够　PRT 儿子 娶 足够　PRT

女儿可以出嫁了，儿子可以娶（媳妇）了。

6. a³¹tɛ⁵⁵mɛ⁵⁵ɳi³³ "无论如何"，tɛ³¹mɛ⁵⁵、a³¹tɛ³³mɛ⁵⁵ "无论怎么" 修饰动词，说明其程度，常位于谓语之前。例如：

（799）ŋɔ⁵⁵ a³¹tɛ⁵⁵mɛ⁵⁵ɳi³³ ŋɛ³¹ mo³¹ ɛ⁵⁵?

我　如何　　　做 要 PRT

我该怎么办？

（800）ŋɔ³¹sɔ³¹ ji⁵⁵ kɯ³³ a⁵⁵tsa³¹la³¹ khɯ³¹ phu³³ ji³¹, ji⁵⁵ tɛ³¹mɛ⁵⁵ tshei³¹

鱼　　她 GEN 旁边　　游 过 DIR 她 怎么　愁

tɕhi⁵⁵kɯ³¹ thɔ⁵³.

解　　PFV

鱼在她身旁游来游去，无论她有什么忧愁都解了。

（801）ji⁵⁵ tɛ³¹ mɛ⁵⁵ xuaŋ⁵⁵ lo³¹！

她 多么 欢乐

她是多么欢乐啊！

（802）ji⁵⁵ tshɿ³¹ tsho⁵⁵ mɔ³¹ pɔ³¹ mɛ⁵⁵ ŋɛ³¹ thu⁵⁵ a⁵³， ji⁵⁵ kɯ³³ nu³³ mɔ³³

他 一 句 没 说 PAUP 走 起 PRT 他 GEN 心

a³¹ tɛ³³ mɛ⁵⁵ tu³¹ tɛ³³ zɔ⁵⁵ mɔ³¹ ʂɿ³¹.

怎么 想 SEQP 知 不 道

他没说什么就走了，不知道他心里怎么想的。

（四）范围副词

范围副词表示事物或性质状态的范围。窝尼话中的范围副词可分为统括性范围副词、唯一性范围副词和限定性范围副词。

1. 统括性范围副词

统括性范围副词：有 i⁵⁵ tso⁵⁵ tso⁵⁵ "总共"、i⁵⁵ tso⁵⁵ "一共，全"，tshɿ³¹/tshi³¹ pu³¹ xɔ⁵⁵ sa³³ "到处"，tshɿ³¹ ka⁵⁵ tɔ³³ "一起、一处"，tshi³¹/tshi³¹ ku³³ lu³³ "所有"，tshɿ³¹ thi⁵⁵ tsɿ³¹ "一起"等。统括性副词可统括其前面的词语，也可统括其后面的词语。

1）tshɿ³¹ pu³¹ xɔ⁵⁵ sa³³ "到处"、tshi³¹ ku³³ lu³³ tɛ³³ "所有"统括其前面词语的范围。tshi³¹ ku³³ lu³³ tɛ³³ 由 tshi³¹ ku³³ lu³³ 和助词 tɛ³³ 组成。例如：

（803）ji⁵⁵ kɯ³³ kɛ⁵⁵ mu⁵⁵ tɔ³³ tshɿ³¹ pu³¹ xɔ⁵⁵ sa³³ tsa³³ kɯ³¹ ŋɯ⁵⁵ ti⁵⁵.

她 GEN 身子 LOC 到处 草 是 PRT

她的身上全是草屑。

（804）ŋɔ⁵⁵ xɤ⁵⁵ tshi³¹ ku³³ lu³³ tɛ³³ ka³³ ti⁵⁵， ji⁵⁵ ti³¹ ti⁵⁵ tshɔ⁵⁵ ti⁵⁵.

我们 所有 ADV 冷 PRT 他 只 热 PRT

我们都觉得冷，就他一个人觉得热。

2）i⁵⁵ tso⁵⁵ tso⁵⁵ "一共，全"可以统括其全面词语的范围。i⁵⁵ tso⁵⁵ tso⁵⁵ 后面加 tɛ³³ 后，可统括后面数量短语的范围。i⁵⁵ tso⁵⁵ tso⁵⁵ 也可简说为 i⁵⁵ tso⁵⁵。例如：

（805）sɯ³³ tso⁵⁵ xɤ⁵⁵ na³³ tɕi⁵³ i⁵⁵ tso⁵⁵ tso⁵⁵ lu⁵⁵ ji⁵⁵ tɕa⁵³.

树 火地 些 全部 倒 DIR PRT

火地上的树全倒了。

（806） zɔ³¹ tshɿ³¹ nu³³ i⁵⁵ tsɔ⁵⁵ tso⁵⁵ tɛ³³ i⁵⁵ tɕɦɛn³³ to³³ kɯ⁵⁵ kɯ³³ tsho⁵⁵ lɔ⁵⁵.
那 一 天 总共 ADV 一千 多个 GEN 人 来
那天总共来了一千多人。

（807） i⁵⁵ tso⁵⁵ tɛ³³ ta³¹ xo³³ so³¹/⁵⁵ kɔ³¹ ti⁵⁵ lɔ⁵⁵ ti⁵⁵.
一共 ADV 客人 三 个 只 来 PRT
一共来了三位客人。

3）tshɿ³¹ thi⁵⁵ tsɿ³¹ "一起，同时"，统括前面词语的范围。前面的词语可以是用 ɕi⁵³ nɛ³³ "和"连接的并列短语。tshɿ³¹ thi⁵⁵ tsɿ³¹ 后可用副词 tɛ³³，也可不用。例如：

（808） tsho⁵⁵ ɕi⁵³ nɛ³³ xɔ³¹ ɬɔ³¹ tshɿ³¹ thi⁵⁵ tsɿ³¹ tɛ³³ sɯ³³ tso⁵⁵ pɛ⁵⁵ ku³¹ lu³¹
人 和 老虎 同时 ADV 树 弯弯
tshɿ³¹ tso⁵⁵ mo⁵⁵ tʂo³¹ a⁵³.
一 棵 见 PFV PRT
人和老虎同时见到了一棵弯腰树。

（809） tshɿ³¹ thi⁵⁵ tsɿ³¹ tɛ³³ ȵi⁵⁵ kɔ³³ lɔ⁵⁵.
一起 ADV 玩 来
一起来玩。

（810） tɯ³¹ ɕi³¹, tshɿ³¹ thi⁵⁵ tsɿ³¹ li³³.
等下 一起 去
等等一起去。

（811） tshɿ³¹ thi³³ tsɿ³¹ pa³¹ ji⁵⁵.
一起 挑 DIR
一起挑去。

4）xɔ⁵⁵ "只要"，常与后面的动词（短语）加名词化标记 kɯ³³ 一起来统括前面的词语。这种用法已经比较少见。例如：

（812） ji⁵⁵ tsho⁵⁵ xɔ⁵⁵ mo⁵⁵ tʂo¹³ kɯ³³ khu⁵⁵ a⁵³.
她人 只要 见 PFV NOM 喊 PRT
只要见到的人，她就喊。

（813） tsho⁵⁵ xɔ⁵⁵ khu⁵⁵ kɯ³³ tshɿ³¹ kɔ³¹ li³¹ mɔ³¹ po³³.
人 只要 喊 NOM 一 个 也 不 抱

她喊的人，一个也不抱。

5）li³¹ "也"，可统括范围，也有其他用法。

A. li³¹ "也" 统括其前面词语的范围。前面被统括的词语常为单数名词或 "复数名词 + tshŋ³¹ kɔ³¹（一个）"。例如：

（814）na³³xɤ⁵⁵ tshŋ³¹ kɔ³¹ li³¹ a⁵⁵ mo³¹ ȵi³¹ mɔ⁵⁵ mo⁵⁵ tso⁵⁵ mɔ³¹ mo³³.
你们　　一　个　也　这东西　　那　见　EXP 不　EXP
你们谁也没见过这种东西。

（815）ja⁵⁵xɤ⁵⁵ tshŋ³¹ kɔ³¹ li³¹ a⁵⁵ sei¹³ tshŋ³¹ tsha³³ tsɔ³¹ tso⁵⁵ mɔ³¹ mo³³.
他们　　一　个　也　这肉　一　　种　吃　EXP　不　EXP
他们谁也没吃过这种肉。

（816）wa³³ȵi⁵⁵ li³¹ khɤ³¹ mɔ⁵⁵ khu⁵⁵ khɔ³³ tɛ³³ xɔ⁵⁵ tɕhi³¹ ji⁵⁵.
他兄弟　也　狗　那　喊　下　SEQP　田　犁　DIR
他兄弟也喊着狗去犁田。

（817）phu³¹ji⁵⁵ tʂhun³³ li³¹ ʂɛn³¹ thu⁵⁵ lɔ³¹ tɕa⁵³.
普应春　　　也　神　起　DIR　PRT
普应春也神起来了。

（818）ŋɔ⁵⁵ li³¹ no⁵⁵ kɯ³³ tsa³³ ti⁵⁵.
我　也　短　NOM　有　PRT
我也有短处。

B. li³¹ "也" 标举事物、地域的范围。例如：

（819）a³¹tɔ³³ li³³ mo³¹ a⁵³ a³¹tɔ³³ li³³, tshŋ³¹ tsho⁵⁵ li³¹ ji⁵⁵ lo⁵⁵ taŋ³¹
哪里　去　要　PRT　哪里　去　一样　　也　他　ACC　挡
tsu⁵⁵ mɔ³¹ ka³¹.
住　不　能
（他）想去哪里就去哪里，什么都不能挡住他。

（820）tʂʅ³¹mɔ⁵⁵ za³¹ lɔ⁵⁵ nɔ⁵⁵xɔ³¹ lɔ⁵³, tshŋ³¹ka⁵⁵tɔ³³ li³¹ nɔ⁵⁵xɔ³¹ tu³³ lɔ³¹
官府　　下　来　问　　PRT　一处　　　也　问　　出　DIR
mɔ³¹ ka³¹.
不　能
官府的人下来调查，什么都问不出来

C. li³¹ "也" 表示同一种事物同时具有两种性质。例如：

（821） ɯ⁵⁵tsu⁵⁵sɯ³³tso⁵⁵ pha⁵⁵pa³¹la³¹ ko³¹ liɛ¹³xo⁵⁵, ŋa³³tɕhi⁵³ŋa⁵⁵za³¹ kɛ⁵⁵mu⁵⁵

      杉椤树　　　　　叶子　　　针　像　　鸟兽　　　　身体

li³¹mɔ³¹phɤ⁵⁵, sɯ³³tso⁵⁵tɔ³¹pho⁵⁵li³¹mɔ³¹pɛ³³nu⁵⁵.

      也　不　碰　树桩　　也　不　臭

杉椤树的叶子像针一样，鸟兽不来碰它，树桩也不臭。

2. 唯一性范围副词

唯一性范围副词有 mɔ³¹tshʅ⁵⁵ "不仅"；ti³¹ti⁵⁵，ti⁵⁵ "只" 等几个，常处于数量词之后，对其进行限制。

1）mɔ³¹tshʅ⁵⁵ "仅仅"，位于数量词之后。例如：

（822） zɔ³¹tshʅ³¹nu³³ tsho⁵⁵tshʅ³¹xɔ⁵⁵ko³¹ mɔ³¹tshʅ⁵⁵ lɔ⁵⁵ti³¹ti⁵⁵.

      那　一　天　人　一　百　个　不仅　　来　PRT

那天仅仅来了一百多人。

（823） a¹³tɔ³³ xo³¹zɔ³¹tɕhi⁵⁵ɔ⁵⁵ mɔ³¹tshʅ⁵⁵ tsa³³ti⁵⁵.

      这里　碗　十　个　不仅　　有　PRT

这里只有十多个碗。

2）ti³¹ti⁵⁵ "只"，可位于其所限定的代词、名词短语之后。如果其所修饰的名词成分作宾语，ti³¹ti⁵⁵ 位于对象格标记之后。例如：

（824） a³¹ȵi⁵⁵tshʅ³¹kɔ³¹ti³¹ti⁵⁵ ŋɯ⁵⁵nɛ³³ tɔ³¹pɔ³¹so⁵⁵mɔ³¹pɔ³¹.

      兄弟　一　个　只　　是　CONJ　话　　没　说

就弟弟一个人（在），他没说话。

（825） a³¹ȵi⁵⁵ ji⁵⁵ti³¹ti⁵⁵ tɔ³¹pɔ³¹so⁵⁵ mɔ³¹pɔ³¹.

      弟弟　他　只　　话　　没　说

就弟弟一个人没说话。

（826） ŋɔ⁵⁵a³¹phu³³mɔ⁵⁵tɔ³³khɯ⁵⁵lɔ⁵⁵, a³¹tɔ¹³mo³¹ko³¹lo⁵⁵ti³¹ti⁵⁵

      我　这　村子　那　LOC　到　DIR　这　大妈　个　ACC　只

kɔ¹³ʂʅ³¹ti⁵⁵.

      认识　PRT

我刚来这个村，除了大妈谁也不认识。

（827） ŋɔ⁵⁵nu³³lo⁵⁵ ti³¹ti⁵⁵kho⁵⁵ʂʅ³¹ti⁵⁵.

      我　你　ACC　只　告诉　PRT

我只告诉你。

3）ti⁵⁵ "只"，常位于人或事物之后，对其进行限定。例如：

（828）ji⁵⁵ tsho⁵⁵ tshŋ³¹ kɔ³¹ ti⁵⁵ ji³¹ tsa³³ mɔ³¹ phɤ³¹.

　　　她　人　一　　个　只睡　　不　敢

　　　她不敢一个人睡觉。

（829）zɔ¹³tho³¹ nu³³，wo³¹ tɔ³³　phi⁵⁵ ȵi⁵⁵ ȵi⁵⁵ kɯ³³ wo³¹ to⁵⁵ ɕi⁵³ nɛ³³

　　　古时候　　　天　LOC　红红　　　GEN　云彩　和

　　　khɯ⁵⁵ta³¹lɔ⁵⁵mɔ³³ khɯ⁵⁵tsho³¹ mɔ³¹tsa³³，ɔ⁵⁵tshɔ⁵⁵，pɔ³³łɔ³³ɔ⁵⁵tshɔ⁵⁵，

　　　彩虹　　　　　　　　　　　没　有　太阳　　月亮

　　　pi³¹kɯ⁵⁵ ti⁵⁵ ⁄ ¹³ tsa³³ ti⁵⁵.

　　　星星　　只　有　PRT

　　　古时候，天上没有彩云和彩虹，只有太阳、月亮和星星。

3. 限定性范围副词

限定性范围副词有 to³³paŋ⁵⁵ "多半"、tsui⁵⁵ mɔ³¹ "最多" 等。例如：

（830）ji⁵⁵ vu³¹tshi³¹ to³³paŋ⁵⁵ ji⁵⁵xo⁵⁵ mɔ³¹ tso⁵⁵.

　　　他　晚上　多半　家　不　在

　　　晚上他多半不在家。

（831）zɔ³¹ tshŋ³¹ nu³³ tsui⁵⁵ mɔ³¹/¹³ kɯ³³ ŋɔ³¹ khu³¹ xɔ⁵⁵ kɯ³³ tsho⁵⁵ lɔ⁵⁵

　　　那　一　日　最多　　GEN　五　六　百　GEN　人　来

　　　ti³¹ ti⁵⁵.

　　　PRT

　　　那天最多来了五六百人。

（五）性状副词

性状副词描述动作行为进行的方式、状态等情貌意义。窝尼话中常见的性状副词主要由形容词重叠形式充当。当形容词重叠形式位于句首作状语时，后面加状语助词 mɛ⁵⁵。此外，形容词或形容词重叠形式后加 mɛ⁵⁵ 也可位于动词之前对其进行描述。

1. 形容词重叠形式位于动词之前作状语，说明动作行为产生的方式。例如：

（832）i⁵⁵mi³³　lo³³lo⁵⁵ xɤ³¹ lɔ⁵⁵　tɕa⁵³.

　　　包谷　慢慢　大　DIR　PRT

玉米慢慢地长高了。

（833） nu⁵⁵ lo³³ lo⁵⁵ pɔ³¹, tshŋ³¹ pɔ³¹ tɕhin⁵⁵ tshu³¹.

你 慢慢 说 一点 说 清楚

请你慢慢地说，说得清楚一点。

2. 形容词重叠形式后面加 mɛ⁵⁵ 位于句首作状语。例如：

（834） xo¹³ xo³¹ mɛ⁵⁵ i³³ tha³¹ la³¹ wo³¹ ɬi⁵⁵ ji¹³ ɬi⁵⁵ ɔ⁵⁵ xo⁵⁵ ji¹³ lɔ⁵⁵, ɔ⁵⁵ tshɔ⁵⁵

恰巧 ADV 现在 风 又 刮 雨 又 下 太阳

ji¹³ tu³³ lɔ⁵⁵ tɕa⁵³.

又 出 来 PRT

刚才又刮风又下雨的，这会儿太阳又出来了。

3. 形容词重叠形式加 mɛ⁵⁵ 说明动作结束后的状态，或者动作结束后需要达到的状态。例如：

（835） pi³¹ tshi⁵⁵ i⁵⁵ tshu³¹ a⁵⁵ sŋ⁵⁵ sŋ⁵⁵ a⁵³ mɛ⁵⁵ tshɔ³¹ phɣ³¹ mo³¹ ti⁵⁵.

甘蔗 水 黄黄的 ADV 煮 成 要 PRT

甘蔗水要煮得黄黄的。

（836） nu⁵⁵ ma³³ phu³¹ mɔ⁵⁵ tɔ³¹ tɔ⁵⁵ xo³¹ xo³¹ mɛ⁵⁵ ŋɯ⁵⁵ tshi³¹ ti⁵⁵?

你 脸 那 凸凸凹凹 ADV 是 会 PRT

你脸上怎么会凸凸凹凹的？

4. 形容词重叠形式加 mɛ⁵⁵ 在句中作谓语，说明主语的状态。例如：

（837） ŋɔ⁵⁵ a⁵⁵ ti⁵⁵ ti⁵⁵ a³¹ mɛ⁵⁵ nu⁵⁵ kɯ⁵⁵ wo³¹ mɔ³³ tɔ³³ pu⁵⁵ lɔ⁵⁵

我 小小的 PAUP 你 GEN 肚子 LOC 饱 DIR

mɔ³¹ ka³¹.

不 能

我小小的，不能填饱你的肚子。

（838） tɕhi⁵⁵ phu⁵⁵ tɛ³³ lɛ⁵⁵ lɛ⁵⁵ mɛ⁵⁵ ça³³ kɔ³³ sɔ⁵³ ti⁵⁵.

稻米 圆圆 PAUP 擦 NOM 舒服 PRT

稻米圆圆的擦着舒服。

（六）否定副词

窝尼话中的否定副词有两个：mɔ³¹ "不，没有" 和 thɔ³¹ "别，勿"。

1. mɔ³¹ "不，没有" 一般用于对句子的否定，既可修饰动词，也可修饰形容词。例如：

mɔ³¹ mɤ³¹　　　不好　　　　　mɔ³¹ no³¹　　　不少

mɔ³¹ xɤ³¹　　　不大　　　　　mɔ³¹ tha³³　　　不快

mɔ³¹ mo³³　　　没熟　　　　　mɔ³¹ tu³¹　　　不想

mɔ³¹ ŋɯ⁵⁵　　　不是　　　　　mɔ³¹ lɔ⁵⁵　　　不来

（839）a¹³tɔ³³　tho³¹tso⁵⁵　mɔ³¹ no³¹.

　　　 这里　松树　　不　少

　　　 这儿有不少松树。

（840）a⁵⁵　kai⁵⁵nu³³　n̠i³¹ ku³¹ tshɿ³¹xui⁵⁵ mɔ³¹ xɤ³¹.

　　　 这 鞋子　　两 双 一样　　不　大

　　　 这两双鞋子不一样大。

（841）a⁵⁵　pɛ³³ku³¹ᐟ¹³ tshɿ³¹ tɔ⁵⁵, zo³³li⁵⁵ ŋɯ⁵⁵ ti⁵⁵, 　mɔ³¹ tha³³.

　　　 这 柴刀　　　一 把 旧　是 PRT 不 快

　　　 这把柴刀是旧的，不快。

（842）ji⁵⁵ a³¹tɕ³³mi⁵⁵n̠ɛ³³ mɔ³¹ lɔ⁵⁵　ti¹³?

　　　 他 怎么　　　　 不 来 PRT

　　　 他为什么不来？

（843）ji⁵⁵　tshɿ³¹ kɔ⁵⁵ a³¹tɔ³³ li³³ tso⁵⁵ mɔ³¹mo³³.

　　　 他 一 个 哪里 去 EXP 没 EXP

　　　 他哪里都没去过。

（844）ŋɔ⁵⁵ nu³³ tɔ³³　tɛ³³pha³³tɕi⁵⁵ ja⁵³,　tshɿ³¹ kɔ³¹ lo⁵⁵ li³¹ mɔ³¹ n̠a³¹.

　　　 我 你 LOC 除了　　　 PRT 一 个 ACC 也 不 爱

　　　 除了你，我谁也不爱。

2. tho³¹ "别，勿" 用于祈使句中，表示劝阻或禁止，只能修饰动词，不能修饰形容词。例如：

tho³¹pɔ³¹　　　　　别说　　　　tho³¹ thi⁵⁵　　　别催

tho³¹ kuaŋ³¹　　　别管　　　　tho³¹ mɤ⁵⁵　　　别叫

（845）a³¹tshu³¹ kɯ³³ sɿ⁵⁵tɕhin³¹ ŋɔ⁵⁵xɤ⁵⁵ tho³¹ kuaŋ³¹.

　　　 别人　 GEN 事情　　我们　 别 管

　　　 人家的事情咱们别管。

（846）nu⁵⁵ tho³¹ wo⁵⁵ ji⁵⁵.

你 别 进 DIR

你别进去。

（847） thɔ³¹ pɔ³¹ tɕo⁵⁵！

别 说 PRT

别说了！

（848） ka³³ tho³¹ ɯ⁵⁵ ka³³ thɔ³¹ to⁵⁵！

冷天 冷水 别 喝

冬天别喝凉水！

（849） na³¹ to³¹ pu³¹ ti⁵⁵， thɔ³¹ mɤ⁵⁵！

耳朵 说 聋 PRT 别 叫

聒耳朵了，别叫！

（七）语气副词

窝尼人主要使用从汉语中借进来的词语表示语气，例如：faŋ³¹ tʂɛn⁵⁵ "反正"，xai³³ sʅ⁵⁵ "还是"；tsu³¹ tsu⁵⁵ "也"；tau⁵⁵ ti³¹ "到底"；i⁵⁵ mo³³ lo³¹ "怎么，如何"；khɛn³¹ tin⁵⁵ "肯定"；tsʅ⁵⁵ ɕau³³ "尽管" 等。这些副词有的位于主语之前，限制整个小句。有的位于主语之前或之后，只对主语进行限制。

1. 位于句首限制整个小句。主要使用 faŋ³¹ tʂɛn⁵⁵、tau⁵⁵ ti³¹ 等副词。例如：

（850） faŋ³¹ tʂɛn⁵⁵ ŋɔ⁵⁵ ji⁵⁵ nu⁵⁵ mɔ³¹ ɲi³¹.

反正 我 去 想 不 想

反正我不想去。

（851） tau⁵⁵ ti³¹ tshɔ⁵⁵ mɔ⁵⁵ sʅ⁵⁵ tɕin³¹ ŋɛ⁵⁵？

到底 什么 事情 是

到底是怎么回事？

（852） tau⁵⁵ ti³¹ ja⁵⁵ xɤ⁵⁵ kɯ³³ kɔ³³ xɔ³¹ʼ¹³ lɔ³³， ŋɔ³³ xɤ⁵⁵ kɯ³³ kɔ³³ xɔ³¹ ɛ⁵⁵？

到底 他们 GEN 听 PRT 我们 GEN 听 PRT

到底是听他的还是听我们的？

2. xai³³ sʅ⁵⁵ "还是" 位于主语之前，khɛn³¹ tin⁵⁵ "肯定"、tsʅ⁵⁵ ɕau³³ "只管" 位于主语之后。这些副词都对主语进行限制。例如：

（853）ɔ⁵⁵xɔ³¹ ᐟ ¹³ kɯ³³ i⁵⁵　　xai³³ sʅ⁵⁵ i⁵⁵phi³¹ tʂu³¹ ji⁵⁵ tsa³³ ti⁵⁵.

　　　　看　　样子　　还是　　爷爷　主意　有　PRT

　　　　看来还是爷爷有办法。

（854）a⁵⁵tɕi³¹ tsu³¹ tsu⁵⁵ to³¹pɔ³¹so⁵⁵ tshʅ³¹ xɛ³¹ mɔ³¹ pɔ³¹ ŋɛ³¹ thu⁵⁵ a⁵³.

　　　　姐姐　也　　话　　　　一　句　没　说　走　起　PRT

　　　　连姐姐也一句话没说就走了。

（855）ji⁵⁵ khɛn³¹tin⁵⁵ kɤ³¹pa³³ tsa³³ ti⁵⁵.

　　　　他　肯定　　　钱　　有　PRT

　　　　他肯定有钱。

（856）ji⁵⁵xɤ⁵⁵ na³³su³¹ khɛn³¹tin⁵⁵ a¹³tɔ³³ lɔ⁵⁵ mo³¹ ti⁵⁵.

　　　　他们　明天　肯定　　　这里　来　要　PRT

　　　　他们明天肯定要来这里。

（857）nu⁵⁵ tsʅ⁵⁵çau³³ thu⁵⁵.

　　　　你　只管　　说

　　　　你只管说。

3. li³¹ "也" 常出现在带有否定副词的句子中，数量短语之后对其进行限定。表示一种比较委婉的语气。例如：

（858）nu⁵⁵ zɔ³¹mo³¹ tɕha⁵³ li³¹ mɔ³¹ mo³¹ ji⁵⁵.

　　　　你　老人　一点　也　不　老　DIR

　　　　你一点都不老。

（859）ji⁵⁵ tshʅ³¹ xɛ³¹ li³¹ tsɔ³¹ mɔ³¹ fu³¹.

　　　　她　一　口　也　吃　不　舍得

　　　　她一口也舍不得吃。

第五章

虚　词

虚词没有词汇意义，主要用来表达语法关系或逻辑概念，因此也称为功能词。朱德熙把副词、介词、连词、助词和语气词划为虚词。窝尼话中的虚词具有共同的特点，即：大多都附于实词、短语或句子之后，不能单独使用；没有实在的词汇意义，只表示语法意义或逻辑意义。根据窝尼话的特点，其虚词可分为助词、连词、语气词和感叹词等。①

一　助词

助词后附于实词、短语或句子上，表示语言单位之间的语法意义或语法关系。在以往对哈尼语的研究中，助词涵盖的范围比较广。例如李永燧、王尔松在《哈尼语简志》中认为助词可以分为结构助词、动态（情貌）助词和语气助词三类。结构助词是句中主语、宾语、定状语或补语的标志。动态（情貌）助词用在动词或形容词的后边，表示动作、行为的变化。语气词表示陈述或祈使等语气。②

本书把上述部分助词放入名词、动词部分叙述，包括体词性标记、谓词性标记、趋向标记、名词化标记等。本节讨论窝尼话中的话题助词、状语助词、顺时助词、停顿助词、比拟助词、同时助词和长宾语助词等。

（一）话题助词（TOP）

窝尼话中常见的话题助词是 $tɛ^{33}$，位于话题之后。例如：

---

① 朱德熙：《语法讲义》，商务印书馆，1982，第 40 页。
② 李永燧、王尔松编著《哈尼语简志》，民族出版社，1986，第 96 页。

（860）xɔ⁵⁵ɬo³¹ xɔ⁵⁵phi³¹ tɛ³³　ji⁵⁵xo⁵⁵ wa¹³tɔ³³ tsa³³ ti⁵⁵.

　　　田　地　　TOP　家　　下面　在　PRT

　　　田、地都在家下面。

（861）nu⁵⁵ tɛ³³ tshɔ⁵⁵mɔ⁵⁵ paŋ³³fa³¹　tsa³³ ɛ⁵⁵

　　　你 TOP　什么　　办法　　有　PRT

　　　你有什么办法？

（862）ji⁵⁵ tshi³¹tu⁵⁵na³³ tɛ³³　ŋɔ⁵⁵ zɔ⁵⁵ʂʅ³¹ ti⁵⁵.

　　　他 一家　　　TOP　我　知道　PRT

　　　他全家人我都熟悉。

窝尼话中多数句子不需要使用话题助词，而直接把话题置于句首。
例如：

（863）ji⁵⁵ to³¹pɔ³¹so⁵⁵ tu¹³ pɔ³¹ ti⁵⁵.

　　　她　话　　　很　说　PRT

　　　她又唠叨上了。

（864）ji⁵⁵ tɕhi³¹mi³³ ti³¹ᐟ¹³ ŋa⁵³.

　　　他　嘴　　唠叨　PRT

　　　他唠叨。

（865）ŋɔ⁵⁵ zɔ³¹mo³¹ mo³¹ ja⁵³.

　　　我　老人　老　PRT

　　　我老了。

（866）a⁵⁵ fɔ⁵⁵ti⁵⁵ tshʅ³¹ tɔ⁵⁵ ŋɔ⁵⁵ sei¹³ zʅ³¹.

　　　这 刀　　一　把　我　肉　切

　　　这把刀我切肉。

（二）顺时助词（SEOP）

顺时助词[①]表示顺连的动作。窝尼话中用 tɛ³³ 来连结两个或两个以上的
动词或短语。例如：

---

① "顺时助词"这一称谓来源于江荻先生《面向机器处理的现代藏语句法规则库和词类、组
　块标注集》一文，载江荻、孔江平主编《中国民族语言工程研究新进展》，社会科学文献
　出版社，2005。

（867）ŋɔ⁵⁵ a⁵⁵ pɛŋ¹³ tu³³ mɔ⁵⁵ ji⁵⁵ tɛ³³　　sei¹³ z̩³¹.
　　　　我　这　菜刀　那　拿　SEQP　肉　切
　　　　我用这把刀切肉。

（868）nu⁵⁵ zɔ⁵⁵ mɔ³¹ s̩³¹ tɛ³³　　çaŋ⁵⁵ mɔ³¹ ŋɯ⁵⁵.
　　　　你　认　不识　SEQP　像　不　是
　　　　你不像是不认识的样子。

（869）ji⁵⁵ nai³³ pai³³ to³³ tɕi³³ tɛ³³,　　thi³¹ n̩i³¹ tɔ³³　　tsɔ³¹ ji⁵⁵.
　　　　他　豆　　装进　SEQP　街　LOC　吃　DIR
　　　　他装着豆到街上吃。

（870）ji⁵⁵ xo⁵⁵ tɔ³³ khu⁵⁵ ji³¹　　tɛ³³,　　kɣ³¹ pa³³ xɯ⁵⁵ s̩³¹ pi³¹ ti³¹ ti⁵⁵.
　　　　家　LOC　喊　DIR　SEQP　金银财宝　　　给　PRT
　　　　把（他）喊到家里去，给（他）金银财宝。

（871）wa³³ ta⁵⁵ lo⁵⁵　　aŋ⁵⁵ fu³¹ thɔ⁵³ tɛ³³　tchi³¹ mi³³ mɔ⁵⁵ ku³¹ thu⁵⁵ thɔ⁵³.
　　　　他哥哥　ACC　按住　PFV　SEQP　嘴　那　缝　起　PFV
　　　　按住他哥哥，把他的嘴缝起来。

（872）ji⁵⁵ fɔ⁵⁵ ti⁵⁵ mɔ⁵⁵ ji⁵⁵ thu⁵⁵ lɔ³¹　tɛ³³　ɬɔ³³ mɔ³³ mɔ⁵⁵ tɔ³³　n̩i³¹
　　　　他刀　那　拿　起　PRT　SEQP　石头　那　LOC　二
　　　　tsaŋ³¹ si³¹ thɔ⁵³.
　　　　下　磨　PFV
　　　　他拿起刀来，在石头上磨两下。

（873）xɔ³³ nu⁵⁵ kɔ³¹ tɕo⁵⁵ sɿ³¹ nu⁵⁵ zɔ³¹ nu⁵⁵ n̩i³¹ kɔ³¹ khu⁵⁵ tɛ³³　　mo³¹ n̩i³¹
　　　　男人　个　就　帮手　　　　两　个　喊　SEQP　东西
　　　　pa³¹ pi³¹ tɛ³³　　ji⁵⁵ phɛ⁵³ zɔ³¹　kɔ³¹ ɣɯ³¹ tɛ³³　sɔ³³ fu³¹ ja⁵³.
　　　　挑　给　SEQP　她　和　孩子　个　背　SEQP　送　回　PRT
　　　　男人就找了两个帮手，挑着东西，把她和孩子送回家。

（三）状语助词 tɛ³³、mɛ⁵⁵（ADV）

状语助词指与形容词或副词结合在一起，在句中充当状语的成分。窝
尼话中常见的状语助词是 tɛ³³ 和 mɛ⁵⁵。

1. tɛ³³ 常位于性状指示词如 i⁵⁵mo³¹ "那么" 和表范围的副词之后，位
于句首或谓语（宾语）之前。例如：

（874）nu⁵⁵ a³¹ sɿ⁵⁵tɕhin³³ tshɿ³¹ tsha³³ ɔ⁵⁵xɔ³¹ nɛ³³　i⁵⁵mo³¹　tɛ³³　mɔ³¹
　　　你　这事情　　一　桩　瞧　CONJ 那么　ADV　不
tɕɛn³¹taŋ⁵⁵.
简单
看你这事情，没那么简单。

（875）tshɿ³¹ku³³lu³³ tɛ³³　ɕi⁵³ nɛ³³　ȵi⁵⁵kɔ³³sɔ⁵³ ti⁵⁵.
　　　一起　　　ADV 才　　玩　好 PRT
一起才好玩。

（876）zɯ³¹ ŋɔ³³xɤ⁵⁵ tshɿ³¹ku³³lu³³ tɛ³³　ŋɔ³¹sɔ³¹ xo⁵⁵ ji⁵⁵　lɛ³³.
　　　走　我们　　一起　　　ADV 鱼　捉 DIR PRT
我们一起捉鱼去。

（877）tshɿ³¹po⁵⁵mɔ³³sɿ⁵⁵ tɛ³³　　vu³¹mi⁵⁵tso⁵⁵ tɔ³³　vu³¹mi⁵⁵ thu⁵⁵ ji⁵⁵　mɔ³¹
　　　一寨　　　　ADV 龙树　　LOC 龙树　祭 DIR 要
ti⁵⁵.
PRT
一寨人都要去祭龙树。

2. mɛ⁵⁵常与两种词语搭配：①跟在汉语借词 hun³³“乱”之后，一起位于动词之前，说明动作、行为的方式。②跟在形容词重叠形式之后，一起位于谓语动词或句子之前，表示情状。

1）在汉语借词 hun³³“随便、乱”之后加 mɛ⁵⁵修饰动词，表示该动作的不负责任。或者在 tshi³¹tsaŋ³¹“一下”之后，表示方式。例如

（878）ji⁵⁵ ȵi³¹ kɔ³¹ kɤ³¹pa³³ mɔ³¹ mo³¹ hun³³ mɛ⁵⁵　pɔ³¹.
　　　他 两 个 钱　不 要 乱 ADV 说
他两个不要钱的乱说。

（879）ji⁵⁵ tɕo⁵⁵ hun³³ mɛ⁵⁵　mɤ⁵⁵ a⁵³.
　　　他 就 乱 ADV 叫 PRT
他就胡乱叫喊。

（880）ji⁵⁵ tɕo⁵⁵ tshi³¹tsaŋ³¹ mɛ⁵⁵ ti³¹ tɕi³³ thɔ⁵³.
　　　她 就 一下　ADV 推进 PFV
她就一下把（她）推进去了。

2）在形容词重叠形式之后加 mɛ⁵⁵，表示情状。例如：

（881）xo¹³ xo³¹ mɛ⁵⁵, tʂʅ³¹ mɔ⁵⁵ kɯ³³　tsho⁵⁵ lɛ³³ mo⁵⁵ tʂo³¹　a⁵³.

　　　 合合地 ADV　官府　　GEN　人　AG　见　PFV　　PRT

　　　 恰巧被官府的人看见了。

（882）a⁵⁵ sʅ⁵⁵ sʅ⁵⁵ mɛ⁵⁵　　ɯ⁵⁵ phu³¹ thɔ¹³ ji³³ tsa³³ thɔ³¹ᐟ⁵³ ti³¹ ti⁵⁵.

　　　 黄生生　　ADV　南瓜　　一个睡　　　 PFV　　　　 PRT

　　　 一个黄生生的南瓜睡（在那里）。

khɔ³³原义为“下”，在窝尼话连动结构中比较常见，总位于动词之后，顺时助词 tɛ³³ 之前，表示其前动作的方式，具有状语助词的性质。例如：

（883）nu³³ mɔ³³ mɤ³¹ kɯ³³　 a³¹ ȵi⁵⁵, khɤ³¹ mɔ⁵⁵ phi³³ khɔ³³　tɛ³³

　　　 良心　好　GEN　兄弟　　狗　　那　背　ADV　SEQP

　　　 xɯ³³ tu³¹ ja⁵³.

　　　 埋　　 PRT

　　　 良心好的弟弟他把狗背出去埋了。

（884）ŋɔ⁵⁵ mo³¹ tsʅ³¹ khɔ³³　 tɛ³³　　 a⁵⁵ tɕi⁵⁵ li³³　 lɛ³³.

　　　 我　马　骑　ADV　SEQP　　先　 去　PRT

　　　 我骑着马先去。

（885）a⁵⁵ ta⁵⁵ a³¹ ȵi⁵⁵ lo⁵⁵　 sɯ³¹ khɔ³³　tɛ³³　　 xɔ⁵⁵ ɬu³¹ ti⁵⁵.

　　　 哥哥　弟弟　ACC　带　ADV　SEQP　 田　 栽

　　　 哥哥带着弟弟栽田。

（886）zɔ³¹ mo³¹ mɔ⁵⁵ kɔ³¹ tɕo⁵⁵ xa³³ tshi⁵⁵ mɔ⁵⁵ phi³³ khɔ³³ tɛ³³　 ku³¹ ja⁵³.

　　　 老妈妈　那　个　就　背篓　　那　背　ADV　SEQP　回　PRT

　　　 老妈妈就背着背篓回去了。

（四）停顿助词（PAUP）

主要指跟在主语之后表示停顿的助词，相当于汉语的“啊、呀”等。窝尼话中常见的停顿助词是 mɛ⁵⁵ 和 phɛ³¹，常位于主语之后。

1. mɛ⁵⁵ 可位于主语之后，也可位于宾语或插入语之后。例如：

（887）zɔ³¹ mo³¹ zɔ³¹ nu⁵⁵ mɛ⁵⁵　　 ȵi⁵⁵ kɔ³³　 mo³¹ a⁵³.

　　　 老老小小　　　　 PAUP　 玩　　 要　PRT

老老小小啊，要玩啊。

（888）ɯ⁵⁵ ɬo⁵⁵ mɔ⁵⁵ tɕo⁵⁵ to³¹ mɛ³¹ mɛ⁵⁵　kɯ⁵⁵ thu⁵⁵ lɔ³¹ a⁵³.

　　　蛇　　那　就　尾巴　PAUP 甩　起　DIR　PRT

　　　那条蛇就尾巴呀，甩起来了。

（889）ji⁵⁵　na⁵⁵xɣ⁵⁵ li³¹ mɛ⁵⁵　nu⁵⁵ lo⁵⁵　tshi³¹ kɔ³¹ mo³¹ tɕɛ⁵⁵.

　　　他　你们　四　PAUP 你　ACC　一　个　要　PRT

　　　他你们四个啊，只要你一个。

　　例（887）句中 mɛ⁵⁵ 位于主语之后，例（888）句中位于宾语之后，例（889）句中位于插入语之后。由于语气的停顿，使其前面的成分在语气上得到凸显，具有强调作用。

　　mɛ⁵⁵ 还可跟在表时间的副词之后，尤其是在 tshŋ³¹ thi⁵⁵ "一会儿"、tshi³¹tsaŋ³¹ "一下"之后，表示语气的停顿。例如：

（890）tshŋ³¹ thi⁵⁵ mɛ⁵⁵，　xɔ⁵⁵ɬo³¹ tshŋ³¹ ɬo³¹ tɕhi³¹ thɔ⁵³.

　　　一会儿　PAUP 田　　一　丘　犁　PFV

　　　不一会儿就把一丘田犁完了。

（891）ŋɔ⁵⁵ tshŋ³¹ thi⁵⁵ mɛ⁵⁵　tɕhi⁵⁵ ɕi³¹ nu³³ tɔ³³　sɔ³³ lɔ³¹ ŋa⁵³.

　　　我　一会儿　PAUP 谷子　你　ALL 送　来　PRT

　　　我马上送谷子来给你。

　　2. 主语和宾语所指相同时，在主语之后加 phɛ³¹，使得语气产生停顿，具有强调作用。例如：

（892）ji⁵⁵　phɛ³¹　ji⁵⁵ ŋɯ⁵⁵，nu⁵⁵　phɛ³¹　nu⁵⁵ ŋɯ⁵⁵.

　　　他　PAUP 他 是　你　PAUP 你　是

　　　他是他，你是你。

（893）a⁵⁵ta⁵⁵ phɛ³¹　a⁵⁵ta⁵⁵ ŋɯ⁵⁵，a³¹ȵi⁵⁵ phɛ³¹　a³¹ȵi⁵⁵　ŋɯ⁵⁵.

　　　哥哥　PAUP 哥哥　是　弟弟　PAUP 弟弟　　是

　　　哥哥是哥哥，弟弟是弟弟。

（五）比拟助词（ANP）

　　指"像，与……一样"类的词语。窝尼话中的比拟助词是 tɔ³³xo⁵⁵ 和 liɛ³¹mɛ⁵⁵xo⁵⁵。tɔ³³xo⁵⁵ 用于动词之后。在语流中 liɛ³¹mɛ⁵⁵xo⁵⁵ 减缩为 liɛ¹³xo⁵⁵，liɛ¹³xo⁵⁵ 用于名词或名词性短语之后。liɛ¹³xo⁵⁵ 可以省略 xo⁵⁵，只余下 liɛ¹³ 用于名词或名词短语之后，动词或形容词之前。

1. 名词化成分、名词作谓语时，使用 $lie^{13}xo^{55}$ 或 $lie^{31}me^{55}xo^{55}$。例如：

（894）$a^{55} z\eta^{55} khu^{31} m\mathfrak{d}^{55} \eta\mathfrak{d}^{55} k\mathfrak{d}^{33} k\mathrm{u}^{33}$　$lie^{13} xo^{55} ti^{55}$.

　　　　这 调子 　那 我 听 NOM ANP　PRT

　　　　刚才听的调子我很耳熟。

（895）$\mathrm{u}^{55} tsu^{55} s\mathrm{u}^{33} tso^{55}$　$pha^{55} pa^{31} la^{31} ko^{31} lie^{13} xo^{55}$.

　　　　杉椤树　　　　叶子　　　针 ANP

　　　　杉椤树的叶子像针一样。

（896）$a^{55} tsh\eta^{31} k\mathrm{u}^{33}$　$to^{31} thi^{55} m\mathfrak{d}^{55} na^{33} su^{31} te^{33}$　$m\gamma^{55} k\mathrm{u}^{33}$　$lie^{31} me^{55} xo^{55}$

　　　　羊　　　GEN 声音　那 明天 ADV叫 NOM ANP

　　　ti^{55}.

　　　　PRT

　　　　羊的声音像是"明天"一样的叫。

2. 在作谓语的动词或形容词前用 lie^{13}。例如：

（897）$ka^{33} ne^{33}$　　$min^{53} ph\mathfrak{d}^{31} k\mathrm{u}^{33}$　$tsho^{55} lie^{13}$　$ph\gamma^{31} ja^{53}$.

　　　　冷 CONJ　摆子　　　GEN 人 ANP 成　PRT

　　　　冷得像是打摆子的人一样。

（898）$x\mathfrak{d}^{33} nu^{55} \eta a^{33} za^{31} s\gamma^{33} thu^{55} lie^{13}$　$t\mathbb{c}hi^{55}$　ti^{55}.

　　　　丈夫　啄木鸟　　　　ANP 勤劳 PRT

　　　　丈夫像啄木鸟一样的勤劳。

3. 在动词后用 $t\mathfrak{d}^{33}xo^{55}$。例如：

（899）$vu^{31} tu^{31} \mathfrak{t}u^{33} xa^{33} i^{55} tshu^{31} to^{55} k\mathrm{u}^{33}$　lie^{13}　$ji^{55} vu^{31} tu^{31} thu^{33}$

　　　　头　动 鸡 水　喝 NOM ANP 他 头　　叩

　　　$t\mathfrak{d}^{33} xo^{55} ti^{13}$.

　　　　ANP 　PRT

　　　　他的头像鸡喝水一样动，就像在叩头一样。

（900）$i^{55} phi^{31} le^{33} ji^{55}$　$lo^{55} l\mathfrak{d}^{55} tshi^{55} t\mathfrak{d}^{33} xo^{55}$　ti^{55}.

　　　　老爷 AG 他　ACC来 会 ANP　　PRT

　　　　像是老爷让他来一样。

（六）同时助词（COOP）

表示动作持续状态下另一动作发生。窝尼话中常见的同时助词是

tsho³³，与持续体标记相同，位于动词之后。例如：

（901）ji⁵⁵ pɔ³¹ tsho³³　pɔ³¹ tsho³³　tɛ³³　ji³¹ thu³¹ thɔ⁵³.

　　　他 说 COOP　说 COOP　SEQP　睡　　PFV

　　　他说着说着就睡着了。

（902）ŋɔ⁵⁵ xɤ⁵⁵ zʅ⁵⁵ tsho³³　zʅ⁵⁵ tsho³³　tɛ³³　ji⁵⁵ xo⁵⁵ tɔ³³　ku³¹

　　　我们　唱 COOP　唱 COOP　SEQP　家　LOC　回

　　　khɯ⁵⁵ ja⁵³.

　　　到　PRT

　　　我们唱着唱着回到家了。

（903）a⁵⁵ tshu⁵⁵ ɲi³¹ ɔ⁵⁵ tu³¹ ɲi³¹ ɔ⁵⁵ nu⁵⁵ tshɔ⁵⁵ tso⁵⁵ a⁵³，　　tɕhi³¹ mi³³

　　　嫂嫂　越 想 越　心 火气 有 PRT　嘴

　　　mɔ⁵⁵ tsha³³ tsho³³，la³¹ la³¹ mɔ⁵⁵ a³¹ ɲi⁵⁵ kɯ³³　ma³³ phu³¹ vu³¹ tu³¹

　　　那 骂 COOP 手　那 弟弟 GEN 脸　　头

　　　thɛ⁵⁵ phu³³ lɔ³¹.

　　　打 过 DIR

　　　嫂嫂越想越气，嘴里骂着，手朝弟弟的头、脸上打来。

（七）长宾语助词（OCP）

　　表示长宾语（句子形式或其他词组）。[①]窝尼话中的长宾语指的是作为宾语的小句或动词短语，助词 tɛ³³ 常置于其后，表明该成分的宾语地位。带有长宾语的通常是 nɔ⁵⁵ xɔ³¹ "问"、kɔ³³ "听"、khu⁵⁵ "叫，喊"、kɔ⁵⁵ ʂʅ³¹ "知道"之类的动词。例如：

（904）i⁵⁵ phi³¹ mi⁵⁵ su⁵⁵ phɔ³¹　　"nu⁵⁵ tshɔ⁵⁵ mɔ⁵⁵ mo³¹ ɛ³³?"　tɛ³³　nɔ⁵⁵ xɔ³¹.

　　　阿爷财主　　　　　你 什么　　要 PRT OCP 问

　　　财主老爷问："你要什么"？

（905）wo⁵⁵ xɔ³¹ mi⁵⁵ zɔ³¹ tsi⁵⁵ ji⁵⁵ lɔ³¹　tɛ³³　kɔ³³ phɤ³¹ thɔ⁵³.

　　　他 老婆　秤 拿 来 OCP 听 成 PFV

　　　他老婆听作"把秤拿来"。

---

① 李永燧、王尔松编著《哈尼语简志》，民族出版社，1986，第 99 页。

（906）ji⁵⁵ zɔ³¹ nu⁵⁵ nu⁵⁵ tɕi⁵³ lo⁵⁵　　ma³³tsi³³ mi³³tsho³¹ tɛ³³　khu⁵⁵.
　　　　他　娃娃　　些　ACC　眼睛　闭　　OCP　喊
　　　　他喊那些孩子把眼睛闭上。

（907）ji⁵⁵ tsi⁵⁵ pɔ³¹ a³¹mo³³lo³¹ to⁵⁵ tɕi³³ thɔ⁵³　tɛ³³　kɔ⁵⁵ mɔ³¹ ʂ̩³¹.
　　　　他　酒　多少　　喝进　PFV　OCP　知　不　道
　　　　他喝了多少酒进去都不知道。

二　连词

连词可以连结词、短语，使之成为句子，或者连接分句，使之成为复句，并揭示其中存在的逻辑关系。窝尼话中常见的连词有 ɕi⁵⁵ nɛ³³ "和、与"，mɔ³¹ tshŋ⁵⁵…tsai⁵³ "不仅……而且"，phɛ³¹ "……的话"，mo³¹ a⁵⁵ phɛ³¹…mo³¹ a⁵⁵ phɛ³¹ "要么……要么"，ka⁵⁵…ka⁵⁵ "一边……一边"，n̠i⁵³ "虽然、即使"，pha³³ "如果"，a³³ tɛ³³ mɛ⁵⁵…n̠i⁵³ "尽管……还"，n̠i³¹ ɔ⁵⁵…n̠i³¹ ɔ⁵⁵ "越……越、一边……一边"，na⁵³ "……之后" 等。现择要介绍。

（一）并列连词

窝尼话中常见表示并列的连词有 ɕi⁵³ nɛ³³ "和、与"，ka⁵⁵…ka⁵⁵ "一边……一边"，n̠i³¹ ɔ⁵⁵…n̠i³¹ ɔ⁵⁵ "一边……一边" 等几个。

1. 并列连词 ɕi⁵³ nɛ³³ "和，与"，连接具有并列关系的名词、名词短语、代词或形容词。例如：

mo³¹li⁵⁵ku³³ ɕi⁵³ nɛ³³ mo³¹loŋ³¹thei³³　　phu³¹phi⁵⁵ ɕi⁵³ nɛ³³ mi⁵⁵su⁵⁵phɔ³¹
马鞍子　　和　　马笼头　　　　　普皮　　和　　老爷
鞍子和马笼头　　　　　　　　　　普皮与老爷

xɔ³¹ɬɔ³¹ ɕi⁵³ nɛ³³ mo³¹ xɛ³¹ kɯ³³ tsho⁵⁵　a³¹ ŋɔ⁵⁵ ɕi⁵³ nɛ³³ a³¹ pi⁵⁵
老虎　和　　马　偷　GEN　人　　大鹅　和　　鸭子
老虎与偷马贼　　　　　　　　　　大鹅和鸭子

xɔ³¹ɬɔ³¹ ɕi⁵³ nɛ³³ fu³³tsha³¹　　　　　a⁵⁵ta⁵⁵ ɕi⁵³ nɛ³³ a⁵⁵tshu³¹
老虎　和　　老鼠　　　　　　　　　哥哥　和　　嫂嫂
老虎和老鼠　　　　　　　　　　　　哥哥和嫂嫂

zu³¹ phɔ³¹ çi⁵³ nɛ³³ ja⁵⁵ xɤ⁵⁵　　　　　　thoŋ³¹ çi⁵³ nɛ³³ so⁵⁵

公公　　和　　他们　　　　　　　铜　　和　　铁

公公和他们　　　　　　　　　　　铜和铁

wo³¹ çi⁵³ nɛ³³ mi⁵⁵ tsha³¹　　　　　　　mo³¹ çi⁵³ nɛ³³ fɔ⁵⁵ ti⁵⁵

天　和　　地　　　　　　　　　　　马　和　　刀

天和地　　　　　　　　　　　　　　马和刀

(908) ji⁵⁵ kɯ³³　çi⁵³ nɛ³³ ŋa³³ mɔ³³　kɯ³³　a⁵⁵ ɯ³¹ lɤ³¹.

　　　她 GEN　和　鸟王　　GEN　影子

　　　她和凤凰的影子。

(909) a⁵⁵ sʅ⁵⁵ la³¹ mɔ⁵⁵ tɕhi⁵⁵ tɕi⁵⁵ çi⁵³ nɛ³³ sai³³　ti⁵⁵.

　　　这 姑娘　　聪明　　和　漂亮 PRT

　　　这姑娘又聪明又漂亮。

(910) tsho⁵⁵ kɔ³¹ çi⁵³ nɛ³³ xɔ³¹ ɬɔ³¹ zo³³ ɬa⁵⁵ khu⁵⁵ kɯ³³　no³³ xa³¹ tɕhi⁵⁵ ji⁵⁵.

　　　人 个 和　老虎　魂　喊 GEN 日子　择　DIR

　　　人和老虎去选叫魂的日子。

(911) nu⁵⁵ tshu⁵⁵ tshu⁵⁵ kɯ³³　va³¹ thi³¹ çi⁵³ nɛ³³ tshu⁵⁵ tshu⁵⁵ kɯ³³ çoŋ³¹ zo⁵⁵

　　　你 胖胖　　GEN 野猪　和　　胖胖　　GEN 熊仔

　　　tsɔ³¹ ka³¹ ti⁵⁵.

　　　吃　能 PRT

　　　你可以吃胖胖的野猪和熊仔。

2. ka⁵⁵ ⋯ ka⁵⁵ "一边……一边"，表示并列关系，位于动词之前。

例如：

(912) ŋɔ⁵⁵ ta³¹ xo³³ ȵɛ³¹ kɔ³¹ tɔ³³，tsʅ⁵⁵ pɔ³¹ ka⁵⁵ to⁵⁵，mɛ³¹ xɛ³¹ ka⁵⁵ to⁵⁵，

　　　我 客人 两 个 COM 酒　边 喝 烟　边 吸

　　　to³¹ pɔ³¹ ka⁵⁵ pɔ³¹.

　　　话　边 说

　　　我和两个客人，一边饮酒，一边吸烟，一边说话。

(913) xa³¹ ȵi³¹ zo³¹ ka⁵⁵ zʅ⁵⁵ ka⁵⁵ ji³³.

　　　窝尼人　边 唱 边 跳

　　　窝尼人边唱边跳。

3. ȵi³¹ɔ⁵⁵ ⋯ ȵi³¹ɔ⁵⁵ "一边……一边"，表示并列关系，位于动词之前。

例如：

（914） a⁵⁵nuɔ³³ tɔ³³ ŋᵢi³¹ɔ⁵⁵ thi³³ ni³¹ɔ⁵⁵ khu⁵⁵.

后面　ABL 一边　追　一边　喊

从后面一边追一边喊。

（915） ji⁵⁵ ŋᵢi³¹ɔ⁵⁵ ŋᵢi⁵⁵ ŋᵢi³¹ɔ⁵⁵ tu³¹.

他　一边　哭　一边　想

他一边哭一边想。

（916） a⁵⁵nuɔ³³, mo³¹ mɔ⁵⁵ ŋᵢi³¹ɔ⁵⁵ tɕhɔ³³ ŋᵢi³¹ɔ⁵⁵ ʂɛn³¹ thu⁵⁵lɔ³¹tɕa⁵³.

后来　　马 那　越　洗　越　神 INCHO

后来，那匹马越洗越神了。

（二）表递进关系的连词

mɔ³¹tshʅ⁵⁵… tsai⁵³ "不仅…… 而且"，tsai⁵³ "再、又" 连结两个分句，
表示递进关系。

1. mɔ³¹tshʅ⁵⁵之前常用 ti⁵⁵ 或 ti³¹ti⁵⁵ "只" 来进行限制。例如：

（917） ji⁵⁵ pɔ³¹ tshʅ³¹ ti⁵⁵ tɛ³³　mɔ³¹tshʅ⁵⁵, tsai⁵³ xa⁵⁵mɤ³¹ᐟ⁵⁵mɤ³¹ᐟ⁵⁵ tu¹³

他 说 会 只 ADV 不仅　　再 好好地　　很

wo⁵⁵ tshʅ³¹.

做　会

他不单会说，而且也很会做。

（918） ŋɔ³³xɤ⁵⁵ xɔ⁵⁵phi³¹ xɯ³¹ kɯ³³　ti³¹ti⁵⁵ mɔ³¹tshʅ⁵⁵, tsai⁵³ xa⁵⁵ ti⁵⁵

我们　地　挖 NOM 只　不仅　　再　秧 栽

mo³¹ çi³¹.

要　还

我们不仅要挖地，还要栽秧。

2. tsai⁵³ "再，又"，表示递进关系。例如：

（919） ji⁵⁵ xo³¹ tshʅ³¹ xuɔ³¹ tsɔ³¹ thɔ⁵⁵, tsai⁵³ ka³¹ pa³¹ tshʅ³¹ kho³³ tsɔ³¹ thɔ⁵⁵.

他 饭 一 碗 吃 PFV 再 粑粑 一 块 吃 PFV

他吃了一碗米饭和一块粑粑。

（920） ji⁵⁵ kɯ³³　a³¹pi³¹ xa³³ fu⁵⁵ ti³¹ti⁵⁵, tsai⁵³ va³¹ fu⁵⁵ ti¹³ çi³¹.

他 GEN 鸭 鸡 养 PRT 再 猪 养 PRT 还

他家养了鸡和鸭，除此外还养了猪。

（三）表条件关系的连词

phɛ⁵³"……的话、就"和汉语借词 kuaŋ³¹"管"，pu⁵⁵kuaŋ³¹"不管"连结两个小句，表示条件关系。

1. phɛ⁵³"……的话，就"表示真实条件关系。例如：

（921）nu⁵⁵ xɔ³¹ɬɔ¹³ mɔ⁵⁵ mɔ³¹ thɛ⁵⁵ çi³¹ thɔ⁵⁵ phɛ⁵³ʹ³¹, xɔ³¹ɬɔ³¹ mɔ⁵⁵ nu³³
　　　你　老虎　那　不　打　死　PFV　的话　老虎　那　你
　　　lo⁵⁵ tsɔ³¹ thɔ⁵⁵ tshɿ³¹ ti⁵⁵.
　　　ACC 吃 PFV 会 PRT
　　　你如果不把老虎打死，它就会把你吃掉。

（922）a⁵⁵ mo³¹ mɔ⁵⁵ tsɿ⁵⁵fu³¹ mo³¹ phɛ⁵³, a⁵⁵mu³¹ thɔ³¹ ɔ⁵⁵ ku³³ tɛ³³ mo³¹
　　　这　马　那　制服　要　的话　猴子　一　只　整　SEQP 马
　　　mɔ⁵⁵ tɔ³³ tsɿ³¹ ta³³ pi³¹.
　　　那 LOC 骑 上 给
　　　要制服这匹马，要塑一只猴子骑在马身上

（923）a³¹ mo³³ tsi⁵⁵ mo³¹ phɛ⁵³, tɤ³³ khɔ³³ phɛ⁵³ a³¹ mo³³ tsi⁵⁵ tso⁵⁵.
　　　多少　斤　要　的话　砍　下　的话　多少　斤　有
　　　要多少斤，砍下就有多少斤。

（924）kɤ³¹ pa³³ kua³¹ ji⁵⁵ lɔ³¹, mɔ³¹ ji⁵⁵ lɔ³¹ phɛ³¹ na³³xɤ⁵⁵ lo⁵⁵ thi³³
　　　钱　　快 拿 DIR 不 拿 DIR 的话 你们　ACC 撵
　　　tu³³ mo³¹ a⁵³.
　　　出 要 PRT
　　　快把钱拿来，不然就把你们赶走。

（925）tçhi³¹ phu³³ji⁵⁵ phɛ⁵³, fu³¹tshu³³ thɔ³¹ ɔ⁵⁵ ɬi³³ phu³³ ji⁵⁵.
　　　犁　过 DIR 的话　饭团　一　个 扔　过　DIR
　　　犁过去时，扔一个饭团过去。

（926）pi³¹tshi⁵⁵ i⁵⁵tshu³¹ tsi³³ tu³³ lɔ¹³ phɛ⁵³ so⁵⁵ tshɛ⁵⁵ tɔ³³ xɔ³¹
　　　甘蔗　水　榨　出 DIR 的话 锅　LOC 舀
　　　tçi³³ tɛ³³ tshɔ³¹ tu¹³ tshɿ³¹ tsaŋ³¹ tshɔ³¹ mo³¹ ti⁵⁵.
　　　进 SEQP 煮 很 一阵子　煮 要 PRT

甘蔗水榨出来时，把它舀进锅里煮一阵子。

2. kuaŋ³¹ "管"，pu⁵⁵kuaŋ³¹ "不管"，汉语借词，表示条件关系。例如：

（927）kuaŋ³¹ ji⁵⁵ tshɔ⁵⁵mɔ⁵⁵ ku³³，"ku³¹ lɔ⁵⁵" tɛ³³ khu⁵⁵ mo³¹ ti⁵⁵.
　　　管　他　什么　做　回　来　OCP　喊　要　PRT
　　　管他做着什么，要"回来"地喊。

（928）kuaŋ³¹ nu⁵⁵ thoŋ³¹zɿ⁵⁵ mɔ³¹ thoŋ³¹zɿ⁵⁵，ŋɔ³³xɤ⁵⁵ a³¹tɛ³³mɛ⁵⁵ ɲi³³ wo⁵⁵
　　　管　你　同意　不　同意　我们　无论怎样　做
ji⁵⁵ mo³¹ ti⁵⁵.
DIR 要 PRT
　　　不管你同意不同意，我们都要去做的。

（929）pu⁵⁵kuaŋ³¹ ti⁵⁵ kɯ³³ sei¹³ kɯ³³，zɔ³¹ ku³¹tsu³¹ tɔ³³ mo³¹ ti⁵⁵
　　　不管　种　NOM　收　NOM　儿子　山　LOC　活计　只
wo⁵⁵ ti⁵⁵/³³，wa³³ mo³¹ ji⁵⁵xo⁵⁵ tɔ³³ mo³¹ wo⁵⁵ mo³¹ ti⁵⁵.
　　　做　PRT　他　妈　家　LOC　活计　做　要　PRT
　　　不管收种，儿子只管做山上的活计，家里的活计要他母亲
来做。

（四）表承接关系的连词

tɛ³³phɛ⁵³，a⁵⁵nɛ³³，na⁵³ "……之后"，表承接关系。表示一个动作或事件之后紧跟另一个。例如：

1. tɛ³³phɛ⁵³ 连接两个小句，表示后一个动作紧接着发生。例如：

（930）ɲi⁵⁵ kɔ³¹ tɕhɔ³³ so⁵⁵ tɛ³³phɛ⁵³，xɤ³¹ kɔ³¹ xa³³tshɿ³¹ thɔ³¹ ta³³ lɔ³¹.
　　　小　个　洗　干净　之后　大　个　鸡屎　抹　上　DIR
　　　小的（妹妹）洗干净后，大的（姐姐）把鸡屎抹上去。

（931）na⁵⁵si³¹ mɔ⁵⁵ sɔ⁵⁵ lɔ³¹ tɛ³³phɛ⁵³，vɔ³³tsu⁵⁵ tɔ³³ tshɯ³¹ ta³³ thɔ⁵³.
　　　铅巴　那　找　DIR　之后　渔网　LOC　坠　上　PFV
　　　找来铅巴后，把它坠在渔网上。

（932）xa³³ti⁵⁵ti⁵⁵ a⁵³xɤ³¹ lɔ⁵⁵ tɛ³³phɛ⁵³，wa³³ mo³¹ kɯ³³ nuɔ³³tɔ³³ lɔ³³lɔ³³
　　　小鸡　大　DIR　之后　他　妈　GEN　后面　慢慢
sɔ⁵⁵ tsɔ³¹ tshi³¹.
　　　找　吃　会

小鸡长大后，会慢慢跟在它妈妈后面找（食）吃。

2. a⁵⁵nɛ³³连结两个小句，表示时间关系，有"……后"之意。有的在第二个小句前使用汉语借词 tɕo⁵⁵"就"与之相呼应。例如：

（933） zɔ³¹mo³¹phɔ³¹kɔ³¹kɔ³³tʂo³¹　a⁵⁵nɛ³³，　tsho³¹fu³¹lɔ⁵³.

老倌　　　个听 PFV　后　　跑回 DIR

那个老倌听到后，就跑回来。

（934） a⁵⁵nuɔ³³，ŋɔ⁵⁵thi³¹ȵi³¹tɔ³³　li³³a⁵⁵nɛ³³，va³¹mɔ⁵⁵phi³¹kho³³lɔ³¹.

然后　我　街　　LOC去后　　猪那　放下 来

然后，我到了街上，就把猪放下来。

（935） tʂʅ³¹fu³¹tɛ³³　khu³¹a⁵⁵nɛ³³，xo³¹sɯ³¹xa⁵⁵mɤ³¹/⁵⁵tɛ³³　sɯ³¹

一　年 ADV 苦　后　年　　好好的　ADV 过

mo³¹ti⁵⁵.

要 PRT

苦了一年了，年要好好地过的。

（936） wo⁵⁵a⁵⁵tɕo⁵⁵kɯ³³　mo³¹zɔ³¹sɯ³¹tu³³lɔ³¹tʂʅ³¹fu³¹lu³¹a⁵⁵nɛ³³，

他　舅舅 GEN 马　小 生 出 DIR 一　岁 满 后

xo³¹thu⁵⁵lɔ⁵⁵　mɔ³¹tshi³¹.

站 起 DIR 不　会

他舅舅的小马生出来一年了，还不会站起来。

（937） a³¹ȵi⁵⁵kɔ³³tʂo³¹a⁵⁵nɛ³³，ȵi⁵⁵a⁵³.

弟弟　听 PFV 后　哭 PRT

弟弟听到后，哭了。

（938） ji⁵⁵mo⁵⁵tʂo³¹a⁵⁵nɛ³³，tɕo⁵⁵wo⁵⁵a⁵⁵tɕo⁵⁵lo⁵⁵　nɔ⁵⁵xɔ³¹.

他 见 PFV 后　就 他 舅舅 ACC 问

他见到了，就问他舅舅。

3. na⁵³在小句后表"……之后"，可以连结两个小句，表示动作的先后顺序。可直接跟在名词后使用。例如：

（939） phu³¹phi⁵⁵khɯ³¹ja⁵⁵　na⁵³，ta³¹xo³³la³¹kɯ³³　tɕi⁵³，phu³¹phi⁵⁵

普皮　到 PRT 后　客人 接 NOM 些 普皮

tʂaŋ³³mau⁵⁵tsho³¹ta³³，　mo³¹tsʅ³¹khɔ³³tɛ³³　mo⁵⁵tʂo¹³na⁵³，

毡帽　　戴 DUR 马 骑 下 SEQP 见 PFV 后

i⁵⁵phi³¹ lɛ³³　ji⁵⁵lo⁵⁵ lɔ⁵⁵tshi⁵⁵ tɔ³³xo⁵⁵ti⁵⁵,　tɕo⁵⁵ phu³¹phi⁵⁵ lo⁵⁵
老爷　AG　他 ACC来 会　ANP PRT　就　普皮　ACC
thaŋ³¹wo³³ tʂɛn⁵⁵si³¹ tɔ³³　tso⁵⁵ ta³¹ pi³¹,　tsi⁵⁵pɔ³¹ to⁵⁵ pi³¹.
堂屋　　正席　 LOC 坐 上 给　酒　　喝 给
普皮来到后，迎宾的人看到他带着毡帽，骑着马，好像是老爷
让他来的，就把他迎到堂屋，让他坐在正席，给他喝酒。

（940）a⁵⁵tshi³¹ mɔ⁵⁵ ȵi³¹　so³¹ thu³¹ zɯ³¹ na⁵³,　a⁵⁵tshi³¹ mɔ⁵⁵ zɯ³¹ thu⁵⁵
　　　　羊　　那 二　三 步　走 后　 羊　　那 走 起
mɔ³¹ ka³¹.
不　能
那只羊走了二三步后，就走不动了。

（941）phu³¹phi⁵⁵ ŋɛ³¹ thu⁵⁵ tshŋ³¹thi⁵⁵ na⁵³,　i⁵⁵phi³¹ a⁵⁵tshi³¹ mɔ⁵⁵ tsŋ³¹
　　　　普皮　 走 起　一会儿　后　 老爷　 羊　　那　骑
ta³³ tɛ³³,　ɕau³¹lu⁵⁵ tɔ³³　li³³ a⁵³.
上 SEQP　小路　 ABL 去 PRT
普皮走了一会儿后，老爷骑着羊从小路去。

（五）表选择关系的连词

mo³¹a⁵⁵phɛ³¹…mo³¹a⁵⁵phɛ³¹ "要么……要么"，表示选择关系。例如：

（942）nu⁵⁵ mo³¹a⁵⁵phɛ³¹ xo³¹tsɔ³¹ lɔ⁵⁵,　mo³¹a⁵⁵phɛ³¹ i⁵⁵tshu³¹ pa³¹ ji⁵⁵.
　　　　你　要么　　饭 吃来　 要么　　水　 挑 去
你要么来吃饭，要么去挑水。

（943）ji⁵⁵ mo³¹a⁵⁵phɛ³¹ nu³³ lo⁵⁵　ɔ⁵⁵ lɔ⁵⁵,　mo³¹a⁵⁵phɛ³¹ wa³³ pɔ³¹　lo⁵⁵
　　　　他 要么　　　你 ACC 看 来　 要么　　他 父亲 ACC
ɔ⁵⁵ ji⁵⁵.
看 去
他要么来看你，要么去看他父亲。

（六）表示让步关系的连词

ȵi⁵³ "虽然、即使、就算"，ȵi⁵³…tsai⁵³… "虽然……还……"，ȵi⁵³…
ju¹³… "虽然……又……"，表示让步关系。例如：

（944）nu⁵⁵ mɔ³¹ pɔ³¹ n̥i⁵³, ŋɔ⁵⁵ zɔ⁵⁵ ʂʅ³¹ a⁵³.

你 不 说 虽然 我 知道 PRT

虽然你不说，我也知道了。

（945）ŋɔ⁵⁵ kɤ³¹pa³³ tsa³³ n̥i⁵³, zɔ¹³phɔ³³ paŋ³³ phu³³ ji³¹ tɛ³³ tso⁵⁵

我 钱 有 就算 那边 搬 过 DIR SEQP 在

kɔ³³ mɔ³¹ nu⁵⁵.

NOM 不 想

就算我有钱，也不想搬到那边去住。

（946）ji⁵⁵xo⁵⁵tɔ³³ sɔ³¹ n̥i⁵³, wa³³ mo³¹ ji⁵⁵ lo⁵⁵ sɯ³¹ kɯ³³ xo³¹pɔ³¹pɛŋ¹³

家 LOC穷 虽然 他 母亲 他 ACC 领 NOM 蜂蜜

mɔ³¹ tshi⁵⁵ tshi⁵⁵ ti⁵⁵.

不仅 甜 PRT

虽然家里穷，母亲带他比蜂蜜还甜。

（947）ŋɔ⁵⁵ sɔ³¹lɔ³¹ xɔ³¹ɬu⁵⁵ mɔ⁵⁵ tu³³ ta³³ n̥i⁵³, tsai⁵³ ka³³ ti⁵⁵.

我 棉 衣服 那 穿 DUR虽然 再 冷 PRT

我虽然穿了棉袄，还是觉得很冷。

（948）ku³¹li⁵⁵ku³¹li⁵⁵ xɯ³¹ pu³¹ n̥i⁵³, jo¹³ thien³¹ thu⁵⁵ fu³¹ thɔ⁵³.

接二连三 挖 开 虽然 又 填 起 回 PFV

虽然接二连三地把它挖开，又填上了。

（七）表因果关系的连词

zin³¹wei⁵⁵、nɛ³³ "因为"，表示因果关系。zin³¹wei⁵⁵是汉语借词。例如：

（949）zin³¹wei⁵⁵ ŋɔ⁵⁵ tu³¹lui⁵⁵ ti⁵⁵, ŋɔ⁵⁵ tshʅ⁵⁵a³¹ li³³ nu⁵⁵ mɔ³¹ n̥i³¹.

因为 我 很累 PRT 我 一点儿 去 想 不 想

因为我实在太累了，所以一点都不想去。

（950）wo³¹ mɔ⁵⁵ xa⁵⁵ nɛ³³, tsɔ⁵⁵tso⁵⁵ ɬu³¹ çi³¹ thɔ⁵⁵ tɕa⁵³.

天 那 干 因为 庄稼 晒 死 PFV PRT

因为天干，庄稼晒死完了。

（951）a⁵⁵nuɔ³³, tu³¹sin⁵⁵ a⁵⁵ta⁵⁵ tshi⁵⁵tʂoŋ³¹ nɛ³³, ŋa³³lu⁵⁵phu³¹ mɔ⁵⁵

后来 毒心 哥哥 生气 因为 鸟笼 那

tshɛ³³ khɔ³³ tɛ³³, ɬi⁵⁵po⁵⁵lo⁵⁵ tɔ³³ phɤ³³ thɔ⁵³.

提　下　SEQP　火堆　　LOC　烧　PFV

后来，良心毒的哥哥生气了，把鸟笼提到火堆上烧了。

(952) a³¹ɳi⁵⁵ ku³³ nɛ³³ zɛn⁵⁵ mɔ³¹ phɣ³¹.

兄弟　怕　因为　认　不　敢

弟弟因为害怕，不敢承认。

（八）表假设关系的连词

nɛ³³，pha³³ "如果"，pha³³…tɕo⁵⁵… "如果……就……"，表示假设关系。例如：

(953) ji⁵⁵ a³¹ fɔ⁵⁵ ti⁵⁵ mɔ⁵⁵ ji⁵⁵ khɔ³³ nɛ³³， xo⁵⁵ tʂhuaŋ³¹ tshi³¹ ti⁵⁵.

他　这刀　那　拿下　如果　祸　闯　会　PRT

他如果拿着那把刀，会闯祸的。

(954) wo³¹ pha³³ sɔ⁵³，ŋɔ³³xɣ⁵⁵ za³¹tɕhi³³ tɔ³³ ji⁵⁵ mo³¹ a⁵³.

天气　如果　晴　我们　昆明　LOC 去　要　PRT

如果天气好的话，我们就到昆明去。

(955) ku³¹tsu³¹ vu³¹tu³¹ tɔ³³ pha⁵⁵ pha³³ khɯ⁵⁵ ja⁵³, tɕo⁵⁵ pɛ³³ta³¹lu⁵⁵

山　头　LOC　爬　如果　到　PRT　就　妖怪潭

mo⁵⁵ ka³¹ a⁵³.

见　能　PRT

只要能爬到山顶就能看到妖怪潭。

三　语气词

语气词一般位于句末，表示说话的语气和感情色彩。窝尼话中常见的语气词有 ti⁵⁵、ti³¹ti⁵⁵、a⁵³、ja⁵³、lɔ⁵³、lɛ³³等，表示陈述、疑问、建议、感叹等语气。有的在不同语境中存在变调。分述如下。

（一）lɔ⁵⁵。可表陈述语气，也可表疑问语气

1. lɔ⁵⁵表陈述语气，相当于汉语的"了"。指事件的"已然"。例如：

(956) ja⁵⁵ xɣ⁵⁵ za³¹tɕhi³³ tɔ³³ mi³¹çɛn⁵⁵ tsɔ³¹ ji⁵⁵ lɔ⁵⁵.

他们　昆明　LOC　米线　吃　DIR　PRT

他们到昆明吃米线去了。

（957）ko³¹ tsha³¹ vu⁵⁵ kɯ³³ phɔ³¹ lo⁵⁵　wo³¹ pi³¹ lɔ⁵⁵.
菜　　买的人　　　DAT 卖　给　PRT
卖给买菜的人了。

2. lɔ⁵⁵表疑问语气，相当于汉语的"吗"，希望得到听话人的回答。例如：

（958）a⁵⁵ mo³¹ mɔ⁵⁵ ŋɔ³³ lo⁵⁵　pi³¹ lɔ⁵⁵？
这马　那　我　DAT 给　PRT
把这匹马给我好吗？

（959）a⁵⁵ mo³¹ nu⁵⁵ tsɔ³¹ mo³¹ lɔ⁵⁵？
妈妈　你　吃　想　PRT
妈妈你想吃吗？

（960）ji⁵⁵ li³¹ ʂu³¹ tʂu⁵⁵ kɯ³³　tsho⁵⁵ ŋɯ⁵⁵ lɔ⁵⁵？
他　也 书　读　GEN 人　是　PRT
他也是学生吗？

（961）a⁵⁵ sɿ⁵⁵ tɕhin³¹ tshɿ³¹ thai³¹ ji⁵⁵ kɔ¹³ ʂɿ³¹ lɔ⁵⁵？
这 事情　　一　台　他 知道　　PRT
这件事情他知道了吗？

（二）ti⁵⁵用于陈述句中，表示确信的语气

（962）ji⁵⁵ kɔ¹³ ʂɿ³¹ ti⁵⁵.
他 知道　PRT
他知道的。

（963）a⁵⁵ khu³³ᐟ¹³ kɯ³³　mɔ⁵⁵ tʂhuaŋ³¹ khɔ³³ thɔ⁵⁵　mo³¹ ti⁵⁵.
这漏　　NOM 那　闯　　下　PFV 要　PRT
想把这"漏"闯摔下去。

（三）lɔ⁵³，表示提醒的语气

（964）nɔ⁵⁵ kɯ³³ tɔ³³　pi⁵³　lɔ⁵³.
疼　GEN 地方 发炎 PRT
伤口发炎了。

（965）mi³¹ tsa³¹ thu³¹ lɔ⁵³.

火燃　烧　PRT

火燃烧起来了。

（四）ti³¹ti⁵⁵表示解释的语气

（966）tho³¹xo⁵⁵tɔ³³　　nɤ³³ku³¹si³¹ɬu³¹ᐟ¹³nɛ³³　ɔ⁵⁵xo⁵⁵lɔ⁵⁵nɤ³³ku³¹si³¹
　　　　房顶　LOC　豌豆　　晒　CONJ雨　下　豌豆

tɔ³³　ɬu³³ta³³　nɛ³³　　　ma³¹tsʅ³¹phɤ³¹ji⁵⁵　ti³¹ti⁵⁵.
LOC　摔上　　CONJ　麻子变　成　DIR　PRT

因为在房顶上晒豌豆，下雨了摔在豌豆上，变成了麻子。

（967）zɔ³¹nu⁵⁵nu⁵⁵a³¹kɔ³¹wa³³mo³¹mɔ³¹ŋɛ⁵⁵kɯ³³　kɔ¹³sʅ³¹　ɛ⁵⁵nɛ³³
　　　　孩子　　这个　他　母亲不　是　NOM　知道　　　CONJ

ŋ̩i⁵⁵ti³¹ti⁵⁵.
哭　PRT

那个孩子知道不是他的母亲，就哭。

（五）a⁵³可表陈述语气，相当于"了"，表示事件的"已然"，也可表示感叹或责备语气

1. a⁵³表陈述语气，表示事件的"已然"。例如：

（968）tsho⁵⁵tɕi⁵³zɔ³¹mo³¹ŋ̩i³¹tɕi⁵³ji⁵⁵khɔ³³tɛ³³　　ta³³　ji⁵⁵　a⁵³.
　　　　人　些　那东西　些　拿　下　SEQP　上　DIR　PRT

人们拿着那些东西上去了。

（969）i⁵⁵phi³¹tɕo⁵⁵a⁵⁵tshʅ³¹mɔ⁵⁵khaŋ³¹khɔ³³tɛ³³,　　li³³　a⁵³.
　　　　老爷　就羊　那　扛　下　SEQP　去　PRT

老爷就扛着羊去了。

2. a⁵³表示感叹或责备语气。例如：

（970）ji⁵⁵tsho⁵⁵mɤ³¹tshʅ³¹kɔ³¹ŋɯ⁵⁵　a⁵³.
　　　　她人　好　一　个　是　　PRT

她是个好人哪！

（971）nu⁵⁵mo⁵⁵tʂo³¹mɔ³¹mo⁵⁵sʅ⁵⁵　a⁵³.
　　　　你　见　着　没　见　是　PRT

没见过你啦！

（972）nu⁵⁵liau³¹mɔ³¹ka³¹a⁵³.

你 了 不 得 PRT

你了不得啦！

（六）ti³¹lɔ⁵⁵、a⁵⁵lɔ⁵⁵，表示询问语气。例如：

（973）nu⁵⁵ ji⁵⁵ lo⁵⁵ tɕhi⁵⁵phu⁵⁵ tshŋ³¹ tshai⁵⁵ti³³ pi³¹ ti³¹lɔ⁵⁵？
你 他 DAT 米 一 袋子 给 PRT
你给了他一袋米？

（974）ji⁵⁵ nu³³ lo⁵⁵ tɕhi⁵⁵ tshŋ³¹ tshai⁵⁵ti³³ pi³¹ a⁵⁵lɔ⁵⁵？
他 你 DAT 谷子 一 袋子 给 PRT
他给你一袋谷子了吧？

（975）ŋɔ⁵⁵ jau⁵⁵tʂo³³ sŋ⁵⁵ tshŋ³¹thi⁵⁵ li³³ mo³¹ ti¹³ lɔ⁵⁵？
我 要着 是 一 下 去 要 PRT
我得去一趟吗？

（七）ɛ⁵⁵。表示比较缓和的疑问语气。例如：

（976）zɔ¹³tɔ³³ tshɔ⁵⁵tho³¹ tɔ³³ tshɔ⁵⁵lɔ⁵⁵ mɔ³¹ tshɔ⁵⁵ ɛ⁵⁵？
那里 热天 LOC 热 PRT 不 热 PRT
那里夏天热不热？

（977）ji⁵⁵ a³³sɯ⁵⁵ tshɔ⁵⁵mɔ⁵⁵ pɔ³¹ ɛ⁵⁵？
他 刚才 什么 说 PRT
他刚才到底说了些什么呀？

（八）ti¹³。表示疑问语气，希望得到回答。例如：

（978）ja⁵⁵xɤ⁵⁵ a³¹tɔ³³ tsha³¹tɯ³¹ vu⁵⁵ ji⁵⁵ ti¹³？
他们 哪里 盐巴 买 DIR PRT
他们到哪儿买盐巴？

（979）ji⁵⁵ zɔ³¹nu³³ a³¹tɛ³³mi⁵⁵nɛ³³ ŋɯ⁵⁵ ti¹³？
他 今天 怎么 是 PRT
他今天怎么了？

（九）lɛ³³。表示请求或希冀的语气。例如

（980） ŋɔ⁵⁵ tsai⁵³ ȵi³¹ so³¹ nu³³ tɯ³¹ çi³¹ lɛ³³.

　　　　我　再　二　三　日　等　还　PRT

　　　　我再等几天吧。

（981） ŋɔ⁵⁵ na³³ xɤ⁵⁵ tɔ³³　　tshŋ³¹ ka⁵⁵tɔ³³ mo³¹ pɔ⁵⁵ wo⁵⁵ lɔ⁵⁵　lɛ³³.

　　　　我　你们　LOC　一起　　　活计　跟　做　DIR　PRT

　　　　我来跟你们一起做活计。

（十） lo³¹。表示请求的语气

（982） nu⁵⁵ sɯ³³ tsu⁵⁵ tɔ³³ tɛ³³ za³¹ lɔ⁵⁵　lo³¹.

　　　　你　树　　ABL　下　DIR　PRT

　　　　你从树上下来吧！

（983） nu⁵⁵ ŋɔ³³ kɯ⁵⁵　tɔ³³ xo³¹ tsɔ³¹ lɔ⁵⁵　lo³¹.

　　　　你　我　GEN　家　饭　吃　　DIR　PRT

　　　　你来我们家吃饭吧！

（十一） tça⁵³表示遗憾、感叹、惊异的语气

（984） ji⁵⁵ mɔ³¹ ka³¹ tça⁵³！

　　　　他　不　得　PRT

　　　　他不行了！（他就要死了。表示惋惜、遗憾语气。）

（985） zɔ³¹ nu⁵⁵ nu⁵⁵ a³¹ kau³³　thu⁵⁵ lɔ³¹　　tça⁵³！

　　　　娃娃　　　　高　起　DIR　PRT

　　　　娃娃长高了！（表示感叹语气。）

（986） ȵi⁵⁵ ȵi⁵⁵ mɔ³³ mɔ³¹ mo⁵⁵ lɔ⁵⁵　tça⁵³.

　　　　小姑　　　不　见　DIR　PRT

　　　　小姑不见了！（表示惊异语气。）

（987） mo³¹ ȵi³¹ no³¹ ji⁵⁵　tça⁵³.

　　　　东西　坏　DIR　PRT

　　　　东西坏了。（表示惋惜、遗憾语气。）

（十二） mɔ⁵⁵。表示悲伤或无奈

（988） a³¹, ŋɔ³³ lo⁵⁵　kuai⁵⁵ mɔ³¹ ka³¹ mɔ⁵⁵.

啊　我　ACC　怪　不　得　PRT

唉，这也不怨我呀！

（十三）tɕo⁵⁵。位于表示"禁止"的祈使句末尾，缓和语气

（989）a³¹, tɕi⁵⁵kɛ³¹ji⁵⁵kɯ³³sɿ⁵⁵tshin³¹phɛ³¹　thɔ³¹pɔ³¹tɕo³³.

　　　　啊　过　去　GEN 事情　　CONJ　别　说　PRT

　　　　啊，过去的事情就不要再提了。

（990）a³¹tshu³¹lo⁵⁵　　thɔ³¹taŋ³¹ko⁵⁵tɕo⁵⁵.

　　　　别人　　ACC　别　耽搁　PRT

　　　　别耽误人家了。

（991）mɔ³¹xo³³　tɕa⁵³, thɔ³¹pɔ³¹tɕo⁵⁵.

　　　　算了　　PRT　别　说　PRT

　　　　算了吧，别说了！

（十四）ta¹³，常与 a³¹ 或 ŋɔ⁵⁵搭配使用，表示领悟或赞叹的语气

（992）a⁵⁵sɿ⁵⁵tshin³¹mɔ⁵⁵ŋɯ⁵⁵a³¹ta¹³！

　　　　这　事情　　那　是　PRT

　　　　原来是这件事！

（993）a⁵⁵ku³¹tsu³¹mɔ⁵⁵xɤ³¹pu⁵⁵　ŋɔ⁵⁵ta¹³！

　　　　这　山　　那　大　相当　PRT

　　　　好大的一座山哪！

四　感叹词

感叹词没有比较具体、实在的词义，常出现在句首，主要表示表示喜悦、赞叹、意外、惊讶、鄙视、唾弃、惊疑、斥责、叹息、无可奈何等情感。窝尼话中常见的有 wo³¹、a³¹、xeŋ³¹、ei⁵³、ai³¹、phei⁵³、ai³¹ja³¹、ai⁵⁵ja³¹等，句末常跟与之对应的语气词。

（一）wo³¹，表示提醒或领悟

（994）wo³¹, ŋɔ⁵⁵zɔ⁵⁵sɿ³¹a⁵³！

哦 我 知道 PRT

哦，我明白了！

（995） wo³¹, ji⁵⁵ tsho⁵⁵ mɤ³¹ mɔ³¹ ŋɯ⁵⁵!

哦 他 人 好 不 是

哦，他不是好人！

（二） a³¹，表示意外或惊讶，悲伤或无奈

（996） a³¹, nu⁵⁵ ŋɔ³³ lo⁵⁵　ku³³thi¹³ nɛ³³　ŋɔ⁵⁵ ku³³sɿ⁵⁵ thɔ⁵³ pɯ⁵⁵ thu⁵⁵

啊 你 我 ACC 吓　CONJ 我 吓死 PFV 跳 起

lɔ¹³!

DIR

啊！你吓了我一跳！

（997） a³¹, jo¹³ a³¹tɛ³³mɛ⁵⁵ ŋɯ⁵⁵?

啊 又 怎么　　是

哟，怎么回事呀？

（998） a³¹, zi⁵⁵sɿ³³ tu¹³ tsa³³ pu⁵⁵　ti⁵⁵!

啊 意思 很 有 相当 PRT

啊，真是有意思得很！

（三） xeŋ³¹，表示鄙视或唾弃

（999） xeŋ³¹, nu⁵⁵ ja⁵⁵xɤ⁵⁵ li³¹mɛ⁵⁵ tsho⁵⁵ mɤ³¹ mɔ³¹ ŋɯ⁵⁵ ta¹³.

哼 你 他们 像 人 好 不 是 PRT

哼！你就跟他们是一样的坏。

（1000） xeŋ⁵³, ma³³ ti⁵⁵!

哼 梦 做

哼，做梦！

（四） ei⁵³，表示面对面打招呼或询问

（1001） ei⁵³, nu⁵⁵ a³¹ɕi⁵⁵　lo⁵⁵　sɔ⁵⁵ ɛ⁵⁵?

喂 你 谁　ACC 找 PRT

喂，你找谁？

（1002）ei⁵³, nu⁵⁵ xa¹³ tɔ³³ tshɔ⁵⁵ mɔ⁵⁵ ku³³ ɛ⁵⁵?
喂 你 这里 什么 整 PRT
喂，你在这里做什么？

（五）ai³¹，表示提醒或叹息

（1003）ai³¹, to³¹ thi⁵⁵ tshi³³ ȵi⁵⁵ pi³¹!
哎 声音 一点 小 让
哎，小声点儿！

（1004）ai³¹, ta³¹ tsu³³ tʂu³³ ji⁵⁵ mɔ³¹ tsa³³ tɕa⁵³!
哎 当真 主意 没 有 PRT
唉，真的没有办法呐！

（六）phei⁵³，表示斥责

（1005）phei⁵³, a⁵⁵ kɔ³¹ ma³³ phu³¹ mɔ³¹ mo³¹!
呸 这个 脸 不 要
呸，真不要脸！

（1006）phei⁵³, nu⁵⁵ xun³³ mɛ⁵⁵ tsho⁵⁵ lo⁵⁵ thɔ³¹ phen⁵⁵!
呸 你 混 ADV 人 ACC 别 喷
呸！你不要血口喷人！

（七）ai³¹ja³¹，表示抱怨

（1007）ai³¹ja³¹, ŋɔ⁵⁵ nɔ⁵⁵ ɕi³¹ a⁵³!
哎呀 我 疼 死 PRT
唉哟！疼死我了！

第六章

短语结构

短语是大于词、小于句子的语法单位，由两个或两个以上的词按照一定的规则组合而成。根据构成短语的词的词类性质和词与词之间的语法关系，可把窝尼话的短语结构分为并列短语、偏正短语、主谓短语、述宾短语、述补短语、连谓短语六种。

一 并列短语

并列短语由两个或两个以上的实词并列组成。组成成分之间是平等关系。组成成分一般是名词，少数是方位词和代词。组成成分之间一般须用连词 çi⁵³nɛ³³ "和" 连结。例如：

 nɛ³¹pɛ⁵⁵ çi⁵³nɛ³³ ma³³pi⁵⁵

鼻涕 和 眼泪

鼻涕和眼泪

ɳi⁵⁵ɳi⁵⁵mɔ³³ çi⁵³nɛ³³ a⁵⁵tshu³¹

小姑 和 嫂嫂

小姑和嫂嫂

pu³³lu³³pɛ⁵⁵lɛ⁵⁵ çi⁵³nɛ³³ si³¹xo³¹

丝瓜 和 黄瓜

丝瓜和黄瓜

tsho⁵⁵ çi⁵³nɛ³³ xɔ³¹ɬɔ³¹

人 和 老虎

人和老虎

wo³¹to⁵⁵ çi⁵³nɛ³³ khɯ⁵⁵ta³¹lɔ⁵⁵mɔ³³khɯ⁵⁵tsho³¹

云 和 彩虹

云和彩虹

phu⁵⁵ çi⁵³nɛ³³ sɿ⁵⁵

银 和 金

金和银

a³¹ŋɔ⁵⁵ çi⁵³nɛ³³ a³¹pi⁵⁵

大鹅 和 鸭子

wo³¹ çi⁵³nɛ³³ mi⁵⁵tsha³¹

天 和 地

大鹅和鸭子 　　　　　　　　　　天和地

ji^{55}ɕi^{53}nɛ^{33}ŋa^{33}mɔ^{33} 　　　zu^{31}phɔ^{31}ɕi^{53}nɛ^{33}ja^{55}xɤ^{55}

她和　　鸟王 　　　　　　　　　公公　　和　　他们

她和凤凰 　　　　　　　　　　　公公和他们

二　偏正短语

从短语结构的中心语是体词性的还是谓词性的，以及短语结构的句法功能来看，偏正短语可分为体词性偏正短语和谓词性偏正短语。

（一）体词性偏正短语

体词性偏正短语以体词为中心语，其修饰语可以是名词、形容词、代词、指示词、数量词等词类。

1. 名词修饰名词。有"名词 + 名词"和"名词 + 助词 + 名词"两种格式。两种格式中，前面的名词都是修饰语，后面的名词都是中心语。中间加属格标记 kɯ^{33} 凸显中心语的地位。例如：

a^{55}tsu^{33} + i^{55}tshu^{31} → 乳汁 　　fɔ^{55}ti^{55} + pu^{31}tu^{33}lu^{33} → 刀鞘

乳房　　水 　　　　　　　　　刀　　套子

i^{55}tshu^{31} + mi^{33}tsho^{55}lo^{55} → 水碓 　ku^{31}tsu^{31} + kɔ^{55}mɔ^{33} → 山路

水　　碓 　　　　　　　　　　山　　路

ku^{31}tsu^{31} + vu^{31}tu^{31} → 山顶 　　ku^{33}nu^{31} + kɔ^{31}mi^{33} → 糯米面

山　头 　　　　　　　　　　　糯米　　面粉

mɯ^{55}khɯ^{31} + ta^{31}lu^{55} → 粪塘 　na^{31}pu^{55} + tʂʅ^{31} → 耳屎

粪　　　潭子 　　　　　　　　耳朵　　屎

na^{31}pu^{55} + zo^{31}kho^{55} → 耳孔 　na^{55}tɕhi^{33} + tsha^{31}tshi^{31} → 土墙

耳朵　　洞 　　　　　　　　　土　　墙

a^{31}ɲi^{55} + khɤ^{31}mɔ^{33} → 弟妇 　ko^{31}tsha^{31} + xɔ^{55}kho^{55} → 菜园

弟弟　　媳妇 　　　　　　　　菜　　园子

pi^{31}tshi^{55} + i^{55}tshu^{31} → 甘蔗水 　pi^{31}tshi^{55} + xa^{33}pha^{31}la^{31} → 甘蔗叶

甘蔗　　水 　　　　　　　　　甘蔗　　叶子

xa³¹ŋi³¹ + sɔ⁵⁵pɔ³¹→ 窝尼糖　　　　vu³¹tu³¹ + zo³³kɯ⁵⁵lɯ⁵⁵→ 头皮

窝尼　　糖　　　　　　　　头　　　皮

xa³¹ŋi³¹ + zɔ³¹→ 窝尼娃娃　　　　ma⁵⁵phu³¹ + sʅ³¹tsʅ³³→ 洗脸毛巾

窝尼　　娃　　　　　　　　脸　　　　毛巾

khɤ³¹ + çi⁵⁵→ 狗身上的虱子　　　sɔ³¹lɔ³¹ + kai⁵⁵ɬu³³→ 棉被

狗　　虱　　　　　　　　棉花　　被子

εn⁵³ + kɯ³³ + lu³¹pa³¹→ 水牛盘胸

水牛　GEN　盘胸

ε¹³lo³³ + kɯ³³ + zu³³mo³¹→ 鹅毛

鹅　　　GEN　毛

wa³³ta⁵⁵ + kɯ³³ + pε³¹ku³¹→ 哥哥的砍刀

哥哥　　GEN　砍刀

zɔ³¹nu⁵⁵nu⁵⁵ + kɯ³³ + taŋ⁵⁵koŋ³³→ 孩子的弹弓

孩子　　　　GEN　弹弓

时间名词修饰普通名词时，须在时间名词之后加属格标记 kɯ³³。例如：

su³¹na³³ + kɯ³³ + xo³¹→早饭　　　vu³¹tshi³³ + kɯ³³ + xo³¹→晚饭

早上　　GEN　饭　　　　　晚上　　GEN　饭

2. 形容词修饰名词。有五种格式：①"名词＋形容词"；②"形容词＋属格标记 kɯ³³＋名词"。第一种格式是无标记形式，是 SOV 语言的普遍特征，也是藏缅语许多语言都存在的普遍现象。但是，副词修饰形容词时，采用第二种格式，副词位于形容词之前，构成修饰格式。③"副词＋形容词＋属格标记 kɯ³³＋名词"；④"形容词重叠形式＋kɯ³³＋名词"；⑤"名词＋形容词＋kɯ³³＋名词"。可以看出，后面几种修饰格式都是第二种格式的衍伸。原因是第一种格式两个概念之间的关系比较紧密，是不可让渡的关系。第二种格式形容词与名词的结合比较松散，是可让渡的，因而更容易衍伸为其他格式。

1）名词＋形容词

tsho⁵⁵ + mɤ³¹→ 好人　　　　　xo³¹ + pai³³→ 稀饭

人　　好　　　　　　　　饭　　稀

tsho⁵⁵ + sɯ³¹→ 陌生人　　　　tsho⁵⁵ + laŋ³¹→ 懒人

人　　生　　　　　　　　人　　懒

zɔ³¹ + sɔ³¹→穷孩子
孩　穷

va³¹ + tshu⁵⁵→肥猪
猪　肥

mi⁵⁵ + na³³→黑痣
痣　黑

ŋɔ³¹sɔ³¹ + phi⁵⁵ȵi⁵⁵→红鱼
鱼　　　红

ŋɔ³¹sɔ³¹ + xɤ³¹→大鱼
鱼　　大

mi³³pɛ³¹ + xɤ³¹→大裂缝
裂缝　　大

tsho⁵⁵ + nɔ⁵⁵→病人
人　病

xo³¹ + mi³³→热饭
饭　热

sɯ³³tso⁵⁵ + pɛ⁵⁵ku³¹lu³¹→弯弯的树
树　　　　弯弯的

ji⁵⁵xo⁵⁵ + zo³¹mo³¹mo³¹→老房子
房子　　老

表示颜色的形容词修饰名词时，常使用声母为"l"，韵母与修饰词韵母发音部位相同的音节作为配音音节。例如：

a⁵⁵tshɿ³¹ + na³³ + la³³→黑山羊
山羊　　黑　配音音节

a⁵⁵tshɿ³¹ + phu⁵⁵ + lu⁵⁵→白山羊
山羊　　白　配音音节

a⁵⁵tshɿ³¹ + sɿ⁵⁵ + li⁵⁵→黄山羊
山羊　　黄　配音音节

nu³¹sɛ⁵⁵ + na³³ + la³³→黑芝麻
芝麻　　黑　配音音节

少数词的配音音节在前，修饰词在后，配音音节的韵母与修饰词相同。有的修饰词与配音音节已不能拆析。例如：

fu⁵⁵nu⁵⁵ + phi⁵⁵ + ȵi⁵⁵→红菌
菌　　　配音音节　红

a⁵⁵tshɿ³¹ + lɛ⁵⁵ + kɛ³¹→花山羊
山羊　　花

2）形容词 + kɯ³³ + 名词。这种格式可以使用多个形容词对中心语进行修饰。例如：

laŋ³¹ + kɯ³³ + nɔ⁵⁵ku⁵⁵→懒病
懒　　的　病

xa³³ + kɯ³³ + sɔ⁵⁵pɔ³¹→价格高的红糖
贵　　的　红糖

sai³³ + kɯ³³ + zu³³ve³³→美丽的花儿
美丽　的　花

sɔ³¹ + kɯ³³ + khu³¹ + kɯ³³ + mi⁵⁵tsha³¹→苦难的地方
难　　的　苦　的　地方

3）副词 + 形容词 + kɯ³³ + 名词。常用的副词有 xa⁵⁵"很"和 tu¹³

"相当"。例如：

$xa^{55} xɤ^{31} kɯ^{33} ŋɔ^{31}sɔ^{31}$　　　　　　　$tu^{13} xɤ^{31} kɯ^{33} ŋɔ^{31}sɔ^{31}$

很 大 的 鱼　　　　　　　　　相当大 的 鱼

很大的鱼　　　　　　　　　　相当大的鱼

$xa^{55} mɤ^{31} kɯ^{33} tsho^{55}$　　　　　　　$tu^{13} mɤ^{31} kɯ^{33} tsho^{55}$

很 好 的 人　　　　　　　　相当 好 的 人

很好的人　　　　　　　　　　相当好的人

$xa^{55} sai^{33} kɯ^{33} zɔ^{31}mi^{31}$　　　　　　$tu^{13} sai^{33} kɯ^{33} zɔ^{31}mi^{31}$

很 漂亮 的 姑娘　　　　　　相当 漂亮 的 姑娘

很漂亮的姑娘　　　　　　　　相当漂亮的姑娘

4）形容词重叠形式 + $kɯ^{33}$ + 名词

$tshu^{55}tshu^{55} kɯ^{33} va^{31}thi^{31}$　　　　　$phi^{55}n̠i^{55}n̠i^{55} kɯ^{33} wo^{31}to^{55}$

肥肥　　　 的 野猪　　　　　红红　　 的 云彩

肥肥的野猪　　　　　　　　　红红的云彩

$ni^{55}ni^{55}nu^{13}nu^{31} kɯ^{33} xɔ^{31}ɬu^{55}$　　$tsha^{31}n̠i^{55}n̠i^{55} kɯ^{33} sɯ^{33}tso^{55}$

丁丁吊吊　 的 衣服　　　　　绿茵茵　　 的 树

丁丁吊吊的衣服　　　　　　　绿茵茵的树

5）名词 + 形容词 + $kɯ^{33}$ + 名词

$nu^{33}mɔ^{33} tu^{31/13} kɯ^{33} a^{55}ta^{55}$　　　$nu^{33}mɔ^{33} na^{33} kɯ^{33} a^{55}tshu^{33}$

心 毒 的 哥哥　　　　　　　心 黑 的 嫂嫂

心毒的哥哥　　　　　　　　　心黑的嫂嫂

3. 代词修饰名词。可分为四种情况：人称代词修饰名词；指示代词修饰名词；疑问代词修饰名词；处所指示代词修饰名词。

1）人称代词 + $kɯ^{33}$ + 名词

$ŋɔ^{33}xɤ^{55} kɯ^{33} ji^{55}xo^{55}$　　　　　　　$nu^{33} kɯ^{33} xɔ^{55}kho^{55}$

我们 的 房子　　　　　　　你 的 菜地

我们的房子　　　　　　　　　你的菜地

$na^{33}xɤ^{55} kɯ^{33} ko^{31}to^{31}$　　　　　　　$ji^{55} kɯ^{33} to^{31}pɔ^{31}$

你们 的 手镯　　　　　　　他 的 话

你们的手镯　　　　　　　　　他的话

如果中心语是亲属称谓名词，代词后不须使用领属格标记。例如：

wa³³ ta⁵⁵   wa³³ n̠i⁵⁵

他　哥哥   他　弟弟

他的哥哥   他的弟弟

wa³³ mo³¹   nu⁵⁵ li³¹ tɕi³¹ li³¹ mɔ³³

他　母亲   你　孙子　孙女

他的母亲   你的孙子孙女

ŋɔ¹³ mo³¹   wo⁵⁵ zɔ³¹ mi³¹

我　母   她的　女儿

我的母亲   她的女儿

2）指示代词 + 名词。指示代词 a⁵⁵mɔ⁵⁵ 或 zɔ³¹mɔ⁵⁵ 对名词进行修饰时，中心语常插于其中。可省略 mɔ⁵⁵。例如：

a⁵⁵ ko³¹ to³¹ mɔ⁵⁵   a⁵⁵ la³¹ pi³¹ mɔ⁵⁵

这 手镯　　那   这 戒指　　那

这只手镯   这个戒指

zɔ³¹ wo³¹ tsho³¹ mɔ⁵⁵   a⁵⁵ kai⁵⁵ nu³³ n̠i³¹ ku³¹

那　帽子　　那   这 鞋子　　两　　双

那顶帽子   这两双鞋子

3）疑问代词 + 名词

a³¹ ɕi⁵⁵ kɯ³³ tshi³¹ ku³¹   tshɔ⁵⁵ mɔ⁵⁵ kɯ³³ tsho⁵⁵

谁　　GEN 锄头   什么　　　GEN 人

谁的锄头   什么人

4）处所指示代词 + 名词

a¹³ tɔ³³ kɯ³³ tsɔ⁵⁵ tso⁵⁵   zɔ¹³ tɔ³³ kɯ³³ xo³¹ pɔ³¹

这里　GEN 庄稼   那里　　GEN 蜜蜂

这里的庄稼   那里的蜜蜂

xɔ¹³ tɔ³³ kɯ³³　tsho⁵⁵   zɔ¹³ tɔ³³ kɯ³³　a³¹ pi⁵⁵

这里　GEN　人   那里　　GEN　鸭子

这里的人   那里的鸭子

4. 数量短语修饰名词，常见的有以下三种形式。

1）数量短语位于中心语之后，语序为"中心语 + 形容词 + 数词 + 量词"。例如：

zɔ³¹mo³¹tshɿ³¹kɔ³¹   mi³¹tsa³¹tshɿ³¹vi⁵⁵

老人　一　个　　　柴　　一　背

一个老人　　　　　一背柴

xo³¹so³¹pi⁵⁵　　　　　ɯ⁵⁵tsho⁵⁵thɔ³¹ɔ⁵⁵

饭　三　顿　　　　　坝塘　　一　个

三顿饭　　　　　　一个坝塘

2）数量短语可以和指示代词一起修饰名词，指示代词位于中心语之前，数量短语位于中心语之后。例如：

a⁵⁵sɯ³³tso⁵⁵tshɿ³¹tso⁵⁵   a⁵⁵ko³¹to³¹tshɿ³¹pha³³la³³

这树　　　一　棵　　　这手镯　一　只

这一棵树　　　　　这一只手镯

3）数量短语和形容词重叠形式一起修饰名词。数量短语位于中心语之后，形容词重叠形式可位于中心语前，也可位于其后，构成"名词＋形容词重叠形式＋数量短语"或"形容词重叠形式＋（kɯ³³）＋名词＋数量短语"。例如：

ta³¹lu⁵⁵ji³¹xɤ³¹lɛ³³lɛ⁵⁵thɔ³¹ɔ⁵⁵   tsho⁵⁵ji⁵⁵xɯ³¹xɯ³¹tshɿ³¹kɔ³¹

潭子　大大　　　　一　个　　人　小小　　　一　个

一个大大的潭子　　　　小小的一个人

ji³¹xɤ³¹lɛ³³lɛ⁵⁵xɔ³¹ɬɔ³¹thɔ³¹ɔ⁵⁵   a⁵⁵ti⁵⁵ti⁵⁵kɯ³³fu³³tsha³¹thɔ³¹ɔ⁵⁵

大大　　　老虎　一　只　　小小　GEN　老鼠　一　只

一只大大的老虎　　　　一只小小的老鼠

（二）谓词性偏正短语

谓词性偏正短语的中心语主要是动词或形容词，其修饰语常为副词或形容词。

1. 动词的修饰语。主要可分为四种：①副词修饰动词时，常加助词mɛ⁵⁵位于动词之前，少数表示频率的副词可不用mɛ⁵⁵，其表达式是"副词（mɛ⁵⁵）＋动词"。②形容词重叠形式修饰动词时，常在其后加助词tɛ³³，有的也可省略tɛ³³。部分副词也有相同用法。其表达式为"形容词/副词（tɛ³³）＋动词"。③tɕha⁵³"一点儿"，tshi³¹、tshi⁵⁵a³¹"稍微、一点"可修饰动词，表示动作或行为发生的程度。④程度副词tu¹³或pu⁵⁵也常修饰心理动词，表示高兴、喜欢或憎恨的程度。

1）副词（mɛ⁵⁵）＋动词

thi³¹lɔ⁵⁵mɔ³¹la³¹ tsha⁵⁵tɕhi³³

经常　　　　吵－REC

经常吵架

xun³³pu⁵⁵lɔ⁵⁵ka¹³ pɔ³¹

乱七八糟　　　说

乱七八糟地说

ku³¹li⁵⁵ku³¹li⁵⁵ xɯ³¹

接二连三　　　挖

接二连三地挖

xun³³mɛ⁵⁵ pɔ³¹

混　ADV　说

乱说

xo¹³xo³¹mɛ⁵⁵ mo⁵⁵tʂo³¹

恰巧　ADV　见　PFV

恰巧看见

a³¹tɛ³³mi⁵⁵nɛ³³ ku³³

怎么　　　整

怎么办

tɕaŋ³³tɕaŋ³³ ku³¹lɔ⁵³

刚刚　　回　DIR

刚回来

ji⁵⁵tsʐ³¹mɛ⁵⁵ pɔ³¹

一直　ADV　说

一直说

tshʐ³¹thi⁵⁵mɛ⁵⁵ zɯ³¹

一下　　ADV　走

马上走

na⁵⁵pu³¹na⁵⁵li³³ mɛ⁵⁵nu³¹ta³³

泥糊糊　　　　ADV　粘　DUR

泥糊糊地粘着

2）形容词/副词（tɛ³³）＋动词

xa⁵⁵mɤ³¹/⁵⁵tɛ³³ wo⁵⁵

好好　　ADV　做

好好做

tɯ¹³tɯ³³tɛ³³ zɯ³¹

静静　ADV　流

静静地流

i⁵⁵mo³³lo³¹tɛ³³ zɔ³³

那么多　ADV　得

得到那么多

tʂaŋ³¹tɛ³³ xo³¹thu⁵⁵lɔ⁵³

一下 ADV 站　起　DIR

一下站起来

pu⁵⁵ti³¹ti³¹tɛ³³ phu³¹ta³³

凶猛　　ADV　扑　上

凶猛地扑上

phi⁵⁵ɳi⁵⁵ɳi⁵⁵tɛ³³ pɔ⁵⁵

红红　　ADV　亮

红红地亮

i⁵⁵mo³¹tɛ³³ tshi³¹kuai⁵⁵

如此 ADV 奇怪

如此奇怪

tshʐ³¹pu³¹xɔ⁵⁵sa³³tɛ³³ i⁵⁵phu⁵⁵

到处　　　　ADV　躲

到处躲

lo³³lo³³zɯ³¹   na³¹na³¹thu⁵⁵

慢慢 走   早早 起

慢慢走   早早起

3）tɕha⁵³ "一点儿" / tshi³¹，tshi⁵⁵a³¹ "稍微、一点" + 动词。tshi³¹
有变体tshɻ³¹，经常变为高平调55。例如：

tɕha⁵³sɛn³¹   tɕha⁵³sɔ³¹pi³¹

一点 省   一点 撒 给

省一点儿   撒一点给

tɕha⁵³to⁵⁵   tɕha⁵³ji⁵⁵

一点 喝   一点 拿

喝一小点   拿一小点

tshi⁵⁵a³¹ʂɻ³³tu³³lɔ¹³   tshɻ⁵⁵a³¹li³³nu⁵⁵mɔ³¹ȵi³¹

一点 拉 出 DIR   一点 也 想 不 想

一点拉出来   一点都不想

tsi⁵⁵phu⁵⁵tshi³¹ji⁵⁵tu³³lɔ³¹   xa³³tsa³³tshi⁵⁵thɯ³¹tu³³lɔ³¹

甜酒 一点 拿 出 DIR   力气 一点 使 出 DIR

拿出一点甜酒来   力气使出一点来

4）程度副词tu¹³或pu⁵⁵修饰心理动词，tu¹³位于动词之前，pu⁵⁵位于动
词之后，常接语气助词ti⁵⁵，表达式为"tu¹³ + 心理动词 + （ti⁵⁵）"或"心
理动词 + pu⁵⁵ + （ti⁵⁵）"。例如：

tu¹³tshi⁵⁵tʂoŋ³¹   tu¹³kɛ⁵⁵sɻ⁵⁵

很 气愤   很 高兴

很气愤   很高兴

tu¹³ku³³   kɛ⁵⁵ pu⁵⁵ ti⁵⁵

很 怕   高兴 相当 PRT

很怕   非常高兴

xen⁵⁵ pu⁵⁵ ti⁵⁵   tu¹³kɛ⁵⁵sɻ⁵⁵pu⁵⁵ ti⁵⁵

恨 相当 PRT   很 高兴 相当 PRT

非常恨   非常高兴

2. 形容词的修饰语

窝尼话中常用程度副词tu¹³或pu⁵⁵来修饰形容词。tu¹³位于形容词之前，

pu⁵⁵位于形容词之后。tu¹³和 pu⁵⁵还可分别位于形容词前、后对其进行修饰。除此之外，tɕi⁵⁵常位于形容词之后，表示形容词最高级"最"。tɕha⁵³"一点"，tshi³¹"一点、稍微"也常常放在形容词前表示程度。

1）tu¹³ + 形容词

tu¹³ sai³³	很漂亮	tu¹³ mɔ³¹	很多
tu¹³ ka³³	很冷	tu¹³ laŋ³¹	很懒
tu¹³ mɤ³¹	很好	tu¹³ xɤ³¹	很大
tu¹³ xa³³	很贵	tu¹³ ȵi⁵⁵	很红

2）形容词 + pu⁵⁵

na³¹ pu⁵⁵	相当深	mi³³ pu⁵⁵	相当暖和
xɔ³¹ pu⁵⁵	相当困苦	mɤ³¹ pu⁵⁵	相当好

3）tu¹³ + 形容词 + pu⁵⁵

tu¹³ mi³¹ pu⁵⁵	非常饿	tu¹³ sa³¹ pu⁵⁵	非常害羞
tu¹³ xɤ³¹ pu⁵⁵	非常大	tu¹³ xa³³ pu⁵⁵	非常贵
tu¹³ ʂɛn³¹ pu⁵⁵	非常神	tu¹³ tshi⁵⁵ pu⁵⁵	非常甜

4）形容词 + tɕi⁵⁵

kau³³ tɕi⁵⁵	最高	ȵi⁵⁵ tɕi⁵⁵	最红
mo⁵⁵ tɕi⁵⁵	最长	mo³³ tɕi⁵⁵	最成熟

5）tɕha⁵³"一点"／tshi³¹"一点、稍微" + 形容词。tshi³¹有变体 tshη³¹低降调31常变为高平调55。例如：

tɕha⁵³ ʂʅ³¹	tɕha⁵³ li³¹ mɔ³¹ mo³¹
一点 远	一点 也 不 老
远一点儿	一点也不老
phi⁵⁵ ȵi⁵⁵ tshi³¹ ȵi⁵⁵	tshη⁵⁵ xɤ³¹
红　稍微 红	稍微 粗
稍微红一点	稍微粗一点
tshi³¹ ka³³	tshi³¹ mɤ³¹
稍微 冷	稍微 好
稍微冷	稍好
to³¹ thi⁵⁵ tshi³¹ xɤ³¹	to³¹ thi⁵⁵ tshi³¹ ȵi⁵⁵
声音　一点 大	声音　一点 小

声音大一点　　　　　　　　声音小一点

三　主谓短语

主谓短语表示陈述与被陈述的关系。窝尼话中前面部分通常是被陈述的对象，一般由体词性成分充当。后面部分是谓语，对前面的事物进行陈述，主要由谓词性成分充当。

（一）名词 + 动词

$ɔ^{55}xo^{55}\ khu^{33}$　　　　　　　$faŋ^{31}\quad ka^{33}$
雨　　漏　　　　　　　　　　雪　　下
漏雨　　　　　　　　　　　　下雪

$ȵi^{55}phu^{55}\ ka^{33}$　　　　　　$khɤ^{31}\ ɬu^{55}$
霜　　下　　　　　　　　　　狗　　叫
霜　　　　　　　　　　　　　狗叫

$nu^{31}phɔ^{31}\ mɤ^{55}$　　　　　　$to^{31}\ mɛ^{31}\ li^{31}$
公牛　　叫　　　　　　　　　尾巴　　翘
公牛叫　　　　　　　　　　　翘尾巴

$zu^{55}si^{31}\ tu^{31}$　　　　　　　$ɔ^{55}tshɔ^{55}\ xa^{55}$
果子　结　　　　　　　　　　太阳　　辣
结果子　　　　　　　　　　　太阳辣

$pa^{33}pu^{31}\ xai^{31}$　　　　　　$ta^{31}xo^{33}\ lɔ^{55}$
棍子　断　　　　　　　　　　客人　来
棍子断　　　　　　　　　　　客人来

$a^{31}ŋɔ^{55}\ ku^{31}\ lɔ^{55}$　　　　$nu^{31}\ xɔ^{55}\ tɕhi^{31}$
大鹅　回　DIR　　　　　　　牛　田　犁
大鹅回来　　　　　　　　　　牛犁田

（二）名词 + 动词 + 趋向助词

$khɤ^{31}\ tsho^{31}\ phu^{33}\ lɔ^{31}$　　　$ka^{33}tho^{31}\ khɯ^{55}\ lɔ^{55}$
狗　　跑　　过　DIR　　　　冷天　　到　DIR

狗跑过来

ɔ⁵⁵tshɔ⁵⁵ tu³³ lɔ⁵⁵

太阳　　出　DIR

太阳出来

wo³¹to⁵⁵ zɯ³¹ pi³³ ja⁵³

云彩　　走　散　PRT

云彩四散而去。

冬天到

wo³¹ɬi⁵⁵ ɬi⁵⁵ phu³³ lɔ³¹

风　　　刮过　　DIR

风吹过来

su³¹ku³¹lɔ⁵⁵ ma³³ mɔ³¹ tshi⁵⁵.

野枇杷　　　　不　甜

野枇杷不甜

（三）名词 + 形容词

ɔ⁵⁵tshɔ⁵⁵ xa³³

太阳　　辣

太阳辣

xo³¹ xaŋ³³

饭　软

饭软

xo³¹ nɔ³¹

饭　扒

饭扒

wo³¹ nɔ³³

天　阴

阴天

wo³¹ ʑɔ⁵³

天　晴

晴天

ka⁵⁵ta³³ xa³³

坡　　陡

坡陡

ka³¹pa³¹ tshi⁵⁵

粑粑　甜

粑粑甜

nu³³mɔ³³ na³³

良心　黑

良心黑

wo³¹ kɯ³³

天　干

天旱

vu³¹nɯ³¹ po³³

脑筋　　灵

脑筋灵

四　述宾短语

述宾短语中述语表示动作或行为，宾语表示与述语相关联的事物，与述语之间是相关、支配的关系。窝尼话是 SOV 语序，带单宾语的述宾结构为 OV 语序，带双宾语的述宾结构的语序为"间接宾语 + 直接宾语 + 谓语"。窝尼话由于句子主语、宾语都出现在动词谓语前，因此述宾结构和主谓结构在语序上是一致的。如何对这两种结构进行区分。本书认为主要有三个方面：① 主谓结构中，述语与主语的关系是描述关系。述宾结构中是支配关系。② 主谓结构中，述语前的主语多为有生命名词，能够发出动作。无生命名词多为表示自然现象名词，与其相关的动作不能被支配，如"刮风"、"下雨"等。述宾结构中谓语前的宾语为受事宾语。结构中如果宾语不能发出动作，结构为 OV。如果宾语是能发出动作的有生命名词，则须使用宾格标记 lo^{55}，表明其受事地位，否则会产生歧义，结构为"O + lo^{55} + V"。③ 谓语是心理动词时，其前面的成分如果是无生命名词，则为宾语。如果其前面成分是生命度高的名词，则在其后加 lo^{55} 来表示其宾语地位。如果没有 lo^{55}，则为主语，与谓语构成主谓结构。

（一）单宾语结构

单宾语结构中动词后面只出现一个受事，但不同类型和属性的动词与不同性质的宾语相关联。

1. 受事 + 动作。宾语是动作的受事，常由名词或名词短语充当。例如：

tsʅ^{55} li^{31}	mo^{31} wo^{55}	i^{55} tshu^{31} pa^{31}
字　写	活计　做	水　　挑
写字	做活计	挑水
fɔ^{55} ti^{55} si^{31}	tsho^{55} thɛ^{55}	xɔ^{55} kha^{33}
刀　磨	人　打	田　耙
磨刀	打人	耙田
xo^{31} sɔ^{55}	va^{31} fu^{55}	xo^{31} wo^{55}
饭　找	猪　养	饭　煮
讨饭	养猪	煮饭
lu^{55} ta^{31} tsha^{31}	ka^{31} mi^{33} tsi^{33}	jaŋ^{31} tɕɛn^{31} vu^{55} lɔ^{31}
故事　讲	面　　磨	肥皂　买　DIR
讲故事	磨面	买肥皂来
xɔ^{55} ɬu^{31} tɕhi^{31}	xɔ^{55} na^{33} phɤ^{33}	i^{55} tshu^{31} xɔ^{55}
田　犁	荒地　烧	水　　倒
犁田	烧荒地	倒水

i⁵⁵tshu³¹phi³¹　　　ka³¹xa³³thi³¹　　　ka³¹pa³¹　phɣ³³

水　放　　　力气　使　　　粑粑　烧

放水　　　　　用力　　　　烧粑粑

khɣ³¹mɔ³³sɔ⁵⁵　　　ɯ³¹pu³¹xi⁵⁵　　　mi³¹pu³³pɯ³³

媳妇　找　　　饱嗝　打　　　枪　打

娶媳妇　　　　打饱嗝　　　　打枪

2. 受事 + 心理动词。宾语是心理行为动词的对象。例如：

ji⁵⁵xo⁵⁵zɔ³¹mo³¹mo³¹mɔ⁵⁵si³¹xuaŋ³³　　ço³¹sɛn⁵⁵lo⁵⁵kuaŋ³¹sin³¹

房子　老　　那　喜欢　　　学生　ACC　关心

喜欢那所老房子　　　　　　关心学生

mi³¹tsa³¹tɣ³³nu⁵⁵mɔ³¹n̠i³¹　　　tho³¹tso⁵⁵mɔ⁵⁵xen⁵⁵

柴　砍想　不　想　　　松树　那　恨

不想砍柴　　　　　　　　憎恨那棵松树

3. 名词 + 数量 + 动作

tshη⁵⁵a³¹zɔ³¹tshη³¹kho³³n̠i⁵⁵fu³¹　　　tsη⁵⁵pɔ³¹tshη³¹tsη⁵⁵to⁵⁵

麂子　　　一　条　逮住　　　酒　一　斤　喝

逮住一条麂子　　　　　　　喝一斤白酒

kɣ³¹pa³³ŋɔ³¹khu³¹vaŋ⁵⁵zɔ³³

钱　五　六　万　得

得五六万钱

4. 时间 + 动作

li³¹nu³³zɯ³¹　　　　　　　　　　　so³¹nu³³sɔ⁵⁵xa³¹ji³¹

四　天　走　　　　　　　　　　　三　天　三　夜　醉

走了四天　　　　　　　　　　　　醉了三天三夜

n̠i³¹so³¹nu³³tɯ³¹　　　　　　　　tshη³¹fu³¹wo⁵⁵

二　三　日　等　　　　　　　　　一　年　做

等了几天　　　　　　　　　　　　做了一年

5. 处所 + 动作。须在处所名词后加方位格标记 tɔ³³。tɔ³³ 与人称代词连用时，中间使用属格标记 kɯ³³。例如：

a¹³tɔ³³lɔ⁵⁵　　　　　　　　　　　xɔ⁵⁵ɬɔ³¹tɔ³³lɔ³¹

这里　来　　　　　　　　　　　　田　　LOC　来

来这里

thi³¹ ȵi³¹ tɔ³³　　li³³
街　　LOC　去

到街上去

ŋɔ³³ kɯ³³　　tɔ³³　　lɔ⁵⁵
我　GEN　地方　来

来我这里

到田里来

za³¹ tɕhi³³ tɔ³³　tsho³¹ khɯ⁵⁵
昆明　　LOC　跑　到

跑到昆明

mi⁵⁵ su⁵⁵ phɔ³¹ kɯ³³　ji⁵⁵ xo⁵⁵ tɔ³³　　ji⁵⁵
财主　　　GEN　家　LOC　去

去财主家

6. 小句 + 动作。表示"想"、"打算"的动词可直接在小句后作其谓语，因为小句中的趋向动词表明了该句的结束。其他动词作谓语时，小句后须加名物话标记 kɯ³³，使小句名词化后作宾语。例如：

mi³¹ tsa³¹ tɤ³³ ji⁵⁵ nu⁵⁵ ȵi³¹
柴　　砍　去　想

想去砍柴

tshɔ⁵⁵ mɔ⁵⁵ wo⁵⁵ ji⁵⁵ nɛ³³ xi¹³
什么　　做　去　打算

打算做什么

ɔ⁵⁵ xo⁵⁵ lɔ⁵⁵ tshi³¹ lɔ⁵⁵　kɯ³³　zɔ⁵⁵ mɔ³¹ ʂɻ³¹
雨　下　会　PRT　NOM　知　不　道

不知道是否会下雨

tsa³³ kɯ³¹ tshɻ³¹ tsho⁵⁵ tshɻ³¹ tsho⁵⁵ tsɔ³¹ʹ¹³ kɯ³³　mɔ³¹ ŋɯ⁵⁵
草　　一　种　一　种　吃　NOM　不　是

不是每种草都吃

（二）双宾语结构

双宾语可以分为直接宾语和间接宾语。支配双宾语的主要是表示"给予"、"借"、"问"类型的动词。间接宾语后须用与格标记 lo⁵⁵。例如：

ŋɔ³³　lo⁵⁵　　va³¹ thɔ³¹ ɔ⁵⁵ pi³¹
我　DAT　猪　一　只　给

给我一只猪

wa³³ ȵi⁵⁵ lo⁵⁵　khɤ³¹ mɔ⁵⁵ ŋɔ³¹
弟弟　DAT　狗　那　借

借弟弟那只狗

i⁵⁵ zɔ³³ lo⁵⁵　to³¹ pɔ³¹ tshɻ³¹ xɛ³¹
奶奶 DAT　话　一　句　问

问奶奶一句话

nɔ⁵⁵ xɔ³¹ a⁵⁵ tɕo⁵⁵ lo⁵⁵　mo³¹ mɔ⁵⁵ pi³¹
舅舅　DAT　马　那　给

给舅舅那匹马

a⁵⁵ tɕi³¹ lo⁵⁵　xa³³ thɔ³¹ ɔ⁵⁵ pi³¹
姐姐 DAT　鸡　一　只　给

nu³³ lo⁵⁵　tɕhi⁵⁵ tshɻ³¹ tshai⁵⁵ ti³³ pi³¹
你 ACC 谷子 一　袋　给

给姐姐一只鸡　　　　　　给你一袋谷子

五　述补短语

由谓语和补语组成，补语可看作是谓语的一部分，说明谓语的结果或状态。从补语的功能来看，主要可分为表示结果的述补短语和表示状态的述补短语补语两种。从谓语的性质来看，可以分为动补短语和形补短语两类。下面根据谓语的性质来进行叙述。

（一）　动补短语

谓语由动词充当，补语说明动作行为的结果、趋向、情状等。常见的有下面几种情况。

1. 动词充当补语。充当补语的动词已经发生一定程度的虚化。例如：

$ɬu^{33}\ phu^{33}$	$ɬi^{55}\ phu^{33}$	$lɯ^{31}\ ɕi^{31}$	$xɯ^{31}\ phɔ^{33}$
摔　倒	吹　倒	滚　死	挖　开
摔倒	吹倒	压死	挖开

$kho^{31}\ khɔ^{33}$	$wo^{31}\ tsɔ^{31}$	$pi^{31}\ tsɔ^{31}$	$kho^{31}\ ɕi^{31}$
咬　下	卖　吃	给　吃	咬　死
咬下	嫁	给吃	咬死

2. 趋向动词充当补语。例如：

$ʂɿ^{33}\ tu^{33}\ lɔ^{31}$	$khu^{55}\ lɔ^{31}$	$za^{31}\ lɔ^{55}$	$kɔ^{33}\ tɕi^{33}$
拉　出 DIR	喊　DIR	下　DIR	掉　进
拉出来	喊来	卜米	掉进

$phi^{31}\ khɔ^{33}\ lɔ^{31}$	$xɯ^{31}\ ji^{55}$	$ɔ^{55}xɔ^{31}\ ji^{55}$	$ti^{31}\ thu^{55}\ lɔ^{31}$
放　下 DIR	挖　DIR	瞧　DIR	活　起 DIR
放下来	挖去	瞧去	活起来

$tsha^{33}\ thu^{55}\ lɔ^{31}$	$ku^{31}\ thu^{55}\ lɔ^{31}$	$tɕhi^{33}\ fu^{31}\ lɔ^{31}$	$ji^{55}\ thu^{55}\ lɔ^{31}$
骂　起 DIR	缝　起 DIR	驮　回 DIR	拿　起 DIR
骂起来	缝起来	驮回来	拿起来

3. 形容词位于动词之后充当补语。例如：

$ʂɿ^{33}\ no^{31}$	$kɔ^{33}\ tɕhin^{55}tshu^{31}$	$tsɔ^{31}\ po^{33}$

撕 碎	听 清楚	吃 饱
撕碎	听清楚	吃饱
xo³¹ vɛn³¹	tɕhɔ³³ so⁵⁵	xua⁵⁵ no³¹
站 稳	洗 干净	划 破
站稳	洗干净	划破
xɤ³¹ tshu⁵⁵	zʐ⁵⁵ mɤ³¹	tɤ³³ no⁵⁵
长 肥	医 好	砍 短
长肥	医好	砍短

（二）形补短语

主要由趋向动词"thu⁵⁵ lɔ³¹"充当形容词补语，表示性状的发展趋势。例如：

mɤ³¹ thu⁵⁵ lɔ³¹	kau³³ thu⁵⁵ lɔ³¹	jɛn³¹ thu⁵⁵ lɔ³¹
好 起 DIR	高 起 DIR	圆 起 DIR
好起来	高起来	圆起来
tshɔ⁵⁵ thu⁵⁵ lɔ³¹	pɔ⁵⁵ thu⁵⁵ lɔ³¹	mɔ³¹ thu⁵⁵ lɔ³¹
热 起 DIR	慌 起 DIR	多 起 DIR
热起来	慌起来	多起来

六 连谓短语

连谓结构（连动结构）是分析性语言中常见的一种结构，通常由多个谓词性成分连用来表示一个事件，其结构和语义关系区别于并列结构和主从结构。Aikhenvald 定义的连动式具有以下特征："几个动词（短语）连用；其间没有任何表示并列关系、主从关系或其他依附关系的标记；语义上表达单一事件；语调特征与单小句式的句子一致；几个动词只有一个时、一个体、一个极性赋值（要么肯定，要么否定）；可以共享一个到几个核心论元；每个动词都能单独出现；连动式中的各个动词可以有同样或不同的及物属性。"①除以上特征外，本书认为连谓结构最显著的特征是：几个连续的动

---

① 刘丹青：《汉语及亲邻语言连动式的句法地位和显赫度》，《民族语文》2015 年第 3 期。

作由同一主语发出；这些连续动作的语序以时间顺序排列。

窝尼话中连谓结构比较常见。两个动作按时间先后顺序发生时，之间不使用任何标记。连谓结构间存在"方式—目的"关系时，前面的动词（短语）后都须接 tɛ^{33}。根据连动标记的使用与否，可以将连谓短语分为无标记的连谓短语和有标记的连谓短语。

（一）无标记的连谓短语

连动项之间无须用任何标记，动词与动词直接按线性排列。单音节动词之间常常不需要助词连结。例如：

xo^{31} wo^{55} tsɔ^{31}

饭　煮　吃

煮饭吃

si^{31} su^{55} si^{55} li^{55} tsɔ^{31} ai^{55}

杨梅　　　吃 爱

爱吃杨梅

mi^{31} tsɔ^{31} tɕi^{55} ka^{33} tso^{55}

柴火　烧　取暖

烧火取暖

wo^{31} mɔ^{33} mɔ^{55} phai^{31} pha^{33} ɔ^{55} xɔ^{31}

肚子　那　剖　开　看

剖开肚子看

ɔ^{55} tshɔ^{55} kɛ^{31} ji^{55}　ku^{31} lɔ^{55}

太阳　落 DIR 回 DIR

太阳落山回来

xo^{31} xɛ^{31}　tsɔ^{31}

饭　偷　吃

偷饭吃

xɔ^{55} ɬo^{31} ti^{55} tsɔ^{31}

地　　栽　吃

栽地吃

zu^{33} si^{31} tɕhi^{31} tsɔ^{31}

果子　摘　吃

摘果子吃

vu^{31} tu^{31}　pa^{31}　thu^{55} ɔ^{55} xɔ^{31}

头　　抬　起　看

抬起头看

mi^{31} tsa^{31} tɤ^{33} nu^{55} mɔ^{31} ȵi^{31}

柴　　砍　想　不　想

不想砍柴

（二）带标记的连谓短语

连谓项之间存在"方式—目的"语义关系时，常用顺时助词 tɛ^{33} 来或方式助词 kho^{33} + tɛ^{33} 来连结，表示前一个动词（短语）是实现目的的方式，后一个动词（短语）是通过方式达到的目的。

1. 由"动词+趋向动词"构成表方式的动词短语时，其后须加 tɛ^{33}，后面再跟表示目的的动词（短语）。例如：

ʂʅ³³ tɕi³³ tɛ³³　　kho³¹ çi³¹　　　　ji⁵⁵ tu³³ lɔ³¹　tɛ³³　　tsɔ³¹ xɔ³¹
拉　进　SEQP　咬　死　　　　　拿　出　DIR　SEQP　吃　ATT
拉进去咬死　　　　　　　拿出来吃吃看

ku³¹ lɔ⁵⁵　tɛ³³　　kɤ³¹ pa³¹ ji⁵⁵ fu³¹ ji⁵⁵
回　DIR　SEQP　钱　　拿　回　DIR
回来拿回钱去

zɯ³¹ phu³³ lɔ³¹　　tɛ³³　　　tshɔ³³ khɯ³³ ji⁵⁵
走　过　DIR　　SEQP　绳子　　　拿
走过来拿绳子

tu³³ ji⁵⁵　tɛ³³　　tsɔ³¹　kɯ³¹　sɔ⁵⁵ ji⁵⁵
出　去　SEQP　吃　　NOM　找　DIR
出去找吃的

vu³¹ tu³¹ tsɔ⁵⁵ phu³³ lɔ³¹　tɛ³³　　ɔ⁵⁵ xɔ³¹
头　转　过　DIR　SEQP　看
转过头来瞧

2. 由"单音节动词 + 方式助词 kho³³ + tɛ³³"构成表示方式的动词短语，后跟表示目的动词（短语），构成连谓结构。这种结构中的动词（短语）后都带有宾语。例如：

(1008) tsho⁵⁵ kɔ³¹ vu³¹ tu³¹ thu³³ tɛ³³　　zo³³ ɬa⁵⁵ khu⁵⁵ thɔ⁵⁵ na⁵³ va³¹ ti⁵⁵ ti⁵⁵
　　　 人　个　头　叩　SEQP　魂　喊　PFV　后　小猪
　　　 mɔ⁵⁵ pa³¹ kho³³　tɛ³³　　　ji⁵⁵ xo⁵⁵ tɔ³³　　ku³¹ ja⁵³.
　　　 那　挑　下　SEQP　家　LOC　回　PRT
　　　 那个人磕了头，喊了魂后，挑着小猪回去了。

(1009) wa³³ ta⁵⁵ nu³¹ mɔ⁵⁵ tsho⁵⁵ kho³³　　tɛ³³　　xɔ⁵⁵ tɕhi³¹ ji⁵⁵.
　　　 他哥哥　牛　那　拉　下　SEQP 田　犁　DIR
　　　 他哥哥拉着牛去犁田。

(1010) tshŋ³¹ nu³¹, mo³¹ ka³¹ phɔ³¹ so³¹ kɔ³¹ mo³¹ ka³¹ kho³³　tɛ³³　　mo³¹
　　　 一　日　赶马人　三　个　马　赶　下　SEQP　马
　　　 tiɛn⁵⁵ tɔ³³　khɯ⁵⁵ ja⁵³.
　　　 店　LOC　到　PRT
　　　 一天，三个赶马人赶着马来到马店。

七　同位短语

常由两个所指相同的部分组成，在句中的语法地位一致，共同作一个句子成分。例如：

ŋɔ³³xɤ⁵⁵ zɔ³¹mo³¹　　ja⁵⁵xɤ⁵⁵ sʅ⁵⁵la³¹

我们　老人　　　他们　年轻人

我们老人　　　　他们年轻人

ŋɔ³³xɤ⁵⁵ xa³¹n̠i³¹　　ŋɔ⁵⁵ju⁵⁵ tshʅ³¹to⁵⁵nɔ³³

我们　窝尼　　　我们　一家

我们窝尼人　　　　我们一家

第七章

句法成分与句子

本章主要论述句子构成成分之间的结构和关系。先对窝尼话中构成句子的各成分进行分析，然后按照句子的功能，讨论语气句类，最后讨论复句现象。

一 句子成分

句子成分在句中具有不同功能。根据各成分在句中的位置、语义和语法标记，可以判定词语在句中充当何语法成分。窝尼话是 SOV 语序语言，其基本语序是"主语 + 宾语 + 谓语"，在此基础上还有定语、状语、补语等成分。在实际语言使用中，所有的成分并不一定都出现在一个句子中。但主语和谓语是句子的主干成分。

（一）主语

窝尼话中主语通常位于句首。充当主语的一般是体词性成分，如名词、代词、指示词、名词短语或数量短语，以及名词化结构等。

1. 名词充当主语

普通名词、专有名词可用作主语。

1）普通名词作主语。例如：

（1011） i^{55}phi^{31} ȵi^{31} lɔ^{53}.

　　　　爷爷 醒 PRT

　　　　爷爷醒了。

（1012） mo^{31} tsho^{31} phu^{33} lɔ^{31}　　a^{53}.

　　　　马 跑 过 DIR PRT

马跑过来了。

（1013） zɔ³¹ɔ⁵⁵zɔ³¹ mi³¹ tsa³¹ tɤ³³.

　　　　男人　　　柴　砍

　　　　男人砍柴。

（1014） ŋɔ³¹sɔ³¹ mɔ⁵⁵ ti³¹ thu⁵⁵ lɔ³¹　a⁵³.

　　　　鱼　　那　活　起　DIR　PRT

　　　　鱼儿又活了。

2）专有名词作主语

（1015） ɔ⁵⁵phi³¹saŋ⁵⁵kɯ³¹ nu³³ mɔ³³ tshɿ³¹ a⁵³.

　　　　阿皮桑格　　　　心　　气　PRT

　　　　阿皮桑格生气了。

（1016） phu³¹ji⁵⁵tʂhun³³ mo³¹ mɔ⁵⁵ tsɿ³¹ ta³³ thɔ⁵³.

　　　　普应春　　　　马　那　骑　上　PFV

　　　　普应春骑上马。

（1017） phu³¹phi⁵⁵ mo³¹ mɔ⁵⁵ tsɿ³¹　khɔ³³　tɛ³³　tsho³¹ kɛ³¹ja⁵³.

　　　　普皮　　马　那　骑　下　SEQP　跑　PFV

　　　　普皮骑着马跑了。

2. 代词或代词短语作主语

（1018） nu⁵⁵ a³¹mo³³ fu³¹tha³¹ lu³¹　a³³?

　　　　你　多少　年纪　够　PRT

　　　　你几岁？

（1019） wa³³jɯ⁵⁵ nu³¹　tshɿ³¹ kho³³ tso⁵⁵.

　　　　他家　黄牛　一　条　有

　　　　他家有一条黄牛。

（1020） ji⁵⁵ fɔ⁵⁵ti⁵⁵ mɔ⁵⁵ ji⁵⁵ thu⁵⁵ lɔ³¹.

　　　　他　刀　那　拿起　DIR

　　　　他把刀拿起来。

（1021） ŋɔ⁵⁵ nu¹³ lo⁵⁵　tshɿ³¹fu⁵⁵ tso⁵⁵　mɔ³¹ mo³³.

　　　　我　你　ACC　欺负　　EXP　没　EXP

　　　　我没欺负你。

（1022） a³¹ɕi⁵⁵ a⁵⁵tɕi⁵⁵ lɔ⁵³ a³¹ɕi⁵⁵ a⁵⁵tɕi⁵⁵ zɯ³¹.

　　　 谁　　先　　来　谁　　先　　走

　　　 谁先来谁先走。

（1023） a³¹ɕi⁵⁵ kɯ³³　 mo³¹ȵi³¹ ŋa⁵³ a³¹ɕi⁵⁵ ji⁵⁵ fu³¹ ji³¹.

　　　 谁　GEN　东西　是　谁　拿　回　DIR

　　　 谁的东西谁带回去。

3. 指示短语作主语

指示代词 a⁵⁵mɔ⁵⁵或 zɔ³¹mɔ⁵⁵与其所修饰、限制的名词一起作主语，名词常插于其间。例如：

（1024） a⁵⁵ la³¹pi³¹ mɔ⁵⁵ ŋɔ⁵⁵ kɯ³³　 ŋɯ⁵⁵.

　　　 这 戒指 那　我　GEN　是

　　　 这个戒指是我的。

（1025） zɔ³¹ ko³¹to³¹ mɔ⁵⁵ nu⁵⁵ kɯ³³　　ŋɯ⁵⁵.

　　　 那 手镯 那 你 GEN　是

　　　 那个手镯是你的。

（1026） a⁵⁵ tshŋ³¹　 mɔ⁵⁵ xai¹³sŋ⁵⁵ zɯ³¹ thu⁵⁵ mɔ³¹ ka³¹.

　　　 羊　　　 那 还是　走 起 不　能

　　　 那只羊还是走不起来。

4. 数量短语作主语

（1027） tshŋ³¹ fu³¹ tɕhi⁵⁵ ȵi³¹ ɬɔ³³ tsha³¹ ȵi⁵⁵ȵi⁵⁵.

　　　 一　年　十　二　月　绿茵茵

　　　 一年十二个月都绿茵茵的。

（1028） tshŋ³¹wo³³ mi³¹tsɔ³¹ tshŋ³¹ po³³ po³³ lɔ³¹.

　　　 一　户 柴　　一　抱 抱　DIR

　　　 一户抱一抱柴来。

（1029） ta³¹xo³³ so³¹ kɔ³¹ lɔ⁵⁵.

　　　 客人　三　个　来

　　　 来了三个客人。

5. 名词化结构作主语

名词化结构作句子成分时，须在动词或形容词短语后加 kɯ³³，使之名词化。例如：

（1030）zɔ³¹mi³¹ sɯ³¹ kɯ³³　　nɣ³³ku³¹ ji⁵⁵ lɔ³¹.

　　　　姑娘　生　NOM　豆腐　拿　DIR

　　　　生女儿的拿豆腐来。

（1031）ŋɔ⁵⁵ tsɔ³¹ kɯ³³　　ka³¹li³³ ȵi³¹ xuɔ³¹ ŋɯ⁵⁵ ti⁵⁵.

　　　　我　吃　NOM　汤圆　两　碗　是　PRT

　　　　我吃的是两碗汤圆。

（1032）ji⁵⁵xo⁵⁵ kai⁵⁵ kɯ³³　　xa¹³tɔ³³ xo³¹ tsɔ³¹ lɔ⁵³.

　　　　房子　盖　NOM　这里　饭　吃　DIR

　　　　盖房子的来这里吃饭了。

（1033）phi⁵⁵ȵi⁵⁵ȵi⁵⁵ kɯ³³　　mɣ³¹ ti⁵⁵，　　a⁵⁵phu⁵⁵phu⁵⁵ kɯ³³ mɔ³¹ mɣ³¹.

　　　　红　　　　NOM　好　PRT　白　　　　NOM 不　好

　　　　红的好，白的不好。

（1034）ji⁵⁵ li³³ kɯ³³　　tsui⁵⁵ mɣ³¹ a⁵³.

　　　　他 去 NOM　最　好　PRT

　　　　他去最好。

6. 施格标记（AG）

施事主语后常带施格标记 lɛ³³，表明动作的发出者，并标记其施事主语的地位。例如：

（1035）tsha³¹lɣ³¹ mɔ⁵⁵ lɛ³³ a⁵⁵mu³¹ mɔ⁵⁵ thi³³ thu⁵⁵ thɔ⁵³.

　　　　豺狗　那 AG　猴子　那　撵　起　PFV

　　　　豺狗把猴子撵跑了。

（1036）mo³¹ȵi³¹ mɔ⁵⁵ a³¹çi⁵⁵ lɛ³³ phi³¹ ti⁵⁵？

　　　　东西　那　谁　AG　放　PRT

　　　　那东西是谁放的？

（1037）wa³³a⁵⁵tɕo⁵⁵ lɛ³³　　kɔ¹³ʂɿ³¹ ja⁵³.

　　　　他舅舅　　AG　知道　　PRT

　　　　他舅舅知道了。

（1038）a⁵⁵ tho³¹mɔ³³ mɔ⁵⁵ tɔ³³　　pɛ³³　　lɛ³³ tsho⁵⁵ʂɿ³³tɕi³³ ji³¹　　tso⁵⁵mo³³

　　　　这 潭子　　那 LOC　妖怪 AG 人　拉进　DIR EXP

　　　　a⁵³.

　　　　PRT

这潭子中的妖怪曾经把人拖进去过。

（1039） nu⁵⁵ i⁵⁵ mi⁵⁵ tsho⁵⁵ lɛ³³   i⁵⁵ nɛ³³ zu³¹ pi³¹ tshi³¹？

你 这么 人 AG 如此 使唤 让 会

你怎么会让人如此使唤？

（1040） pi³¹ tshi⁵⁵ tsi³³ kɯ³³   tsho⁵⁵ lɛ³³ tshŋ³¹ kho³¹ tshŋ³¹ kho¹³ ti³¹ tɕi³³

甘蔗 榨 GEN 人 AG 一 棵 一 棵 推进

mo³¹ ti⁵⁵.

要 PRT

榨甘蔗的人要一棵一棵地推进去。

（1041） zɔ³¹ nu⁵⁵ nu⁵⁵ kɔ³¹ lɛ³³   ŋi⁵⁵ fu³¹ ji³¹   a⁵³.

娃娃   个 AG 拿 回 DIR PRT

那个娃娃拿回去了。

（二）谓语

谓语对主语进行陈述、说明。窝尼话中谓语一般由动词（短语）、形容词（短语）或名词（短语）充当。

1. 动作动词（短语）作谓语

（1042） ji⁵⁵ xɔ³¹ phɔ⁵⁵ mɔ⁵⁵ ji⁵⁵ xo⁵⁵ tɔ³³   po³³ fu³¹ ja⁵³.

他 布   那 家 LOC 抱 回 PRT

他把布抱回去。

（1043） phu³¹ phi⁵⁵ si³¹ li⁵⁵ mɔ⁵⁵ pa³¹ khɔ³³   tɛ³³ wo³¹ ji⁵⁵.

普皮 梨   挑 下 SEQP 卖 DIR

普皮挑着犁去卖。

（1044） i⁵⁵ phi³ tu¹³ tshi⁵⁵ tʂoŋ³¹ a⁵³.

老爷 很 气愤   PRT

老爷很气愤。

（1045） xɔ³¹ ɬɔ³¹ mɔ⁵⁵ kɔ³³ tʂo³¹ a⁵³.

老虎 那 听 PFV PRT

老虎听见了。

（1046） tsho⁵⁵ kɔ³¹ xɔ³¹ ɬɔ³¹ mɔ⁵⁵ tɔ³³   tsŋ¹³ ta³³ thɔ⁵³.

人 个 老虎 那 LOC 骑 上 PFV

那个人就骑上老虎。

2. 判断动词作谓语

判断动词为 ŋɯ⁵⁵，在句中可变读为 ŋa⁵³、ŋɛ¹³ 等。例如：

（1047）ji⁵⁵ ʂu³¹mɔ³¹phɔ³¹ ŋɯ⁵⁵ ti⁵⁵.

　　　他 教书人　　　 是　 PRT

　　　他是老师。

（1048）ji⁵⁵ ŋɔ³³ tɔ³³　 thu⁵³ kɯ³³　 ji⁵⁵ na³³xɤ⁵⁵ tsho⁵⁵ mɤ³¹ ŋɯ⁵⁵ ti⁵⁵.

　　　他我　ALL　 说　 NOM　去 你们　 人　 好　 是　 PRT

　　　他对我说你们是好人。

（1049）zɔ³¹ sɯ³³tso⁵⁵ tshʅ³¹ tso⁵⁵ ji⁵⁵ kɯ³³　 pɔ³¹tɕi⁵⁵ tɔ³³　 ŋa⁵³.

　　　那 树　　　一 棵 他 GEN　 旁边　 LOC　是

　　　那棵树就在他们家旁边。

（1050）a⁵⁵ phu³¹phi⁵⁵ kɔ³¹, mi⁵⁵su⁵⁵phɔ³¹ tɛ³³mɛ⁵⁵ si³¹nu³³ ŋɛ¹³ ti⁵⁵.

　　　这 普皮　 个　老爷　　　 BEN　 长工　是　 PRT

　　　这个普皮，是替老爷做长工的。

3. 形容词（短语）作谓语

形容词（短语）作谓语时，判断动词不须出现。例如：

（1051）nu⁵⁵ xɔ³¹ɬu⁵⁵ tsi⁵⁵tsu³¹ tsu³¹ a⁵¹.

　　　你 衣服　 皱　　　 　 PRT

　　　你衣裳皱了。

（1052）sɯ³³tso⁵⁵ xa³³pha³¹la³¹ mɔ⁵⁵ a⁵⁵sʅ⁵⁵sʅ⁵⁵ja⁵³.

　　　树　　叶　　　 那 黄　　　PRT

　　　树叶变黄了。

（1053）zɔ³¹nu³³ kɯ³³　 mo³¹ mɔ⁵⁵ tu¹³ ŋɛ³¹xa³³ ti⁵⁵.

　　　今天 GEN　 活计 那 很 难　　PRT

　　　今日的活计更难了。

（1054）tshɯ³¹nɯ⁵⁵ kɯ³³　 sɔ⁵⁵pɔ³¹ tu¹³ xa³³ ti⁵⁵.

　　　今年　　 GEN　 沙糖　很 贵 PRT

　　　今年的红糖更贵。

（1055）zɔ³¹ phu³³mɔ⁵⁵ kɔ⁵⁵mɔ³³ tɕha⁵³sʅ³¹ tɕa⁵³.

　　　这 寨子那 路　　 稍微 远 PRT

那个村子稍微远一点儿

（1056） a⁵⁵ tho³¹ ma³³ mɔ⁵⁵ liaŋ³¹ mi³¹ na³¹ ti⁵⁵.

那 水潭 那 两米 深 PRT

这个潭子有两米深。

（1057） mi⁵⁵ nu³³ kɯ³³ wo³¹ ɬi⁵⁵ tu¹³ xɤ³¹ ti⁵⁵.

昨天 GEN 风 很 大 PRT

昨天的风很大。

4. 名词（短语）作谓语

（1058） ji⁵⁵ kɯ³³ mi⁵⁵ sʅ⁵⁵ kɯ³³ tsho⁵⁵.

他 岔河 GEN 人

他是岔河人。

（1059） ji⁵⁵ kɯ³³ fu³¹ tha³¹ mɔ⁵⁵ khu³¹ thɕi⁵⁵ fu³¹ mɔ³¹ tshʅ⁵⁵ lu³¹ a⁵³.

他 GEN 年纪 那 六 十 岁 不仅 够 PRT

他60多岁了。

（1060） zɔ³¹ nu³³ ʂʅ³¹ xau⁵⁵.

今天 十 号

今天是十号。

（1061） mo³³ tshi³³ xɯ³¹ tɛ⁵⁵ lu³³ phu³¹ ji⁵⁵ tʂhun³³ mo³¹ tɕhɔ³³ kɯ³³ ta³¹ lu⁵⁵.

洗马塘 得勒箐 普应春 马 洗 的 潭子

洗马塘就是得勒箐普应春洗马的水潭。

（三）宾语

宾语是动作或行为所关涉的对象。窝尼话中的宾语可由名词（短语）、代词、数量短语或名词化结构充当。

1. 名词（短语）作宾语

（1062） ji⁵⁵ mɛ³¹ xɛ³¹ mɔ³¹ tu⁵⁵.

他 烟 不 抽

他不抽烟。

（1063） ŋɔ³³ xɤ⁵⁵ ka³¹ li³³ tsɔ³¹ ti³¹ ti⁵⁵.

我们 汤圆 吃 PRT

我们吃汤圆。

（1064） ji⁵⁵ xɔ³¹ɬu⁵⁵ tɕhɔ³³ ji⁵⁵.

　　　　她 衣服　洗　DIR

　　　　她去洗衣服。

（1065） ji⁵⁵ tsa³³kɯ³¹ tshŋ³¹mi³¹ ji⁵⁵ lɔ³¹.

　　　　他 草　　一　些 割 DIR

　　　　他割了一些草来。

（1066） ŋɔ³³xɤ⁵⁵ n̠i³¹ nu³³ zɯ³¹ ɕi⁵³nɛ³³ phɯ³¹ti³³　tɔ³³ khɯ⁵⁵ji⁵⁵　ti⁵⁵.

　　　　我们 二 日 走 才　 城　　　LOC 到 DIR PRT

　　　　我们走了两天才到城里。

2. 代词作宾语

宾语之后常跟宾格标记 lo⁵⁵。少数带有亲属称谓词的句子可以不用宾格标记，由词序来体现主、宾关系。例如

（1067） ŋɔ⁵⁵ ji⁵⁵　lo⁵⁵　zɔ⁵⁵ mɔ³¹ʂʅ³¹.

　　　　我 他 ACC 认 不 识

　　　　我不认识他。

（1068） ji⁵⁵ ŋɔ³³ lo⁵⁵　ʂʅ³³fu³¹.

　　　　他 我 ACC 拉

　　　　他拉着我。

（1069） na¹³pɔ³¹ nu⁵⁵ tu³¹ a⁵³.

　　　　你爸爸 你 想 PRT

　　　　你爸爸想你了。

（1070） nu⁵⁵ ŋɔ³³xɤ⁵⁵ lo⁵⁵　zɯ³¹ kɯ³³　thɔ³¹ thi⁵⁵.

　　　　你 我们 ACC 走 NOM 别 催

　　　　你不能催我们走。

3. 数量短语作宾语

数量词常位于名词之后，与其一起构成数量短语，在句中充当宾语。例如：

（1071） ŋɔ⁵⁵ ka³¹li³³ n̠i³¹ xuɔ³¹ tsɔ³¹ a⁵³.

　　　　我 汤圆 两 碗 吃 PRT

　　　　我吃了两碗汤圆。

（1072）ta¹³mo³³ va³¹ li³¹ŋɔ³¹ɔ⁵⁵ fu⁵⁵ ti⁵⁵.

　　　大妈　猪　四五 头　养　PRT

　　　大妈养着四五头猪。

（1073）ji⁵⁵ xa³³phi⁵⁵ xa³³so³¹ ȵi³¹so³¹ tɕhi⁵⁵ ɔ⁵⁵ fu³¹ti⁵⁵ti⁵⁵.

　　　他 公鸡　　阉鸡　二三十 只 养　PRT

　　　他养着二三十只公鸡和阉鸡。

（1074）phu³³　　thɔ¹³ vu³¹mi⁵⁵tso⁵⁵ tshʅ³¹ tso⁵⁵ tsa³³.

　　　寨子 一个 龙树　　 一　棵　有

　　　一个寨子有一棵龙树。

4. 宾格标记（ACC）

窝尼话中动作的承受者，即句中直接受事宾语、心理行为动作的对象宾语等都需要添加宾格标记 lo⁵⁵。例如：

（1075）ŋɔ⁵⁵ ja⁵⁵xɤ⁵⁵ lo⁵⁵　a³¹ɕi⁵⁵ɕi⁵⁵ ŋɯ⁵⁵ zɔ⁵⁵ mɔ³¹ʂʅ³¹.

　　　我 他们 ACC 谁谁　是 认 不 识

　　　我不知道他们谁是谁。

（1076）tshʅ³¹tsho⁵⁵ li³¹ ji⁵⁵ lo⁵⁵ taŋ³¹tsu⁵⁵ mɔ³¹ ka³¹.

　　　一样　　 也 他 ACC 挡住　 不　能

　　　什么都挡不住他。

（1077）xɔ³¹ɬɔ³¹ mɔ⁵⁵ lo⁵⁵　xɔ⁵⁵ tɕhi³¹tɕhi⁵⁵.

　　　老虎　那 ACC 田 犁　使

　　　使那只老虎来犁田。

（1078）nu⁵⁵ ŋɔ³³ lo⁵⁵　tshɔ⁵⁵mɔ⁵⁵ ka³³to³¹ tshi³¹?

　　　你 我 ACC 什么　　帮　　会

　　　你会帮我什么？

（1079）ji⁵⁵ ɕau³¹tɕhaŋ³¹ lo⁵⁵　tsha³³ tso⁵⁵mɔ³³ a⁵³.

　　　他 小强　　　ACC 骂　EXP　　PRT

　　　他骂过小强。

（1080）nu⁵⁵ ji⁵⁵　lo⁵⁵　thɔ³¹ tshʅ³¹ fu⁵⁵.

　　　你 他　ACC 别　欺负

　　　你别欺负他。

（1081）nu⁵⁵ i³³ tha³¹ la³¹ ji⁵⁵　lo⁵⁵　thɔ³¹ xɛn⁵⁵.

你 现在 他 ACC 别 恨

你现在不要恨他。

（1082）xai³¹ nai⁵⁵ vu³¹ tu³¹ ji⁵⁵ lo⁵⁵　kɛ⁵⁵　pu⁵⁵　ti⁵⁵.

强盗头 她 ACC 喜欢 非常 PRT

强盗王非常喜欢她。

5. 与格标记（DAT）

窝尼话的与格标记 lo⁵⁵ 常用于双宾语句中，标记间接宾语。直接宾语是动作受事，不加标记。例如：

（1083）a⁵⁵ mo³¹ mɔ⁵⁵ ŋɔ³³ lo⁵⁵　pi³¹ lɔ⁵⁵？

这马 那 我 DAT 给 PRT

这匹马给我吗？

（1084）ŋɔ⁵⁵　lo⁵⁵　kai⁵⁵ la³¹ zu³³ tsi³³ n̠i³¹ pu³¹ tshu⁵⁵ pi³¹ lɔ⁵⁵.

我 DAT 油菜 菜籽 两 罐 给 PRT

给我两罐油菜籽。

（1085）ji⁵⁵ ŋɔ³³ lo⁵⁵　ko³¹ n̠i⁵⁵ tshi³¹ mi³¹ pi³¹ ti³¹ ti⁵⁵.

他 我 DAT 青菜 一些 给 PRT

他给了我些青菜。

（1086）a⁵⁵ ta⁵⁵ ŋɔ³³ lo⁵⁵　wo³¹ tsho³¹ thɔ³¹ ɔ⁵⁵ sɔ³³ pi³¹.

哥哥 我 DAT 帽子 一 顶 送 给

哥哥送给我一顶帽子。

（1087）i⁵⁵ zɔ³³ mo³¹ mɔ⁵⁵ lo⁵⁵　tɕhi⁵⁵ phu³¹ tshŋ³¹ tsai³³ pi³¹ tsɔ³¹ a⁵³.

奶奶 马 那 DAT 稻草 一 把 给 吃 PRT

奶奶给马喂了一把稻草。

（四）定语

定语是修饰中心语的成分。窝尼话中名词、代词、形容词、数量短语、指量短语等可以充当定语。

1. 名词充当定语

修饰语和中心语的关系比较紧密，在意念上是一个整体时，不须用属格标记 kɯ³³ 连结。修饰语和中心语是临时组合的，两个部分在意念上具有很大的独立性时，须用属格标记 kɯ³³ 连结。方位名词对方位名词进行修饰时，不用 kɯ³³ 连接。在语法成分上，通常前面的名词是修饰语，后面的名词是中心语。

1）修饰语和中心语在意念上是一个整体，不用属格标记 kɯ³³ 连接。例如：

pɛ³³ zo³¹ kho⁵⁵	xɔ³¹ ɬɔ³¹ to³¹ mɛ³¹	ŋɔ³³ tso⁵⁵ zo³³ tso⁵⁵
妖怪 洞	老虎 尾巴	巴蕉 树
妖怪洞	老虎尾巴	巴蕉树

xa³³ piu⁵³	lo³¹ tɕhi⁵⁵ la³¹ pha³¹	sɔ³¹ lɔ³¹ xɔ³¹ ɬu⁵⁵
鸡 蛋	开水 叶	棉花 衣服
鸡蛋	茶叶	棉服

phɔ⁵⁵ pi³³ ta³¹ lo⁵⁵	tshi⁵⁵ pu³¹ tshu⁵⁵
纽 洞 油 罐	油 罐
纽洞油罐	油罐

2）修饰语与中心语是临时组成的，联系不紧密，须用 kɯ³³ 连结。例如：

mo³³ tshi³³ xɯ³¹ kɯ³³   i⁵⁵ tshu³¹
洗马塘   GEN   水
洗马塘的水

kɯ³¹ mi³³ sɹ⁵⁵ kɯ³³   ku³¹ tsu³¹
岔河   GEN   山
岔河的山

ku³¹ tsu³¹ kɯ³³   tshɹ⁵⁵ a³¹
山   GEN   麂子
山上的麂子

（1088） a³¹ pi⁵⁵ wo³¹ phɔ³¹ kɯ³³ vu³¹ tu³¹ mɔ⁵⁵ kɔ³³ ja⁵³.
　　　　这 卖鸭子人 GEN 头 那 掉 PRT
　　　　卖鸭人的头掉了。

（1089） lɯ³¹ tɯ³³ sɹ⁵⁵ kɯ³³   vu³¹ mi⁵⁵ tso⁵⁵ zɔ¹³ tho³³ ma⁵⁵ lu³³ tɛ³³   tʂhuaŋ³¹
　　　　勒达   GEN 龙树   以前   ABL 传
　　　　khɔ³³ ti¹³   kɯ³³   ŋɯ⁵⁵.
　　　　下   PRT NOM   是

勒达的龙树是从古时传下来的。

（1090）a⁵⁵ zɔ³¹ nu⁵⁵ nu⁵⁵ a³¹kɔ³¹ kɯ³³ zo³³ mo⁵⁵ phu³¹ ji⁵⁵ tʂhun³³ tɛ³³ khu⁵⁵ ti³³.

　　　　这 小孩　　这个 GEN 名字　普应春　　　OCP 喊 PRT

　　　　这个小孩的名字叫普应春。

（1091）tʂʅ³¹ mɔ⁵⁵ kɯ³³　　tsho⁵⁵ lɛ³³ mo⁵⁵ tʂo³¹　a⁵³.

　　　　官府　　GEN 人　AG 见 PFV PRT

　　　　官府的人看见了。

（1092）a⁵⁵ ta³¹lu⁵⁵ mɔ⁵⁵ sʅ³¹ pi⁵⁵ tsu⁵⁵ sʅ⁵⁵ kɯ³³　ji⁵⁵ xo⁵⁵ na⁵³ nu⁵⁵ tɔ³³　ŋɯ⁵⁵

　　　　这 潭子 那 三道垭口　　　GEN 房子 后面　LOC 是

　　　　ti˙⁵⁵.

　　　　PRT

　　　　这个潭子在三道垭口的房子后面。

（1093）phu³³ tɯ³³ kɯ³³ tsho⁵⁵ tsu³¹ ji⁵⁵ tsi³¹.

　　　　寨子　　GEN 人　主意　打

　　　　（跟）寨子里的人打主意。

（1094）ŋɔ⁵⁵ to⁵⁵ na³³ kɯ³³　i⁵⁵ phi³¹ ŋɯ⁵⁵.

　　　　我　森林　GEN 老爷　是

　　　　我是森林中的王。

　　3）方位名词对方位名词进行修饰时，修饰词位于中心语前面，不须使用语法标记。例如：

a⁵⁵ pɛ³³ kho⁵⁵ pu³³ wa¹³ tɔ³³　　　　　　ɯ⁵⁵ tsho⁵⁵ pu⁵⁵ li³³ wa¹³ tɔ³³

这 妖怪洞　　下面　　　　　　　　坝塘　　　　　下面

妖怪洞下面　　　　　　　　坝塘下面

　　2. 代词充当定语

　　窝尼话中人称代词修饰名词时，通常表示领属关系。wa³³"他的"可直接修饰亲属称谓名词。此外，人称代词与其修饰的名词联系比较紧密，可以不用语法标记。其他情况下，均须在人称代词后使用属格标记 kɯ³³。指示代词 a⁵⁵mɔ⁵⁵ 修饰、限制名词时，不须使用属格标记，名词插于其间。

　　1）除人称代词作定语外，其他的须用 kɯ³³ 来连接修饰语和被修饰语。例如：

wa³³ ŋi⁵⁵   wa³³ ta⁵⁵

他的 弟   他的 哥

他的弟弟   他的哥哥

na³³xɤ⁵⁵ kɯ³³ tɕe³¹tshi⁵⁵   ŋɔ³³xɤ⁵⁵ kɯ³³ nu³¹tɕi⁵³

你们 GEN 节日   我们 GEN 牛 些

你们的节日   我们的牛

(1095) nu⁵⁵ kɤ³¹pa³³ mɔ⁵⁵ a³¹tɔ³³ ji⁵⁵ lɔ³¹ ti¹³?

你 钱 那 哪里 拿 DIR PRT

你的钱哪里来的?

(1096) ji⁵ kɯ³ fɔ⁵⁵ti⁵ mɔ⁵⁵ ʂɛn³¹ mɔ³¹ tsa³³ tɕa⁵³.

他 GEN 刀 那 神 不 有 PRT

他的刀不神了。

(1097) ji⁵⁵ kɯ³³ khai⁵⁵nu³³ mɔ⁵⁵ thi⁵⁵ ɬi³³ thɔ⁵³.

他 GEN 鞋子 那 踢 脱 PFV

他的鞋子踢掉了。

2）指示代词 a⁵⁵/a³¹mɔ⁵⁵ 作定语时，位于其所修饰的名词前，mɔ⁵⁵ 位于名词后或省略。例如：

(1098) a⁵⁵ ta³¹lu⁵⁵ mɔ⁵⁵ tɔ³³   pɛ³³ ŋi³¹ɔ⁵⁵ tso⁵⁵ ti⁵⁵.

这 潭子 那 LOC   妖怪 两 个 有 PRT

这潭子中有两个妖怪。

(1099) a⁵⁵ khu³³ mɔ⁵⁵ i⁵⁵mo³¹ tɛ³³ li⁵⁵xai⁵⁵ ŋa⁵³.

这 漏 那 那么 ADV 厉害 是

这"漏"是多么的厉害。

3. 形容词作定语

性质形容词作定语时，如果不使用属格标记 kɯ³³，采用"中心语+定语"的语序，这是修饰结构的优势语序。如果使用属格标记 kɯ³³，那么定语位于中心语之前，采用"定语+kɯ³³+中心语"的语序。状态形容词一般位于中心语之后。即使位于中心语之前，也可不使用属格标记 kɯ³³。

1）前置定语

前置定语常用 kɯ³³ 连结中心语，但使用形容词重叠形式时，可用也可不用 kɯ³³。例如：

（1100）phi⁵⁵ ȵi⁵⁵ ȵi⁵⁵ kɯ³³ wo³¹ to⁵⁵

　　　　红红　　　的　云

　　　　红红的云彩（彩霞）

（1101）nu³³ mɔ³³ tu¹³ kɯ³³ a⁵⁵ ta⁵⁵, nu³³ mɔ³³ mɤ³¹ kɯ³³　a³¹ ȵi⁵⁵.

　　　　心　毒　的　哥哥　心　好 GEN 弟弟

　　　　心毒的哥哥和心好的弟弟。

（1102）ji³¹ xɤ³¹ lɛ³³ lɛ⁵⁵ xɔ³¹ ɬɔ³¹ thɔ¹³　çi⁵³ nɛ³³ a⁵⁵ ti⁵⁵ ti⁵⁵ kɯ³³　fu³³ tsha³¹

　　　　大大的　　　老虎　一只 和　小小　的　老鼠

　　　　thɔ¹³.

　　　　一只

　　　　一只大大的老虎和一只小小的老鼠。

（1103）ȵi⁵⁵ ȵi⁵⁵ nu¹³ nu³¹ kɯ³³ xɔ³¹ ɬu⁵⁵, sɯ¹³ sɯ³³ kɯ³³ tshin³¹ tsʅ³¹ piɛn⁵⁵

　　　　丁丁吊吊　　　GEN 衣服　闪闪　的　裙子　　变

　　　　phɤ³¹ thɔ⁵³.

　　　　成　PFV

　　　　褴褛的衣服变成亮闪闪的裙子。

　２）后置定语

　窝尼话中形容词或形容词重叠形式常位于中心语之后，对其进行修饰。例如：

（1104）ji⁵⁵ tsho⁵⁵ mɤ³¹ ŋɯ⁵⁵ ti⁵⁵.

　　　　他人　好　是　PRT

　　　　他是好人。

（1105）ta³¹ lu⁵⁵ ji³¹ xɤ³¹ lɛ³³ lɛ⁵⁵ thɔ³¹ ɔ⁵⁵ tsa³³.

　　　　潭子　大大　　　一　个 有

　　　　有一个大大的潭子。

（1106）tsho⁵⁵ i⁵⁵ xɯ³¹ xɯ³¹ tshʅ³¹ kɔ³¹ tshɔ⁵⁵ mɔ⁵⁵ tsu³¹ ji⁵⁵ tsa³³ tshi³¹.

　　　　人　小小　　　一　个 什么　主意　有 会

　　　　人那么小小一个，会有什么主意。

　4. 数量词作定语

　数量词常位于中心语后，对其进行修饰。例如：

fu³¹ tshu³³ thɔ³¹ ɔ⁵⁵   faŋ³¹ mo⁵⁵ tsh̩³¹ tso⁵⁵

饭团　　　一　个　　　　　　　　竹子　　　一　　棵

一个饭团　　　　　　　　　　　一棵竹子

tɕhi⁵⁵ phu⁵⁵ tsh̩³¹ pai³³   nai³³ pai³³ tsh̩³¹ la³¹ thu³³

米　　　一　　颗　　　　　　　豆　　　一　　把

一颗米　　　　　　　　　　　一把豆

zɔ³¹ mo³¹ phɔ³¹ tsh̩³¹ kɔ³¹   zɔ³¹ nu⁵⁵ nu⁵⁵ tsh̩³¹ kɔ³¹

老倌　　　　一　　个　　　　　小孩　　　一　　个

一个老倌　　　　　　　　　　一个小孩

（1107）ja⁵⁵ xɤ⁵⁵ ji³¹ tʂaŋ⁵⁵ ɛ⁵⁵ kɯ³³ thoŋ³¹ tin⁵⁵ li³¹ kho³¹ mɔ³¹ ji⁵⁵ lɔ¹³

　　　　他们　一丈　二　的　铜钉　　四　颗　不　拿　DIR

　　　　phɛ⁵³，xɯ³¹ pu³¹ thu⁵⁵ mɔ³¹ ka³¹.

　　　　CONJ　挖　开　起　不　能

　　　　他们不拿一丈二的四颗铜钉来，不能挖开。

5. 名词化短语作定语

小句修饰中心语时，常在小句动词后加名词化标记 kɯ³³，使整个小句变为名词化短语，后置于中心语前对其进行修饰。例如

（1108）a⁵⁵ tsh̩³¹ vu³³ kɯ³³　zɔ³¹ nu⁵⁵ nu⁵⁵ a³¹ tsh̩³¹ kɔ³¹.

　　　　羊　　　放　NOM　娃娃　　　一　　个

　　　　一个放羊娃娃。

（1109）a⁵⁵ mo³¹ ti⁵⁵ kɯ³³　ko³¹ tsha³¹.

　　　　妈妈　栽　NOM　菜

　　　　妈妈栽的菜。

（1110）pin³¹ si⁵⁵ po³¹ kɯ³³　xɔ³¹ phɔ⁵⁵ vu⁵⁵ lɔ⁵⁵.

　　　　蚂蚁　打　通　NOM　布　　买　DIR

　　　　来卖蚂蚁打通的布。

（1111）xui⁵⁵ khai³³ kɯ³³ mi⁵⁵ tsha³¹ lo⁵⁵ mɔ³³ pɔ³¹ pɔ³³ tɔ³³　ŋɯ⁵⁵ ti⁵⁵.

　　　　会　开　NOM　地方　河　　边　　LOC　是　　PRT

　　　　开会的（地方）是河边。

（1112）ji⁵⁵ ɔ⁵⁵ xo⁵⁵ khu³³ kɯ³³　tɔ³³　na⁵⁵ tɕhi³³ thu³³ ta³³ thɔ⁵³.

　　　　他　雨　漏　NOM　地方　土　　倒　上　PFV

他用土把漏雨的地方盖住了。

（五）状语

状语是修饰动词或形容词的成分，说明动作行为的状态、程度、范围、时间、处所、方式和来源等。窝尼话中充当状语的成分主要有名词短语、动词短语、形容词、副词，以及处所格、从格、向格、工具格、比较格等名词词格。

1. 名词短语作状语

名词短语、时间名词等都可在句中作状语。名词短语作状语时，后常加状语助词 tɛ^{33}，位于动词之前对其进行修饰和限制。时间名词作状语时，表示时间的名词或名词短语常位于句首作状语。例如：

（1113）ji^{55} tshʅ^{31} pu^{31} xɔ^{55} sa^{33} tɛ^{33}　i^{55} phu^{55}.

他 到处　　　　　ADV 躲

他到处躲藏。

（1114）tshɯ^{31} nɯ^{33} i^{55} mi^{33} tshʅ^{31} phi^{31} ti^{55} mo^{31} ti^{55}.

今年　　玉米　一　块　栽　要　PRT

今年要栽一块玉米

（1115）a^{55} nuɔ^{33} tshʅ^{31} nu^{33}, ɔ^{55} xo^{55} lɔ^{55} mo^{31} mɔ^{55} jo^{13} tsɔ^{31} lɔ^{53}.

后来　一 天　雨　下　马　那　又　吃　PRT

后来一天下雨了，那马又去吃（庄稼）。

（1116）mi^{55} nu^{33} ji^{55} ŋɔ^{33} kɯ^{33}　jau^{55} tɕhi^{31} ta^{13} tɔ^{33} khɯ^{55}.

昨天　他 我 GEN 要求　　达　　到

昨天他达到了我的要求。

（1117）tshʅ^{31} fu^{31} mɔ^{31} lu^{31} çi^{31}, ji^{55} xo^{55} kɯ^{33} tsɔ^{55} si^{31} tsɔ^{31} thɔ^{55} tɕa^{53}.

一　年 不 够　还　家　GEN 粮食　吃　PFV PRT

不到年底，家里的粮食都吃光了。

（1118）zɔ^{31} nu^{33}　ji^{55} kɯ^{33}　xo^{31} mɔ^{55} ji^{55} xo^{55} tɔ^{33}　mɔ^{31} tsɔ^{31}.

今天　他 GEN 饭　那　家　LOC　没　吃

他今天没在家里吃饭。

2. 副词做状语

副词常位于动词之前，说明动作或行为发生的时间或方式。时间副词常位于句首。不同语义副词在句中处于不同位置。

1）时间副词常常位于句首作状语。例如：

（1119）i⁵⁵tha³¹la³¹wo³¹ sɔ⁵³ çi³¹, jo⁵⁵ ɔ⁵⁵xo⁵⁵ lɔ⁵⁵ tça⁵³.

　　　　刚才　天　晴　还　又　雨　下　PRT

　　　　刚才还是晴天，现在又下雨了。

（1120）a⁵⁵nuɔ³³, vu³¹su⁵⁵lɔ⁵⁵ a⁵³, tsho⁵⁵ kɔ³¹ mo⁵⁵ tşo³¹ a⁵³ xɔ³¹ɬɔ³¹

　　　　后来　　天亮来 PRT 人 个 见 PFV PRT 老虎

　　　　tɔ³³ tsʅ³¹ ta³³ ti³¹ti⁵⁵.

　　　　LOC 骑 DUR PRT

　　　　后来天亮的时候，那个人看见他（自己）正骑在老虎身上。

2）副词作状语。方式副词或范围副词后可用状语助词 tɛ³³，也可不用。例如：

（1121）ŋɔ⁵⁵ a³¹tɛ⁵⁵çi⁵⁵nɛ³³ pɯ³³ khɔ³³ ji⁵⁵ʹ³¹ tshi³¹?

　　　　我　怎么　　　跳　下　DIR　会

　　　　我怎么才能跳下去？

（1122）nu⁵⁵ i⁵⁵mi⁵⁵ tsho⁵⁵ lɛ³³ i⁵⁵nɛ³³ zu³¹ pi³¹ tshi³¹?

　　　　你　这么 人 AG 如此　使唤 让 会

　　　　你怎么会让人如此使唤？

（1123）xɔ³¹ɬɔ³¹ mɔ⁵⁵ a³¹tɛ⁵⁵mɛ⁵⁵ ka³¹xa³³ thi³¹sʅ⁵⁵ tu³³ thu⁵⁵ mɔ³¹ ka³¹.

　　　　老虎　那　无论　　力气　使　出 起 不 能

　　　　老虎无论如何使不出力气来。

（1124）na³³xɤ⁵⁵ i⁵⁵tso⁵⁵ tɛ³³ aŋ⁵⁵ ta³³ lɔ³¹.

　　　　你们　都　ADV 岸 上 DIR

　　　　你们都到岸上来吧！

（1125）tsho⁵⁵ çi⁵³nɛ³³xɔ³¹ɬɔ³¹ tshʅ³¹thi⁵⁵tsʅ³¹ tɛ³³ sɯ³³tso⁵⁵ pɛ⁵⁵ku³¹lu³¹

　　　　人　和 虎　同时　　　ADV 树　弯弯

　　　　tshʅ³¹tso⁵⁵ mo⁵⁵ tşo³¹ a⁵³.

　　　　一　棵 见 PFV PRT

　　　　人和老虎同时见到了一棵弯腰树。

3. 形容词作状语

形容词的重叠形式可位于动词或动词短语之前，对行为、动作进行描写。状语助词 tɛ³³ 可加在形容词重叠形式之后，也可不用。例如：

（1126）xa⁵⁵mɤ⁵⁵ tɛ³³　　ɔ⁵⁵xɔ³¹

　　　　　好好　　ADV 看

　　　　　仔细地看

（1127）ŋɔ⁵⁵xɤ⁵⁵ na³¹na³¹ tɛ³³　　ku³¹tsu³¹ tɔ³³　za³¹ ji⁵⁵　　lɛ³³！

　　　　　我们　　早早地 ADV 山　　LOC 下 DIR PRT

　　　　　我们还是及早下山吧！

（1128）tshŋ⁵⁵tshɤ³³ mɔ³¹ lɔ⁵⁵ çi³¹，ŋɔ⁵⁵xɤ⁵⁵ xa⁵⁵mɤ³¹ᐟ⁵⁵ tɛ³³　　tɯ³¹ tsho³³.

　　　　　汽车　　　没 来 还 我们　　好好　　ADV 等 DUR

　　　　　因为车还没有来，我们只好等着。

（1129）su³¹na³³ma³¹na³¹ tɛ³³　　ŋɔ⁵⁵ tçhi³¹mi³³ a³³tsa³¹la³¹tɔ³³　khɯ⁵⁵ lɔ⁵³.

　　　　　早早的　　　　ADV 我 嘴　边　　LOC 到　　　 DIR

　　　　　早早地到我的嘴边来。

（1130）ku³¹li⁵⁵ku³¹li⁵⁵xɯ³¹ pu⁵⁵ ȵi⁵³，　jo¹³ thiɛn³¹ thu⁵⁵ fu³¹　thɔ⁵³.

　　　　　接二连三　　　 挖 开 CONJ　又 填　起 回　PFV

　　　　　接二连三地挖开，又填起来了。

（1131）i⁵⁵phi³¹ wa³³li³¹tçi³¹ kɔ³³ lo⁵⁵　zu³³zu⁵⁵ tshŋ³¹ pi³³ tsha³³a⁵³.

　　　　　爷爷 他孙子　 个 ACC 狠狠的 一　顿 骂　PRT

　　　　　爷爷把孙子狠狠的骂了一顿。

（1132）ŋa³³mɔ³³ po⁵⁵tɔ⁵⁵ pha³³ khɔ³³ lo³³ᐟ⁵⁵ lo⁵⁵ po⁵⁵ thu⁵⁵.

　　　　　鸟王　 翅膀　 开 下　慢　 慢 飞 起

　　　　　凤凰张开翅膀，慢慢飞起来。

4. 方式状语

窝尼话中常用顺时助词 tɛ³³ 连结两个动词短语，表示动作的连续发生。前一个动词后须接词义已经虚化的 khɔ³³，一起对后一个动作、行为产生的方式进行描写和说明。例如：

（1133）tço⁵⁵ tsho⁵⁵ khu⁵⁵ khɔ³³　tɛ³³　　xɯ³¹fu³¹　ji⁵⁵.

　　　　　就　 人　 喊　下　 SEQP 挖 重新　 去

　　　　　就喊着人重新挖去。

（1134）i⁵⁵phi¹³ mo³¹ tsŋ³¹ khɔ³³　tɛ³³　ta⁵⁵lu⁵⁵ mɔ⁵⁵ zɯ³¹ ti³¹ti⁵⁵.

　　　　　老爷 马 骑 下　 SEQP 大路　那 走 PRT

老爷就骑着马走大路去。

（1135）ji⁵⁵ tɕo⁵⁵ va³¹ sei¹³ tɕi⁵³ pa³¹ khɔ³³ tɛ³³ ji⁵⁵ kɯ³³ ji⁵⁵xo⁵⁵tɔ³³
　　　　他　就　猪　肉　些　挑　下　SEQP 他　GEN 家　　LOC
ku³¹ ja⁵³.
回　PRT
他就背着那些猪肉回家去了。

（1136）ji⁵⁵ so⁵⁵tshɛ⁵⁵ phi³³khɔ³³ tɛ³³ ŋɔ⁵⁵xɤ⁵⁵ phu³³ tɔ³³ lɔ⁵⁵ ti³¹ti⁵⁵.
　　　　他　铁锅　　背　下　SEQP 我们　寨子 LOC　来　PRT
他背着铁锅到咱们村来了。

5. 部分名词格短语作状语

名词词格中表示处所、来源、工具、比较等意义的短语也在句中充当状语。

1）处所格（LOC）

处所格标记表示动作或事件发生的地点或时间。窝尼话话中用 tɔ³³ 来标记地点，用 kɔ⁵³ 和 na⁵³ 来标记时间。

A. tɔ³³ 位于地点名词之后。例如：

（1137）ŋɔ⁵⁵ ji⁵⁵xo⁵⁵ tɔ³³ ku³¹ ji⁵⁵ nu⁵⁵ȵi³¹ a⁵³.
　　　　我　家　LOC 回 DIR 想　　PRT
我想回家。

（1138）ji⁵⁵ lɯ³¹tɯ⁵⁵sʅ⁵⁵ tɔ³³ li³³ a⁵³.
　　　　他　勒达　　　LOC 去　PRT
他去勒达了。

（1139）ŋɔ³³xɤ⁵⁵ tshʅ³¹ kɔ³¹ li³¹ za³¹tɕhi³³ tɔ³³ ji⁵⁵ tso⁵⁵ mɔ³¹ mo³³.
　　　　我们　　一　个　也 昆明　　LOC 去　EXP 不　EXP
我们谁都没有去过昆明。

（1140）ŋɔ⁵⁵ thi³¹ȵi³¹ tɔ³³ li³³ ti⁵⁵.
　　　　我　街　LOC 去　PRT
我打算到街上去。

（1141）ŋɔ³³xɤ⁵⁵ thi³¹ȵi³¹ tɔ³³ ko³¹tsha³¹ wo³¹ ti⁵⁵.
　　　　我们　街　LOC 菜　　卖　PRT
我们在街上卖菜。

（1142）ji⁵⁵ ku³¹tsu³¹tɔ³³ i⁵⁵tsu³¹phi³³ ja⁵³.

他 山 LOC 水 背 PRT

他到山上背水去了。

（1143） pɔ³³ɬɔ³³ɔ⁵⁵ tshɔ⁵⁵ ku³¹ tsu³¹ na⁵³ nu⁵⁵ tɔ³³ i⁵⁵ phu⁵⁵ thɔ⁵³.

月亮 山 后 LOC 躲 PFV

月亮躲到山背后去了。

B. kɔ⁵³用于时间名词之后，常常与 tshʅ³¹ nu³³ "一日、一天" 搭配使用。例如：

（1144） a⁵⁵ nuɔ³³, tshʅ³¹ nu³³ kɔ⁵³, a³¹ pi⁵⁵ wo³¹ phɔ³¹ phu³¹ ji⁵⁵ tʂhun³³ lo⁵⁵

后来 一日 LOC 卖鸭子人 普应春 ACC

tei⁵⁵ tʂo¹³.

遇 着

后来一天，一个卖鸭子的人遇到普应春。

（1145） tshʅ³¹ nu³³ kɔ⁵³, i⁵⁵ phi³¹ mi⁵⁵ su⁵⁵ phɔ³¹ kɔ³¹ ta³¹ xo⁵⁵ wo⁵⁵ tsɔ³¹ ji⁵⁵ mo³¹.

一日 LOC 老爷 个 客 做 吃 DIR 要

一天，老爷要去做客。

（1146） tshʅ³¹ nu³³ kɔ⁵³, wa³³ mo³¹ mi³¹ tsa³¹ tɤ³³ ji⁵⁵.

一天 LOC 她 母亲 柴 砍 DIR

一天，她母亲砍柴去。

（1147） tshʅ³¹ nu³³ kɔ⁵³, ja⁵⁵ xɤ⁵⁵ so³¹ kɔ³¹ tɛ³³ tshʅ³¹ ka⁵⁵ tɔ³³ tso⁵⁵

一日 LOC 他们 三 个 TOP 一起 坐

tɛ³³ pɔ³¹.

SEQP 说

一天，他们三个坐在一起商量。

（1148） xei¹³ tshʅ³¹ tu³¹ kɔ⁵³, tsho⁵⁵ tɕo⁵⁵ tshi³¹ tsho⁵⁵ tshi³¹ tsho⁵⁵ kɯ³³

从此以后 LOC 人 就 各种各样 的

zu³³ zi³¹ tsa³³ a⁵³.

种子 有 PRT

从此以后，人类就各种各样的种子都有了。

C. na⁵³标记时间，具有 "……后" 之意。与之搭配的时间名词或名词短语比 kɔ⁵³较多一些。例如：

（1149） tshʅ³¹ thi⁵⁵ na⁵³, i⁵⁵ tshu³¹ phi³¹ thɔ³³ lɔ³¹ a⁵³.

一会儿　LOC　屁　　放　下　DIR　PRT

一会儿，水就放下来了。

（1150）a⁵⁵nuɔ³³, tshɿ³¹nu³³na⁵³, zɔ³¹nu⁵⁵nu⁵⁵a³¹kɔ³¹wo⁵⁵a⁵⁵tɕo⁵⁵tɔ³³

后来　　一日　LOC　娃娃　　这个　他　舅舅　LOC

ȵi⁵⁵kɔ³³ji⁵⁵.

玩　　去

一天，这个娃娃到他舅舅家玩去。

（1151）tshɿ³¹thi⁵⁵na⁵³,　　pi³³thu⁵⁵tɛ³³　khu⁵⁵nɛ³³　　za³¹tɕhi³³tɔ³³

一会儿 LOC　　睁开　OCP　喊　CONJ　昆明　LOC

khɯ⁵⁵ja⁵³.

到　　PRT

一会儿，他喊睁开，昆明就到了。

（1152）tshɿ³¹nu³³na⁵³, ji⁵⁵va¹³sei¹³wo³¹kɯ³³　ta³³,　　khɤ³¹thɔ³¹ɔ⁵⁵

一　天 LOC 他 猪肉　卖 GEN 时候　狗　一　只

lɔ⁵⁵ji⁵⁵kɯ³³va³¹sei¹³ʂ̩³³tsɔ³¹lɔ⁵⁵.

来 他 GEN 猪肉　拉　吃 PRT

有一天，他在卖猪肉的时候，一只狗来拖他的猪肉吃。

（1153）tu¹³tshɿ³¹tʂaŋ³¹na⁵³,　　i⁵⁵phi³¹khɯ⁵⁵lɔ⁵³.

好一趟　　　LOC　老爷　到　PRT

过了好一阵，老爷才到。

（1154）ŋɔ⁵⁵ɬi⁵⁵pu⁵⁵lu⁵⁵tɔ³³　nai³³pai³³ȵi³¹so³¹pai³³ku³³lɔ¹³nɛ³³

我　火堆　　LOC 豆　二 三 瓣 捡 来 CONJ

phɤ³³tsɔ³¹.

烧　吃

我在火堆里捡到二三瓣豆来烧吃。

（1155）xɔ⁵⁵phi³¹a⁵⁵tsa³¹la³¹tɔ³³　khɯ⁵⁵ja⁵³.

地 边　　　LOC　到 PRT

去到地边。

（1156）ku³¹tsu³¹na³¹kɯ³³tɔ³³　tshɿ⁵⁵a³¹ŋa³³tshɿ⁵⁵ŋa³³tsha³³tso⁵⁵pu⁵⁵

山　深 GEN 地方 麂子　各种各样　　　有　相当

ti⁵⁵.

PRT

深山里有不少野生动物。

（1157）nu⁵⁵ zu³¹ a⁵⁵ tɔ³³　　ji³¹ tsa³³，ŋɔ⁵⁵ mi⁵⁵ tsha³¹ tɔ³³　　ji³¹ tsa³³.

　　　　你　床　LOC 睡　　我　地　　　　LOC 睡

　　　　你睡床上，我睡地板上。

（1158）i⁵⁵ tshu³¹ ta³¹ lu⁵⁵ mɔ⁵⁵ tɔ³³　　ŋɔ³¹ sɔ³¹ fu⁵⁵ tu³¹ mɔ³¹ no³¹.

　　　　水　潭　那 LOC 鱼　养 很 不 少

　　　　水塘里养了不少鱼。

2）工具格（INS）

表示行为动作所使用的工具，以及完成动作或行为所使用的方式。窝尼话中用 lɛ³³ 表示。在名词后加工具格标记 lɛ³³，表示该名词作为完成事件所用的工具。例如：

（1159）mo³³ tshi³³ xɯ³¹ kɯ³³　　i⁵⁵ tshu³¹ lɛ³³　　mo³¹ mɔ⁵⁵ tɕhɔ³³ thɔ⁵³.

　　　　洗马塘　　　GEN　水　INS　马 那 洗 PFV

　　　　用洗马塘的水洗那匹马。

（1160）fɔ⁵⁵ ti⁵⁵ mɔ⁵⁵ lɛ³³　　tshŋ³¹ tsaŋ³¹ kɯ⁵⁵ thɔ⁵³，sɯ³³ tso⁵⁵ xɔ⁵⁵ na³³ tɕi⁵³

　　　　刀　那 INS　一下　甩 PFV 树　火地 些

　　　　i⁵⁵ tso⁵⁵ tso⁵⁵ lu⁵⁵ ji⁵⁵　　tɕa⁵³.

　　　　全部　　倒 DIR PRT

　　　　用刀甩一下，火地上的树就全部倒下去了。

（1161）la³¹ ŋi⁵⁵ mɔ⁵⁵ lɛ³³　　tshŋ³¹ tsaŋ³¹ xua⁵⁵ thɔ⁵³，kɤ³¹ pa³³ tɕo⁵⁵ tu³³ lɔ⁵³.

　　　　手指头 那 INS　一下　　画 PFV 钱　　就 出 DIR

　　　　用手指头画一下，钱就出来了。

（1162）phu³¹ phi⁵⁵ tɕi³¹ ta⁵⁵ lɛ³³　　xɔ³¹ phɔ⁵⁵ tshŋ³¹ mi³¹ tɕi³¹ po³¹ thɔ⁵³.

　　　　普皮　剪子　INS 布　　一些　剪 通 PFV

　　　　普皮用剪刀把一些布剪破了。

（1163）wa³³ po⁵⁵ to⁵⁵ mɔ⁵⁵ lɛ³³　　xa³³ ti⁵⁵ ti⁵⁵ vu⁵⁵ tsho³³　　ti³¹ ti⁵⁵.

　　　　她 翅膀 那 INS　小鸡　捂 DUR PRT

　　　　她用翅膀捂小鸡。

窝尼话中工具格标记和施格标记同为 lɛ³³，这一现象与工具格的概念有关。朱艳华认为，"工具"是指由动作行为者所控制，用以对特点对象施加影响，来达到某种目的的媒介。① 因此，"工具格"的概念结构就包含了"动作行为者"（施事）的语义内涵。这也是藏缅语中多数语言中施格标记和工具格标记兼用的原因。

（1164）fɔ⁵⁵ti⁵⁵ mɔ⁵⁵ lɛ³³ tshɿ³¹tsaŋ³¹ kɯ⁵⁵ thɔ⁵³.

刀　　那　INS　一下　　甩　PFV

用刀甩一下。

（1165）la³¹la³¹ lɛ³³　thɔ¹³ tɕhi³¹ khɔ³³ lɔ³¹.

手　　INS　一个 摘　下　DIR

用手摘一个下来。

（1166）mo³¹ lɛ³³　tɕhi³³ fu³¹ lɔ³¹　mo³¹ ti⁵⁵.

马　INS　驮　回　DIR　要　PRT

要用马驮回来。

3）从格（ABL）

从格表示出处或来源。窝尼话中的从格标记 tɔ³³ tɛ³³ 由位格标记 tɔ³³ 与 tɛ³³ 一起构成。例如：

（1167）ji⁵⁵ xa³³ phu³³ mɔ⁵⁵ tɔ³³tɛ³³ tu³³ ji⁵⁵　ti³¹ti⁵⁵.

他 这 寨子 那 ABL　出 DIR PRT

他是从这个寨子出去的。

（1168）ja⁵⁵xɤ⁵⁵ ŋa³¹lɔ³³ma³¹sɿ⁵⁵ tɔ³³tɛ³³ phu³³ lɔ⁵⁵　ti³¹ti⁵⁵.

他们　亚尼河村　　ABL　过　DIR PRT

他们是从亚尼河迁过来的。

（1169）ji⁵⁵ i⁵⁵tha³¹la³¹ xo¹³xo³¹ mɛ⁵⁵　ji⁵⁵xo⁵⁵ tɔ³³tɛ³³ tu³³ lɔ⁵³.

他 这时　　恰巧　ADV　家　ABL　出 DIR

他刚巧从家里出来。

（1170）i⁵⁵nu³³xo⁵⁵ tɔ³³tɛ³³ ɔ⁵⁵tu³³ ji⁵⁵　kɯ³³　ɔ⁵⁵tu³³ ka³¹ ti⁵⁵，　a³¹kɯ³³

里面　ABL　看出 DIR NOM 看出 能 PRT　外面

tɛ³³　a³¹na³³ ɔ⁵⁵ tɕi³³ ji³¹　ɔ⁵⁵ tu³³ mo³¹ ka³¹.

ABL 里面 看进 DIR 看 出 不 能

从里往外看能看得清，从外往里看就看不清楚了。

_____

① 朱艳华：《藏缅语工具格的类型及源流》，《民族语文》2010 年第 1 期。

（1171）ŋɔ³³xɤ⁵⁵ vu³¹ tu³¹ tɔ³³ tɛ³³ tso⁵⁵ lɔ³¹　ti³¹ti⁵⁵.

　　　　我们　头　ABL 做　DIR　PRT

　　　　我们从头做着来吧。

如果出处或来源是时间点，或者是表示地点的词中含有 tɔ³³，则只用 tɛ³³ 作为从格标记。例如：

（1172）na³³xɤ⁵⁵ a³¹tɔ³³ tɛ³³　tsha³¹tɯ³¹ vu⁵⁵ fu³¹ lɔ³¹　ti¹³？

　　　　你们　哪里 ABL 盐巴　买 回 DIR　PRT

　　　　你们从哪儿买盐巴回来？

（1173）i⁵⁵tshu³¹ xo⁵⁵tɔ³³ tɛ³³　tsho⁵⁵ tshŋ³¹ kɔ³¹ lɤ³¹ tu³³ lɔ³¹　ti³¹ti⁵⁵.

　　　　水　里面 ABL　人　一　个 钻 出 DIR　PRT

　　　　从水里钻出个人来。

（1174）a³¹ȵi⁵⁵ a⁵⁵ti³¹ti⁵⁵ tho³³　tɛ³³　ŋɔ³¹sɔ³¹ tsɔ³¹ xɯ⁵⁵ ti⁵⁵.

　　　　弟弟 小　时候 ABL 鱼　吃 肯 PRT

　　　　弟弟从小就喜欢吃鱼。

（1175）ŋɔ⁵⁵ tɕhi⁵⁵ xi³¹ fu³¹ tɛ³³　a¹³tɔ³³ mo³¹　wo⁵⁵ ŋa⁵³.

　　　　我 十 八 岁 ABL 这里 活计 做 PRT

　　　　我从 18 岁就在这里做活计了。

含有趋向动词的句子只用位格标记 tɔ³³，省略 tɛ³³。例如：

（1176）i⁵⁵tshu³¹ mo⁵⁵ ku³¹tsu³¹tɔ³³　za³¹ lɔ⁵⁵　ti³¹ti⁵⁵.

　　　　水　那 山　LOC 下 DIR PRT

　　　　水从山上流下来。

（1177）ji⁵⁵ ku³¹tsu³¹tɔ³³　pi³¹tshi⁵⁵ pa³¹ khɔ³³ lɔ³¹.

　　　　他 山　LOC 柴　抬 下 DIR

　　　　他把甘蔗从山上抬下来。

（1178）a⁵⁵ta⁵⁵ xɔ⁵⁵ɬɔ³¹ tɔ³³　tɕhi⁵⁵ɕi³¹ ji⁵⁵xo⁵⁵ tɔ³³　pa³¹ tɕi³³ lɔ³¹.

　　　　哥哥 田里 LOC 稻谷　家　LOC 挑 进 DIR

　　　　哥哥从田里挑稻谷进家来。

在表时间或地点的名词后加 tɛ³³。例如：

（1179）ŋɔ³³xɤ⁵⁵ xa³¹ȵi³¹zɔ¹³tho³¹nu³¹ tɛ³³　pi³¹tshi⁵⁵ ti⁵⁵.

　　　　我们 窝尼 古时候　ABL 甘蔗 栽

　　　　我们窝尼人从古时候就种甘蔗。

（1180） a³¹tɔ³³ tɛ³³　lɔ⁵⁵ phɛ⁵³　a³¹tɔ³³ li³³.

哪里 ABL　来 CONJ　哪里 去

哪里来哪里去。

（1181） ji⁵⁵ nai³³ pai³³ zo³³kho³¹ tɛ³³　nai³³pai³³ tshɿ³¹ la³¹thu³³ ku³³ zɔ³³.

他 豆　豆杆 ABL　豆　一　把　捡得

他从豆秆上捡得一把豆。

4）向格（ALL）

向格表示动作或行为运动的方向。窝尼话中的向格标记是 tɔ³³，常位于名词短语、代词之后。例如：

（1182） xɔ³¹ɬɔ³¹ mɔ⁵⁵pu⁵⁵ti³¹ti³¹tɛ³³ a⁵⁵tshɿ³¹ mɔ⁵⁵　tɔ³³ phu³¹ta³³ thɔ⁵³.

老虎 那 凶猛　ADV羊　那　ALL 扑 上 PFV

老虎凶猛地扑向山羊。

（1183） ji⁵⁵ ŋɔ³³ tɔ³³ vu³¹ ȵi⁵⁵ tshi³¹ ȵi⁵⁵.

他 我 ALL 头 点 一下 点

她向（朝）我点点头。

（1184） ji⁵⁵ ŋɔ³³ tɔ³³ ȵi³¹kɯ³³ ma³³phu³¹ ku³³⸍¹³ti⁵⁵.

他 我 ALL 鬼 GEN 脸　整 PRT

他向（朝）我做鬼脸。

（1185） wo³¹ kɯ³³　ȵi³¹ ȵɔ¹³ tsho⁵⁵ kɔ³¹ tɔ³³ pau³¹tʂɛn⁵⁵ thi¹³ phɤ³¹ ti⁵⁵.

天 GEN 神 俩 人 个 ALL 保证　提 敢 PRT

两位天神敢向人保证。

（1186） ji⁵⁵ wa³³ȵi⁵⁵ tɔ³³　khɤ³¹ mɔ⁵⁵ ŋɔ³¹ lɔ⁵⁵ tɛ³³　xɔ⁵⁵ tɕhi³¹ ji⁵⁵.

他 兄弟 ALL 狗 那 借 来 SEQP 田 犁 DIR

他借来弟弟的狗去犁田。

在名词之后加 tɔ³³，表示动作行为的方向。例如：。

（1187） pɔ³¹ thɔ⁵³ nɛ³³　fu³³tsha³¹ mɔ⁵⁵ tɔ³³ aŋ⁵⁵ phu³¹ ja⁵³.

说 PFV CONJ 老鼠　那 ALL 按 扑 PRT

说完就向老鼠扑过去。

（1188） ji⁵⁵ wa³³mo³¹ tɔ³³　khu⁵⁵.

他 他母亲 ALL 喊

他向母亲喊。

（1189）ŋɔ³³xɤ⁵⁵ ji⁵⁵tɔ³³　　tʂaŋ⁵⁵suaŋ⁵⁵ ji⁵⁵ŋa⁵³.

我们　他 ALL　账　算　IMM

我们要去向他算账。

5）伴随格（COM）

表示由某一动作确定的伴随者，与施事共同完成该动作。窝尼话中在伴随者之后加 tɔ³³ 表示。tɔ³³ 还可与 pɔ⁵⁵ "跟" 连用，强调伴随者与施事的伴随关系。例如：

（1190）ŋɔ⁵⁵ji⁵⁵ tɔ³³　　mɔ³¹ʂu³¹.

我　他 COM　不　熟

我跟他不熟。

（1191）ŋɔ⁵⁵ nu³³ tɔ³³　　ka³¹xa³³ pi⁵⁵xɔ³¹　kɔ³³　mɔ³¹ nu⁵⁵.

我　你 COM　力气　比 ATT　NOM　不　想

我不想跟你比力气。

（1192）nu⁵⁵ xa⁵⁵mɤ³¹ᐟ⁵⁵mɤ³¹ᐟ⁵⁵ji⁵⁵ tɔ³³　　zʐ³¹tsʐ⁵⁵ pɔ⁵⁵ko⁵⁵！

你　好好地　　　　他 COM 日子　跟 过

你可要跟他好好过日子呀！

（1193）nu⁵⁵ xa⁵⁵mɤ³¹ᐟ⁵⁵mɤ³¹ᐟ⁵⁵ji⁵⁵ tɔ³³　　tsho⁵⁵ pɔ⁵⁵ tso⁵⁵ tsɔ³¹.

你　好好地　　　　他 COM 人　跟 在 吃

你好好地跟他在着吃。

（1194）luɯ⁵⁵ʂu³¹ i³³tha³¹la³¹ luɯ⁵⁵mo³³ tɔ³³　　pɔ⁵⁵ tsha⁵⁵tɕhi³³　　ti⁵⁵.

二叔　现在　　二婶　COM　跟 吵架 – REC　PRT

叔叔正在跟婶婶吵架。

（1195）li³¹tɕi³¹ i³³tha³¹la³¹ ja⁵⁵xɤ⁵⁵ tɔ³³　　pɔ⁵⁵ the⁵⁵tɕhi³³　　ti⁵⁵.

孙子　现在　　他们　COM　跟 打架 – REC　PRT

小孙子正在跟他们打架。

（1196）a⁵⁵tɕi³¹ i³³tha³¹la³¹ ja⁵⁵xɤ⁵⁵ tɔ³³　　pɔ⁵⁵ zʐ⁵⁵ ti³³.

姐姐　现在　　他们　COM　跟 唱 PRT

姐姐正在跟他们唱歌。

6）受益格（BEN）

指与动作或状态相关联的人或事物，有一方是动作的受益者或受害者。窝尼话中的受益格标记是 tɛ³³mɛ⁵⁵。tɛ³³mɛ⁵⁵，有 "代替、帮助" 之意，位于与其所相关联的人之后。例如：

（1197）ŋɔ^{55} nu^{33} tɛ^{33}mɛ^{55} a^{55}tshʅ^{31} tshʅ^{31}thi^{55} vu^{33} lɔ^{55}.

我 你 BEN 羊　　 一下　 放 PRT

我帮你放一会儿羊吧！

（1198）nu^{55} ŋɔ^{33} tɛ^{33}mɛ^{55} ko^{31}tsha^{31} tshi^{33}　ɬu^{55}lɔ^{55}.

你 我 BEN 菜　　 一下 炒 PRT

你来帮我炒一下菜。

（1199）ji^{55} ŋɔ^{33} tɛ^{33}mɛ^{55} mi^{31}tsa^{31}ku^{31} tsu^{31} tɔ^{33}　 phi^{33} khɔ^{33} lɔ^{31}.

他 我 BEN 柴　 山 LOC 背 下 DIR

他替我把柴从山上背下来。

（1200）ŋɔ^{55} nu^{33} tɛ^{33}mɛ^{55} tsɔ^{55}tsʅ^{33} ji^{55}xo^{55} tɔ^{33}　 pa^{31} tɕi^{33}　 lɔ^{31}.

我 你 BEN 桌子 家 LOC 抬 进 DIR

我替你把桌子抬进家来。

（1201）ŋɔ^{33} tɛ^{33}mɛ^{55} sa^{31}kɯ^{55}mɔ^{55} ji^{55} tu^{33} lɔ^{31}.

我 BEN 皮条 那 拿出 DIR

帮我把皮条拿出来。

（1202）nu^{55} a^{55}tshi^{31} tsʅ^{31} kɯ^{33}　 tʂaŋ^{33}mau^{55} mɔ^{55} kua^{33} khɔ^{33} tsha^{31} tshi^{31}

你 羊 骑 NOM 毡帽　　 那 挂 下 SUS 会

ti^{55}, ŋɔ^{55} nu^{33} tɛ^{33}mɛ^{55} tsho^{31} ta^{33} lɛ^{33}.

PRT 我 你 BEN 戴 上 PRT

你骑羊的话，毡帽会被挂掉的，我替你戴上吧。

（1203）nu^{55} ŋɔ^{33} tɛ^{33}mɛ^{55} ji^{55}xo^{55} tshi^{31} tsau^{31}fu^{55}, sei^{55}li^{31} kɔ^{33}　 mɔ^{31} xo^{55}.

你 我 BEN 家　　 一下 照看　 收拾 NOM 不 用

你帮我看一下家，不用收拾。

7）比较格（COC）

窝尼话中的比较格标记分为差比标记、等比标记、递比标记和关联比较标记。表示差比的标记有两个，一个是 ta^{33}…tɕi^{31} "上……更"，另一个是 mo^{33}lɔ^{31}…mɔ^{31}tshi^{55} "多……不仅"。表示等比的标记也有两个，一个是 tshʅ^{31}… tsʅ^{31} tsa^{33} "一……点有"，另一个是 tshʅ^{31}xui^{55} "一样"。递比标记为 nuɔ^{13} "后"；关联比较标记为 ɳi^{31}ɔ^{55}…ɳi^{31}ɔ^{55}。

A. 差比标记 ta^{33}…tɕi^{31} 和 mo^{33}lɔ^{31}…mɔ^{31}tshi^{55}，位于被比较者之后。

例如：

（1204）a⁵⁵　　tha⁵⁵pa³¹la³¹mɔ⁵⁵　zɔ³¹　tha⁵⁵pa³¹la³¹mɔ⁵⁵　ta³³　la³¹n̩i⁵⁵　thɔ³¹
　　　　 这　　木板　　　　　那　木板　　　　　那　COC　手指　一

ɔ⁵⁵　pɔ³¹　tɕi³¹　ti⁵⁵.
个　薄　更　PRT

这种木板比那种薄一指头。

（1205）zɔ³¹nu³³　wo³¹ɬi⁵⁵　mɔ⁵⁵　mi⁵⁵nu³³　ta³³　　xɤ³¹/³³　tɕi³¹　ti⁵⁵.
　　　　 今天　　风　　　那　昨天　　COC　大　　更　PRT
今天的风比昨天的风还大。

（1206）a⁵⁵　xuɔ³¹　mɔ⁵⁵zɔ³¹　xuɔ³¹　mɔ⁵⁵　ta³³　　xɤ³¹/³³　tɕi³¹　ti⁵⁵.
　　　　 这　碗　　那那　碗　　那　COC　大　　更　PRT
这个碗比那个碗大。

（1207）xa³³　lo⁵⁵mɔ³³　mɔ⁵⁵　zɔ³¹　lo⁵⁵mɔ³³　mɔ⁵⁵　ta³³　　mo⁵⁵　tɕi³¹　ti⁵⁵.
　　　　 这　河　　　那　那　河　　　那　COC　长　　更　PRT
这条河比那条河长。

（1208）xa³³　lo⁵⁵mɔ³³　mɔ⁵⁵　kɯ³³　i⁵⁵tshu³¹　zɔ³¹　lo⁵⁵mɔ³³　mɔ⁵⁵　kɯ³³
　　　　 这　河　　　那　GEN　水　　　那　河　　　那　GEN

i⁵⁵tshu³¹　ta³³　ɯ⁵⁵ko⁵⁵ko⁵⁵tɕi³¹　ti⁵⁵.
水　　　COC　清　　　　　更　　PRT

这条河的水比那条的清。

（1209）a⁵⁵ta⁵⁵a³¹n̩i⁵⁵　ta³³　　kau³³tɕi³¹pu⁵⁵　ti⁵⁵.
　　　　 哥哥　弟弟　COC　高　更　多　PRT
哥哥比弟弟高多了。

除具有程度变化义的心理动词、助动词充当比较结果时只能使用 mo³³lo³¹…mɔ³¹tshi⁵⁵ 外，其他使用比较标记 mo³³lo³¹…mɔ³¹tshi⁵⁵ 的句子都可使用 ta³³…tɕi³¹ 来表示。此外，mo³³lo³¹… mɔ³¹tshi⁵⁵ 在句中还可省略 mo³³lo³¹，而只用 mɔ³¹tshi⁵⁵ 来表示。例如：

（1210）xa³³　lo⁵⁵mɔ³³　mɔ⁵⁵　zɔ³¹　lo⁵⁵mɔ³³　mɔ⁵⁵mo³³lo³¹　mɔ³¹tshi⁵⁵tsa³³　ti⁵⁵.
　　　　 这　河　　　那　那　河　　　那　COC　　不仅　　有　PRT
这条河比那条河长。

（1211）ŋɔ⁵⁵　ji⁵⁵　mo³³lo³¹　mɔ³¹tsh̩⁵⁵　s̩⁵⁵la³¹la³¹　ti⁵⁵.

我 他 COC 不仅 年轻 PRT

我比他年轻。

(1212) tsho$^{31/13}$kɯ^{33} zɯ$^{31/13}$kɯ^{33} mo^{33}lo^{31} mɔ^{31}tshi^{55} tshuaŋ^{55} ti^{55}.

跑 NOM 走 NOM COC 不仅 快 PRT

跑比走快

(1213) a^{55} xɔ^{31}łu^{55} tshŋ^{31} kho^{33} zɔ^{13} tshŋ^{31} kho^{33} mo^{33}lo^{31} mɔ^{31}tshi^{55} xa^{33} ti^{55}.

这 衣服 一 件 那 一 件 COC 不仅 贵 PRT

这件衣服比那件贵。

(1214) a^{55} sɯ^{33}tso^{55} tshŋ^{31} tso^{55} zɔ^{13} tshŋ^{31} tso^{55} mo^{33}lo^{31}mɔ^{31}tshi^{55}xɣ^{31}ti^{55}.

这 树 一 棵 那 一 棵 COC 不仅 粗 PRT

这棵树比那棵树粗。

mo^{33}lo^{31}可以省去，只用 mɔ^{31}tshi^{55}，不影响差比意义。例如：

(1215) xa^{33}lo^{55}mɔ^{33}mɔ^{55}kɯ^{33} i^{55}tshu^{31} zɔ^{31} lo^{55}mɔ^{33} mɔ^{55}kɯ^{33} i^{55}tshu^{31}

这 河 那 GEN 水 那 河 那 GEN 水

mɔ^{31}tshi^{55} ɯ^{55}ko^{55}ko^{55} ti^{55}. 这条河的水比那条的清。

不仅 清 PRT

(1216) a^{55} xuɔ^{31} mɔ^{55} zɔ^{31} xuɔ^{31} mɔ^{55} xɣ^{31}lɛ^{31} mɔ^{31}tshi^{55} tsa^{33} ti^{55}.

这 碗 那 那 碗 那 大 不仅 有 PRT

这个碗比那个碗大。

(1217) zɔ^{31}nu^{33}wo^{31}łi^{55} mi^{55}nu^{33} kɯ^{33} xɣ^{31}lɛ^{31} mɔ^{31}tshi^{55} tsa^{33} ti^{55}.

今天 风 昨天 GEN 大 不仅 有 PRT

今天的风比昨天的风还大。

B. 等比标记 tshŋ^{31}… tsŋ^{31} tsa^{33}和 tshŋ^{31}xui^{55}。其中，tshŋ^{31}是“一”的意思，tsa^{33}是“有”，tsŋ^{31}和 xui^{55}不能单独使用。使用 tshŋ^{31}… tsŋ^{31} tsa^{33}时，形容词位于其间。使用 tshŋ^{31}xui^{55}时，形容词位于其后。例如：

(1218) ŋɔ^{33}kɯ^{33} zɔ^{31}nu^{55}nu^{55}a^{53}ji^{55} kɯ^{33} zɔ^{31}nu^{55}nu^{55}a^{53} tshŋ^{31}xɣ^{31}

我 GEN 娃娃 他 GEN 娃娃 COC 大

tsŋ^{31} tsa^{33} ti^{55}.

点 有 PRT

我家的娃娃跟他家的一样大。

(1219) zɔ^{31} nu^{31} ɳi^{31} kho^{33}tshŋ^{31} kau^{33} tsŋ^{31} tsa^{33} ti^{55}.

那 牛 两 条 COC 高 点 有 PRT

那两头牛一样高。

（1220） a⁵⁵ tshɔ³³khɯ³³ n̠i³¹ kho³³ tshʅ³¹ mo⁵⁵ tsʅ³¹ tsa³³ ti⁵⁵.

这 绳子 两 根 COC 长 点 有 PRT

这两根绳子一样长。

（1221） zɔ³¹ nu³¹ n̠i³¹ kho³³ tshʅ³¹ xui⁵⁵ kau³³ ti⁵⁵.

那 牛 两 条 COC 高 PRT

那两头牛一样高。

（1222） a⁵⁵ tshɔ³³khɯ³³ n̠i³¹ kho³³ tshʅ³¹ xui⁵⁵ mo⁵⁵ ti⁵⁵.

这 绳子 两 根 COC 长 PRT

这两根绳子一样长。

（1223） zɔ³¹ nu³¹ n̠i³¹ kho³³ tshʅ³¹ xui⁵⁵ tshoŋ³³ ti⁵⁵.

那 牛 两 条 COC 重 PRT

那两头牛一样重。

C. 递比标记 nuɔ¹³，位于数量短语之间。例如

（1224） no³³xa³¹ tshʅ³¹ fu³¹ nuɔ¹³ tshi³¹ fu³¹ ko⁵⁵kɔ³³ sɔ⁵³.

日子 一 年 COC 一 年 过 NOM 好

日子一年比一年好过了。

（1225） ja⁵⁵xɤ⁵⁵ tshʅ³¹ kɔ³¹ nuɔ¹³ tshʅ³¹ kɔ³¹la⁵⁵kɯ³³kɯ³³ ti⁵⁵.

他们 一 个 COC 一 个瘦 PRT

他们一个比一个瘦。

（1226） a⁵⁵pɔ³¹ a⁵⁵mo³¹ tshʅ³¹ fu³¹ nuɔ¹³ tshʅ³¹ fu³¹ zɔ³¹mo³¹mo³¹ ja⁵³.

父亲 母亲 一 年 COC 一 年 老 PRT

父母一年比一年老了。

（1227） a⁵⁵ xɔ³¹ɬu⁵⁵tɕi⁵³ tshʅ³¹ kho³³ nuɔ¹³ tshʅ³¹ kho³³ ɔ⁵⁵ kɔ³³ sɔ⁵³ ti⁵⁵.

这 衣服 些 一 件 COC 一 件 瞧 NOM 好 PRT

这些衣服一件比一件漂亮。

使用比较标记 ta³³⋯tɕi³¹⋯ "上⋯⋯更⋯⋯" 或 mo³³lo³¹⋯mɔ³¹tshi⁵⁵⋯

"多⋯⋯不仅⋯⋯"。例如：

（1228） ŋɔ⁵⁵ fu³¹tha³¹ ji⁵⁵ ta³³ xɤ³¹ tɕi³¹ pu⁵⁵ ti⁵⁵.

我 年纪 他 上 大 更 相当 PRT

我年纪比他大多了。

（1229）ji⁵⁵ a³¹tshu³¹ ta³³ vu³¹ tu³¹ thɔ³¹ ɔ⁵⁵ ɣai³¹ tɕi³¹ ti⁵⁵.

他 别人 上头 一 个 矮 更 PRT

他比别人矮一个头。

（1230）a³¹ȵi⁵⁵ a⁵⁵tɕi³¹ ta³³kau³³ tɕi³¹ ti⁵⁵.

妹妹 姐姐 上高 更 PRT

妹妹比姐姐高。

（1231）a³¹ȵi⁵⁵ a⁵⁵tɕi³¹ mo³³lo³¹ mɔ³¹tshi⁵⁵kau³³ ti⁵⁵.

妹妹 姐姐 多 不仅 高 PRT

妹妹比姐姐高。

（1232）xo³¹pɔ³¹pɛŋ¹³ pi³¹tshi⁵⁵ mo³³lo³¹ mɔ³¹tshi⁵⁵ tshi⁵⁵ ti⁵⁵.

蜂蜜 甘蔗 多 不仅 甜 PRT

蜂蜜比甘蔗甜。

（六）补语

补语位于谓语之后，起补充、说明的作用。窝尼话中作补语的成分主要是词义虚化的动词、趋向动词和形容词。

1. 词义虚化的动词放在动词后作补语。例如：

（1233）nu⁵⁵ mi⁵⁵tshi³¹ i⁵⁵mi⁵⁵ mɔ³¹ ka³³ ɕi³¹ thɔ⁵⁵ ti¹³？

你 昨晚 怎么 不 冷 死 PFV PRT

你昨晚怎么没冻死？

（1234）ji⁵⁵ tsu³¹ji⁵⁵ thɔ³¹ ɔ⁵⁵ tsi³¹ tu³³ lɔ³¹.

他 主意 一 个 打 出 DIR

他想出一个主意来。

（1235）ji⁵⁵ lo⁵⁵ thi³³ tu³³ thɔ⁵³.

他 ACC 撵 出 PFV

他被赶出来了。

（1236）xɔ³¹ɬɔ³¹ mɔ⁵⁵ku³³ sɿ⁵⁵thɔ⁵³.

老虎 那 吓 死 PFV

老虎吓死了。

（1237）xɔ³¹ɬɔ³¹ mɔ⁵⁵ to³¹mɛ³¹ li³¹thu⁵⁵ thɔ⁵³ tɛ³³ tsho³¹kɛ³¹ja⁵³.

老虎　　那　尾巴　立起　PFV　SEQP 跑　PFV

那只老虎立起尾巴跑掉了。

2. 形容词作补语。形容词位于动词之后，说明动作行为变化的结果。例如：

（1238）na^{33}xɤ^{55} ŋɔ^{33}　lo^{55}　tshi^{33}　tɯ^{31}çi^{31}, ŋo^{55} tshŋ^{31}thi^{33} ku^{33} mɤ^{31}

你们　　我　ACC　一下　等　还　我　一会　弄好

thɔ^{53}.

PFV

你们等等我啊！我马上就好。

（1239）phu^{31}phi^{55} tçi^{31}tɔ^{55} lɛ^{33}　xɔ^{31}phɔ^{55} tshŋ^{31}mi^{31} tçi^{31} po^{31} thɔ^{53}.

普皮　　剪子　INS　布　　一些　　剪　通　PFV

普皮用剪子把一些布剪通。

（1240）ji^{55} tsɔ^{31} pu^{33} lɔ^{53}.

他　吃　饱　PRT

他吃饱了。

3. 趋向动词作补语。

（1241）mo^{31} xɛ^{31}kɯ^{33} tsho^{55}khɯ^{55}　lɔ^{55}　tça^{53}.

马　偷的　人　到　　DIR　PRT

偷马的人来了。

（1242）na^{33}le^{31} tɛ^{33} tsha^{31}tshi^{31}tɔ^{33}　faŋ^{55} tçi^{33} lɔ^{31}　a^{53}.

黑影子 ABL 墙　　　LOC　翻　进　DIR　PRT

黑影子翻墙过来了。

（1243）tsho^{55} kɔ^{31} tço^{55} mo^{31}loŋ^{31}thei^{33} mɔ^{55} xɔ^{31}ɬɔ^{31} kɯ^{33} vu^{31} tu^{31}tɔ^{33}

人　个　就　马笼头　　那 老虎 的　头　LOC

thau^{53} ta^{33} thɔ^{53}.

套　上　PFV

那个人就把马笼头套到老虎的头上。

（1244）tço^{55} xɔ^{31}ɬɔ^{31}mɔ^{55}tɔ^{33}　tsŋ^{31} ta^{33}　thɔ^{53}.

就　老虎　那　LOC　骑　上　PFV

就骑到老虎身上。

二 单句

根据句子的结构特点，句子可分为单句和复杂句两大类。单句相对于复句而言，是不能分析成两个或两个以上分句的句子，它常由一个主谓短语结构构成，也可由一个词或其他短语构成。单句可以从结构、语义、语用等不同角度再做分类。从句子的语用功能来区分，可分为陈述语气、疑问语气、祈使语气和感叹语气，体现这些语气句类的句子分别称为陈述句、疑问句、祈使句和感叹句。

（一）陈述句

陈述句用来陈述客观事实或表达说话人的思想观点，是"一种具有逻辑命题的句子，可以判断真假值的句子"[①]。窝尼话常在这一类句子中用 ti^{55}、$ti^{31}ti^{55}$、a^{53}、ja^{53}、lo^{53} 等语气助词。例如：

（1245）$ji^{55}\ lo^{31}\ ko^{55}\ \eta u^{55}\ ti^{55}$.

他　彝族　　是　PRT

他是彝族。

（1246）$a^{55}mo^{31}\ ti^{55}\ ku^{33}ko^{31}tsha^{31}\ \eta u^{55}\ ti^{55}$.

妈妈　栽的　菜　　　是　PRT

妈妈栽的是菜。

（1247）$ji^{55}\ ku^{33}\quad ji^{55}xo^{55}xa^{13}to^{33}\ \eta u^{55}\ ti^{55}$.

他　GEN　家　这里　　是　PRT

他的家在这里。

（1248）$\eta o^{55}ju^{55}\ tsh\eta^{31}to^{55}no^{33}t\epsilon^{33}\quad nu^{33}\ lo^{55}\ ka^{33}to^{31}\ tshi^{31}\ ti^{55}$.

我们　全家　　　　ADV 你 ACC 帮　会　PRT

我们全家都会帮你的。

（1249）$phu^{33}\ to^{33}\quad k\gamma^{31}pa^{33}tsa^{33}pho^{31}\ tsh\eta^{31}\ wo^{33}\ tso^{55}$.

寨子 LOC　有钱人　　　　　一　户　有

寨子中有一户富人。

---

① 江荻、李大勤、孙宏开：《达让语研究》，民族出版社，2013，第220页。

（1250） wo³¹mɔ³³ tɔ³³　pi³¹ti⁵⁵li⁵⁵ tsa³³ ti⁵⁵.
　　　　 肚子　LOC　蛔虫　　有　 PRT
　　　　 肚子里有蛔虫。

（1251） zɔ³¹ sɯ³³ tso⁵⁵ mɔ⁵⁵ kau³³ tɕi⁵⁵ ŋɔ⁵³.
　　　　 那　树　那　高　更　是
　　　　 那棵树最高。

（1252） a⁵⁵ zu³³ ve³³ tshɻ³¹ tso⁵⁵ n̠i⁵⁵ tɕi⁵⁵ ŋɔ⁵³.
　　　　 这花　　一　棵　红　更　是
　　　　 这棵花最红。

（1253） a⁵⁵mo³¹ ɬu⁵⁵ kɯ³³ ko³¹tsha³¹ khɯ⁵⁵ pu⁵⁵ ti⁵⁵.
　　　　 妈妈　炒　的　菜　　好吃　相当 PRT
　　　　 妈妈做的菜最好吃。

（1254） mi⁵⁵nu³³ ji⁵⁵ a⁵⁵tɕi⁵⁵ ku³¹　ji⁵⁵　ti³¹ti⁵⁵.
　　　　 昨天　他　先　　回　DIR　PRT
　　　　 昨天他先回去。

（二）疑问句

疑问句含有疑问语气。说话人向听话人询问，并希望得到应答。根据询问内容和应答形式，疑问句可分为是非疑问句、特指疑问句、选择疑问句和正反疑问句四种类型。

1. 是非疑问句

是非疑问句需要听话人对提问作出肯定或否定的回答。窝尼话中常用lɔ⁵⁵表示疑问语气。回答可以是完整的一句话，也可只回答焦点词。如果对问题的答案已有预期，问句中可不用语气助词lɔ⁵⁵。例如：

（1255） ——zɔ³¹ wo³¹tsho³¹ mɔ⁵⁵ ji⁵⁵ kɯ³³　ŋɯ⁵⁵ lɔ⁵⁵?
　　　　 那　帽子　　那　他 GEN　是　PRT
　　　　 那是他的帽子吗？
　　　　 ——（za³³mɔ⁵⁵） ji⁵⁵ kɯ³³　mɔ³¹ ŋɯ⁵⁵.
　　　　 那　　　他 GEN　不　是
　　　　 那不是他的。

（1256）——a³¹ mɔ⁵⁵ nu⁵⁵ ɛ⁵⁵ mɛ³³ ku³³ ti¹³　kɯ³³ fɔ⁵⁵ ti⁵⁵ ŋɯ⁵⁵ lɔ⁵⁵？

　　　　　这　你自己做 PRT 的刀　是 PRT

　　　　　这是你自己做的刀吗？

　　　　——mɔ³¹ ŋɯ⁵⁵，ŋɔ⁵⁵ vu⁵⁵ ti³¹ ti⁵⁵.

　　　　　不　是　我买 PRT

　　　　　不是，是我买的。

（1257）——a⁵⁵ kai⁵⁵ nu³³ n̠i³¹ ku³¹ tshŋ³¹ xui⁵⁵ xɤ³¹ lɔ⁵⁵？

　　　　　这 鞋子　两 双 一样　　大 PRT

　　　　　这两双鞋一样大吗？

　　　　——a⁵⁵ kai⁵⁵ nu³³ n̠i³¹ ku³¹ tshŋ³¹ xɤ³¹/³³ tsŋ³¹ mɔ³¹ tsa³³.

　　　　　这 鞋子　两 双 一 大　点 不 有

　　　　　这两双鞋子不一样大。

（1258）——nu⁵⁵ mi⁵⁵ lɔ⁵⁵？

　　　　　你 空 PRT

　　　　　你有空吗？

　　　　——ŋɔ⁵⁵ mɔ³¹ mi⁵⁵.

　　　　　我　不　空

　　　　　我没空。

（1259）——nu⁵⁵ zɔ³¹　tso⁵⁵ lɔ⁵⁵？

　　　　　你 孩子 有　PRT

　　　　　你有孩子吗？

　　　　——tso⁵⁵ ti⁵⁵.

　　　　　有　PRT

　　　　　有的

（1260）——ku³¹ tsu³¹ zɔ¹³ phɔ³³，kɔ⁵⁵ mɔ³³ mɔ³¹ phin³¹？

　　　　　山 那边　路　不 平

　　　　　山那边的路不平？

　　　　——mɔ³¹ phin³¹.

　　　　　不　平

　　　　　不平。

2. 特指疑问句

特指疑问句是用疑问代词提问的疑问句。疑问词是提问的焦点，回答针对焦点进行回应。窝尼话特指疑问句句末一般不用语气助词，少数用句子末尾加 ti¹³。例如：

（1261）tshɔ⁵⁵ mɔ⁵⁵ xi³¹ a⁵⁵ nɛ³³？

　　　　什么　　原因

　　　　这是什么原因？

（1262）nu⁵⁵ tshɔ⁵⁵ mɔ⁵⁵ xi³¹ a⁵⁵ nɛ³³ n̠i⁵⁵？

　　　　你　什么　　原因　　哭

　　　　你为什么原因哭？

（1263）ja⁵⁵ xɤ⁵⁵ tshɔ⁵⁵ mɔ⁵⁵ xi³¹ a⁵⁵ nɛ³³ thɛ⁵⁵ tɕhi³³　ti¹³？

　　　　他们　什么　　原因　　　打 - REC　PRT

　　　　他们为什么原因打架？

（1264）a⁵⁵ tshu³³ a³¹ tɔ³³　li³³ nɛ³³ hi¹³？

　　　　嫂嫂　哪里　去　打算

　　　　嫂嫂想去哪儿啊？

（1265）ja⁵⁵ xɤ⁵⁵ a³¹ tɔ³³ li³³ tshi¹³？

　　　　他们　哪里 去 会

　　　　他们会到哪儿去呢？

（1266）tshɔ⁵⁵ mɔ⁵⁵ tɕha⁵³ to⁵⁵ nu⁵⁵ n̠i³¹？

　　　　什么　　点　喝　想

　　　　想喝点什么呢？

（1267）a³¹ tɔ³³ kɔ³¹ na³³ n̠i⁵⁵　ŋɯ⁵⁵？

　　　　哪　个　你　弟　是

　　　　哪位是你的弟弟？

（1268）na³³ n̠i⁵⁵ a³¹ tɔ³³ ŋɯ⁵⁵？

　　　　你　弟 哪个 是

　　　　哪位是你的弟弟？

（1269）ŋɔ⁵⁵ ʂu³¹ mɔ⁵⁵ a³¹ tɔ³³ ŋɛ⁵⁵？

　　　　我　书　那　哪里 是

　　　　我的书在哪里？

3. 选择疑问句

选择疑问句由说话人提出并列的两个或多个选择项，由听话人从中选择一项进行回答。窝尼话可采用两个或多个并列的问句来让听话人选择回答，也可在同一个问句中提出两个或多个选择项。前一个选择项用陈述语气，后一个选择项用否定语气。句末使用语气助词。

1）由两个具有并列关系的分句来分别进行询问。例如：

（1270） nu^{55} a^{31} pi^{55} fu^{55} ti^{31} lɔ^{55}？ xa^{33} fu^{55} ti^{31} lɔ^{55}？

你 鸭 养 PRT 鸡 养 PRT

你是养鸭还是养鸡？

（1271） nu^{55} kɣ^{31} pa^{33} mo^{31} lɔ^{55}？ nu^{55} va^{31} mo^{31} lɔ^{55}？

你 钱 要 PRT 你 猪 要 PRT

你要钱还是要猪？

2）前一分句与后一分句之间用 lɔ^{55} "或" 来连接。lɔ^{55} 是实意动词 "来"，在动词后虚化为趋向动词，在句末演变为语气词，并有不同变调。在选择疑问句中，位于前一个分句之后，后一个分句之前，起连接作用，可理解为 "或者、还是" 之义。后一个分句之前有的还使用汉语借词 sɿ^{55} "是"，与 lɔ^{55} 一起构成 "还是"。例如：

（1272） nu^{55} lɛ^{33} tsɿ^{55} ti^{31} lɔ^{55}, sɿ^{55} ŋɔ^{55} lɛ^{33} tsɿ^{55} ti^{13}？

你 AG 错 PRT 是 我 AG 错 PRT

是你的错，还是我的错？

（1273） nu^{55} ji^{55} lɔ^{33} sɿ^{55} ŋɔ^{55} ji^{55}？

你 去 PRT 是 我 去

是你去，还是我去？

（1274） nu^{55} lɔ^{55} lɔ^{33} mɔ^{31} lɔ^{55}？

你 来 PRT 不 来

你来还是不来？

（1275） nu^{55} tsɔ^{31} lɔ^{55} mɔ^{31} tsɔ^{31} lɔ^{55}？

你 吃 PRT 不 吃 PRT

你吃还是不吃？

4. 正反疑问句

正反疑问句主要是由谓语的肯定形式和否定形式并列在一起构成的，

听话人选择其中一个进行回答。窝尼话的正反疑问句常由判断动词的肯定、否定形式一起构成。可在前一个判断动词后加 $lɔ^{55}$，也可不加。例如：

（1276）$ja^{55}xɤ^{55}$ $ŋɯ^{55}$ $lɔ^{55}$　　$mɔ^{31}$ $ŋɛ^{55}$ ku^{31} $lɔ^{53}$？

　　　　他们　　是　PRT　不　是　回　PRT

　　　　他们是不是不回来了？

（1277）nu^{55} $ŋɯ^{55}$ $mɔ^{31}$ $ŋɯ^{55}$ $mɔ^{31}$ li^{33} $ɳi^{53}$　ka^{31} ti^{55}？

　　　　你　是　不　是　不　去　CONJ　得　PRT

　　　　你是不是可以不去？

（1278）ji^{55} $ŋɯ^{55}$ $lɔ^{55}$　$mɔ^{31}ŋɯ^{55}$ $ɛ^{55}$　　$kɤ^{31}pa^{33}$ $mɔ^{31}$ tsa^{33} $tɯ^{33}$？

　　　　他　是　PRT 不　是　PRT　钱　　没　有　PRT

　　　　他是不是没有钱？

（1279）$ŋɯ^{55}$ $lɔ^{55}$　ji^{55} $kɯ^{33}$　$zɔ^{31}$　$kɔ^{31}$ $tshɻ^{31}pɛ^{31}$ zu^{55} $ti^{31}lɔ^{55}$？

　　　　是　PRT　他　GEN　孩子　个　感冒　　感　PRT

　　　　是不是他孩子又感冒了。

（三）祈使句

祈使句表示祈使、命令、告诫、叮嘱、建议、请求等语气。窝尼话中常见的祈使句有命令/敦促、请求/建议、禁止/劝阻等几类，句式比较简单，可不带主语。可带语气助词，也可不带。

1. 命令/敦促

主语可不出现，动词前面可使用副词进行修饰。少数句子带有语气助词。例如：

（1280）nu^{31} $mɔ^{55}$ $tɕi^{31}$ lu^{55} $thɔ^{55}$.

　　　　牛　那　关　圈　PFV

　　　　把牛关起来。

（1281）mo^{31} $mɔ^{31}$ tsa^{33} $phɛ^{31}$　　$a^{13}tɔ^{33}$ $thɔ^{31}$ $tsɔ^{55}$ $tsɔ^{55}$.

　　　　事　没　有　CONJ　这里　别　转　转

　　　　没事别在这儿瞎转。

（1282）nu^{55} lo^{33} $tɛ^{33}$　　$zɻ^{55}$, $to^{31}thi^{55}$ $tshi^{31/13}$ $xɤ^{31}$.

　　　　你　慢　ADV　唱　声音　一点　大

　　　　你慢慢唱，声音大一点。

（1283）nu⁵⁵ zɯ³¹ ka³¹ a⁵³.
你　走　得　PRT
你走吧！

（1284）nu⁵⁵ kɤ³¹ pa³³ tɕi⁵³ i⁵⁵ tso⁵⁵ tso⁵⁵ tɛ³³　zɔ³¹ xo³¹ xo⁵⁵ mɔ⁵⁵ tɔ³³　tu³³ tɕi³³.
你　钱　些　全部　ADV 那 盒子 那 LOC　装　进
你把钱都放到盒子里吧！

（1285）ja⁵⁵ xɤ⁵⁵　lo⁵⁵　tun³³ mɛ⁵⁵　tshη⁵⁵　pi³¹.
他们　ACC　多　ADV　一点　给
多给他们一点。

（1286）thi³¹ lɔ⁵⁵ mɔ³¹ la³¹ zɔ³¹ mo³¹ lo⁵⁵　tshη⁵⁵ ɔ⁵⁵ xɔ³¹ ji⁵⁵.
经常　　　　老人　ACC 一点 看　去
经常去看看老人。

（1287）kua³³ zɯ³¹！
快　走
快走！

（1288）ji⁵⁵　lo⁵⁵　zɯ³¹ pi³¹.
他　ACC　走　给
让他走。

（1289）nu⁵⁵ tshη³¹ thi³¹ phu³³ lɔ⁵⁵.
你　一下　过　来
你过来一下。

2. 请求/建议

对听话人请求或建议，有的句末使用语气助词 ma³¹ a⁵³、lɛ³³，有的通过句中上下文情景来体现。例如：

（1290）nu³³ ku⁵⁵ tu⁵⁵ ʂη³¹ tɕɛn⁵⁵ mɔ³¹ tsa³³ tɕa⁵³，ça⁵⁵ vaŋ³¹ tɔ³³　ji⁵⁵.
上早　时间　没 有 PRT 下晚　LOC 去
上午没有时间了，下午再去吧。

（1291）zɯ³¹ sη⁵⁵ tʂhaŋ⁵⁵ kɯ³³　ɔ⁵⁵ xɔ³¹ ji⁵⁵ ma³¹ a⁵³.
走 戏 唱　NOM 瞧　去 PRT
去看戏吧。

（1292） ŋɔ⁵⁵xɤ⁵⁵ ji⁵⁵xo⁵⁵ tɔ³³   ku³¹ ji⁵⁵   lɛ³³！
　　　　我们 家 LOC 回 DIR PRT
　　　　咱们回家吧！

（1293） ŋɔ⁵⁵ nu³³ tɕ̈³³mɛ⁵⁵tsho³¹ ta³³ lɛ³³！
　　　　我 你 BEN 戴 上 PRT
　　　　我替你戴着吧！

（1294） nu⁵⁵ tsɔ³¹ kɯ³³   tɕi⁵³ tsɔ⁵⁵tsʅ³³ mɔ⁵⁵ tɔ³³   ji⁵⁵ ta³³！
　　　　你 吃 NOM 些 桌子 那 LOC 拿 上
　　　　你把吃的都摆到桌子上吧！

（1295） ku³¹tsu³¹ŋi³¹i⁵phi³¹, nu⁵⁵ŋɔ³³lo⁵⁵ kɔ⁵⁵mɔ³³ tshʅ³¹ kho³³ pi³¹！
　　　　山神老爷　　　　　你 我 DAT 路　一 条 给
　　　　山神老爷，你给我一条路吧！

（1296） nu⁵⁵ thɔ³¹ tsʅ³³,   kua³³ tsɔ³¹！
　　　　你 别 客气 快 吃
　　　　别客气，快吃啊！

（1297） nu⁵⁵ lo³³lo⁵⁵tsɔ³¹！
　　　　你 慢 慢 吃
　　　　您慢慢吃！

（1298） ŋɔ³³ lo⁵⁵   thɔ³¹ tsɔ³¹！
　　　　我 ACC 别 吃
　　　　别吃我！

3. 禁止/劝阻

禁止或劝阻听话人不能做某件事。常在动词前加 thɔ³¹"别"表示，语气比较坚定。少数句子用 mɔ³¹"不"；有的句子末尾带有语气助词，使得语气比较和缓。例如：

（1299） nu⁵⁵ thɔ³¹ tsʅ³¹tɕau⁵⁵, ji⁵⁵ zɔ³¹nu⁵⁵nu⁵⁵ŋɯ⁵⁵ çi³¹.
　　　　你 别 计较 他 孩子 是 还
　　　　你不要计较，他还是个孩子。

（1300） ŋɔ⁵⁵ kɯ³³ tsa³³ a⁵³,   nu⁵⁵ vu⁵⁵ kɔ³³ mɔ³¹ xo⁵⁵ tɕa⁵³.
　　　　我 GEN 有 PRT 你 买 NOM 不 用 PRT
　　　　我这儿有了，你就不要买了。

（1301） a⁵⁵ sʅ⁵⁵ tɕhin³³ mɔ⁵⁵ ji⁵⁵ lo⁵⁵　　thɔ³¹ khɔ⁵⁵ʂʅ³¹.

这 事情　　那 他 ACC 别　告诉

这件事情你不必告诉他。

（1302） tsho⁵⁵ kɯ³³　zo³³kɯ⁵⁵lɯ⁵⁵ tɕhi⁵⁵tsho³³　kɯ³³ mo³¹ thɔ³¹ ŋɯ³¹.

人 GEN 皮　　　粘 DUR 的 事 别 做

粘人皮肤的事别做。

（1303） nu⁵⁵ thɔ³¹ kuaŋ³¹！

你 别 管

你别管！

（1304） ma³³ tsi³³ thɔ³¹ pi³³ thu⁵⁵！

眼睛　 别 睁 起

眼睛别睁开！

（1305） thɔ³¹ ɬi³³ thɔ⁵⁵！

别 扔 PFV

别扔！

（1306） lo⁵⁵ko³³ thɔ³¹ pha³³！

门　 别 开

别开门！

（四）感叹句

表示说话人喜悦、赞赏、同情、厌恶、愤怒、悲伤、惧怕等情感的句子。窝尼话常在句首用感叹词来体现。由于在"感叹词"部分已有论述，在此只简单提及。

1. 表示喜悦或赞叹

（1307） ɔ⁵³！ a⁵⁵tsa³¹la³¹ kɯ³³ sɯ³³ tso⁵⁵tɔ³³　　zu³³si³¹ tshi⁵⁵tshi⁵⁵ tɛ³³

啊 旁边 GEN 树 LOC 果子 甜甜 ADV

tu³¹ ta³³.

结 DUR

啊！旁边树上结着甜甜的果子。

（1308） ai⁵⁵ja³¹！ i⁵⁵tshu³¹tɔ³³　kɯ³³ mɛ⁵⁵tsɛ³³ zu³³ve³³ sai³³ pu⁵⁵　ti⁵⁵.

哎呀 水 LOC 的 石榴 花 美 相当 PRT

哎呀！水中的石榴花姑娘真漂亮啊！

2. 表示意外或惊讶

（1309）a^{31}jɔ^{53}！tɔ^{31}xo^{55}tɔ^{33}　sɯ^{33}tso^{55}kɯ^{33} zo^{33}kɯ^{55}lɯ^{55} pu^{55}tsɿ^{31} tɕhi^{55}

啊呀　背　LOC 树　　GEN 皮　　　浆　粘

tsho^{33} thɔ^{55}.

DUR PFV

啊呀！背上粘上树皮的浆了。

（1310）a^{31}, nu^{55}ŋɔ^{33} lo^{55}　ku^{33}thi^{31}ɕi^{31} thɔ^{53}！

啊　你　我　ACC　吓　　死　PFV

哎呀，你可吓死我啦！

3. 表示受到惊吓

（1311）lɔ^{55}pi^{31}lɔ^{55}pi^{31}, ɔ^{55}xo^{55} lɔ^{55} tɕa^{53}！

吓着吓着　　　雨　下　PRT

吓着了吓着了！下雨了！

三　复句

复句由两个或两个以上的分句构成。分句之间具有逻辑语义上的关联，在语音上有较短的停顿。分句之间通常要用关联词来连结，也有的不用关联词而只是分句的并列。根据分句之间的逻辑语义和关联词语的类型，窝尼话中的复句可分为并列句和主从句两大类，并列句包括并列关系、顺承关系、递进关系和选择关系等复句。主从句包括因果关系、假设关系、转折关系等类型的复句。

（一）并列句

并列句中的两个或两个以上分句之间是平列、对等或相反的关系，互相不分主次，互补修饰或说明。有的可不用关联词。窝尼话中的并列句可表并列、承接、递进和选择等关系。

1. 并列关系

窝尼话中表并列关系的关联词常见的有 ka^{55}…ka^{55}…、ŋʮi^{31}ɔ^{55}… ŋʮi^{31}ɔ^{55}…“一边……一边……”，jo^{13}…jo^{13}…“又……又……”，phɛ^{31}…phɛ^{31}…等连

词来连结。有的采用对举并列等意合法，不使用任何连词连结。

1) ka^{55}…ka^{55}… "一边……一边……"。例如：

(1312) ja^{55}xɤ^{55} ka^{55}zŋ^{55} ka^{55} ji^{33} mɛ^{55}　ŋ̩i^{55}ko^{33}　so^{53}.

　　　 他们 边唱边 跳 PAUP 玩 NOM 好

　　　 他们边唱边跳，好玩啦。

(1313) zo^{31} nu^{55}nu^{55}a^{53} ka^{55} po^{31} ka^{55} tsho^{31}.

　　　 娃娃　　　 边 说边 跑

　　　 小孩一面说一面跑。

(1314) zo^{31}mi^{31} ka^{55} ŋ̩i^{55} ka^{55} tsho^{31}.

　　　 姑娘 边 哭 边 跑

　　　 姑娘边哭边跑。

2) ŋ̩i^{31}ɔ^{55}… ŋ̩i^{31}ɔ^{55}… "一边……一边……"。例如：

(1315) ja^{55}xɤ^{55} ŋ̩i^{31}ɔ^{55} zŋ^{55} ŋ̩i^{31}ɔ^{55} ji^{33}　mɛ^{55}　ŋ̩i^{55} ko^{33}　so^{53}.

　　　 他们 边　 唱 边　 跳　 PAUP 玩 NOM 好

　　　 他们边唱边跳，好玩啦。

(1316) zo^{31} nu^{55}nu^{55}a^{53} ŋ̩i^{31}ɔ^{55} po^{31} ŋ̩i^{31}ɔ^{55} tsho^{31}.

　　　 娃娃　　　 边　 说边　 跑

　　　 小孩一面说一面跑。

(1317) zo^{31}mi^{31} ŋ̩i^{31}ɔ^{55} ŋ̩i^{55} ŋ̩i^{31}ɔ^{55} tsho^{31}.

　　　 姑娘 边　 哭 边　 跑

　　　 姑娘边哭边跑。

3) jo^{13}…jo^{13}… "又……又……"。受当地汉语方言影响，jo^{13}也读为 ji^{13}。例如：

(1318) a^{55} wo^{31} mo^{55} jo^{13} mo^{31} tsho^{55} jo^{13} mo^{31} ka^{33}.

　　　 这天 那 又 不 热 又 不 冷

　　　 这种天气不热也不冷。

(1319) a^{55} xa^{33}pha^{31}la^{31} tshŋ^{31} tsha^{33} ji^{13} ŋ̩i^{55}tsha^{31} mo^{31} lɯ^{31} jo^{13} a^{55}sŋ^{55}

　　　 这叶子　　　 一 种 又 绿 不 绿又 黄

　　 mo^{31} sŋ^{55}.

　　　 不 黄

　　　 这种叶子不绿也不黄。

4）一些分句使用意合法，不须用关联词。有的后一个分句使用否定式，与前一个分句对立。例如：

（1320） ja⁵⁵xɣ⁵⁵ nu⁵⁵ ŋɔ³³ lo⁵⁵ ɔ⁵⁵xɔ³¹, ŋɔ⁵⁵ nu³³ lo⁵⁵ ɔ⁵⁵xɔ³¹.
　　　　　 他们 你 我 ACC 看 我 你 ACC 看
　　　　　 他们你看着我，我看着你。

（1321） wo³¹ɬi⁵⁵ tshŋ³¹thi³³ mɔ³¹ nɔ³¹ mɛ⁵⁵ ɬi⁵⁵ tsho³¹ ti⁵⁵, ɔ⁵⁵xo⁵⁵
　　　　　 风 一下 不 停 ADV 刮 DUR PRT 雨
　　　　　 tshŋ³¹thi³³ mɔ³¹ nɔ³¹ mɛ⁵⁵ lɔ⁵⁵ tsho³¹ ti⁵⁵.
　　　　　 一下 不 停 ADV 下 DUR PRT
　　　　　 风不停地刮着，雨不停地下着。

（1322） ta¹³ti³³ xa³¹n̩i³¹ to³¹ pɔ³¹ tshi³¹, ɔ³¹xɔ³¹ to³¹ pɔ³¹ tshi³¹.
　　　　　 大爹 窝尼 话 说 会 汉 话 说 会
　　　　　 大爹又会说窝尼话又会说汉话。

（1323） ŋɔ⁵⁵ vu⁵⁵ nu⁵⁵ mɔ³¹ n̩i³¹ kɯ³³ mɔ³¹ ŋɯ⁵⁵, ŋɔ⁵⁵ kɣ³¹pa³³ mɔ³¹ tsa³³.
　　　　　 我 买 想 不 想 NOM 不 是 我 钱 没 有
　　　　　 我不是不想买，而是没钱买。

（1324） a³¹n̩i⁵⁵ sei¹³ tsɔ³¹kɯ³³ kɛ⁵⁵ ti⁵⁵, ŋɔ³¹sɔ³¹ tsɔ³¹ kɯ³³ mɔ³¹ kɛ⁵⁵.
　　　　　 弟弟 肉 吃 NOM 喜欢 PRT 鱼 吃 NOM 不 喜欢
　　　　　 弟弟喜欢吃肉但不喜欢吃鱼。

2. 顺承关系

表示顺承关系的各分句按照动作或事件发生的顺序进行叙述，分句间的先后顺序是固定的，不能更换。窝尼话话中常用的关联词有 nɛ³³、tɛ³³、a⁵⁵nɛ³³ 等。

1） nɛ³³，具有"……之后"的意思，连接两个分句。例如：

（1325） a⁵⁵nuɔ³³, a⁵⁵mu³¹ mɔ⁵⁵ mo³¹ mɔ⁵⁵ tɔ³³ kɯ³³ta³³ thɔ⁵³ nɛ³³,
　　　　　 后来 猴子 那 马 那 LOC 整 上 PFV CONJ
　　　　　 mo³¹ mɔ⁵⁵ tɕo⁵⁵ tsɔ³¹ ji⁵⁵ mɔ³¹ tshi³¹ tɕa⁵³.
　　　　　 马 那 就 吃 去 不 会 PRT
　　　　　 后来，塑了猴子骑在马身上，那匹马就不再去吃（庄稼）了。

（1326） ɛn⁵³ mɔ⁵⁵ ɔ⁵⁵xɔ³¹ nɛ³³ tshŋ³¹nu³³ tɛ³³ ɯ⁵⁵sŋ⁵⁵.
　　　　　 水牛 那 看见 CONJ 一 天 ADV 笑

水牛看见了，就一天的笑。

（1327）ɛn⁵³ mɔ⁵⁵ ɯ⁵⁵ na⁵³ thɔ⁵³ nɛ³³, a³¹tha³¹pha³¹kɯ³³ sʅ³¹tsʅ⁵⁵ kɔ³³

水牛 那 笑 后 PFV CONJ 上面 GEN牙齿 掉

ji⁵⁵ tɕa⁵³.

DIR PRT

水牛笑完，上牙就掉完了。

2）a⁵⁵nɛ³³，主要表示动作的顺承关系，带有"因为"之意。例如：

（1328）pu⁵⁵lu³³ tɔ³³ khɯ⁵⁵ ji⁵⁵ a⁵⁵nɛ³³, phu³¹phi⁵⁵a⁵⁵tshi³¹ mɔ⁵⁵ phi³¹

山梁子 LOC 到 DIR CONJ 普皮 羊 那 放

khɔ³³ lɔ³¹ tɛ³³ zɔ¹³tɔ³³ ji³¹tsa³³ tɛ³³ i⁵⁵phi³¹ lo⁵⁵ tɛn³¹.

下 DIR SEQP 那儿 睡 SEQP 老爷 ACC 等

去到山梁上，普皮把羊放下来，在那里睡着等老爷。

（1329）wa¹³tɕi³¹ ji⁵⁵ tɔ³³fu⁵⁵phɔ³¹ tɔ⁵⁵ wo⁵⁵ tsɔ³¹ tʂo³¹ a⁵⁵nɛ³³, wa³³ tɕi³¹

她姐姐 她 大富人家 LOC 嫁 吃 着 CONJ 他姐姐

tɕo⁵⁵ nu³³ phi⁵⁵phi⁵⁵ a⁵³.

就 眼红 PRT

她姐姐嫁到大富人家，他姐姐就眼红了。

（1330）ŋɔ⁵⁵ mi⁵⁵tshi³¹ nu³³ a⁵⁵tɕo⁵⁵ kɯ³³ tɔ³³ li³³ a⁵⁵nɛ³³, nɣ³³ɬu⁵⁵ tshʅ³¹mi³¹

我 昨晚 你 舅舅 GEN地方 去 CONJ 炒豆 一些

pi³¹ ti³¹ti⁵⁵.

给 PRT

昨晚去你舅舅家，给了些炒豆。

3. 递进关系

分句之间的语义在数量、程度、时间、范围等方面加深或推进。窝尼话递进关系复句中常用的关联词 ȵi³¹ɔ⁵⁵… ȵi³¹ɔ⁵⁵… "越……越……"、mɔ³¹tshʅ⁵⁵… tsai⁵³… "不仅……而且……" 等。

1）ȵi³¹ɔ⁵⁵… ȵi³¹ɔ⁵⁵…可以表示并列关系，也可表示递进关系。表递进关系时，意为"越……越……"。例如：

（1331）ji⁵⁵ ȵi³¹ɔ⁵⁵ ȵi⁵⁵ a³¹ ȵi³¹ɔ⁵⁵ to³¹no³³ mɔ⁵⁵ tshɣ³¹.

他越 哭 PRT 越 屁股 那 掐

他越哭，（她）越掐（他的）屁股。

（1332） wa³³mo³¹ni³¹ɔ⁵⁵ tsho³¹ ȵi³¹ɔ⁵⁵ ʂʅ³¹.
他 母 越 跑 越 远
他母亲越跑越远。

（1333） a⁵⁵tshu⁵⁵ ȵi³¹ɔ⁵⁵ tu³¹ ȵi³¹ɔ⁵⁵ nu⁵⁵tshɔ⁵⁵tso⁵⁵ a⁵³.
嫂嫂 越 想 越 心火 有 PRT
嫂嫂越想越生气。

（1334） a³¹ȵi⁵⁵ ȵi³¹ɔ⁵⁵ zɯ³¹ ȵi³¹ɔ⁵⁵ pɔ³¹tɕi⁵⁵ ȵe³¹a⁵³.
兄弟 越 走 越 旁边 近 PRT
弟弟越走越近。

（1335） wa³³ȵi⁵⁵ ȵi³¹ɔ⁵⁵ ŋɛ³¹ ȵi³¹ɔ⁵⁵ sai³³ a⁵³.
他妹妹 越 整 越 好看 PRT
他的妹妹越来越漂亮。

（1336） ɔ⁵⁵xo⁵⁵ ȵi³¹ɔ⁵⁵ lɔ⁵⁵, tsɔ⁵⁵tso⁵⁵ ȵi³¹ɔ⁵⁵ mɤ³¹.
雨 越 下 庄稼 越 好
雨下得越多庄稼长得就越好。

（1337） ka³¹mi³³li³³ȵi³¹ɔ⁵⁵nu⁵⁵ a³¹, ȵi³¹ɔ⁵⁵ ka³¹li³³mɔ⁵⁵ khɯ⁵⁵ ti⁵⁵.
面 越 细 PRT 越 汤圆那 好吃 PRT
面越细，汤圆越好吃。

（1338） sʅ⁵⁵lɔ³¹ ji³³ kɔ³³ kɯ³³ ȵi³¹ɔ⁵⁵ zi³¹a⁵³ ȵi³¹ɔ⁵⁵ mɤ³¹ thu⁵⁵ lɔ³¹
年轻人跳 NOM 的 越 跳 PRT 越 好 起 DIR
tɕa⁵³.
PRT
年轻人跳舞越跳越好了。

2）（ti³¹）ti⁵⁵mɔ³¹tshɿ⁵⁵…tsai⁵³… "不仅……而且……"，表示递进关系。例如：

（1339） ji⁵⁵ ŋɔ³³ kɯ³³ ʐui³³ mɔ⁵⁵ tɕi⁵⁵ ti³¹ti⁵⁵ mɔ³¹tshɿ⁵⁵, tsai⁵³ ŋɔ³³
他 我 GEN 命 那 救 只 不仅 再 我
tɛ³³mɛ⁵⁵ kɤ³¹pa³³ pi³³fu³¹ti⁵⁵ çi³¹.
BEN 钱 赔 PRT 还
他不仅救了我的命，还帮我还了钱。

（1340） ji⁵⁵　zɿ⁵⁵ xɯ⁵⁵ kɯ³³　ti⁵⁵ mɔ³¹tshɿ⁵⁵, tsai⁵³ ji³³ xɯ⁵⁵ çi³¹.

　　　　　她　唱　肯　NOM　只　不仅　　　再　跳　肯　还

　　　　　她不仅喜欢唱歌还喜欢跳舞。

4. 选择关系

表示听话人从说话人所提供的几种情况中进行选择。窝尼话中用关联词 mo³¹a⁵⁵phɛ³¹… mo³¹a⁵⁵phɛ³¹… "要么……要么……"连结。例如：

（1341） zɔ³¹nu⁵⁵nu⁵⁵a³¹ mo³¹a⁵⁵phɛ³¹ ji⁵⁵xo⁵⁵ tɔ³³　ku³¹lɔ⁵⁵, mo³¹a⁵⁵phɛ³¹

　　　　　娃娃　　　　要么　　　家　LOC 回　DIR　要么

　　　　　nu³³ kɯ³³　tɔ³³　xa³¹.

　　　　　你　GEN　地方　歇

　　　　　小孩要么回来，要么就住在你家里。

（1342） ji⁵⁵ mo³¹a⁵⁵phɛ³¹ sin³¹ tsɔ³¹, mo³¹a⁵⁵phɛ³¹ mɔ⁵⁵mu³¹ tsɔ³¹.

　　　　　他　要么　　　桃子　吃　　要么　　　小芒果　吃

　　　　　他要么吃桃子，要么吃小芒果。

（二）主从句

主从复句，也称偏正关系复句，指各分句之间的关系有主次、轻重之分。起修饰、限制作用的称为从句，被修饰、限制的分句是主句。窝尼话中常见的主从句有表时间、因果、假设、转折等关系的复句。

1. 转折关系

表示偏句所叙述的事实与正句所表达的事实相反或相对。窝尼话中用 ȵi⁵³ "虽然"连结。例如：

（1343） ku³¹lɔ⁵⁵　ȵi⁵³,　nu³¹ tɕi⁵³ tshɿ³¹ka³³tɔ³³ tso⁵⁵ çi³¹.

　　　　　回　DIR 虽然　牛　些　一处　　在　还

　　　　　（他们）回来了，牛还在原地。

（1344） ji⁵⁵ tshɿ³¹ nu³³ tɛ³³　ji⁵⁵xo⁵⁵ tɔ³³　xo³¹ tshi⁵⁵ tshɔ³¹ tsɔ³¹ ȵi⁵³,

　　　　　她　一　天　ADV 家　　LOC 饭　一下　煮　吃　虽然

　　　　　wo⁵⁵ xɔ³³nu⁵⁵ xua¹³tɔ³³ tsu³¹ nɔ⁵⁵ ti⁵⁵ᐟ³³　tɛ³³　thu⁵⁵.

　　　　　她　丈夫　前面　腰　疼　PRT　OCP　说

　　　　　她一天在家煮一下饭，还要在丈夫面前说腰疼。

（1345）ŋɔ⁵⁵ a¹³tɔ³³ tso⁵⁵ thɔ³¹ n̥i⁵³, 　ji⁵⁵ ma³³tsi³³ tɔ³³ 　mɔ³¹ phi³¹ tɕi³³.

　　　　我　这里　在　PFV　虽然　他　眼睛　LOC　不　放　进

　　　　我虽然在这里，他没放在眼睛里。

（1346）so³¹ nu³³ so³¹/⁵⁵ xa³¹ lau³¹ n̥i⁵³, wa³³ mɔ³¹ lo⁵⁵ 　mɔ³¹ lau³¹ tʂo¹³.

　　　　三天三夜　　　　捞　虽然　他　母　ACC　没　捞　PFV

　　　　虽然捞了三天三夜，没捞到他母亲。

2. 因果关系

表示主句与偏句之间存在原因和结果的关系。窝尼话中用 nɛ³³ 连结。

（1347）tʂʅ³¹ fu³¹ wo³¹ kɯ³³ nɛ³³, 　　lo⁵⁵mɔ³³ tɔ³³ 　kɯ³³ nɛ³³ xɔ⁵⁵ ti⁵⁵

　　　　一　年　天干　因为　河　LOC　干　因为　田　栽

　　　　tɕi³³ mɔ³¹ tshi³¹.

　　　　进　不　会

　　　　有一年，因为天干，河干了，庄稼栽不进去。

（1348）si³¹ li⁵⁵mɔ⁵⁵ tɕi⁵³pɔ³¹ lɛ³³ 　ti³¹ nɛ³³, wo³¹ thɔ⁵⁵ mɔ³¹ ka³¹.

　　　　梨　　　些　蜂　AG　叮　因为　卖　PFV　不　能

　　　　这些梨被蜂叮了，卖不出去。

（1349）ɯ⁵⁵tsʅ³¹ xɣ³¹ nɛ³³　　ɯ⁵⁵tsho⁵⁵mɔ⁵⁵ tshoŋ⁵⁵ pha⁵⁵ thɔ⁵³.

　　　　河水　大　因为　河坝　那　冲　跨　PFV

　　　　因为河水大，堤坝被冲跨了。

（1350）a⁵⁵nuɔ³³, mo³¹ mɔ⁵⁵ lo⁵⁵ 　tsi⁵⁵n̥ɛn⁵⁵ nɛ³³, 　zɔ³¹ ku³¹tsu³¹ mɔ⁵⁵

　　　　后来　马　那　ACC　纪念　因为　那　山　那

　　　　tɔ³³ 　miau⁵⁵ thɔ³¹ ɔ⁵⁵ kai⁵⁵.

　　　　LOC　庙　一　座　盖。

　　　　后来，因为要纪念那匹马，（人们）在那座山上盖了一座庙。

3. 假设关系

偏句提出假设，主句表示假设结果。窝尼话中的假设关系包括一致假设和让步假设两种。窝尼话中用 pha³³ "如果" 或 phɛ⁵³ "如果，……的话" 来连结。

1）pha³³

（1351）nu⁵⁵ pha³³mɔ³¹a⁵³ 　tɕɔ⁵⁵nu³³ lo⁵⁵ pi³¹ lɛ³³, 　nu⁵⁵ ka³¹ ji⁵⁵/³¹lu³¹.

　　　　你　如果要　PRT　就　你　ACC　给　PRT　你　赶　去　PRT

你如果要，就给你。你赶去吧。

（1352） nɔ⁵⁵ ku⁵⁵ mɔ³¹ tsa³³ nɔ⁵⁵ ku⁵⁵ sɔ⁵⁵ pha³³, nɔ⁵⁵ ʐ̩ui¹³ sɔ⁵⁵.
　　　　病　　不　有　病　　求　如果　病　命　送
　　　如果没有病求病，一病就送命。

（1353） nu⁵⁵ ŋɔ¹³ mo³¹ pha³³ ŋa⁵³ la³¹ la¹³ mɔ⁵⁵ tso³¹ tɕi³³ lɔ³¹.
　　　　你　妈妈　如果是　手　那　伸　进　DIR
　　　你如果是我母亲，把手伸进来。

2） phɛ⁵³，在句中有 53 调课变为低降调 31。例如：

（1354） nu⁵⁵ tshɔ⁵⁵mɔ⁵⁵⁵ maŋ³¹ phɛ⁵³ maŋ³¹ ji⁵⁵,　ŋɔ⁵⁵ zɯ³¹ mo³¹ a⁵³.
　　　　你　什么　　忙　如果　忙　DIR　我　走　要　PRT
　　　你如果要忙什么忙去，我走了。

（1355） nu⁵⁵ a³¹ mo³³ lu⁵⁵ phɛ⁵³ n̢ɕi⁵⁵kɔ³³ lɔ⁵⁵.
　　　　你　哪天　闲　如果　玩　　来
　　　你哪天有空来玩。

（1356） ŋɔ⁵⁵ pi³³ thu⁵⁵ tɛ³³　mɔ³¹ khu⁵⁵ phɛ⁵³ thɔ³¹ pi³³ thu⁵⁵.
　　　　我　睁开　OCP　不　喊　如果　别　睁开
　　　我睁开的不喊就别睁开。

（1357） tɕi⁵⁵kɛ³¹ ji⁵⁵ kɯ³³　sɹ̩⁵⁵tshin³¹ phɛ³¹ thɔ³¹ pɔ³¹ tɕo³³.
　　　　过　去　GEN　事情　　如果　别　说　就
　　　过去的事情就不要说。

（1358） ŋɔ⁵⁵ mɔ³¹ maŋ³¹ phɛ³¹,　ŋɔ⁵⁵ nu³³ tɔ³³　ka³³ to³¹ tshɹ̩³¹ ti⁵⁵.
　　　　我　不　忙　如果　我　你　ALL　帮　　会　PRT
　　　要是我不忙，我一定会帮你的忙。

4. 条件关系

偏句提出条件，主句表示因该条件而产生的条件或结果。窝尼话中用 ɕi⁵³nɛ³³ "才" 或 ɕi⁵³nɛ³³ ka³¹ "才行" 连结，提出条件的语气较弱。同时，借入汉语借词 kuaŋ³¹…pha³³…tɕi⁵⁵… "管……如果……就……" 来连结句子。

1） ɕi⁵³nɛ³³；ɕi⁵³nɛ³³ ka³¹

（1359） ji⁵⁵ ti³¹ ti⁵⁵ taŋ³¹ tsɹ̩⁵⁵ xɤ³¹ ti⁵⁵,　zɔ³¹ tshɹ̩³¹ nu³³ ji⁵⁵ ɕi⁵³ nɛ³³ lɔ⁵⁵ mɔ³³
　　　　他　只有　胆子　大　PRT　那　一　天　他　才　　河

pɔ³¹ pɔ³³ li³³ phɤ³¹ ti⁵⁵.

边　　去　敢　PRT

只有他的胆子大，那天就他一个人敢去河边。

（1360）ŋɔ⁵⁵ nu³³ lo⁵⁵　pi³³thu⁵⁵ tɛ³³　khu⁵⁵ ɕi˙⁵³nɛ³³ pi³³ thu⁵⁵.

我　你　ACC　睁开　OCP　喊　才　　睁开

我喊睁开才睁开。

（1361）ŋɔ⁵⁵li³³ ɕi˙⁵³nɛ³³ka³¹ ŋa⁵³.

我　去　才　　得　PRT

我去才行了。

（1362）zɔ³¹ mo³¹ n̩i³¹ tɕi⁵³ ji⁵⁵ lɔ³¹ ɕi˙⁵³nɛ³³ xɯ³¹ pu³¹ thu⁵⁵ ka³¹ ti⁵⁵.

那　东西　　些　拿来　才　　挖　开　起　得　PRT

把那些东西拿来才能挖得开。

2）kuaŋ³¹···pha³³···tɕi˙⁵⁵···

（1363）kuaŋ³¹ ji⁵⁵ xa³³ mɔ³¹ xa³³, pha³³ vu⁵⁵ zɔ³³ tɕi˙⁵⁵ mɤ³¹ a⁵³.

管　它　贵　不　贵　　如果　买　得　就　好　PRT

管它贵不贵，买到就好。

（1364）kuaŋ³¹ ji⁵⁵ tshʅ⁵⁵ mɔ³¹ tshʅ⁵⁵, pha³³　mo³³ tɕi˙⁵⁵ khɯ⁵⁵ a⁵³.

管　它　甜　不　甜　　如果　熟　就　好吃　PRT

管它甜不甜，熟了就好吃。

5. 让步关系

窝尼话中用 a³³tɛ³³mɛ⁵⁵···n̩i⁵³···"尽管"来连结句子。例如：

（1365）a³³tɛ³³mɛ⁵⁵ tsha³¹tshi³¹ lu⁵⁵n̩i⁵³,　　a⁵⁵tshʅ³¹xun³³mɛ⁵⁵ mɔ³¹ tsho³¹

尽管　　墙　　倒 CONJ　羊　乱　ADV 不　跑

tu³³ ji˙³¹.

出　DIR

尽管墙倒了，羊群还是没有乱跑。

（1366）a³³tɛ³³mɛ⁵⁵ wo³¹ xa³³ n̩i⁵³,　　phu³³ tɛ³³　i⁵⁵tshu³¹ tsa³³ti⁵⁵　xa⁵⁵ ti⁵⁵

尽管　　天　旱 CONJ　寨子 LOC　水　　有 PRT　秧　栽

khɔ³³ ka³¹ ti⁵⁵.

下　得　PRT

尽管天干，村民们还是有水栽秧。

（1367）a^{31} sho^{55} tɕi^{55} a^{31} tɛ^{55} mɛ^{55} ŋɛ^{31} xa^{33} ȵi^{53}, ŋɔ^{31} sɔ^{31} xɤ^{31} kɯ^{33} mɔ^{55}

这 人 就 尽管 艰难 CONJ 鱼 大 NOM 那

tɕi^{55} çi^{31} thɔ^{53}.

就 杀 PFV

无论怎么艰难，人们把那条大鱼杀了。

（1368）a^{31} tɛ^{55} mɛ^{55} ȵi^{33} tɛn^{33} ȵi^{53}, tɛn^{33} pi^{31} mɔ^{31} tshi^{31}.

无论如何 蹬 CONJ 蹬 散 不 会

无论怎么蹬都蹬不散。

第八章

窝尼话的语言接触及衰变

哈尼语与汉语存在亲缘关系，有一批语音上整齐对应的同源词。在族群、语言分化之后，各自走上了不同的发展道路，演变出各自的语音系统、词汇和句法形式，因而不同族群相互间不能通话。然而，在长期的历史发展过程中，哈尼族人民与汉族人民不断接触、交流，甚至融合，哈尼语中也借入了不同时期的汉语借词。本节主要讨论近代窝尼话从汉语中借入的语音、词汇、语法成分及其在现代社会中濒于消亡的情况。

新平县窝尼人生活的勒达村和岔河村处于山谷地带，两个村子南北相连，周围大山环绕，中间以大新公路相隔，四面都与汉族和彝族村寨相邻，窝尼话自然形成"孤岛语言"。

孤岛语言的形成与其所处的地理位置和该语言的使用范围有关。在与优势语言的接触中，孤岛语言常常发生变异、衰变或转用。徐世璇指出，语言系统因同其他语言接触而受影响的现象普遍存在，但是影响的程度和所产生的结果在不同的语言中复杂多样。① 而一种语言的使用人数减少、语言使用者的平均年龄升高、语言使用范围缩小、语言结构系统退化表明这种语言处于衰退之中。

在现代社会，新平县窝尼人生活的区域中，汉语是优势语言，使用人数普遍，使用范围遍及村寨。一种语言的使用占据主导地位，另一种语言使用时空必然会受到挤压。因此，从使用人数、使用者年龄、使用范围、代际传承等方面来看，勒达村和岔河村窝尼话的使用已处于濒危状态。

解放前，勒达村和岔河两个村子没有公路与外界相通。由于大山的阻

---

① 徐世璇：《从南部土家语的特殊构词看语言接触的深层影响》，载《东方语言学》第二辑，上海教育出版社，2007，第 167～176 页。

隔，交通不便，窝尼人与汉族的接触不多。逢赶集日，他们翻山越岭到县城卖木炭、松明、花生、自制红糖、山上采摘的野菜和打到的猎物，再买回肥皂、蜡烛、灯油等生活用品。那时能使用汉语的人数不多，只借入了少部分汉语词语。由于与住在周边的彝族人来往较多，少数人与彝族人通婚，因此过去很长一段时间，窝尼人除使用、传承自己本民族的语言外，一些人还能使用彝语。

1952 年通了公路之后，两个村子都处于公路沿线，距离县城只有约 20公里，窝尼人与汉族及其他民族的交往大幅增多，汉语水平不断提高。1952 年之后出生的窝尼人掌握窝尼话和汉语。随着社会、经济的发展变化，窝尼人的生产、生活方式也发生了变化。经济作物不再是种植甘蔗、榨糖，而是发展蔬菜种植，远销省内外。同时养殖黄牛、山羊、生态鸡、鸭、鹅，有的还开办旅馆、生态饭馆。窝尼人的生活条件大幅改善，生活水平有了极大提高，语言使用情况也发生了改变：窝尼话的使用仅限于 40岁以上的人群，家庭中的代际传承中断，35 岁以下的年轻人成为了汉语单语人。

窝尼话的使用范围也在急剧缩小。语言使用范围的缩小主要体现在语言通行区域的缩小和语言使用功能的减弱两个方面。过去，窝尼话是勒达村、岔河村中的主要语言，窝尼人全部能熟练使用窝尼话。其原因是没有外族人搬入，并且保持族内通婚，即婚配对象主要来自于勒达、岔河两个村。如果与外村的人通婚，也基本是来自峨山县或是石屏县的窝尼人。虽有少数彝族人进入窝尼人家庭，但不影响窝尼话的使用和传承。在家庭外部，窝尼话通行于两个村子之中，人们在家庭、生产、聚会、婚嫁、丧葬、仪式等场合都使用窝尼话。

在现代社会，窝尼人与外界的接触频繁，与彝、汉等民族通婚的数量也大幅增多，汉语成为家庭内外的交际语言，并逐渐替代了窝尼话的位置。目前嫁入或入赘到勒达村的彝族有 36 人，汉族 13 人。整个村中除 8户人家全是窝尼人外，其余家庭中都有彝族、汉族、拉祜族等外族人进入。岔河村的情况也不例外。通过婚姻关系进入到该村的彝族有 41 人，汉族 15 人，傣族 2 人。由于其他民族进入家庭，为了交流的方便，大家都使用汉语进行交流，因此在家庭中停止了窝尼话的传承。在生产、开会、聚会等各种场合中，也使用汉语进行交流。如今，只有少数老年人在一起时还使用窝尼话，当他们回家中或到其他场合时，全部使用汉语。可以说，窝尼话的使用范围已缩小到仅用于老人见面聊天的场合。

随着汉语在窝尼村寨的普及，窝尼人母语使用能力的急剧下降，窝尼话的结构系统也产生了变化。例如语音系统受到影响，词汇系统中借词大量涌入，包括名、动量词、动词、形容词、副词和连词。构词方面，产生了许多窝－汉合成词。语法系统中，借用了"正"、"打算"、"开始"等词来表示动作的正在进行或即将发生；比较句中借用汉语"比"等，但基本的 SOV 结构未发生松动。这些汉语成分对窝尼话的固有形式和结构规律产生了侵蚀作用，给窝尼话的词汇系统带进了很多异质成分。下面从语音系统、词汇系统和语法系统三个方面讨论窝尼话的语言接触影响。

一　语音变化

随着与汉语接触的延续和深入，窝尼话的语音系统不可避免地受到汉语的侵蚀和影响，出现了音位增加或减少，清浊对立和松紧对立消失的现象。如与袁家骅的调查相比，亚尼窝尼话中没有发现浊边擦音 ɮ 和圆唇韵母 ʮ。[①]　与绿春大寨哈尼话[②]相比，窝尼话中辅音没有清浊对立，元音没有松紧对立，但增加了二合元音。大寨哈尼话中双唇音有对应的颚化音，但在新平窝尼话中却比较少见。下文对窝尼话中的一些音位进行讨论。

（一）窝尼话中的 tʂ、tʂh、ʂ、ʐ

绿春大寨哈尼话和新平窝尼话语音上存在的共时差异说明，在不同的社会、生活、经济条件下，有的语言发展慢，有的语言发展快。发展慢的，语音中保留着许多古老的信息和特征。发展快的，一些音位丢失，但又出现了一些新的音位，新的语音特征，使得不同方言间出现较大的语音差异。

与绿春哈尼语进行共时比较，其中没有卷舌音 tʂ、tʂh、ʂ、ʐ 这几个音位，但在窝尼话中，tʂ、tʂh、ʂ、ʐ 不仅出现在汉语借词中，还不同程度地出现在不同发音人的本族语词中，并与 ts、tsh、s、z 相混。读作 ts、tsh、

①　袁家骅：《窝呢话音系》，载王福堂、孙宏开编选《袁家骅文选》，北京大学出版社，2010。

②　戴庆厦、段贶乐编著《哈尼语概论》，云南民族出版社，1995。

s、z 的本族语词，均有人读作 tʂ、tʂh、ʂ、ʐ。相反，读 tʂ、tʂh、ʂ、ʐ 的汉语借词，也有人读作 ts、tsh、s、z。例如，发音人马大妈年近 70 岁，她除 wo³¹tʂʅ³¹ "雷"、zɔ⁵⁵ʂʅ³¹ "知道"、tʂhɛ³¹ "明白" 等十余个本族语词读作舌尖后音外，其他词语均念为齿龈音 ts、tsh、s、z。另一位 64 岁的男性发音人则把所有该类词语的辅音都念为卷舌音 tʂ、tʂh、ʂ、ʐ。一位 50 岁左右的女性发音人念卷舌音的词语数量与马大妈相同，其余词语不仅念为 ts、tsh、s、z，还把汉语借词中应念 tʂ、tʂh、ʂ、ʐ 的词语念为齿龈音。此外，在少数词语中，ts、tsh、s 也与 tɕ、tɕh、ɕ 相混。ʐ 主要出现在本族语词中，是 z 的变体，此处不再举例说明。

本次调查中，记为 tʂ 声母的词语共 31 个，其中 5 个本族语词，也可读作 ts 声母，其他的全部是汉语借词（见表 8 - 1）。

表 8 - 1 tʂ 声母词语示例

语音形式	词义	语音形式	词义
tʂʅ³¹mɔ⁵⁵（本族语词）	官	tʂʅ³¹mɔ⁵⁵phɔ³¹（本族语词）	官
tʂʅ³¹mɔ⁵⁵tsu⁵⁵kɯ³³（本族语词）	官府	tʂu⁵⁵（本族语词）	居住，在
tʂu⁵⁵（本族语词）	读	tʂɛn⁵⁵	PROG
tʂo³¹	着	tʂɛn⁵⁵je⁵⁵ʂʅ³¹lu³¹	真月十六
tʂɛn⁵⁵fu³¹	政府	tʂɛn⁵⁵tshɯ³¹	政策
tʂɛn⁵⁵si³¹	正席	tʂaŋ³¹	攒
tʂɛn⁵⁵tʂʅ⁵⁵	政治	tʂaŋ³¹	阵
tʂaŋ³¹	突然	tʂaŋ⁵⁵	丈
tʂaŋ⁵⁵	仗	tʂaŋ⁵⁵sɯ³³	赊账
tʂaŋ³³mau⁵⁵	毡帽	tʂɔŋ³³	钟
tʂaŋ⁵⁵	账	tʂɔŋ⁵⁵ɕo³¹	中学
tʂɔŋ³³	盅	tʂu³³	租
tʂu³¹si³¹	主席	tʂuan⁵⁵ku³¹	告状
tʂuaŋ⁵⁵phu³³	撞倒	tʂuaŋ⁵⁵tshu³¹	壮族
tʂuaŋ³³tʂhɛn³¹	装成	tʂun³¹tɕho³¹	准确
tʂun³¹ti⁵⁵	准的		

声母记为 tʂh 的词语有 41 个，其中本族语词有 14 个，其声母也有人读作 tsh。此外，"重" 义的一词，窝尼话读作 tʂhɔŋ³³。根据潘悟云先生的构

拟，上古音读作 doŋ33，中古音读作 djʊŋ33，因此本书窝尼话 tʂhɔŋ³³是同源词还是借词还不能判定（见表8-2）。

表8-2　tʂh声母词语示例

语音形式	词义	语音形式	词义
tʂhʅ³¹（本族语词）	屎	tʂhʅ³¹	尺
tʂhʅ⁵⁵（本族语词）	牢	tʂhʅ³¹ ku³¹（本族语词）	稀屎
tʂhʅ³¹ ku⁵⁵ tu³¹ lu³¹（本族语词）	大家	tʂhʅ³¹ pi³¹（本族语词）	拉屎
tʂhʅ³¹ pɛ³³ lɛ³³（本族语词）	稀屎	tʂhʅ³¹ ti⁵⁵（本族语词）	吝啬
tʂhʅ³¹ ti³¹ pi³¹（本族语词）	拉屎	tʂhɛ³¹（本族语词）	明白
tʂho⁵⁵ zi³¹（本族语词）	顺利	tʂho³¹ si³¹（本族语词）	出产
tʂhu³¹ tsɔ³¹（本族语词）	画眉鸟	tʂhuaŋ³³ sa³¹ a⁵³（本族语词）	活泼
tʂhei³¹ xen⁵⁵	仇恨	tʂhei³³ xo³¹	抽屉
tʂhei³¹ tshi⁵⁵	仇	tʂhei³³ zɛn³¹	仇人
tʂha¹³	查	tʂhei³¹	丑
tʂha⁵⁵ pa³³	权	tʂha³¹	插
tʂhaŋ³³	掺	tʂhaŋ³¹	馋
tʂhaŋ³¹ tʂhaŋ³¹	铲子	tʂhaŋ⁵⁵	唱
tʂho³¹ çɛ³¹	楔子	tʂho⁵⁵	扎破
tʂhɔŋ³³ kɯ³³	重的	tʂhɛn³¹ zɛn⁵⁵	承认
tʂhɔŋ⁵⁵ pu⁵⁵ ti⁵⁵	重重地	tʂhɔŋ³³ tʂhɔŋ³³ phɔ⁵⁵ phɔ⁵⁵	重重轻轻
tʂhuaŋ³¹	闯	tʂhuaŋ³¹	船
tʂhuaŋ³¹	流传	tʂhuaŋ³¹	床
tʂhuaŋ³³ fɔŋ⁵⁵	窗户	tʂhuaŋ³³ fɔŋ³³	窗
tʂhuaŋ³³ tsʅ³¹	窗子	tʂhuaŋ³¹ xua¹³ phɔ³¹	摆渡人

声母记作ʂ的词语共58个，其中40个是本族语词，其声母也可读作s，比如ʂʅ³¹tʂʅ⁵⁵"牙齿"，有人读作sʅ³¹tsʅ⁵⁵。汉语借词18个（见表8-3）。

表8-3　ʂ声母汉语借词示例

语音形式	词义	语音形式	词义
ʂʅ³¹ pai³³	失败	ʂʅ³¹ tɕɛn⁵⁵	时间
ʂɛn³¹	神奇	ʂei³¹ tsi³³	手机

续表

语音形式	词义	语音形式	词义
ʂa³³tʂʅ³¹	砂纸	ʂaŋ⁵⁵khei³¹	伤口
ʂu³¹	熟悉	ʂaŋ³¹liaŋ³¹	商量
ʂu³¹	书	ʂɯ⁵⁵xui⁵⁵	社会
ʂui³¹kuaŋ³¹tʂaŋ⁵⁵	水管站	ʂu³¹	输
ʂui³³ȵi³¹tɕaŋ⁵⁵	泥水匠	ʂu³¹khau³¹	考试
ʂɯ⁵⁵xui⁵⁵tʂu³¹zi⁵⁵	社会主义	ʂu⁵⁵tsi⁵⁵	书记
ʂui⁵³xo⁵³ji³¹	煤油	ʂui⁵³lau⁵³wa³¹	鱼鹰

（二）窝尼话中的 f

在高华年先生的研究中，新平窝尼话声母为 f 的词，在扬武哈尼语中记为 ɸ。在笔者调查记录的词语中，以 f 为声母的词语有 71 个，其中汉语借词 19 个，本族语词有 52 个。但是 52 个本族语词多为复合词，词根只有 faŋ³¹ "雪"、faŋ³¹mo⁵⁵ "竹子"、fɔ⁵⁵ti⁵⁵ "刀"、fu³¹ "年"、fu³³tsha³¹ "老鼠" 和 fu⁵⁵tshu⁵⁵ "蚂蚱" 等少数举个。汉语借词示例如表 8-4 所示。

表 8-4　f 声母汉语借词示例

语音形式	词义	语音形式	词义
fɛ⁵⁵	倍	fɛn³³	分
fɛn³¹pi³¹	粉笔	fɛn³¹sui⁵⁵tsi⁵⁵	粉碎机
fa³¹	发	fa³¹sɛn³³	发生
faŋ³³	方	faŋ³³	翻
faŋ⁵⁵tɕhe³¹	西红柿	faŋ⁵⁵tɕɔ⁵⁵	放假
faŋ³¹tʂɛn⁵⁵	反正	faŋ³¹tui⁵⁵	反对
fɔŋ⁵⁵	封	fɔŋ³³su³¹	风俗
fɔŋ³¹zʅ⁵⁵tsi⁵⁵	缝纫机	fu⁵⁵	剂
fu³¹tshi⁵⁵	福气	fu³¹tɕau³³	胡椒

（三）复合元音主要出现在汉语借词中

窝尼话中有 15 个双元音（包括 6 个带 n、ŋ 韵尾元音）和 5 个三合元音。其中，ai 常与 ɛ 相混。复合元音在本族语词中出现的数量不多，使用频率最高的是 sei¹³ "肉"。表 "肉" 义词语在哈尼语其他方言中为 sa³¹。窝尼话中 sa³¹ 在日常用语中只作为词根出现，在歌谣中可单独出现。sei¹³ 可能是 sa³¹ 与其他语素的合音，但演变路径还不清楚。其他出现在汉语借词中的复合元音如表 8 - 5 所示。

表 8 - 5　复合元音韵母在汉语中的借词示例

语音形式	词　义	语音形式	词　义
saŋ⁵⁵	三	aŋ⁵⁵	岸
tshin³³ tshu³¹	清楚	ai³³	爱
ai⁵⁵ xau⁵⁵	爱好	au⁵⁵ xui³¹	后悔
piau³¹	表	piau³¹ jaŋ³¹	表扬
piɛn⁵⁵	变	piɛn⁵⁵ xua⁵⁵	变化
pin³³	冰	pau⁵⁵	包
pin³³ çaŋ³³	冰箱	thoŋ³¹ kuɛ⁵⁵	暖水瓶
pei⁵⁵ pei⁵⁵	杯子	pei³³ tsʅ³¹	辈子
pau³¹ fu⁵⁵	保护	pau⁵⁵ kau⁵⁵	报告
pau³¹ tʂɛn⁵⁵	保证	pau⁵⁵ tʂhei³¹	报仇
phiɛn⁵⁵ tsʅ³¹	骗子	phin³¹	平
phin⁵⁵ xo⁵⁵	混合	phin³¹ ko³¹	苹果
mɣ³¹ çi³³	默写	mɣ³¹ xau⁵⁵	诊脉
zɛn³¹ min³¹	人民	zɛn³¹ nai⁵⁵	忍耐
zɛn⁵⁵ tsi³¹ ji⁵⁵	打针	zɛn⁵⁵ vu⁵⁵	任务
zui⁵⁵	生命	zɯ³¹ ʂui³¹ tshi⁵⁵	热水器
tin³¹ tʂɛn³³	顶针	tin⁵⁵ tsʅ³¹	钉子
tei⁵⁵ tsɛn³³	斗争	tei³³ tʂo³¹	遇见
toŋ⁵⁵ kua⁵⁵	冬瓜	toŋ⁵⁵ piɛn⁵⁵	东边

（四）小结

以上分析所示，窝尼话在与汉语的接触过程中，语音系统已发生了变化，声母借入了 tʂ、tʂh、ʂ、ʐ、f 等音位，并且 tʂ、tʂh、ʂ、ʐ 与本族语中的 ts、tsh、s、z 并存、互换使用。这些音位虽然主要出现在汉语借词中，但也开始出现在本族语词中。同时，本族语语音系统中的一些音位逐渐消失，如 v 的使用频率较少，只在少数人的发音中出现。在韵母方面，出现了二合和三合元音，n、ŋ 韵尾既出现在汉语借词中，也出现在本族语词中，其他复合元音主要出现在汉语借词中。这些变化说明，窝尼话的音系正在发生改变。

二 借词层次

语言的衰变受到其自身系统的制约，其中系统制约最弱的是词汇。"语言的接触性影响总是首先从词汇借用开始。"[①] 借词是汉语对窝尼话影响最明显也最集中的体现形式。由于哈尼语与汉语具有同源关系，一些词语还不能判定是同源词还是借词，但近代借入的词汇是比较明显的。

（一）不能判定是同源词还是借词的词语

窝尼话中有一部分词，在语音上与汉语上古、中古音[②]有对应关系。下表以 Swadesh 的 100 个核心词为例进行说明（见表 8-6）。

表 8-6 汉语上古音、中古音与新平窝尼话 100 核心词的语音对应表

序号	汉语	上古音	中古音	新平窝尼话
1	我	ŋalʔ	ŋa^{35}	ŋɔ^{55}
2	你	—	n̠i^{35}	nu^{55}
3	我们（咱）	—	—	—
4	这	ŋrans	ŋʨiɛn^{31}	a^{31}mɔ^{55}
5	那	nal	na^{35}	a^{31}tɔ^{33}
6	谁？	gljul	dʐ^{w}i^{33}	a^{31}çi^{55}
7	什么？	—	—	tshɔ^{55}mɔ^{55}
8	不	pɯ	ŋəi^{31}	mɔ^{31}
9	全部	全 sgon	全 dʐ^{w}iɛn^{33}	i^{55}tso^{55}

---

① 徐世璇：《论语言的接触性衰变——以毕苏语的跟踪调查分析为例》，《语言科学》2003 年第 5 期。
② 本书中所采用的上古音、中古音为潘悟云先生构拟。

续表

序号	汉语	上古音	中古音	新平窝尼话
10	许多	多 klal	多 tɕiɛ³³	mɔ³¹
11	一	qlig	ȵjuk³³（带短促音）	thi³¹
12	二	njis	tshiɛn³³	ȵ̩i³¹
13	大	da̱ds	thɑt³³（带短促音）	xɤ³¹
14	长	k. laŋʔ	djaŋ³³	mo⁵⁵
15	小	splewʔ	siɛu³⁵	ȵ̩i⁵⁵
16	女人	nas	ȵɰɛ³⁵	zɔ³¹ mi⁵⁵ zɔ³¹
17	男人	no̱m	nəm³³	zɔ³¹ ɔ⁵⁵ zɔ³¹
18	人	njin	dzet³³（带短促音）	tsho⁵⁵
19	鱼	ŋa	ŋjɤ³³	ʋɔ³¹ sɔ³¹
20	鸟	tɯ̱wʔ	teu³⁵	ŋa³³ zɔ³¹
21	狗	ko̱ʔ	ku³⁵	khɤ³¹
22	虱子	srɯd	ʂɪt³³（带短促音）	çi⁵⁵
23	树	djos	dʐjʊ³¹	zo³³ tso⁵⁵
24	种子	g. luŋ；tjoŋs；tjoŋʔ	tɕjʊŋ³⁵	zu³³ zi³¹
25	树叶	qhljeb	jiɛp³³（带短促音）	xa³³ pha³¹ la³¹
26	根	kɯ̱n	kən³³	to³¹ tɕhi⁵⁵ li⁵⁵
27	（树）皮	bral	bɯɰiɛ³³	zo³³ kɯ⁵⁵ lɯ⁵⁵
28	皮子	—	—	zo³³ kɯ⁵⁵ lɯ⁵⁵
29	肉	njug	ȵjuk³³（带短促音）	sa³¹
30	血	qhʷig	hʷet³³（带短促音）	sʅ³¹ ȵ̩i⁵⁵
31	骨头	ku̱d	ku̱ot³³（带短促音）	sɔ³¹ zi³¹
32	油	lɯw	jɨu⁴¹	tshi⁵⁵
33	蛋	gəro̱lʔ	卵 lʷɑ³⁵	piu⁵³
34	（犄）角	krog	kɯɰɔk³³/luk³³（带短促音）	vu³¹ tshʅ⁵⁵
35	尾	mɯlʔ	miuɨiʔ³⁵（带短促音）	to³¹ mɛ³¹
36	毛	ma̱w	mɑu³¹	zu⁵⁵ mu³¹
37	（头）发	pod	pʷjɤt³³（带短促音）	tɕhi⁵⁵ kho⁵⁵
38	头	g. lo̱	du³³	vu³¹ tu³¹
39	耳朵	mljɯʔ	ȵ̩i³⁵	na³¹ pu⁵⁵
40	眼睛	ŋgrɯ̱nʔ	ʋɰɛn³⁵	ma³³ tsi³³

序号	汉语	上古音	中古音	新平窝尼话
41	鼻子	blids	nuŋ³¹／bi³¹	nɛ⁵⁵mɛ⁵⁵
42	嘴	—	tsʷɯiɛ³⁵	tɕhi³¹mi³³
43	牙齿	牙 ŋgra；齿 khljɯʔ	牙 ŋɯæ³⁵ 齿 tɕhi³⁵	ʂ^l³¹
44	舌	gro̞d	ziɛt³³（带短促音）	ɔ³¹ɬɔ⁵⁵
45	指甲	指 kjiʔ；甲 kra̠b	指 tɕi³⁵	la³¹sɯ³¹
46	脚	kag	kjak³³（带短促音）	a⁵⁵khɯ⁵⁵
47	膝盖	slig	sit³³（带短促音）	pha³¹thu³³lu³³
48	手	m̥hljɯwʔ	ɕɨu³⁵	la³¹la³¹
49	腹（肚子）	pug	pjuk³³/phjuk³³（带短促音）	wo³¹mɔ³³
50	脖颈	脖 bu̠d；颈 keŋʔ	脖 bu̠ot³³颈 kiɛŋ³⁵（带短促音）	lu⁵⁵tshɛ⁵⁵
51	奶（乳房）	乳 njoʔ	乳 n̠juʊ³⁵	a⁵⁵tsu³³
52	心	slɯm	sim³³	nu³³mɔ³³
53	肝	ka̠n	kɑn³³	sa³¹tsho³¹
54	喝	qha̠d	fiɑt³³（带短促音）	to⁵⁵
55	吃	kɯd	kjɤt³³（带短促音）	tsɔ³¹
56	咬	qre̠w	hɯɛi³¹/kɯæu³⁵	kho³¹
57	看	kha̠n	khɑn⁴¹	ɔ⁵⁵
58	听	kh.le̠ŋ	khɨn³⁵	kɔ³³
59	知道	知 te	知 tɯiɛ³¹	kɔ³³
60	睡觉	睡 djols	睡 dʐʷiɛ³¹	ji³¹tsa³³
61	死	ljiʔ	si³⁵	ɕi³¹
62	杀	sre̠d	tʂhɯæt³³（带短促音）	ɕi⁵⁵
63	游泳	游 lu	游 jɨu³³／lɨu³³	i⁵⁵khɯ³¹khɯ³¹
64	飞	pɯl	pʷii³³	po⁵⁵
65	走	so̠s	tsu³¹	zɯ³¹
66	来	gərɯ	ləi³³	lɔ⁵⁵
67	躺	—	—	—
68	坐	zo̠ls	dzʷɑ³¹	tso⁵⁵
69	站		tɯɯɛm³¹/³³	xo³¹
70	给	krub	kɯip³³（带短促音）	pi³¹
71	说	—		pɔ³¹

续表

序号	汉语	上古音	中古音	新平窝尼话
72	太阳	日 mljig	日 ȵik³³/ȵit³³（带短促音）	lo⁵⁵ mɔ³³
73	月亮	月 ŋod	月 phəŋ³⁵	pɔ³³ ɬɔ³³
74	星星	sleŋ	seŋ³³	pi³¹ kɯ⁵⁵
75	水	qhʷjilʔ	ɦiuŋ³³/ɕʷi³⁵	i⁵⁵ tshu³¹
76	雨	ɢʷas	ɦʲjʊ³⁵ᐟ³¹	ɔ⁵⁵ xo⁵⁵
77	石头	gljag	dʐiɛk³³（带短促音）	ɬo³³ mɔ³³
78	沙子	sraḷ	sʷɑ³³/ʂiɛ³³	mɯ⁵⁵ sɯ³¹
79	地，土	地 lels；土 kh. laʔ	地 diɹ⁴¹/土 thu̞o³⁵	mi⁵⁵ tsha³¹
80	云	ɢʷɯn	ɦʲjun³³	wo³¹ to⁵⁵
81	烟	qin	ʔen³³	mɛ³¹ hɛ³¹
82	火	qhʷoḷʔ	ʔen³³	mi³¹ tsa³¹
83	草木灰	灰 qhʷɯ	hu̞oi³³	x³¹ ɬɔ⁵⁵
84	烧	qhjew	ɕiɛu³³	phɣ³³
85	山路	路 gərags	lɑk³³/lu̞o³¹（带短促音）	kɔ⁵⁵ mɔ³³
86	山	sre̞n	ʂiɛn³³/ʂɯɛn³¹ᐟ³³	ku³¹ tsu³¹
87	红	go̞ŋ	ɦiuŋ³³	ȵi⁵⁵
88	绿	bərog	ljʊk³³（带短促音）	ȵi⁵⁵ tsha³¹ lɯ³¹
89	黄	gʷa̞ŋ	ɦʷɑŋ³³	sɿ⁵⁵
90	白	brag	dʑi³¹/pɯæk³³（带短促音）	a⁵⁵ phu⁵⁵ phu⁵⁵
91	黑	m̥hɯg	hək³³（带短促音）	na³³
92	夜	lags	jæ³¹/jiɛk³³（带短促音）	vu³¹ tshi³³
93	热	ŋjed	ȵiɛt³³（带短促音）	mi³³
94	冷	gəre̞ŋ	lɯæŋ³⁵	ka³³
95	满	ma̞nʔ	mʷan³⁵	po³³
96	新	sliŋ	sin³³	sɯ³¹
97	好	qhu̞s	hau³¹ᐟ³⁵	mɣ³¹
98	圆	ɢron	ɦʲjʷiɛn³³	tɣ³³ lɣ⁵⁵
99	干	ka̞n	kɑn⁴¹ᐟ³³	kɯ³³
100	名字	me̞ŋ	miɛŋ³¹ᐟ³³	zo³³ mo⁵⁵

除 100 个核心词外，一些词语也有整齐的语音对关系。

表 8 - 7　具有语音对应关系的词语示例

词义	上古音语音形式	中古音语音形式	新平窝尼话
马	mra $\mathrm{\Omega}$	mɯæ^{35}	mo^{31}
干	gan	gɯiɛn^{33}	kɯ^{33}
重	doŋ	djuŋ^{33}	tshɔŋ^{55}
该	kɯ	kəi^{33}	kɔ^{31}
死	lji$\mathrm{\Omega}$	si^{35}	çi^{31}
杀	srẹd	tʂhɯæt^{33}（带短促音）	çi^{31}

从表 8 - 7 来看，Swadesh 的 100 个核心词中，除 5 个词语没有语音形式外，其他 95 个核心词汇，多数在语音上能够对应。在其下表格中的 6 个词语，是日常生活中使用频率较高的词，窝尼话语音与汉语上古音、中古音也能对应。由于目前哈尼语与古汉语核心词汇对比研究的成果还不多见，还没有充分研究材料，因此本书不能够说明这些具有语音对应关系的词语是同源词还是借词。

（二）早、近期借词

早期窝尼话中借入的词语在语音、语调上都适应哈尼语的结构规律，一些借词借入后失去了韵尾，不容易看出其来源。近期借入的词语具有明显的时代特色，尤其是从国外引进的事物，都带有前缀 jaŋ^{31}“洋”（见表 8 - 8）。

表 8 - 8　近代汉语借词示例

词　义	语音形式	词　义	语音形式
轿子	tɕau^{55} tsʅ^{31}	香皂	zi^{31} tsʅ^{31}
零钱	thoŋ^{31} hau^{31}	肥皂	jaŋ^{31} tɕɛn^{31}
轮子	kɤ^{31} lɣ^{31}	铁铲	jaŋ^{31} tʂhaŋ^{33}
故事（古经）	ku^{31} tɕi^{55}	铁锹	jaŋ^{31} tsua^{31}
京豆	na^{31} tsʅ^{55} tei^{55}	洋芋	jaŋ^{31} zʅ^{55}
南	na^{31}	火柴	jaŋ^{31} fa^{31} tsu^{31}
时候	sʅ^{31} ho^{55}	水泥	jaŋ^{31} xui^{33}

续表

词　义	语音形式	词　义	语音形式
当	ta^{33}	鸦片	jaŋ^{31}jɛn^{33}
蘁头	tɕa^{55}tho^{31}	伞	jaŋ^{31}saŋ^{31}
暖水瓶	thoŋ^{31}kuɛ^{55}	油漆	jaŋ^{31}tshi^{31}
斤	tsi^{55}	升子	sɯ^{33}
瘴气	tsaŋ^{55}tshi^{55}	天花	thiɛn^{33}xua^{33}
驼子	pi^{33}ko^{33}	骡子	lɔ^{55}tsʅ^{33}

（三）现代借词

在现代，随着道路的通畅，文化教育水平的提高，媒体的快速传播，各族人民之间的频繁交流互动，现代汉语借词大批量进入窝尼话中。在本次调查的 4860 个词中，现代汉语借词约有 660 个，约占 13.5%。包括名词、动词、量词、副词和连词等，名词涉及到天文地理、亲属称谓、植物、动物、衣着、房屋建筑、生活用品、疾病、政治经济、文化娱乐、思想意识、宗教信仰、农业肥料等方面的名称。这些词语多数按照窝尼话的声调系统读出，一些音位已进入了窝尼话的语音系统，比如上文提到 tʂ、tʂh、ʂ、ʐ。借入的汉语复合词或短语有的在句法形式上与窝尼话一致，有的不加改造地直接借入（请看下一节的讨论）。这些词语在窝尼人的生活中使用频率不断增高，对窝尼话词汇系统产生了很大影响（见表 8 - 9）。

表 8 - 9　窝尼话中的现代借入名词示例

类别	词义	语音形式	词义	语音形式	词义	语音形式
自然	冰	pin^{33}	海	xai^{31}	小路	ɕau^{31}lu^{55}
工业	铜	thoŋ^{31}	钢	kaŋ^{55}	铝	lui^{31}
政治	国家	ko^{31}tɕa^{33}	政府	tʂɛn^{55}fu^{31}	民族	min^{31}tshu^{31}
宗教	和尚	xo^{31}ʂaŋ^{55}	尼姑	ȵi^{31}ku^{31}	道士	tau^{55}sʅ^{33}
文化	字	tsʅ^{55}	画	xua^{55}	墨水	mɯ^{31}ʂui^{31}
娱乐	笛子	ti^{31}tsʅ^{31}	鼓	ku^{31}	二胡	ɛ^{55}fu^{31}
教育	大学	ta^{55}ɕo^{31}	中学	tʂoŋ^{55}ɕo^{31}	老师	lau^{31}sʅ^{55}
场所	办公室	paŋ^{55}koŋ^{33}ʂʅ^{31}	托儿所	tho^{31}ɛ^{31}so^{31}	大队	ta^{55}tui^{55}
亲属称谓	外公	ɛ^{55}koŋ^{33}	姑爹	ku^{55}ti^{55}	姨母	zi^{31}mo^{55}

类别	词义	语音形式	词义	语音形式	词义	语音形式
生活用品	灯芯	$tɛn^{33} sin^{33}$	蜡烛	$la^{13} tsu^{31}$	石缸	$sʅ^{31} kan^{33}$
生产工具	刨子	$thui^{33} pau^{55}$	墨斗	$mɯ^{31} tei^{31}$	锉	$tsho^{55} tsʅ^{31}$
动物	鸽子	$ko^{33} tsʅ^{31}$	麻雀	$wa^{31} tɕho^{31}$	蚕	$tshan^{31}$
蔬菜	白菜	$pɯ^{31} tshai^{55}$	芹菜	$xan^{55} tɕhin^{31}$	茎兰	$phi^{31} lan^{31}$
调料	八角	$pɔ^{31} ko^{31}$	辣椒	$la^{55} tsʅ^{31}$	胡椒	$fu^{31} tɕau^{33}$
水果	苹果	$phin^{31} ko^{31}$	小芒果	$mɔ^{55} mu^{31}$	山楂	$san^{33} lian^{33} ko^{31}$
食品	米线	$mi^{31} ɕɛn^{55}$	卷粉	$tɕɛn^{31} fɛn^{31}$	面条	$kua^{55} miɛn^{55}$
药物	三七	$san^{33} tshi^{31}$	天麻	$thiɛn^{33} ma^{31}$	丸药	$wan^{31} jo^{31}$
织物	裙子	$tshin^{31} tsʅ^{31}$	短裤	$tuan^{31} khu^{55}$	毛毯	$mau^{31} than^{31}$
建筑	地基	$ti^{55} tsi^{33}$	砖	$tsuan^{55}$	瓦	$wa^{31} phiɛ^{55}$
电器	电饭锅	$tiɛn^{55} fan^{55} ko^{33}$	冰箱	$pin^{33} ɕan^{33}$	电视机	$tiɛn^{55} sʅ^{55} tsi^{55}$
农药	复合肥	$fu^{31} xo^{31} fei^{31}$	甲胺磷	$tɕa^{31} an^{55} lin^{31}$	普钙	$phu^{33} kai^{55}$

如表 8 - 9 所示，名词借入的数量较多。动词、形容词、数、量词次之，连词和副词等借入的数量相对较少（见表 8 - 10）。

表 8 - 10　窝尼话中借入的汉语动词、形容词、副词和连词示例

类别	词义	语音形式	词义	语音形式	词义	语音形式
动　词	喷	$phɛn^{55}$	凑	tei^{55}	铺	phu^{33}
形容词	假	$tɕa^{31}$	容易	$jon^{31} zi^{33}$	淘气	$thau^{31}$
连　词	因为	$zin^{31} wei^{55}$	不管	$pu^{55} kuan^{31}$	要么是	$jau^{55} mɛ^{33} sʅ^{55}$
副　词	一直	$ji^{55} tsi^{31}$	刚刚	$tɕan^{33} tɕan^{3}$	就	$tɕo^{55}$
数　词	万	van^{55}	一万	$zi^{31} van^{33}$	亿	$zʅ^{55}$
量　词	页	$phiɛ^{55}$	本	$pɛn^{31}$	盒	xo^{31}

（四）本族语词、借词共用

目前，在使用窝尼话的人群中，有一批词语存在本族语词和汉语借词共存共用的情况。即人们在使用窝尼话交流时，一些词语有时使用汉语借词，有时使用窝尼话词语（见表 8 - 11）。

表 8 - 11　窝尼话、汉语借词共存使用示例

词义	窝尼话语音形式	汉语借词语音形式
半路	kɔ⁵⁵mɔ³³lu⁵⁵tshu⁵⁵	paŋ⁵⁵lu⁵⁵
山楂	tshi³¹pi³³tɛ³¹hɛ³¹lɛ³¹	saŋ³³liaŋ³³ko³¹
心	nu³³mɔ³³	sin⁵⁵
潭	tho³¹ma³³	thaŋ³¹
团（形容词）	vɛ³¹lɛ³¹	thuaŋ³¹
（动作）快（形容词）	ko³¹a³³／kua³³	tshuaŋ⁵⁵
瓶子	tsʅ⁵⁵tshʅ⁵⁵	phin³¹phin⁵⁵
帮助	ka³³to³¹	paŋ³³tsu⁵⁵
珍惜	phi³¹po³³	tsɛn⁵⁵tsɔŋ⁵⁵

（五）小结

从以上讨论来看，窝尼话中除一部分词语与汉语有同源关系外，在长期的历史发展过程中，一直有借用汉语词语的情况发生，只是解放前借用的数量较少。到了现代社会，汉语借词大规模进入窝尼话词汇中，有的是窝尼话中原来没有的词，有的替代了窝尼词语，有的与窝尼词语竞争使用。随着社会的发展，新词语不断出现，窝尼话中还将接入更多的汉语词语。

二　汉语借入的方式

进入窝尼话中的汉语词语，有的按汉语的构成方式直接进入使用，有的按窝尼话的句法方式改造后使用，有的用本族语词和汉语借词一起构成窝—汉合璧词。

（一）直接借入使用的汉语词语

多为动宾结构，直接借入使用，句法语序为 VO 型。例如：

tsau⁵⁵çaŋ⁵⁵	照相	faŋ⁵⁵tçɔ⁵⁵	放假
xui³¹tshau³¹	（牛）反刍	zɛn³³tsui³³	认罪
kau⁵⁵tsuaŋ⁵⁵	告状	pau⁵⁵tʂhei³¹	报仇

（二） 改造后使用的词语

借入汉语词语，按照窝尼话词语 OV 语序的结构规律进行构造，使之更符合窝尼人的语言使用习惯。例如：

ja^{31}mε^{33}tso^{55}	坐牢	mɤ^{31}xau^{55}	诊脉
sʅ^{55}tshaŋ^{55}	唱戏	ʂu^{31}khau^{31}	考试
tsho^{33}faŋ^{33}	犯错	tʂaŋ^{55}sɯ^{33}	赊账
xui^{55}khai^{33}	开会	tçe^{31}tshi^{55}ko^{55}	过节
paŋ^{55}fa^{31}çaŋ^{31}	想办法	lin^{31}tçhε^{31}pu^{13}	找零钱
tʂaŋ^{55}suaŋ^{55}	算账	tsin^{55}tsʅ^{31}tsau^{55}	照镜子
tshi^{55}tʂhɤ^{33}khai^{55}	开车		

（三） 窝—汉合璧词

窝尼话词汇系统中不仅借入汉语词语，还用本族语词与汉语词共同构成许多窝–汉合成词。主要有以下几种类型：

1. 主谓结构。通常由窝尼话名词和汉语词语构成。例如：

nu^{33}mɔ^{33}faŋ^{31} = nu^{33}mɔ^{33} + faŋ^{31}　　　　vu^{31}tu^{31}zin^{55} = vu^{31}tu^{31} + zin^{55}
心烦　　　　心　　烦　　　　　　头晕　　　　头　　　晕
wo^{31}mɔ^{33}tshεn^{55} = wo^{31}mɔ^{33} + tshεn^{55}　　la^{31}la^{31}jaŋ^{31} =　　la^{31}la^{31} + jaŋ^{31}
肚子涨　　　　肚子　　　涨（撑）手痒（小孩乱摸）手　　　痒

2. 偏正结构短语。由窝尼话固有词和汉语借词构成，中间用 kɯ^{33} "的"连结。其中一个构词成分与新词之间具有领属或种属的关系。例如：

va^{31}kɯ^{33}tsin^{55} = va^{31} + kɯ^{33} + tsin^{55}
猪筋　　　　猪　的　筋
mo^{31}kɯ^{33}piεn^{55}tsʅ^{31} = mo^{31} + kɯ^{33} + piεn^{55}tsʅ^{31}
马鞭　　　　　　马　的　鞭子
mɤ^{31}tei^{31}kɯ^{33}kho^{33} = mɤ^{31}tei^{31} + kɯ^{33} + kho^{33}
墨线　　　　墨斗　的　线

有的不用 kɯ^{33} "的"表示修饰或领属关系，窝尼话固有词和汉语借词直接拼合成为合成短语。例如：

$mo^{31} ti\varepsilon n^{55} = mo^{31} + ti\varepsilon n^{55}$ 　　　　　$mo^{31} tsh\gamma^{33} = mo^{31} + tsh\gamma^{33}$

马店　　 马　店　　　　　　马车　　　 马　车

$k\mathfrak{o}^{55} m\mathfrak{o}^{33} ta^{55} lu^{55} = k\mathfrak{o}^{55} m\mathfrak{o}^{33} + ta^{55} lu^{55}$ 　　$m\mathfrak{o}^{55} n\mathfrak{o}^{55} pa^{33} = ma^{55} n\mathfrak{o}^{55} + pa^{33}$

大路　　　　路　大路　　　　疮疤　　　 疮　疤

$tsho^{55} la\eta^{31} = tsho^{55} + la\eta^{31}$ 　　　　　$i^{55} mi^{33} xa\eta^{33} = i^{55} mi^{33} + xa\eta^{33}$

懒汉　　　 人　懒　　　　　青玉米　　 玉米　软

3. 动宾结构。动词和其宾语都可由窝尼话或汉语借词充当，但采用窝尼话的语序结构，即宾语在前，动词在后。例如：

$ji^{31} t\varphi hin^{31} pu^{33} = ji^{31} t\varphi hin^{31} + pu^{33}$ 　　$tsui^{55} tsa^{33} = tsui^{55} + tsa^{33}$

弹四弦　　　 月琴　弹　　　　犯罪　　 罪　有

$ji^{55} xo^{55} kai^{55} = ji^{55} xo^{55} + kai^{55}$ 　　　　$si^{31} tha\eta^{31} ts\mathfrak{o}^{31} = si^{31} tha\eta^{31} + ts\mathfrak{o}^{31}$

盖房　　　 房　盖　　　　　吃喜糖　　 喜糖　吃

$ja\eta^{31} j\varepsilon n^{33} to^{55} = ja\eta^{31} j\varepsilon n^{33} + to^{55}$ 　　　$ji^{55} xo^{55} tsu^{33} = ji^{55} xo^{55} + tsu^{33}$

吹大烟　　 鸦片　吸　　　　租房　　 房　 租

$n\mathfrak{o}^{55} zi^{55} = n\mathfrak{o}^{55} + zi^{55}$ 　　　　　　$phi^{31} tsh\mathfrak{l}^{31} \mathfrak{s}\mathfrak{l}^{33} = phi^{31} tsh\mathfrak{l}^{31} + \mathfrak{s}\mathfrak{l}^{33}$

医病　 病　医　　　　　　　拉皮尺　　 皮尺　拉

4. 动补结构合成词。通常采用汉语动词作谓语，窝尼话词语作补语，类似汉语的动结式。汉语借词作补语的较为少见。例如：

$t\varphi a^{13} fu^{31} = t\varphi a^{13} + fu^{31}$ 　　　　　$phu^{31} ta^{33} = phu^{31} + ta^{33}$

夹住　　 夹　 住　　　　　扑上　　 扑　 上

$tiau^{55} thu^{55} = tiau^{55} + thu^{55}$ 　　　　$fa^{31} thu^{55} = fa^{31} + thu^{55}$

吊起　　 吊　起　　　　　发酵　　 发　起

$xua^{55} no^{31} = xua^{55} + no^{31}$ 　　　　　$\mathfrak{o}^{55} t\varphi hin^{33} tshu^{31} = \mathfrak{o}^{55} + t\varphi hin^{33} tshu^{31}$

划破　　 划　破　　　　　看清楚　　 看　清楚

5. pho^{31} 是一个表示雄性性别的后缀，还可以置于一些动宾短语后表示职业。借入的汉语词语按照窝尼话的结构规律，加 pho^{31} 构成派生名词。例如：

$\mathfrak{z}ui^{55} sua\eta^{55} pho^{31} = \mathfrak{z}ui^{55} + sua\eta^{55} + pho^{31}$

算命先生　　　　 命　算　　人

$min^{55} sua\eta^{55} pho^{31} = min^{55} + sua\eta^{55} + pho^{31}$

算命先生　　　　 命　算　　人

tshuaŋ³¹ xua¹³ phɔ³¹ = tshuaŋ³¹ + xua¹³ + phɔ³¹

船夫　　　　　　　船　　划　　人

nɔ⁵⁵ zi⁵⁵ phɔ³¹ = nɔ⁵⁵ + zi⁵⁵ + phɔ³¹

男医生　　　病　医　人

6. 窝尼话数词可以数到"千"，超过"千"的数词借用汉语来表示。例如：

tɕhi⁵⁵ vaŋ⁵⁵ = tɕhi⁵⁵ + vaŋ⁵⁵　　　　　pɯ³¹ vaŋ⁵⁵ = pɯ³¹ + vaŋ⁵⁵

十万　　　　十　万　　　　　百万　　　　百　万

tɕhɛn³¹ vaŋ⁵⁵ = tɕhɛn³¹ + vaŋ⁵⁵　　　so³¹ zɿ⁵⁵ = so³¹ + zɿ⁵⁵

千万　　　　千　万　　　　三亿　　三　亿

7. 一些汉语借词还没有完全替代窝尼话中的固有词，二者在使用中呈现出既互补又竞争的状态。下面仅举几例说明。

kua³³（窝尼）和 tshuaŋ⁵⁵（汉借）都表示"快"，tshuaŋ⁵⁵ 表示状态，kua³³ 则用于祈使句中。例如：

tshu³¹ kɯ³³ tshuaŋ⁵⁵　跑的快　　　kua³³ zɯ³¹! 快走！

跑　的　快　　　　　　　快　走

xa³¹（窝尼）和 khu³¹（汉借）都表示"苦"，xa³¹ 常作形容词使用，表示事物的性质。khu³¹ 常作动词使用，表示"辛苦，劳累"。例如：

（1369）a⁵⁵ nɔ⁵⁵ tshi³¹ mɔ⁵⁵ tu¹³ xa³¹ ti⁵⁵.

　　　　这药　　那　很　苦　PRT

　　　　这种药最苦。

（1370）ji⁵⁵ sɔ³¹ kɯ³³　khu³¹ kɯ³³ mi⁵⁵ tsha³¹ tɔ³³　khɯ⁵⁵ lɔ⁵³.

　　　　她　难　GEN　苦　GEN　地方　LOC　到　PRT

　　　　来到了她困苦的地方。

kau³¹ sin⁵⁵（汉借）和 kɛ⁵⁵ sɿ⁵⁵ 窝尼）都表示"高兴"，两词可以互换使用。例如：

（1371）xa³³ ti⁵⁵ ti⁵⁵ a⁵³ so³¹ ɔ³³ kɛ⁵⁵ sɿ⁵⁵ thɔ⁵³.

　　　　小鸡　　三　只　高兴　PFV

　　　　三只小鸡高兴了。

（1372）ŋɔ⁵⁵ tu¹³　kau³¹ sin⁵⁵ a³¹.

　　　　我　实在　高兴　　PRT

　　　　我实在是高兴啦！

三　语法变化

窝尼话的语法系统在汉语的影响下发生了一些变化，如借用了"正"、"打算"、"开始"等词来表示动作的正在进行或即将发生；借用汉语连词构成复句；比较句中借用汉语"比"等，但基本的 SOV 结构未发生松动。

第一，语法"体"是粘附在谓语动词后的功能成分，表达谓语动词的语法意义，表示动作、行为的过程、时间等语义。"体"标记是粘附在谓语动词后已经经语法化的成分。从这一定义来说，窝尼话中有一套表示体范畴的语法手段，但发展并不完备，大致可分为即行体、将行体、起始体、持续体、曾行体、完成体等七种。在这些语法体中，"起始体"标记需由几个助词一起构成，将行体标记 $n\varepsilon^{33} hi^{33}$ 已不常用。因此，借用汉语"正"、"打算"、"开始"、"一直"等词来表示动作、行为的正在进行、即将发生或持续成为必然。例如：

（1373）$a^{55} z\mathfrak{o}^{31} mo^{31} ts\varepsilon n^{55} z\eta^{55} \quad ti^{55}$.

　　　　这 老人　　正　唱歌 PRT

　　　　那个老人在唱歌。

（1374）$a^{55} s\eta^{55} la^{31} nu^{55} ta^{31} suan^{55} ji^{55} xo^{55} zo^{33} s\mu^{31} tsh\eta^{31} so^{31} ku^{33} ti^{55}$.

　　　　这 青年　　　打算　房子 新　一　所 整 PRT

　　　　这个青年打算盖一座新房子。

（1375）$l\mu^{31} t\mu^{55} s\eta^{55} khai^{55} s\cdot\eta^{31} ka^{31} \mathfrak{p}a^{31} thi^{55} ti^{55/33}$.

　　　　勒达　　　开始　　粑粑 春 PRT

　　　　勒达开始春粑粑了。

（1376）$lo^{55} ko^{33} m\mathfrak{o}^{55} ji^{55} ts\eta^{31} m\varepsilon^{55} \quad t\varphi i^{31} phi^{31} ti^{31} ti^{55}$.

　　　　门　　那 一直　ADV 关着　　PRT

　　　　门一直关着。

以上例句中，$ts\varepsilon n^{55}$ "正"表示动作、行为正在进行；$ta^{31} suan^{55}$ "打算"表示事件将要发生；$khai^{55} s\eta^{31}$ "开始"表示动作的起始；$ji^{55} ts\eta^{31}$ "一直"表示事物持续的状态。这些副词在句中表示动作、行为发生的时间或事物存在的体貌。

第二，借用汉语连词构成复句。窝尼话中连词不少，但没有汉语丰富。常见的有 mɔ³¹ tshɿ⁵⁵…tsai⁵³… "不仅……而且……"、phɛ³¹ "……的话"、mo³¹ a⁵⁵ phɛ³¹…mo³¹ a⁵⁵ phɛ³¹… "要么……要么……"、ka⁵⁵…ka⁵⁵ "一边……一边……" 等。一些连词身兼数职，具有多种用法和语义。例如 ȵi⁵³常位于两个小句之间，可表 "虽然"、"如果"，与 a³¹ tɛ⁵⁵ mɛ⁵⁵ 搭配表 "无论……都……" 等。由于 ȵi⁵³具有多个义项，在交谈中，为了避免歧义，或使交流更加高效、方便，窝尼人在使用本族语连词的同时，还借入汉语连词。例如：

(1377) sui⁵⁵zaŋ³¹ nu⁵⁵ mɔ³¹ lɔ³¹ ȵi⁵³,　ŋɔ⁵⁵ ji⁵⁵xo⁵⁵ tɔ³³ ku³¹ ji⁵⁵ tshi³¹
　　　 虽然　　你　不　来　虽然　我　家　　LOC 回 DIR 会
　　　 ti⁵⁵.
　　　 PRT
　　　 虽然你不来，我也能回家。

(1378) sui⁵⁵zaŋ³¹ tu¹³ ka³³ ȵi⁵³, tsho⁵⁵ tu³³ji⁵⁵　kɯ³³　tso⁵⁵ pu⁵⁵　ti⁵⁵.
　　　 虽然　　很　冷 虽然 人　出 DIR NOM　有　相当 PRT
　　　 虽然天气很冷，但是外出的人还很多。

表 "因为" 义的连词有 nɛ³³、tɛ³³ 等，但这两个连词的语义并不明确，而且还有其他多种用法，因此汉语 zin³¹ wei⁵⁵ 也被借入表示因果关系。窝尼话中没有的连词则直接从汉语中借入，如 ju¹³…ju¹³… "又……又……" 表示并列关系；tɕo⁵⁵（tɕi⁵⁵①）"就" 与窝尼话中 pha³³ "如果" 搭配表示假设关系；kuaŋ³¹ "管"、pu⁵⁵kuaŋ³¹ "不管" 位于小句句首，表条件关系。例如：

(1379) a⁵⁵ i⁵⁵tshu³¹mɔ⁵⁵ jo¹³ mɔ³¹tshɔ⁵⁵jo¹³mɔ³¹ka³³.
　　　 这水　　那　又 不 热　又 不 冷
　　　 这水不热也不冷。

(1380) zin³¹wei⁵⁵ ŋɔ⁵⁵ tu³¹ lui⁵⁵ ti⁵⁵,　　ŋɔ⁵⁵ tshɿ⁵⁵a³¹ li³³ nu⁵⁵ mɔ³¹ ȵi³¹.
　　　 因为　　我 很 累 PRT　我 一点儿 去 想 不 想
　　　 因为我实在太累了，所以一点都不想去。

(1381) ku²¹tsu³¹ vu³¹tu³¹ tɔ³³ pha⁵⁵ pha³³ khɯ⁵⁵ja⁵³, tɕo⁵⁵ pɛ³³ta³¹lu⁵⁵ mo⁵⁵
　　　 山　头　　LOC 如果 爬 到 PRT　就 妖怪潭 见

―――――――――――

① tɕi⁵⁵ "就"，是新平汉语方言。

ka³¹ a⁵³.

能 PRT

只要能爬到山顶就能看到妖怪潭。

（1382）kuaŋ³¹ ji⁵⁵ xa³³ mɔ³¹ xa³³, pha³³ vu⁵⁵ zɔ³³ tɕi⁵⁵ mɤ³¹ a⁵³.

管 它贵不贵 如果买得就好 PRT

管它贵不贵，买得就好。

（1383）pu⁵⁵kuaŋ³¹ ti⁵⁵ kɯ³³ sei¹³ kɯ³³, zɔ³¹ ku³¹tsu³¹tɔ³³ mo³¹ti⁵⁵

不管 种 NOM 收 NOM 儿子山 LOC 活计

wo⁵⁵ ti³³, wa³³ mo³¹ ji⁵⁵xo⁵⁵ tɔ³³ mo³¹ wo⁵⁵ mo³¹ ti⁵⁵.

做 PRT 他 妈 家 LOC 活计 做 要 PRT

不管收种，儿子在山上做活，母亲要做家里的活。

上面例句虽然使用了汉语连词，一些使用汉语连词的小句还使用了汉语语序，但其他部分仍保持本族语语序。

第三，差比句中借用了汉语差比标记"比"，但还同时使用窝尼话中原来的标记 ta³³ 或 ta³³… tɕi³¹，两种标记共用。例如：

（1384）li³¹tsʅ³³ ta³³ pha³³ pi³¹ ja⁵³, sin³¹ mɔ⁵⁵ tshʅ⁵⁵ ti⁵⁵.

李子 上 如果 比 PRT 桃子 那 甜 PRT

比起李子来，桃子甜一些。

（1385）a³¹pi⁵⁵ ta³³ pha³³ pi³¹ ja⁵³, xa³³ mɔ⁵⁵ tsho³¹ tu¹³ tshuaŋ⁵⁵ ti⁵⁵.

鸭子 上 如果 比 PRT 鸡 那 跑 很 快 PRT

比起鸭子来，鸡跑得快一些。

借用"比"的句式发生了一些变化，如比较主体、比较标记、比较基准和比较结果分别置于两个小句中，比较要素的语序为"比较基准＋比较标记，比较主体＋比较结果（形容词）"，不再是 SOV 语言差比句"比较主体＋比较基准＋比较标记＋比较结果"的结构。

第九章

哈尼语的分类与窝尼话的方言地位

目前学界认为，哈尼语属于汉藏语系藏缅语族彝语支。

哈尼族在元、明、清时期就已经有比较多的支系，"出现过'和泥、瀚泥蛮、斡泥、碧约、布都、窝泥、白窝泥、黑窝泥、补孔、哦怒、哈尼'等支系称谓"①。新中国成立后，将其对外统称为哈尼族，在民族内部，则以不同的支系名称自称。哈尼语的方言差别与哈尼族不同的自称有着密切的联系。"自称哈尼和雅尼的说哈雅方言，自称碧约和卡多的说碧卡方言，自称豪尼和白宏的说豪白方言。"② 江荻指出："哈尼语是一种方言差别较大的语言，通常分为哈雅方言、碧卡方言和豪白方言。"③戴庆厦、段贶乐论述了哈尼语方言划分的根据："哈雅方言是哈尼、雅尼支系说的话；碧卡方言是碧约、卡多、峨怒等支系说的话；豪白方言是豪尼、白宏支系说的话。……哈尼语方言的差异，以词汇为最明显，语音次之，语法差异较小，所以划分哈尼语方言以词汇、语音的异同为主要标准，同时参考语法的异同"。④每一种方言之下，还分为次方言，次方言之下再分出土语。如哈雅方言分为哈尼次方言和雅尼次方言；哈尼次方言之下有绿春大寨哈尼土语、元阳麻栗寨哈尼土语、金平马鹿塘哈尼土语、红河甲寅哈尼土语和红河浪杂哈尼土语等。雅尼次方言之下有西双版纳格朗和雅尼土语、澜沧那多雅尼土语等。碧卡方言分为墨江菜园碧约土语、墨江民兴卡多土语、墨江雅邑大寨峨怒土语。豪白方言分为墨江水癸豪尼土语和墨江

---

① 戴庆厦等：《西摩洛语研究》，民族出版社，2009，第3页。

② 李永燧、王尔松编著《哈尼语简志》，民族出版社，1986，第2页。

③ 江荻：《汉藏语言演化的历史音变模型——历史语言学的理论和方法探索》，民族出版社，2002，第365页。

④ 戴庆厦、段贶乐编著《哈尼语概论》，云南民族出版社，1995，第175页。

坝利白宏土语。

哈尼人在迁移过程中，落脚于不同地方，或因社会分化，或因地理隔绝，或因与不同族群的人接触，语言内部必然会产生差异。使用同一方言的土语之间语音、词汇差别不大，但与属于其他方言的土语相比，存在很大差异。

李永燧、王尔松①认为方言差别主要表现在语音上。哈雅方言与其他两种方言可分为两种类型。哈雅方言属于一种类型，其主要特征是塞音、塞擦音和擦音都分清浊，元音各分松紧，送气的清塞音和清塞擦音只与松元音结合，不与紧元音结合，有圆唇元音 ø。豪白方言和碧卡方言为另一种类型，其主要特征是只有擦音分清浊，塞音和塞擦音没有浊音，有些元音只有松的，没有紧的，送气的清塞音和清擦音不仅与松元音结合，还能与紧元音结合，一般没有圆唇元音 ø。

不同方言之间除了语音上存在明显差别，词汇上也有很大差异。戴庆厦、段贶乐认为："哈尼语方言的差异，以词汇为最明显，语音次之，语法差异较小，所以划分哈尼语方言以词汇、语音的异同为主要标准，同时参考语法的异同。"②

目前对哈尼语方言的分类显示，使用哈雅方言的哈尼人主要生活在红河一带，使用碧卡方言和豪白方言的主要生活在墨江一带。窝尼人主要生活在玉溪市峨山县和与峨山相近的新平县亚尼村委会，离墨江县城 150 多公里，离金平县 350 多公里。由于社会历史变迁，族群杂居等因素，生活在不同地区哈尼族人的语言发展途径可能不同。此外，各方言的发展程度不同，有的发展快，有的发展慢。发展慢的，古语的特征保持得多。发展快的，古语的特征就保持得少，但能体现出通过语言接触产生的特点。新平县的窝尼人仅有勒达、岔河两村，200 多人口，长期处于其他族群的包围之中，其语言的发展如何？有什么特点？属于哪一种方言？下面从语音和词汇方面，将窝尼话与不同方言的代表点进行共时对比，以期发现更多特点，确定其方言地位。

与窝尼话进行比较的不同方言点语音和词汇材料，主要来自李永燧和

---

① 李永燧、王尔松编著《哈尼语简志》，民族出版社，1986，第 3 页。
② 戴庆厦、段贶乐编著《哈尼语概论》，云南民族出版社，1995，第 175 页。

王尔松《哈尼语简志》和戴庆厦、段贶乐所编著的《哈尼语概论》。用于 Swadesh 的 100 个核心词汇表，与窝尼话进行比较的词汇来源于《哈尼语简志》附录词汇表中绿春大寨、格朗和、菜园和水癸四个方言点。方言点音系、语音对应的部分词汇来源于戴庆厦、段贶乐《哈尼语概论》。

一　与哈雅方言比较

哈雅方言分为哈尼次方言和雅尼次方言。其语音特点是：① 声母比较丰富，数量多。② 塞音、塞擦音、擦音声母分清浊两套，有的土语边音也分清浊。③ 松紧元音对立严整，每个松元音都有与之相配的紧元音。④ 语音上受汉语影响较小，其程度不及另两个方言。只有少数土语随着汉语借词新增了一个声调和几个复元音韵母，但不甚稳定。[1]下文从音位系统、词汇、语音对应三个方面对哈雅方言代表点和新平窝尼话进行比较。

（一）语音比较

1. 声母系统比较

与哈雅方言的比较以绿春大寨话为代表点。绿春大寨话的语音系统[2]和新平勒达窝尼话的声母系统如表 9 - 1 所示。

表 9 - 1　绿春大寨哈尼话与新平勒达窝尼话声母系统对比表

绿春大寨哈尼话声母系统						新平勒达窝尼话声母系统					
p	ph	b	m	f		p	ph		m	f	v	w
pj	phj	bj	mj								
ts	tsh	dz	s	z		ts	tsh	s	z			
t	th	d	n	l		t	th	n	l	ɬ		
tɕ	tɕh	dʑ	ȵ	ç	j	tɕ	tɕh	ȵ	ç	j		
						tʂ	tʂh	ʂ	ʐ			
k	kh	g	ŋ	x	ɣ	k	kh	ŋ	h	ɣ		

---

① 戴庆厦、段贶乐编著《哈尼语概论》，云南民族出版社，1995，第 176 ~ 177 页。
② 绿春大寨话的音系引自李永燧、王尔松编著《哈尼语简志》，民族出版社，1986，第 3 ~ 6 页。

以表 9-1 声母系统表来看，大寨话的声母共有 31 个。f 只出现在汉语借词上。不送气的 p、pj、t、k、ts、tɕ 只接紧元音，不接松元音；送气的 ph、phj、th、kh、tsh、tɕh 只接松元音，不接紧元音，两者以松紧元音为条件而互补。

窝尼话中有 29 个声母，其中 n、ŋ 还可作为韵尾使用。

窝尼话的声母主要有以下几个特点：①没有浊的塞音、塞擦音。②有卷舌音 tʂ、tʂh、ʂ、ʐ。③有清擦音 ɬ。④由于使用大量汉语借词，增加了许多复合元音韵母和带鼻音尾韵母。⑤没有腭化声母。

从以上窝尼话与绿春大寨话语音系统的比较来看，绿春大寨话的声母塞音、塞擦音分清浊两套；双唇音分颚化和非颚化两套。窝尼话中塞音、塞擦音只有清音一套，没有浊音；双唇音没有对应的颚化音。绿春大寨话中 f 只出现在汉语借词中，在窝尼话中，既出现在汉语借词中，也出现在本族语词中。大寨话中有舌根浊音 ɣ，窝尼话中 ɣ 使用频率较低，在一些人的读音中已经消失。此外，窝尼话中出现了大寨话中没有的清边音 ɬ、卷舌音 tʂ、tʂh、ʂ、ʐ 和近音 w。

2. 韵母系统比较

绿春大寨哈尼话的单元音具有严整的松紧对立，但二合元音的数量较少。新平勒达窝尼话的韵母系统中已完全没有紧元音（见表 9-2）。

表 9-2　绿春大寨哈尼话与新平勒达窝尼话韵母系统对比表

绿春大寨哈尼话韵母系统	新平勒达窝尼话韵母系统
i ø ø e a ɔ o ʊ ɯ ɯ ʅ ɿ	i e ɜ a ɔ o ʊ ɯ ɯ ʅ ɿ
i̠ ø̠ e̠ a̠ ɔ̠ o̠ ʊ̠ ɤ ɯ̠ ʅ̠ ɿ̠	ai ɛi ui ɜu cɔ ia　　ua　　iu iɛ ua
ie ia ɔi ɤi ue au ua	aŋ　ɔŋ oŋ iŋ n ŋ　un
	uaŋ　iau uai uaŋ

如表 9-2 所示，绿春大寨话的韵母有 26 个，其中单元音韵母 20 个，复元音韵母 6 个。复元音韵母只出现在汉语借词上。窝尼话中有 31 个元音（ʅ、ɿ 没有归并到 i），其中单元音韵母 11 个；二合元音韵母 9 个；三合元音韵母 5 个，但只出现在汉语借词中。带鼻韵尾韵母 6 个。

比较两种方言韵母系统可以看出，大寨话中的 10 个单元音韵母均有相对应的紧元音。窝尼话中有 11 个单元音韵母，但没有相对应的紧元音，其中包括两个舌尖元音 ɿ 和 ʅ，以及前元音 ɛ，没有大寨话中的 ø。大寨话中 6 个复元音韵母只出现在汉语借词上。窝尼话中有 9 个双元音韵母，有的既出现在汉语借词上，也出现在本族语词汇上。三元音韵母只出现在汉语借词上。大寨话中没有带韵尾的词汇，窝尼话中有 6 个带韵尾音位，既出现在汉语借词上，也出现在本族语词汇上，但在语流中为鼻化或消失。

从声调上来看，大寨话中有 4 个声调：55、33、31 和 24 调。24 调主要出现在现代汉语借词上。窝尼话中有 5 个声调：55、33、31、53 和 13 调。53 调主要出现在语气助词上，13 调主要出现在语流中发生变调的词语上。可以看出，两种方言中的核心声调都是 55、33 和 31 调，高降调或低升调是语言接触或连读变调产生的。

（二）词汇比较

通过词汇比较，可以解释亲属语言间音位不同的原因。

比较绿春大寨哈尼话和窝尼话 100 个核心词汇，发现同源词有 61 个，异源词有 39 个。同源词之间语音上具有对应关系（见表 9 - 3）。

表 9 - 3　绿春大寨话和新平勒达窝尼话同源词汇表

序号	汉语	大寨（哈尼）	勒达（窝尼）	序号	汉语	大寨（哈尼）	勒达（窝尼）
1	我	$ŋa^{55}$	$ŋɔ^{55}$	14	狗	$a^{31}khɯ^{31}$	$khɣ^{31}$
2	你	no^{55}	nu^{55}	15	虱子	se^{55}	$çi^{55}$
3	谁	$a^{31}so^{55}$	$a^{31}çi^{55}$	16	肉	sa^{31}	sa^{31}
4	不	ma^{31}	$mɔ^{31}$	17	血	$sɿ^{31}$	$sɿ^{31}ȵi^{55}$
5	多	mja^{31}	$mɔ^{31}$	18	骨头	$sa^{31}jø^{31}$	$sɔ^{31}zi^{31}$
6	一	$tɕhi^{31}$	thi^{31}	19	油	$tshi^{55}$	$tshi^{55}$
7	二	$ȵi^{31}$	$ȵi^{31}$	20	尾	$dɔ^{31}mi^{31}$	$to^{31}mɛ^{31}$
8	大	$xɯ^{31}$	$xɣ^{31}$	21	头发	$tshe^{55}khɔ^{55}$	$tɕhi^{55}kho^{55}$
9	长	mo^{55}	mo^{55}	22	头	$u^{31}du^{31}$	$vu^{31}tu^{31}$
10	小	$ȵi^{55}$	$ȵi^{55}$	23	耳朵	$na^{31}bo^{55}$	$na^{31}pu^{55}$
11	女人	$za^{31}mi^{31}$	$zɔ^{31}mi^{55}zɔ^{31}$	24	眼睛	mja^{33}	$ma^{33}tsi^{33}$
12	男人	$za^{31}jo^{33}$	$zɔ^{31}ɔ^{55}zɔ^{31}$	25	鼻子	$na^{55}me^{55}$	$nɛ^{55}mɛ^{55}$
13	人	$tsho^{55}$	$tsho^{55}$	26	牙齿	$sɣ^{31}$	$sɿ^{31}tsɿ^{55}$

续表

序号	汉语	大寨（哈尼）	勒达（窝尼）	序号	汉语	大寨（哈尼）	勒达（窝尼）
27	指甲	la̱³¹ sɔ³¹	la³¹ sɯ³¹	45	太阳	nɔ⁵⁵ ma³³	lo⁵⁵ mɔ³³
28	脚	a³¹ khɤ⁵⁵	a⁵⁵ khɯ⁵⁵	46	月亮	ba³³ la³³	pɔ³³ ɬɔ³³
29	手	a³¹ la̱³¹	la³¹ la³¹	47	水	u⁵⁵ tɕu³¹	i⁵⁵ tshu³¹
30	乳房	a³¹ tɕhu⁵⁵	a⁵⁵ tsu³³	48	火	mi³¹ dza³¹	mi³¹ tsa³¹
31	心	nɯ³³ ma³³	nu³³ mɔ³³	49	草木灰	xa³¹ le⁵⁵	xɔ³¹ ɬi⁵⁵
32	喝	do⁵⁵	to⁵⁵	50	雷	ɔ³¹ dzi³¹	wo¹¹ tʂʅ³¹
33	吃	dza³¹	tsɔ³¹	51	山路	ga⁵⁵ ma³³	kɔ⁵⁵ mɔ³³
34	咬	ko̱³¹	kho³¹	52	红	ɳi⁵⁵	ɳi⁵⁵
35	看见	xu³³ mo⁵⁵	mo⁵⁵	53	黄	sʅ⁵⁵	sʅ⁵⁵
36	死	si⁵⁵	ɕi³¹；sʅ⁵⁵	54	白	phju⁵⁵	phu⁵⁵
37	杀	se̱³¹	ɕi⁵⁵	55	黑	na̱³³	na³³
38	飞	bjɔ⁵⁵	po⁵⁵	56	夜	ɔ³¹ tɕi³¹	vu³¹ tshi³³
39	走	zu³¹	zɯ³¹	57	冷	ga̱³³	ka³³
40	来	la⁵⁵；i̱³³	lɔ⁵⁵	58	满	bjɔ³³	po³³
41	推	de³¹	ti³¹	59	新	sʅ³¹	sɯ³¹
42	坐	dʐo⁵⁵	tso⁵⁵	60	好	mɯ³¹	mɣ³¹
43	站	ɕo̱³¹	xo³¹	61	干	gɯ³³	kɯ³³
44	给	bi̱³¹	pi³¹				

表9-3中绿春大寨哈尼话和勒达窝尼话61个同源词语都能一一对应，区别只在于哈尼话中双唇音有颚化，窝尼话中没有；哈尼话中的浊音对应窝尼话中的清音；哈尼话中的清音对应窝尼话中的送气音；哈尼话中的韵母a对应窝尼话中韵母ɔ等。

1. 哈尼话中的双唇颚化音对应窝尼话中的非颚化双唇音。例如：

汉义	绿春哈尼话	新平窝尼话	汉义	绿春哈尼话	新平窝尼话
多	mja³¹	mɔ³¹	飞	bjɔ⁵⁵	po⁵⁵
放	phje³¹	phi³¹	轻	phja⁵⁵	phɔ⁵⁵
猴子	a⁵⁵ mju³¹	a⁵⁵ mu³¹	脸	mja̱³³ phø³¹	ma³³ phu³¹
舔	mjɤ̱³¹	mɯ³¹	遗失	bja⁵⁵	pa⁵⁵

2. 哈尼话中的浊音对应窝尼话中的清音。例如：

汉义	绿春哈尼话	新平窝尼话	汉义	绿春哈尼话	新平窝尼话
坐	dʐo⁵⁵	tso⁵⁵	怕	gu³³	ku³³
冷	ga̠³³	ka³³	分	bi⁵⁵	pi⁵⁵
打	di³¹	ti⁵⁵	使，让	bi³³	pi³³
吃	dza³¹	tsɔ³¹	钝	dɔ³¹	to³¹
炒	lu⁵⁵	ɬu⁵⁵	蛆	lu̠³³ thɔ³¹	ɬu⁵⁵ thu³¹
剥	lɤ̠³¹	ɬɯ³¹	脱	le̠³³	ɬi³³
晒	lo̠³¹	ɬo³¹	薄	ba³¹	pɔ³¹
骑	dʐʅ³¹	tsʅ³¹	初一	da̠³³ ti̠³¹	ta³³ thi³¹
抬	ba̠³¹	pa³¹	砍	dɤ̠³³	tɤ³³
出去	du̠³³	tu³³	浸泡	duɯ̠³³	tɤ³³
腐烂	bu̠³¹	pu³¹	痒	dzʅ³³	tsʅ³³
有	dza̠³³	tsa³³	装	do̠³³	to³³
打雷	ɔ³¹dʐi³¹ dʐi³¹	wo³¹tʂʅ³¹ tʂʅ³¹	裂开	be̠³¹	pɛ³¹

3. 哈尼话中的清塞音、清塞擦音对应窝尼话中的送气音。例如：

汉义	绿春哈尼话	新平窝尼话	汉义	绿春哈尼话	新平窝尼话
（刀）快	ta³³	tha³³	煮	tɕa̠³¹	tsha³³
锄	tɕu³³	tshu³³	梳（头）	ka̠³³	kha³³
咬	ko̠	kho³¹	呕吐	pe̠³¹	phɛ³¹
六	ku̠³¹	khu³¹	凉	tse³¹	sɤ³³
驮	tɕe̠³³	tɕhi³³	半	pa̠³³	pha³³
烧	puɯ³³	phɤ³³	叶子	a⁵⁵pa̠³¹	xa³³pha³¹la³¹
弓	ka̠³³tɤ³³	kha³³puɯ³³	绳子	a⁵⁵tsa̠³³	tsha³³khɯ³³
箭	ka̠³³mja³¹	kha³³thi³¹	踢	te³³	thi⁵⁵
跪	tu⁵⁵	thu³³	耙	ka̠³³	kha³³
断	tse̠³³	tɕhi³³	会	tɕi̠³¹	tshi³¹
上面	a³¹ta̠³³	a³¹tha¹³	山羊	a³¹tsi̠³¹	a⁵⁵tshʅ³¹
肺	po̠³¹	sa³¹pho³¹	村寨	pu̠³³kha³¹	phu³³

4. 哈尼话中的边音 l 在窝尼话中对应 l 或 ɬ。例如：

1）与 l 对应。

汉义	绿春哈尼话	新平窝尼话	汉义	绿春哈尼话	新平窝尼话
河	lo⁵⁵ba³¹	lo⁵⁵mɔ³³	池塘	lu³³du³¹	ta³¹lu⁵⁵
棉花	sa³¹la³¹	sɔ³¹lɔ³¹	指甲	la³¹sɔ³¹	la³¹sɯ³¹
袖子	la³¹bɔ³¹	la³¹tu³¹	卷	lṳ³³	lɯ³³
来	la⁵⁵	lɔ⁵⁵	滚	lɯ³¹	lɯ³¹
慢	lɤ³³	lo³³	庹	lɔ⁵⁵	lo⁵⁵

2）与 ɬ 对应。

汉义	绿春哈尼话	新平窝尼话	汉义	绿春哈尼话	新平窝尼话
月亮	ba³³la³³	pɔ³³ɬɔ³³	兔子	tho³¹la³¹	tho³¹ɬa³³
老虎	xa³¹la³¹	xɔ³¹ɬɔ³¹	蛇	o⁵⁵lo⁵⁵	ɯ⁵⁵ɬo⁵⁵
蛆	lṳ³³tho³¹	ɬu³³thu³¹	坟墓	lu³¹bɔ⁵⁵	ɬɯ³¹pu⁵⁵
裤子	la³¹tshø³¹	ɬɔ³¹po³¹	草木灰	xa³¹le⁵⁵	xɔ³¹ɬi⁵⁵
炒	lu⁵⁵	ɬu⁵⁵	剥	lɤ̠³¹	ɬɯ³¹

5. 哈尼话中的的紧元音在窝尼话中为松元音，部分声母为送气音。例如：

汉义	绿春哈尼话	新平窝尼话	汉义	绿春哈尼话	新平窝尼话
煮	tɕa̠³¹	tsha³³	锄	tɕṳ³³	tshu³³
梳（头）	ka̠³³	kha³³	咬	ko̠³¹	ko³¹
六	ku̠³¹	khu³¹	凉	tse̠³¹	sɤ³³
半	pa̠³³	pha³³	跪	tṳ⁵⁵	thu³³
烧	pɯ̠³³	phɤ³³	砌	dzʅ³¹	tshi⁵⁵

但有的声母并没有变化，只是紧元音变为松元音。例如：

汉义	绿春哈尼话	新平窝尼话	汉义	绿春哈尼话	新平窝尼话
怕	gṳ³³	ku³³	冷	ga̠³³	ka³³
摸	so̠³³	so³³	抬	ba³¹	pa³¹
阉	so̠³¹	so³¹	卷起	lṳ³³	lɯ³³
浸泡	dṳ³³	tɤ³³	深	na̠³¹	na³¹
暗	na̠³³	na³³	七	sʅ³¹	sʅ³¹

6. 哈尼话中的的紧元音 e̠ 在窝尼话中变为高元音 i。例如：

汉义	绿春哈尼话	新平窝尼话	汉义	绿春哈尼话	新平窝尼话
鬼	$ne̠^{31}xa^{31}$	$ȵi^{31}xɔ^{31}$	捉	$ȵe^{31}$	$ȵi^{33}$
踢	$te̠^{33}$	thi^{55}	脱	$le̠^{33}$	$ɬi^{33}$
饿	$me̠^{31}$	mi^{31}	断	$tse̠^{33}$	$tɕhi^{33}$

7. 哈尼话中的部分 ç 对应窝尼话中的 x。例如：

汉义	绿春哈尼话	新平窝尼话	汉义	绿春哈尼话	新平窝尼话
八	$çe̠^{31}$	xi^{31}	站	$ço̠^{31}$	xo^{31}

8. 哈尼话中的 x 与部分 u 或 ɔ 相拼时对应窝尼话中的 f。例如：

汉义	绿春哈尼话	新平窝尼话	汉义	绿春哈尼话	新平窝尼话
年	$xu̠^{31}$	fu^{31}	老鼠	$xu^{33}tsa^{31}$	$fu^{33}tsha^{31}$
还	$bi̠^{31}xu̠^{31}$	$pi^{33}fu^{31}$	菌子	$xɔ^{55}lu^{55}$	$fu^{55}nu^{55}$

9. 哈尼话中的 ɣ 与窝尼话中的 k 对应，少数与 w、z、v 等对应。例如：

汉义	绿春哈尼话	新平窝尼话	汉义	绿春哈尼话	新平窝尼话
回（去）	$ɣu̠^{31}$	ku^{31}	摆（手）	$ɣɤ^{33}$	$kɯ^{33}$
针	$a^{31}ɣo̠^{31}$	ko^{31}	力气	$ɣa^{31}xa^{33}$	$ka^{31}xa^{33}$
个	$ɣa^{31}$	$kɔ^{31}$	拾	$ɣu^{33}$	ku^{33}
高兴	$ɣø^{55}$	$kɛ^{55}$	九	$ɣø^{31}$	$kɛ^{31}$
户	$ɣo̠^{31}$	wo^{33}	簸	$ɣa^{55}$	$zɔ^{55}$

10. 哈尼话中的部分 a 窝尼话中的 ɔ 对应。例如：

汉义	绿春哈尼话	新平窝尼话	汉义	绿春哈尼话	新平窝尼话
我	$ŋa^{55}$	$ŋɔ^{55}$	不	ma^{31}	$mɔ^{31}$
吃	dza^{31}	$tsɔ^{31}$	来	la^{55}	$lɔ^{55}$
月亮	$ba^{33}la^{33}$	$pɔ^{33}ɬɔ^{33}$	草木灰	$xa^{31}le^{55}$	$xɔ^{31}ɬi^{55}$
山路	$ga^{55}ma^{33}$	$kɔ^{55}mɔ^{33}$	五	$ŋa̠^{31}$	$ŋɔ^{31}$

二 与碧卡方言比较

使用碧卡方言的主要是自称 $pi^{31}zo^{31}$ “碧约” $kha^{31}tu^{55}$ “卡多”、$ŋo^{31}nv^{31}$ “哦怒”等支系的哈尼族。在语音上，碧卡方言有以下几个特点：① 没有浊的塞音、塞擦音声母。② 松紧元音对应不严整，个别紧元音已转化为松元音。③ 随着汉语借词的大量借入，增加了许多复合元音韵母和带鼻音尾韵母。[①] 碧卡方言有三个土语，颚化声母在这三个土语中发展不平衡。例如卡多话有 pj、phj、mj 三个颚化声母，碧约话 pj、mj，哦努话已全部消失。下面以墨江菜园乡碧约话音系[②]为例，与勒达窝尼话进行语音、词汇上的比较。

（一）语音比较

1. 声母系统比较

墨江菜园乡碧约话的声母数量比新平窝尼话的少一些，颚化声母比绿春大寨哈尼话少（见表 9 – 4）。

表 9 – 4　墨江菜园乡碧约话与新平勒达窝尼话声母系统比较表

墨江菜园乡碧约话声母系统					新平勒达窝尼话声母系统					
p	ph	m	f	v	p	ph	m	f	v	w
pj	mj									
t	th	n	l		t	th	n	l	ɬ	
ts	tsh	s	z		ts	tsh	s	z		
tɕ	tɕh	ȵ	ç	ʑ	tɕ	tɕh	ȵ	ç	j	
					tʂ	tʂh	ʂ	ʐ		
k	kh	ŋ	x		k	kh	ŋ	x	ɣ	

以上音系中，墨江菜园乡碧约话辅音声母 24 个，其中舌面音 tɕ、tɕh、ȵ、ç、ʑ 只与 i、e 或以 i、e 开头的韵母结合。

菜园乡碧约话与勒达窝尼话声母相比，相同之处在于两种语言中塞音和塞擦音都没有浊音，以及舌面音 tɕ、tɕh、ȵ、ç 只与 i、e 开头的韵母结合。不同之处在于，碧约话中存在双唇颚化音 pj、mj，窝尼话中则只见于 xɔ³³mi⁵⁵zɔ³¹ "妻子" 连读时读为 xɔ³³miɔ⁵³，piu⁵³ "蛋" 二词中有颚化现象，其他的均出现在汉语借词中。此外，窝尼话中有 tʂ、tʂh、ʂ、ʐ，碧约话中没有。

---

① 戴庆厦、段贶乐编著《哈尼语概论》，云南民族出版社，1995，第 193 页。
② 戴庆厦、段贶乐编著《哈尼语概论》，云南民族出版社，1995，第 193 页。

2. 韵母系统比较

墨江碧约话和新平窝尼话的元音系统存在较大差别（见表 9-5）。

表 9-5　墨江菜园乡碧约话与新平勒达窝尼话元音系统比较表

墨江菜园乡碧约话韵母系统										新平勒达窝尼话韵母系统										
i	e	ə	a	ɔ	u	ɣ	ʅ	ɿ	v	i	e	ɛ	a	ɔ	o	u	ɣ	ɯ	ʅ	ɿ
i̠	e̠	ə̠	a̠	ɔ̠	u̠	ɣ̠	ʅ̠	ɿ̠	y	ai	ei	ui	ɜu	cu		au		iu	iɛ	ua
i̠ŋ	ə̠ŋ	a̠ŋ	u̠ŋ	ɣŋ	ɿ̠ŋ	uan				aŋ	oŋ	ɛŋ	oɜ		in	un				
ui	ua	iu	ia	au	ɣu	iau	uai			iaŋ		iau	iɛŋ	uai	uaŋ					

墨江菜园乡碧约话有元音韵母 32 个。单元音韵母 9 个，均有相应的紧音，没有 o 音位。其中复合元音韵母和带鼻音韵母大多出现在借词中。

窝尼话中 11 个单元音，紧元音全部消失，出现新的音位 ɛ。二合元音主要出现在汉语借词中，但也出现在少量本族语词中。三合元音只出现在汉语借词中。

声调方面，碧约话有 4 个声调：55、33、31、35 调。35 调只能表示语法意义，但大多出现在借词中。在少数语气助词和带 uŋ 韵母的词中还出现高降调 53。窝尼话与碧约话声调的相同之处在于，均有高平调 55，中平调 33，低降调 31，升调 13，以及在两种语言中都主要出现在语气助词上的 53 调。

（二）词汇比较

使用 Swadesh 100 个核心词汇表，对菜园乡碧约话和勒达窝尼话的词汇进行对比（见表 9-6）。

表 9-6　菜园乡碧约话和勒达窝尼话 100 个核心词汇同源词表

序号	汉语	菜园（碧约）	勒达（窝尼）	序号	汉语	菜园（碧约）	勒达（窝尼）
1	我	ŋa^{55}	ŋɔ^{55}	5	不	ma^{31}	mɔ^{31}
2	你	nɣ^{55}	nu^{55}	6	多	mɔ^{31}	mɔ^{31}
3	我们	ŋɔ^{31}ɣ^{33}	ŋɔ^{33}xɣ^{55}	7	一	thɣ^{31}	thi^{31}
4	谁	ɔ^{31}sɣ^{55}	a^{31}çi^{55}	8	二	ne̠^{31}	ȵi̠^{31}
9	大	xɣ^{31}	xɣ^{31}	37	喝	tu^{55}	to^{55}

续表

序号	汉语	菜园 （碧约）	勒达 （窝尼）	序号	汉语	菜园 （碧约）	勒达 （窝尼）
10	长	mu⁵⁵	mo⁵⁵	38	吃	tsɔ³¹	tsɔ³¹
11	小	ȵi⁵⁵；nɤ⁵⁵	ȵi⁵⁵	39	看见	mu⁵⁵sɤ³³	mo⁵⁵
12	女人	jɔ³¹mi³¹	zɔ³¹mi⁵⁵zɔ³¹	40	睡觉	ji³³tsa̱³³	ji³¹tsa³³
13	人	tshu⁵⁵	tsho⁵⁵	41	死	sɿ⁵⁵	ɕi³¹
14	鱼	ʋɔ³¹sɔ³¹	ʋɔ³¹sɔ³¹	42	杀	sɿ̱³¹	ɕi⁵⁵
15	鸟	ŋa̱³³jɔ³¹	ŋa³³za³¹	43	飞	pe⁵⁵	po⁵⁵
16	狗	khɤ³¹	khɤ³¹	44	走	ju³¹	zɯ³¹
17	树	sɿ³³tsɿ⁵⁵	sɯ³³tso⁵⁵	45	来	la⁵⁵；lɤ³³	lɔ⁵⁵
18	树叶	a³¹pha³¹	xa³³pha³¹la³¹	46	给	pi³¹	pi³¹
19	肉	sɔ³¹	sa³¹	47	太阳	ȵi⁵⁵mɔ³³	lo⁵⁵mɔ³³
20	血	ɔ³¹ɕi³¹	sɿ³¹ȵi⁵⁵	48	月亮	po³³lɔ³³	po³³ɬɔ³³
21	骨头	ɔ̱³¹ji³¹	sɔ³¹zi³¹	49	水	ɤ̱⁵⁵tʃhɤ̱³¹	i⁵⁵tshu³¹
22	油	ɔ³¹tshɤ̱⁵⁵	tshi⁵⁵	50	雨	ɔ³¹xu⁵⁵	ɔ⁵⁵xo⁵⁵
23	蛋	ɤ̱³³	piu⁵³	51	石头	lɤ̱³³mɔ³³	ɬɔ³³mɔ³³
24	（犄）角	ɤ³¹tɕhi⁵⁵	vu³¹tshɿ⁵⁵	52	火	mi³¹tsɔ³¹	mi³¹tsa³¹
25	尾	tɔ³¹mi³¹	to³¹mɛ³¹	53	雷	tʃhɤ̱³¹	wo³¹tsɿ³¹
26	（头）发	tshe⁵⁵khɤ⁵⁵	tɕhi⁵⁵kho⁵⁵	54	山路	ja⁵⁵mɔ³³	kɔ⁵⁵mɔ³³
27	头	ɤ³¹khe³¹	vu³¹tu³¹	55	红	nɤ⁵⁵	ȵi⁵⁵
28	耳朵	nɔ³¹pu⁵⁵	na³¹pu⁵⁵	56	绿	ȵi⁵⁵	ȵi⁵⁵tsha³¹lɯ³¹
29	眼睛	ma̱³³tsɿ³³	ma³³tsi³³	57	黄	sɿ³³	sɿ⁵⁵
30	鼻子	na⁵⁵me⁵⁵	nɛ⁵⁵mɛ⁵⁵	58	白	phɤ⁵⁵	phu⁵⁵
31	牙齿	ɔ³¹tsɿ⁵⁵	sɿ³¹tsɿ⁵⁵	59	黑	na³³	na³³
32	舌	a³¹la⁵⁵	ɔ³¹ɬɔ⁵⁵	60	满	pɤ³³	po³³
33	指甲	la̱³¹sɿ³¹	la³¹sɯ³¹	61	新	a³¹sɿ³¹	sɯ³¹
34	脸	ma³³phɤ³¹	ma³³phu³¹	62	好	m ʑ³³	mɤ³¹
35	手	a³¹la̱³¹	la³¹la³¹	63	干	kɤ³³	kɯ³³
36	心	nɤ³³mɔ³³	nu³³mɔ³³				

表 9 - 6 显示，菜园乡碧约话与勒达窝尼话的同源词有 63 个，异源词

有 37 个。在语音对应上，碧约话和窝尼话在一些声母、韵母上均能相互对应。下面仅举几例进行说明。

1. 声母对应

1）墨江碧约话中声母 s 与窝尼话中 ɕ 对应。例如：

汉义	墨江碧约话	新平窝尼话	汉义	墨江碧约话	新平窝尼话
谁	$ɔ^{31}sʐ̩^{55}$	$a^{31}ɕi^{55}$	死	$sʐ̩^{55}$	$ɕi^{31}$
杀	$sʐ̩^{31}$	$ɕi^{55}$			

2）碧约话中声母 j 与窝尼话中 z 对应。例如：

汉义	墨江碧约话	新平窝尼话	汉义	墨江碧约话	新平窝尼话
女人	$jɔ^{31}mi^{31}$	$zɔ^{31}mi^{55}zɔ^{31}$	鸟	$ŋa̱^{33}jɔ^{31}$	$ŋa^{33}za^{31}$
骨头	$ɔ^{31}ji^{31}$	$sɔ^{31}zi^{31}$	走	ju^{31}	$zɯ^{31}$

3）碧约话中声母 tsh 与窝尼话中的 tɕh 相对应。例如：

汉义	墨江碧约话	新平窝尼话	汉义	墨江碧约话	新平窝尼话
（犄）角	$ɣ̩^{31}tɕhi^{55}$	$vu^{31}tshʐ̩^{55}$	犁	$tshe^{31}$	$tɕhi^{31}$
（头）发	$tshe^{55}khɣ^{55}$	$tɕhi^{55}kho^{55}$			

4）碧约话中声母 l 与窝尼话中的清边音 ɬ 相对应。例如：

汉义	墨江碧约话	新平窝尼话	汉义	墨江碧约话	新平窝尼话
月亮	$pɔ^{33}lɔ^{33}$	$pɔ^{33}ɬɔ^{33}$	石头	$lɣ̱^{33}mɔ^{33}$	$ɬo^{33}mɔ^{33}$

2. 韵母对应

1）碧约话中韵母 u 与窝尼话中的 o 对应。例如：

汉义	墨江碧约话	新平窝尼话	汉义	墨江碧约话	新平窝尼话
长	mu^{55}	mo^{55}	人	$tshu^{55}$	$tsho^{55}$
喝	tu^{55}	to^{55}	看见	$mu^{55}sʐ̩^{33}$	mo^{55}
雨	$ɔ^{31}xu^{55}$	$ɔ^{55}xo^{55}$	在	tsu^{55}	tso^{55}

2）碧约话中韵母 ɔ 与窝尼话中的 a 对应。例如：

汉义	墨江碧约话	新平窝尼话	汉义	墨江碧约话	新平窝尼话
耳朵	$nɔ^{31}pu^{55}$	$na^{31}pu^{55}$	肉	$sɔ^{31}$	sa^{31}

3）碧约话中韵母 ʐ̩ 与窝尼话中的 ɯ 对应。例如：

汉义	墨江碧约话	新平窝尼话	汉义	墨江碧约话	新平窝尼话
指甲	$la^{31}sʐ̩^{31}$	$la^{31}sɯ^{31}$	新	$a^{31}sʐ̩^{31}$	$sɯ^{31}$

4）碧约话中韵母ɣ与窝尼话中的 u 对应。例如：

汉义	墨江碧约话	新平窝尼话	汉义	墨江碧约话	新平窝尼话
脸	ma̠^{33}phɣ^{31}	ma^{33}phu^{31}	心	nɣ^{33}mɔ^{33}	nu^{33}mɔ^{33}

5）碧约话中韵母ɣ̩与窝尼话中的 u 对应。例如：

汉义	墨江碧约话	新平窝尼话	汉义	墨江碧约话	新平窝尼话
银子	phɣ̩^{55}	phu^{55}	黄牛	mu^{55}nɣ̩^{31}	nu^{31}
猴子	a^{55}mɣ̩^{31}	a^{55}mu^{31}	老鼠	fɣ̩^{33}tsha̠^{31}	fu^{33}tsha^{31}
虫	pi^{31}tsɣ̩^{31}	pi^{31}tsu^{31}			

6）碧约话中韵母 i 与窝尼话中的 e 对应。例如：

汉义	墨江碧约话	新平窝尼话	汉义	墨江碧约话	新平窝尼话
地	me^{55}tshɔ^{31}	mi^{55}tsha^{31}	坝子	te^{33}mɔ^{33}	ti^{33}mɔ^{33}

7）碧约话中韵母ɣ与窝尼话中的 i 对应。例如：

汉义	墨江碧约话	新平窝尼话	汉义	墨江碧约话	新平窝尼话
一	thɣ^{31}	thi^{31}	野猪	va̠^{31}thɣ^{31}	va^{31}thi^{31}

三 与豪白方言比较

说豪白方言的主要是自称 xɔ^{31}ɲi^{31} "豪尼" 和 pɣ^{31}xɔ̃^{31} "白宏" 的哈尼族。豪白方言的特点是：① 没有浊的塞音、塞擦音。② 有舌叶音 tʃ、tʃh、ʃ、ʒ。③ 有清擦音 ɬ。④ 紧元音消失较多，松紧对立只保存在部分元音上。⑤ 随着汉语借词的大量借入，增加了许多复合元音韵母和带鼻音尾韵母。[①]下面以墨江水癸豪尼话[②]为代表，从语音和词汇上与窝尼话进行对比。

（一）语音对比

1. 声母系统对比

墨江水癸豪尼话与新平窝尼话的声母比较接近，只存在较小差别（见表9-7）。

---

① 戴庆厦、段贶乐编著《哈尼语概论》，云南民族出版社，1995，第207页。
② 墨江水癸豪尼话的音系引自戴庆厦、段贶乐编著《哈尼语概论》，云南民族出版社，1995，第207页。

表 9 – 7　墨江水癸豪尼话与新平亚尼勒达窝尼话辅音系统比较表

墨江水癸豪尼话声母系统					新平勒达窝尼话声母系统					
p	ph	m	f	v	p	ph	m	f	v	w
t	th	n	l	ɬ	t	th	n	l	ɬ	
ts	tsh	ŋ̩	s	z	ts	tsh	s	z		
tɕ	tɕh	ɕ	ʑ		tɕ	tɕh	ŋ̩	ɕ	j	
tʃ	tʃh	ʃ	ʒ		tʂ	tʂh	ʂ	ʐ		
k	kh	ŋ	x	ɣ	k	kh	ŋ	h	ɣ	

墨江水癸豪尼话有 28 个辅音声母。对比新平县勒达窝尼话与墨江县水癸豪尼话，有以下相同点：① 两种方言中声母塞音、塞擦音都只有一套清音，无对应浊音。② 都有清擦音 ɬ。③ 水癸豪尼话中有舌叶音 tʃ、tʃh、ʃ、ʒ，勒达窝尼话中有卷舌音 tʂ、tʂh、ʂ、ʐ。④ 韵母中都有舌尖音 ɿ。

不同点是水癸豪尼话声母中没有近音 j 和 w，有舌叶音 tʃ、tʃh、ʃ、ʒ，窝尼话中是卷舌音 tʂ、tʂh、ʂ、ʐ。

2. 韵母系统比较

墨江水癸豪尼话与新平窝尼话韵母系统单元音差别不大，但在二合元音及鼻韵尾方面有一些差别（见表 9 – 8）。

表 9 – 8　墨江水癸豪尼话与新平亚尼勒达窝尼话韵母系统比较表

墨江水癸豪尼话韵母系统															新平勒达窝尼话韵母系统											
ɿ	i	e	æ	a	ɔ	o	c	u	ɯ	ɣ	v				i	e	ɛ	a	ɔ	c	o	u	ɣ	ɯ	ʅ	ɿ
ɿ̱	i̱		ɜ̱								v̱				ai	ei	ui	ɜu	cu	au		iu	iɜ	ua		
ia	iɔ	io	iu	ua	ɜu	ui									aŋ		oŋ	ɜŋ	ŋŋ	iŋ	in	un				
ĩ	ẽ	ã	iẽ	iã	ɜ̃u		uã								iaŋ		iau	iɜŋ	uai	uaŋ						

水癸豪尼话中有 31 元音韵母。与新平窝尼话相比较，单元音比较相近。除豪尼话中有 æ 音位，窝尼话中有 ɛ 音位外，其余元音均相同。不同之处在于：① 水癸豪尼话韵母中还残存 4 个紧元音，勒达窝尼话中只有松元音。② 水癸豪尼话中二合元音由 i 与 a、ɔ、o、u 和 u 与 a、ɜ、i 组成，共 7 个；勒达窝尼话中有 ai、au、ei、ui、uɛ、uɔ、iu、iɛ 等 9 个。③ 水癸豪尼话中有 7 个鼻化元音，勒达窝尼话中有 n、ŋ 韵尾。

在声调方面，水癸豪尼话中有 4 个调：高平调 55，中平调 33，低降调

31 和高升调 35。勒达窝尼话除了水癸豪尼话中的高平调 55，中平调 33，低降调 31 外，还有低升调 13 和高降调 53，但 53 调使用的频率不高。

（二）词汇对比

对比水癸豪尼话和勒达窝尼话 100 个核心词，有以下同源词（见表 9-9）。

表 9-9　墨江水癸豪尼话和新平勒达窝尼话 100 个核心词中的同源词

序号	汉语	水癸（豪尼话）	勒达（窝尼话）	序号	汉语	水癸（豪尼话）	勒达（窝尼话）
1	我	$ŋɔ^{55}$	$ŋɔ^{55}$	24	尾	$tu^{31}mɛ^{31}$	$to^{31}mɛ^{31}$
2	你	$nɣ̩^{55}$	nu^{55}	25	头发	$tshɛ^{55}khu^{55}$	$tɕhi^{55}kho^{55}$
3	我们	$ŋɔ^{33}thi^{55}$	$ŋɔ^{33}xɤ̩^{55}$	26	头	$ɣ̩^{31}tɣ^{31}$	$vu^{31}tu^{31}$
4	谁	$ɔ^{31}sɣ̩^{55}$	$a^{31}ɕi^{55}$	27	耳朵	$nɔ^{31}pɣ^{55}$	$na^{31}pu^{55}$
5	不	$mɔ^{31}$	$mɔ^{31}$	28	眼睛	$ma^{33}tsi^{33}$	$ma^{33}tsi^{33}$
6	多	$mɔ^{31}$	$mɔ^{31}$	29	鼻子	$nɔ^{55}mɛ^{55}$	$nɛ^{55}mɛ^{55}$
7	一	thi^{31}	thi^{31}	30	舌	$ɔ^{31}lɔ^{55}$	$ɔ^{31}ɬɔ^{55}$
8	二	$ŋ̍i^{31}$	$ŋ̍i^{31}$	31	指甲	$la^{31}su^{31}$	$la^{31}sɯ^{31}$
9	大	$xɯ^{31}$	$xɤ^{31}$	32	脚	$ɔ^{31}khɯ^{55}$	$a^{55}khɯ^{55}$
10	长	mu^{55}	mo^{55}	33	脸	$pɔ^{31}pɔ^{31}$	$pɔ^{31}pɔ^{33}$
11	女人	$zɔ^{31}mi^{31}$	$zɔ^{31}mi^{55}zɔ^{31}$	34	手	$a^{31}la^{31}$	$la^{31}la^{31}$
12	男人	$za^{31}zɣ^{33}$	$zɔ^{31}zɔ^{55}zɔ^{31}$	35	肚子	$ɣu^{31}mɔ^{33}$	$wo^{31}mɔ^{33}$
13	人	$tshɣ̩^{55}ɔ^{31}$	$tsho^{55}$	36	乳房	$a^{55}tʃhɣ^{33}$	$a^{55}tsu^{33}$
14	鱼	$ŋɔ^{31}ʃɔ^{31}$	$ŋɔ^{31}sɔ^{31}$	37	心	$nɯ^{33}mɔ^{33}$	$nu^{33}mɔ^{33}$
15	狗	$ɔ^{31}khɯ^{31}$	$khɣ^{31}$	38	肝	$ɔ^{31}tshu^{31}$	$sa^{31}tsho^{31}$
16	种子	$ɔ^{55}ji^{31}$	$zu^{31}zi^{31}$	39	喝	$tɣ^{55}$	to^{55}
17	树叶	$pha^{31}l̩a^{31}$	$xa^{33}pha^{31}l̩a^{31}$	40	吃	$tsɔ^{31}$	$tsɔ^{31}$
18	肉	$ʃɔ^{31}$	sa^{31}	41	咬	kho^{31}	kho^{31}
19	血	$ʃɻ^{31}$	$sɻ^{31}ɳ̍i^{55}$	42	听见	$nɔ^{55}ɔ^{31}$	$kɔ^{33}xɔ^{31}$
20	骨头	$ʃɔ^{31}ji^{31}$	$sɔ^{31}zi^{31}$	43	睡觉	$ʒɣ^{31}$	$ji^{31}tsa^{33}$
21	油	$ʒɣ^{33}tshi^{55}$	$tshi^{55}$	44	死	$ʃɻ^{55}$	$ɕi^{31}$

续表

序号	汉语	水癸（豪尼）	勒达（窝尼）	序号	汉语	水癸（豪尼）	勒达（窝尼）
22	蛋	a^{55}ʋ̩^{33}	piu^{53}	45	杀	si^{31}	ɕi^{55}
23	(犄)角	ɣ̩^{31}tɕhi^{55}	vu^{31}tʂʅ^{55}	46	洗澡	tsʅ^{31}	ɯ^{55}tsʅ^{31}tsʅ^{31}ka^{33}
47	飞	pu^{55}	po^{55}	61	火	mi^{31}tsɔ^{31}	mi^{31}tsa^{31}
48	走	zʅ^{31}	zɯ^{31}	62	雷	u^{31}tʃʅ^{31}	wo^{31}tʂʅ^{31}
49	来	lɔ^{55}	lɔ^{55}	63	山路	kɔ^{55}mɔ^{33}	kɔ^{55}mɔ^{33}
50	推	tɛ^{31}	ti^{31}	64	山	kɣ̩^{31}tʃɣ̩^{31}	ku^{31}tsu^{31}
51	坐	tʃɣ̩^{55}	tso^{55}	65	红	ɲi^{55}	ɲi^{55}
52	给	pi^{31}	pi^{31}	66	黄	ʃɯ^{55}	sʅ^{55}
53	说	thu^{55}	thu^{55}	67	黑	na^{33}	na^{33}
54	太阳	nu^{55}mɔ^{33}	lo^{55}mɔ^{33}	68	夜	o^{31}tɕhi̠^{31}	vu^{31}tshi^{33}
55	月亮	pɔ^{33}lɔ̥^{33}	pɔ^{33}ɬɔ^{33}	69	冷	ka^{33}	ka^{33}
56	星星	pɛ^{31}kɯ^{55}	pi^{31}kɯ^{55}	70	满	pu^{33}	po^{33}
57	水	ɣ̩^{55}tʃhɣ̩^{31}	i^{55}tshu^{31}	71	新	ʃʅ^{31}	sɯ^{31}
58	石头	lu̥^{33}mɔ^{33}	ɬɔ^{33}mɔ^{33}	72	好	mu^{31}	mɣ^{31}
59	沙子	mu^{55}tʃhɛ^{55}	mɯ^{55}sɯ^{31}	73	干	kɯ^{33}	kɯ^{33}
60	云	u^{31}tu^{55}	wo^{31}to^{55}	74	名字	ʒu^{33}mu^{55}	zo^{33}mo^{55}

表9-9显示，水癸豪尼话和勒达窝尼话100个核心词中，同源词的数量达到74个，异源词的数量只有26个。同源词①的语音对应有规律可循，主要有以下几种。

1. 水癸豪尼话中的ɣ与勒达窝尼话中的u对应②。例如：

汉义	水癸豪尼话	新平窝尼话	汉义	水癸豪尼话	新平窝尼话
你	nɣ^{55}	nu^{55}	头	ɣ^{31}tɣ^{31}	vu^{31}tu^{31}
耳朵	nɔ^{31}pɣ^{55}	na^{31}pu^{55}	乳房	a^{55}tʃhɣ	a^{55}tsu^{33}
水	ɣ̩^{55}tʃhɣ̩^{31}	i^{55}tshu^{31}	山	kɣ^{31}tʃɣ̩^{31}	ku^{31}tsu^{31}

---

① 用于语音对比的水癸豪尼话来源于李永燧、王尔松编著《哈尼语简志》（民族出版社，1986）词汇附录。

② 窝尼话中的元音u，实际音质是ɣ，与豪尼话一致。

水井　　ɯ⁵⁵tɣ̍³¹　　　　ɯ⁵⁵tu³¹　　　　脑髓　ɣ³¹n̥ɣ̍³¹　　　vu³¹nɣ³¹

2. 水癸豪尼话中的ɣ与勒达窝尼话中的 o 对应。例如：

汉义	水癸豪尼话	新平窝尼话	汉义	水癸豪尼话	新平窝尼话
人	tshɣ̍⁵⁵ɔ³¹	tsho⁵⁵	喝	tɣ̍⁵⁵	to⁵⁵
坐	tʃɣ̍⁵⁵	tso⁵⁵			

3. 水癸豪尼话中的 u 与勒达窝尼话中的 o 对应。例如：

汉义	水癸豪尼话	新平窝尼话	汉义	水癸豪尼话	新平窝尼话
长	mu⁵⁵	mo⁵⁵	尾	tu³¹mɛ³¹	to³¹mɛ³¹
头发	tshɛ⁵⁵khu⁵⁵	tɕhi⁵⁵kho⁵⁵	肝	ɔ³¹tshu³¹	sa³¹tsho³¹
飞	pu⁵⁵	po⁵⁵	太阳	nu⁵⁵mɔ³³	lo⁵⁵mɔ³³
云	u³¹tu⁵⁵	wo³¹to⁵⁵	雷	u³¹tʃ ʅ³¹	wo³¹tʂʅ³¹
满	pu³³	po³³	做	u⁵⁵	wo⁵⁵

4. 水癸豪尼话中的 u 与勒达窝尼话中的 ɯ 对应。例如：

汉义	水癸豪尼话	新平窝尼话	汉义	水癸豪尼话	新平窝尼话
指甲	la³¹su³¹	la³¹sɯ³¹	心	nɯ³³mɔ³³	nu³³mɔ³³
沙子	mu⁵⁵tʃhɛ⁵⁵	mɯ⁵⁵sɯ³¹	笑	u⁵⁵ʃʅ⁵⁵	ɯ⁵⁵sʅ⁵⁵

5. 水癸豪尼话中的 ɛ 与勒达窝尼话中的 i 对应。例如：

汉义	水癸豪尼话	新平窝尼话	汉义	水癸豪尼话	新平窝尼话
推	tɛ³¹	ti³¹	星星	pɛ³¹kɯ⁵⁵	pi³¹kɯ⁵⁵
坝子	tɛ³³mɔ³³	ti³³mɔ³³	鸭子	ɔ³¹pɛ⁵⁵	a³¹pi⁵⁵
胆	phɛ³¹khɣ⁵⁵	phi³¹khɣ⁵⁵	推	tɛ³¹	ti³¹
放	phɛ³¹	phi³¹	啼	tɛ⁵⁵	ti⁵⁵

6. 水癸豪尼话中的 l̥ 与勒达窝尼话中的 ɬ 均为清边音。例如：

汉义	水癸豪尼话	新平窝尼话	汉义	水癸豪尼话	新平窝尼话
石头	l̥u³³mɔ³³	ɬo³³mɔ³³	月亮	pɔ³³l̥ɔ³³	pɔ³³ɬɔ³³
风	tʃɔ³¹l̥i⁵⁵	wo³¹ɬi⁵⁵	田	xɔ⁵⁵lɣ³¹	xɔ⁵⁵ɬo³¹
兔	thɣ³¹l̥ɔ³³	tho³¹ɬa³³	老虎	xɔ³¹l̥ɔ³¹	xɔ³¹ɬɔ³¹
蛇	ɯ⁵⁵l̥u⁵⁵	ɯ⁵⁵ɬo⁵⁵	舌头	ɔ³¹l̥ɔ⁵⁵	ɔ³¹ɬɔ⁵⁵

7. 水癸豪尼话中的 ʃ 与勒达窝尼话中的 s 对应。例如：

汉义	水癸豪尼话	新平窝尼话	汉义	水癸豪尼话	新平窝尼话
鱼	ŋɔ³¹ʃɔ³¹	ŋɔ³¹sɔ³¹	肉	ʃɔ³¹	sa³¹

血	∫ʐ³¹	sʐ³¹ ȵi⁵⁵	黄	∫ɯ⁵⁵	sʐ⁵⁵
新	∫ʐ³¹	sɯ³¹	水獭	ɯ⁵⁵∫u⁵⁵	ɯ⁵⁵so⁵⁵
鱼	ŋɔ³¹∫ɔ³¹	ŋɔ³¹sɔ³¹	七	∫ʐ³¹	sʐ³¹

8. 水癸豪尼话中的 j 与勒达窝尼话中的 z 对应。例如：

汉义	水癸豪尼话	新平窝尼话	汉义	水癸豪尼话	新平窝尼话
种子	ɔ⁵⁵ji³¹	zu³³zi³¹	骨头	∫ɔ³¹ji³¹	sɔ³¹zi³¹
象	jɔ³³mɔ³³	zɔ³³mɔ³³			

9. 水癸豪尼话中的 s 与勒达窝尼话中的 ç 对应。例如：

汉义	水癸豪尼话	新平窝尼话	汉义	水癸豪尼话	新平窝尼话
谁	ɔ³¹sɣ⁵⁵	a³¹çi⁵⁵	杀	si³¹	çi⁵⁵
雹子	ho⁵⁵si³¹	xɯ⁵⁵çi³¹			

10. 水癸豪尼话中的 ɣ 与勒达窝尼话中的 k 对应。例如：

汉义	水癸豪尼话	新平窝尼话	汉义	水癸豪尼话	新平窝尼话
菜	ɣo³¹t∫ha³¹	ko³¹tsha³¹	针	ɣo³¹	ko³¹
力气	ɣɔ³¹xa³³	ka³¹xa³³	个	ɣɔ³¹	kɔ³¹

11. 水癸豪尼话中的 ʒ、j 与勒达窝尼话中的 z 对应。例如：

汉义	水癸豪尼话	新平窝尼话	汉义	水癸豪尼话	新平窝尼话
名字	ʒu³³mu⁵⁵	zo³³mo⁵⁵	割	ʒʐ³¹	zʐ³¹
织	ja³¹	za³¹	簸	jɔ⁵⁵	zɔ⁵⁵
得	jɔ³³	zɔ³³			

（三）小结

从以上比较来看，勒达窝尼话与哈尼语各方言存在不同点和相同点，也有其自身特点。

第一，属于哈雅方言的绿春大寨哈尼话与新平勒达村窝尼话相比，声母中塞音、塞擦音有严整的清浊对立，双唇音有颚化，有软腭擦音 ɣ。窝尼话中 f、v 出现在本族语词中，有卷舌音声母 tʂ、tʂh、ʂ、ʐ，有清擦音 ɬ。大寨哈尼话韵母有 20 个，松紧对立严整。6 个复韵母只出现在汉语借词上。出现在本族语词汇上的声调有 55、33、31 三个，24 调主要出现在现代汉语借词上。窝尼话中只有松元音韵母，无紧元音，二合元音韵母也出现在本族语中。除了高平调 55、中平调 33 和低平调 31 外，低升调 13、高降调 53 也出现在本族语中。

词汇方面，100 个核心词中绿春大寨话与窝尼话有 61 个同源词。语音对应上，哈尼话中的双唇颚化音对应窝尼话中的双唇非颚化音，浊音对应清音，清音对应送气音，紧元音变为松元音，x 与紧元音u̠相拼时变为 f，ɣ 变为 k、z、v 等。

第二，属于碧卡方言的墨江菜园乡碧约话与新平勒达村窝尼话相比，相同点增多，如声母中塞音、塞擦音都无清浊对立，f、v 出现在本族语中。不同点是碧约话中还保存双唇颚化音 pj、mj，无清擦音 ɬ，无卷舌音声母 tʂ、tʂh、ʂ、ʐ。韵母方面，碧约话中 9 对单元音存在严整的松紧对立，复合元音韵母和带鼻音韵母大多出现在借词中。声调主要是 55、33、31、35 调，53 调主要出现在语气助词上。

词汇方面，在 100 核心词中，碧约话与窝尼话的同源词有 63 个。在语音对应上，碧约话声母部分 s 与窝尼话中 ɕ 对应，j 与 z 对应，tsh 与 tɕh 对应，l 与 ɬ 相对应等。韵母中有 u 与 o 对应、ɔ 与 a 对应、ɣ 与 u 对应、i 与 e 对应，等等。

第三，属于豪白方言的墨江水癸豪尼话与新平勒达窝尼话比较，语音系统比较接近，声母中塞音、塞擦音都无都没有对应浊音，f、v 都出现在本族语词汇中，有清擦音 ɬ，增加了舌叶音 tʃ、tʃh、ʃ、ʒ，窝尼话中为 tʂ、tʂh、ʂ、ʐ。不同的是，窝尼话中软腭擦音 ɣ 出现的频率较低。韵母方面，水癸豪尼话还保留着 4 个紧元音，复辅音主要出现在汉语借词中。声调有 55、33、31 和 35 调。

词汇上，水癸豪尼话和勒达窝尼话 100 个核心词中的同源词的数量达到 74 个。语音对应方面，声母有 l̥ 与 ɬ 对应、ʃ 与 s 对应、s 与 ɕ 对应、j 与 z 对应等。韵母有 ɣ 与 u 对应、ɣ 与 o 对应、u 与 o 对应、u 与 ɯ 对应、ɛ 与 i 对应等。

四　新平窝尼话的方言地位

通过把新平勒达窝尼话与哈雅方言的绿春大寨话、碧卡方言的菜园碧约话和豪白方言的水癸豪尼话对比，可以看出新平窝尼话在音系上与墨江豪尼话比较相近，词汇读音差别较小。对两种方言的 100 个核心词进行对比，发现同源词高达 74 个。声调方面，两种方言都有 55、33、

31 三个基本调。水癸话的 35 调和窝尼话的 13 调和 53 调主要出现在变调或语气助词上。此外，窝尼人自称 $xa^{31} \eta i^{31}$（高华年和袁家骅记为 $x\mathfrak{o}^{31} \eta i^{31}$，与豪尼人的自称一致）。根据以上比较结果，本书认为勒达窝尼话属于豪白方言，可称为新平勒达窝尼土语。与其他方言的关系，可以从图 9-1 中看出：

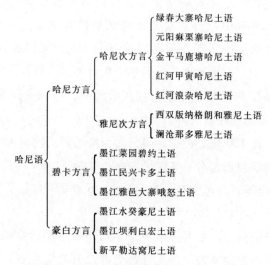

图 9-1 新平窝尼话在哈尼语中的方言地位

资料来源：图形引自戴庆厦、段贶乐《哈尼语概论》，云南民族出版社，1995，第 176 页。新平勒达土语在其基础上添加。

五 新平窝尼话与绿春大寨哈尼话声母的共时比较

新平勒达窝尼话的声母与绿春大寨哈尼话的声母在以下几个方面能够相互对应：双唇非颚化音对应双唇颚化音，浊音对应清音，清音对应送气音。除此之外，勒达窝尼话中还出现了几个大寨哈尼话中没有的声母：f、v、ɬ 和 tʂ、tʂh、ʂ、ʐ。通过比较，我们认为勒达窝尼话中的这几个声母在共时上与其他方言有如下对应关系。

（一）窝尼话中 f 与其他方言的对应

f 在新平勒达窝尼话本族语词中出现的频率不高，主要出现在以下几个词中（见表 9-10）。

表 9 – 10　勒达窝尼话中带 f 声母的词语

汉　语	勒达窝尼话	汉　语	勒达窝尼话
雪	faŋ^{31}	老鼠	fu^{33} tsha^{31}
松鼠	fu^{55} pu^{31} tsha^{31} xo^{31}	蚂蚱	fu^{55} tshu^{55}
竹子	faŋ^{31} mo^{55}	菌子	fu^{55} nu^{55}
饭团	fu^{31} tshu^{33}	刀	fɔ^{55} ti^{55}
吹火筒	fa^{31} mo^{55}	年	fu^{31}
雇	fu^{55}	养	fu^{55}
回	fu^{31}	舍	fu^{31}

在《哈尼语简志》附录页词汇表中，发现其他方言中 5 个与窝尼话带 f 声母同义的词语（见表 9 – 11）。

表 9 – 11　与勒达窝尼话声母 f 相关的方言词汇

汉语	大寨哈尼话	格朗和雅尼话	水癸豪尼话	菜园碧约话
雪	xa^{31} dʐu^{33}	xa^{31}	xɔ^{31}	ɔ^{31}
年	xu̠^{31}	xo̠^{31}	xɣ̠^{31}	khɣ̠^{31}
老鼠	xu^{33} tsa̠^{31}	xo^{33} tɕa̠^{31}	fɣ̠^{33} tʃha^{31}	fɣ̠^{33} tsha̠^{31}
竹子	xa^{31} bo^{55}	ja̠^{31} bo^{55}	xɔ^{31} pu^{55}	ɔ^{31} pu^{55}
菌子	xɔ^{31} lu^{55}	a^{55} xm̩^{55}	xu^{55} n̩i^{55} xu^{55} tʃ̩^{33}	me^{55} lu^{55}
回	ɣu̠^{31}	ɣo̠^{31}	xɣ̠^{31}	te^{55}

从表 9 - 10 和表 9 - 11 来看，勒达窝尼话带声母 f 的词与其他方言相比，主要对应 x 和 f。这主要与 x 与元音的搭配有关。x 与 u、o、ɔ 搭配时，更容易演变为 f。u 在哈尼语中的演变经历了从圆唇到不圆唇过程。以"年"、"老鼠"二词为例，在绿春大寨哈尼话中，二词中的 u 是圆唇紧元音，在水癸豪尼话和菜园碧约话中，已经不圆唇了，成了 ɣ。x 与 ɣ 结合时，发 x 的气流冲出，而发 ɣ 的双唇不圆，要使气流继续出来，只能让上唇抬高，从而使收紧点从双唇变成了唇齿（向潘悟云先生请教），使得 x 变成了 f。窝尼话中带声母 f 的词如"年"、"老鼠"、"菌子"、"回"等都是与 u 搭配，证明了这一演变现象。

哈尼语中除 x 可变为 f 外，ph 与不圆唇的 u 结合在一起也会变为 f。例如墨江水癸豪尼话中"银子"读作 fɣ̠^{55} tʃ̩^{31}，该词在绿春大寨哈尼话、格朗和雅尼话和菜园碧约话中分别读作 phju⁵⁵、phju⁵⁵、phɣ⁵⁵。又如豪尼话中"村寨"读作 fɣ̩³³ɕi³¹，在绿春大寨哈尼话、格朗和雅尼话和菜园碧约话中分别读作 pu̱³³kha³¹、phu³³ 和 phɣ̩³³lɣ⁵⁵。

窝尼话中带 f 声母的少部分词是彝语借词。例如 fɔ⁵⁵ti⁵⁵"刀"与彝语 fɛ⁵⁵tɛ⁵⁵ 对应。

（二）窝尼话中 v 与其他方言的对应

v 与 f 是成对的唇齿音，对应情况也比较相似。表 9－12、表 9－13 中对带 v 声母的窝尼话词汇与其他方言词汇进行了比较。

表 9－12　勒达窝尼话中带声母 v 的词汇

汉　语	勒达窝尼话	汉　语	勒达窝尼话
头	vu³¹tu³¹	脑髓	vu³¹nɤ³¹
秃头	vu³¹pa³¹la³¹	脾	vu³¹phi⁵⁵
猪	va³¹	犄角	vu³¹tʂʅ⁵⁵
芽儿	vu³¹pi³¹	晚	vu³¹tʂhi³³
斗笠	vu³¹fu³³	渔网	vɔ³³tsu⁵⁵
尖儿	vu³¹ne³³	早晨	vu³¹su³³
背	vi⁵⁵	放牧	vu³³
买	vu⁵⁵		

表 9－13　与勒达窝尼话声母 v 相对应的方言词汇

汉　语	大寨哈尼话	格朗和雅尼话	水癸豪尼话	菜园碧约话
早晨	ɔ³¹so³¹	u³¹ɕɔ³¹	ɣ̩³¹ʃɣ̩³¹	na̱³¹na̱³¹
猪	a³¹ɣa̱³¹	a³¹ja³¹	a³¹ja³¹	va̱³¹
芽儿	a⁵⁵tɕu̱³³	a⁵⁵dʐɿ⁵⁵	a⁵⁵pi̱³¹	a³¹pi̱³¹
头	u³¹du³¹	u³¹du³¹	ɣ̩³¹tɣ̩³¹	ɣ̩³¹khe³¹
脑髓	u³¹nɔ³¹	u³¹nm³¹	ɣ̩³¹nɤ³¹	ɣ̩³¹nɤ³¹
斗笠	lɤ³¹xɣ̩³¹	lɔ³¹xɣ³¹	la̱³¹xɣ̩³³	ɣ̩³¹
背	ɣ̩³¹	ɣ³¹	tɛ⁵⁵	pa⁵⁵
放牧	lu̱³¹	bo³³	fɣ³³	tse³¹tʂhɣ̩³³
买	ɣɣ⁵⁵	zɣ⁵⁵	ɣ̩⁵⁵	ɣ̩⁵⁵

对比表 9 - 12、9 - 13 的材料来看，窝尼话中的唇齿辅音 v 主要与其他方言中不圆唇的 u 对应。u 在大寨哈尼话和格朗和雅尼话中为圆唇音，在一些词语中为零声母音节。在水癸豪尼话和菜园碧约话中 u 变为不圆唇音，成为 ɣ。例如"早晨"一词，在大寨哈尼话中为 $ɔ^{31}so^{31}$，ɔ 在格朗和雅尼话中高化为 u，u 在水癸豪尼话中变为不圆唇的 $ɣ̩^{31}$。"头"、"脑髓"的变化与此一致。

（三）窝尼话中 ɬ 与其他方言的对应

绿春大寨哈尼话中的 l 在勒达窝尼话中与 l 和 ɬ 对应。与 ɬ 对应跟其后韵母的高化有关。在窝尼话中 l 与大寨话 l 对应的，其后的韵母发音位置基本一致。例如：

汉义	大寨哈尼话	新平窝尼话	汉义	大寨哈尼话	新平窝尼话
河	$lo^{55}ba^{31}$	$lo^{55}mɔ^{33}$	池塘	$lu^{33}du^{31}$	$ta^{31}lu^{55}$
棉花	$sa^{31}la^{31}$	$sɔ^{31}lɔ^{31}$	指甲	$la^{ǎ}sɔ^{31}$	$la^{31}sɯ^{31}$
袖子	$la^{31}bɔ^{31}$	$la^{ǎ}tu^{31}$	卷	$lɰ̠^{33}$	$lɯ^{33}$
来	la^{55}	lo^{55}	滚	$lɯ^{31}$	$lɯ^{31}$
慢	$lɤ^{33}$	lo^{33}	庹	$lɔ^{55}$	lo^{55}

以上词语中，勒达窝尼话 l 后韵母与大寨哈尼话韵母发音位置基本一致的，大部分 l 没有变化。"来"、"庹"中的韵母虽然在窝尼话中有高化现象，也没有发生变化，但这只是少数。下面是勒达窝尼话中声母中带有 ɬ 的词语与其他方言的词汇对照表（见表 9 - 14、表 9 - 15）。

表 9 - 14　勒达窝尼话中带声母 ɬ 的词语

汉　　语	勒达窝尼话	汉　　语	勒达窝尼话
月亮	$pɔ^{33}ɬɔ^{33}$	兔子	$tho^{31}ɬa^{33}$
老虎	$xɔ^{31}ɬɔ^{31}$	蛇	$ɯ^{55}ɬo^{55}$
蛆	$ɬɯ^{33}thu^{31}$	坟墓	$ɬɯ^{31}pu^{55}$
裤子	$ɬɔ^{31}po^{31}$	草木灰	$xɔ^{31}ɬi^{55}$
炒	$ɬu^{55}$	剥	$ɬɯ^{31}$
晒	$ɬo^{31}$		

表 9 – 15　与勒达窝尼话声母 ɬ 相关的方言词语

汉语	大寨哈尼话	格朗和雅尼话	水桑豪尼话	菜园碧约话
月亮	ba³³la³³	ba³³la³³	pɔ³³lɔ̩³³	pɔ³³lɔ³³
兔子	tho³¹la³³	laŋ³¹	thɣ³¹lɔ̩³³	tho³¹lɔ³³
老虎	xa³¹la³¹	xa³¹la³¹	xɔ³¹lɔ̩³¹	lɔ³¹mɔ³³
蛇	o⁵⁵lo⁵⁵	a⁵⁵lɔ⁵⁵	ɯ⁵⁵lu⁵⁵	ɣ⁵⁵lu⁵⁵
蛆	lu̩³¹thɔ³¹	lu̩³³thaŋ³¹	pi³¹tʃɣ³¹	lɣ³³
坟墓	lu³¹bɔ⁵⁵	lɔ³¹bjm̩⁵⁵	lɔ̩³¹pu⁵⁵	lu̩³¹pe⁵⁵
裤子	la³¹tshø³¹	la³¹di³³	lɔ̩³¹	lu³¹thu³¹
草木灰	xa³¹le⁵⁵	le⁵⁵mɣ³¹	lɛ⁵⁵ɣ̩ lɛ⁵⁵tshɔ⁵⁵	kha³¹la⁵⁵
炒	lu⁵⁵	lu̩⁵⁵	lɣ̩⁵⁵	lɣ⁵⁵
剥	lɣ̩³¹	jɔ̩³³	lɣ̩³¹	lɔ̩³¹
晒	lo̩³¹	lɔ̩³¹	la̩³¹	li̩³¹

从表 9 – 14、表 9 – 15 中的词语来看，大寨哈尼话、水桑豪尼话和勒达窝尼话中的边音声母存在以下对应关系：l > l̩/ ɬ。其变化的条件是在大寨哈尼话中的 l 后的元音高化或其前后音节中的元音高化。例如，大寨哈尼话中 ba³³la³³ "月亮"，在勒达窝尼话中为 pɔ³³ɬɔ³³，两个音节中的 a 都高化为 ɔ。大寨哈尼话中 o⁵⁵lo⁵⁵ "蛇" 在勒达窝尼话中为 ɯ⁵⁵ɬo⁵⁵，前一个音节中的 o 高化为 ɯ。大寨哈尼话中 lu̩³¹thɔ³¹ "蛆" 在勒达窝尼话中为 ɬu³³thu³¹，后一音节中的 ɔ 高化为 u。

（四）窝尼话中 tʂ、tʂh、ʂ、ʐ 与其他方言的对应

勒达窝尼话中 tʂ、tʂh、ʂ、ʐ 主要出现在汉语借词中，在本族语词中可与 ts、tsh、s、z 互换使用。tʂ、tʂh、ʂ、ʐ 与其他方言中的一些声母存在对应关系（见表 9 – 16）。

表 9 – 16　勒达窝尼话与其他方言对照表

汉语	大寨哈尼话	格朗和雅尼话	水桑豪尼话	菜园碧约话	勒达窝尼话
雷	ɔ³¹dʑi³¹	u³¹dʑe³¹	u³¹tʃʅ³¹	tshɣ³¹	wo³¹tʂʅ³¹
乳房	a³¹tɕhu⁵⁵	a³¹tɕhø⁵⁵bɛ³³	a⁵⁵tʃhɣ³³	na⁵⁵nɣ̩³³	a⁵⁵tsu³³／tʂu³³
屎	çi³¹	tɕhe³¹	ɔ³¹tɕhi³¹	ɔ³¹tɕhi³¹	tshʅ³¹
官	dzø³¹	a³¹jɯ³¹	tsi³¹mɣ³¹	tsʅ³¹mɔ³³	tʂʅ³¹mɔ⁵⁵

续表

汉语	大寨哈尼话	格朗和雅尼话	水癸豪尼话	菜园碧约话	勒达窝尼话
读	dzo⁵⁵	gɯ³³	tsɣ̩⁵⁵	tsu⁵⁵	tʂu⁵⁵
山	xɔ⁵⁵ gɔ³¹	gɔ³¹ dzɔ³¹	kɣ̩³¹ tʃɣ³¹	ju³¹ mɔ³³	ku³¹ tsu³¹ / tʂu³¹
老鼠	xu³³ tsa̠³¹	xo³³ tɕa³¹	fɣ³³ tʃha³¹	fɣ̩³³ tsha³¹	fu³³ tsha³¹ / tʂha³¹
蔬菜	ɣo³¹ tshø³¹	ɣɔ³¹ ŋø⁵⁵	ɣo³¹ tʃha³¹	kɣ̩³¹ tsha̠³¹	ko³¹ tsha³¹ / tʂha³¹
稻	tshe⁵⁵	tɕhɛ⁵⁵	tʃhɛ⁵⁵	tshe⁵⁵	tɕhi⁵⁵
牙齿	sɣ³¹	sɣ³¹	ɔ³¹ tʃuɪ⁵⁵	ɔ³¹ tsʅ³¹	sʅ³¹ tsʅ⁵⁵/sʅ³¹ tʂʅ⁵⁵
血	si̠³¹	ɕi³¹	ʃ³¹	ɔ³¹ ɕi³¹	sʅ³¹ ȵi⁵⁵/sʅ³¹ ȵi⁵⁵
岳父	jo³¹ pha³¹	tshɔ⁵⁵ mɔ³¹	ȝɣ³¹ phɔ³¹	jɣ³¹ phɔ³¹	ʐu³¹ phɔ³¹
睡	ju³¹	ju³¹	ȝɣ³¹	ji̠³³ tsa̠³³	ʐu³¹

从表 9－16 的例词来看，勒达窝尼话中的 tʂ、tʂh、ʂ、ʐ 在大寨哈尼话、格朗和雅尼话、菜园碧约话、水癸豪尼话和勒达窝尼话中存在以下对应关系：

（1）tʂ：dʑ > ts > tʃ /tʂ

（2）tʂh：ɕ / tɕh / tsh > tʃh /tʂh

（3）ʂ：s/ɕ > ʃ / ʂ

（4）ʐ：j > ȝ / ʐ

dʑ、ts、ɕ、tɕh、tsh、s、j 等在水癸豪尼话中为舌叶音 tʃ、tʃh、ʃ、ȝ，在勒达窝尼话中演化为 tʂ、tʂh、ʂ、ʐ。但在窝尼话中正处于变化的阶段，因而许多词语既可读 ts、tsh、s、z，也可读 tʂ、tʂh、ʂ、ʐ，有的甚至读 tɕh，如 tɕhi⁵⁵"稻"。

六　哈尼语方言韵母的共时比较

比较几种方言代表点的韵母系统，可以发现哈尼语各方言元音间的差异较大，尤其是有的方言中单元音存在完整的松、紧对立，有的紧元音只剩下残余的几个，有的紧元音完全消失。方言间的这些差异揭示了哈尼语的内部演变关系。江荻①研究了豪白方言水癸豪尼话单元音的链移现象，

---

① 　江荻：《汉藏语言演化的历史音变模型——历史语言学的理论和方法探索》，民族出版社，2002，第 365～375 页。

指出在哈尼语后元音系统中发生的一次完整的链移过程，即 ʮ < u̠/ɣ < u；u < o；o < ɔ；a <a̠；o < o̠。下文在先生的研究基础之上讨论新平亚尼窝尼话与其他方言代表点元音的对应关系，试图探讨菜园碧约话、水癸豪尼话和亚尼窝尼话中元音的变化。

讨论中所用的参考语言点是墨江绿春大寨哈尼话。因为绿春是哈尼族聚居地区，地理位置偏远，使用哈尼话的人数比较多，而且比较集中，语言受外界影响不大。用于比较的词语来自李永燧、王尔松编著的《哈尼语简志》词汇附录。

表 9 – 17 是绿春大寨哈尼话、菜园碧约话、水癸豪尼话和亚尼窝尼话的单元音。

表 9 – 17　哈尼语方言代表点元音比较表

绿春哈尼话	菜园碧约话	水癸豪尼话	亚尼窝尼话	
i ɿ　　ɯ u e ø　　ɤ o 　　　ɔ 　a	i ɿʅ　　u v e　　　ɤ 　　　ɔ 　a	i ɿ　　ɯ u v e o　　ɤ o æ　　　ɔ 　a	i ɿʅ　　ɯ u e　　　ɤ ɜ　　　ɔ 　a	松元音
i̠ ɿ̠　　ɯ u e̠ ø̠　　ɤ̠ o̠ ɔ̠ 　a̠	i̠ ɿ̠ʅ　　u̠ v̠ e̠　　　ɤ̠ ɔ̠ 　a̠	i̠ ɿ̠　　v̠ e̠		紧元音

表 9 – 17 中，绿春哈尼话 10 个紧元音对应 10 个松元音，菜园碧约话 9 个松元音对应 9 个松元音，具有较高的对称性。水癸豪尼话中只余 4 个紧元音，而亚尼窝尼话中已完全没有了紧元音。江荻[①]认为，绿春哈尼话单元音具有齐整松紧对立的主要原因是其在空间分布上的对称性，但在结构上实际蕴含着不稳定因素。在碧约话中，音系开始出现了部分破缺，缺少了［o］元音，而出现了［v］。其原因是［o］跑到［u］的位置上去了，［u］则有向［v］移动的趋势。碧约话元音系统的变化显现出了哈尼语元

① 江荻：《汉藏语言演化的历史音变模型——历史语言学的理论和方法探索》，民族出版社，2002，第 366 页。

音系统变化的起始阶段，即开始了链移的过程：[o] > [u]。[u] 则有向 [v] 移动的趋势。绿春哈尼话、菜园碧约话、水癸豪尼话和亚尼窝尼话后元音 γ、u、o 的演变关系可从表 9 - 18 词汇中看出。

表 9 - 18　o ＜ u ＜ γ 链移

汉　义	绿春哈尼话	菜园碧约话	水癸豪尼话	新平窝尼话
耳朵	na^{31}bo^{55}	nɔ^{31}pu^{55}	nɔ^{31}pγ̍^{55}	na^{31}pu^{55}
人	tsho^{55}	tshu^{55}	tshγ^{55}ɔ^{31}	tsho^{55}
聋子	na^{31}bo^{31}	nɔ^{31}pu^{31}	nɔ^{31}pγ̍^{31}	nɔ^{31}po^{31}
船	lo^{31}	lu^{31}	lγ̍^{31}	ɬu^{31}①
喝	do^{55}	tu^{55}	tγ^{55}	to^{55}
读	dzo^{55}	tsu^{55}	tsγ^{55}	tʂu^{55}

从表 9 - 18 的例词来看，绿春哈尼话中的 o，在菜园碧约话中读作 u，在水癸豪尼话中读作 γ，显示了 o ＜ u ＜ γ 的上移过程。绿春哈尼话中的 o 在新平窝尼话中可读作 u，也可读作 o，说明新平窝尼话的 γ（本书中自成音节记作 vu）、u、o 正处于移动之中，γ、u 相混，u、o 相混。

绿春哈尼话中的 o 在水癸豪尼话中读作 γ，但是水癸豪尼话的音系中仍有 u 和 o。那么，水癸豪尼话的 u 和 o 是从哪里来的呢？首先讨论 u 的变化（见表 9 - 19、表 9 - 20、表 9 - 21）。

表 9 - 19　ɔ ＜ o ＜ u 链移

汉　义	绿春哈尼话	菜园碧约话	水癸豪尼话	新平窝尼话
太阳	nɔ^{55}ma^{33}	ȵi^{55}mɔ^{33}	nu^{55}mɔ^{33}	lo^{55}mɔ^{33}
雷	ɔ^{31}dʑi^{31}	tshγ^{31}	u^{31}tʃ ̩^{31}	wo^{31}tʂ ̩^{31}
铁	sɔ^{55}	se^{55}	ʃu^{55}	so^{55}
三	sɔ^{55}	se^{55}	su^{55}	so^{31}
水獭	ɯ^{55}sɔ^{55}	ɣ^{55}se^{55}	ɯ^{55}ʃu^{55}	ɯ^{55}so^{55}
翅膀	a^{31}dɔ^{55}	ɔ^{31}tu^{55}	ɔ^{55}tu^{55}	po^{55}to^{55}
喉咙	khɔ^{31}bɔ^{31}	khɔ^{31}pɔ^{31}	khu^{31}pu^{31}	khɔ^{31}sa^{33}

---

① "船"一词在勒达窝尼话中使用汉语借词［参见高华年《扬武哈尼语初探》，《中山大学学报》（社会科学）1955 年第 2 期］。

表 9 - 20　ø < u < ε 位移

汉　义	绿春哈尼话	菜园碧约话	水癸豪尼话	新平窝尼话
九	ɣø³¹	tɕi³¹	ɣu³¹	kɛ³¹
鸽子	xo³¹xø³¹	ŋa̠³³jɣ⁵⁵	xu³¹xu³¹	xo³¹xɛ³¹
舅父	a³¹ɣø³¹	a³¹tɕu⁵⁵	ɔ⁵⁵ɣu³³	a³¹kɛ⁵⁵
房屋	la³¹xø⁵⁵	je⁵⁵khu⁵⁵	ɔ⁵⁵xu⁵⁵	ji⁵⁵xo⁵⁵
偷	xø³¹	tɕhi³¹	xu³¹	xɛ³¹

表 9 - 21　o < u 链移

汉　义	绿春哈尼话	菜园碧约话	水癸豪尼话	新平窝尼话
马	mo³¹	mu³¹	ɔ³¹mu³¹	mo³¹
蛇	o⁵⁵lo⁵⁵	ɣ⁵⁵lu⁵⁵	ɯ⁵⁵l̩u⁵⁵	ɯ⁵⁵ɬo⁵⁵
身体	ɣo⁵⁵mo⁵⁵	ɔ³¹mu⁵⁵	z̩u³³ɣu⁵⁵	kɛ⁵⁵mu⁵⁵
老人	tsho⁵⁵mo³¹	ju³¹mu³¹	tshɣ̍⁵⁵mu³¹	zɔ³¹mo³¹

表 9 - 19、9 - 20、9 - 21 例词中，水癸豪尼话中的 u 与绿春哈尼话中的 ɔ、ø、o 相对应。与 ɔ 对应的，在菜园碧约话中变为 i、e、u，在新平窝尼话中变为 o。与 ø 对应的，菜园碧约话中均为其他来源的词语。在新平窝尼话中变为 ε。与 o 对应的，在菜园碧约话中变为 u，在新平窝尼话中为 u 和 o。不同方言的语音对应说明，水癸豪尼话中原有的 u 移向 ɣ，空出的 u 位由 ɔ、o 上移来填充。新平窝尼话中也存在 ɔ、o 上移的现象。ɔ、o 上移后，其空位如何处理？（见表 9 - 22、表 9 - 23、表 9 - 24、表 9 - 25）。

表 9 - 22　ɔ < o < u 链移

汉　义	绿春哈尼话	菜园碧约话	水癸豪尼话	新平窝尼话
夜里	ɔ³¹tɕi̠³¹	me³¹khe̠³³	o³¹tɕhi̠³¹	vu³¹tshi³³
毛	xɔ³³	ɔ³¹tshe⁵⁵	tʃha³¹xo³³	zu⁵⁵mu³¹
眉毛	mja̠³³xɔ³³	ma̠³³tshe⁵⁵	ma³³xo³³	ma³³mu³¹

表 9 - 23　ɔ < o 链移

汉　义	绿春哈尼话	菜园碧约话	水癸豪尼话	新平窝尼话
鞋	se̠³¹nɔ³³	pha̠³¹na³³	pha³¹no³³	khai⁵⁵no³³
剪	ŋɔ³³	ŋi̠³¹	no³³	tɕi³¹

表 9 – 24　o̠ < o 链移

汉义	绿春哈尼话	菜园碧约话	水㮾豪尼话	新平窝尼话
臭虫	a³¹go̠³³	pi³¹tɕi³³	a³¹ko³³	lɔ³¹ko³³mɔ³³pi³¹tsu³¹
肺	po̠³¹	a³¹phe̠³¹	a³¹pho³¹	sa³¹pho³¹
头帕（男用）	u³¹to̠³³	ɣ̩³¹the̠³³	ɣ̩³¹tho³³	mu³¹the³¹
咬	ko̠³¹	thɔ³¹	kho³¹	kho³¹
站（起）	ɕo̠³¹	thɣ⁵⁵tsɣ⁵⁵	ʃo³¹ta³³	xo³¹
扎（用针）	tso̠³³	tshe̠³³	tsho³³	tʂho⁵⁵

表 9 – 25　o 的保留

汉义	绿春哈尼话	菜园碧约话	水㮾豪尼话	新平窝尼话
蔬菜	ɣo³¹tshø³¹	kɣ̩³¹tsha³¹	ɣo³¹tʃha³¹	ko³¹tsha³¹
主人	jo⁵⁵sɔ⁵⁵	ji⁵⁵s̩⁵⁵	ɣo³¹su⁵⁵	zo³³so⁵⁵
手镯	la̠³¹du̠³¹	tɕi̠³¹tɣ̠³¹	la³¹to³¹	ko³¹to³¹

表 9 – 22、表 9 – 23、表 9 – 24、表 9 – 25 中的例词显示，水㮾豪尼话中的 o 分别与绿春哈尼话中的 ɔ、ɔ̠、o̠、o、u 对应，说明水㮾豪尼话中原来读 o 的一部分词上移到 u 后，还保留着一部分词读 o。上移到 u 的词则由处于更低音位的 ɔ 上移来补充。值得注意的是，紧元音 ɔ̠、o̠ 的紧音消失，ɔ̠ 上移到 o，o̠ 并入到 o 词汇中。除了音位的变化外，水㮾豪尼话中有一部分读 o 的词语来源于汉语借词，例如：

汉义	绿春哈尼话	菜园碧约话	水㮾豪尼话	新平窝尼话
花生	mi⁵⁵tsha³¹a⁵⁵si³¹	lɔ³¹ti⁵⁵sɣŋ³³	lo³¹ti⁵⁵sɛ̃³³	mi⁵⁵si³¹

从以上例词来看，绿春哈尼话中的 ɔ、ɔ̠、o̠、o、u 分别与水㮾豪尼话中的 o 对应，在其他方言中则与不同的音对应。例如，读 ɔ 的词在菜园碧约话中对应的是异源词；在新平窝尼话中部分与 u 对应。读 ɔ̠ 的词在菜园碧约话中有的读作 i，有的读作 u。在新平窝尼话中有的与 o 对应，有的与 u 对应。例如：

汉义	绿春哈尼话	菜园碧约话	水㮾豪尼话	新平窝尼话
帽子	u³¹tshɔ³¹	ɣ̩³¹tshu³¹	ɣ̩³¹tshu³¹	wo³¹tsho³¹

在绿春哈尼话中读 o̠ 的音主要与菜园碧约话中的 e 对应，与新平窝尼话中的 o 对应。

从对表 9 – 22、表 9 – 23、表 9 – 24、表 9 – 25 例词中的分析来看，水

癸豪尼话和新平窝尼话中的 o 或 u 除由 ɔ 填充外，紧音ɔ̣、o̧ 在这两个方言中变成了松元音，并上移到 o、u 位置。ɔ 上移后，其位置由什么来填充？（见表 9 - 26）

表 9 - 26　a ＜ ɔ 的链移

汉义	绿春哈尼话	菜园碧约话	水癸豪尼话	新平窝尼话
月亮	ba³³ la³³	pɔ³³ lɔ³³	pɔ³³ l̩ɔ³³	pɔ³³ ɬɔ³³
河	lo⁵⁵ ba³¹	lu⁵⁵ pɔ³¹	lu⁵⁵ pɔ³¹	lo⁵⁵ mɔ³³
后天	sa⁵⁵ phe⁵⁵	sa⁵⁵ phɛ³³	sɔ⁵⁵ phɛ³¹	sa⁵⁵ phi³¹ nu³³
老虎	xa³¹ la³¹	lɔ³¹ mɔ³³	xɔ³¹ l̩ɔ³¹	xɔ³¹ ɬɔ³¹
老鹰	xa³¹ dze⁵⁵	tse⁵⁵ mɔ³³	xɔ³¹ tsɛ⁵⁵	khɔ³¹ tsi⁵⁵
棉花	sa³¹ la³¹	sɔ³¹ lɔ³¹	sɔ³¹ lɔ³¹	sɔ³¹ lɔ³¹
女儿	za³¹ mi³¹	ja³¹ mi³¹	zɔ³¹ mi³¹	zɔ³¹ mi³¹

从表 9 - 26 中可以看到，绿春哈尼话中的 a 在水癸豪尼话和新平窝尼话中全部变成了 ɔ，在菜园碧约话中有的变为 ɔ，有的还仍然是 a，说明后低元音 a 上移填补了 ɔ 的位置。这一移位在水癸豪尼话和新平窝尼话中已基本完成，菜园碧约话正处于变化之中。

a 上移到 ɔ 的位置后，a 位置上发生什么变化，由何音素来填充？（见表 9 - 27）

表 9 - 27　a̱ ＜ a 的链移

汉义	绿春哈尼话	菜园碧约话	水癸豪尼话	新平窝尼话
绳子	a⁵⁵ tsa̱³³	a⁵⁵ tsha̱³³	a⁵⁵ tʃha̱³³	tsha̱³³ khɯ³³
梯子	da̱³³ ço³³	tsʅ³³ tha̱³¹	ta̱³³ tsu⁵⁵	ta̱³³ tsu⁵⁵
梦	ju̱³¹ ma̱³³	ma̱³³ me⁵⁵	ʒɤ̱³¹ ma̱³³	ma̱³³
织	ɣa̱³¹	ja̱³¹	ja̱³¹	za̱³¹
煮	tça̱³¹	tsha̱³¹	tʃha̱³¹	tsha̱³¹
梳	ka̱³³	kha̱³³	kha̱³³	kha̱³³
肩膀	ba³¹ ta̱³¹	pa̱³¹ tha̱³¹	pa̱³¹ tha̱³¹	la³¹ phi⁵⁵
手	a³¹ la̱³¹	a³¹ la̱³¹	a³¹ la̱³¹	la³¹ la̱³¹
手指	la̱³¹ nø⁵⁵	la̱³¹ n̩i⁵⁵	la̱³¹ n̩i⁵⁵	la̱³¹ n̩i⁵⁵

表 9 - 27 中例词的变化显示，绿春哈尼话中的紧后元音a̱在水癸豪尼话

和新平窝尼话中全部变为 a，填补了这两个方言中因为 a 移向 ɔ 而产生的空位。菜园碧约话中的 a 还没有完成向 ɔ 的移动，因此在这些词语中仍然保留着紧元音a̠。

以上例词显示了在水癸豪尼话和新平窝尼话中发生的完整的后元音链移过程：y̠ < u̠/y < u；u < o；o < ɔ；o < o̠；a < a̠。这一移动过程使得后紧元音发生松化，在水癸豪尼话和新平窝尼话中变成了松元音。在链移这一大趋势的影响下，前紧元音也发生变化（见表9-28）。

表 9 - 28　e̠ < i̠ < i 位移

汉义	绿春哈尼话	菜园碧约话	水癸豪尼话	新平窝尼话
瞎子	mja^{33} be̠^{31}	ma^{33} khe^{33}	ma^{33} pi̠^{31}	ma^{33} tsho^{31}
鬼	ne̠^{31} xa^{31}	ŋi̠^{31}	ŋi̠^{31} xɔ^{31}	ŋi̠^{31} xɔ^{31}
捉	ŋe̠^{31}	ŋi̠^{31}	ŋi̠^{31}	ŋi̠^{33}
踢	te^{33}	the^{55}	thɛ^{55}	thi^{55}
杀	sɛ^{31}	sʅ^{31}	si^{31}	ɕi^{55}
脱	le̠^{33}	le̠^{33}	l̠i^{33}	ɬi^{33}
断	tse̠^{33}	tshe^{33}	tshi̠^{33}	tɕhi^{33}
饿	me̠^{31}	me̠^{31}	mi̠^{31}	mi^{31}

绿春哈尼话中的紧元音e̠在水癸豪尼话中上移到i̠的位置，在菜园碧约话中有的变为i̠，有的保持不变。在新平窝尼话中全部变为 i。松元音 e 的变化则与其他音素不同（见表9-29）。

表 9 - 29　e 在方言中的变化

汉义	绿春哈尼话	菜园碧约话	水癸豪尼话	新平窝尼话
平原（坝子）	lo^{55} de^{33}	te^{33} mɔ^{33}	tɛ^{33} mɔ^{33}	ti^{33} mɔ^{33}
虱子	se^{55}	se^{55} phy^{55}	ʃɛ^{55} fy^{55}	ɕi^{55}
爪	se^{31}	sʅ^{31}	tʃua^{31} tsʅ^{31}	la^{31} sɤ^{31}
蹄子	se^{31}	thi^{31} tsʅ^{31}	sɛ^{31}	thi^{31} tsʅ^{31}
嘴唇	me^{31} lu^{31}	me^{31} khy^{31}	mɛ^{31} pha^{31}	mi^{31} phi^{55}
鼻涕	a^{31} be^{55}	na^{55} pi^{55}	nɔ^{31} pɛ^{55}	nɛ^{31} pɛ^{55}
尿	a^{55} dze^{55}	ɤ^{31} tshɤ^{55}	ɔ^{31} tʃɛ^{55}	a^{55} so^{31}
锄头	tshe^{31}	tshɤ^{31}	tshe^{31} ɣ^{31}	tshi^{31} ku^{31}
扔	dze^{33}	tse^{33}	tsɛ^{33} kɔ^{33}	ɬi^{33}

绿春哈尼话中的松元音 e 在水癸豪尼话中下降到 ɛ 的位置，在窝尼话中则上移到 i 的位置。但在极少数词中还保留 e，如 la³¹sɤ³¹ "爪子"。有的词则有其他来源，如 a⁵⁵so³¹ "尿"。菜园碧约话中有的仍保留 e，有的变为 ɤ，有的变为 i 或 ʅ。

绿春哈尼话中的 e̱ 在水癸豪尼话中变为 i，在新平窝尼话中变为 i。那么绿春哈尼话中的 i̱ 在其他方言中有什么变化？请看以下例词：

汉义	绿春哈尼话	菜园碧约话	水癸豪尼话	新平窝尼话
血	si̱³¹	ɔ³¹çi³¹	ʃʅ³¹	sʅ³¹ȵi⁵⁵
撕	tsi̱³³	tshʅ⁵⁵	ɣɯ³³pa³³	tɕhi⁵⁵
给	bi̱³¹	pi³¹	pi³¹	pi³¹
闭	mi̱³³	kɔ⁵⁵mi̱³³	mi̱³³	mi̱³³
羊	a³¹tsi̱³¹	tshʅ³¹	a³¹tʃhʅ³¹	a⁵⁵tshʅ³¹

从以上例词来看，绿春哈尼话中的前高紧元音 i̱ 在菜园碧约话、水癸豪尼话中的变化都比较一致，即变为松元音或 i 或舌尖元音 ʅ，或保留紧元音 i̱。在新平窝尼话中变为松元音或 i 或舌尖元音 ʅ。既然 e̱ 在其他三种方言中占据了 i 的位置，那么原来的 i 有何变化？

汉义	绿春哈尼话	菜园碧约话	水癸豪尼话	新平窝尼话
水果	a⁵⁵si³¹	ɔ³¹sʅ³¹	ɔ³¹çi³¹	zu³³si³¹
地	mi⁵⁵tsha³¹	me⁵⁵tshɔ³¹	mɛ⁵⁵	mi⁵⁵tsha³¹
火	mi³¹dza³¹	mi³¹tsɔ³¹	mi³¹tsɔ³¹	mi³¹tsa³¹
粪	çi³¹	ɔ³¹tɕhi³¹	tɕhi³¹	tshʅ³¹

例词显示，绿春哈尼话中的前高松元音 i 在菜园碧约话中有的下降到 e，有的保持 i，有的舌尖化为 ʅ。在水癸豪尼话中，有的下降为 ɛ，多数仍然为 i。新平窝尼话中多数仍然为 i，有的舌尖化为 ʅ。

舌尖化是高元音高化到顶后继续高化而产生的一种音变现象。在水癸豪尼话中，绿春哈尼话中的紧元音 e̱ 上移到 i 的位置，原来带 i 的词中，i 要么变为松元音，要么继续高化变化舌尖元音，要么保持紧元音 i̱。带松元音 e 的词则下移为 ɛ。带松元音 i 的词，少数下移为 ɛ，多数保持为 i。在新平窝尼话中，绿春大寨话中的 e̱、e 均变为 i。i̱、i 继续高化后，变为舌尖元音 ʅ，有的则保持 i。在所考察的例词中，菜园碧约话有的词具有其他来源。与其他三种方言同源的词语，有的音位保持不变，有的也发生松化或高化现象，变化方式与其他方言一致。

通过以上讨论可以看出，哈尼语菜园碧约话、水癸豪尼话和新平窝尼话三种方言中，不论是前元音还是后元音，都发生了链移变化，即前元音或后元音都上移至前一层更高位置，推动前面的元音再继续上移。正如江荻所指出："以元音上移来看，如果从元音三角形最底部开始上移，有两条路线，一是沿前边界上移，二是沿后边界上移，然后前移。"①在这一移动过程中，由于填补空位的需要，紧元音变为松元音。在发展较快的方言中，紧元音已经消失，如新平窝尼话。

语言的变化是复杂的，有许多因素参与其中。关于哈尼语方言的变化，这里只作了初步的讨论。加上材料的缺乏，还有许多语言特点还没有发掘出来，许多变化规律还有待发现。

七　小结

哈尼语不同方言由于受到迁移、生活地域、社会发展及语言内部因素等方面的影响，发展很不平衡。对大寨哈尼话、菜园碧约话、水癸豪尼话和勒达窝尼话进行比较，可以发现各支系之间具有密切关系，但不同方言间因为经历了很大分化，在语音上有一些显著差别，如大寨哈尼话和格朗和雅尼话塞音、塞擦音上清浊对立严整，水癸豪尼话和勒达窝尼话只有清音，无浊音，"证明前者保留古的特点，后者是前者的进一步发展。"② 在元音上，哈雅方言绿春大寨哈尼话和碧卡方言菜园碧约话中元音松紧对立严整，水癸豪尼话中还残存四个紧元音，勒达窝尼话中已无紧元音，全部是松元音，显示了哈尼语元音松、紧从严整对立到不完全对立，再到完全失去对立的整个演变、发展过程。

---

① 江荻：《汉藏语言演化的历史音变模型——历史语言学的理论和方法探索》，民族出版社，2002，第375页。

② 戴庆厦、段贶乐编著《哈尼语概论》，云南民族出版社，1995，第175页。

结　语

本书通过对新平窝尼话语法进行较全面、深入、系统的共时描写与分析，总结出窝尼话有下面几个特点。

一　分析性强的特点

戴庆厦、闻静[①]指出，分析性强的语言，是有声调语言，声母和韵母的数量相对较少。词汇以单音节词为主，双声叠韵词数量多，四音格词数量丰富。句子语序比较固定，不能随意调换。虚词丰富，连动结构丰富，述补结构丰富。对照这些特点来看，窝尼话分析性强的特点体现在下面几个方面。

第一，窝尼话有5个声调，其中最基础常见的有3个，另外两个除多用于语流变调或句末外，也在少部分单字读音中使用。声调具有区别意义的作用。窝尼话声母、韵母数量少，缺乏形态变化。声调作为一种补充手段，丰富了表义手段，减少了混淆。

第二，传统词汇以单音节词为主。双音节词或多音节词多为单音节词构成的复合词，可以拆析其结构。而正因为单音节词数量多，促进了声调的发展，也能构成数量众多的双声叠韵词和四音格词，以及形容词丰富的重叠形式。

第三，语序固定。窝尼话句子是固定的 SOV 语序，如果顺序发生调换，就不能表达正确意义。如施动句和受动句中，出于强调的需要，施事主语和受事主语可以调换顺序，但其后要根据语义条件来使用施格或受格

---

① 戴庆厦、闻静：《论"分析性语言"研究眼光》，《云南师范大学学报》（哲学社会科学版）2017 年第 5 期。

标记。

第四，虚词丰富。窝尼话缺少形态变化，语序固定，使用大量的虚词来表达语义关系。比如，格标记有施格、受格、与格、工具格、位格、随同格、受益格、比较格等。还有表示话题、状语、长宾语、连动句等句法位置的虚词，等等。

第五，有大量的述补结构。动词、趋向动词、形容词等都可作为补语。

二　语言接触的特点

第一，窝尼话在与汉语的接触过程中，声母借入了 tʂ、tʂh、ʂ、ʐ、f 等音位，并且 tʂ、tʂh、ʂ、ʐ 与本族语中的 ts、tsh、s、z 并存、互换使用。韵母中有二合或三合元音，本族语词中也有 n、ŋ 韵尾。

第二，词汇方面，借入了大量汉语词汇。早期借入的词语融合于窝尼话的语音系统，如声调从汉语的四声主要读作窝尼话的 55、33 和 31 调；一些词语借到窝尼话后丢失了韵尾。在现代，窝尼话中借入了大量的汉语借词，这些借词有的读作窝尼话声调，有的读作汉语声调。此外，保留了 n、ŋ 韵尾。

第三，句法方面，有的汉语借词按汉语 VO 语序使用，有的按窝尼话 OV 语序使用，有的是窝尼话和汉语借词一起构成窝 – 汉合璧词。

第四，借入汉语词汇来表示"体"概念。如借用了"正"、"打算"、"开始"等词来表示动作的正在进行或即将发生。

三　窝尼话濒危的特点

从窝尼话使用人数减少，使用范围缩小，语言传承出现断层，语言面貌发生明显衰退等几个方面来看，窝尼话衰变的特点可以归结为以下三点。

第一，窝尼话的衰变属于急促型。新平亚尼窝尼人掌握母语的人口数量随着年龄段的降低而正急剧减少。在家庭中父母已经不再将窝尼话传承给下一代，儿童失去了自然习得母语的机会，从而迅速转用汉语。从衰变的时间来看，窝尼话从全民皆用到限于中老年人使用，使用场合从遍及生产、生活缩小到限于中老年人聊天所用，只用了短短 60 来年时间，因此可以说，新平亚尼窝尼话已成为濒危语言。而且，从一种有着较强活力的语言变为濒危语言，这种转变是急剧的，可称为急促衰变型语言。

第二，窝尼话的衰变处在晚期。从本族语使用的人口数量、年龄段、范围，以及传承特点等几个方面进行综合考察，可以看到亚尼窝尼话现阶段处于衰变的"收尾"阶段，即所有家庭已完成了语言转用的全过程，虽然少数人还保留母语，但仅在有限的场合使用。能吟唱窝尼古歌谣的仅有 1 人。随着使用窝尼话老年人人数的减少，如果不采取抢救措施，不久之后将全民转用汉语，窝尼话将从这两个村子中消失。

第三，语言系统受到了汉语的影响，语法系统尚未松动。在语言演变过程中，汉语成分已浸入窝尼语中的语音、词汇、语法层面，但由于该语言的衰变属于急促型，其 SOV 语序结构还未松动。

参考文献

《中国大百科全书》（语言文字），中国大百科全书出版社，1998。

《中国语言学大辞典》，江西教育出版社，1991。

常俊之：《元江苦聪话参考语法》，中央民族大学博士学位论文，2009。

陈望道：《文法简论》，上海教育出版社，1997。

戴庆厦等：《西摩洛语研究》，民族出版社，2009。

戴庆厦、段贶乐编著《哈尼语概论》，云南民族出版社，1995。

戴庆厦、闻静：《论"分析性语言"研究眼光》，《云南师范大学学报》（哲学社会科学版）2017年第5期。

段贶乐：《哈尼语中的货币史痕迹》，《民族翻译》2015年第2期。

傅爱兰、李泽然：《哈尼语的a音节》，《中央民族大学学报》1995年第6期。

高华年：《扬武哈尼语初探》，《中山大学学报》（社会科学）1955年第2期。

胡裕树主编《现代汉语》增订本，上海教育出版社，1981。

黄成龙：《藏缅语存在类动词的概念结构》，《民族语文》2013年第2期。

江荻：《汉藏语言演化的历史音变模型——历史语言学的理论和方法探索》，民族出版社，2002。

江荻：《面向机器处理的现代藏语句法规则库和词类，组块标注集》，载江荻、孔江平主编《中国民族语言工程研究新进展》，社会科学文献出版社，2005。

江荻、李大勤、孙宏开：《达让语研究》，民族出版社，2013。

黎锦熙：《新著国语文法》，商务印书馆，1924。

李永燧、王尔松编著《哈尼语简志》，民族出版社，1986。

刘丹青：《汉语及亲邻语言连动式的句法地位和显赫度》，《民族语文》2015 年第 3 期。

刘月华等：《实用现代汉语语法》增订本，商务印书馆，2004。

陆俭明、马真：《现代汉语虚词散论》，北京大学出版社，1985。

吕叔湘主编《现代汉语八百词》增订本，商务印书馆，1999。

罗杰瑞：《汉语概说》，张惠英译，语文出版社，1995。

潘悟云：《汉语的音节描写》，《语言科学》2006 年第 2 期。

王力：《中国现代语法》，商务印书馆，1985。

新平彝族傣族自治县民族事务委员会编《新平彝族傣族自治县民族志》，云南民族出版社，1992。

邢公畹主编《现代汉语教程》，南开大学出版社，1994。

徐世璇：《毕苏语的"体""时"系统——兼论缅彝语言的有关问题》，《民族语文》2000 年第 3 期。

徐世璇：《从南部土家语的特殊构词看语言接触的深层影响》，载《东方语言学》第二辑，上海教育出版社，2007。

徐世璇：《论语言的接触性衰变——以毕苏语的跟踪调查分析为例》，《语言科学》2003 年第 5 期。

许鲜明、白碧波等：《山苏彝语研究》，民族出版社，2013。

杨将领：《藏缅语使动范畴的分析形式》，《民族语文》2003 年第 3 期。

尤中：《云南民族史》，云南大学出版社，1994。

玉溪地区地方志编纂委员会办公室：《道光新平县志》，云南人民出版社，1993。

袁家骅：《峨山窝尼语初探》，载王福堂、孙宏开编选《袁家骅文选》，北京大学出版社，2010。

袁家骅：《窝尼语音系》，载王福堂、孙宏开编选《袁家骅文选》，北京大学出版社，2010。

云南省峨山彝族自治县志编纂委员会编《峨山彝族自治县志》，中华书局，2001。

云南省石屏县志编纂委员会编《石屏县志》，云南人民出版社，1990。

张军：《藏缅语系词的分布与来源》，《民族语文》2013 年第 4 期。

赵敏：《墨江哈尼族卡多话参考语法》，中央民族大学博士学位论文，2009。

朱德熙：《语法讲义》，商务印书馆，2011。

朱艳华：《藏缅语工具格的类型及源流》，《民族语文》2010 年第 1 期。

朱永生：《名词化、动词化与语法隐喻》，《外语教学与研究》2006 年第 2 期。

Comrie, Bernard, *Aspect – An Introduction to the Study of Verbal Aspect and Related Problems* (Cambridge：Cambridge University Press, 2001), p. 3.

Konnerth, L. A., *A grammar of karbi* (Oregon：the University of Oregon, 2014).

Stenzel, K. S., *A reference grammar of wanano* (the University of Colorado, 2004), p. 5.

附录1

长篇语料

1. 稻米的故事

tɕhi⁵⁵ phu⁵⁵ kɯ³³ lu⁵⁵ tɔ³¹

稻米　　GEN 故事

zɔ¹³ tho³¹ ma⁵⁵ lu³³ , tɕhi⁵⁵ phu⁵⁵ xa³³ piu⁵³ xɤ³¹ lɛ³³ tsa³³ ti⁵⁵. tshɔ⁵⁵ tshɿ³¹ kɔ³¹

很久以前　　稻米　　鸡蛋　大　　有　PRT 人　一　　个

ȵi³¹ so³¹ pai³³ tsɔ³¹ tɕo⁵⁵ wo³¹ mɔ³³ pu³³ lɔ⁵⁵ tɕa⁵³. tsɔ⁵⁵ si³¹ mɔ³¹ pu⁵⁵ ti⁵⁵.

二 三 颗 吃 就 肚子 饱 DIR PRT 粮食 多 非常 PRT

tshɔ⁵⁵ mɔ⁵⁵ wo³¹ mɔ³³ mi³¹ , kɔ¹³ mɔ³¹ ʂʅ³¹.

什么　　肚子　饿　知 不 道

lo³³ lo³³ tɛ³³ , tsho⁵⁵ tɕhi⁵⁵ çi³¹ lo⁵⁵　xa⁵⁵ mɤ³¹/⁵⁵ mɔ³¹ wo⁵⁵ tsɔ³¹ , tɕhi⁵⁵ phu⁵⁵

慢慢 ADV 人　稻米　ACC 好好　　不　做 吃　粮食

mɔ³¹ tsen⁵⁵ tsoŋ⁵⁵ , xun⁵⁵ mɛ⁵⁵ ɬi⁵⁵ , xun⁵⁵ mɛ⁵⁵ sɔ³¹ , to³¹ no³³ ça³³ tɕhi⁵⁵ phu⁵⁵ ji⁵⁵

不 珍惜　　混 ADV甩 混 ADV撒 屁股 擦 稻米 拿

tɛ³³ ça³³ tɛ³³ ,　tsai⁵³ pɔ³¹ tɛ³³ lɛ⁵⁵ lɛ⁵⁵ mɛ⁵⁵ ça³³ kɔ³³　sɔ⁵³ ti⁵⁵.

SEQP 擦 SEQP 还 说 圆圆　ADV 擦 NOM 好 PRT

i⁵⁵ phi³¹ sa⁵⁵ la⁵⁵ kɔ¹³ ʂʅ³¹ mi⁵⁵ tsha³¹ kɯ³³ tsho⁵⁵ tɕhi⁵⁵ phu⁵⁵ xun⁵⁵ mɛ⁵⁵ ku³³ ti⁵⁵ ,

老天爷　　知道 地上　GEN 人 粮食　混 ADV 弄 PRT

tsoŋ³¹ tshi⁵⁵ ŋa¹³ , tɕhi⁵⁵ phu⁵⁵ zu³³ zi³¹ wo³¹ ta³³ ji⁵⁵ ta³³ fu³¹ ja⁵³ , mi⁵⁵ tsha³¹ kɯ³³

生气　　PRT 粮食　种子 天 上 拿 上 回 PRT 地上　　GEN

tsho⁵⁵ tɕhi⁵⁵ çi³¹ mɔ³¹ tsa³³ tɕa⁵³. mi³¹ lɯ³¹ la⁵⁵ kɯ³³ kɯ³³ pu⁵⁵ , ji³¹ tsa³³ tɛ³³　hen⁵⁵

人 谷种　没 有 PRT 饿　瘦　　　很 躺　SEQP 哼

ti⁵⁵, tsho⁵⁵ tshŋ³¹mi³¹ mi³¹ ҫi³¹ thɔ⁵³.

PRT 人 一 些 饿 死 PFV

　　ŋ̩i³¹ mɛ⁵⁵nu⁵⁵li³¹tҫi³¹ xɤ⁵⁵sɯ¹³ khɔ⁵⁵, wo³¹kɔ⁵⁵nɔ⁵⁵ mɔ⁵⁵ɔ⁵⁵xɔ³¹. tshŋ³¹nu⁵⁵

　　两 兄妹 孙子 们带 ADV 天上 那看 一 天

te³³ vu³¹tu³¹ thu³³ thɔ³¹ ŋ̩i³¹ sɔ³¹. i⁵⁵phi³¹sa⁵⁵la⁵⁵mi⁵⁵tsha³¹ kɯ⁵⁵tsho⁵⁵lo⁵⁵

ADV 头 叩 PFV 哭 怜 老天爷 地 GEN人 ACC

kho³¹sɔ³¹mɔ³¹sɔ³¹, tsho⁵⁵mɔ³¹sŋ⁵⁵mɔ³¹ti³¹phɤ³¹ja⁵³. i⁵⁵tha³¹la³¹, mi³¹lɯ³¹

可怜 不 怜 人 不 死 不 活 变 PRT 这段时间 饿

sŋ⁵⁵ti³¹ti⁵⁵.

死 PRT

　　ji⁵⁵xo⁵⁵ɔ⁵⁵kɯ³³khɤ³¹mɔ⁵⁵vu³¹tu³¹pa³¹thu⁵⁵te³³, wo³¹tɔ³³ ɔ⁵⁵xɔ³¹.

　　家 看 GEN 狗 那 头 抬 起 SEQP 天 LOC 看

nu³³ku⁵⁵tɔ³³ vu³¹tshi⁵⁵te³³ khu⁵⁵, sŋ³¹nu⁵⁵sŋ³¹xa³¹khu⁵⁵.

白天 LOC 黑夜 ADV 叫 七 天 七 夜 叫

　　i⁵⁵phi³¹sa⁵⁵la⁵⁵khɤ³¹mɔ⁵⁵tҫhi³¹mi³³ ɔ⁵⁵xɔ³¹kho³¹sɔ³¹sɔ³¹, thu⁵⁵a⁵³, tsho⁵⁵

　　老天爷 狗 那 嘴 看 可怜 说 PRT 人

tҫhi⁵⁵phu⁵⁵lo⁵⁵nu³³mɔ³³mɔ³¹nɔ⁵⁵, khɤ³¹lo⁵⁵ tҫhi⁵⁵tҫi³¹tҫha⁵³sɔ³¹pi³¹thɔ⁵³.

稻米 ACC 心 不 疼 狗 ACC 碎米 点 撒 给 PFV

khɤ³¹mɔ⁵⁵tҫhi⁵⁵tҫi³¹mo⁵⁵xo³¹te³³, ŋ̩i³¹mɛ⁵⁵nu⁵⁵ a⁵⁵xua³¹lɔ⁵⁵khɯ⁵⁵lo⁵⁵

狗 那 碎米 含 SEQP 两 兄妹 前面 到 来

ŋ̩i³¹mɛ⁵⁵nu⁵⁵la³¹xo³¹lo³¹tɔ⁵⁵fu³¹, tҫhi⁵⁵ҫi³¹xɔ⁵⁵ɬo³¹thɔ¹³sɔ³¹tҫi³³thɔ⁵³.

两 兄妹 捧 接 回 稻米 田 一 撒 进 PFV

a⁵⁵nu³³, tҫhi⁵⁵ҫi³¹tsa³³lɔ⁵³. tҫhi⁵⁵ҫi³¹mɔ⁵⁵wo³¹ta³³kɯ³³ tҫhi⁵⁵tҫi³¹ɥɯ⁵⁵

后来 稻米 有 PRT 稻米 那 天 上 GEN 碎米 是

ti⁵⁵, tҫhi⁵⁵pai³³pi³¹fu³³xɤ³¹liɛ³³ti⁵⁵tsa³³.

PRT 稻 粒 蚂蚁 大 像 只 有

译文:

稻米的故事

　　很久以前, 稻米有鸡蛋大, 一个人吃两、三颗肚子就饱了。粮食非常多, 人们不知道什么叫饿肚子。

渐渐地，人们不好好种植稻米，也不珍惜粮食，乱丢乱撒，拿稻米擦屁股，还说圆圆的擦着舒服。

老天爷知道了地上的人浪费粮食，非常生气，就把谷种收回天上去了。地上的人没有了谷种，饿得瘦骨嶙峋，躺着哼哼，一些人饿死了。两兄妹带着孙子们看着天上，每天磕头哭泣。老天爷不可怜地上的人，人变得不死不活，一下就饿死了。看家狗抬起头看着天，白天黑夜的叫。叫了七天七夜，老天爷看着狗嘴，说："可怜啊，人不心疼稻米，撒点碎米给狗。"狗含着碎米来到兄妹俩面前，兄妹俩手捧着接过稻米。稻米撒进田里以后，就有米了。因为是天上的碎米，所以才有蚂蚁般大。

2. 洗马塘的故事

mo³³ tshi³³ xɯ³¹

洗 马 塘

mo³³ tshi³³ xɯ³¹ tɛ⁵⁵ lu³³ phu³¹ ji⁵⁵ tʂhun³³ mo³¹ tɕhɔ³³ kɯ³³ ta³¹ lu⁵⁵. a⁵⁵ ta³¹ lu⁵⁵
洗马塘　　得勒箐普应春　　马　洗　GEN潭子　这潭子

mɔ⁵⁵ sɿ³¹ pi⁵⁵ tsu⁵⁵ sɿ⁵⁵ kɯ³³　 ji⁵⁵ xo⁵⁵ na⁵³ nu⁵⁵ tɔ³³　 ŋɯ⁵⁵ ti⁵⁵.
那　三道垭口　　GEN 房子　后面　LOC　是　PRT

zɔ¹³ tho³¹ zɔ³¹ mo³¹ thu⁵⁵ a⁵³,　 a⁵⁵ ta³¹ lu⁵⁵ mɔ⁵⁵ tɔ³³　 pɛ³³（vu³¹）ȵi³¹ ɔ⁵⁵ tso⁵⁵
以前　老人　说　PRT　这潭子　那　LOC　妖怪　　两个有

ti⁵⁵. tshɿ³¹ fu³¹ wo³¹ kɯ³³ nɛ³³,　 lo⁵⁵ mɔ³³ tɔ³³ kɯ³³ nɛ³³　xɔ⁵⁵ ti⁵⁵ tɕi³³ mɔ³¹
PRT 一年　天　干　CONJ　河 LOC　干　CONJ田　栽 进 不

tshi³¹. a⁵⁵ nuɔ³³, phu³³ tɯ³³ kɯ³³ tsho⁵⁵ tsu³¹ ji⁵⁵ tsi³¹ tɛ³³,　 a⁵⁵ pɛ³³　tho³¹ mɔ³³
会　后来　寨子　GEN 人　主意　打　SEQP　这 妖怪潭子

mɔ⁵⁵ xɯ³¹ pha³³ tɛ³³　 i⁵⁵ tshu³¹ phi³¹ khɔ³³ lɔ³¹ xɔ⁵⁵ ti⁵⁵. phu³¹ ȵi³¹ so³¹ phu³¹ tɛ³³
那　挖　开　SEQP水　　放　下　来　田　栽　寨子二 三　寨 TOP

khu⁵⁵ khɔ³³ tɛ³³　 xɯ³¹ ja⁵³. tshɿ³¹ çaŋ³³ xɯ³¹ nɛ³³　 xɯ³¹ pu³¹ tho⁵³, i⁵⁵ tshu³¹
喊　下　SEQP 挖　PRT　一段时间 挖　CONJ　挖 开 PFV 水

phi³¹ khɔ³³ lɔ³¹ a⁵³.　 tsho⁵⁵ tɕi⁵³ za³¹ fu³¹ lɔ⁵³. na³³ su³¹ vu³¹ su³³ lɔ⁵⁵, ɔ⁵⁵ xɔ³¹ ji⁵⁵
放　下　来 PRT　人　些　下 回来　明天　天　亮　瞧　去

i⁵⁵ tshu³¹ mɔ³¹ lɔ⁵⁵ tɕa⁵³. tsho⁵⁵ khu⁵⁵ khɔ³³ tɛ³³　 ɔ⁵⁵ xɔ³¹ ji⁵⁵, xɯ³¹ xɔ³³ ti³¹
水　不　来 PRT　人　喊　下　SEQP瞧　去　挖 开 PRT

kɯ³³ na⁵⁵tɕhi³³ tɕi⁵³ pu³³ fu³¹ lɔ⁵⁵ tɕa⁵³. tɕo⁵⁵ tsho⁵⁵khu⁵⁵ khɔ³¹tɛ³³　xɯ³¹ fu³¹ ji⁵⁵.
GEN 土　　些 填 回 来 PRT 就 人 喊　 下 SEQP 挖 回 去

　a⁵⁵nuɔ³³ tshɿ³¹nu³³, i⁵⁵tshu³¹ jo¹³ mɔ³¹ lɔ⁵⁵ tɕa⁵³. ku³¹li⁵⁵ku³¹li⁵⁵ xɯ³¹ pu³¹
　后来　 一 天 水　 又 不 来 PRT 接二连三　 挖 开

ŋi⁵³,　 jo¹³ thiɛn³¹ thu⁵⁵ fu³¹ thɔ⁵³. a⁵⁵nuɔ³³ tshɿ³¹nu³³, xɯ³¹ pu³¹ thɔ⁵³, tsho⁵⁵
CONJ 又 填　 起 回 PFV 后来　 一 天　 挖 开 PFV 人

za³¹ fu³¹ lɔ⁵⁵. kɔ⁵⁵mo³³ lu⁵⁵tsho⁵⁵ khɯ⁵⁵ lɔ⁵⁵ na⁵³,　 zɔ³¹mo³¹phɔ³¹ tshɿ³¹ kɔ³¹ ji⁵⁵
下 回 来 半路　　　 到 来 CONJ 老倌　　 一 个 他

kɯ³³ mɛ³¹xɛ³¹tsɛ³³ mo⁵⁵ ŋi⁵⁵pɔ⁵⁵ tsha³¹ a⁵³.　 zɔ³¹mo³¹phɔ³¹ kɔ³¹ ta³³ fu³¹ ji⁵⁵ tɛ³³
的　 烟筒　　 那 忘记　 SUS PRT 老倌　　 个 上 回去 SEQP

mɛ³¹xɛ³¹tsɛ³³ mo⁵⁵ ji⁵⁵ fu³¹ ji⁵⁵. ja⁵⁵xɤ⁵⁵ xɯ³¹ kɯ³³ a⁵⁵tsa³¹la³¹ tɔ³³　 khɯ⁵⁵ ji⁵⁵
烟斗　　 那 拿 回 去 他们　 挖 GEN 边　　 LOC 到 去

nɛ³³,　 pɛ³³ ŋi³¹ɔ⁵⁵ to³¹pɔ³¹ pɔ¹³ kɯ³³ kɔ³³ tʂo³¹ a⁵³,　 pɛ³³ ŋi³¹ɔ⁵⁵ thu⁵⁵ a⁵³:
CONJ 妖怪 二 个 话　 说 NOM 听 PFV PRT 妖怪 二 个 说 PRT

"ja⁵⁵xɤ⁵⁵ ji³¹tʂaŋ⁵⁵ ɛ⁵⁵ kɯ³³ thoŋ³¹tin⁵⁵ li³¹ kho³¹, kɯ³¹tɕhi⁵⁵ li³¹ ɔ⁵⁵, khɤ³¹ ŋi³¹ ɔ⁵⁵
他们　 一丈　 二 的 铜钉　　 四 颗 罗锅　 四 个 狗　 两 只

kɯ³³　 sɿ³¹ŋi⁵⁵ mo³¹ ji⁵⁵ lɔ¹³ phɛ⁵³,　 ja⁵⁵xɤ⁵⁵ xɯ³¹ pu³¹thu⁵⁵mɔ³¹ ka³¹."
GEN 血　 不 拿 来 CONJ　 他们　 挖 开 起 不能

　zɔ³¹mo³¹phɔ³¹ kɔ³¹ kɔ³³ tʂo³¹ a⁵⁵nɛ³³, tsho³¹fu³¹lɔ⁵³. vu³¹tshi⁵⁵, tsho⁵⁵ khu⁵⁵
　老倌　　 个 听 PFV CONJ 跑 回来　 天黑　　 人 喊

xo³³lɔ³¹, "ŋɔ⁵⁵ pɛ³³　 to³¹pɔ³¹ pɔ¹³ kɯ³³　 kɔ³³ tʂo³¹　 a⁵³,　 zɔ³¹mo³¹ŋi³¹ tɕi⁵³
拢来　 我 妖怪　 话　　 说 NOM 听 PFV PRT 那 东西　 些

ji⁵⁵ lɔ³¹ çi⁵³ nɛ³³xɯ³¹ pu³¹ thu⁵⁵ ka³¹ ti⁵⁵."
拿来 才 挖 开 起 得 PRT

　a⁵⁵nuɔ³³ tsho⁵⁵ tɕi⁵³ zɔ³¹ mo³¹ŋi³¹ tɕi⁵³ ji⁵⁵ khɔ³³ tɛ³³　　 ta³³ ja⁵³. thoŋ³¹ tin⁵⁵
　后来　 人 些 那 东西　 些 拿 下 SEQP 上 PRT 铜钉

li³¹ kho³¹ tin⁵⁵ tɕi³³ thɔ⁵³ nɛ³³,　 pɛ³³　 kɯ³³ kɛ⁵⁵mu⁵⁵ tɔ³³　 tin⁵⁵ tʂo¹³ nɛ³³,
四 颗 钉 进 PFV CONJ 妖怪 GEN 身　 LOC 钉 着 CONJ

sɿ³¹ŋi⁵⁵ tshɿ³¹ ku³¹ tu³³ lɔ⁵³. sɿ³¹ŋi⁵⁵ mo⁵⁵ xa⁵⁵mɤ³¹/⁵⁵ tshɿ³¹ çaŋ³³ tu³³ ta³³　 a⁵³.
血　 一 股 出 来 血 那 好　　 一 段 出 DUR PRT

a⁵⁵ tshʅ³¹ to³¹ nu³¹ a⁵⁵ nu³³, na⁵⁵ tɕhi³³ tɕi⁵³ thiɛn³¹ thu⁵⁵ mɔ³¹ tshi³¹ tɕa⁵³.

这 一 次 以 后 土 些 填 起 不 会 PRT

a⁵⁵ nu³³, a⁵⁵ mo³³ tshi³³ xɯ³¹ pɛ³³ tho³¹ mɔ³³ mɔ⁵⁵ lo³³ lo³³ tɕo⁵⁵ kɯ³³ ja⁵³.

后来 这 洗马潭 妖怪潭 那 慢慢 就 干 PRT

译文:

洗马塘的故事

洗马塘就是得勒箐普应春洗马的水潭。这个水潭在三道垭口的房子后面。

以前的老人们说,这个潭子中有两个妖怪。有一年天旱,河边的田干了,不能栽种庄稼。寨子里的人就出主意,把这个妖怪潭挖开,把水放下来栽田。

附近两、三寨的人就喊着去挖那个潭子。挖了一段时间,挖开了,放下水来,这些人就回来了。第二天天亮去瞧,水不来了。喊着人去看,原来挖开的口子被填拢了。就又喊着人重新挖去。

一天,水又不来了。接二连三地,口子挖了又重新填拢起来。一天,口子挖开后,人们都下山来。来到半路上,一个老倌(发现)他的烟斗忘记在潭子那里了,他就返回去拿烟斗。到他们挖的口子边上,他听到两个妖怪在说话。妖怪说:"他们四颗一仗二的铜钉、四个罗锅,两只狗的血不拿来,他们就不能挖开。"老倌听见后,就跑回来。

天黑的时候,(他)把人喊拢来,"我听到了妖怪说的话,要把那些东西拿来才能挖开"。

人们就拿着那些东西上去,把四颗铜钉钉进去,钉到妖怪的身子了,出来一股血。这股血出了好长一段时间。

这一次以后,(挖开的)土就不会填拢了。后来,这洗马潭的水也就慢慢干了。

3. 自然对话

(1)路上打招呼

甲:ta¹³ mo³³, nu⁵⁵ a³¹ tɔ³³ li³³?

大妈 你 哪里 去

大妈,你要去哪里?

乙：ŋɔ⁵⁵ va³¹tsɔ⁵⁵ sɔ⁵⁵ jiˑ⁵⁵ti³³.

　　我　猪食　摘　去　PRT

　　我要去拿猪食。

甲：nu³³ kɯ³³ xɔ⁵⁵kho⁵⁵ a³¹tɔ³³ ŋɛ⁵⁵?

　　你　GEN　菜地　　哪里　是

　　你的菜地在哪里？

乙：jiˑ⁵⁵xo⁵⁵ wa¹³tɔ³³.

　　家　　下面

　　在家下面。

　　jiˑ⁵⁵xo⁵⁵ma³³phu³¹tɔ³³.

　　家　　对面

　　在家对面。

甲：ta¹³mo³³, nu⁵⁵ kɯ³³ xɔ⁵⁵kho⁵⁵ tɔ³³ 　tshɔ⁵⁵mɔ⁵⁵ko³¹tsha³¹ tiˑ⁵⁵ti¹³?

　　大妈　你　GEN 菜地　LOC　什么　菜　种　PRT

　　你地里种着些什么菜？

乙：ŋɔ⁵⁵ kuˑ³¹tshi³³, ko³¹ɳi⁵⁵, ɯ⁵⁵phu³¹, xa³¹si⁵⁵, tshɯ³¹tshɯ³¹, tsi⁵⁵tsu³¹

　　我　韭菜　　青菜　瓜　　蒜　　老姜　　　茄子

　　tiˑ⁵⁵ti³³ti⁵⁵.

　　种 PRT

　　我种着韭菜、青菜、瓜、蒜、老姜、茄子。

甲：nu⁵⁵ tshɔ⁵⁵mɔ⁵⁵va³¹tsɔ⁵⁵ sɔ⁵⁵ti¹³?

　　你　什么　　猪食　摘　PRT

　　你拿些什么给猪吃？

乙：a⁵⁵muˑ³¹naˑ⁵⁵na³³, ɳiˑ³¹phi³¹tshai⁵⁵ sɔ⁵⁵ti³³jiˑ⁵⁵.

　　红薯苔　　　　牛皮菜　　摘　去

　　摘红薯苔、牛皮菜。

甲：nu⁵⁵ va³¹ a³¹taˑ³³xɤ³¹lɛ³¹ tsa³³ ti¹³?

　　你　猪　多大　　　有　PRT

　　你的猪有多大？

乙：ɳiˑ³¹xɔ⁵⁵ mɔ³¹tshŋ⁵⁵ tsŋ⁵⁵ a⁵³.

　　两百　不仅　斤　PRT

有两百多斤。

甲：nu⁵⁵ va³¹ a³¹ mo³³ ɔ⁵⁵ fu⁵⁵ ti¹³?
　　你 猪 几 头 养 PRT
　　你家养着几头猪？

乙：xɤ³¹ xɤ³¹ n̠i⁵⁵ n̠i⁵⁵ li³¹ ŋɔ³¹ ɔ⁵⁵.
　　大大小小 四 五 个
　　大大小小四五个。

甲：nu⁵⁵ va³¹ tsɔ⁵⁵ xa⁵⁵ mɤ⁵⁵ tshi³³ sɔ⁵⁵ mo³¹ a⁵³.
　　你 猪食 好些 摘 要 PRT
　　那么你要摘好多猪食啊。

乙：va³¹ tsɔ⁵⁵ sɔ⁵⁵ kɔ³³ mo³¹ ku³³.
　　猪食 摘 NOM 不 怕
　　摘点猪食不怕。

甲：ta¹³ mo³³, nu⁵⁵ tshɔ⁵⁵ mɔ⁵⁵⁵ maŋ³¹ phɛ⁵³ maŋ³¹ ji⁵⁵, ŋɔ⁵⁵ zɯ³¹ mo³¹ a⁵³.
　　大妈 你 什么 忙 CONJ 忙 去 我 走 要 PRT
　　大妈，您去忙，我要走了。

乙：ŋɔ⁵⁵ tshɿ³¹ tsho⁵⁵ mo³¹ maŋ³¹, nu⁵⁵ lo³³ lo³³ zɯ³¹. nu⁵⁵ a³¹ mo³³ lu⁵⁵ phɛ⁵³
　　我 一样 没 忙 你 慢慢 走 你 哪天 闲 CONJ
　　n̠i⁵⁵ kɔ³³ lɔ⁵⁵.
　　玩 来
　　我没忙什么。你慢慢走。哪天有空来玩。

（2）询问节日

甲：ta¹³ mo³³, na³³ xɤ⁵⁵ kɯ³³ tshɔ⁵⁵ mɔ⁵⁵ tshɔ⁵⁵ mɔ⁵⁵⁵ tɕe³¹ tshi⁵⁵ ko⁵⁵ ji⁵⁵?
　　大妈 你们 GEN 什么 什么 节气 过 去
　　大妈，你们这里有些什么节日？

乙：xo³¹ sɯ³¹ sɯ³¹, tʂɛn⁵⁵ ji⁵⁵ ʂɿ³¹ lu³¹, vu³¹ mi⁵⁵ thu⁵⁵, ŋɔ³¹ ɬa³³ ŋɔ³¹ nu³³ nu³³,
　　年 过 真月十六 祭龙 端午节
　　khu³¹ n̠i³¹ tɕhi⁵⁵ li⁵⁵, xi³¹ ɬa³³ tɕhi⁵⁵ ŋa³¹, toŋ³¹ tsɿ³³ ko⁵⁵. za¹³ tho³¹ no³³,
　　火把节 中秋节 冬至 过 以前
　　zɔ³¹ mo³¹ kɯ³³ pin¹³ tɔ⁵³ thi³¹ xo³¹ sɯ³¹.
　　老人 （二月初一）小年 过

过年，农历十六，祭龙节，端午节，火把节，中秋节，冬至，过
这些节日。以前，老人还过小年（二月初一）。

（3）询问家禽

甲：va³¹ fu⁵⁵ ti³¹lɔ⁵⁵, mɔ³¹ fu⁵⁵ ti¹³?

　　猪　养　PRT　　不　养　PRT

　　有没有养猪？

乙：fu⁵⁵ ti³¹ti⁵⁵.

　　养　PRT

　　养着的。

甲：a³¹mo³³ ɔ⁵⁵ fu⁵⁵ ti¹³?

　　多少　个　养　PRT

　　养着多少？

乙：khu³¹ ɔ⁵⁵ fu⁵⁵ ti³¹ti⁵⁵.

　　六　个　养　PRT

　　养着六个。

甲：nu⁵⁵ xa³³ fu⁵⁵ ti³¹lɔ⁵⁵?

　　你　鸡　养　PRT

　　你养着鸡吗？

乙：fu⁵⁵ ti³¹ti⁵⁵.

　　养　PRT

　　养着呢。

甲：a³¹mo³³ ɔ⁵⁵ fu⁵⁵ ti¹³?

　　多少　只　养　PRT

　　养着多少只？

乙：xa³³phi⁵⁵ xa³³so³¹ n̺i³¹ so³¹ tɕhi⁵⁵ ɔ⁵⁵ fu⁵⁵ ti³¹ti⁵⁵.

　　公鸡　　阉鸡　二　三　十　只　养　　PRT

　　公鸡阉鸡养着二三十只。

甲：nu⁵⁵ a³¹pi⁵⁵ fu⁵⁵ ti³¹lɔ⁵⁵?

　　你　鸭　养　PRT

　　你养着鸭子吗？

乙：fu⁵⁵ ti³¹ ti⁵⁵.

养　PRT

养着呢。

甲：a³¹ mo³³ ɔ⁵⁵ fu⁵⁵ ti¹³?

多少　只　养　PRT

养着多少只？

乙：ai³¹, a³¹ mo³³ ɔ⁵⁵ fu⁵⁵ thu⁵⁵ mɔ³¹ ka³¹, so³¹ li³¹ tɕhi⁵⁵ ɔ⁵⁵ fu⁵⁵ ti³¹ ti⁵⁵.

唉　多少　只　养　起　不　能　三四十　只　养　PRT

唉，养不了多少只，养着三四十只。

（4）放牛

甲：ŋɔ⁵⁵ zɯ³¹ mo³¹ a⁵³.

我　走　要　PRT

我要走了。

乙：xo³¹ tsɔ³¹ thɔ⁵³ ɕi⁵³ nɛ³³ ji⁵⁵.

饭　吃　PFV　才　去

吃了饭去。

甲：ŋɔ⁵⁵ tsɔ³¹ kɔ³³ mɔ³¹ mi⁵⁵, ŋɔ⁵⁵ nu³¹ ɛn⁵³ vu³³ fu³¹ ji⁵⁵ mo¹³ ɕi³¹.

我　吃　NOM不　空　我　黄牛　水牛　放　回　去　要　还

没空吃饭。我还要把黄牛、水牛放回去。

乙：a³¹ mo³³ kho³³ tso⁵⁵ ɛ⁵⁵?

多少　条　有　PRT

有多少条？

甲：nu³¹ ɛn⁵³ tɛ³³ li³¹ ŋɔ³¹ tɕhi⁵⁵ kho³³.

黄牛　水牛　TOP　四五　十　条

黄牛、水牛有四五十条。

乙：vu³³ fu³¹ ji⁵⁵, vu³³ fu³¹ ji⁵⁵, vu³³ fu³¹ lɔ¹³ phɛ⁵³ xɔ¹³ tɔ³³ tsi⁵⁵ pɔ³¹ to⁵⁵ lɔ⁵⁵.

放　回去　放　回去　放　回来　CONJ这里　酒　喝来

ŋɔ⁵⁵ xa³³ thɔ³¹ ɔ⁵⁵ ɕi³¹ tɛ³³ phɛ⁵³, xa⁵⁵ mɤ⁵⁵ mɤ⁵⁵ tsi⁵⁵ pɔ³¹ tshɿ³¹ pi⁵⁵ to⁵⁵

我　鸡　一　只　杀　CONJ　好好地　酒　一　杯　喝

n̠i⁵⁵ kɔ³³ lɛ³³.

玩　PRT

放回去，放回去（后）回来这里喝酒。我杀一只鸡，好好地喝一
杯玩玩。

（5）赶街玩

甲：zɯ³¹, ŋɔ³³xɤ⁵⁵ zɔ³¹mo³¹ tɕi⁵³, na³³su³¹thi³¹ȵi³¹ ȵi³¹ ȵi⁵⁵ko³³ ji⁵⁵lɛ³³.
　　走　　我们　老人　些　　明日　街　　赶　玩　去　PRT
　　走，我们这些老人，明日赶街玩去。

乙：tshɔ⁵⁵mɔ⁵⁵ vu⁵⁵ ji⁵⁵?
　　什么　　买　去
　　买什么去？

甲：tshɿ³¹tsho⁵⁵ mɔ³¹vu⁵⁵. ja⁵⁵xɤ⁵⁵ sɿ⁵⁵la³¹ tɕi⁵³ zɿ⁵⁵kɯ³³ ɔ⁵⁵xɔ³¹ji⁵⁵ lɛ³³.
　　一样　　不买　他们　年轻人　些　唱 NOM 瞧　去　PRT
　　什么也不买，看他们年轻人唱去。

乙：ja⁵⁵xɤ⁵⁵ sɿ⁵⁵la³¹ tɕi⁵³pha³³ zɿ⁵⁵a⁵³, a⁵⁵ zɔ³¹mo³¹ tɕi⁵³ pɔ⁵⁵ zɿ⁵⁵ lɛ³³.
　　他们　年轻人　些 CONJ 唱 PRT 这老人　些　跟　唱　PRT
　　他们年轻人唱的话，我们这些老年人跟着唱。

甲：zɔ³¹mo³¹zɔ³¹nu⁵⁵te³³ zɔ³¹mi⁵⁵mɔ³¹fɛn⁵⁵tɕa⁵³. tshɿ³¹ku³³lu³³te³³
　　老老小小　　　　TOP现在　不　分　PRT 一起　　　ADV
　　ɕi⁵³nɛ³³ȵi⁵⁵ko³³sɔ⁵³ti⁵⁵.
　　才　玩　好　PRT
　　现在不分老少一起玩才好玩呢。

（6）捉鱼

甲：zɯ³¹, ŋɔ³³xɤ⁵⁵ tshɿ³¹ku³³lu³³ te³³　ŋɔ³¹sɔ³¹ xo⁵⁵ ji⁵⁵ lɛ³³.
　　走　我们　一起　　　ADV 鱼　捉　去　PRT
　　走，我们一起捉鱼去。

乙：a³¹tɔ³³ xo⁵⁵ ji⁵⁵?
　　哪里　捉　去
　　去哪里捉？

甲：lo⁵⁵mɔ³³tɔ³³ lo⁵⁵ tshɔ⁵⁵lɔ⁵⁵thɔ³¹ ɔ⁵⁵ thɯ³¹ tshɿ⁵⁵te³³ xo⁵⁵ tɛ³³phɛ⁵³xo⁵⁵fu³¹
　　河　　LOC河分支　　一　条　扎　起　SEQP捉 CONJ　捉回
　　lɔ¹³phɛ⁵³, te³¹phɛ⁵⁵xo³¹ xi³³ lɛ³³,　xi³³te³¹phɛ⁵³ lo⁵⁵ko³³ tɕhi³¹tɔ³³,
　　来 CONJ 平伙　　打 PRT　打 CONJ　门　前

ji³³ kɯ³³　ji³³ zʅ⁵⁵ kɯ³³ zʅ⁵⁵, zɔ³¹ mo³¹ zɔ³¹ nu⁵⁵ mɛ⁵⁵　n̥i⁵⁵ kɔ³³ mo³¹ a⁵³.
跳 NOM　跳 唱 NOM 唱　老老小小　　　PAUP玩　要 PRT
到河边，扎起一条支流来捉鱼。捉回来打平伙。打平伙后在门前
跳的跳，唱的唱，老老少少都在一起玩。

4. 歌谣

（1）孤女叹

zɔ³¹ xɔ³¹　ŋɔ³³ kɯ³³　i⁵⁵tshʅ⁵⁵ to³¹, 小伴　我 GEN 兄弟 衬	我的朋友小伴们，
mɛ⁵⁵ nu⁵⁵　ŋɔ³³ kɯ³³　i⁵⁵tsho³¹, 亲戚　我 GEN 姊妹	我的兄弟姊妹们，
nu⁵⁵　li³¹　xo³¹ mɔ³³ mɤ³¹　ka³³, 你 也 命运 好 PRT	你命运好啊，
nu⁵⁵　lu³¹ mɤ³¹ tso⁵⁵ ti⁵⁵　kɯ³¹, 你 福气 有 PRT 衬	你有好福气，
tha¹³　xɤ³¹ tshʅ⁵⁵ xɤ³¹ mi⁵⁵ to³¹, 上面 爷娘 衬	上有爷娘辈，
xɤ³¹ mi⁵⁵　so³¹ lu³¹　tso⁵⁵ ti⁵⁵　kɯ³¹, 老人 三 代 有 PRT 衬	爷娘有三代，
wa¹³　n̥i⁵⁵tshʅ³³ n̥i⁵⁵ mi⁵⁵　to³¹, 下面 弟妹 衬	下有弟和妹，
n̥i⁵⁵ mi⁵⁵ so³¹ sɛ³¹　xo³¹ ti⁵⁵ ka³¹, 弟妹 三 四 站 PRT 得	弟妹三四个。
nu⁵⁵ zɔ³¹ xɔ³¹　i⁵⁵tshʅ⁵⁵　to³¹, 你 小伴 朋友 衬	你的小伴么，
nu⁵⁵　i⁵⁵tshʅ⁵⁵ i⁵⁵tsho³¹ ka³³, 你 朋友姊妹 PRT	你的姊妹么，
fu³¹　mɔ³¹　mɤ³¹　ŋɔ³³ xɤ⁵⁵ to³¹, 福 不 好 我们 衬	我们福气不好么，
lu³¹　mɔ³¹　mɤ³¹　ŋɔ³³ xɤ⁵⁵ ka³³, 运 不 好 我们 PRT	我们命运不好啊，

xa⁵⁵ ti⁵⁵ mɔ³³ ti⁵⁵ lɛ³³ phɛ⁵³,　　　　栽秧栽迟么，
秧　栽　PRT　栽　迟　么

ti⁵⁵ lɛ³³ nu³¹ lɛ³³ tsɔ³¹ xɔ⁵⁵ to³¹,　　会被牛吃啊，
栽　迟　牛　AG　吃　会　衬

nu³¹ lɛ³³ tsɔ³¹ xɔ⁵⁵lu¹³ tɕi³¹,　　　　会被牛吃的说。
牛　AG　吃　会　　HRS

zɔ³¹ fu⁵⁵ mɔ³³ zɔ³¹lɛ³¹ phɛ⁵³,　　　　生养晚的小幺囡么，
儿　养　PRT　老儿子　PRT

sʅ⁵⁵mu³¹ a³¹tshu³¹ tsɛ⁵⁵ ti⁵⁵,　　　　总是被人欺，
别人　　别人　欺　PRT

tsɛ⁵⁵ ti⁵⁵ lu³¹ ȵi³¹ ti¹³ tɕi³¹,　　　生来就给人欺负的说，
欺　PRT　生　衬　PRT　HRS

wo⁵⁵lɔ³³xɔ⁵⁵xɔ⁵⁵ wo⁵⁵ ça³¹ ȵi³¹,　　做死做活的做，
做死做活　　做　死　衬

wo⁵⁵ tu⁵⁵lu³¹ tɔ³³ mɔ³¹ pu³³.　　　　肚子吃不饱，
做　肚子　LOC　不　饱

khu³¹lɔ³³xɔ⁵⁵xɔ⁵⁵ khu³¹ ça³¹ ȵi³¹,　苦死苦活的苦，
苦死苦活　　　苦　死　衬

ɯ⁵⁵ to³¹thi⁵⁵ tɔ³³ mɔ³¹ pu³³,　　　　水都喝不饱，
水　嗓子　LOC　不　饱

su³¹na³³ mo³¹ mɔ³¹ wo⁵⁵ tɕi⁵⁵ phɛ⁵³,　早晨不做活么，
早晨　活　不　做　衬　PRT

su³¹na³³ khɔ⁵⁵ tsɔ³¹ tsa³³ mɔ³¹ tsa³³,　早晨无粮吃，
早晨　粮　吃　有　没　有

su³¹na³³ mo³¹ mɔ³¹ wo⁵⁵ tɕi⁵⁵ phiɛ⁵³　早晨不做活计么，
早晨　活　不　做　衬　PRT

su³¹na³³ khɔ⁵⁵ tsɔ³¹ tsa³³ mɔ³¹ tsa³³,　早晨无粮食，
早晨　粮　吃　有　没　有

tshʅ³¹a³³ mo³¹ mɔ³¹ ku³³ tɕi⁵⁵ phiɛ⁵³,　晚上不做活么，
晚上　活　不　整　衬　PRT

tshŋ³¹a³³ ɯ⁵⁵ to⁵⁵ tsa³³ mɔ³¹ tsa³³,   晚上无水喝。
晚上　　水　喝　有　没　有

wo³¹ lɔ⁵⁵ pi⁵³a³¹ zɔ³¹nu⁵⁵ to³¹,   天上的小鸭子，
天　衬　鸭子儿　　衬

wo³¹ lɔ⁵⁵ pi⁵⁵sŋ⁵⁵ zɔ³¹xɔ³¹,   天上的小伙伴，
天　衬　一辈子　伙伴

pi⁵⁵a³¹ tshŋ³¹ kɔ³¹ lu¹³ ka³³,   托生成一个人啊，
托生　　一　　个　生　PRT

pi⁵⁵a³¹ lu³¹ ȵi³¹ mɔ³¹ phi³¹a⁵³,   生的不值得，
托生　　生　衬　不　值　PRT

tshŋ³¹la³³ mɔ³¹ phi³¹ mɔ³¹tshŋ⁵⁵ to³¹,   不仅一时不值得，
一时　　　不　值　不仅　　衬

pi⁵⁵a³¹ mɔ³¹ phi³¹ ka³¹ tɕi⁵⁵ te³³,   一辈子不值得。
托生　不　值　得　衬　衬

tshŋ³¹nu³³ ti⁵⁵ ȵi³¹ mɔ³¹tshŋ⁵⁵ te³³,   不仅可怜一日，
一日　　可怜衬　不仅　　衬

tshŋ³¹sŋ⁵⁵ ti⁵⁵ ȵi³¹ tsha³¹ tha³³ to³¹,   一辈子都可怜。
一辈子　可怜　衬　留　POS　衬

mɔ³¹ pɔ³¹ kɯ³³ li³¹ si³¹ lɔ⁵⁵ to³¹,   不讲也知道，
不　讲　NOM　也　知道　PRT　衬

mɔ³¹ thu⁵⁵ kɯ³³ li³¹ khɯ⁵⁵ lɔ⁵⁵ te³³,   不说也明白。
不　说　NOM　也　明白　PRT　衬

mɔ³¹ thu⁵⁵ kɯ³³ li³¹ phɔ³³ si³¹ a⁵³,   如不说，也知道，
不　说　NOM　也　CONJ　知　PRT

jo³¹ sin³³ kɯ³³ kɯ⁵⁵sŋ⁵⁵,   有心的小哥，
有　心　的　小哥

saŋ⁵⁵ sin³³ kɯ³³ kɯ⁵⁵mu³¹,   上心的小郎，
上　心　的　小郎

tu³¹ tu⁵⁵ nu³³mɔ³³ phɔ³³ xo⁵⁵ a³¹ to³¹,   若你心与我像，
心　想　心　CONJ　像　PRT　衬

ȵi³¹ mi⁵⁵ kɛ³¹ lo³³ phɔ³³ sa³¹, 　　　　想得九座大山来相连。
想　　衬　九　　座　　CONJ 接

kɯ⁵⁵mu³¹ nu³³ tu³¹ pa¹³ to³¹, 　　　　小郎 CONJ 想姑娘，
小郎　　　心　想　姑娘 衬

pa³¹ nu³³ tu³¹ nɔ⁵⁵ lɔ⁵⁵ tɛ³³, 　　　　姑娘心儿疼，
姑娘　心　想　疼　PRT　衬

ȵi³¹ mi⁵⁵ kɛ³¹ lo³³ phɔ³³ sa³¹, 　　　　想得九个角落来相连。
想　　衬　九　角落　CONJ 接

kɯ⁵⁵mu³¹ nu³³ si³¹ pa³¹, 　　　　小郎疼姑娘，
小郎　　　心　姑娘

pa³¹ nu³³si³¹ ko⁵⁵ lɔ⁵⁵, 　　　　姑娘心儿痛。
姑娘　心　痛　　PRT

xo⁵⁵ lɔ⁵⁵ nu³³si³¹ phɔ³³ tsa³³, 　　　　CONJ 有心来遇拢，
拢　衬　心　CONJ 有

nɔ⁵⁵ lɔ⁵⁵ nu³³ li³¹ phɔ³³ tsa³³, 　　　　CONJ 有心来疼（我），
疼　衬　心　也 CONJ 有

tshŋ³¹ nu³³ phi³¹ ȵi³¹ mɔ³¹tshŋ⁵⁵, 　　　　不止值一日，
一　日　值　衬　不仅

tshŋ³¹sŋ⁵⁵ phi³¹ ka³¹ lɔ⁵⁵ tɕa⁵³. 　　　　一辈子都值得啦！
一辈子　值　得　衬　PRT

（2）母亲劝嫁

i⁵⁵mo³¹ zɔ³¹mi³¹ mi³¹ta⁵⁵ to³¹, 　　　　阿妈的女儿啊，
阿妈　女儿　大囡　衬

i⁵⁵mo³¹ zɔ³¹mi³¹ mi³¹xɤ³¹ to³¹, 　　　　阿妈的大囡，
阿妈　女儿　大囡　衬

nu³³ mɔ⁵⁵ ɕi⁵⁵ kɯ³³ tshŋ³¹ tso⁵⁵ to³¹, 　　　　今天过到的日子，
天　那　过　的　一　天　衬

nu³³ tsɔ⁵⁵ ɕi⁵⁵ kɯ³³ tshŋ³¹ nu³³ to³¹, 　　　　今日转到的日子，
日　转　过　的　一　日　衬

i⁵⁵mo³¹ zɔ³¹mi³¹ mi³¹ta⁵⁵ ko³¹, 　　　　阿妈的大囡啊，
阿妈　女儿　大囡　个

nu³³ lo⁵⁵ wo⁵⁵ tsɔ³¹ pi³¹ ŋa⁵⁵ to³¹,　　要把你嫁出去，
你 ACC 嫁 吃 给 是 衬

mɔ³¹ wo⁵⁵ tsɔ³¹ ȵi³¹ mɔ³¹ ka³¹ to³¹,　　不嫁不行，
不 嫁 吃 衬 不 得 衬

mɔ³¹ pi³¹ tho⁵³ ȵi³¹ mɔ³¹ ka³¹ nɛ¹³,　　不给不得。
不 给 PFV 衬 不 得 衬

i⁵⁵ mo³¹ nu³³ lo⁵⁵ tu³¹ ti⁵⁵ to³¹,　　阿妈会想你，
阿妈 你 ACC 想 PRT 衬

i⁵⁵ mo³¹ nu³³ lo⁵⁵ ȵi³¹ ti⁵⁵ tɛ³³,　　阿妈真爱你，
阿妈 你 ACC 爱 PRT 衬

ŋɛn³¹ lɔ⁵⁵ xɔ⁵⁵ xɔ⁵⁵ ŋɛn³¹ tɕi⁵⁵ ȵi³¹,　　念死念活念着你，
念死念活 念 衬 衬

to³¹ tho⁵⁵ tshi³¹ sɯ⁵⁵ mo¹³ mɔ³¹ to³¹,　　无论如何不由娘，
无论如何 娘 不 由

mo¹³ mɔ³¹ to³¹ ka³¹ tɕi⁵⁵ to³¹,　　不由娘啊。
娘 不 由 得 衬 衬

wo³¹ lɔ⁵⁵ pi⁵⁵ a³¹ zɔ³¹ nu⁵⁵ to³¹,　　天上托生的娃娃，
天 衬 托生 娃娃 衬

wo³¹ lɔ⁵⁵ pi⁵⁵ sʴ⁵⁵ zɔ³¹ xɔ³¹ to³¹,　　天上一辈子的亲人，
天 衬 一辈子 亲人 衬

tshʴ³¹ kɔ³¹ tshʴ³¹ to³¹ tsho⁵⁵ to³¹,　　托生成一回人，
一 个 一 回 人 衬

tsho⁵⁵ tso⁵⁵ tsɔ³¹ mo³¹ ti⁵⁵ to³¹,　　人要成人家，
人 做 吃 要 PRT 衬

nu⁵⁵ kɯ³³ wo³¹ tso⁵⁵ nu⁵⁵ to³¹,　　你的家庭啊，
你 GEN 家庭 你 衬

nu³³ lo⁵⁵ sɔ⁵⁵ ȵi³¹ pi³¹ mo³¹ to³¹,　　要找给你的。
你 ACC 找 衬 给 要 衬

tha¹³ xʴ³¹ tshʴ⁵⁵ xʴ³¹ mi⁵⁵ tso⁵⁵,　　上有老辈人，
上 上辈 有

wa¹³ ȵi⁵⁵tshi³¹ ȵi⁵⁵mi⁵⁵ xo³¹,　　　　下面有弟妹，
下　　弟妹　　　　站

xɤ³¹ li⁵⁵fɛ⁵⁵sɯ³¹ nu⁵⁵ to³¹,　　　　大人压着你，
大　衬　压　　2SG　衬

nu³³ lo⁵⁵fɛ⁵⁵sɯ³¹ xa³³ ti⁵⁵ to³¹,　　　　狠心的压着你（去）
你　ACC　压　硬　PRT　衬

nu⁵⁵ li³¹ tha³¹ tshŋ³³ nu³³ to³¹,　　　　你也要"去"的想，
你　也　离开　想　衬

nu⁵⁵ tha³¹ tshŋ³³ na³³ tɕi⁵⁵ to³¹,　　　　心硬硬地去，
你　离开　黑　衬　衬

nɔ³¹ mɔ³¹ za³¹ la³³ mɔ³¹ xɯ⁵⁵ to³¹,　　　　犹犹豫豫不肯去，
停　不　停　不　肯　衬

mɔ³¹ xɯ⁵⁵ na³³ ȵi³¹ mo³¹ ti⁵⁵ to³¹,　　　　不肯也要狠下心来去。
不　肯　黑　衬　要　PRT　衬

wo³¹ lɔ⁵⁵ pi⁵⁵a³¹ zɔ³¹ nu⁵⁵ to³¹,　　　　天上托生来的娃娃，
天　衬　托生　娃娃　衬

pi⁵⁵a³¹ tshŋ³¹ kɔ³¹ lu¹³ ka³¹,　　　　托生来一个，
托生　一　个　够　PRT

nu⁵⁵ kɯ³³ tso⁵⁵a³¹ nu⁵⁵ to³¹,　　　　你的在处，
你　GEN　在处　你　衬

nu⁵⁵ sɔ⁵⁵ ȵi³¹ ji⁵⁵ mo³¹ tɕi³¹,　　　　你要去找的说，
你　找　衬　去　要　说

nu⁵⁵ kɯ³³ ji⁵⁵xo⁵⁵ tso⁵⁵ çi³¹ nɛ³³,　　　　要有你的家庭，
你　GEN　家庭　有　还　衬

nu⁵⁵ kɯ³³ ji⁵⁵xo⁵⁵ tso⁵⁵ ti⁵⁵ to³¹,　　　　在你家庭里。
你　GEN　家庭　在　PRT　衬

a³¹ phɔ³¹mɔ³³ kɯ³³ ji⁵⁵xo⁵⁵ to³¹,　　　　父母的家啊，
父母　　　GEN　家　衬

nu³³ lo⁵⁵ fu⁵⁵xɤ³¹ ti³¹ti⁵⁵ to³¹,　　　　只是把你养大，
你　ACC　养大　只　　衬

nu⁵⁵ tso⁵⁵ pi³¹ mɔ³¹ tshɿ³¹ tɛ³³,　　　　不会让你一直呆下去。
你　在　给　不会　衬

a³¹phɔ³¹mɔ³¹ zɔ³¹ fu⁵⁵ i⁵⁵mo³¹ kɔ³¹,　　　爹妈养的儿啊，
父母　　　儿　养　阿妈　个

tsɔ³¹ mɔ³¹ fu³¹ mi⁵⁵ fu⁵⁵ ta³¹ ȵi³¹,　　　　舍不得吃的把你养大，
吃　不　舍　衬　养　衬　衬

fu⁵⁵ ȵi³¹ a³¹tshu³¹ zei¹³ to³¹,　　　　　　养大要给别人，
养　衬　别人　给　衬

zei¹³ tso⁵⁵ ȵi³¹ pi³¹ mo³¹ to³¹,　　　　　要给到别人家，
给　在　衬　给　要　衬

tu³¹lɔ⁵⁵xɔ⁵⁵xɔ⁵⁵ tu³¹ tɕi⁵⁵ ȵi³¹,　　　　　想死想活的想你。
想死想活　　　想　衬　衬

mo¹³ a³¹tshu³¹ mɔ³¹ pi³¹ phɛ⁵³,　　　　　娘如不把你给别人，
娘　别人　不　给　CONJ

mɔ³¹ pi³¹ wo⁵⁵ tsɔ³¹ mɔ³¹ ka³¹ nɛ³³,　　　不让你出嫁不行。
不　给　嫁　吃　不　得　衬

i⁵⁵mo³¹ zɔ³¹mi³¹ mi³¹ta⁵⁵ to³¹,　　　　　阿妈的女儿啊，
阿妈　女儿　大囡　衬

nu⁵⁵ tso⁵⁵ ȵi³¹ ka³¹ ji⁵⁵ xɔ³¹,　　　　　你得自己在着去，
你　在　衬　得　去　ATT

nu⁵⁵ sɔ⁵⁵ ȵi³¹ tsɔ³¹ ji⁵⁵ xɔ³¹,　　　　　你得自己找吃去，
你　找　衬　吃　去　ATT

tsa³³ mɔ³¹ za³¹la³³ mɔ³¹ xɯ⁵⁵ to³¹,　　　总在母家是不行了，
在　不　在　不　肯　衬

xa⁵⁵mɣ⁵⁵mɣ⁵⁵ xo³¹ tsɔ³¹ mo³¹ tɛ³³,　　　好好的去过日子。
好好地　　　饭　吃　要　衬

nu⁵⁵ kɯ³³ wo³¹nu⁵⁵ to³¹,　　　　　　　在你的家庭，
你　GEN　家庭　衬

nu⁵⁵ tso⁵⁵ tsɔ³¹ ji⁵⁵ tɕi⁵⁵ to³¹,　　　　　在吃去。
你　在　吃　去　衬　衬

na³³ mɔ³³ zɔ³¹　fu⁵⁵　ȵi³¹　mo³¹　ka³¹,　　　　你母要养儿啊,
你－母　儿　养　衬　要　　PRT

nu⁵⁵　kɯ³³　xɤ³¹tshŋ⁵⁵xɤ³¹mi⁵⁵ to³¹,　　　　你的上辈人,
你　GEN　上辈人　　　　　衬

xɤ³¹mi⁵⁵　fu⁵⁵　ȵi³¹　tshŋ³¹　ti⁵⁵　to³¹,　　　上辈人我会养。
上辈　养　衬　会　PRT　衬

nu⁵⁵　kɯ³³　ȵi⁵⁵tshŋ³³ȵi⁵⁵mi⁵⁵ to³¹,　　　　你的弟妹啊,
你　GEN 弟妹　　　　　衬

ȵi⁵⁵mi⁵⁵ sɔ⁵⁵ ȵi³¹ tshŋ³¹ ti⁵⁵　tɛ³³.　　　弟妹我会管。
弟妹　找　衬　会　PRT　衬

对照词汇

i

i⁵⁵xɯ³¹xɯ³¹	小小的	i³¹xɤ³¹lɛ³³lɛ⁵⁵khu⁵⁵	吆喝
i⁵⁵ka³³	冷水	i⁵⁵ka³³la³³	凉水
i⁵⁵kho³³lo³³	水沟儿	i⁵⁵khɯ³¹khɯ³¹	游泳
i⁵⁵khu³¹tu⁵⁵lu⁵⁵	玉米骨头	i⁵⁵ko⁵⁵ko⁵⁵	清水
i⁵⁵ko³³phɔ³³	外面	i³¹li³¹	邵鱼
i⁵⁵ɬo⁵⁵	蛇	i⁵⁵lo³³lo³³	打滚
i⁵⁵ɬo⁵⁵na⁵⁵tʂʅ³¹	蛇药	i⁵⁵ɬo⁵⁵phi³¹khɯ⁵⁵	蛇胆
i⁵⁵ɬo⁵⁵tu³¹tsa¹³kɯ³³	毒蛇	i⁵⁵ɬɔ⁵⁵phi³¹khɯ⁵⁵tsi⁵⁵pɔ³¹	蛇胆酒
i⁵⁵ɬo⁵⁵zo³³kho⁵⁵	蛇洞	i⁵⁵mi³³	玉米
i⁵⁵mi³³	热水	i⁵⁵mi⁵⁵	怎么
i⁵⁵mi³³ka³¹ȵi³¹	搅团	i⁵⁵mi³³zo³³tso⁵⁵	玉米秆
i⁵⁵mi³³zu³³mu³¹	玉米须	i⁵⁵mi¹³tɕhi³¹	掰玉米
i⁵⁵mo³¹	阿妈	i⁵⁵mo³¹	那么
i³¹mo³¹lɛ³³lɛ³³	长长的	i⁵⁵mo³¹lo³¹	这么
i⁵⁵mo³¹lo³¹	那么多	i⁵⁵mo³³lo³¹	许多
i⁵⁵mo³¹tɛ³³	如此的	i⁵⁵mo³¹zo³¹tɛ³³	这么的
i⁵⁵mɯ³¹zu³³ve³³	柳絮	i⁵⁵nɛ³³	如此的
i⁵⁵nɛ³³	自己	i⁵⁵nɛ⁵⁵	这么样
i³¹ȵi⁵⁵mɔ³³	姨妹	i⁵⁵nu³³xo⁵⁵tɔ³³	里面
i³¹nu³¹nu⁵⁵	短短的	i⁵⁵phi³¹	爷爷
i⁵⁵phi³¹	老爷	i⁵⁵phi³¹i⁵⁵za³³	祖宗
i⁵⁵phi³¹sa³³la³³	老天爷	i⁵⁵phi³¹mi⁵⁵su⁵⁵phɔ³¹	财主老爷

i⁵⁵ phi³¹ sa³³ la³³	天气	i⁵⁵ phi³¹ sa³³ la³³ xɯ³³ tu³¹	天葬
i⁵⁵ phi³¹ zɔ³¹ mo³¹	财主老爷	i⁵⁵ phi³¹ sa³³ la³³ khɔ³¹ thɯ³³ lɯ³³	螳螂
i⁵⁵ phɤ³¹ zu³³ tsi³³	瓜子儿	i⁵⁵ phu³¹	南瓜
i⁵⁵ phu⁵⁵	躲藏	i⁵⁵ phɯ⁵⁵	米汤
i⁵⁵ phu³¹ zu³³ tʂʅ³³	瓜籽	i³³ phu³³ tɛ³³ tsho³¹ kɛ³¹ ji³¹	逃
i⁵⁵ po³¹	玉米包	i⁵⁵ phu³¹ tʂha⁵⁵ n̠i⁵⁵ tsu⁵⁵ lu⁵⁵	瓜蔓
i⁵⁵ pu³¹ xɔ⁵⁵	沼泽地	i⁵⁵ pu³¹ xɔ⁵⁵	水田
i⁵⁵ so⁵⁵	水獭	i⁵⁵ su⁵⁵ li⁵⁵	都
i⁵⁵ su³¹ na³³	今早	i⁵⁵ su³¹ na³³ xo³¹ tsɔ³¹	吃早饭
i⁵⁵ tɔ³¹	这样	i⁵⁵ tɕhɛn³³ to³³	一千多
i³³ tha³¹	现在	i³³ tha³¹ la³¹	这会儿
i³³ tha³¹ la³¹	现在	i⁵⁵ tha³¹ sɯ³³ xɯ⁵⁵	正在那时
i⁵⁵ tho³¹	水桶	i⁵⁵ thɔ⁵⁵	折扣
i⁵⁵ tha³¹ nuɔ¹³ na⁵³	从此以后	i⁵⁵ to⁵⁵ lo⁵⁵	桃核
i⁵⁵ tshɔ³¹	老姊妹	i⁵⁵ tshu³¹ mi³³ tsho⁵⁵ lo⁵⁵	水碓
i⁵⁵ tshu³¹	水	i⁵⁵ tshu³¹ xɔ⁵⁵	倒水
i⁵⁵ tshu³¹ xo⁵⁵ ɬo³¹	浇水	i⁵⁵ tshu³¹ xo⁵⁵ tu⁵⁵	泼水
i⁵⁵ tshu³¹ i⁵⁵ ɬo⁵⁵	水蛇	i⁵⁵ tshu³¹ kɯ³³ xin³¹	田蚂蟥
i⁵⁵ tshu³¹ so³¹	洒水	i⁵⁵ tshu³¹ ti³¹ kha³³ la¹³	水滴
i⁵⁵ tshu³¹ tshu⁵⁵	水开	i⁵⁵ tso⁵⁵	杨树
i⁵⁵ tso⁵⁵	全部	i⁵⁵ tso⁵⁵ tso⁵⁵	总数
i⁵⁵ tso⁵⁵ tso⁵⁵	全部	i⁵⁵ tso⁵⁵ tso⁵⁵ kɯ³³	一切
i⁵⁵ tu³¹	井	i⁵⁵ tu³¹	水池
i⁵⁵ tu³³ tu³³	泉水	i⁵⁵ zɔ³³	奶奶
i⁵⁵ tshu³¹ to⁵⁵ mu³¹	杯子	i⁵⁵ tʂʅ³¹ tʂʅ³¹ ka³³	洗澡

ɛ

ɛ³³	PRT	ɛ⁵⁵	二
ɛ⁵⁵	PRT	ɛ⁵⁵ fɛ³³	左
ɛ⁵⁵ fɛ³³	左手	ɛ⁵⁵ fɛ³³	左撇子
ɛ⁵⁵ fu³¹	二胡	ɛ¹³ kɯ³³	这个
ɛ¹³ lo³³	鹅	ɛ¹³ lo³³ kɯ³³ zu⁵⁵ mu³¹	鹅毛
ɛ¹³ lo³³ lo³³	小鹅	ɛ¹³ lo³³ wɔ³³ mɔ³³	母鹅
ɛ¹³ lo³³ wɔ³³ phi⁵⁵	公鹅	ɛ¹³ lu⁵⁵ pɛ³¹	二囡囡

ε⁵⁵mε³³	自己	ε⁵⁵mε³³ε⁵⁵mε³³	自己
ε⁵⁵mε³³mε³³	各人	ε⁵⁵mε³³sɿ⁵⁵	自杀
ε⁵⁵nε³³	CONJ	εn⁵³	水牛
εn⁵³kɯ³³lu³¹pa³¹	水牛盘胸	εn⁵³sei¹³	水牛肉
εn⁵³to³¹no³³mɤ⁵⁵	吹牛	εn⁵³tsɔ³¹	蘸

a

a¹³；a³¹；a⁵⁵	DEM	a³¹；a⁵³	PRT
a⁵³；a⁵⁵	INTERJ	a³¹ɕi⁵⁵	谁；哪个
a⁵⁵xo³¹	嬢嬢	a⁵⁵xo³¹lɔ⁵⁵	正面；面前
a³¹xua¹³kɯ³³	其他	a⁵⁵xuɔ³¹lɔ⁵⁵	正；前边
a³¹jɔ⁵³	哎呦	a³¹ju⁵⁵	这家
a³¹kε⁵⁵	舅舅	a⁵⁵khaŋ³³pε⁵⁵pu³¹	螃蟹
a⁵⁵khɤ³³nε⁵⁵ti³³	螃蟹	a⁵⁵khɯ⁵⁵	脚
a⁵⁵khɯ⁵⁵phεn¹³	脚印	a⁵⁵khɯ⁵⁵ta³¹xo⁵⁵	脚背
a⁵⁵ko³³	刺儿	a⁵⁵ko³³xo⁵⁵pi³³	布谷鸟
a⁵⁵ko³³n̠i⁵⁵phɔ³¹	哥哥兄弟	a³¹kɯ³³	外面
a³¹kɯ³³a³¹nɔ³³	里里外外	a⁵⁵kua⁵⁵la⁵⁵tɕhi³³	中间
a⁵⁵kua⁵⁵tɕhi³³	中间	a⁵⁵la³¹	右
a⁵⁵ɬa³³	重孙	a⁵⁵le⁵⁵	小二
a⁵⁵lɔ⁵⁵	PRT	a⁵⁵lɔ⁵⁵	INT
a⁵⁵lo³¹pε⁵⁵	蝌蚪	a⁵⁵lu⁵⁵	阿鲁
a⁵⁵le³¹	影子	a⁵⁵lɯ⁵⁵nε³¹	二囡
a⁵⁵mε³³	自己	a⁵⁵mε³³kɯ³³	私人
a⁵⁵mε³³mε³³	各人	a⁵⁵mε³³mε³³	自己
a⁵⁵mi⁵⁵	怎么	a⁵⁵mi⁵⁵xε¹³	怎么
a⁵⁵mi⁵⁵xei¹³	怎么	a¹³mo³¹	咱妈
a³¹mo³³	何时	a³¹mo³³	多少
a³¹mo⁵⁵	娘	a³¹mo³³	阿妈
a³¹mɔ⁵⁵	这个	a⁵⁵mo³¹	母亲
a⁵⁵mo³¹	婆婆	a⁵⁵mɔ⁵⁵	这
a³¹mo³³kɔ³¹	几个	a³¹mo³³kɔ³¹	几个
a³¹mo³³lo³¹	多少	a⁵⁵mo³¹na⁵⁵na³³	红薯
a³¹mo⁵⁵n̠i⁵³	时时	a³¹mo⁵⁵n̠i⁵³	经常

a³¹mo⁵⁵n̠i⁵³	每天	a³¹mo³³tiɛn³¹	几点
a⁵⁵mu³¹	猴子	a⁵⁵mu³¹	金丝猴
a⁵⁵mɯ³³	舅母	a³¹na³³	里面
a⁵⁵ŋa³³	乌鸦	a⁵⁵na³³khɯ³¹khɯ³³	黑漆漆
a⁵⁵na³³na³³	黑	a⁵⁵na³³na³³thu⁵⁵lɔ⁵³	黑起来了
a⁵⁵na³³tshi³¹	明晚	a⁵⁵nɛ³³	CONJ
a³¹na⁵⁵	近处	a³¹n̠i⁵⁵	弟弟
a³¹n̠i⁵⁵	妹妹	a⁵⁵n̠i⁵⁵	猫
a⁵⁵n̠i⁵⁵xa³³la³³	野猫	a³¹n̠i⁵⁵khɯ³¹mɔ³³	弟妇
a³¹n̠i⁵⁵mɔ³³	妹妹	a³¹ŋɔ⁵⁵	鹅
a⁵⁵nɔ³³	以后	a⁵⁵nɔ³³xi⁵⁵	落后
a³¹nɔ³³xo⁵⁵tɔ³³	里边	a⁵⁵nɔ³³kɯ³³	第二
a⁵⁵nɔ³³kɯ³³	后头	a⁵⁵nuɔ³³	将来
a⁵⁵nuɔ³³	以后	a⁵⁵nuɔ³³	最后
a⁵⁵nuɔ³³	后来	a⁵⁵nuɔ³¹lɔ⁵⁵	反
a⁵⁵nuɔ³³lɔ⁵⁵	后边	a⁵⁵nuɔ³³nu³¹ma³³nu³¹thi³³	落在最后
a³¹pa⁵⁵la⁵⁵ɬo³³pu³¹	岩石	a⁵⁵pa³³lɔ⁵⁵ku³³	箐
a⁵⁵pɛ³³	婴儿	a⁵⁵pɛ³³pɛ³³	婴儿
a⁵⁵pha⁵⁵mo⁵⁵	爹娘	a⁵⁵pha³³	小姑父
a³¹phi³¹nu³³	大后天	a⁵⁵phi³¹	阿皮（人名）
a³¹phɔ³³	张开	a⁵⁵phi³¹saŋ⁵⁵kɯ³¹	阿皮桑格（人名）
a³¹phɔ³¹	父母	a³¹phɔ³³	这边
a⁵⁵pho³¹	外婆	a³¹phɔ⁵⁵tɛ³³	轻轻地
a³¹phɔ⁵⁵tɛ³³mi⁵⁵tshu³¹	轻碰	a⁵⁵phu⁵⁵phu⁵⁵	白
a³¹pi⁵⁵	鸭子	a³¹pi³¹la³¹fu³¹	蝙蝠
a³¹pi³¹la³¹xo³¹	蝙蝠	a⁵⁵pi⁵⁵li⁵⁵	蜻蜓
a³¹pi⁵⁵piu⁵³	鸭蛋	a³¹pi³¹tsha³¹	甲子虫
a⁵⁵pɔ³¹	父亲	a⁵⁵pɔ³¹	公公
a⁵⁵pɤ³³	背衫	a⁵⁵pɔ³¹a⁵⁵mo³¹	父母
a⁵⁵po⁵⁵xɯ³³	蛙	a³¹pɔ⁵⁵lɔ⁵⁵	陡坡
a³¹pɔ⁵⁵lɔ⁵⁵	悬崖	a⁵⁵pɤ³³tsha³³khɯ³³	背带
a⁵⁵saŋ⁵⁵nɛ³¹	三囡	a⁵⁵so³¹	尿
a⁵⁵so³¹pi⁵³¹	撒尿	a⁵⁵sๅ⁵⁵lɤ⁵⁵	黄
a⁵⁵sๅ⁵⁵nɛ³¹	四囡	a⁵⁵sๅ⁵⁵sๅ⁵⁵	黄

a⁵⁵ʂɿ⁵⁵ʂɿ⁵⁵a⁵³	细	a⁵⁵ʂɿ⁵⁵ʂɿ⁵⁵a³¹lai⁵⁵	黄吗
a⁵⁵ʂɿ⁵⁵ʂɿ⁵⁵a⁵³mɛ⁵⁵	黄黄的	a⁵⁵ta⁵⁵	哥哥
a³¹ta³³lu³¹ma³³kho⁵⁵kha³¹	大蜘蛛	a³¹tɕi⁵³	这些
a⁵⁵tɕi³¹	姐姐	a⁵⁵tɕi⁵⁵	首先
a⁵⁵tɕi⁵⁵	前面	a⁵⁵tɕi³¹ȵi⁵⁵mɔ³³	姐姐妹妹
a⁵⁵tɕo⁵⁵	舅舅	a³¹tɛ³³	怎么
a³¹tɛ³³mɛ⁵⁵	无论怎么	a³¹tɛ³³mɛ⁵⁵nɛ³³	怎么
a³¹tɛ³³mɛ⁵⁵ȵi³¹	必须	a³¹tɛ⁵⁵mɛ⁵⁵ȵi³³	无论如何
a³¹tɛ³³mi⁵⁵nɛ³³	如何	a³¹tha¹³	上面
a⁵⁵tha³¹a³³	上面	a⁵⁵tha³¹ɕi⁵⁵nɛ³³	才
a⁵⁵tha³¹la³¹	这时	a⁵⁵tha³¹la³¹	现在
a³¹tha³¹pha³³	上部	a⁵⁵ti⁵⁵ti⁵⁵	小小的
a⁵⁵ti⁵⁵ti⁵⁵a⁵³	小这些	a¹³tɔ³³	这里
a³¹tɔ³³	哪里	a³¹tɔ³³	哪个
a³¹tɔ³³	那里	a³¹tɔ¹³kɔ³¹	谁
a³¹tɔ⁵⁵mi⁵⁵nɛ³³	如何	a³¹tɔ³³mɔ⁵⁵	什么
a³¹tɔ³³tshɿ³¹nu³³	每天	a⁵⁵tsa³¹la³¹	边缘
a³³tʂhaŋ³³tshu³¹	阿昌族	a⁵⁵tshi³¹	山羊
a⁵⁵tshi³¹na³³la³³	黑山羊	a⁵⁵tshi³¹phu⁵⁵lu⁵⁵	白山羊
a¹³tshi³¹sɯ⁵⁵xɯ⁵⁵	这时候	a⁵⁵tshi³¹ʂɿ⁵⁵lɤ⁵⁵	黄山羊
a³¹tshu³¹	别人	a³¹tshu³¹	其他人
a⁵⁵tshu³³	嫂子	a⁵⁵tshɿ³¹tu³¹	从此
a⁵⁵tsi⁵⁵tsi⁵⁵kɯ³³	第一	a⁵⁵tsi⁵⁵tsi⁵⁵kɯ³³	前头
a⁵⁵tsu³¹	奶水	a⁵⁵tsu³¹tu⁵⁵	吮奶
a⁵⁵tɯ³³	狐狸	a⁵⁵ɯ³¹le³¹	影子
a³¹za⁵⁵	定定地	a³¹zɔ³¹phɔ³¹	女婿
a³¹zɔ³¹phɔ³¹	新郎	a³¹zɔ³¹phɔ³¹	女婿
a⁵⁵zɯ³¹mɔ³³	结巴（女）	a⁵⁵zɯ³¹phɔ³¹	结巴（男）
a⁵⁵tsu³³	乳房	a⁵⁵tsu³³i⁵⁵tshu³¹	乳汁
a³¹tɛ³³mɛ⁵⁵	不管	a³¹tɔ¹³kɔ³¹	哪个
a³¹tɔ¹³mɔ⁵⁵	哪个	ai⁵⁵xau⁵⁵	爱好
ai³³	爱	ai⁵⁵lau³¹ku³¹tsu³¹	哀劳山
ai⁵⁵jɔ³¹	INTERJ	aŋ¹³	蚜虫
ai⁵⁵tɕi⁵⁵	舅舅	aŋ⁵⁵fu³¹	按

aŋ⁵⁵	岸	aŋ⁵⁵phu³¹	扑
aŋ⁵⁵khɔ³³	压下	au⁵⁵xui³¹	后悔

ɔ

ɔ¹³	凶狠	ɔ⁵⁵	个
ɔ⁵⁵	条	ɔ⁵⁵	只
ɔ⁵⁵	根	ɔ⁵⁵	枝
ɔ⁵⁵	块	ɔ⁵⁵	首
ɔ⁵⁵	面	ɔ⁵⁵	间
ɔ⁵⁵	指	ɔ⁵⁵	看
ɔ³¹xa³¹	汉族	ɔ⁵⁵xa³³	难看
ɔ³¹xɔ⁵⁵	另外	ɔ⁵⁵xo⁵⁵	雨
ɔ⁵⁵xɔ³¹	看	ɔ⁵⁵xo⁵⁵a⁵⁵sʅ⁵⁵sʅ⁵⁵	毛毛雨
ɔ⁵⁵xo⁵⁵xɤ³¹	大雨	ɔ⁵⁵xo⁵⁵a⁵⁵ti⁵⁵ti⁵⁵kɯ³³	小雨
ɔ⁵⁵xo⁵⁵khu³³	漏雨	ɔ⁵⁵xo⁵⁵lɔ⁵⁵	下雨
ɔ⁵⁵xo⁵⁵mɔ⁵⁵	涝	ɔ⁵⁵xɔ³¹pi³¹	给看
ɔ⁵⁵xo⁵⁵thi⁵⁵	雨声	ɔ⁵⁵kɔ³³sa⁵³	好看
ɔ⁵⁵ku⁵⁵xo⁵⁵pi³³	布谷鸟	ɔ³¹ɬa⁵⁵	舌头
ɔ⁵⁵mɤ³¹	瞄准	ɔ⁵⁵thu⁵⁵mɔ³¹ka³¹	看不到
ɔ⁵⁵tshin³³tshu³¹	看清楚	ɔ⁵⁵tshɔ⁵⁵	太阳
ɔ⁵⁵tshɔ⁵⁵	光	ɔ⁵⁵tshɔ⁵⁵kɛ³¹ji⁵⁵tho³³lo³³	下午
ɔ⁵⁵tshɔ⁵⁵tu³³lɔ⁵⁵	出太阳	ɔ⁵⁵tso³¹	看上

ɯ

ɯ⁵⁵	笑	ɯ⁵⁵khɯ⁵⁵	脚
ɯ⁵⁵khɯ³¹khɯ³¹	游泳	ɯ⁵⁵kɔ⁵⁵lɔ⁵⁵	水沟
ɯ⁵⁵ku⁵⁵ku⁵⁵	清清的	ɯ⁵⁵ku³³mi³¹	水口
ɯ⁵⁵ɬo⁵⁵	蛇	ɯ⁵⁵ɬo⁵⁵zo³³kɯ⁵⁵lɯ⁵⁵	蛇皮
ɯ⁵⁵lu³³	打滚	ɯ⁵⁵lu³³lu³³	打滚儿
ɯ⁵⁵ma³¹	波浪	ɯ⁵⁵ma³¹pi⁵⁵	波浪
ɯ⁵⁵mɯ³¹zo³³tso⁵⁵	柳树	ɯ⁵⁵na³³	大黑蛇
ɯ⁵⁵ɲi⁵⁵	洪水	ɯ⁵⁵ɲi⁵⁵ɲi⁵⁵	洪水
ɯ⁵⁵ɲi⁵⁵tɕau³³ɲi⁵⁵	搅浑	ɯ⁵⁵nɯ³¹nɯ¹³kɯ³³	潜水
ɯ⁵⁵phu³¹	南瓜	ɯ³¹phu³¹xe³³	打嗝

ɯ⁵⁵phu³¹li⁵⁵tu³³	葫芦；葫芦壶	ɯ⁵⁵phu³¹zu³³tsi³³	瓜子
ɯ⁵⁵pɯ⁵⁵	份儿	ɯ³¹pu³¹xe³³	打饱嗝
ɯ⁵⁵pu³¹xɔ⁵⁵	水田	ɯ⁵⁵sɯ³¹tha³³tha⁵⁵	笑眯哈啦
ɯ⁵⁵sʅ⁵⁵	笑	ɯ⁵⁵sʅ⁵⁵xa⁵⁵	笑话
ɯ⁵⁵sʅ⁵⁵xa⁵⁵pɔ³¹	开玩笑	ɯ⁵⁵tho³¹	木桶
ɯ⁵⁵tho³¹	桶	ɯ⁵⁵tsa⁵⁵tsa⁵⁵	漩涡
ɯ⁵⁵tshu⁵⁵	河坝	ɯ⁵⁵tshu⁵⁵	坝塘
ɯ⁵⁵tsɔ³³	口水	ɯ⁵⁵tsɔ⁵⁵lɔ⁵⁵	漩涡
ɯ⁵⁵tsu⁵⁵	沙朗树	ɯ⁵⁵tsu⁵⁵sɯ³³tso⁵⁵	杉椤树
ɯ⁵⁵tsʅ³¹	河水	ɯ⁵⁵tsʅ³¹tsʅ³¹kɔ³³	洗澡
ɯ⁵⁵to⁵⁵lo⁵⁵	核桃	ɯ⁵⁵tu³¹	水井
ɯ⁵⁵tu⁵⁵	出水地	ɯ¹³tɯ⁵⁵lɯ⁵⁵	山茶花

p

pi³¹	给；让	pi³¹	拱
pi³¹	笔	pi³¹	拉
pi³¹	归	pi³¹	CAUS
pi³¹	比	pi³³	顿
pi³³	趟	pi³³	开始
pi³³	顿	pi³³	麻
pi³³	僵硬	pi⁵⁵	分
pi¹³fu³¹	夹	pi¹³fu³¹	叉腰
pi³¹fu⁵⁵	黑蚂蚁	pi⁵⁵fu³¹	还
pi⁵⁵fu³¹	赔偿	pi⁵⁵fu³¹	兜着
pi³¹fu⁵⁵a⁵⁵phu⁵⁵lu⁵⁵	白蚁	pi³¹fu⁵⁵fu⁵⁵ȵi⁵⁵	小红蚂蚁
pi³¹fu⁵⁵kɯ³³piu⁵³	蚁蛋	pi³¹fu³³pin³¹	大蚂蚁堆
pi³¹fu⁵⁵si⁵⁵li⁵⁵	小黄蚂蚁	pi³¹fu⁵⁵zɔ³¹	蚂蚁儿
pi³¹fu⁵⁵zu³³ku³³lu³³	蚁窝	pi³³ja⁵³	打散
pi³³ja⁵³	散开	pi⁵⁵ka⁵⁵la⁵⁵	野鸭
pi³¹khu⁵⁵	丝线	pi³³ko³¹	离婚
pi³³ko³³	驼子	pi³¹ku³¹	地蚕
pi³¹ku⁵⁵	壁虱	pi³¹kɯ⁵⁵	星星
pi³¹ku⁵⁵xa⁵⁵tshi⁵⁵	蝗虫	pi⁵³la⁵³	发炎
pi⁵⁵li⁵⁵sa⁵⁵la⁵⁵	天花	pi³¹ɬɔ³³	二月

pi⁵⁵mɔ³³	母鸭	pi³¹mo⁵⁵khɯ⁵⁵sʅ⁵⁵	蜈蚣
pi³¹mo³¹ɬɔ⁵⁵mo³¹	毛毛虫	pi⁵⁵mo³¹thu⁵⁵phɔ³¹	贝玛
pi⁵⁵ȵi⁵⁵	萤火虫	pi³³ȵi⁵⁵lɛ⁵⁵kɛ³¹	光秃秃
pi³¹ȵi⁵⁵mɔ³³	大蚂蚁王	pi³³pha³¹	纽洞
pi⁵⁵phi⁵⁵	公鸭	pi³¹phɔ³³	蟑螂
pi³³pi³³tsha³³tsha³³	匆匆忙忙	pi³¹pɔ⁵⁵	甲鱼
pi³¹pɔ⁵⁵	乌龟	pi³³sa³³	出痧
pi³³si³¹	布纽	pi³¹sʅ⁵⁵	必须
pi³¹ta³³	乞丐	pi³¹ta³³mɔ³³	乞丐囡
pi³¹tha³¹	毛毛虫	pi³³thu⁵⁵	睁开
pi³¹ti⁵⁵li⁵⁵	蚯蚓	pi³¹ti⁵⁵li⁵⁵	蛔虫
pi³¹tɔ³¹mɔ³³	花子囡	pi³¹tɔ³³mɔ³³	花子囡
pi³¹tɔ³¹phɔ³¹	乞丐	pi³¹tshi⁵⁵	甘蔗
pi³¹tshi⁵⁵tsi⁵⁵	榨糖	pi³¹tsi⁵⁵	虾
pi³¹tsɔ³¹	喂	pi³¹tsu³¹	虫子
pi³¹tʂu³¹	虫	pi³¹tsu³¹pi³¹na⁵⁵	虫虫鸟鸟
pi⁵⁵za³³za³³	小鸭子	pi³¹tʂhi⁵⁵	桑
pi³¹tshi⁵⁵zo³³tʂo⁵⁵	桑树	pi⁵⁵tsi⁵⁵	枫树
piau³¹	表	piau³¹jaŋ³¹	表扬
piɛn⁵⁵	变	piɛn⁵⁵xua⁵⁵	变化
piɛn⁵⁵ja³¹tshi⁵⁵	变压器	piɛn⁵⁵na³³thɔ⁵³	变黑
piɛn⁵⁵tiɛn⁵⁵tʂaŋ⁵⁵	变电站	pin³¹	白蚂蚁
pin³¹	月	pin³³	冰
pin³³	兵	pin³³ɕaŋ³³	冰箱
pin³¹xo⁵⁵thɔ⁵³a⁵³	掺杂	pin³¹tshɔ³¹ku⁵⁵	蚂蚁窝
piu⁵³	蛋	piu⁵³pu³¹lu³¹	寡蛋
piu⁵³zo³³xo³¹lo³¹	蛋壳	piu⁵³tsɛ⁵⁵tshɛ⁵⁵	咸蛋
pei⁵⁵	碑	pei⁵⁵	背
pei⁵⁵kɯ³³	焙干	pei⁵⁵pei⁵⁵	杯子
pei³³tsʅ³¹	辈子	pɛ³³	妖精
pɛ³³	稀（饭）	pɛ⁵⁵	粒
pɛ³³khu⁵⁵pu³³	妖怪洞	pɛ⁵⁵kɤ³¹lɤ³¹	弯
pɛ⁵⁵ku³¹	弯刀	pɛ⁵⁵ku³¹	弯
pɛ⁵⁵ku³¹	歪	pɛ⁵⁵ku³³ku³³	弯弯的

pɛ⁵⁵ku³¹lu³¹	弯弯的	pɛ³¹lɛ³¹fu³¹	困倦
pɛ³¹lɛ³¹fu³¹	累	pɛ³¹lɛ³¹fu³¹	困
pɛ⁵⁵lu³³	疙瘩	pɛ³¹nu⁵⁵	臭
pɛ³³pɛ³³pu³¹pu³¹	横牛倒马	pɛ⁵⁵pu³¹	混人
pɛ³³pu³¹li⁵⁵xa⁵⁵	乱	pɛ¹³sɯ³¹	可惜
pɛ⁵⁵tɕhi⁵⁵	闹	pɛ⁵⁵tɕhi⁵⁵	碰撞
pɛ⁵⁵tɛ⁵⁵	横	pɛ⁵⁵tɛ⁵⁵	斜
pɛ³³tho³¹ma³³	妖怪潭	pɛ³¹thu³¹	拳头
pɛ⁵⁵tsɛ³³tsɛ³³	斜	pɛ⁵⁵tsɛ³³tsɛ³³	歪歪
pɛ³¹tsɛ³¹lɛ³¹	火星	pɛ⁵⁵tsɛ³³tsɛ³³tɛ³³ji³¹tsa³³	侧睡
pɛn³¹	本	pɛŋ¹³tu⁵⁵	菜刀
pɛn³¹tɕhɛ³¹	本钱	pa³¹	脚
pa³¹	挑；抬	pa³¹	叼
pa³³	疤	pa⁵⁵	丢
pa⁵⁵	搬	pa³¹xa⁵⁵la⁵⁵	土块
pa³³ja⁵³	小产	pa³³ji⁵⁵	流产
pa³¹ko³¹	八角	pa³¹la³¹fu³¹	累
pa³¹li⁵⁵	镰刀	pa³³pa³³tsha³³tsha³³	毛里毛糙
pa³¹phu⁵⁵	攒开	pa³³pu³¹	棍子
pa³³pu³¹	杠子	pa³³pu³¹tɔ³³tɛn³³ta³³	踩高跷
pa³³tɕi³¹phɔ³¹	木匠	pa³¹ti³¹	牛鼻圈
pa¹³to³¹lo³¹	仓库	pa³³tsʅ⁵⁵	黄鳝
pa³³tsʅ⁵⁵	泥鳅、鳝鱼总称	pa³³tsʅ⁵⁵mɔ⁵⁵lɔ⁵⁵	鳝鱼
pa³¹tu³³	出殡	pa³¹tu⁵⁵	扁担
pai⁵⁵ku³¹	砍柴刀	pa³¹tshi⁵⁵pa³¹ka³¹la³³	冷清
pai⁵⁵mai⁵⁵	故意	paŋ³¹	捆
paŋ³³	搬	paŋ⁵⁵fa³¹	办法
paŋ⁵⁵fa³¹ɕaŋ³¹	想办法	paŋ⁵⁵ji⁵⁵	半夜
paŋ⁵⁵ji⁵⁵saŋ³¹kɛn¹³	半夜三更	paŋ⁵⁵kɔŋ³³ʂʅ³¹	办公室
paŋ³¹li³¹	板栗	paŋ⁵⁵lu⁵⁵	半路
paŋ³¹paŋ³¹jɛn³³ko³³	烟斗	paŋ³¹pi³¹	墙板
paŋ⁵⁵tɕin³³	半斤	paŋ³³tsu⁵⁵	帮助
paŋ³¹tsʅ³³	胸膛	pau⁵⁵	包
pau³¹fu⁵⁵	保护	pau⁵⁵kau⁵⁵	报告

pau³¹ tʂɛn⁵⁵	保证	pau⁵⁵ tʂhei³¹	报仇
pɔ³¹	薄	pɔ³¹	父亲
pɔ³¹	说；吹牛	pɔ³¹	通畅
pɔ³¹	蜂	pɔ³³	亮
pɔ³³	遗失	pɔ⁵⁵	帮；跟
pɔ⁵⁵	慌	pɔ³¹ ku³³	蜂箱
pɔ³¹ li⁵⁵ xɛ³¹	酒窝	pɔ³³ ɬɔ³³	月
pɔ³¹ lo⁵⁵ xo⁵⁵	蜂窝	pɔ³³ ɬɔ³³ kuɔ⁵⁵ tɕhi³³	月中
pɔ³³ ɬɔ³³ lu⁵⁵ mɔ³³	葵花籽	pɔ³³ ɬɔ³³ lu⁵⁵ ma³³ tsɔ³¹	嗑葵花籽
pɔ³³ ɬɔ³³ ɔ⁵⁵ tshɔ⁵⁵	月亮	pɔ³³ ɬɔ³³ ɲi³¹ khɤ³¹ tsɔ³¹	月食
pɔ³³ ɬɔ³³ po³³	满月	pɔ³¹ ɬɔ³¹ ɔ⁵⁵ tshɔ⁵⁵ ka³¹ pa³¹	月饼
pɔ³³ ɬɔ³³ tha³¹ ɔ⁵⁵	一个月	pɔ³³ ɬɔ³³ to³¹ mɛ³¹	月底
pɔ³³ ɬɔ³³ vu³¹ tu³¹	月初	pɔ³³ mɔ³¹ sɿ⁵⁵	寨
pɔ³¹ pi³³	传开	pɔ³¹ pɔ³³	面颊
pɔ³¹ pɔ³³	边上	pɔ⁵⁵ pɔ⁵⁵ xo³¹ xo³¹	跟跟趒趒
pɔ¹³ pɔ³¹ tɕi⁵⁵	隔壁邻居	pɔ³¹ su³¹	蜂蜡
pɔ³¹ su³³ pɛŋ¹³	细蜜蜂	pɔ³³ sɿ⁵⁵	村的
pɔ³¹ tɕi⁵⁵	旁边	pɔ³¹ tɕi⁵⁵	地界
pɔ³¹ tɕi⁵⁵ ȵe³¹	附近	pɔ⁵⁵ tɔ⁵⁵ lɔ⁵⁵	茎
pɔ³¹ wo⁵⁵ ti³¹	蜂王	pɔ³¹ waŋ³¹	蜂王
pɔ³¹ mɔ³³	蜂王	pɔ¹³ zɔ³¹	蜂儿
pɔ³¹ tʂhi⁵⁵ li⁵⁵	颧骨	pɔ³¹ tɕi⁵⁵ tɔ³³	附近
pɔŋ⁵³	砰	pɔŋ³¹ tɔŋ³¹	砰咚
po³¹	睁	po³³	满
po³³	拨	po⁵⁵	脓
po⁵⁵	包	po⁵⁵	泡
po⁵⁵	抱	po⁵⁵	化（脓）
po⁵⁵ tsɿ³¹	浆汁	po¹³ xo³³	薄荷
po³¹ li⁵⁵	芋头	po³³ li³¹	玻璃
po⁵⁵ li³³	内里	po⁵⁵ lo³³	山梁
po⁵⁵ lo⁵⁵	堆	po³³ lo³³ pɛ⁵⁵ lɛ⁵⁵	丝瓜
po³¹ mi⁵⁵	原因	po³¹ pi⁵⁵ li⁵⁵ kɯ³³ zu³³ kɯ⁵⁵ lɯ⁵⁵	鸡内金
po⁵⁵ to⁵⁵	翅膀	po⁵⁵ tse⁵⁵	抱拢
pɤ³¹	北	pɤ³³	塘

pu^{31}	溢	pu^{31}	腐烂
pu^{31}	破	pu^{33}	饱
pu^{33}	炸开	pu^{53}	团
pu^{55}	飞	pu^{55}	抖
pu^{55}	非常	pu^{55} ɕi^{31}	PROG
pu^{33} fu^{31}	填拢	pu^{31} xa^{31} xa^{31} ja^{53}	腐烂
pu^{55} khɯ^{55}	田埂内埂	pu^{55} kuaŋ^{31}	不管
pu^{55} laŋ^{31} tshu^{31}	布郎族	pu^{31} lu^{31}	尿布
pu^{31} nu^{55}	臭	pu^{31} pi^{55} li^{55}	胗
pu^{55} ti^{31}	寒噤	pu^{55} ti^{31}	抖
pu^{55} ti^{31} ti^{31}	凶猛	pu^{55} tiɛ^{31}	差不多
pu^{55} tiɛ^{31}	IMM	pu^{55} tiɛ^{31}	快
pɯ^{31} tshai^{55}	白菜	pu^{31} tshu^{55}	罐子
pu^{31} tu^{33} lu^{33}	刀鞘	pu^{31} tu^{31} pu^{55} tu^{55}	猫头鹰
pu^{55} zi^{55} tshu^{31}	布依族	pɯ^{33}	打枪
pɯ^{55}	跳	pɯ^{55}	赢
pɯ^{55}	淌	pɯ^{31} khɯ^{33}	柜子
pɯ^{55} la^{55}	发展	pɯ^{31} lu^{55} sɿ^{33}	白鹤
pɯ^{55} ȵi^{55} kɔ^{33}	跳跃	pɯ^{33} pɯ^{55}	胜利
pɯ^{55} sɯ^{55}	扇子	pɯ^{55} ta^{55}	赞扬
pɯ^{31} thaŋ^{31}	白砂糖	pɯ^{33} thu^{55}	溅
pɯ^{33} thu^{55}	蹦	pɯ^{31} tshu^{31}	白族
pɯ^{33} tu^{33}	射击	pɯ^{33} tu^{33} la^{53}	迸出
pɯ^{31} vaŋ^{55}	百万		
ph			
phi^{31}	放	phi^{33}	背；披
phi^{55}	辣	phi^{31}	块
phi^{55}	屁	phi^{31}	值
phi^{31} a^{55} nu^{33}	大大后天	phi^{31} khɯ^{55}	胆
phi^{55} li^{55}	块	phi^{55} ɬi^{55}	箫
phi^{55} ɬi^{55}	笛子	phi^{55} ɬi^{55} ɬi^{55}	吹口哨
phi^{31} mo^{55}	放长	phi^{31} mɔ^{55}	鼓
phi^{55} ȵi^{55}	红	phi^{55} ȵi^{55} xo^{31} xo^{31}	红红的
phi^{55} ȵi^{55} li^{55}	红	phi^{55} ȵi^{55} ȵi^{55}	红

phi⁵⁵ȵi⁵⁵ȵi⁵⁵a⁵³	变红	phi⁵⁵ȵi⁵⁵ȵi⁵⁵kɯ³³la⁵⁵tsʅ³¹	红椒
phi⁵⁵phin³¹	批评	phi³¹phɔ³¹	案子
phi³¹phɔ³¹phi³¹mɔ³³	灵位	phi³¹phɔ³¹phi³¹mɔ³³	祖宗
phi³¹po³¹	合算	phi³¹phɔ³¹phi³¹mɔ⁵⁵	供桌
phi⁵⁵tha³³tha³³	尖	phi³¹tshi⁵⁵	脾气
phi³³tʂhuaŋ³¹	钹	phi³³tʂhuaŋ³¹	镲
phi³¹tshʅ³¹	尺子	phi³¹tu³³la³¹a⁵³	释放
phi³¹tɕhi³¹	球	phi³³tʂhɔ³³	慌张
phi³¹tɕi³³	掺	phiau³³	浮
phiɛ³³	片	phiɛ⁵⁵	页
phiɛn⁵⁵tsʅ³¹	骗子	phin³¹	平
phin⁵⁵xo⁵⁵	混合	phin³¹ko³¹	苹果
phin³¹phin⁵⁵	瓶子	phin¹³phin³¹nɛ³³	平平的
phe⁵³laŋ³¹	苤兰	phen⁵⁵	喷
phɛ³¹	放（水）	phɛ³¹	PAUP
phɛ³¹	CONJ	phɛ³¹	PRT
phɛ⁵³	CONJ	phɛ⁵³	TOP
phɛ³¹ko⁵⁵ko⁵⁵	呕	phɛ⁵⁵pɛ⁵⁵	挎包；书包
phɛ⁵⁵lɛ⁵⁵	哨子	phɛ³¹pha³³	劈
phɛ³¹ti³¹	恶心	phɛ³¹tu³³	呕
pha³¹	片	pha³¹	拆
pha³¹	可能	pha³³	CONJ
pha³³	挠	pha³³	半天
pha³³	开	pha⁵⁵	搔
pha⁵⁵	爬	pha⁵⁵	掏
pha³³la³³	单	pha³³la³³	一只筷子
pha³³la³³	只	pha³³la³³	一半
pha³³la³³	扇	pha³¹mɔ³³	脚拇指
pha³¹mu³³ȵi⁵⁵nu³³	兄弟姐妹	pha³¹pa³³la³³	脚底板
pha³¹po³¹	蹄子	pha³¹sɯ³¹	脚指甲
pha³¹ta³³	扣	pha⁵⁵ta³³	冲上
pha³¹thu³³lu³³	膝盖	pha³¹ti³¹	火麻
pha⁵⁵to³³lo³³	口袋	pha³³tsa³³	浪费
pha⁵⁵tsho³¹	卧	pha⁵⁵tsho³¹	趴

pha⁵⁵ tu³³	出现	phai³¹	呕吐
phai³¹	劈	phai³¹	剖
phai³¹	破	phai⁵⁵ lai³¹	派来
phai³¹ ti³¹ phai³¹ ti³³	恶心	phai⁵⁵ tʂhu³¹ so³¹	派出所
phai³¹ tsi³¹	打扑克	phai⁵⁵ tu³³ lu³³	衣袋
phai³¹ tshʅ³¹	苦菜	phaŋ³¹ tsʅ³¹	盘子
phɔ³¹	人	phɔ³¹ mo⁵⁵	哥哥
phɔ³³	换	phɔ³³	交换
phɔ³³	CONJ	phɔ⁵⁵	轻
phɔ⁵⁵ ku³³	怕	phɔ³¹ mo⁵⁵ ni³¹ kɔ³¹	兄弟俩
phɔ³¹ mo⁵⁵ xɤ¹³ kɯ³³	大舅子	phɔ³¹ ȵi³¹	化念
phɔ³¹ mo⁵⁵ ȵi⁵⁵ kɯ³³	小舅子	phɔ⁵⁵ pi³³	纽扣
phɔ³¹ ȵi⁵⁵	脚趾	phɔ³³ tha³³	揭
phɔ⁵⁵ pi³³ zo³³ kho⁵⁵	扣眼	phɔ³¹ thu⁵⁵ lu⁵⁵ xɤ¹³ kɯ³³	长辈
phɤ³¹	敢	phɤ³¹	成
phɤ³³	烧	phɤ³¹	变
phɤ³³ khu³³	烧焦	phɤ³¹ kha⁵⁵	密筛子
phɤ³¹ la⁵³	对	phɤ³³ thɔ³¹	燃烧
phu³³	村子	phu³³	铺
phu³³	过	phu³³	倒
phu⁵⁵	银子	phu⁵⁵	白
phu⁵⁵	肥	phu³³ ji⁵⁵	过去
phu³¹ ji⁵⁵ tʂhun³³	普玉春	phu³³ kai⁵⁵	普钙
phu³³ lo⁵⁵ ko³³	寨门	phu³¹ lɔ⁵⁵	过来
phu⁵⁵ phu⁵⁵	白花花	phu³¹ phi⁵⁵	普皮
phu³¹ ta³³	扑上	phu⁵⁵ thu³¹	骨髓
phu³³ tsɔ³¹	水煮吃	phɯ³¹	拍
phɯ³¹ ti³³	城	phɯ³¹ ti³³	城里
phɯ³¹ ti³³ lo⁵⁵ mɔ³³	新平河	phɯ³¹ ti³³ sʅ⁵⁵	新平县
phɯ³¹ khɯ³¹	牛轭	phɯ³¹ thɔ⁵⁵	拍
phɯ⁵⁵	解绳		

m

mi³¹	伙	mi³¹	饿

mi³¹	吞	mi³¹	咽
mi³¹	些	mi³¹lɯ³¹	饥饿
mi³³	热	mi³³	哄
mi⁵⁵	顾得	mi⁵⁵	舂
mi⁵⁵	炖	mi⁵⁵	舂米
mi⁵⁵	地	mi⁵⁵ko⁵⁵	地
mi³¹ɕɛn⁵⁵	米线	mi³¹xa³¹la³¹	兔唇
mi⁵⁵kho⁵⁵	垃圾	mi⁵⁵kho⁵⁵	万年青
mi⁵⁵kho⁵⁵za³³	扫地	mi³¹lɛ⁵⁵lɛ⁵⁵	路滑的
mi³¹lɛ⁵⁵lɛ⁵⁵	滑坡	mi³³li³³	暖和
mi³¹ɬo⁵⁵	火光	mi³¹ɬo⁵⁵	火焰
mi⁵⁵ɬu⁵⁵khɯ³³tsʅ³¹	烧引火	mi⁵⁵ɬu³³ɬu³³	地震
mi⁵⁵ɬu⁵⁵thu³¹	山火	mi³¹mi⁵⁵	谜语
mi³³mi³³	热乎乎	mi³¹mu³¹ʈʂhu¹³kɯ³³fɔ⁵⁵ti⁵⁵	剃须刀
mi³¹na³³	锅烟子	mi³¹ŋa³¹	百合
mi⁵⁵na³³	痣	mi³¹ȵi⁵⁵mɔ³³	继母
mi³¹ȵi⁵⁵phɔ³¹	继父	mi³¹no³³	火钳
mi³³nɔ³¹	逗	mi⁵⁵nu³³	昨天
mi⁵⁵nɯ³³	去年	mi³¹pa³³la³³	鱼鳃
mi³³pɛ³¹	缝儿	mi³³pɛ³¹pɛ³¹	裂
mi³¹phi⁵⁵	嘴唇	mi⁵³phɔ³¹	中暑
mi⁵³phɔ³¹	疟疾	mi³¹pu⁵⁵	铜炮枪
mi³¹pu³³pɯ³³	打枪	mi³¹pu³³tɛ⁵⁵lɛ⁵⁵	鞭炮
mi⁵⁵si³¹	花生	mi⁵⁵si³¹ʦhi⁵⁵	花生油
mi⁵⁵so³³so³³	泥石流	mi³¹su³¹	松明
mi⁵⁵su⁵⁵phɔ³¹	皇帝	mi⁵⁵su⁵⁵phɔ³¹	财主
mi³¹thu⁵⁵	打火石	mi⁵⁵ti³¹	地表
mi³¹tsa³¹	火	mi³¹tsa³¹	柴
mi³¹tsa³¹a³¹ɬa⁵⁵	火舌	mi³¹tsa³¹khɯ³³tsʅ³¹	放火
mi³¹tsa³¹phɛ³¹	劈柴	mi⁵⁵tsha³¹	地
mi⁵⁵tsha³¹	地方	mi⁵⁵tsha³¹ja¹³kɯ³³ɬo³³po³¹	碛子
mi⁵⁵ʦhi³¹	昨晚	mi³¹ʦhi³¹mɔ³³	寡妇
mi³¹ʦhi³¹phɔ³¹	鳏夫	mi³³ʦho³¹	闭眼
mi³³ʦho⁵⁵lo⁵⁵	脚碓	mi³³ʦho⁵⁵lo⁵⁵tɕhi³¹mi³³	碓杵

mi³¹tshŋ⁵⁵la⁵⁵mɔ³³	寡妇	mi³³tsho⁵⁵lo⁵⁵to³¹mɛ³¹	碓尾
mi³¹tsi³³	炭	mi³³tsho⁵⁵lo⁵⁵vu³¹tu³¹	碓头
mi³¹tsi³³	火炭	mi³¹tu³¹	下巴
mi³¹tsa³¹ka³³tso⁵⁵	烤火	mi³¹tsa³¹mɣ¹³kɯ³³fa³¹mo³³	吹火筒
mi³¹tsa³¹phɣ³³	火葬	mi³¹tsa³¹thu³¹	火灾
mi³¹tsɛ³³	火把	mi³¹tɕi³³	咽进
miau⁵⁵	庙	mi³¹tsi⁵⁵phɣ¹³kɯ³³ta³¹lo⁵⁵	窑
miau³¹tshu³¹	苗族	miau¹³tʂun³¹	瞄准
min⁵⁵suaŋ⁵⁵phɔ³¹	算命先生	min³¹tshu³¹	民族
min³¹tʂu³¹	民主	mei³¹pa³³	篱笆
mei³¹	煤	mɛ⁵⁵	叫
mɛ⁵⁵	ADV	mɛ⁵⁵	PAUP
mɛ⁵⁵	摇	mɛ³¹xɛ³¹	火烟
mɛ³¹xɛ³¹	烟	mɛ³¹xɛ³¹xa³¹ɬi⁵⁵	烟灰
mɛ³¹xɛ³¹ku³³pa³³	烟头	mɛ³¹xɛ³¹xa³³pha³¹la³¹	烟叶
mɛ³¹xɛ³¹tsɛ³³	烟斗	mɛ³¹xɛ³¹tsŋ³³	水烟筒
mɛ³³ɬu³³	摇动	mɛ³¹xɛ³¹tsŋ³³tɕhi³¹mi³³	烟嘴
mɛ⁵⁵nu⁵⁵	亲戚	mɛ⁵⁵nu⁵⁵	姊妹
mɛ⁵⁵nu⁵⁵	兄妹	mɛ⁵⁵nu⁵⁵zɯ³¹	走亲戚
mɛ⁵⁵tsɛ³³	石榴	mɛ⁵⁵tshɛ³³	口弦
mɛn⁵⁵	焖	mɛn³³tsɔ³¹	焖吃
ma⁵⁵	梦	ma⁵⁵ti⁵⁵	做梦
ma³¹faŋ³¹	麻烦	ma³¹xo³¹	错误
ma⁵⁵liɛ¹³	样	ma³³lu³¹pa³¹tsŋ³³ko³¹	马鹿
ma³¹ma³¹xɛ⁵⁵xɛ⁵⁵	祖先	ma³³mi³³	眨眼
ma³³mu³¹	眉毛	ma³³mu³¹	睫毛
ma⁵⁵mu³¹	芒果	ma³³pha³³la³³	独眼
ma³¹phi⁵⁵	犁弓	ma³³pho⁵⁵lo⁵⁵	斜眼
ma³³phu³¹	脸	ma³³phu³¹	对面
ma³³phu³¹	对岸	ma³³phu³¹kɯ³³pɛ³³lɛ³³	粉刺
ma³³phu³¹ɬi⁵⁵	丢脸	ma³³phu⁵⁵lu⁵⁵	眼白
ma³³phu⁵⁵lu⁵⁵	对眼	ma⁵⁵phu³¹tsɯ³³xo³¹	脸盆
ma⁵⁵phu³¹tsɯ³¹	洗脸	ma⁵⁵phu³¹tsɯ¹³kɯ³³i⁵⁵tshu³¹	洗脸水
ma⁵⁵phu³¹tsŋ³¹tsŋ³³	洗脸毛巾	ma⁵⁵phu³¹tsŋ³¹tsŋ³³	枕巾

ma³³pi⁵⁵	眼泪	ma³³pi³¹kɯ³³lɯ³³	笋干
ma³³pi⁵⁵ma⁵⁵li⁵⁵	泪流满面	ma³³pi⁵⁵tu³³	淌泪
ma³³pi⁵⁵tu³³	眼泪出	ma³³pi³¹zo³³kɯ⁵⁵lɯ⁵⁵	笋壳
ma³¹pu³¹tu³¹phi³³	甑底	ma³¹tɕhi³¹	犁架
ma³¹tɕhi³¹	犁	ma³³thi³³	瞅眼
ma³¹thi³³la³¹	一眨眼	ma³³thi³³thi³³	眨眼
ma⁵⁵to³¹	起码	ma³³to³³lo³³	眼皮
ma³³tsho³¹	瞎子	ma³³tsho³¹tsho³¹	眼瞎
ma³³tʂʐ³¹	眼屎	ma³³tsi³³	眼睛
ma³³tsi³³si³¹	眼珠	ma³¹tɕaŋ⁵⁵ɬu³³	打麻将
ma³¹tshi³³tu³³	拖拉	ma³³tsi³³kɯ¹³la³³	眼角
ma³³zʐ³¹	瞪	maŋ⁵³kaŋ⁵⁵	曼干
maŋ³³lo³¹	锣	mau³¹thaŋ³¹	毛毯
maŋ³¹	忙	mɔ³¹	不
mɔ³¹	多	mɔ⁵⁵	那
mɔ³¹	教	mɔ³¹xo⁵⁵	不用
mɔ³¹xa³³	容易	mɔ³¹xɤ³¹mɔ³¹ȵi⁵⁵	不大不小
mɔ³¹xo⁵⁵	不像	mɔ³¹xo³³tɕa⁵³	算了
mɔ³¹xo³¹sʐ⁵⁵	不合适	mɔ³¹kau³³mɔ³¹ɣai³¹	不高不矮
mɔ³¹khɯ³¹tshi⁵⁵	不客气	mɔ³¹khuaŋ³³mɔ³¹tsɯ³¹	不宽不窄
mɔ³¹lo³³	不闲	mɔ³¹mi³³	忙
mɔ³¹lu³¹	不够	mɔ³¹mo³¹	不要
mɔ³¹mi⁵⁵	来不及	mɔ³¹mɔ³¹	曾祖父
mɔ³¹mɔ³¹	不多	mɔ³¹na³¹	不闲
mɔ³¹mɔ³³	曾祖母	mɔ³¹na³¹mɔ³¹sɯ³³	不深不浅
mɔ³¹no³¹	不少	mɔ⁵⁵nɔ⁵⁵	疤痕
mɔ⁵⁵nɔ⁵⁵	疮	mɔ⁵⁵nɔ⁵⁵pa³³	疮疤
mɔ⁵⁵nɔ⁵⁵nɔ⁵⁵	生疮	mɔ⁵⁵nɔ⁵⁵tu³³	生疮
mɔ⁵⁵nɔ⁵⁵pɔ⁵⁵	疤痕	mɔ³¹mo⁵⁵mɔ³¹nu⁵⁵	不长不短
mɔ³¹ŋɯ⁵⁵	不是	mɔ³¹po³¹	甑子
mɔ³¹phɤ³¹	不对	mɔ³¹pɯ⁵⁵	不赢
mɔ³¹pɯ⁵⁵	失败	mɔ³¹sai³³	不漂亮
mɔ³¹sai³³	丑	mɔ³¹si³¹	不清楚
mɔ³¹si³¹	模糊	mɔ³¹so⁵⁵	脏

mɔ³¹si⁵⁵	不好意思	mɔ³¹sɔ⁵⁵	有时
mɔ³¹so⁵⁵	不干净	mɔ³¹sŋ⁵⁵nɛ³³pɛ³³	扁豆
mɔ³¹ʂ̩³¹mɔ³¹n̠e³¹	不远不近	mɔ³¹tha³³	不快
mɔ³¹tha³³	钝	mɔ³¹tsɛ³³	不歪
mɔ³¹tsa³³	不有	mɔ³¹tshŋ⁵⁵	不但
mɔ³¹tshi⁵⁵	不仅	mɔ³¹tsu³¹	不皱
mɔ³¹tshŋ⁵⁵	不仅	mɔ³¹tsŋ³¹	麻子
mɔ³¹tsu³¹	不蠢	mɔ³¹tsŋ⁵⁵	不密
mɔ³¹tsŋ⁵⁵	漏	mɔ³¹tshi³¹	不会
mɔ³¹wo⁵⁵	盐淡	mɔ³¹tso⁵⁵	不在
mɔ³¹tso⁵⁵	不有	mɔɣ³¹tshŋ³¹	蒙住
mɔɣ³¹ku³¹tshu³¹	蒙古族	mo³¹	马
mo³¹	事情	mo³¹	要
mo³¹	老	mo³¹	戴
mo³¹	妈	mo³¹	工具
mo³¹	活儿	mo³³	熟
mo⁵⁵	长	mo⁵⁵	见
mo³¹a⁵⁵phɛ³¹	要么	mo³¹a⁵⁵zɔ³¹zɔ³¹	马驹
mo³¹ɕɛn¹³	空闲	mo⁵⁵xo³¹	含
mo³¹faŋ⁵⁵	模范	mo³¹fu³¹	午马
mo⁵⁵xo³¹	盆	mo⁵⁵xo³¹	瓦罐
mo⁵⁵xo³¹	闭口	mo⁵⁵xɔ³¹	缸
mo¹³xo³³tu³³	发霉	mo³¹ka³¹phɔ³¹	赶马人
mo⁵⁵kɯ³³nu⁵⁵kɯ³³	长长短短	mo³¹kɯ³³piɛn⁵⁵tsŋ³¹	鞭子
mo³¹la⁵⁵mo³¹mo³¹	要不要	mo³¹li⁵⁵ko³³	马鞍
mo³¹lo³³	活计闲	mo⁵⁵ɬo³³	高粱
mo³¹lo⁵⁵xo⁵⁵	马棚	mo³¹lo⁵⁵xo⁵⁵	马圈
mo¹³lo⁵⁵tsŋ⁵⁵	马鬃	mo⁵⁵mi⁵⁵	勐迷
mo⁵⁵miɛn⁵⁵tsi³³	磨面机	mo³¹mɔ³³	母马
mo⁵⁵mo³³	伯父	mo⁵⁵mo³³	伯母
mo⁵⁵mo³³ɛ⁵⁵mo³³	二伯母	mo⁵⁵mo³³ɛ⁵⁵ti³³	二伯父
mo⁵⁵mo³³saŋ³³ti³³	三伯父	mo⁵⁵mo³³saŋ³³mo³³	三伯母
mo³¹n̠i³¹	东西	mo³¹n̠i³¹	货物
mo⁵⁵n̠i⁵⁵	母黄牛	mo³¹n̠i³¹sɔ³³	送礼

mo³¹ nu⁵⁵ n̩i³¹	想要	mo⁵⁵ pɛ⁵⁵ tɛ⁵⁵ lɛ⁵⁵	腿肚子
mo³¹ phɔ³¹	公马	mo⁵⁵ phaŋ³¹ ku³¹ tsu³¹	磨盘山
mo³¹ pi⁵⁵ pi⁵⁵	告诫	mo³³ ta³³	抹
mo³¹ tɕhi⁵⁵	除外	mo³¹ thɛ⁵⁵ kɯ³³ pa³³ pu³¹	马鞭
mo³¹ thei³¹	头帕	mo³³ thɤ⁵⁵	熟透
mo³¹ tho³¹ tʂhɤ⁵⁵	摩托车	mo³¹ tiɛn⁵⁵	马店
mo⁵⁵ to³³	足够	mo³³ tshi³³ xɯ³¹	洗马塘
mo³¹ tshɤ³³	马车	mo³¹ wo⁵⁵ tsɔ³¹ phɔ³¹	农民
mo¹³ tɕhi³¹ mi³³	马嚼子	mo³¹ tsʅ³¹	骑马
mɤ³¹	墨	mɤ³¹	好
mɤ³¹	痊愈	mɤ⁵⁵	吹
mɤ⁵⁵	擤	mɤ⁵⁵	呻吟
mɤ⁵⁵	叫	mɤ⁵⁵	响
mɤ³¹ çi³³	默写	mɤ³¹ xau⁵⁵	诊脉
mɤ³¹ ʂui³¹	墨水	mɤ³¹ tei³¹	墨斗
mɤ³³ thuɛ³¹	面片儿	mɤ³¹ tei³¹ kɯ³³ kho³³	墨线
mɤ³¹ tsʅ³¹	墨汁	mu³¹	燎
mu³¹	亩	mu³¹ fu³¹	申猴（十二属）
mu³¹	除草	mu³¹ thei³¹	头巾
mu⁵⁵ xo³¹	捂	mɯ³¹	山药
mɯ³¹	舔	mɯ⁵⁵ khɯ³¹	粪
mɯ⁵⁵ khɯ³¹	肥料	mɯ⁵⁵ khɯ³¹ so³¹	施肥
mɯ⁵⁵ sɯ³¹	沙子	mɯ⁵⁵ khɯ³¹ ta³¹ lu⁵⁵	粪塘
mɯ⁵⁵ khɯ³¹ tɕi⁵⁵ ta³³	上肥		

w

wei³¹ xo³³	围拢	wei³³ si³³ ti³³	VCD
wei³¹ tɕhaŋ³¹	围墙	wa¹³	下
wa¹³	底下	wa¹³	以下
wa¹³	3SG – GEN	wa³³	3SG – GEN
wa³³ ju⁵⁵	3SG – 家	wa³¹ phiɛ⁵⁵	瓦
wa¹³ pɔ³¹	3SG – 爸	wa³¹ tɕho³¹	麻雀
wa¹³ tɔ³³	下方	wa³¹ tshu³¹	佤族
wai³¹ tso³¹	崴	waŋ³¹ jo³¹	药丸

wo³¹	天	wo³¹	卖
wo³¹	嫁	wo¹³	PRT
wo³³	户	wo³³	家
wo⁵⁵	3SG – GEN	wo⁵⁵	做
wo⁵⁵	干	wo⁵⁵	进
wo³¹ko³³	围裙	wo³¹ko³³	围腰帕
wo³¹ko³³ko³³	系围裙	wo³¹ɬi⁵⁵	风
wo³¹ɬi⁵⁵ɬi⁵⁵	刮风	wo³¹ɬi⁵⁵kɯ³³to³¹thi⁵⁵	风声
wo³¹ɬi⁵⁵na³³mɔ³³	龙卷风	wo³¹ɬi⁵⁵na³³mɔ³³	台风
wo³¹ɬi⁵⁵pɯ³³sɯ³³	扇子	wo⁵⁵lɔ⁵⁵	进来
wo³¹mɔ³³	肚子	wo⁵⁵mɔ³³	胃
wo³¹mɔ³³xɤ³¹a⁵³	肚子大	wo³¹mɔ³³ko³¹	拉肚子
wo³¹mɔ³³mi⁵⁵nɔ⁵⁵	痢疾	wo³¹mɔ³³nɔ⁵⁵	肚子疼
wo³¹mɔ³³tshɛn⁵⁵	肚子撑	wo³¹mɔ³³phi⁵⁵ȵi⁵⁵li⁵⁵	患疟疾
wo³¹mɔ³³tso⁵⁵	肚子胀	wo³¹mɔ³³tso⁵⁵kɯ³³sa³¹tshi⁵⁵	闷屁
wo³¹ȵi³¹	天神	wo³¹ȵi⁵⁵ȵi⁵⁵	彩云
wo³¹na³³	阴天	wo³¹phi⁵⁵	脾
wo³¹phɤ³¹pi³¹	成家	wo³¹pi⁵⁵li⁵⁵tsu³¹	闪电
wo³¹sɔ⁵³	晴天	wo³¹sa⁵³	天晴
wo⁵⁵sun³¹	莴笋	wo⁵⁵tɕi³³ji⁵⁵	进去
wo³¹tha¹³	天上	wo³¹tha³¹	床板
wo³¹tha³¹tha³¹phi³¹	床板	wo⁵⁵ti³¹mɔ³³	王后
wo⁵⁵ti³¹phɔ³¹	国王	wo⁵⁵ti³¹ti⁵⁵	小东西
wo³¹to⁵⁵	云	wo³¹to⁵⁵a³¹na³¹la³³	乌云
wo⁵⁵tshi³¹ti⁵⁵	会做	wo³¹tsho³¹	帽子
wo³¹tsɔ³¹	嫁	wo³¹tʂʅ³¹	雷
wo³¹tʂʅ³¹tʂʅ³¹	打雷	wo³¹wa¹³	天底下
wo⁵⁵zɔ³¹sɯ³¹	产崽	wo⁵⁵zɔ³¹zɔ³¹	利息

f

fɛ⁵⁵	倍	fɛn³³	分
fɛn³¹pi³¹	粉笔	fɛn³¹sui⁵⁵tsi⁵⁵	粉碎机
fa³¹	发	fa³¹mo⁵⁵	吹火筒
fa³¹sɛn³³	发生	fa³¹thu⁵⁵	发酵

faŋ³¹	雪	faŋ³³	方；翻
faŋ³¹ kɔ³³	下雪	faŋ³¹ mo⁵⁵	竹子
faŋ³¹ mo⁵⁵ pa³³ pu³¹	竹竿	faŋ³¹ mo⁵⁵ phɛ³¹ tshɛ³³	竹条
faŋ³¹ mo⁵⁵ zo⁵⁵ tshɣ³¹	竹节	faŋ³¹ mo⁵⁵ to³¹ tɕhi⁵⁵ li⁵⁵ 竹根	
faŋ³³ phu³³ lɔ³¹	翻过来	faŋ³¹ mo⁵⁵ zo³³ kɯ⁵⁵ lɯ⁵⁵	篾条
faŋ³¹ pi³¹	竹笋	faŋ³¹ mo⁵⁵ zo³³ kɯ⁵⁵ lɯ⁵⁵ 笋衣	
faŋ⁵⁵ tɕhe³¹	西红柿	faŋ⁵⁵ tɕɔ⁵⁵	放假
faŋ³¹ tʂɛn⁵⁵	反正	faŋ³¹ tshʅ³¹	竹条
faŋ³¹ tu³³ lu³³	竹叶	faŋ³¹ tui⁵⁵	反对
fɔ⁵⁵ ti⁵⁵	刀	fɔ⁵⁵ ti⁵⁵	匕首
fɔ⁵⁵ ti⁵⁵ a⁵⁵ no³³	刀背	fɔ⁵⁵ ti⁵⁵ a⁵⁵ ti⁵⁵ ti⁵⁵ kɯ³³	小刀
fɔ⁵⁵ ti⁵⁵ xɣ¹³ kɯ³³	大刀	fɔ⁵⁵ ti⁵⁵ phi⁵⁵ tɕhi³³ li³³	尖刀
fɔ⁵⁵ ti⁵⁵ pɔ³¹ pɔ³³	刀面	fɔ⁵⁵ ti⁵⁵ pu³¹ tu³³ lu³³	刀鞘
fɔ⁵⁵ ti⁵⁵ si³¹	磨刀	fɔ⁵⁵ ti⁵⁵ tɕhi³¹ mi³³	刀刃
fɔŋ⁵⁵	封	fɔŋ³³ su³¹	风俗
fɔŋ³¹ zʅ⁵⁵ tsi⁵⁵	缝纫机	fu³¹	年
fu³¹	回	fu³¹	舍得
fu³¹	RFLX	fu³¹	住
fu³³	戴	fu⁵⁵	剂
fu⁵⁵	雇	fu⁵⁵	养
fu⁵⁵ fu³¹	子鼠	fu³¹ xo³¹ fei³¹	复合肥
fu⁵⁵ nu⁵⁵	蘑菇	fu⁵⁵ nu⁵⁵ phi⁵⁵ ȵi⁵⁵	红菌
fu⁵⁵ pṷ³¹ tsha³¹ xo³¹	松鼠	fu³¹ tɕau³³	胡椒
fu³³ tɕi³³	吮吸	fu³¹ tha³¹	岁数
fu⁵⁵ tha³¹	年纪	fu⁵⁵ thu³³	拐杖
fu⁵⁵ thu³³ thu³³	拄拐杖	fu¹³ to³¹ mɛ³¹	下半年
fu³³ tsha³¹	老鼠	fu³³ tsha³¹ tsha³¹	小老鼠
fu³³ tsha³¹ wɔ³³ mɔ³³	母老鼠	fu³¹ tshi⁵⁵	福气
fu³¹ tshu⁵⁵	饭团	fu⁵⁵ tshu⁵⁵	蚂蚱
fu⁵⁵ tshu⁵⁵	蝗虫	fu⁵⁵ tshu⁵⁵ tshu⁵⁵ si³¹	山蚂蚱
fu¹³ vu³¹ tu³¹	上半年	fu³¹ tɕi³¹	闰月

v

ve⁵⁵	背	ve³³ so³¹ so³¹	凋谢

ve³³tsho³¹	花蕾	vɛ⁵³	招手
vɛ³¹lɛ³¹	团	vɛ³¹lɛ³¹lɛ³¹	团碌碌
vɛ³¹lɛ³¹tsɔ⁵⁵	旋转	vɛn³¹xua⁵⁵	文化
vɛn³¹xua⁵⁵tʂaŋ⁵⁵	文化站	vɛn⁵⁵thi³¹	问题
va³¹	猪	va¹³a³¹ɬa⁵⁵	猪舌头
va³¹çi³¹	杀猪	va³¹çi³¹phɔ³¹	屠夫
va³¹fu³¹	亥猪	va³¹fu³³	养猪
va³¹khɯ⁵⁵	猪脚	va³¹kɯ³³pha³¹po³¹	猪蹄壳
va³¹kɯ³³tsin⁵⁵	猪筋	va³¹ɬi⁵⁵ɬi⁵⁵a³¹	小种公猪
va³¹lo⁵⁵xo⁵⁵	猪圈	va³¹mɔ³³	阉母猪
va³¹mɔ³³wo³¹ɬi⁵⁵	抽风	va³¹nu⁵⁵si³¹	猪心
va³¹phɔ³¹	阉公猪	va³¹pi³¹ku³¹tshɿ³³	屎壳郎
va³¹sa³¹phu³¹	猪肺	va³¹sa³¹tsho³¹	猪肝
va¹³ʂɿ³¹ȵi⁵⁵	猪血	va³¹thi³¹	野猪
va³¹thɔ⁵⁵	藏	va³¹ti⁵⁵ti⁵⁵	小猪
va³¹ti⁵⁵ti⁵⁵a⁵³	猪崽	va¹³to³¹mɛ³¹	猪尾
va³¹tsɔ⁵⁵	猪食	va³¹tsɔ⁵⁵xo³¹ɬo³¹	喂猪槽
va³¹tsɔ⁵⁵pi³³tsɔ³¹	喂猪	va³¹vu³¹phi⁵⁵	猪脾
va³¹zo³³kɯ⁵⁵lɯ⁵⁵	猪皮	va³¹tsa³³kɯ³¹	猪草
va³¹tshi⁵⁵	猪油	va³¹tshi⁵⁵	板油
vaŋ⁵⁵	万	va³¹tshi⁵⁵pi³¹tshi³³	滚屎虫
vaŋ³¹lo³¹	网络	va³³tsu⁵⁵	渔网
vu³¹	捂	vu³³	放牧
vu³³	在	vu⁵⁵	孵
vu⁵⁵	捂	vu⁵⁵	买
vu⁵⁵xo³¹	捂住	vu³¹fa³¹vu³¹thiɛn⁵⁵	无法无天
vu³¹fu³³	斗笠	vu³¹xo³¹lo³¹	头盖骨
vu³¹xo³¹lo³¹	头顶	vu³¹ja⁵³	疯
vu³¹kɯ⁵⁵kɯ⁵⁵	摇头	vu³¹la³¹xe³³	做买卖
vu⁵⁵la³¹phɔ³¹	商人	vu⁵⁵la³¹xe³³kɯ³³tsho⁵⁵	商人
vu³¹lɛ³³	流氓	vu³¹lɛ³³	狡猾
vu³¹lɛ³³li⁵⁵	光头	vu⁵⁵lu³¹	白眼
vu³¹mi⁵⁵thu⁵⁵	祭龙树	vu³¹mi⁵⁵tso⁵⁵	龙树
vu³¹mɔ³¹su³³	天不亮	vu³¹ȵi⁵⁵	点头

vu³¹ n̠i⁵⁵ n̠i⁵⁵	点头	vu³¹ nɤ³¹	脑髓
vu³¹ nɤ³³	尖儿	vu³¹ nɤ³³	稻穗
vu³¹ nɤ³¹ po³³	聪明	vu³¹ nɤ³³ tu³³	植物尖发出
vu³¹ nɤ³³ tu³³	抽穗	vu³¹ pa³¹ la³¹	秃头
vu³³ phu⁵⁵ lu⁵⁵	蛋清	vu³¹ pi³¹	芽儿
vu³¹ pi³¹ pi³¹	发芽	vu³¹ pi⁵⁵ ti⁵⁵ li⁵⁵	植物尖儿
vu³¹ su³³	黎明	vu³¹ su³³ su³³ lɔ⁵³	天亮
vu³³ sʅ⁵⁵ lɤ⁵⁵	蛋黄	vu³³ ta³³	浮
vu³¹ tɕhi³³ li³³	尖顶	vu³¹ thu⁵⁵	揣
vu³¹ tshi³³	晚上	vu³¹ tshi⁵⁵	犄角
vu³¹ tshi⁵⁵	天黑	vu³¹ tshi³³ kɯ³³ xo³¹	晚饭
vu³¹ tshi³³ vu³¹ xa³¹	昼夜	vu³¹ tshi³³ vu³¹ xa³¹	黑夜半更
vu³³ tsho³¹	蹲	vu³¹ tshʅ⁵⁵	天黑
vu³¹ tu³¹	头	vu³¹ tu³¹ xɤ³¹ phɔ³¹	领导；头目
vu³¹ tu³¹ kha³³	梳头	vu³³ tu³³ na³¹ no³³	后脑
vu³¹ tu³¹ nɔ⁵⁵	头疼	vu³¹ tu³¹ pa³³ thu⁵⁵	抬头
vu³¹ tu³¹ thi³³ ɕi³¹	低头	vu³¹ tu³¹ thu³³	磕头
vu³¹ tu³¹ tɤ³³	砍头	vu³¹ tu³¹ ti⁵⁵ li⁵⁵ mu³³ tshu³³	倒立
vu³¹ tu³¹ zin⁵⁵	头晕	vu³¹ tu³¹ tshu³³ phɔ³¹	理发匠
vu³¹ tu³¹ tshu³³	理发	vu³¹ tu³¹ zo³³ kɯ⁵⁵ lɯ⁵⁵	头皮
vu³¹ tu³¹ tshu⁵⁵ tshu³³	剃头刀	vu³¹ tu³¹ tɕhi⁵⁵ kho⁵⁵ mɔ³¹ tu¹³ kɯ³³	癞痢头
vu³¹ tshi³³ xo³¹ tsɔ³¹	吃晚饭		

ts

tsʅ³¹	急	tsʅ³¹	着急
tsʅ³¹	骑	tsʅ³³	袋
tsʅ⁵⁵	字	tsʅ⁵⁵	痒
tsʅ⁵⁵	密	tsʅ⁵⁵	做错
tsʅ⁵⁵	处罚	tsʅ⁵⁵ ɕau³³	只消
tsʅ⁵⁵ fu³¹	制服	tsʅ⁵⁵ xua⁵⁵	计划
tsʅ⁵⁵ ji³¹	自由	tsʅ³¹ kɯ³¹	染指甲花
tsʅ⁵⁵ kɯ³³ kɛ³³	擦痒	tsʅ³¹ lu⁵⁵	打谷盆
tsʅ³¹ taŋ⁵⁵	子弹	tsʅ³¹ taŋ⁵⁵ kho³¹	子弹壳
tsʅ³¹ taŋ⁵⁵ vu³¹ tu³¹	子弹头	tsʅ³¹ tɕau⁵⁵	计较

tsʅ⁵⁵tho³³lo³³	泥鳅	tsʅ⁵⁵thu³³lu³³	泥鳅
tsʅ⁵⁵tshʅ⁵⁵	瓶	tsʅ³³tsu⁵⁵	麻栗树
tsʅ⁵⁵tsʅ⁵⁵tɛ³³	密封	tsʅ³¹tshi⁵⁵	塞
tsʅ⁵⁵to⁵⁵	结婚经	tsʅ⁵⁵	洗
tsi³¹	打	tsi³¹	打（主意）
tsi³¹	打针	tsi³¹	打仗
tsi³¹	打伞	tsi³¹	商量
tsi³¹	急	tsi³¹	推
tsi³³	推磨	tsi⁵⁵	秤
tsi⁵⁵	斤	tsi⁵⁵	捏挤
tsi⁵⁵	榨	tsi⁵⁵xau⁵⁵	记号
tsi⁵⁵kei³³	秤钩	tsi⁵⁵li⁵⁵	驴
tsi⁵⁵li⁵⁵	排	tsi⁵⁵li⁵⁵mɛ³¹lе³¹	密密麻麻
tsi⁵⁵li⁵⁵wɔ³³mɔ³³	母驴	tsi⁵⁵li⁵⁵wɔ³³phi⁵⁵	公驴
tsi³¹lo³³	谷桶	tsi³¹lo⁵⁵	圈
tsi³¹maŋ³¹	急忙	tsi⁵⁵mɔ³³	债
tsi⁵⁵ȵɛn⁵⁵	纪念	tsi³¹pha³³	打开
tsi⁵⁵pha³¹zo³³tso⁵⁵	棕树	tsi⁵⁵phɛ³¹	秤盘
tsi³³phi³¹	关门	tsi³¹phu³¹	榔头
tsi⁵⁵phu⁵⁵	甜白酒	tsi⁵⁵phu⁵⁵	蓑衣
tsi³¹phu³¹thɛ⁵⁵	捶木槌	tsi⁵⁵pɔ⁵⁵	酒
tsi⁵⁵pɔ³¹na⁵⁵tshʅ³¹	药酒	tsi⁵⁵pɔ³¹ȵi³¹	酒醒
tsi⁵⁵pɔ³¹to⁵⁵ji⁵⁵	订婚	tsi⁵⁵pɔ³¹to⁵⁵mu³¹	酒杯
tsi⁵⁵sɛn³³tʂaŋ⁵⁵	计生站	tsi³¹tshi³¹	酒药
tsi³¹tshʅ⁵⁵tsi³¹nɔ⁵⁵	逢年过节	tsi⁵⁵tsi⁵⁵mai³³mai³³	密密麻麻
tsi³³tsu⁵⁵	栗树	tsi⁵⁵tsu³¹	皱纹
tsi⁵⁵tsu³¹	茄子	tsi³³tsu³¹tsu³¹	皱
tsi³³tsu³¹tsu³¹a⁵³	起皱纹	tsi⁵⁵tu³³lu³³	棕丝
tsi⁵⁵zɔ³¹mɔ³³	女媒人	tsi⁵⁵zɔ³¹phɔ³¹	男媒人
tsi³¹tshi³¹	酒麴	tsi³³tshi⁵⁵	机器
tsi⁵⁵pha³¹tso³³a³³	棕垫	tsi⁵⁵pɔ³¹tsha³¹	酿酒
tsi⁵⁵si³¹	秤砣	tsi⁵⁵to³¹	秤星
tsi⁵⁵vu³¹phɔ³¹	酒鬼	tsi⁵⁵tshi⁵⁵li⁵⁵po³¹	坛子
tsin³¹	紧	tsin³¹pho⁵⁵tshu³¹	景颇族

tsin³³ ʂɛn³¹	精神	tsin⁵⁵ tei⁵⁵ nɑi⁵⁵ pɑi⁵⁵	四季豆
tsin⁵⁵ tsi⁵⁵	经济	tsin⁵⁵ tsʅ³¹	镜子
tsɛ³¹	西	tsɛ³¹	办酒席
tsɛ³¹	座	tsɛ⁵³	而且
tsɛ⁵³	亮	tsɛ⁵³	另外
tsɛ⁵³	而且	tsɛ³¹ xɛ³¹	雾
tsɛ³¹ kha³¹	漫天雾	tsɛ⁵⁵ tshɛ⁵⁵	麻线
tsɛ⁵⁵ tshɛ⁵⁵	酸菜	tsɛ⁵⁵ tshɛ⁵⁵ sei¹³ khei⁵⁵ kɯ³³	扣肉
tsɛ⁵⁵ tshɛ⁵⁵ tshɛ⁵⁵	腌酸菜	tsɛn⁵⁵	真
tsɛn⁵⁵ ja³¹	镇压	tsɛn⁵⁵ tsoŋ⁵⁵	珍惜
tsɛn⁵⁵ tsɔ³¹	挣扎	tsa³¹	炸
tsa³³	遍	tsa³³	富
tsa³³	有	tsa³³ çi⁵⁵	牛虻
tsa³³ kɯ³¹	草	tsa³³ kɯ³¹ xɔ³¹ ɬi⁵⁵	草木灰
tsa³³ kɯ³¹ tshu⁵⁵	锄草	tsa³¹ ɬa³¹	花椒
tsa³³ mɔ³¹ tsa³³	有没有	tsa³¹ pu⁵⁵	拥挤
tsa³³ pu⁵⁵ ti⁵⁵	丰富	tsa¹³ tʂhɛ⁵⁵	馊菜
tsa⁵⁵ tshu⁵⁵	铃铛	tsa¹³ tsɔ³¹	炸吃
tsa³³ kɯ³¹ na⁵⁵ tshʅ³¹	草药	tsa³³ kɯ³¹ xa⁵⁵ tshu⁵⁵ lu⁵⁵	茅屋
tsa³³ kɯ³¹ pi⁵⁵ tsɔ³¹	喂草	tsa³³ tshu³³	铃
tsa⁵⁵ tso⁵⁵	菜棵	tsai³³	把
tsai³³	叠	tsai³³	捆
tsai⁵³	再	tsai⁵⁵	都
tsɛ⁵⁵ tshɛ⁵⁵	鞋底线	tsaŋ³¹	下
tsaŋ³³	张	tsaŋ³³	攒动
tsaŋ⁵⁵	脏	tsaŋ³¹ tsaŋ³¹	赶紧
tsaŋ⁵⁵ tshi⁵⁵	瘴气	tsaŋ³³ tsu³¹ tshi³¹	腰带
tsau⁵⁵	照	tsau⁵⁵ çaŋ⁵⁵	照相
tsau³¹ fu⁵⁵	照看	tsau⁵⁵ fu⁵⁵ ta³¹ tshi⁵⁵ ŋai³¹	小心
tsau³¹ tshʅ³¹	早迟	tsɔ³¹	吃
tsɔ³¹	蛀	tsɔ⁵⁵	食物
tsɔ⁵⁵	转身	tsɔ⁵⁵	榨
tsɔ⁵⁵	绕	tsɔ³¹ fu⁵⁵	口福
tsɔ⁵⁵ fu³¹ lɔ⁵⁵	返回	tsɔ³¹ xɔ³¹	品尝

tsɔ³¹ka³³li⁵⁵tu³¹	东西	tsɔ³¹li³¹	口袋
tsɔ⁵⁵lɔ⁵⁵lɔ⁵⁵	圆	tsɔ³¹mo³¹	钻子
tsɔ³¹phu⁵⁵	田埂	tsɔ³¹phu⁵⁵	坝
tsɔ⁵⁵pha³³tsɔ³¹	刨食	tsɔ⁵⁵pi³¹	围墙
tsɔ⁵⁵si³¹	粮食	tsɔ⁵⁵tsu⁵⁵	年成
tsɔ⁵⁵tsu⁵⁵	庄稼	tsɔ⁵⁵tsu⁵⁵ji⁵⁵kɯ³³	收割
tsɔ⁵⁵tsʅ³³	桌子	tsɔ⁵⁵tsu⁵⁵ti⁵⁵tho³¹lo³¹	秋天
tsɔŋ³¹	种	tsɔŋ³¹li³¹	总理
tsɔŋ³¹tshi⁵⁵	气愤	tsɔŋ³¹zʅ⁵⁵	终于
tso³¹	凿子	tso³¹	撮
tso³¹	湿	tso³¹	伸
tso³¹	习惯	tso³¹	中
tso³³	相信	tso³³	肿
tso⁵⁵	坐	tso⁵⁵	棵
tso⁵⁵	居住	tso⁵⁵	学
tso³³lo⁵⁵phu³¹	子宫	tso⁵⁵	在；有
tso⁵⁵	胀	tso⁵⁵a³³	在处
tso⁵⁵xa³³	难过	tso³¹xo⁵⁵	缩
tso⁵⁵xo³¹	凳子	tso⁵⁵kɔ³³sɔ⁵³	得意
tso⁵⁵kɔ³³sɔ⁵⁵	舒服	tso³³kɔ³³so³¹tɕhi⁵⁵	除夕
tso³³ɬɔ³³	冬天	tso³³ɬɔ³³	腊月
tso³³ɬɔ³³	十二月	tso⁵⁵mo³³	EXP
tso³¹mu³¹	阴毛	tso³¹pɛ³¹	阴道
tso³¹pɛ³¹	女生殖器	tso³¹pɛ³¹wo⁵⁵tsɔ³¹mɔ³³	妓女
tso³³ʂʅ³³	相信	tso³³ta³³la³³	发髻
tso⁵⁵tsho³¹	坐	tso³³tso⁵⁵	粘满
tso⁵⁵tsɔ³¹tɕhi³¹	节俭	tsɔŋ⁵⁵tsʅ³¹pa³³pa³³	粽子
tsu³¹	腰	tsu⁵⁵a³³	厨房
tsu⁵⁵	灶	tsu³¹ji⁵⁵	主意
tsu³¹xo⁵⁵	弯腰	tsu⁵⁵thi³¹	钥匙
tsu³¹kɛ⁵⁵so³¹	伸懒腰	tsu³¹tʂhɤ⁵⁵	脊椎骨
tsu³¹tshi³¹	裤带	tsu⁵⁵zi³¹mi⁵⁵su⁵⁵	灶神
tsu⁵⁵tshʅ³³	聚齐	tsuaŋ⁵⁵	砖
tsu³¹tshi³¹	腰带	tsui⁵⁵tsa³³	犯罪

tsui¹³	最	tsɯ³¹	双；对
tsui⁵⁵ tsʅ³¹	锥子	tsɯ³¹	窄
tsɯ³¹	一双（筷子）	tsɯ³¹	编
tsɯ³¹	洗（脸）	tsɯ⁵⁵	把
tsɯ³¹	叠	tsɯ⁵⁵	对歌
tsɯ³¹ thu⁵⁵	叠起		

tsh

tshʅ³¹	一；一点	tshʅ³¹	生气
tshʅ³¹	咳嗽	tshʅ⁵⁵	结实
tshʅ⁵⁵ a³¹	麂子	tshʅ⁵⁵ a³¹ ŋa⁵⁵ pɯ³³ phɔ³¹	猎人
tshʅ⁵⁵ a³¹ pɯ³³ kɯ³³	打麂子	tshʅ⁵⁵ a³¹ zɔ³¹	小麂子
tshʅ⁵⁵ a³¹ pɯ³³	打猎	tshʅ⁵⁵ a³¹ thi¹³ kɯ³³ khʅ³¹	猎狗
tshʅ³¹ khu³¹ tu³¹ lu³¹	全部一起	tshʅ³¹ xɔ⁵⁵ ŋɔ³¹ tɕhi⁵⁵	一百五十
tshʅ³¹ kɔ³¹	每人	tshʅ³¹ mɔ³³	母羊
tshʅ³¹ pɛ³³ tɛ³³ lɛ³³	猪腰子	tshʅ⁵⁵ phɛ³³	油渣
tshʅ³¹ çaŋ³³	一段时间	tshʅ³¹ fu³¹	一年
tshʅ³¹ fu³¹	一岁	tshʅ³¹ fu⁵⁵	欺负
tshʅ³¹ xa³¹	一夜	tshʅ³³ xai³¹	折断
tshʅ³³ pha³³ la³³	任何地方	tshʅ³¹ xɔ⁵⁵	一百
tshʅ³¹ xɔ⁵⁵ nɛ³³ ŋɔ³¹	一百零五	tshʅ³¹ xɔ⁵⁵ nɛ³³ thɔ¹³	一百零一
tshʅ³¹ xui⁵⁵	一样	tshʅ³¹ ka⁵⁵	一起
tshʅ³¹ ka⁵⁵ tɔ³³	一起	tshʅ³¹ ka⁵⁵ tɔ³³	任何地方
tshʅ³¹ ku³³	一起	tshʅ³¹ kɔ³¹ li³³ mɛ⁵⁵ kɔ⁵⁵ mɔ³³ zu³¹	互相让路
tshʅ³¹ ku³³ lu³³	一起	tshʅ³¹ ɬɔ³³	每月
tshʅ³¹ lu³¹	一两	tshʅ³¹ mi³¹	一些
tshʅ⁵⁵ mɯ³¹	效果	tshʅ³¹ nu³³	一天
tshʅ³¹ nu³³ tshʅ³¹ nu³³	每天	tshʅ³¹ pɛ³¹	感冒
tshʅ³¹ pɛ⁵⁵ tɛ⁵⁵ lɛ⁵⁵	肾	tshʅ³¹ pɛ³¹ zo³³	得感冒
tshʅ³¹ pha³³ la³³	一边	tshʅ³¹ pha³³ la³³	半个
tshʅ³¹ pha⁵⁵ tsʅ³¹	一半	tshʅ⁵⁵ pi⁵⁵ li⁵⁵	惊奇
tshʅ³¹ pi⁵⁵ tshʅ³¹ pi⁵⁵	每天	tshʅ³¹ pɔ⁵⁵ mɔ³³ sʅ⁵⁵	一寨
tshʅ³¹ pu³¹ xɔ⁵⁵ sa³³	到处	tshʅ⁵⁵ pu³¹ pu³¹	亲吻
tshʅ³¹ so³¹	一天	tshʅ³¹ tɕi⁵⁵ la⁵³	突然

tshɿ³¹sɿ⁵⁵ma⁵⁵nu³³	一辈子	tshɿ³¹thi⁵⁵	一会儿
tshɿ³¹thi⁵⁵	马上	tshɿ³¹thi⁵⁵li³¹	一会儿
tshɿ³¹thi⁵⁵mɛ³¹lɛ³³	经常	tshɿ³¹thi³³na³¹ɕi³¹	歇一下
tshɿ³¹thi⁵⁵nɔ⁵³	突然	tshɿ³¹thi⁵⁵thi⁵⁵a³¹	一小会儿
tshɿ³¹thi⁵⁵tho⁵⁵lo⁵⁵	一直	tshɿ³¹thi⁵⁵tsɿ³¹	一块儿
tshɿ³¹thi⁵⁵tsɿ³¹	大家	tshɿ³¹thi⁵⁵tsɿ³¹	同时
tshɿ³¹thu³¹	一步	tshɿ³¹thu⁵⁵	千
tshɿ³¹thu⁵⁵	拃	tshi³¹tho⁵⁵lo⁵⁵	一块地
tshɿ³¹thu⁵⁵nɛ³³ŋɔ¹³	一千零五	tshɿ³¹to³¹	一回
tshɿ³¹to³¹	一觉	tshɿ³¹to⁵⁵na³³	本家
tshɿ³¹to⁵⁵na³³	一家人	tshɿ³¹tsaŋ⁵⁵	一趟
tshɿ³¹tsha³³	一种	tshɿ³¹tsho⁵⁵	一样
tshɿ³¹tshu⁵⁵	什么都	tshɿ³¹tsi⁵⁵	一斤
tshɿ³¹tsi⁵⁵pha³³	一斤半	tshɿ³¹tu³¹	厕所
tshɿ³¹ku³³lu³³	一起	tshi³¹	油漆
tshi³¹	会	tshi³¹	晚
tshi³¹	小气	tshi³¹	一
tshi³³	夹	tshi⁵⁵	系
tshi⁵⁵	油	tshi⁵⁵	甜
tshi⁵⁵	砌	tshi⁵⁵a³¹	一点
tshi³¹fu³¹tshi³¹fu³¹	每年	tshi³¹xɔ⁵⁵a³¹mo⁵⁵lo³¹	百把个
tshi³¹ku³¹	锄头	tshi³¹ku³¹ku³¹	小锄头
tshi³¹ku³³la³¹tu⁵⁵	锄柄	tshi³¹ku³³lu³³	所有
tshi⁵⁵kɯ³¹tsa³³	怨恨	tshi³¹kuai⁵⁵	奇怪
tshi³¹ɬu³³	下棋	tshi⁵⁵mɯ³³	葛根
tshi³¹pɛ⁵⁵tɕ⁵⁵lɛ⁵⁵	腰子	tshi⁵⁵mɯ³³tsha³³tsu³³lu³³	葛根藤
tshi⁵⁵phiɛn⁵⁵	欺骗	tshi³¹pi³¹tɕ³¹xɛ³¹lɛ³¹	山楂
tshi³¹po³¹xɔ⁵⁵sa³³	到处	tshɿ³¹pa³¹xɔ⁵⁵sa³³	四面八方
tshi⁵⁵pɔ³¹pɔ³¹	甜蜜蜜	tshi³³pu³¹tshu⁵⁵	油罐
tshi³¹po³³lo³³xɛ³¹	公羊	tshi⁵⁵po³¹po³¹	亲嘴
tshi³³tai³³	脐带	tshi³¹thi³¹	暂时
tshi³¹tho⁵⁵	一千	tshi³¹tho⁵⁵mɔ³¹tshi⁵⁵	千把个
tshi³¹sɿ⁵⁵xai⁵⁵jaŋ⁵⁵	各种各样	tshi³¹sɿ⁵⁵li³¹	从来
tshi³¹thi⁵⁵	一起	tshi³¹thi⁵⁵	一下

tshi³¹ thi⁵⁵ mɛ⁵⁵	突然	tshi³¹ thi⁵⁵ tsʅ³¹	一起
tshi³¹ tho⁵⁵ lo⁵⁵	一座	tshi³¹ tsho⁵⁵ tshi³¹ tsho⁵⁵	各种各样
tshi⁵⁵ tʂɔŋ³¹	怒	tshi⁵⁵ tʂɔŋ³¹	气愤
tshi³¹ tsu³¹	条锄	tshi⁵⁵ tshɤ³³	汽车
tshi⁵⁵ tshɤ³³ khai⁵⁵	开车	tshi⁵⁵ tshɤ³³ tʂaŋ⁵⁵	汽车站
tshi⁵⁵ tshɤ³³ lu⁵⁵	公路	tshin⁵⁵ xua⁵⁵	青花（菜）
tshin³¹ tsʅ³¹	裙子	tshei³¹	忧愁
tshɛ³³	提	tshɛ⁵⁵	酸
tshɛ⁵⁵	腌	tshɛ³³ thɔ⁵⁵	揭
tshɛ⁵⁵ ti³³	袋子	tshɛn³¹	层
tshɛn⁵⁵	撑	tshɛn⁵⁵ xo⁵⁵	机会
tshɛn⁵⁵ xo⁵⁵	乘机	tsha³¹	火塘
tsha³¹	煮；熬	tsha³¹	嫁接
tsha³¹	小	tsha³¹	SUS
tsha³³	骂	tsha⁵⁵	差
tsha³³ khɯ³³	绳子	tsha³³ khɯ³³ pɯ³³	跳绳
tsha³³ khɯ³³	缰绳；麻绳	tsha³³ khɯ³³ lɯ³³ xo⁵⁵	纺车
tsha³³ ma³³	汤匙	tsha³¹ ɲi⁵⁵ li⁵⁵	蓝蓝的
tsha³³ ɲi⁵⁵ tsu⁵⁵ lu⁵⁵	荆藤	tsha³³ tɕhi³³	吵架 – REC
tsha⁵⁵ ku³¹	为什么	tsha⁵⁵ la⁵⁵	分支
tsha³¹ lɤ³¹	大灰狼	tsha⁵⁵ ma⁵⁵ xɤ³¹	大勺
tsha⁵⁵ ma⁵⁵ ku³³	怎么	tsha⁵⁵ ma⁵⁵ ɲi⁵⁵	小勺
tsha³¹ mu³¹	汗毛	tsha³¹ mu³¹ pi³¹	鸡皮疙瘩
tsha³¹ ni⁵⁵ ni⁵⁵	绿绿的	tsha³¹ ɲi⁵⁵ pɯ³¹	蓝
tsha³³ ɲi⁵⁵ tsu⁵⁵ lu⁵⁵	藤	tsha⁵⁵ ɲi⁵⁵ tsu⁵⁵ lu⁵⁵	藤子
tsha⁵⁵ ti³³	麻袋	tsha³¹ tɯ³¹	盐
tsha³¹ tɯ³¹ xa³¹ a⁵³	盐咸	tsha³¹ tɯ³¹ mɔ³¹ lu³¹	盐淡
tsha³¹ tshi³¹	墙	tsha³¹ tshi³¹ li³¹	刷墙
tsha³¹ tshi³¹ tshi⁵⁵	砌墙	tsha³¹ tsɔ³¹	煮吃
tsha⁵⁵ tu³¹	连接	tsha⁵⁵ tu³¹	加长
tshai³¹	才	tshai³³	猜
tshai³¹ liau⁵⁵	材料	tshai³³ tɕhi⁵⁵	猜谜语
tshaŋ¹³	汤	tshaŋ³¹	蚕
tshaŋ¹³ khu³¹	舀汤	tshaŋ³³ khu⁵⁵	仓库

tshau⁵⁵ ɕin⁵⁵	操心	tshau³¹ xo³¹	碓窝
tshɔ³³	欠	tshɔ⁵⁵	热
tshɔ⁵⁵ ku³³ nɛ³³	为什么	tshɔ⁵⁵ mɔ⁵⁵	什么
tshɔ⁵⁵ mɔ⁵⁵ ŋ̩i³³	无论什么	tshɔ⁵⁵ mɔ⁵⁵ mi⁵⁵ tsha³¹	什么地方
tshɔ⁵⁵ tho³¹	热天	tshɔ⁵⁵ tho³¹ lo³¹	夏天
tshɔ³¹ xo³¹	臼窝	tshɔ⁵⁵ phu³¹	闷热
tshɔŋ³¹	冲	tshɔŋ⁵⁵	重
tshɔŋ⁵⁵ min³¹	聪明	tshɔŋ⁵⁵ tho³¹	葱
tsho³¹	跑	tsho³¹	戴
tsho³¹	顶	tsho³³	COOP
tsho³³	DUR	tsho⁵³	沸
tsho⁵⁵	错	tsho⁵⁵	人
tsho⁵⁵	跟着	tsho⁵⁵	拉
tsho⁵⁵	牵	tsho⁵⁵ a⁵⁵ le³¹	人影
tsho³³ faŋ³³	犯错	tsho³¹ xai³³	草鞋
tsho⁵⁵ xo⁵⁵	人家	tsho³¹ kɛ³¹	逃跑
tsho⁵⁵ xɤ⁵⁵	人们	tsho⁵⁵ xa¹³ kɯ³³ ji⁵⁵ xo⁵⁵	旅馆
tsho⁵⁵ ji⁵⁵ tu³¹ pi³¹	讨喜	tsho⁵⁵ kɔ³¹ phɔ³¹	头人
tsho⁵⁵ lɤ³¹	作法	tsho⁵⁵ lɤ³¹ mɔ³³	巫婆
tsho⁵⁵ lɤ³¹ phɔ³¹	巫师	tsho⁵⁵ phiɛn⁵⁵ tsɔ³¹ phɔ³¹	骗子
tsho⁵⁵ phi⁵⁵ tsho³¹	叛徒	tsho⁵⁵ phɤ¹³ kɯ³³ ji⁵⁵ xo⁵⁵	火葬场
tsho⁵⁵ sɔ³¹ phɔ³¹	穷人	tsho⁵⁵ ʂɿ⁵⁵	尸体
tsho⁵⁵ vu³¹ lɛ³³	单身汉	tsho⁵⁵ ʂɿ⁵⁵ pi³¹ tshi¹³ kɯ³³ na⁵⁵ tshɿ³¹	毒药
tsho⁵⁵ zɔ⁵⁵ su¹³ kɯ³³	熟人	tsho⁵⁵ zɔ⁵⁵ zɔ⁵⁵ ma³¹ ʂɿ¹³ kɯ³³	生人
tsho⁵⁵ tshu⁵⁵ lu⁵⁵	胖子	tsho⁵⁵ ɕi³¹	杀人
tsho⁵⁵ laŋ³¹	懒汉	tsho⁵⁵ lɛ³³	笨蛋
tsho⁵⁵ li³³	跟着	tsho⁵⁵ mi⁵⁵	赶上
tsho⁵⁵ nɔ⁵⁵	病人	tsho⁵⁵ nɔ⁵⁵ ɔ⁵⁵ xɔ³¹	看病人
tsho³¹ pa³³ la⁵⁵ pa³³	喜鹊	tsho³¹ phi³¹	露水
tsho³¹ pi³³	让戴（上）	tsho⁵⁵ sɔ³¹ mi³¹ ku⁵⁵ mi³¹ na⁵⁵	熊
tsho⁵⁵ sɔ³¹ phɔ³¹	穷人	tsho⁵⁵ tɕhi³³	跟着 – REC
tsho⁵⁵ thɛ⁵⁵	打人	tsho⁵⁵ to³¹ ma³¹ kɔ³³ xɔ³¹	顽皮
tsho³¹ tsa³¹	画眉（鸟）	tsho⁵⁵ tsho⁵⁵	沿着
tsho⁵⁵ tsho⁵⁵	样样	tsho¹³ tsho³³	样样

tsho⁵⁵ tso⁵⁵	有人	tsho⁵⁵ tsʅ³¹	锉子
tsho⁵⁵ vu⁵⁵	错误	tsho⁵⁵ vu³¹ mɔ³³	女疯子
tsho⁵⁵ vu³¹ phɔ³¹	男疯子	tshɤ³³	直
tshɤ³¹	掐	tshɤ¹³ tshɤ³³ tɛ³³	竖直
tshɤ³³ lu⁵⁵	公路	tshɤ³¹ ta³³	携带
tshu³³	刮	tshu⁵⁵	胖
tshu³³	嫂	tshu⁵⁵	锄
tshu⁵⁵	剃	tshu⁵⁵	参与
tshu⁵⁵	把尿	tshu⁵⁵ vu³¹ phɔ³¹	疯子
tshu⁵⁵	剃	tshuaŋ³¹ xua¹³ phɔ³¹	船夫
tshuaŋ⁵⁵	快	tshui³³	脆
tshuɛ⁵⁵	串	tshun⁵⁵ wei³¹ xui⁵⁵	村委会
tshun⁵⁵	寸	tshɯ³¹	节
tshɯ³¹	成	tshɯ³¹	吊
tshɯ³¹ nɯ³³	今年	tshɯ³¹ si³¹	椎栗果
tshɯ³¹ tshɯ³¹	姜		

s

sʅ³³	喘	sʅ⁵⁵	使
sʅ⁵⁵	金子	sʅ⁵⁵	是
sʅ⁵⁵	村寨	sʅ⁵⁵	戏
sʅ³³	拖	sʅ⁵⁵	黄
sʅ⁵⁵	死	sʅ⁵⁵ ɕaŋ³¹	思想
sʅ³¹ xo⁵⁵	时候	sʅ⁵⁵ xo⁵⁵ tuaŋ⁵⁵ tsʅ³¹	绸子
sʅ³¹ xuaŋ³³	喜欢	sʅ³³	拉
sʅ³³ kɯ³¹ ma³¹ ku⁵⁵	勇敢	sʅ⁵⁵ kua⁵⁵	丝瓜
sʅ⁵⁵ la³¹	年轻	sʅ⁵⁵ la³¹	年轻人
sʅ⁵⁵ la³¹ mɔ³³	青年女子	sʅ⁵⁵ la³¹ mɔ³³	小姑娘
sʅ⁵⁵ la³¹ nu⁵⁵	青年男子	sʅ⁵⁵ la³¹ mɔ³³ zɔ³¹ mo³¹ lo³¹	老姑娘
sʅ⁵⁵ la³¹ nu⁵⁵	小伙子	sʅ⁵⁵ la³¹ phɔ³¹	小伙子
sʅ³¹ ɬɔ³³	七月	sʅ⁵⁵ ma³³ mu⁵⁵	踝骨
sʅ⁵⁵ mɔ³¹ mu⁵⁵	脚踝骨	sʅ³¹ ŋi⁵⁵	血液
sʅ³¹ ŋi⁵⁵ tu³³	出血	sʅ³¹ nu⁵⁵	丫环
sʅ⁵⁵ nu³¹ thɔ⁵³	撕烂	sʅ³¹ nu⁵⁵ zɔ³¹ nu⁵⁵	帮工

sɿ³¹	七	sɿ³¹ pa³¹	葡萄
sɿ³¹ phi³¹	多依果	sɿ⁵⁵ pi³¹ la⁵⁵ xo⁵⁵	燕子
sɿ³¹ pi⁵⁵ thaŋ³¹ tsɿ³³	柿子	sɿ³¹ pi⁵⁵ thaŋ³¹ laŋ³¹ tsɿ⁵³	柿子树
sɿ³¹ tɕhi⁵⁵	七十	sɿ⁵⁵ tɕhin³¹	事情
sɿ⁵⁵ tɕo³¹ ʂɯ³¹	四脚蛇	sɿ³¹ thi³¹	磁铁
sɿ⁵⁵ thɔ⁵³	死掉	sɿ⁵⁵ thu³¹	贪
sɿ⁵⁵ tʂu³³	师傅	sɿ⁵⁵ tshaŋ⁵⁵	演戏
sɿ⁵⁵ tsu⁵⁵ phɔ³¹	木匠	sɿ⁵⁵ tshin³¹ tuaŋ⁵⁵ phɔ³¹	裁判
sɿ⁵⁵ tsu³³ phɔ³¹	手艺人	sɿ⁵⁵ tsu³³ phɔ³¹	师傅
si³¹	锡	si³¹	清楚
si³¹	磨	si⁵⁵	细
si⁵⁵	西	si⁵⁵	穿针
si⁵⁵	咬	si³¹ xo³¹	黄瓜
si⁵⁵	席	si⁵⁵ tʂu³³	师傅
si⁵⁵ xo⁵⁵	缎子布	si³¹ kuaŋ³³	习惯
si⁵⁵ tʂu³³ phɔ³¹	师傅	si³¹ li³³ mɔ³³	梨
si³¹ li⁵⁵	橘子	si³¹ li⁵⁵ mɔ⁵⁵ zo³³ tso⁵⁵	梨树
si³¹ ɬo³³	磨刀石	si³¹ phu³¹	膀胱
si³¹ nu³³	长工	si³¹ si³¹ xuaŋ³³ xuaŋ³³	喜喜欢欢
si⁵⁵ piɛn⁵⁵	西边	si³¹ thaŋ³¹ tsɔ³¹	吃喜糖
si³¹ su⁵⁵ si⁵⁵ li⁵⁵	杨梅	si³¹ tshɔ³¹ zo³³ tso⁵⁵	李树
si³¹ tshɔ³¹	李子	sin⁵⁵	姓
sin³¹	桃子	sin⁵⁵	时兴
sin⁵⁵	心	sin⁵⁵ jɔŋ⁵⁵ ʂɯ⁵⁵	信用社
sin⁵⁵ xua⁵⁵	新化	sin³³ tshɿ³³	星期
sin⁵⁵ kho³¹	信	sin³¹ zu³³ ve³³	桃花
sɛ⁵⁵ fu³¹	巳蛇	sei¹³	肉
sei⁵⁵	收	sei⁵⁵ li³¹	收拾
sei¹³ ȵi⁵⁵	瘦肉	sei¹³ phu⁵⁵	肥肉
sei⁵⁵ sɿ⁵⁵	打扮	sei¹³ tɛn⁵⁵ kɯ³³	炖肉
sei⁵⁵ zi³³ tʂaŋ⁵⁵	兽医站	sei¹³ tshaŋ¹³	肉汤
sɛn⁵⁵ li⁵⁵	胜利	sɛn³¹	节省；舍
sɛn⁵⁵ zɿ³¹	生日	sɛn⁵⁵ tʂhaŋ³¹	生产
sa³¹	气	sa³¹	鼾

sa³¹	蒸	sa³¹	哑
sa³¹ xɛ³¹	蒸汽	sa³¹ kho⁵⁵ phɛ³¹	开膛
sa³¹ khu⁵⁵	干巴	sa³¹ kɯ⁵⁵	皮条
sa³¹ la⁵⁵	粗糙	sa⁵⁵ ŋa³¹	招惹
sa³¹ ȵi⁵⁵	瘦肉	sa⁵⁵ phi³¹ nu³³	后天
sa³¹ pho³¹	肺	sa³¹ phɔ³¹	腿
sa³¹ phu⁵⁵	肥肉	sa³¹ sʐ³³	喘气
sa³¹ sʐ³³ tu³³	呼气	sa³¹ tɕhi³³	咽气
sa³¹ tshi⁵⁵	气味	sa³¹ tsho³¹	肝
sa³¹ tsɔ³¹	蒸吃	sa³¹ tu⁵⁵	害羞
sa³¹ zʐ³¹ xɛ³¹	骨折	sa³¹ zʐ³¹ xo⁵⁵	剔骨头
sa³¹ zʐ³¹ tɤ³³	砍骨头	sai³³	美丽
saŋ³³ liaŋ³³ ko³¹	山楂	saŋ³¹ ɬɔ³³	三月
saŋ³¹ ɬɔ³³ ma³³ pi³¹	春笋	saŋ⁵⁵ ʂʐ³³ vaŋ³¹ ɕin⁵⁵	除夕
saŋ⁵⁵ tɕo³¹	三角架	saŋ³³ tshi³¹	三七
saŋ³¹ tsʐ⁵³	屋檐	sau¹³ pa⁵³ sin³³	慧星
sɔ³¹	苦难	sɔ³¹	穷；难
sɔ³¹	在	sɔ³³	送
sɔ⁵³	好	sɔ⁵⁵	小麦
sɔ⁵⁵	找	sɔ⁵⁵	娶
sɔ⁵⁵	晴	sɔ⁵⁵ a⁵⁵ ko³³	麦芒
sɔ⁵⁵ xɔ³¹	找一下	sɔ⁵⁵ kho³¹	麦秸
sɔ⁵⁵ khɔ³³	摆	ɔ³¹ kɯ⁵⁵	牛皮
sɔ⁵⁵ kɯ³³ ka³¹ mi⁵⁵	灰面	sɔ⁵⁵ kɯ³³ tu³¹ phu⁵⁵ lu⁵⁵	麦茬
sɔ⁵⁵ li³³ po³³	馒头	sɔ⁵⁵ li³³ po³³	包子
sɔ³¹ lɔ³¹	棉花	sɔ³¹ lɔ³¹	棉絮
sɔ³¹ lɔ³¹ xɔ³¹ ɬu⁵⁵	棉衣	sɔ³¹ lɔ³¹ xɔ³¹ phɔ⁵⁵	棉布
sɔ³¹ lɔ³¹ ka⁵⁵ ɬu³³	棉被	sɔ³¹ lɔ³¹ pɯ⁵⁵	弹棉花
sɔ³¹ lɔ³¹ wo³¹ tsho³¹	棉帽	sɔ⁵⁵ mo⁵⁵	找到
sɔ⁵⁵ nu⁵⁵	腥	sɔ⁵⁵ nu⁵⁵	麦穗
sɔ³¹ phɔ³¹	大腿	sɔ³¹ phɤ³³	发烧
sɔ³¹ pi⁵⁵	撒在地上	sɔ³³ pi³¹	送
sɔ⁵⁵ pɔ³¹	糖	sɔ⁵⁵ sɔ⁵⁵ ku³³ tɤ³³ lɤ³³	捉迷藏
sɔ³¹ thaŋ⁵³	发烧	sɔ³¹ thi⁵⁵	砧板

sɔ³³tu³³	送葬	sɔ⁵⁵vu³¹fu³³	草帽
sɔ³¹zi³¹	骨头	sɔ³¹tshɔ³¹	胎记
sɔŋ³³	松	so³¹	所
so³¹	渴	so³¹	阉（马）
so³¹	阉（鸡）	so³¹	洒
so³¹	撒	so³¹	三
so³³	摸	so⁵⁵	铁
so⁵⁵	干净	so⁵⁵xi³³	生锈
so¹³xo³¹	缩起	so³¹xɔ³¹la⁵⁵nu³³	大前天
so⁵⁵xui³³	锈	so⁵⁵xui³³tso³¹	生锈
so³¹kɔ³¹lɔ³¹	纸	so³¹kɔ³¹lɔ³¹kɣ³¹pa³³	纸钱
so³¹kɔ³¹lɔ⁵⁵mɔ³³	红枇杷	so⁵⁵kɯ³³tsi³¹phu³¹	铁锤
so³¹mi⁵⁵nu³³	前天	so³¹mi⁵⁵nɯ⁵⁵	前年
so³¹tɕhi⁵⁵	三十	so⁵⁵tɕhi³¹	漱
so³¹tɕhi⁵⁵nu³³	三十日	so³¹thu⁵⁵sei¹³	五花肉
so⁵⁵ti⁵⁵	清洁	so⁵⁵tɔ⁵⁵lɔ⁵⁵	铁
so⁵⁵tɔ⁵⁵lɔ⁵⁵	铁皮	so⁵⁵tsha⁵⁵	链子
so⁵⁵tshɛ⁵⁵	锅	so⁵⁵tshɛ⁵⁵tshɛ⁵⁵	小锅
so⁵⁵tshɛ⁵⁵tu⁵⁵tɕhɛ³¹	锅垫圈	so¹³tshŋ³¹thɔ⁵³	蜷缩
so⁵⁵tsi³³phɔ³¹	铁匠	so⁵⁵tso⁵⁵	斧子
so⁵⁵tsha³³ma³³	锅铲	su³³	数
su⁵⁵	塑	su⁵⁵	守
su⁵⁵	三	su⁵⁵xi³³	锈
su³³xɔ³¹	数一下	su³³xɔ³¹	摸一下
su³¹na³³	早晨	su³¹na³³kɯ³³xo³¹	早饭
su³¹na³¹ma³¹na³¹	早早地	su⁵⁵si³¹	荸荠
su⁵⁵si³¹	嗉囊	su³¹si³¹kɛ³³tɛ³³lɛ³³	松子
su⁵⁵tʂhʅ³¹	守卫	su⁵⁵tu³³	香烛
sua¹³tsʅ³¹	刷子	suaŋ⁵⁵	算
suaŋ⁵⁵phaŋ³¹	算盘	suaŋ³³po³³	双胞胎
sui³¹khu⁵⁵	水库	sui³¹su⁵⁵	尿素
sɣ³³	凉快	sɣ³³thu³³ŋa³³za³¹	啄木鸟
sɯ³¹	新	sɯ³¹	舍
sɯ³¹	生	sɯ³¹	带领

su³¹	过	su³¹	分娩
su³³	削	su⁵⁵	升子
su⁵⁵	升	su⁵⁵	浅
su¹³ a⁵³	出生	su³¹ fu³¹	瓶塞儿
su³¹ ku⁵⁵	栎树	su³³ su³³	浅浅
su¹³ su⁵⁵ tɛ³³	亮闪闪的	su¹³ tɕi³³	塞
su³³ tʂaŋ⁵⁵	社长	su³³ tso⁵⁵	树
su³³ tso⁵⁵ xo³¹ ɬo³¹	木槽	su³³ tso⁵⁵ xo³¹ zɔ³¹	木碗
su³³ tso⁵⁵ ti⁵⁵	栽树	su³³ tso⁵⁵ to³¹ li³¹	树桩
su³³ tso⁵⁵ to³¹ phu⁵⁵	树桩	su³³ tso⁵⁵ vu³¹ nɣ³³	树梢
su³³ tso⁵⁵ tshɔ³¹ xo³¹	木臼	su³³ tso⁵⁵ zo³³ ku⁵⁵ lu⁵⁵	树皮

z

zɹ³¹	割；切	zɹ³¹	解（板）
zɹ⁵⁵	遇	zɹ⁵⁵	亿
zɹ⁵⁵	唱	zɹ³¹ khau⁵⁵	依靠
zɹ⁵⁵ khu³¹	调子	zɹ³¹	谦让
zɹ³¹ tsɹ⁵⁵	日子	zi³¹	割
zi³³	医	zi⁵⁵	医治
zi³¹ lɛ³³	光滑	zi³¹ lɛ³³ lɛ³³	光滑滑
zi³¹ mo⁵⁵	姨母	zi⁵⁵ sɛn⁵⁵	医生
zi³¹ si⁵⁵ ŋu³³ tshu³¹	打瞌睡	zi⁵⁵ sɔ⁵⁵	香菜
zi⁵⁵ sɹ³³	意思	zi³¹ tɕhi³³ thɔ⁵³	切断
zi³¹ ti⁵⁵	姨父	zi⁵⁵ tʂo³¹	遇到
zi³¹ tsɹ³¹	香皂	zi³¹ vaŋ³³	一万
zin⁵⁵ çɔŋ³¹	英雄	zin³¹ naŋ³¹ sɛn³¹	云南省
zin³¹ wei⁵⁵	因为	zin³¹ wei⁵⁵	CONJ
zei¹³ thi³¹ la³¹	到那时	zɛ³³ lɛ³³	群
zɛ³³ lɛ³³	串	zɛn⁵⁵	认
zɛn³¹ min³¹	人民	zɛn³¹ nai⁵⁵	忍耐
zɛn⁵⁵ tsi³¹ ji⁵⁵	打针	zɛn⁵⁵ vu⁵⁵	任务
zɛn³³ tsui³³	认罪	za³¹	织；纺
za³¹	流	za³¹	DEM
za³¹	下	za³¹	让

za^{33}	扫	za^{31}xa^{31}	结义弟兄
za^{31}xa^{31}ti^{55}	打弟兄	za^{31}xɤ^{31}	大囡
za^{31}xa^{33}zo^{33}tsho^{31}	朋友	za^{31}xa^{33}ji^{55}tsho^{31}wo^{55}	交朋友
za^{31}ji^{55}	下去	za^{31}khɔ^{33}lɔ^{55}	下来
za^{55}ku^{33}lu^{33}	甄盖	za^{31}khɯ^{55}sɯ^{31}ma^{33}	坐月子
za^{31}lɔ^{55}	下来	za^{31}lu^{31}	那样
za^{31}mi^{55}	现在	za^{31}mi^{55}sa^{33}lu^{33}	今晚
za^{55}mi^{33}	峨山	za^{31}mɔ^{55}	那样
za^{31}mɔ^{55}	那个	za^{31}mɯ^{55}	现在
za^{31}mɯ^{55}	开始	za^{55}mu^{31}	收拾
za^{31}nu^{33}	今天	za^{31}pa^{55}la^{55}kɯ^{33}i^{55}tshu^{31}	瀑布
za^{55}pha^{33}	那	za^{31}pa^{55}la^{55}zo^{33}kho^{55}	岩洞
za^{33}phi^{55}	扫帚	za^{13}phɔ^{33}	那边
za^{31}pɔ^{55}lɔ^{55}	岩石	za^{33}sɿ^{31}	认识
za^{31}tɕhi^{33}	昆明	za^{31}tɕi^{53}	那些
za^{13}tha^{31}la^{31}	那时	za^{13}tho^{31}	以前
za^{13}tho^{31}ma^{55}lu^{33}	很久以前	za^{13}tho^{31}no^{33}	以前
za^{13}tɔ^{33}	那里	za^{13}tɔ^{55}	从此
za^{31}tso^{31}	哑巴	za^{31}tso^{31}	傻；蠢
za^{31}tso^{31}phɔ^{31}	哑巴	za^{55}tɔ^{33}	那里
za^{55}zɔ^{31}	男人	zaŋ^{31}	染
zaŋ^{33}pi^{31}	让给	zau^{31}	饶
zɔ^{33}a^{53}	获得	zɔ^{31}a^{55}zɔ^{31}	男人
zɔ^{31}	儿子	zɔ^{31}a^{33}	儿子
zɔ^{31}	陡	zɔ^{33}	得
zɔ^{33}	赚	zɔ^{55}	便宜
zɔ^{55}	籤	zɔ^{31}mi^{31}	女儿
zɔ^{31}mi^{31}	姑娘	zɔ^{31}mi^{55}khɤ^{31}mɔ^{33}	新娘子
zɔ^{31}mi^{55}mi^{31}a^{31}	女孩	zɔ^{31}mi^{55}khɤ^{31}mɔ^{33}lɔ^{31}ji^{55}	接亲
zɔ^{31}mi^{31}ȵi^{31}phɔ^{31}	父女俩	zɔ^{31}mi^{55}khɤ^{31}mɔ^{33}tho^{55}ji^{55}	说媒
zɔ^{31}mi^{55}zɔ^{31}	女人	zɔ^{13}khu^{31}	缠绕
zɔ^{13}khɤ^{31}mɔ^{33}	儿媳妇	zɔ^{55}khɔ^{55}	筛子
zɔ^{31}fu^{55}	怀孕	zɔ^{31}fu^{55}mɔ^{33}	孕妇
zɔ^{31}xɔ^{31}	弟兄	zɔ^{31}xɔ^{33}ji^{55}tsho^{31}	伙伴

zɔ³¹ mo³¹	老人	zɔ³¹ mo³¹ lo³¹	老的
zɔ³³ mɔ³³	大象	zɔ⁵⁵ mɔ³³	竹篾簸箕
zɔ³¹ mo³¹ mo³¹	老的	zɔ³¹ mo³¹ mɔ³³	老太婆
zɔ³³ mɔ³³ nɛ⁵⁵ mɛ⁵⁵	象鼻	zɔ³¹ mo³¹ phɔ³¹	老头
zɔ³¹ mo³¹ phɔ³¹	老人家	zɔ⁵⁵ ʂɻ³¹	认识
zɔ⁵⁵ ʂɻ³¹	知道	zɔ⁵⁵ mɔ³¹ ʂɻ³¹	不知道
zɔ³³ mɔ³³ ʂɻ³¹ tʂɻ⁵⁵	象牙	zɔ³¹ nu⁵⁵	小孩
zɔ³¹ nu⁵⁵ nu⁵⁵	孩子	zɔ³¹ nu⁵⁵ nu⁵⁵ a⁵³	孩子
zɔ³¹ nu⁵⁵ nu⁵⁵ a³¹	儿童	zɔ³¹ nu⁵⁵ nu⁵⁵ a³¹ fu⁵⁵	养孩子
zɔ³¹ nu³³ tshɻ³¹ nu³³	整天	zɔ³¹ nu⁵⁵ nu⁵⁵ a³¹ ku³³ mɔ³³	接生婆
zɔ³¹ pɔ⁵⁵ lɔ⁵⁵	悬崖	zɔ³¹ si⁵⁵ si⁵⁵	害喜
zɔ³¹ tshi³³ zɔ³¹ sa³¹	孤儿	zɔ³¹ tsu³¹	憨人
zɔ³¹ tsu³¹	憨	zɔ¹³ zɔ³¹	男人
zɔ³¹ zu³³	儿子	zɔ³¹ zu³³ ȵi³¹ mɔ³³	母子俩
zɔ³¹ zu³³ zɔ³¹ mi³¹	子女	zɔ³¹ zu³³ zu³³ a⁵³	男孩
zɔ³¹ tshi³³ zɔ³¹ phɔ³¹	孤儿	zɔŋ¹³	香油
zɔŋ¹³	菜籽油	zo³¹	紧
zo³¹	让	zo³³	用
zo⁵⁵	绵羊	zo⁵⁵ fu³¹	未羊
zo³³ kho³¹	豆杆	zo³³ kho⁵⁵	窟窿
zo³³ kɔ³³ lɔ³³	野兽	zo³³ kho⁵⁵ ko³¹ tsha³¹	空心菜
zo³³ kɯ⁵⁵ lɯ⁵⁵	树皮	zo³³ kho⁵⁵ tɛ³¹ xɛ³¹ lɛ³¹ phɣ³³	烧窑
zo³³ kɯ⁵⁵ lɯ⁵⁵	壳；肉皮	zo³³ kɯ⁵⁵ lɯ⁵⁵ kɛ³¹	蜕皮
zo³³ kɯ⁵⁵ lɯ⁵⁵ ɬɯ³¹	剥皮	zo³³ kɯ⁵⁵ lɯ⁵⁵ phɔ⁵⁵	蝉脱壳
zo³³ li⁵⁵	旧	zo³³ li⁵⁵ li⁵⁵	破旧的
zo³³ lo⁵⁵	肠子	zo³³ lo⁵⁵ a⁵⁵ ti⁵⁵ ti⁵⁵ kɯ³³	小肠
zo³³ lo⁵⁵ xɣ¹³ kɯ³³	大肠	zo³³ lo⁵⁵ wo⁵⁵ mɔ³³	内脏
zo³³ mo³³	熟	zo³³ mo⁵⁵	名字
zo³³ mo⁵⁵ khu⁵⁵	取名字	zo³³ mo⁵⁵ khu⁵⁵ ti³³	叫名字
zo³³ mo⁵⁵ pi³¹	取名	zo³³ mo⁵⁵ sɔ⁵⁵	讨名字
zo³³ mu³¹ tu³³	吐须	zo⁵⁵ mɔ³³ tɔ³³ tsi³¹ lo⁵⁵ kɯ³³ tsho⁵⁵	囚犯
zo⁵⁵ mɔ³³	屋子	zo⁵⁵ mɔ³³	卧室
zo⁵⁵ mɔ³³	房间	zo³³ so⁵⁵	主人
zo³³ sɯ³¹	新	zo³³ sɻ⁵⁵	死的

zo³³tha³¹tha⁵⁵	尖尖的	zo³³tho³¹	时候
zo³³tso⁵⁵	树苗	zo³³ti³³kha³¹kha⁵⁵	活生生的
zo⁵⁵tso⁵⁵	树苗	zo³³tso³¹kha⁵⁵kha⁵⁵	生生的
zo³³tsho³¹	朋友	zo³³tsho³¹mɔ³¹tso⁵⁵	孤独
zo³³tsho³¹po⁵⁵	热闹	zo³³tso³¹	生
zo³³tso³¹	潮	zu³¹	揉
zu³¹	拧	zu³¹	使唤
zu⁵⁵	稠	zu³¹a³³	床
zu³¹a³³	睡处	zu³¹a³³tha³³a⁵⁵su³¹pi³¹ta³³	尿床
zu³¹ku³¹	枕头	zu³¹a³³tɔ³³thu⁵⁵lɔ⁵³	起床
zu³³ku³³ku³³	做窝	zu³¹ku³¹a⁵⁵kua⁵⁵tɕhi³³	枕芯
zu³³ku³³lu³³	窝	zu³³la³¹	树枝
zu³³ɬɔ⁵⁵	灵魂	zu³¹mɔ³³	岳母
zu³¹mɔ³³	婆婆	zu³³mo⁵⁵	印章
zu⁵⁵mu³¹	阴毛	zu⁵⁵mu³¹	毛
zu⁵⁵mu³¹phɤ³¹	燎毛	zu³¹mu⁵⁵thɔ¹³khu⁵⁵	喊名
zu⁵⁵mu³¹tshi³³	拔毛	zu⁵⁵mu³¹zo³³kho⁵⁵	汗毛孔
zu³³nu³¹thɔ⁵³	揉碎	zu³¹phɔ³¹	岳父
zu³¹phɔ³¹	公公	zu³³si³¹	果子
zu³³si³¹xɔ⁵⁵kho⁵⁵	果园	zu³³si³¹ɬo³¹kɯ⁵⁵	果干
zu³³si³¹to³¹	结果子	zu³¹tha⁵⁵faŋ³³	翻身
zu³³tshɔ⁵⁵lɔ⁵⁵	树丫	zu³³tsi³³	核儿
zu⁵⁵tsi⁵⁵	菜籽	zu³¹tsŋ³¹	垫子
zu³³ve³³	花	zu⁵⁵ve³³	虾花
zu³³ve³³a⁵⁵tsa³¹la³¹	花边	zu³³ve³³a⁵⁵kua⁵⁵tɕhi³³	花蕊
zu³³ve³³pu³¹tshu⁵⁵	花瓶	zu³³ve³³tɕhi³¹	摘花
zu³³ve³³ve³³	开花	zo³³ve³³to³³tɕi³³kɯ³³	花盆
zu⁵⁵zi³¹	种子	zu⁵⁵zi³¹phi³¹	下种子
zu³¹zu⁵⁵	死死的	zu³¹zu⁵⁵tu³¹	狠狠想
zui⁵⁵	生命	zui⁵⁵suaŋ⁵⁵phɔ³¹	算命先生
zɯ³¹	走	zɯ³¹	流
zɯ³¹ʂui³¹fu³¹	热水瓶	zɯ³¹ʂui³¹tshi⁵⁵	热水器
zɯ³³tso¹³	经过		

t

ti¹³	仅	ti¹³ lɔ⁵⁵	PRT
ti¹³	PRT	ti³¹	推
ti³¹	活	ti³¹	唠叨
ti³¹	蜇	ti³¹	叮
ti³¹ mɛ⁵⁵	PRT	ti³¹	发
ti³³	滴	ti⁵⁵	叫
ti⁵⁵	啼	ti⁵⁵	种
ti⁵⁵	PRT	ti⁵⁵	只
ti³³	的	ti⁵⁵ a⁵⁵ zɔ³¹	私生子
ti³³ fu³¹ lɔ⁵³	复活起来	ti³¹ ka⁵⁵ mo³¹	底嘎莫
ti³³ kɯ³³ lɯ³³	旱地	ti³¹ lɔ⁵⁵	PRT
ti³³ ma³³	坝子	ti³³ ma³³ lɔ³³	坝子
ti³³ ma³³ lɔ³³	平原	ti³³ ma³³ lɔ³³	打场
ti³³ ma³³ lɔ³³	晒谷场	ti⁵⁵ ȵi⁵⁵	红尾巴鱼
ti³¹ pha³¹	阴茎	ti⁵⁵ ʂʅ³¹ kɯ⁵⁵	第十个
ti³¹ thu⁵⁵	撑起	ti³¹ thu⁵⁵	举起
ti³¹ ti⁵⁵	PRT	ti³¹ ti⁵⁵	只
ti⁵⁵ tsi³³	地基	ti³¹ tsʅ³¹	笛子
ti⁵⁵ vu³¹ kɯ⁵⁵	第五个	tiau⁵⁵ thu⁵⁵	吊起
tiau⁵⁵ tsʅ³¹ zʅ⁵⁵	唱山歌	tiɛ³¹	滴
tiɛ³¹	一点	tiɛn³¹	点
tiɛn⁵⁵ faŋ⁵⁵ ko³³	电饭锅	tiɛn⁵⁵ fei⁵⁵	电费
tiɛn⁵⁵ fu³¹	垫	tiɛn⁵⁵ xaŋ⁵⁵	电焊
tiɛn⁵⁵ xua⁵⁵	电话	tiɛn⁵⁵ lu³¹	电炉
tiɛn⁵⁵ ʂʅ⁵⁵ tsi⁵⁵	电视机	tiɛn⁵⁵ tɛn⁵⁵	电灯
tiɛn⁵⁵ thu⁵⁵	垫起	tiɛn⁵⁵ zin³¹	电影
tin³¹	顶	tin⁵⁵	钉
tin³¹ tʂɛn³³	顶针	tin⁵⁵ tsʅ³³	钉子
tei⁵⁵ tsɛn³³	斗争	tei³³ tʂo³¹	遇见
tɛ³³	TOP	tɛ³³	SEQP
tɛ³³	ADV	tɛ³³	OCP
tɛ³³	ABL	tɛ³³	LOC

tɛ⁵⁵lu³³	得勒箐	tɛ⁵⁵lu³³sʅ⁵⁵	得勒箐
tɛ³¹mɛ⁵⁵	无论怎么	tɛ³³mɛ⁵⁵	替
tɛ³³mɛ⁵⁵	BEN	tɛ³³pha³³tɕi⁵⁵ja⁵³	除外
tɛ³¹phɛ⁵³	CONJ	tɛ³³phɛ⁵³	CONJ
tɛ³³phɛ³¹	CONJ	tɛ⁵⁵phɛ⁵⁵	橄榄
tɛ³¹sɛ⁵⁵	黄栗树	tei⁵⁵	凑
tɛn³¹	等待	tɛn³³	灯
tɛn³³	蹬	tɛn³³pi³¹	蹬脱
tɛn⁵⁵	炖	tɛn³³khɯ⁵⁵thu³¹	点灯
tɛn³³lɔŋ³³	灯笼	tɛn³³mɣ³³çi³¹	熄灯
tɛn³³sin³³	灯芯	tɛn³³tsho³¹	踩
ta¹³	PRT	ta³³	升起
ta³³	当	ta³³	上
ta³³	DUR	ta³³	初
ta³³zɔ⁵⁵mo³¹	各种东西	ta⁵⁵	把
ta⁵⁵	哥	ta⁵⁵ço³¹	大学
ta⁵⁵faŋ³³	大方	ta³¹fu³¹	答复
ta⁵⁵fu⁵⁵fu⁵⁵	富	ta⁵⁵fu⁵⁵fu⁵⁵kɯ³³	富人
ta⁵⁵fu⁵⁵phɔ³¹	富人	ta³³xɛ⁵⁵mɯ⁵⁵	打鼾
ta³¹xo⁵⁵	客人	ta³¹xo³¹lo³¹	洼潭
ta³¹xo⁵⁵wo⁵⁵tsɔ³¹	做客	ta³³ji⁵⁵	上去
ta³¹li³³	睾丸	ta³³li⁵⁵	初四
ta³¹lu⁵⁵	小池塘	ta⁵⁵lu⁵⁵	大路
ta³¹lu⁵⁵tɕhi³¹mi⁵⁵	洞口	ta³¹me³³	慢
ta³¹me³³me³³	慢腾腾的	ta⁵⁵mo³³	伯母
ta⁵⁵mo³³	姑	ta⁵⁵mo³³	姨
ta³³ȵi³¹	初二	ta⁵⁵ȵi⁵⁵li⁵⁵	缠足
ta³³ŋɔ³¹	初五	ta⁵⁵ŋɯ³³thɔ⁵³	卡住
ta³¹pɛ⁵⁵ti⁵⁵li⁵⁵	筋斗	ta⁵⁵phau⁵⁵	炮
ta³¹phɛ³³xo³¹xi³³	打平伙	ta³¹phɯ⁵⁵	胖黄栗树
ta³¹pɔ⁵⁵ti⁵⁵li⁵⁵	筋斗	ta³³so⁵⁵	初三
ta³¹suaŋ⁵⁵	打算	ta³¹ta⁵⁵lu⁵⁵lu⁵⁵	洼洼潭潭
ta³³tɕhi³³	交尾	ta³³tɕhi⁵⁵	初十
ta³³thi³¹	初一	ta⁵⁵thi³¹	石阶

ta³¹ti⁵⁵	白栗树	ta¹³tɔ³³khɯ⁵⁵	达到
ta³¹tshɯ³³	青冈栗树	ta³¹tsu³³	当真
ta³¹tsu⁵⁵	桥	ta³¹tsu⁵⁵	梯子
ta⁵⁵tsu⁵⁵	楼梯	ta⁵⁵tui⁵⁵	大队
ta³¹tshɤ³³	青冈栎	tai⁵⁵	代
tai³¹xɛ³¹xɛ³¹	凹凹的	tai⁵⁵xɛ⁵⁵lɛ⁵⁵	蜗牛
tai⁵⁵xɛ⁵⁵lɛ⁵⁵	螺蛳	tai³³phai³³fu⁵⁵nu⁵⁵	铜绿菌
tai⁵⁵piau³¹	代表	taŋ¹³	但是
taŋ⁵⁵	翘起脚	taŋ³¹jɛn³¹	党员
taŋ⁵⁵kɔŋ³³	弹弓	taŋ⁵⁵kɔŋ³³pɯ³³	打弹弓
taŋ³¹ko⁵⁵	耽搁	taŋ³³miɛn⁵⁵	当面
taŋ⁵⁵ʂʅ⁵⁵	但是	taŋ⁵⁵taŋ³³	栏杆
taŋ³³tʂhɤ³³	单车	taŋ³¹tsu⁵⁵	挡住
taŋ³¹tsʅ⁵⁵	胆子	taŋ³³tshɤ³³	自行车
tau⁵⁵sʅ³³	道士	tau⁵⁵ti³¹	到底
tɔ¹³	INTERJ	tɔ³¹	传染
tɔ³¹	原来	tɔ³³	地点
tɔ³³	LOC	tɔ³³	COM
tɔ³³	ALL	tɔ⁵⁵fu³¹	接受
tɔ³³tɛ³³	ABL	tɔ³¹xo⁵⁵	背
tɔ³¹xo⁵⁵	脊椎	tɔ³³xo⁵⁵	ANP
tɔ³¹xo⁵⁵xo⁵⁵	以为	tɔ³¹jin⁵⁵	答应
tɔ³¹kɤ⁵⁵	祭品	tɔ³¹lu⁵⁵pɛ³¹	大囡囡
tɔ³³mɛ⁵⁵	BEN	tɔ⁵⁵mɛn³¹	大门
tɔ⁵⁵tho³¹	犁铧	tɔ¹³ti³³	大爹
tɔ³¹tɔ⁵⁵xo³¹xo³¹	凸凸凹凹	tɔ³¹tsu⁵⁵	非常
tɔŋ³¹	懂	tɔŋ⁵⁵	东
tɔŋ⁵⁵kua⁵⁵	冬瓜	tɔŋ⁵⁵piɛn⁵⁵	东边
to¹³	戳	to¹³	捅
to³¹	话	to³¹	朵
to³¹	回	to³¹	得
to³³	穿	to³³	结
to⁵⁵	喝	to⁵⁵	歌
to⁵⁵	踩	to⁵⁵	献

to⁵⁵	放	to⁵⁵	抽
to⁵⁵	吸	to³¹xo³¹	答复
to³¹phi³¹	地尾	to³³xɔ³¹	试
to³¹kɔ³³xɔ³¹	听话	to³¹ko³³ko³³	聊天儿
to³¹ma³¹tsa³³	老实	to³¹mɛ³¹	尾巴
to³¹mɛ³¹li³¹thu⁵⁵	翘尾巴	to³¹mɛ⁵⁵mɛ⁵⁵ku³¹	尾骨
to³¹mɛ³¹tɔ³³	末尾	to³¹mɛ³¹mɛ⁵⁵ɬu⁵⁵ɬu⁵⁵	摇尾巴
to³¹mɔ³³	木头	to³¹mɔ³³	木料
to³¹mɔ³³	梁	to⁵⁵na³³	树丛
to⁵⁵na⁵⁵	森林	to⁵⁵na⁵⁵	大树林
to³¹no³³	屁股	to³¹no³³tshi³¹kho⁵⁵	屁眼
to³¹pai⁵⁵nɛ³¹pai⁵⁵	木耳	to³³paŋ⁵⁵	多半
to³¹phu³¹	反悔	to³¹phu⁵⁵lu⁵⁵	根
to³¹pɔ³¹	话	to³¹pɔ³¹a⁵⁵phu⁵⁵lu⁵⁵pɔ³¹	造谣
to³¹pɔ³¹pɔ³¹	说话	to⁵⁵si⁵⁵	剁
to³¹ta³³	传染	to³¹tɕhi⁵⁵li⁵⁵	根茎
to³¹tɕhi⁵⁵li⁵⁵	草根	to³¹thi⁵⁵	声音
to³¹thu⁵⁵	讲闲	to³¹ti⁵⁵	后鞧
to⁵⁵tɔ³³	供祭品	to⁵⁵tshu³¹	小树林
to³¹tu³³	走江湖	to³¹tu³³	出门
to³³tɕi³³	入殓	tɤ³³	沏；浸泡
tɤ³³	斗（名词）	tɤ³³	砍
tɤ³¹xɤ³¹lɤ³¹	坑	tɤ³³lɤ⁵⁵lɤ⁵⁵	圆碌碌
tɤ³³ŋ̩i³¹	膨胀	tɤ³¹tɤ³¹tɛŋ³³tɛŋ³³	锣鼓
tu¹³	太	tu¹³	真
tu³¹	毒	tu³¹	钝
tu³¹	想	tu³¹	亲
tu³³	出	tu³¹xa³³	伤心
tu³¹xo³¹	回答	tu³³ji⁵⁵	出去
tu³³lɔ⁵⁵	出来	tu³³lɔ⁵⁵	冒
tu³¹lɔŋ³¹tshu³¹	独龙族	tu⁵⁵mɔ³³	侄女
tu⁵⁵mɔ³³	外甥女	tu³¹pɔ⁵⁵	忘记
tu⁵⁵pu³¹xɔ³¹ɬu⁵⁵	衣服裤子	tu³¹sa³¹	痛苦
tu⁵⁵tɕhɛ³¹	肚脐	tu³³tɕi³³	装进

tu⁵⁵tɕi³¹	侄子	tu⁵⁵tɕi³¹	外甥
tu⁵⁵tɕi⁵⁵	带钱	tu⁵⁵tha¹³	田埂外埂
tu³³thu⁵⁵lɔ³¹	凸	tu⁵⁵tshu³¹	丛
tu¹³tshʅ³¹pu³¹lu³¹	许许多多	tu¹³tshʅ³¹tsaŋ³¹	一阵子
tu³¹tso⁵⁵ma³¹mo³³	沉淀物	tu⁵⁵tsu⁵⁵ma³¹kɔ³¹	对不起
tuaŋ³¹khu⁵⁵	短裤	tui⁵⁵	堆
tui⁵⁵	队	tui⁵⁵tai⁵⁵	对待
tun³³	多	tun³³mɛ⁵⁵tshʅ⁵⁵	多多地
tɯ³¹tsho³³	记住	tɯ¹³tɯ³³	安静
tɯ³¹	等待	tɯ³¹xɤ⁵⁵	草果
tɯ³³kɔ³¹	记得	tɯ³³	记

th

thi³¹	吐	thi³¹	赶
thi³¹	提	thi³¹	街
thi³¹	敲	thi³³	阵
thi³³	撑开	thi⁵⁵	追
thi⁵⁵	踢	thi⁵⁵	催
thi⁵⁵	春	thi⁵⁵	敷
thi³¹xɔ³¹	唾液	thi³¹kau³³	提高
thi³¹la³¹	有时	thi³¹lai³¹	一会儿
thi³¹lo³¹	提篓	thi³¹lɔ⁵⁵mɔ³¹la³¹	经常
thi⁵⁵mi⁵⁵a⁵³	追上	thi³¹ȵi³¹	街
thi⁵⁵ȵi⁵⁵	但是	thi³¹ȵi³¹kɔ⁵⁵mɔ³³	街道
thi³¹ȵi³¹ȵi³¹	赶集	thi⁵⁵nu³¹thɔ⁵³	捣碎
thi⁵⁵si³¹	低下	thi⁵⁵tɕhi⁵⁵	追 – REC
thi⁵⁵tɕi⁵⁵	碓杵	thie³¹	贴
thie³¹mau⁵⁵	铁夹子	thiɛ¹³nɛ³³	这样
thiɛn³³xua³³	天花	thiɛn⁵⁵ma³¹	天麻
thiɛn³¹thu⁵⁵	填	thɛ⁵⁵	拍
thɛ⁵⁵	打	thɛ⁵⁵	抽打
thɛ⁵⁵	捶打	thɛ⁵⁵	敲
thɛ⁵⁵khɔ³³	打胎	thɛ⁵⁵nu³¹	打烂
thɛ⁵⁵pɛ³¹	摔	thɛ⁵⁵phu³³	打倒

thɛ⁵⁵tɕhi³³	打架 – REC	thɛ⁵⁵tɕhi³³	打断
thɛ⁵⁵tɕi³³	钉进	thɛ³¹pɛ³¹	簸箕
tha¹³	上	tha¹³	以上
tha¹³	踏	tha³¹	塔
tha³³	灵敏	tha³³	锋利
tha³³	POS	tha³³	DUR
tha⁵⁵	套	tha¹³khɔ³³ja⁵³	塌下来
tha³³la³³phi³¹	牛垂皮	tha⁵⁵pa³³	扁
tha³³pa³¹la³¹	瘪	tha⁵⁵pa³¹la³¹	板子
tha⁵⁵pa³¹la³¹	楼板	tha⁵⁵pa³¹la³¹	木板
tha⁵⁵pa³³pa³³	平	tha⁵⁵pa³³pa³³	扁
tha⁵⁵pa³³pa³³	扁扁的	tha¹³tha¹³wa¹³wa¹³	上上下下
tha¹³tɔ³³	上方	thai³¹	台
thai⁵⁵tshu³¹	傣族	thai⁵⁵tu⁵⁵	态度
thaŋ³¹	潭	thaŋ³³	滩
thaŋ⁵⁵	烫	thaŋ⁵⁵aŋ⁵⁵	碳氨
thaŋ³¹wo³³	堂屋	thaŋ⁵⁵tsʅ⁵⁵	瘫痪
thau³¹	淘气	thau⁵⁵	套
thau³¹lun⁵⁵	讨论	thau⁵⁵ta³³	套上
thau³³tu³³lɔ³¹	掏出来	thɔ¹³	一
thɔ³¹	抹	thɔ³¹	别
thɔ³¹	一	thɔ⁵³	PFV
thɔ⁵⁵	PFV	thɔ³¹na³¹tɕo⁵⁵	别休息
thɔ⁵⁵phi³¹	棺材	thɔ³¹pɛ³³tɕhi³³	劝架 – REC
thɔŋ³¹	铜	thɔŋ³¹tɕhin³¹	同情
thɔŋ³¹tin⁵⁵	铜钉	thɔŋ³¹zʅ⁵⁵	同意
thɔŋ⁵⁵	通	tho³¹	时候
tho³¹ɛ³¹so³¹	托儿所	tho³¹tɕhi³³	打架 – REC
tho³¹xo⁵⁵	房顶	tho³¹xo⁵⁵tha³¹a³³	房顶
tho³¹kha⁵³	时候	tho³¹kha³³la³¹sɯ³¹	扫把菌
tho³¹la³³tsi⁵⁵	拖拉机	tho³¹ɬɔ³³	兔
tho³³lo³³	节	tho³¹ɬɔ³³fu³¹	卯兔
tho³¹ɬɔ³³kɔ³³lɔ³³	野兔	tho³¹mɔ³³	大池塘
tho³¹no³¹	时候	tho⁵⁵pi³¹	介绍

tho³¹ʂa³³	香木树	tho³¹sɛ³³	松针
tho³¹sɛ³³lɛ³³pɛ³³	松球	tho³¹sɛn³³	托生
tho³¹tɕhi³³	角架 – REC	tho³³thu⁵⁵	托起
tho³¹thu⁵⁵lɔ³¹	托起来	tho³¹tso⁵⁵	松树
tho³¹tsʅ³¹	松树浆	tho³¹tʂʅ³¹	松香
tho³¹tso⁵⁵pɛ⁵⁵lɛ⁵⁵	松包	tho³¹khɤ³¹	穿山甲
thoŋ³¹xau³¹	零钱	thoŋ³¹kuɛ⁵⁵	暖水瓶
thu³¹	步	thoŋ³¹phau³³mi³¹pu³³	土铳
thu³¹	点	thu³³	段
thu³³	竖	thu³³	秃
thu³³	直	thu³³	正
thu³³	磕头	thu³³	挂
thu⁵⁵	揸	thu⁵⁵	祭祀
thu⁵⁵	说	thu⁵⁵	啄
thu⁵⁵	起	thu⁵⁵	抓
thu⁵⁵	拃	thɯ³¹	堵
thɯ³¹	使力	thu³³kha³³	跪
thu⁵⁵lɔ⁵⁵	起来	thu⁵⁵lɔ³¹tɕa⁵³	INCH
thu⁵⁵lu⁵⁵	段	thu³³mɔ³¹thu³³	直不直
thu³¹tɕi⁵⁵	淋湿	thu³¹thɛ³¹sʅ³³	打呼噜
thu¹³thu³³	竖直的	thu¹³thu³³	板直
thu³³thu³³	直直	thu¹³thu³³kɯ³³	直直的
thu³³tʂhu³¹	插	thu³¹zaŋ³¹	突然
thu³³tsho³¹	跪	thu³¹tɕi⁵⁵thɔ⁵³	淋
thu³¹tsʅ³¹	松脂	thuaŋ³¹	团
thuaŋ³¹jɛn³¹	团员	thuaŋ³¹tɕi³¹	团结
thui³³	装	thui³³	刨
thui³³pau⁵⁵	刨子	thun⁵⁵	蜕皮

n

ne⁵⁵ne⁵⁵the⁵⁵the⁵⁵	跌跌撞撞	ne³³	PAUP
nɛ⁵⁵mɛ⁵⁵	鼻子	nɛ³³	CONJ
nɛ⁵⁵mɛ⁵⁵sʅ³¹tu³³	流鼻血	nɛ⁵⁵mɛ⁵⁵kɛ³¹li³¹	鼻梁
nɛ⁵⁵mɛ⁵⁵tʂhʅ³¹	鼻屎	nɛ⁵⁵mɛ⁵⁵phi⁵⁵tɕhi³³li³³	鼻尖

nɛ⁵⁵ mɛ⁵⁵ zo³³ kho⁵⁵	鼻孔	nɛ⁵⁵ mɛ⁵⁵ tsu⁵⁵ lu⁵⁵	鼻尖
nɛ³¹ pɛ³¹	鸡冠	nɛ⁵⁵ mɛ⁵⁵ zu⁵⁵ mu³¹	鼻毛
nɛ⁵⁵ pɛ⁵⁵	豆子	nɛ³¹ pɛ⁵⁵	鼻涕
nɛ³³ xi³³	PROS	nɛ⁵⁵ pɛ⁵⁵ zu³³ zi³¹	豆苗
na¹³	2SG – GEN	na¹³ kɯ³³	2SG – GEN
na³¹	深	na³¹ no³³	后面
na³¹	生	na³³	早
na³³	黑	na³³	称
na⁵³	CONJ	na⁵³	LOC
na⁵³	后	na³¹ xa³¹	明年
na³¹ xa³¹	缺口	na³¹ xa³¹ nɯ⁵⁵ nɯ⁵⁵	后年
na³³ xɣ⁵⁵	2PL	na³³	2SG
na⁵⁵ xo³³ lo³³	牛挎耳绳	na³¹ kho⁵⁵	耳孔
na³³ le³¹	黑影	na¹³ na³¹	深深
na³¹ na³¹ sɯ³³ sɯ³³	深深浅浅	na³³ ȵi³¹ kɔ³¹	2DL
na⁵³ nu⁵⁵	后面	na³³ pha³³	瓢
na¹³ pɔ³¹	2SG – 爸	na⁵⁵ pha⁵⁵ zo³³ kho⁵⁵ pu¹³ kɯ³³	雀斑
na³¹ po³¹	聋子	na³¹ po⁵⁵	耳朵
na³¹ po³¹ po³¹	耳聋	na³¹ po⁵⁵ tʂhɿ³¹	耳屎
na³¹ pu³¹	耳朵厚	na³¹ po⁵⁵ tshɿ³¹ tha³³	掏耳朵
na⁵⁵ pu³¹	稀泥	na⁵⁵ pu³³ ku³³ phɔ³¹	泥水匠
na⁵⁵ pu³¹ na⁵⁵ li³³	泥泞的	na³³ pɯ³¹ pɯ³¹	暗
na³¹ pu⁵⁵ zo³¹ kho⁵⁵	耳孔	na⁵⁵ si³¹	铅巴
na³¹ si⁵⁵ li⁵⁵	鬓角	na³¹ si⁵⁵ li⁵⁵	太阳穴
na⁵⁵ si⁵⁵ tshu³¹	纳西族	na³³ su³¹	明天
na³³ su³¹ na³³	明早	na⁵⁵ tɕhi³³	土
na⁵⁵ tɕhi³³ tsha³¹ tshi³¹	土墙	na⁵⁵ tɕhi³³ thi⁵⁵ kɯ³³ tsha³¹ tshi³¹	土舂墙
na⁵⁵ tshɿ³¹ su³³ ta³³	擦药	na⁵⁵ tɕhi³³ zo³³ kɯ³³ lɯ³³	干土
na³¹ tsu³³	耳环	na³¹ tsɿ⁵⁵ tei⁵⁵	京豆
na³³ tɯ³¹	粘	na³³ tɯ³¹ na³³ tɯ³¹	粘黏粘黏
na³³ tɯ³¹ tɯ³¹	粘糊糊的	na³¹ zi⁵⁵ zi⁵⁵	耳脓
na³¹ tɕhi⁵⁵ li⁵⁵	耳垂	na⁵⁵ tɕhi³³ phi⁵⁵ xi⁵⁵ li⁵⁵	红土
na⁵⁵ tshɿ³¹	药	na⁵⁵ tɕhi³³ wa³³ tɔ³³ xɯ³³ tu³¹	土葬
na⁵⁵ tshɿ³¹ i⁵⁵ tshu³¹	药水	na⁵⁵ tshɿ³¹ kɔ³¹ mi³³ li³³	药粉

na⁵⁵tshɿ³¹tsha³¹	熬药	na⁵⁵tshɿ³¹wo¹³kɯ³³ji⁵⁵xo⁵⁵	药店
na³³tsi⁵⁵	戥子	na³¹tsi³³tei³³	四季豆
nai⁵⁵pai³³ku³³phɔ³¹	泥水匠	naŋ³¹tshu⁵⁵	难处
nɔ¹³	除外	nɔ³¹	南
nɔ³¹	停止	nɔ³³	阴
nɔ⁵⁵	病	nɔ⁵⁵	利息
nɔ⁵⁵	疼	nɔ⁵⁵	刺痛
nɔ⁵⁵	伤	nɔ⁵⁵xɔ³¹	问
nɔ³³xo³³lo³³	囟门	nɔ⁵⁵ko⁵⁵	病
nɔ⁵⁵ko⁵⁵xɤ¹³kɯ³³	大病	nɔ⁵⁵ko⁵⁵mɤ³¹	病轻
nɔ⁵⁵ko⁵⁵ɔ³³	治	nɔ⁵⁵ko⁵⁵ɔ³³xɔ³¹	看病
nɔ⁵⁵ko⁵⁵ɔ³³phɔ³¹	医生	nɔ⁵⁵ko⁵⁵phɔ⁵⁵kɯ³³	小病
nɔ⁵⁵ko⁵⁵tsa³³	有病	nɔ⁵⁵kɯ³³zo³³kho⁵⁵	伤口
nɔ¹³nɔ¹³	乖乖的	nɔ⁵⁵zi³³mɔ³³	女医生
nɔ⁵⁵zi³³phɔ³¹	男医生	nɔ³¹tsɔ⁵⁵mo³¹	头晕
nɔ³¹n̠i³¹	农业	nɔŋ³¹mau³¹ʂʅ⁵⁵tʂhaŋ³¹	农贸市场
no³¹	少	no³¹	烂
no³¹	扒（饭）	no³¹	霉烂
no³¹	破	no³³	夹
no³¹a³³	后面	no⁵⁵	嗅
no³³	夹菜	no⁵⁵ka⁵⁵la⁵⁵	排骨
no³¹ja⁵³	坏了	nɤ³³kho³¹	豆秸
nɤ³³ku³¹khu⁵⁵lu⁵⁵	豆腐干	nɤ⁵⁵ku³¹	豆腐
nɤ³³ɬu⁵⁵	炒豆	nɤ³³ku³¹si³¹	豌豆
nɤ³³phu⁵⁵nɛ³³pɛ³³	黄豆	nɤ³³phɛ³³	豆腐渣
nɤ³³pu³¹	豆豉	nɤ³³pi³¹	豆芽
nɤ³³tsi³³a³¹na³³la³³	黑豆	nɤ³³tɕhi⁵⁵nɛ³³pɛ³³	豇豆
nu³¹	粘	nu³³	属
nu³¹	黄牛	nu³³	2SG – GEN
nu³³	2SG – ACC	nu⁵⁵	2SG
nu³³	日	nu⁵⁵	闻
nu⁵⁵	愿意	nu³¹a⁵⁵tsu³¹	牛奶
nu⁵⁵	短	nu⁵⁵ɛ⁵⁵mɛ³³mɛ³³	2SG – SELF
nu³¹a⁵⁵tsu³³	牛奶	nu³¹fu⁵⁵phɔ³¹	养牛人

nu³¹fu³¹	丑牛	nu⁵⁵xa³¹	时间
nu³³xa³¹	日子	nu³³xa³¹na³³	贪心
nu⁵⁵xa³¹	时候	nu⁵⁵xɔ³¹	闻
nu⁵⁵xɛ³¹tɛ³¹lɛ³¹	胸口	nu³³ju⁵⁵	你家
nu³³xɔ⁵⁵xɔ⁵⁵	打冷战	nu³¹ko³¹phu³¹	癣
nu³¹kɔ³³lɔ³³	野牛	nu³³ko⁵⁵to⁵⁵lo⁵⁵	白天
nu³³ko⁵⁵to⁵⁵	白天	nu⁵⁵ku⁵⁵tsha³³khɯ³³	牛鼻绳子
nu³³kɯ³³	2SG－GEN	nu³¹kɯ³³tsin³³	牛筋
nu³³ku⁵⁵tu⁵⁵	上午	nu³¹mɔ³³	母牛
nu³¹lo⁵⁵xo⁵⁵	牛圈	nu³³mɔ³³faŋ³¹	心烦
nu³³mɔ³³	心	nu³³mɔ³³xo⁵⁵tɔ³³nɔ⁵⁵kɯ³³nɔ⁵⁵ko⁵⁵	内伤
nu³³mɔ³³xɤ³¹	大胆	nu³³mɔ³³ȵi³¹khɤ³¹tsɔ³¹	日食
nu³³mɔ³³ȵi⁵⁵	胆小	nu³³mɔ³³po³³	满意
nu³³mɔ³³nɔ⁵⁵	心痛	nu³³mɔ³³tɕhe⁵⁵la³¹la³¹tɕhi³¹	心灵手巧
nu³³mɔ³³po³³	放心	nu³³mɔ³³tu³³xɔ³¹	打算
nu³³mɔ³³tu³¹xa³³	着急	nu⁵⁵ȵi³¹	想
nu³³mɔ³³tshɿ³¹	赌气	nu³¹pa⁵⁵la⁵⁵	破
nu⁵⁵ȵi³¹kɔ³¹	2DL	nu³¹phi⁵⁵mɔ³¹phi⁵⁵	不嫉妒
nu³³phi⁵⁵phi⁵⁵	忌炉	nu³¹phɔ³¹	公牛
nu³³phi⁵⁵phi⁵⁵	嫉妒	nu³¹phɯ³¹khɯ³¹	牛轭
nu³¹phɔ³¹mɤ⁵⁵	公牛叫	nu⁵⁵phu³³phu⁵⁵phu⁵⁵lɔ³¹	倒过来
nu³¹pi³³pi³³a⁵³	牛犊	nu³¹sɛ⁵⁵na³³la³³	黑芝麻
nu³¹sɛ⁵⁵	芝麻	nu³¹sei¹³	黄牛肉
nu³¹sɛ⁵⁵tshi⁵⁵	芝麻油	nu³¹su³¹	阉牛
nu³³si³¹	心	nu³¹tho³¹tɕhi³³	牛打架－REC
nu⁵⁵sɿ³¹tsu³¹	发抖	nu⁵⁵ti³³ti³³tɕi³³la³¹	退进去
nu⁵⁵ti³³	倒	nu³³tshu³¹	怒族
nu⁵⁵ti³³ti³³tu³³ji⁵⁵	退出去	nu³³tu³¹phu³³	后悔
nu³³tu³³	活计	nu⁵⁵tɯ³¹tɯ³¹	水痘
nu⁵⁵tu⁵⁵tɕi³³	伤心	nu³¹vu⁵⁵phɔ³¹	牧童
nu³¹vu³³	放牛	nu³¹zo³³kɯ⁵⁵lɯ⁵⁵	牛皮
nu³¹vu³¹tshɿ⁵⁵	牛角	nuɔ³³tɔ³³	后面
nuɔ³³	后	nɯ⁵⁵nɯ⁵⁵	后年

l

li³¹	立	li³¹	写
li³¹	借	li³¹	也
li³¹	四	li³¹	搓
li³¹	比	li³³	去
li³³	显露	li³³	漏
li³³	死	li⁵⁵	旧
li⁵⁵	过滤	li⁵⁵	谷子
li⁵⁵	小米	li³³pu³³	馒头
li³³li⁵⁵	淋漓	li³³po³³	馒头
li⁵⁵xai⁵⁵	厉害	li⁵⁵khɔ³³	滤
li⁵⁵ku³¹	离开	li⁵⁵lɛ³³	唢呐
li⁵⁵li⁵⁵ŋɯ³¹ŋɯ³¹	跟跟跄跄	li³¹ɬ³³	四月
li³¹mɛ⁵⁵	ANP	li³¹mɔ³³	孙女
li³¹mɔ³³	外孙女	li³¹mu³³li³¹thu⁵⁵lu⁵⁵	蟒蛇
li³¹pu⁵⁵	扑	li³¹ʂɯ⁵⁵	旅社
li³¹su³³tshu³¹	傈僳族	li³¹ta³³	糊上
li⁵⁵ta⁵⁵	涂漆	li³¹tɕhi⁵⁵	四十
li³¹tɕi³¹	孙子	li³¹tɕi³¹	外孙
li³¹thu⁵⁵	记录	li³¹thu⁵⁵	立起
li³³tu³³	赤膊	liaŋ³¹	梁
liaŋ³¹	量	liaŋ⁵⁵fu³¹kua³³	苦瓜
liaŋ³¹xau³¹tai⁵⁵	划拳	liau³¹mɔ³¹ka³¹	了不得
liɛ¹³	ANP	liɛ¹³xo⁵⁵	ANP
liɛn⁵⁵	炼	liɛn³¹xua³³kɛn³³	藕
li³¹mɛ⁵⁵	像	liɛn³¹xua³³kɛn³³zu³³ve³³	荷花
lin³¹tɕhɛ³¹pu¹³	补零钱	lei⁵⁵ʂo³¹	漏勺
lei¹³tha¹³	楼上	lei¹³wa¹³	楼下
lɛ¹³	按	lɛ³¹	晚
lɛ³¹	迟	lɛ³³	AG
lɛ³³	INS	lɛ³³	精液
lɛ³³	PRT	lɛ³³	流；淌
lɛ³³	笨	lɛ⁵⁵kɛ³¹kɛ³¹	花碌碌

lɛ⁵⁵xo⁵⁵	包	lɛ³³ku³³a⁵⁵nɛ³³ɬu³¹	使动
lɛ⁵⁵kɛ³¹lɛ³¹	花碌碌	lɛ³¹phɛ³³	起泡
lɛ³¹phɛ³³	手茧子	lɛ³¹phɛ⁵⁵ɲi³¹	弹
la³¹	迎接	la⁵⁵	采
la³¹fu³¹	寅虎	la⁵⁵fu⁵⁵tshu³¹	拉祜族
la³¹xo³¹	手掌	la³¹xo³¹	捧
la³¹xo³¹xo³¹	捧	la³¹xo³¹lo³¹	掌心
la³¹xo³¹thɛ⁵⁵	拍手	la³¹ji⁵⁵	迎接
la³¹kha³³	木耙	la³¹kha³³	耙
la³¹kha³³sɯ³¹	耙齿	la³¹khu⁵⁵lu⁵⁵	手掌纹路
la³¹tho³³	（一）把	la⁵⁵ko⁵⁵	小溪
la⁵⁵ko³³tɕhi³¹li³¹	溪	la⁵⁵kɯ³³	钩子
la⁵⁵kɯ³³	瘦	la³¹kɯ⁵⁵kɯ⁵⁵	招手
la⁵⁵kɯ³³kɯ³³	瘦瘦的	la³¹ku³¹ɲi⁵⁵ma⁵⁵	腋
la³¹ku³¹ɲi⁵⁵mɔ³³	腋窝	la³¹la³¹	手
la³¹la³¹pa³¹thu⁵⁵	举手	la³¹la³¹ʂŋ³³tɕhi³³	握手
la³¹mɔ³³	大拇指	la³¹ma³³pu³³to³³lu³³	胳膊
la³¹mɔ⁵⁵	拇指	la⁵⁵mo³¹	针线活
la³¹mu³¹	汗毛	la³¹ɲi⁵⁵	手指
la³¹ɲi⁵⁵	食指	la³¹ɲi⁵⁵	中指
la³¹ɲi³³fu³¹mo³¹	碓扶手	la³¹ɲi⁵⁵khu¹³kɯ³³	六指
la³¹ɲi⁵⁵ɲi⁵⁵a⁵³	小拇指	la³¹ɲi⁵⁵ɲi⁵⁵a³¹	小指
la³¹ɲi⁵⁵thi³¹	用手指指	la³¹ɲi⁵⁵vu³¹tu³¹	手指尖
la³¹pa³³la³³	肩胛骨	la³¹phi⁵⁵	肩膀
la³¹phu³³phu³³	扳	la³¹pi³¹	戒指
la³¹po³¹	手腕	la³¹po³¹to³³lo³³	手套
la³¹pu³³	阉公黄牛	la³¹pɯ³¹phɔ³¹	回族
la³¹sɯ³¹	爪	la³¹sɯ³¹	指甲
la³¹sɯ³¹tɕi³¹	剪指甲	la³¹sɯ³³tshi³¹nu³³ma⁵⁵la⁵⁵	古时候
la³¹ta³¹xo⁵⁵	手背	la³¹tɕhi⁵⁵	开水
la³¹tɕhi⁵⁵la³¹pha³¹	茶	la³¹thu³³	拳头
la³¹thu³³	把	la³¹ti³³li³³	褂子
la³¹to³¹lo³¹	夹袄	la³¹tshɯ³¹	手关节
la¹³tsu³¹	蜡烛	la⁵⁵tsŋ³¹	辣椒

la³¹ tu³¹	袖子	la⁵⁵ tsɿ³¹ zo³³ kɯ³³ lɯ³³	干辣椒
la³¹ tu³¹	衣袖	la³¹ tu⁵⁵	磨把
la³¹ tu⁵⁵	把儿刀	la³¹ tu⁵⁵ lu⁵⁵	把儿
la³¹ tu⁵⁵ lu⁵⁵	犁把	la³¹ tu³¹ tɔ³³ tʂhu³³ tɕi³³	笼手
la¹³ zu³¹	腊肉	la³¹ tɕhi⁵⁵ la³¹ fu³¹	烧水壶
la³¹ tɕhi⁵⁵ to⁵⁵ mo³¹	茶杯	la³¹ tɕhi⁵⁵ tsha³¹	烧开水
la³¹ tɕi³¹	倒刺	lai¹³ sai³³ fu³¹	连鬓胡
lai³¹	来	laŋ³¹	懒
laŋ⁵⁵	晾	lau³¹	捞
lau³¹ kai⁵³	劳改	lau³¹ paŋ³¹ tsin³³	筋
lau³¹ pi⁵⁵ tsɿ³¹ kɔ³³	荡秋千	lau³¹ sɿ⁵⁵	老师
lau³¹ tshu³¹ jɛn³³	旱烟	lɔ³¹	DIR
lɔ³³	或者	lɔ⁵³	DIR
lɔ⁵³	PRT	lɔ⁵⁵	来
lɔ⁵⁵	下（雨）	lɔ⁵⁵	PRT
lɔ⁵⁵	DIR	lɔ⁵⁵ xɤ⁵⁵	对面
lɔ⁵⁵ ku³³	箐	lɔ³¹ ko⁵⁵ mɔ⁵⁵ pi³¹ tʂu³¹	臭虫
lɔ³¹ ko⁵⁵	彝族	lɔ⁵⁵ ku³³ pɔ³¹ pɔ³³	箐旁边
lɔ³¹ ku⁵⁵ ku⁵⁵	光秃秃	lɔ⁵⁵ tɕa⁵³	INCH
lɔ⁵⁵ pi³¹	吓着	lɔŋ³¹ thei³³	笼头
lɔ⁵⁵ tsɿ³³	骡子	lɔŋ¹³ tsɔŋ⁵⁵	水槽
lo³¹	两	lo³¹	龙
lo³¹	PRT	lo³³	慢
lo³³	闲	lo³³	船
lo³³ sɔ⁵⁵	魂	lo⁵⁵	庹
lo⁵⁵	ACC	lo⁵⁵	DAT
lo³¹ fu³¹	辰龙	lo³³ xɤ³¹	龙王
lo⁵⁵ xo⁵⁵	圈儿	lo⁵⁵ kho³¹	项链
lo⁵⁵ ko³³	大门	lo⁵⁵ ko³³ xɔ³¹ phɔ⁵⁵	门帘
lo⁵⁵ ko³³ ko³³ phi³¹	门板	lo⁵⁵ ko³³ pha³³	开门
lo⁵⁵ ko³³ pɔ³¹ la³¹	门框	lo⁵⁵ ko³³ ta⁵⁵ thu⁵⁵	闩门
lo⁵⁵ ko³³ tɕhi³¹	门前	lo⁵⁵ ko³³ tɔ³³	门上
lo⁵⁵ ko³³ tu³³ ji⁵⁵ kɯ³³ tɔ³³	门口	lo⁵⁵ lɛ³³ sɿ⁵⁵	罗里
lo³³ li⁵⁵	知了	lo³¹ lo³³	小心

lo⁵⁵ lo⁵⁵ mɔ³³	河边	lo⁵⁵ mɔ³³	太阳
lo⁵⁵ mɔ³³	河	lo⁵⁵ mɔ³³ i⁵⁵ tshu³¹	河水
lo⁵⁵ mɔ³³ a⁵⁵ ti⁵⁵ ti⁵⁵ kɯ³³	小河	lo⁵⁵ mɔ³³ kɛ³¹ ja⁵³	黄昏
lo⁵⁵ mɔ³³ a⁵⁵ tsa³¹ la³¹	河岸	lo⁵⁵ mɔ³³ tha¹³	上游
lo⁵⁵ mɔ³³ kɛ³¹ ji⁵⁵ kɯ³³ phɔ³³	西	lo⁵⁵ mɔ³³ wa¹³	下游
lo⁵⁵ mɔ³³ tu³³ lɔ⁵⁵ kɯ³³ phɔ³³	东	lo³¹ pa³¹	前韂
lo⁵⁵ pɛ⁵⁵	大脖子病	lo³¹ tho⁵⁵	骆驼
lo⁵⁵ tsʅ³³	骡	lu³¹	满
lu³¹	够；足	lu³³	行
lu³³	抢	lu³³	争
lu³³	滚	lu⁵⁵	倒
lu⁵⁵	败谢	lu⁵⁵	倒
lu¹³ kha³¹	凹	lu⁵⁵ kha³³	倒塌
lu⁵⁵ khɔ³³ lɔ⁵⁵	倒下来	lu³³ li⁵⁵	蝉
lu³¹ lu⁵⁵ su³³ ta³³	轻擦	lu⁵⁵ phu³¹	笼子
lu⁵⁵ ta³¹	故事	lu⁵⁵ ta³¹ tsha³¹	聊天
lu⁵⁵ tɕhi³¹	衣领	lu³¹ tei⁵⁵ fu³¹	腐乳
lu⁵⁵ ta³¹ tshɔ³¹	讲故事	lu⁵⁵ tshɛ⁵⁵	脖子
lu⁵⁵ tsʅ⁵⁵	牛肩一样的	lu⁵⁵ tɕhi³¹	领子
lu³³ tsɔ³¹	抢劫	luaŋ⁵⁵	发情
lui³¹	铝	lui⁵⁵	累
lui³³ ko⁵⁵	铝锅	lui³¹ phɛn³¹	铝盆
lui³¹ sʅ⁵⁵	研细	lɯ³¹	钻
lɯ³¹	滚	lɯ³¹	卷
lɯ¹³ fu³¹	勒	lɯ¹³ fu³¹ thɔ⁵⁵	拴
lɯ⁵⁵ mo³³	二婶母	lɯ⁵⁵ ʂu³¹	二叔叔
lɯ³³ thu⁵⁵	挽	lɯ³³ thu⁵⁵	捋
lɯ³¹ tɯ⁵⁵	勒达	lɯ³¹ tɯ³³ sʅ⁵⁵	勒达

ɬ

ɬa³¹ xo³¹	裤腰	ɬa³¹ kɛ³¹ lɛ³³	裤裆
ɬa³¹ khɯ⁵⁵	裤腿儿	ɬa³³	搅拌；绞
ɬa³³ pi³³	扒	ɬa³¹ po³¹ to³¹ ti⁵⁵ li⁵⁵	内裤
ɬa³¹ pu⁵⁵ zo³³ tso⁵⁵	木棉树	ɬa³¹ pu⁵⁵ zu³³ ve³³	木棉花

ɬa³³tɛ³¹	包庇	ɬɔ³³	月
ɬɔ³¹khɯ⁵⁵	裤腿	ɬɔ⁵⁵pi⁵⁵pi⁵⁵	假话
ɬɔ³¹po³¹	裤子	ɬɔ³¹po³¹to³¹ti³³li³³	短裤
ɬɔ³¹	丘	ɬɔ³¹	晒
ɬɔ³³mɔ³³	石头	ɬɔ³³kɛ³³tɛ³³lɛ³³	鹅卵石
ɬɔ³³mɔ³³tsi³¹phɔ³¹	石匠	ɬɔ³³mɔ³³ta³³tsu⁵⁵	石桥
ɬɔ³³pu³¹	石头	ɬɔ³³mɔ³³tha⁵⁵pa³³la³³	石板
ɬɔ³¹ta³³la³³	梯田	ɬɔ³³mɔ³³thɔ⁵⁵phi⁵⁵li⁵⁵	石板
ɬu³¹	丘	ɬu³¹	晒
ɬu³³	摆动	ɬu³³	动
ɬu³³	摔	ɬu⁵⁵	炒
ɬu⁵⁵	吠	ɬɯ³¹	剥
ɬu³³çi³¹	摔死	ɬu³¹kɯ³³	晒干
ɬu⁵⁵kɯ³³	炕干	ɬu⁵⁵mu⁵⁵xa³¹ɬu⁵⁵	长衫
ɬu³¹phu³³	跌倒；摔倒	ɬu⁵⁵thu³¹	蛆
ɬu⁵⁵tsi⁵⁵phɔ³¹	石匠	ɬu⁵⁵tsɔ³¹	炒吃
ɬu⁵⁵tshi⁵⁵	芦苇	ɬɯ³¹mɔ³³	稗子
ɬɯ³¹po⁵⁵	坟墓	ɬɯ³¹po³³mi⁵⁵tsha³¹	坟地
ɬɯ³¹ta³³	套上	ɬɯ³¹po⁵⁵tɔ³³xo³¹to⁵⁵	上坟
ɬi³³	脱	ɬi³³	脱臼
ɬi⁵⁵	飘	ɬi⁵⁵	扔；掷
ɬi⁵⁵	刮	ɬi⁵⁵po⁵⁵lo⁵⁵	火堆
ɬi⁵⁵thu⁵⁵	抛		

ʈʂ

tʂʅ³¹mɔ⁵⁵	官	tʂʅ³¹mɔ⁵⁵phɔ³¹	官
tʂʅ³¹mɔ⁵⁵tsu⁵⁵kɯ³³	官府	tʂɛn⁵⁵	PROG
tʂɛn⁵⁵fu³¹	政府	tʂɛn⁵⁵je⁵⁵ʂʅ³¹lu³¹	真月十六
tʂɛn⁵⁵si³¹	正席	tʂɛn⁵⁵tshɯ³¹	政策
tʂɛn⁵⁵tʂʅ⁵⁵	政治	tʂaŋ³¹	攒
tʂaŋ³¹	突然	tʂaŋ³¹	阵
tʂaŋ⁵⁵	仗	tʂaŋ⁵⁵	丈
tʂaŋ³³mau⁵⁵	毡帽	tʂaŋ⁵⁵sɯ³³	赊账
tʂaŋ⁵⁵	账	tʂɔŋ³³	钟

tʂɔŋ³³	盅	tʂɔŋ⁵⁵ ɕo³¹	中学
tʂo³¹	PFV	tʂu³³	租
tʂu⁵⁵	读	tʂu⁵⁵	居住
tʂu³¹ si³¹	主席	tʂuaŋ⁵⁵ ku³¹	告状
tʂuaŋ⁵⁵ phu³³	撞	tʂuaŋ⁵⁵ phu³³	撞到
tʂuaŋ³³ tʂhɛn³¹	装成	tʂuaŋ⁵⁵ tshu³¹	壮族
tʂun³¹ ti⁵⁵	准	tʂun³¹ tɕho³¹	准确

tʂh

tʂhɿ³¹	屎	tʂhɿ³¹	尺
tʂhɿ⁵⁵	牢	tʂhɿ³¹ ku³¹	稀屎
tʂhɿ³¹ ku⁵⁵ tu³¹ lu³¹	大家	tʂhɿ³¹ pi³¹	拉屎
tʂhɿ³¹ pɛ³³ lɛ³³	稀屎	tʂhɿ³¹ ti⁵⁵	吝啬
tʂhɿ³¹ ti³¹ pi³¹	拉屎	tʂhei³¹	丑
tʂhei³¹ xen⁵⁵	仇恨	tʂhei³³ xo³¹	抽屉
tʂhei³¹ tshi⁵⁵	仇	tʂhei³¹ zɛn³¹	仇人
tʂhɛ³¹	明白	tʂhɛn³¹ zɛn⁵⁵	承认
tʂha¹³	查	tʂha³¹	插
tʂha⁵⁵ pa³³	权	tʂhaŋ³¹	馋
tʂhaŋ³³	掺	tʂhaŋ⁵⁵	唱
tʂhaŋ³¹ tʂhaŋ³¹	铲子	tʂho⁵⁵	扎破
tʂho³¹ ɕɛ³¹	楔子	tʂho³¹ si³¹	出产
tʂho⁵⁵ zi³¹	顺利	tʂhɔŋ³³ kɯ³³	重的
tʂhɔŋ⁵⁵ pu⁵⁵ ti⁵⁵	重重地	tʂhɔŋ³³ tʂhɔŋ³³ phɔ⁵⁵ phɔ⁵⁵	重重轻轻
tʂhu³¹ tsɔ³¹	画眉鸟	tʂhuaŋ³¹	船
tʂhuaŋ³¹	闯	tʂhuaŋ³¹	床
tʂhuaŋ³¹	流传	tʂhuaŋ³³ fɔŋ³³	窗
tʂhuaŋ³³ fɔŋ⁵⁵	窗户	tʂhuaŋ³¹ xua¹³ phɔ³¹	摆渡人
tʂhuaŋ³³ sa³¹ a⁵³	活泼	tʂhuaŋ³¹ tsɿ³¹	橡子
tʂhuaŋ³³ tsɿ³¹	窗子		

ʂ

ʂɿ³¹	远	ʂɿ³¹	知道
ʂɿ³¹	牙齿	ʂɿ³³	拉

ʂʅ³¹	东	ʂʅ³³ fu³¹	拖
ʂʅ⁵⁵	试	ʂʅ¹³ xui³³	石灰
ʂʅ³³ fu³¹	搀扶	ʂʅ³¹ ka³¹	照顾
ʂʅ³¹ xui³³ phɤ³³	烧石灰	ʂʅ³¹ kaŋ⁵⁵	石缸
ʂʅ⁵⁵ kai⁵⁵	世界	ʂʅ³¹ ȵi⁵⁵	血
ʂʅ³¹ ɬo³³ ji³¹ tsa³³	仰睡	ʂʅ³¹ pi⁵⁵ tso⁵⁵ sʅ⁵⁵	三道垭口
ʂʅ³¹ pai³³	失败	ʂʅ³¹ tɕɛn⁵⁵	时间
ʂʅ³³ su³¹	拉扯	ʂʅ³¹ thi³¹	裹见草
ʂʅ³³ tɕhi³³ thɔ⁵³	拉断	ʂŋ⁵⁵ tɤ³¹	招待
ʂʅ³¹ ti⁵⁵	远远的	ʂʅ³¹ tʂʅ⁵⁵	牙齿
ʂʅ³¹ tɔ³¹ lɔ³¹	牙根	ʂʅ³¹ tʂʅ⁵⁵ nɔ⁵⁵	牙痛
ʂʅ³¹ tʂʅ⁵⁵ ȵi³¹ ka³³ la³³	牙缝	ʂʅ³¹ tʂʅ⁵⁵ to³¹ phi³¹	齿龈
ʂʅ³¹ tʂʅ⁵⁵ su⁵⁵	刷牙	ʂʅ³¹ tʂʅ⁵⁵ tu³¹ phi³¹	牙根
ʂʅ³¹ tʂʅ⁵⁵ tʂhŋ³³	牙垢	ʂʅ³³ tu³³ lɔ³¹	抽出
ʂe⁵³ pɯ³³ phɔ³¹	猎人	ʂei³¹ tsi³³	手机
ʂɛn³¹	神奇	ʂaŋ⁵⁵ khei³¹	伤口
ʂa³³ tʂʅ³¹	砂纸	ʂaŋ³¹ liaŋ³¹	商量
ʂɔ³¹	照	ʂu³¹	属
ʂu³¹	熟悉	ʂu³¹	输
ʂu³¹	书	ʂu³¹ khau³¹	考试
ʂu³¹ mɔ³¹ phɔ³¹	老师	ʂu³¹ tshi³³ na³¹ a⁵³	急
ʂu³¹ tshi³³ thɔ³¹ na³¹	别着急	ʂu⁵⁵ tsi⁵⁵	书记
ʂu³¹ tʂu⁵⁵	念书	ʂu³¹ tʂu⁵⁵ ji⁵⁵	上学
ʂu³¹ tʂu⁵⁵ na³¹ thɔ⁵³	放学	ʂu³¹ tʂu⁵⁵ kɯ³³ ji⁵⁵ xo⁵⁵	学校
ʂu³¹ tsu⁵⁵ phɔ³¹	学生	ʂui⁵³ xo⁵³ ji³¹	煤油
ʂui³¹ kuaŋ³¹ tʂaŋ⁵⁵	水管站	ʂui⁵³ lau⁵³ wa³¹	鱼鹰
ʂui³³ ȵi³¹ tɕaŋ⁵⁵	泥水匠	ʂɯ⁵⁵ xui⁵⁵	社会
ʂɯ⁵⁵ xui⁵⁵ tʂu³¹ zi⁵⁵	社会主义		

tɕ

tɕi³¹	家畜	tɕi³¹	锯子
tɕi³¹	剪；裁	tɕi³¹	姐
tɕi³¹	锯	tɕi³³	撒
tɕi³³	进	tɕi³³ phɛ³¹	CONJ

tɕi³³	烧	tɕi⁵³	完
tɕi⁵³	些	tɕi⁵⁵	救
tɕi⁵⁵	过	tɕi⁵⁵	更
tɕi⁵⁵	盛	tɕi⁵⁵	湿
tɕi⁵⁵	就	tɕi⁵⁵ kei³¹	过去
tɕi³¹ xɔ³¹	樱桃	tɕi⁵⁵ la⁵⁵	剩
tɕi⁵⁵ la⁵⁵	剩余	tɕi⁵⁵ ma⁵⁵	债
tɕi³¹ lu⁵⁵	关住	tɕi³¹ ta³³	大姐
tɕi⁵⁵ ma⁵⁵ tshɔ³³ ti³³	欠债	tɕi³¹ tɔ⁵⁵	剪子
tɕi³¹ tin⁵⁵	决定	tɕe³¹ tshi⁵⁵	节日
tɕin³³ fɔŋ⁵⁵	金凤花	tɕe³¹ tshi⁵⁵ ko⁵⁵	过节
tɕɛ³¹	毁灭	tɕɛn³³	减
tɕɛn³¹ fɛn³¹	卷粉	tɕɛŋ⁵⁵ ʂɯ³¹	建设
tɕɛn³¹ taŋ⁵⁵	简单	tɕɛn³¹ tʂha³¹	检查
tɕa³¹	夹	tɕa³³	加
tɕa⁵³	假	tɕo³¹ vu⁵⁵	觉悟
tɕa⁵⁵	架	tɕa³¹ aŋ⁵⁵ lin³¹	甲胺磷
tɕa¹³ fu³¹	夹住	tɕa³¹ xua⁵⁵	假话
tɕa⁵⁵ tɕhɛn³¹	价钱	tɕa¹³ tsɿ³¹	夹子
tɕaŋ³³ tɕaŋ³³	刚刚	tɕa⁵⁵ tho³¹	蒜头
tɕa⁵⁵ tsɿ³¹	驮架	tɕaŋ⁵⁵ tɕhi³¹	倔强
tɕau⁵⁵	胶	tɕau⁵⁵ tɕi³¹	交代
tɕau⁵⁵ tsɿ³¹	轿子	tɕau⁵⁵ zu³¹	教育
tɕau⁵⁵ zu³¹ tsɿ³¹	教育局	tɕo¹³	就
tɕo³¹	角	tɕo⁵⁵	救
tɕo⁵⁵	就	tɕo¹³	就

tɕh

tɕhi³¹	犁	tɕhi³¹	摘
tɕhi³³	驮	tɕhi³³	一下
tɕhi³³	一小点	tɕhi³³	断
tɕhi³³	牵	tɕhi⁵⁵	撕
tɕhi⁵⁵	勤快	tɕhi⁵⁵	挑选
tɕhi⁵⁵	使唤	tɕhi⁵⁵	十

tɕhi⁵⁵	CAUS	tɕhi⁵⁵	谷子
tɕhi⁵⁵	粘	tɕhi⁵⁵ çi³¹	谷子
tɕhi⁵⁵ fɛn³³	十分	tɕhi³³ fu³¹	驮回
tɕhi⁵⁵ xi³¹	十八	tɕhi⁵⁵ kɛ³¹	十九
tɕhi³¹ kha⁵⁵ la⁵⁵	钉耙	tɕhi⁵⁵ kho⁵⁵	头发
tɕhi⁵⁵ khɔ⁵⁵	稀筛子	tɕhi⁵⁵ kho⁵⁵ a⁵⁵ phu⁵⁵ lu⁵⁵	白发
tɕhi⁵⁵ kho⁵⁵ phɛ³¹	辫子	tɕhi⁵⁵ kho⁵⁵ tsha³³ khɯ³³	头绳
tɕhi⁵⁵ khu³¹	十六	tɕhi⁵⁵ khu³¹ nu³³	十六日
tɕhi⁵⁵ kɯ³¹	排解	tɕhi⁵⁵ li³¹	十四
tɕhi³¹ ɬo³³	铧	tɕhi⁵⁵ ɬɔ³³	十月
tɕhi³¹ mi³³	前	tɕhi³¹ mi³³	嘴
tɕhi³¹ mi³³ a³¹ phɔ³³	张嘴	tɕhi³¹ mi³³ pɛ⁵⁵ tsɛ³³ lɛ³³	歪嘴
tɕhi³³ mi³³ su³¹	哄	tɕhi⁵⁵ ȵi³¹	十二
tɕhi⁵⁵ ȵi³¹ ɬɔ³³	十二月	tɕhi⁵⁵ ȵi³¹ pɔ³³ ɬɔ³³	腊月
tɕhi⁵⁵ ŋɔ³¹	十五	tɕhi⁵⁵ ŋɔ³¹ nu³³	十五日
tɕhi⁵⁵ nu⁵⁵	穗	tɕhi³¹ pa³³ la³³	板锄
tɕhi⁵⁵ pɛ⁵⁵	谷粒	tɕhi³³ pha³³	掰
tɕhi³¹ pho³¹	垃圾	tɕhi⁵⁵ tɕɛ³¹	碎米
tɕhi⁵⁵ phu⁵⁵	米	tɕhi⁵⁵ phu⁵⁵ ka³¹ mi⁵⁵	米面粉
tɕhi⁵⁵ phu⁵⁵ xo³¹	米饭	tɕhi⁵⁵ phu⁵⁵ ka³¹ ȵi³¹	面糊
tɕhi⁵⁵ phu⁵⁵ thau³¹	淘米	tɕhi⁵⁵ phu⁵⁵ pi³¹ tsu³¹	飞蛾
tɕhi⁵⁵ so³¹	十三	tɕhi⁵⁵ sɿ³¹	十七
tɕhi⁵⁵ thi⁵⁵ li³¹	时时	tɕhi⁵⁵ thi³¹ ɬɔ³³	十一月
tɕhi⁵⁵ tslɿ³¹	丈（十尺）	tɕhi⁵⁵ thi³¹ ɕɔ³¹ kɯ³³ ma³³ pi³¹	冬笋
tɕhi⁵⁵ thi³¹ nu³³	十一日	tɕhi⁵⁵ thɔ³¹	十一
tɕhi³¹ ti⁵⁵	清楚	tɕhi⁵⁵ ti⁵⁵	麻利
tɕhi³¹ tiɛn³¹	缺点	tɕhi⁵⁵ tso⁵⁵	稻子
tɕhi⁵⁵ vaŋ⁵⁵	十万	tɕhi⁵⁵ zi³¹	割稻
tɕhin³³ tɕaŋ⁵⁵	酱油	tɕhɔ³³	洗
tɕhin³¹	请	tɕhe⁵⁵	灵巧
tɕhɛn³¹	钱	tɕhɛn⁵⁵	劝
tɕhɛn³¹ tsɿ³¹	钳子	tɕhɛn³¹ vaŋ⁵⁵	千万
tɕha³³	迈；跨	tɕha⁵³	乖
tɕha⁵³	稍微	tɕha⁵³ thɯ³³ fu³¹ tsha³¹	扣留

tɕhaŋ⁵⁵	呛	tɕhau³³	翘
tɕhau⁵⁵	撬	tɕhau⁵⁵	阉猪
tɕhau⁵⁵tsɔ³¹	撬吃	tɕhɔ⁵³	小

ȵ

ȵi³¹	鬼；神	ȵi³¹	挤
ȵi³¹	想	ȵi³¹	二
ȵi³¹	捉	ȵi³¹	醒
ȵi³¹	赶	ȵi³¹	PAUP
ȵi³¹	CONJ	ȵi⁵³	CONJ
ȵi⁵³	LOC	ȵi⁵⁵	小
ȵi⁵⁵	低	ȵi⁵⁵	浑
ȵi⁵⁵	捉	ȵi⁵⁵	哭
ȵi⁵⁵	红	ȵi⁵⁵	弟
ȵi⁵⁵	妹	ȵi⁵⁵	点
ȵi⁵⁵ɛ⁵⁵lai⁵⁵	红吗	ȵi⁵⁵fu³¹	抓
ȵi⁵⁵fu³¹	握	ȵi⁵⁵fu³¹	抓捕
ȵi⁵⁵fu³¹	扶	ȵi⁵⁵fu³¹thɔ⁵³	逮捕
ȵi³¹xɔ³¹	鬼	ȵi⁵⁵xo⁵⁵	紫
ȵi³¹xɔ³¹mi³¹tsa³¹	鬼火	ȵi³³xɔ⁵⁵pɔ³¹li⁵⁵	黄鼠狼
ȵi³¹kho³¹ȵi³¹	按摩	ȵi⁵⁵kho³¹zɿ⁵⁵	唱丧歌
ȵi⁵⁵kɔ³³	玩耍	ȵi⁵⁵kɔ³³	休息
ȵi⁵⁵kɔ³³ji⁵⁵	串门儿	ȵi⁵⁵kɔ³³sa⁵³	好玩
ȵi³¹ku³¹	兄弟	ȵi³¹ku³³	尼姑
ȵi⁵⁵ku³¹	构皮树	ȵi³¹lo³¹	二两
ȵi³¹lo³³phɣ³³	烧砖	ȵi³¹lu³³	土基
ȵi³¹ma³¹xa³³	夫妻俩	ȵi³³ma³¹tin⁵⁵	可能
ȵi³¹ma³³vu⁵⁵lɣ³¹	做鬼脸	ȵi³¹ma³³vu⁵⁵lu³¹	猫头鹰
ȵi³¹mɛ⁵⁵nu⁵⁵	姐妹俩	ȵi³¹mɔ³³	母子
ȵi³³mɔ³³	巫婆	ȵi³³mɔ³³ɔ³³	打卦
ȵi³¹mɔ³³ku⁵⁵lu³¹	旱獭	ȵi³¹ȵi⁵⁵	CONJ
ȵi³¹mɔ³³zɔ³¹	母女俩	ȵi⁵⁵ȵi⁵⁵mɔ³³	小姑
ȵi³¹ȵi⁵⁵	附近	ȵi⁵⁵ȵi⁵⁵pɛ⁵⁵pɛ⁵⁵	哭哭啼啼
ȵi⁵⁵ȵi⁵⁵ȵu¹³ȵu³¹	褴褛的	ȵi³¹nu⁵⁵	姊妹俩

ȵi³³no³¹	捻	ȵi³¹ɔ⁵⁵	二个
ȵi⁵⁵nu⁵⁵phɔ³¹	妹夫	ȵi³¹ɔ⁵⁵	边
ȵi³¹ɔ⁵⁵	越	ȵi³¹phi³¹tshai⁵⁵	牛皮菜
ȵi³¹pha⁵⁵la⁵⁵	两边	ȵi⁵⁵phu⁵⁵	霜
ȵi³¹phɔ³¹	父子	ȵi³¹so³¹ɔ⁵⁵	两三个
ȵi⁵⁵pɔ⁵⁵	忘记	ȵi³¹tɕhi⁵⁵thɔ¹³	二十一
ȵi³¹tɕhi⁵⁵	二十	ȵi³¹thu⁵⁵lɔ³¹	想起来
ȵi³¹thu⁵⁵	垫	ȵi⁵⁵tsha³¹lɯ³¹	绿
ȵi³¹to³¹	两回	ȵi⁵⁵tsha³¹lɯ¹³kɯ³¹pi³¹tʂu³¹	小绿虫
ȵi⁵⁵tshɔ³¹lɯ³¹lɯ⁵⁵	绿茵茵	ȵi⁵⁵tsha³¹lɯ³¹nɛ³³pɛ³³	绿豆
ȵi³³tshu³¹	锁	ȵi⁵⁵tsha³¹lɯ⁵⁵kɯ³³la⁵⁵tsʅ³¹	青椒
ȵi⁵⁵tsin³¹	拧	ȵe³¹	近
ȵiu¹³kɯ³³	拧	ȵe³¹lɔ⁵³	醒
ȵe³¹ȵe³¹	近近的	ȵɛn³¹tsʅ³³	水碾
ȵɛn³¹mi³¹tsi⁵⁵	碾米机	ȵɔ¹³	二个
ȵɛn³¹tsʅ³³faŋ³¹	磨坊	ȵa⁵³	腻
ȵa³¹	爱	ȵaŋ³¹	南

ç

çi³¹	撒	çi³¹	还
çi³¹	杀	çi³¹	死
çi³¹	刺	çi⁵⁵	虱
çi⁵⁵çi³¹	杀死	çi⁵³nɛ³³	和
çi⁵³nɛ³³	才	çi³¹nu⁵⁵	馊
çi⁵⁵piu⁵⁵	蚬子	çi⁵⁵tso⁵⁵	柏枝树
çi⁵⁵wo⁵⁵	立夏	çi³¹tçi³³	撒播
çɛn³¹	嫌	çɛn⁵⁵mu⁵⁵	羡慕
çɛn⁵⁵mu⁵⁵ça³¹	羡慕死	çɛn⁵⁵tʂaŋ³¹	县长
çɛn⁵⁵tʂhuaŋ³¹	宣传	çɛn³¹tsi³¹	选举
ça³³	擦；揩；抹	ça⁵⁵	擦
ça⁵⁵	㨪	ça⁵⁵vaŋ³¹	下午
çaŋ⁵⁵	香	çaŋ⁵⁵	像
çaŋ³³taŋ³³	相当	çaŋ³¹	想
çaŋ⁵⁵tsau⁵⁵	照相	çaŋ⁵⁵tshun⁵⁵	香椿

çaŋ³³ tsɿ³¹	箱子	çaŋ⁵⁵ vei⁵⁵	香味
çau³¹ ço³¹	小学	çau³¹ xua⁵⁵	笑话
çau³¹ lu⁵⁵ pɛ³¹	小囡囡	çau³¹ lu⁵⁵	小路
ço³¹ sɛn⁵⁵	学生	ço³¹ tɕhɛn³¹ paŋ⁵⁵	学前班
çɔŋ³¹	熊		

j

ji˙¹³	又	ji³¹	醉
ji³¹	DIR	ji³¹	一
ji³¹	也	ji³³	跳
ji⁵⁵	3SG	ji⁵⁵	拿
ji⁵⁵	去	ji⁵⁵	取
ji⁵⁵	又	ji⁵⁵	DIR
ji³¹ çi⁵⁵	打瞌睡	ji⁵⁵ ɛ⁵⁵ mɛ³³ mɛ³³	3SG – SELF
ji⁵⁵ fu³¹	收礼	ji⁵⁵ pu⁵³ tɕi⁵³	与其
ji³¹ xɔ³¹	屁	ji³¹ xɔ³³	是啦
ji³¹ xɤ³¹	大声	ji³¹ xɤ³¹	那么大
ji⁵⁵ xo⁵⁵	房子	ji⁵⁵ xo⁵⁵	家
ji⁵⁵ xo⁵⁵	摞	ji⁵⁵ xo⁵⁵	收拾
ji⁵⁵ xɔ³¹	艾草	ji⁵⁵ xɤ⁵⁵	3PL
ji⁵⁵ xo⁵⁵ xo⁵⁵ tɔ³³	家里	ji⁵⁵ xo⁵⁵ kai⁵⁵	盖房
ji³¹ xɤ³¹ lɛ³³ lɛ⁵⁵	大大的	ji³¹ xɔ³¹ mɤ⁵⁵ kɯ³³	响屁
ji⁵⁵ xo⁵⁵ nɔ³¹	坐月子	ji⁵⁵ xo⁵⁵ paŋ³³	搬家
ji³¹ xɔ³¹ phi³¹	放屁	ji⁵⁵ xo⁵⁵ pi⁵⁵	分家
ji⁵⁵ xo⁵⁵ pɔ³¹ tɕi⁵⁵	邻居	ji⁵⁵ xo⁵⁵ so⁵⁵ kɯ³³ khɤ³¹	看家狗
ji⁵⁵ xo⁵⁵ tɔ³³ wo⁵⁵ ji⁵⁵	进屋去	ji⁵⁵ xo⁵⁵ tɔ³³ wo⁵⁵ lɔ⁵⁵	进屋来
ji⁵⁵ xo⁵⁵ tsu³¹	租房	ji⁵⁵ ji⁵⁵ lɔ⁵⁵ lɔ⁵⁵	来来去去
ji¹³ ko³¹	又	ji¹³ ko³³	又
ji³³ kɔ³³	跳舞	ji³¹ kɯ⁵⁵ tsɔŋ³³ thei³¹	一小时
ji³¹ lɔ³¹	土锅	ji⁵⁵ ŋa⁵³	IMM
ji⁵⁵ ȵi³¹ kɔ³¹	他俩	ji⁵⁵ ȵi³¹ kɔ³¹	3DL
ji¹³ ʂaŋ⁵⁵ ʂaŋ⁵⁵	漂亮的	ji³³ sɔ⁵⁵	芫荽
ji⁵⁵ ta³³	加	ji⁵⁵ ta³³	填
ji⁵⁵ tɕa⁵³	INCH	ji³¹ tɕhin³¹	三弦

ji³¹ tɕhin³¹ puɯ³³	弹四弦	ji⁵⁵ thai³¹ ɕi⁵⁵ nɛ³³	这下
ji⁵⁵ thɔ⁵⁵	减	ji⁵⁵ tiɛn³¹	优点
ji³¹ tiɛn¹³ ji³¹	邮局	ji³¹ tshun⁵⁵	一寸
ji³¹ tsʅ³¹	一直	ji⁵⁵ zʅ³¹	一直
ji⁵⁵ tu³³	掏出	ji⁵⁵ tu³³	取出
ji⁵⁵ tu³³	拿出	ji³¹ tsa³³	躺
ji⁵⁵ tsho³¹	姊妹	jin⁵⁵ tshi⁵⁵	运气
jɛ⁵⁵ jɛ⁵⁵	痕迹	jɛn⁵⁵ wɛ³¹	砚台
jɛn³¹	圆	ja⁵³	PRT
ja³¹	压	ja⁵⁵ xɤ⁵⁵	3PL
ja³¹ fu³¹	压	ja³¹ mɛ³³ tso⁵⁵	坐牢
ja³¹ mɛ³³	政府	ja³¹ phuɯ³¹	压迫
ja³³ mɔ⁵⁵	那个	ja¹³ tɔ³³	那里
ja¹³ pu³¹ tu¹³	赌博	jan³¹	严
ja⁵⁵	3SG	jaŋ⁵⁵	样
jaŋ³³	件	jaŋ³¹ fa³¹ tsu³¹	火柴
jaŋ⁵⁵	秧	jaŋ³¹ xui³³	水泥
jaŋ³¹ fa³¹ tsʅ³¹	火柴	jaŋ³¹ jɛn³³ tu⁵⁵ ti³³	吹大烟
jaŋ³¹ jɛn³³	鸦片	jaŋ³¹ saŋ³¹	伞
jaŋ³¹ kua³³	洋瓜	jaŋ³¹ tsua³¹	铁锹
jaŋ³¹ tɕɛn³¹	肥皂	jaŋ³¹ zʅ⁵⁵	洋芋
jaŋ⁵⁵ tsʅ³¹	样子	jaŋ³¹ tshau⁵³ ko⁵³ zo³³ tso⁵⁵	桉树
jaŋ³¹ tshaŋ³³	铁锹	jau⁵⁵ mɛ³³ sʅ⁵⁵	要么是
jaŋ³¹ tshi³¹	油漆	jau⁵⁵ tɕhi³¹	要求
jau¹³ phɛ˙⁵³	要么	jau³¹ tshu³¹	瑶族
jau⁵⁵ tɕin³³	要紧	jɔŋ³³ fu⁵⁵	拥护
jau⁵⁵ tʂo³³	必要	jɔŋ³¹ zi⁵⁵	容易
jɔŋ⁵⁵	使用	jo¹³	家
jɔŋ⁵⁵ tʂhu⁵⁵	用处	ju³³	稠
jo¹³ ko³³	又	ju⁵⁵	又
ju¹³	又	ju¹³…ju¹³…	又
ju⁵³	INTERJ	ju⁵⁵	家

k

kei³¹	钩	kei³³ liu³³ pa³³	钩子

kɛ³¹	靠；倚	kɛ³¹	落
kɛ³¹	改	kɛ⁵⁵	喜欢
kɛ³¹	九	kɛ⁵⁵xo³¹xo³¹	喜欢
kɛ⁵⁵xo³¹xo³¹	热闹	kɛ⁵⁵lɛ³¹	油菜
kɛ³¹ja⁵³	PFV	kɛ³¹ɬɔ³³	九月
kɛ⁵⁵lɛ⁵⁵	蟋蟀	kɛ⁵⁵mu⁵⁵	身体
kɛ³¹lu⁵⁵	垭口	kɛ⁵⁵mu⁵⁵wo⁵⁵tsɔ³¹	卖淫
kɛ³³mu³³tshɔŋ³¹	怀孕	kɛ⁵⁵ta⁵⁵	躺
kɛ⁵⁵sɿ⁵⁵	高兴	kɛ³¹thɔ⁵³	PFV
kɛ³¹tɕhi⁵⁵	九十	kɛn⁵⁵	更
ka³¹	能	ka³¹	得
ka³¹	堆	ka³¹	赶
ka³¹	行；可以	ka³³	冷；凉
ka³³	拔	ka⁵³	PRT
ka³¹xa³³	力气	ka³¹xa³³thi³¹	用力
ka⁵⁵ja⁵³	脱落	ka³³ka³³phɔ⁵⁵phɔ⁵⁵	冷冷清清
ka³¹ka³³tsɔ³¹	打工	ka³¹li³³	汤圆
ka⁵⁵ɬu³³	被子	ka⁵⁵ɬu³³pei⁵⁵taŋ³³	被面儿
ka⁵⁵ɬu³³zo³³kho³¹	被里	ka⁵⁵ɬu³³pu³¹tu³¹tu³¹	暖被窝
ka⁵⁵mi³¹mi³¹	滑	ka³³mu³¹zi³¹	发冷
ka³¹ȵi³¹	浆糊	ka³¹nu⁵⁵	愿意
ka³³nu⁵⁵	耐烦	ka³¹pa³¹	粑粑
ka³¹pa³¹phɣ³³	烧粑粑	ka³³pa³³tɕɛ⁵⁵	干巴菌
ka³¹pi³¹	伤心	ka⁵⁵tɕi⁵⁵	朝前
ka⁵⁵tɕi⁵⁵	前面	ka⁵⁵tɕi⁵⁵	先
ka³³tho³¹	冷天	ka³³tshi⁵⁵tshi⁵⁵	冷凄凄
ka³³tshɿ⁵⁵ȵi⁵⁵ȵi⁵⁵	阴冷的	ka³¹tsi³³	石磨
ka³¹tsi³³xo³¹ɬo³¹	磨盘	ka³¹tsi³³lo⁵⁵xo⁵⁵	磨房
ka³¹tsi³³zo³³kho⁵⁵	磨眼儿	ka³¹tu³³	驱逐出去
ka³³to³¹	帮助	ka³³	帮
ka³¹zo³³	着凉	kai⁵⁵	但是
kai³¹faŋ⁵⁵	解放	kai⁵⁵ku³³lu³³	盖子
kai⁵⁵la³¹	油菜	kai⁵⁵ta³³	盖（上）
kai³¹tɕi³¹	解决	kaŋ⁵⁵	缸

kaŋ⁵⁵	钢	kaŋ³¹çi⁵⁵	感谢
kaŋ¹³li⁵⁵li⁵⁵	汪汪	kaŋ⁵⁵pu⁵⁵	干部
kaŋ⁵⁵tsɔ³¹	煎吃	kaŋ⁵⁵mɔ³¹	水缸
kaŋ⁵⁵tsʅ³¹	缸	kaŋ⁵⁵tsʅ³¹	杆子
kau³³	高	kau³³kau³³ɣai³¹ɣai³¹	高高矮矮
kau³³li⁵⁵li⁵⁵ti⁵⁵	高高	kau³³sin⁵⁵	高兴
kau⁵⁵ʂʅ⁵⁵	告示	kau⁵⁵tɕui³³	告嘴
kau⁵⁵tsuaŋ⁵⁵	告状	kɔ³¹	荞子
kɔ³¹	个	kɔ³¹	该
kɔ³¹	荞	kɔ³¹	个
kɔ³³	NOM	kɔ³³	掉
kɔ³³	滴	kɔ³³	听
kɔ³³	知	kɔ⁵³	LOC
kɔ⁵³	PRT	kɔ⁵⁵	边
kɔ⁵⁵	蹋	kɔ¹³	采
kɔ³¹xɔ³¹	苦荞	kɔ³³xo⁵⁵	不如
kɔ³³xɔ³¹	听	kɔ⁵⁵xɔ³¹	艰苦
kɔ³³khɔ³³ja⁵³	掉下去了	kɔ³³khɔ³³la⁵³	掉下
kɔ³¹li⁵⁵nɛ³³pɛ³³	蚕豆	kɔ³¹mi³³li³³	面粉
kɔ⁵⁵mɔ³³	路	kɔ⁵⁵mɔ³³a⁵⁵ti⁵⁵ti⁵⁵	小路
kɔ⁵⁵mɔ³³a⁵⁵tsa³¹	路边	kɔ⁵⁵mɔ³³xɤ³¹	大路
kɔ⁵⁵mɔ³³kɔ³¹phi³¹	路费	kɔ⁵⁵mɔ³³ka⁵⁵mi³¹mi³¹	路滑
kɔ⁵⁵mɔ³³lu⁵⁵tshu⁵⁵	半路	kɔ⁵⁵mɔ³³kɔ³³ko³³zɯ³¹	赶路
kɔ⁵⁵mɔ³³mɔ³³	胡同	kɔ⁵⁵mɔ³³ɲi³¹tsha⁵⁵la⁵⁵	岔路
kɔ¹³mɔ³¹ʂʅ³¹	不知道	kɔ⁵⁵mɔ³³tha¹³	路上边
kɔ⁵⁵mɔ³³wa¹³	路下边	kɔ⁵⁵mɔ³³zo³¹	让路
kɔ⁵⁵mɔ³³zɯ³¹	走路	kɔ⁵⁵mɔ³³zɯ³¹ɲi⁵⁵kɔ³³	散步
kɔ³³so⁵⁵	醋	kɔ³³sɔ⁵³	好在
kɔ¹³ʂʅ³¹	知道	kɔ³³ʂʅ³¹	认识
kɔ⁵⁵ta³³	上坡	kɔ³³tɕi³³	掉进
kɔ³³tɔ⁵⁵	曾经	kɔ⁵⁵tshɔ⁵⁵lɔ⁵⁵	岔路
kɔ⁵⁵tsɔ⁵⁵tsɔ⁵⁵	绕道	kɔ³³za³¹	下坡
kɔ³¹zu³³ve³³	荞花	kɔ³³tso³¹	听见
kɔ³¹zo³³xɔ³¹lo³¹	荞壳	kɔŋ⁵⁵	供

koŋ³¹	鼓	koŋ⁵⁵fɛn⁵⁵	公分
koŋ⁵⁵tʂhaŋ³¹taŋ³¹	共产党	koŋ³¹phi³³	背矿
koŋ³³ȵi³¹	工业	koŋ⁵⁵tɕhin³³tuaŋ³¹	共青团
koŋ³³tʂhaŋ³¹	工厂	koŋ⁵⁵zɛn³¹	工人
koŋ³³tsʅ⁵⁵	工具	koŋ³¹	矿
koŋ⁵⁵zɛn³¹kai⁵⁵tsi³¹	工人阶级	ko³¹a³³	快
ko³¹	裹	ko³¹	针
ko³¹	缝衣针	ko⁵⁵	过
ko⁵⁵	清	ko⁵⁵	烘
ko⁵⁵	拔	ko⁵⁵tho³¹khɛ³¹	门槛
ko³³xo³¹xɔ⁵⁵	秧田	ko³¹li³³	元宵
ko⁵⁵mɔ³³	臼齿	ko³¹nɛ⁵⁵mɛ⁵⁵	针眼
ko³¹ȵi⁵⁵	青菜	ko³³ɣɤ³¹	闩
ko³³ŋɯ³¹	门闩	ko³¹nu³³zo³³tso⁵⁵	椿树
ko³³pa³¹	个头	ko⁵⁵pa³¹xɤ¹³kɯ³³	高个儿
ko³¹phu⁵⁵	萝卜	ko³¹phu⁵⁵xa⁵⁵pha³¹la³¹	萝卜缨子
ko³¹si⁵⁵	穿针	ko³¹phu⁵⁵kɯ¹³kɯ³³	萝卜干
ko³¹tɕa³³	国家	ko³¹to³¹	手镯
ko³³to³¹	门槛儿	ko³¹tsha³¹	蔬菜
ko³¹tsha³¹	菜	ko³¹tsha³¹xɔ⁵⁵kho⁵⁵	菜园
ko³¹tsha³¹ɬu⁵⁵	炒菜	ko³¹tsha³¹ku³³phɔ³¹	厨子
ko³¹tsha³¹ti⁵⁵	种菜	ko³¹tsha³¹zi³¹	切菜
ko³¹tsha³¹zu³³ve³³	菜花	ko³¹tsha³¹zo³³kɯ³³lɯ³³	干菜
ko³¹tsha³¹zu³³zi³¹	菜秧	ko³¹tsha³¹tsha³¹phɔ³¹	厨师
ko³¹tsha³¹tshaŋ¹³	菜汤	ko³¹tsha³¹tɕhi⁵⁵	摘菜
ko³³tsʅ³¹	鸽子	ko³³tɕhi³³	告状
kɤ³¹lɤ³¹	轮子	kɤ³¹mi³³lɔ⁵⁵	来月经
kɤ³¹pa³³	钱；银元	kɤ³¹pa³³xɤ⁵⁵ʂʅ³¹	金银财宝
kɤ³¹pa³³ŋa³¹	借钱	kɤ³¹pa³³pi³³fu³¹	还钱
kɤ³¹pa³³pi³³xɔ³¹	还价	kɤ³¹pa³³pɔ³³xɔ³¹	讨价
kɤ³¹pa³³to³³tɕi³³mo³¹	钱包	ku³¹	鼓
ku³¹	股	ku³¹	双
ku³¹	喷	ku³¹	缝
ku³¹	条	ku³¹	回

ku³³	做；整	ku³³	窝
ku³³	拾	ku³³	吓；怕
ku³³	CAUS	ku³³	箍
ku³³	制作	ku⁵⁵	硬扎
ku⁵⁵	拔牙	ku⁵⁵	叫
ku⁵⁵	放	kɯ³³	干
ku³³ɕi³¹	灭	ku⁵⁵fu³¹	修
ku⁵⁵xa³³	困难	ku³¹ji⁵⁵	回去
ku³³khɔ³³	剐蹭	ku⁵⁵khɯ³¹	秧
ku³¹kɔ⁵⁵li⁵⁵	立刻	ku³³kɔ³³sɔ⁵⁵	方便
ku⁵⁵kɯ³³	烘干	ku⁵⁵lɛ³¹	谷箩
ku⁵⁵lɛ³¹tsɤ³¹phɔ³¹	篾匠	ku³¹li⁵⁵	重复；连续
ku³³ɬi³³	弄脱	ku³¹li⁵⁵ku³¹li⁵⁵	接二连三
ku⁵⁵ɬi⁵⁵tu³³	打春	ku³¹lɔ⁵⁵	回来
ku³³lɔ³³	捡	ku³³lɯ³³	弄顺
ku⁵⁵lɯ⁵⁵	收拾	ku⁵⁵lu³³kai⁵⁵	盖盖儿
ku⁵⁵ma⁵⁵	大背篓	ku⁵⁵lu⁵⁵…kɔ³³xo⁵⁵…	一如
ku³³mɔ³¹tshi³¹	不会做	ku⁵⁵ŋa⁵³	打算
ku³³ŋai³¹	快速	ku³¹ȵi⁵⁵	青菜
ku⁵⁵mo⁵⁵	姑母	kɯ³³mo³³	亲家母
ku³³nɔ³¹	弄乱	ku³³nu³¹	糯米
ku⁵⁵nu³¹	损坏	ku³³nu³¹xo³¹	糯米饭
ku³³nu³¹ka³¹mi⁵⁵	糯米面	ku⁵⁵nu³¹ka³¹pa³¹	年糕
ku³³pa³³la³³	锅巴	ku³³pha³³	弄开
ku³³pha³¹	系	ku⁵⁵pha³¹	拴
ku⁵⁵pha³¹	勒	ku⁵⁵pha³¹	扎
ku⁵⁵pha³¹	捆	ku⁵⁵pha³¹thu⁵⁵	绑
ku³³phu³³	弄倒	ku⁵⁵pu⁵⁵	布谷鸟
ku³³sʅ⁵⁵	吓	ku³³tɕhi³³	弄断
ku³¹tɕin⁵⁵	故事	ku³³thi³¹	吓
ku³¹thu⁵⁵	补；缝起	ku⁵⁵ti⁵⁵	姑父
ku⁵⁵li³¹sʅ⁵⁵	故事	ku³¹tsɛ³¹	座
ku³¹tshi⁵⁵	韭菜	ku³³tshi³¹	会整
ku³¹tsi⁵⁵	估计	ku³³tsɔ³¹	伤害

ku³¹tsu³¹	山	ku³³tsu³³	锁
ku⁵⁵tsɯ³¹	摆齐	ku³¹tsu³¹a⁵⁵kua⁵⁵tɕhi³³	山腰
ku³¹tsu³¹kɔ⁵⁵mɔ³³	山路	ku³¹tsu³¹a⁵⁵ti⁵⁵ti⁵⁵kɯ³³	小山
ku³¹tsu³¹xɔ⁵⁵sa³³	漫山遍野	ku³¹tsu³¹kɔ⁵⁵tɔ³³	山坡
ku³³tsu³³ȵi³³tshu³¹	锁门	ku³¹tsu³¹kɯ³³tɕo³¹tɕo³³	山脚
ku³¹tsɯ³³nɔ³³no⁵⁵	阴山	ku³¹tsu³¹ȵi³¹i⁵⁵phi³¹	山神老爷
ku³¹tsu³¹ti⁵⁵ma⁵⁵	山凹	ku³¹tsu³¹tsɛ³¹	山梁
ku³¹tsu³¹vu³¹tu³¹	山顶	ku³¹tsu³¹tsho³¹phɔ³¹	猎人
ku³¹tsu³¹zɔ³¹	山崖	ku³¹tsu³¹zo³³kho⁵⁵	山洞
ku³¹tsu³¹kɯ³³hin³¹	山蚂蟥	ku³¹tsu³¹phu³³	山寨
ku³¹tsu³¹la⁵⁵mɔ³³	山顶	ku³¹zu³³	席子
ku³³tsho⁵⁵	犯法	kua¹³	刮
kua³³	快	kua⁵⁵	挂
kua³³kua⁵⁵	快快地	kua⁵⁵miɛn⁵⁵	面条
kua⁵⁵tɕhɛn⁵⁵	担心	kuai⁵⁵tɯ³¹	原来
kuai⁵⁵vu³¹	怪物	kuaŋ³¹	管
kuaŋ⁵⁵	灌	kuaŋ³¹li³¹	管理
kuaŋ³¹sin³¹	关心	kuaŋ³³thu³³thu³³	秃秃的
kuaŋ³¹tsʅ³³	饭馆	kui³³ʂaŋ³³tʂɛn⁵⁵tʂɛn⁵⁵fu³¹	桂山镇政府
kun³¹	滚	kui³³ʂaŋ³³tʂɛn⁵⁵wei⁵⁵sɛn³³so³¹	桂山镇卫生所
kɯ³³	枯	kɯ³³	GEN
kɯ³³	NOM	kɯ⁵⁵	摆手
kɯ³³ji⁵⁵	HRS	kɯ⁵⁵	甩
kɯ⁵⁵	摇手	kɯ³¹kai⁵⁵	界线
kɯ⁵⁵çi³¹	被摔死	kɯ¹³lo³³	角落
kɯ¹³ku³¹	隔开	kɯ³¹mi³³sʅ⁵⁵	岔河
kɯ³¹lɔ⁵⁵	角落	kɯ⁵⁵phu³³	被摔倒
kɯ³¹min⁵⁵	革命	kɯ³³po⁵⁵	亲家公
kɯ³³po⁵⁵	亲家	kɯ³¹tɕhi⁵⁵	罗锅
kɯ³¹ta⁵⁵xua⁵⁵	洋花菜	kɯ⁵⁵tɔ³³	时候
kɯ³¹ti³¹	癫子	kɯ⁵⁵tsha³¹	蛤蚧
kɯ⁵⁵tɔ³³	地方	kɯ⁵⁵tsha³¹	蜥蜴
kɯ³¹tsi³¹tɯ¹³	能干	kɯ³¹tsʅ³¹	实在
kɯ³¹tsʅ³¹tɯ³¹	成器的人	kɯ³¹tsʅ³¹mɔ³¹tɯ³¹tsho⁵⁵	不成器的人

kɯ³¹ tu⁵⁵	蓓蕾	kɯ⁵⁵ tsɯ³¹	抽

kh

khi⁵⁵	到	khi⁵⁵ sa³³	偷偷地
khei³¹	口	khei⁵⁵ tsʅ³¹	吊钩
khei³³	抠	khei⁵⁵ tsʅ³¹ xo⁵⁵	放夹
khɛn³¹ tin⁵⁵	肯定	kha³³	覆盖
kha⁵⁵	筛	kha⁵⁵	梳
kha⁵⁵	煎	kha³³ ɕi⁵⁵	篦子
kha³³ ma³³	梳子	kha³¹ pha³³	划
kha³¹ pha³³	剖	kha³³ pɯ³³	弓
kha³³ thi³¹	箭	kha³¹ to⁵⁵	卡多
khai⁵⁵ no³³	鞋	khai⁵⁵ no³³ a⁵⁵ na³¹ la⁵⁵	鞋后跟
khai⁵⁵ no³³ ti³¹	鞋底	khai⁵⁵ no³³ ku³³ phɔ³¹	鞋匠
khai³³ ʂʅ³¹	开始	khai⁵⁵ no³³ saŋ⁵⁵ mo³¹	锥子
khaŋ³¹	扛	khai⁵⁵ no³³ tsha³³ khɯ³³	鞋带
khaŋ⁵⁵	煎	khaŋ³¹ ta³³	扛
khau³¹	烤	khɔ³¹	歌
khɔ³¹	嚼	khɔ⁵⁵	稀疏
khɔ³³	下	khɔ³¹ tsi⁵⁵	老鹰
khɔ³³ ʂʅ³¹	告诉	khɔ³¹ tsi⁵⁵ la³¹ sɯ³¹	鹰爪
khɔŋ³³	空	kho³¹	颗
kho³¹	咬；啃	kho³¹	叮
kho³¹	棵	kho⁵⁵	条
kho⁵⁵	根	kho⁵⁵	件
kho⁵⁵	线	kho⁵⁵	座
kho⁵⁵ kha³¹	蜘蛛	kho⁵⁵ kha³¹	蜘蛛网
kho⁵⁵ kha³¹ tsɤ³¹	织网	kho³¹ liɛn³¹ a⁵³	可怜
kho³¹ nɔ⁵⁵	咬疼	kho³¹ pɛ⁵⁵	痰
kho⁵⁵ pɛ³¹	梭子	kho⁵⁵ pɛ³¹ lɛ³³	线团
kho³¹ sɔ³¹ sɔ³¹	可怜的	kho³¹ sɔ³¹ mɔ³¹ sɔ³¹	可怜
kho³¹ ta³¹ la³¹	喉咙；嗓子眼	kho³¹ ta³¹ la³¹	食道
kho⁵⁵ tho³¹ tho³¹	打结	kho⁵⁵ tho³¹ tho³¹	结绳子
kho³¹ thɯ⁵⁵ lɯ⁵⁵	气管；喉结	kho⁵⁵ za³¹	纺线

kho⁵⁵ tɕhi⁵⁵ tɕhi⁵⁵	绣花	kho⁵⁵ tɕhi⁵⁵ zu³³ ve³³	绣花
khɤ³¹	狗	khɤ³¹ ɕi⁵⁵ ɕi⁵⁵	小跳蚤
khɤ³¹ ɕi⁵⁵	跳蚤	khɤ³¹ kho⁵⁵	狗咬
khɤ³¹ fu³¹	戌狗	khɤ³¹ ɬu⁵⁵	狗叫
khɤ³¹ kho⁵⁵ lo⁵⁵	漆树	khɤ³¹ mɔ³³	媳妇
khɤ³¹ mɔ³³	母狗	khɤ³¹ phɔ³¹	公狗
khɤ³¹ mɔ³³ sɔ⁵⁵	娶媳妇	khɤ³¹ pu⁵⁵ li³³ li⁵⁵	大汗淋漓
khɤ³¹ pu⁵⁵	汗	khɤ³¹ so³¹	骟狗
khɤ³¹ pu⁵⁵ tu³³	发汗	khɤ⁵⁵ thɔ³¹	疙瘩
khɤ³¹ ʂ̩³¹ tsʐ³³	犬齿	khɤ³¹ zu³³ ku³³ lu³³	狗窝
khɤ³¹ vu³¹ lu³¹ mɔ³³	疯狗	khu³¹	苦
khu³¹	舀	khu³¹	六
khu³³	漏	khu⁵⁵	喊
khu⁵⁵	蔫	khu⁵⁵	糊
khu⁵⁵	焦	khu⁵⁵	答应
khu⁵⁵ xo⁵⁵	召集	khu³¹ kha³¹	涩
khu³¹ khu³¹ sa⁵⁵ sa³³	哑声哑气	khu³¹ li⁵⁵ khu³¹ sa³³	哑声哑气
khu³¹ ɬɔ³³	六月	khu⁵⁵ lɯ³³	缠线
khu³¹ sa³¹	嗓子	khu³¹ ȵi³¹ tɕhi⁵⁵ li⁵⁵	火把节
khu³¹ tɕhi⁵⁵	六十	khu⁵⁵ thu³¹	答应
khu³¹ tshi⁵⁵	撮箕	khun³¹	捆
khua³¹	塌毁	khuai³¹	块
khuai⁵³	元	khuaŋ³³	宽敞
khui⁵⁵	亏	khui³³ tsɔ³¹	吃亏
khɯ³¹	游	khɯ³³	点
khɯ³¹	雕	khɯ⁵⁵	到
khɯ⁵⁵	棵	khɯ⁵⁵	脚
khɯ⁵⁵ tshɯ³¹	脚关节	khɯ⁵⁵ xɛ³¹ lɛ³¹	瘸子
khɯ⁵⁵ xai³¹ lai³¹	跛子	khɯ⁵⁵ kɯ³³	好吃的
khɯ³¹ khu³³	小漆树	khɯ⁵⁵ mu³¹	脚毛
khɯ⁵⁵ ku³¹ la³¹ ȵi⁵⁵	腘窝	khɯ⁵⁵ pa³³ la³³	脚心
khɯ⁵⁵ nɔ³¹ thi⁵⁵	脚后跟	khɯ⁵⁵ pu⁵⁵ tu⁵⁵ lu⁵⁵ zɤ³¹	抽筋
khɯ⁵⁵ pɛ⁵⁵ tɛ⁵⁵ lɛ⁵⁵	小腿肚	khɯ⁵⁵ thi⁵⁵	脚杆
khɯ⁵⁵ thu³¹	脚杆	khɯ³¹ ʂʐ³¹ tsʐ⁵⁵	虎牙

khɯ⁵⁵sa³³	悄悄	khɯ⁵⁵ta³¹lɔ⁵⁵mɔ³³khɯ⁵⁵tsho³¹	虹
khɯ¹³ta³³	刻上	khɯ⁵⁵to³¹mɛ³¹sɔ³¹	床尾
khɯ⁵⁵tha³¹	木桩；桩子	khɯ⁵⁵tsho³¹	袜子
khɯ³¹tshi⁵⁵	客气	khɯ³¹tu³¹	甜菜

ŋ

ŋɛ³¹	做	ŋɛ⁵⁵	是
ŋɛ³¹ma³¹xɣ⁵⁵	狡猾	ŋɛ³¹phɣ³¹	勇敢
ŋa⁵³	是	ŋa⁵³	PRT
ŋa³¹ɬa³³ŋa³¹nu³³	端午节	ŋa³¹lɔ³³ma³¹sʅ⁵⁵	亚尼河
ŋa³³lu³³phu³¹	鸟笼	ŋa³³mɔ⁵⁵	大雁
ŋa³³mɔ³³	凤凰	ŋa³³ȵi³³ma³³	星星花
ŋa³¹ȵi³³sʅ⁵⁵	亚尼乡	ŋa³¹sʅ⁵⁵	呛
ŋa³¹ti⁵⁵ti⁵⁵	小鸟	ŋa³³za³¹za³¹	小鸟
ŋa³¹tɔ¹³	原来	ŋa⁵⁵tshi⁵⁵ŋa⁵⁵tsha⁵⁵	群兽
ŋa³³tshi⁵⁵ŋa³³za³¹	鸟兽	ŋa³³tshʅ⁵⁵ŋa³³tsha³³	雀雀鸟鸟
ŋa³³tshʅ⁵⁵ŋa³³tsha³³	各种各样	ŋa³³tshʅ⁵⁵ŋa³³tsha³³pɯ³³kɯ³³	猎人
ŋa³³za³¹	鸟	ŋa³³za³¹xo⁵⁵	下鸟
ŋa³³za³¹piu⁵³	鸟蛋	ŋa³³za³¹pɯ³³kɯ³³	打鸟
ŋa³³tso⁵⁵	芭蕉	ŋa³³tsu⁵⁵	芭蕉果
ŋɔ³¹	借	ŋɔ³¹	五
ŋɔ³³	1SG – ACC	ŋɔ³³	1SG – GEN
ŋɔ⁵⁵	1SG	ŋɔ⁵⁵ɛ⁵⁵mɛ³³mɛ³³	1SG – SELF
ŋɔ³¹xɛ³¹pɛ⁵⁵	鲫鱼	ŋɔ³³xɣ⁵⁵	1PL
ŋɔ³³xɣ⁵⁵kɯ³³	1PL – GEN	ŋɔ³³ju⁵⁵	我家
ŋɔ³¹kho³¹lo³¹	鳞	ŋɔ³³kɯ³³	1SG – GEN
ŋɔ⁵⁵kɯ³³	1SG – GEN	ŋɔ³¹ɬɔ³³	五月
ŋɔ³¹ɬɔ³³ŋɔ³¹nu³³	端午	ŋɔ³¹mɔ³¹mɔ³¹	钓鱼
ŋɔ³¹ȵi⁵⁵	鲤鱼	ŋɔ⁵⁵ȵi³¹kɔ³¹	1DL
ŋɔ⁵⁵ȵi³¹kɔ³¹kɯ³³	1DL – GEN	ŋɔ³¹ȵi⁵⁵phi⁵⁵ȵi⁵⁵	红鱼
ŋɔ³¹ɔ⁵⁵	五个	ŋɔ³¹pi³¹	借给
ŋɔ¹³pɔ³¹	1SG – 爸	ŋɔ⁵⁵pɔ³¹	1SG 父亲
ŋɔ³¹sɔ³¹	鱼	ŋɔ³¹sɔ³¹a⁵⁵kɔ³³	鱼刺
ŋɔ³¹sɔ³¹lo⁵⁵tsʅ⁵⁵	鱼鳍	ŋɔ³¹sɔ³¹ȵi³¹phɔ³¹	渔夫

ŋɔ³¹sɔ³¹phɛ³¹	剖鱼	ŋɔ³¹sɔ³¹piu⁵³	鱼子
ŋɔ³¹sɔ³¹si³¹phu³¹	鱼鳔	ŋɔ³¹sɔ³¹tiau⁵⁵kɯ³³pa³³pu³¹	钓鱼竿
ŋɔ³¹tɕhi⁵⁵	五十	ŋɔ³¹tshu⁵⁵lu⁵⁵	鳙鱼
ŋɔ³¹zi³¹	鱼苗	ŋɔ³¹tsɔ⁵⁵	鱼饵
ŋu³¹tɕhi³³	折断	ŋɔ³³xɛ³¹	折
ŋu³¹xo⁵⁵	整拢	ŋu⁵⁵ku³¹	弄弯
ŋu³¹pha³³	掰开	ŋu³¹pi³¹	整散
ŋɯ³¹	做	ŋɯ³¹	卡住
ŋɯ⁵⁵	是	ŋɯ³¹ŋɯ⁵⁵	连连
ŋɯ³¹sʅ³³thɔ⁵³	卡住		

Y

ɣai³¹	低	ɣai³¹	矮
ɣai³¹ɣai³¹	矮矮	ɣɯ³¹	背

x

xi¹³	PROS	xi³¹	八
xi³³	打算	xi⁵⁵	使
xi⁵⁵	哄	xi³¹a⁵⁵nɛ³³	原因
xi⁵⁵xi⁵⁵	嘻嘻	xi³¹ɬɔ³³	八月
xi³¹ɬɔ³³tɕhi⁵⁵ŋɔ³¹	中秋节	xi¹³nɛ³³	所以
xi⁵⁵nɛ³³	那样	xi³¹pha³¹	男生殖器
xi³¹tɕhi⁵⁵	八十	xi⁵⁵tsɔ³¹	哄骗
xi⁵⁵tsɔ³¹	撒谎	xin⁵³	蚂蟥
xei⁵⁵	厚	xei⁵⁵thi³¹ku³³ti³³	打喷嚏
xei⁵³xi⁵⁵	打哈欠	xei¹³tshi³¹sɯ³¹xɯ⁵⁵	这个时候
xei¹³tshʅ³¹to³¹	从此以后	xen⁵⁵	哼
xɛ³¹	句	xɛ³¹	声
xɛ³¹	口	xɛ³¹	瘌
xɛ³¹	偷	xɛ³³	贪
xɛ⁵³	厚	xɛ³¹kɔ³³	偷听
xɛ³¹nɛ³³	强盗	xɛ³¹nɛ³³	土匪
xɛ³¹nɛ³³	贼	xɛ³¹pɛ³¹	狐臭
xɛ³¹tɛ⁵⁵lɛ⁵⁵	号	xɛ³¹thɔ³¹	反正

xɛ³³va³¹	藏	xɛn⁵⁵	恨
xa³¹	住	xa³¹	歇
xa³¹	夜	xa³³	鸡
xa³³	旱	xa³³	难
xa³³	硬	xa³³	陡
xa³³	贵	xa³³	辣
xa⁵⁵	最	xa⁵⁵	田
xa³¹si⁵⁵	蒜苗	xa⁵⁵ɕi⁵⁵	蚊子
xa⁵⁵ɕi⁵⁵xa⁵⁵sa³³	蠓	xa³¹ɕi⁵⁵la³¹pi³¹	蒜苔
xa³³fu³¹	酉鸡	xa⁵⁵xa⁵⁵	哈哈
xa⁵⁵ja⁵³	打破	xa³¹ji⁵⁵	豺狗
xa³¹ji⁵⁵ɕi⁵⁵li⁵⁵	细豺狗	xa⁵⁵kho³³kho³³tshi³¹	篱笆
xa³³kɔ³³lɔ³³	野鸡	xa⁵⁵kɯ³³	干枯
xa⁵⁵kɯ³³lɯ³³	干田	xa³³la³¹sɯ³¹	鸡爪
xa³¹ɬi⁵⁵	尘土	xa³¹ɬi⁵⁵	灰尘
xa³³ɬi⁵⁵mɔ³¹tsa³³	无灰尘	xa⁵⁵ɬo³¹	田
xa³³lo⁵⁵xo⁵⁵	鸡窝	xa⁵⁵ɬo³¹i⁵⁵tshu³¹	田水
xa⁵⁵ɬo³¹i⁵⁵tshu³¹	泉水	xa⁵⁵ɬo³¹tɕhi³¹	犁田
xa⁵⁵ɬo³¹ti³³ma³³	田坝	xa³³ma³³tshɳ³¹	鸡眼
xa³³ma³³tsi³³	鸡眼	xa³³mɔ³³	母鸡
xa³³mɣ⁵⁵	好好	xa⁵⁵mɣ⁵⁵mɣ⁵⁵	好好地
xa⁵⁵mɣ⁵⁵tɕhi⁵⁵	好长时间	xa⁵⁵mɣ⁵⁵thi³¹la³¹	好一阵
xa³³mɔ³³ti⁵⁵	母鸡叫	xa³³mɔ³³tsa⁵⁵ku⁵⁵	小母鸡
xa⁵⁵mɣ⁵⁵tshɳ³¹ɕaŋ³³	好长一段时间	xa⁵⁵mɣ⁵⁵tsɳ³³tsɳ⁵⁵	好好地
xa³¹mu³¹	泡沫	xa³¹mu³¹	鹌鹑
xa⁵⁵mu⁵⁵	时间	xa³¹ȵi³¹	哈尼
xa⁵⁵ȵi⁵⁵mɔ⁵⁵	绿头苍蝇	xa³¹ȵi³¹to³¹	窝尼话
xa³¹ȵi³¹to³¹	哈尼话	xa³¹ȵi³¹tsho⁵⁵	窝尼人
xa³¹ȵi³¹tu⁵⁵	窝尼歌	xa³¹ȵi³¹zɔ³¹	哈尼族
xa³¹nu³¹	水冬瓜树	xa³³nu⁵⁵	丈夫
xa⁵⁵pe⁵⁵te³³le³³	小背篓	xa³¹pha³¹	石蚌
xa³³pha³¹la³¹	叶子	xa³³pha³¹la³¹tsha³¹to⁵⁵	汤药
xa³¹pha³¹ta⁵⁵tsu⁵⁵	木板楼梯	xa³³phi⁵⁵	公鸡
xa³³phi⁵⁵phi⁵⁵	小公鸡	xa³³phi⁵⁵phi⁵⁵a⁵³	小公鸡

xa^{55}phi^{31}phɤ^{33}	烧秸秆	xa^{13}phɔ^{33}	这边
xa^{33}piu^{53}	鸡蛋	xa^{33}po^{31}pi^{55}li^{55}	鸡胗
xa^{33}so^{31}	阉鸡	xa^{55}thi^{31}xe^{33}	打喷嚏
xa^{55}ti^{55}	插秧	xa^{55}ti^{55}	种水稻
xa^{55}	秧	xa^{33}ti^{55}ti^{55}	小鸡
xa^{33}ti^{55}ti^{55}a^{31}	小鸡	xa^{33}tshi^{55}	背篓
xa^{33}tshʅ^{31}	鸡屎	xa^{31}tsɔ^{55}lɔ^{55}tsɔ^{55}	麻雀
xa^{31}zʅ^{31}	豹子	xa^{33}tshi^{55}	背篓
xa^{33}tshu^{33}tshu^{33}	鸡崽	xa^{33}tsɔ^{55}lɔ^{55}tsɔ^{55}	蓖麻
xai^{31}	海	xai^{31}	断
xai^{31}	还	xai^{53}	难
xai^{55}	害	xai^{13}sʅ^{55}	还是
xai^{53}tu^{33}	篮子；筐	xaŋ^{31}	软
xaŋ^{31}	嫩	xaŋ^{55}	焊
xaŋ^{55}tɕhin^{31}	芹菜	xaŋ^{31}ti^{55}	懦弱
xaŋ^{13}thaŋ^{31}	内衣	xau^{55}	记号
xɔ^{13}	INTERJ	xɔ^{31}	咸
xɔ^{31}	打水	xɔ^{31}	ATT
xɔ^{31}	苦	xɔ^{55}ti^{55}	种田
xɔ^{55}	倒；斟；冲	xɔ^{55}	地
xɔ^{55}	经过	xɔ^{55}kha^{33}	耙田
xɔ^{55}ji^{55}phɛ^{31}	打哈欠	xɔ^{55}kho^{55}	菜地
xɔ^{55}kho^{55}	连枷	xɔ^{55}kho^{55}mɔ^{55}lo^{31}	地陷
xɔ^{55}kho^{55}	连枷把	xɔ^{31}ɬɔ^{31}	老虎
xɔ^{31}kɔ^{55}	鹧鸪	xɔ^{31}ɬu^{55}	衣服
xɔ^{31}lɔ^{55}a^{55}pa^{55}la^{55}	差点儿	xɔ^{55}ɬu^{31}	田
xɔ^{31}ɬu^{55}	胎衣	xɔ^{31}ɬu^{55}ku^{33}phɔ^{31}	裁缝
xɔ^{55}ɬu^{31}fu^{33}tsha^{31}	田鼠	xɔ^{31}ɬu^{55}ku^{33}phɔ^{31}	男裁缝
xɔ^{31}ɬu^{55}ku^{33}mɔ^{33}	女裁缝	xɔ^{31}ɬu^{55}to^{33}pi^{31}	寿衣
xɔ^{31}ɬu^{55}ɬo^{31}	晾衣	xɔ^{31}ɬu^{55}zo^{33}sɯ^{31}	新衣服
xɔ^{55}ɬu^{31}tsɔ^{31}phu^{55}	田坎	xɔ^{31}mi^{33}ja^{31}lu^{33}	抢婚
xɔ^{31}mi^{55}ja^{31}	妻子	xɔ^{31}mi^{55}zɔ^{31}	妻子
xɔ^{31}mi^{55}ja^{31}sɔ^{55}	娶妻子	xɔ^{31}mɔ^{55}	这个
xɔ^{31}miɔ^{53}	妻子	xɔ^{55}na^{33}	火地

xɔ⁵⁵ mu³¹	杂草	xɔ⁵⁵ ȵi⁵⁵ lɔ⁵⁵ mɔ³³	绿头蝇
xɔ⁵⁵ na³³ phɤ³³	烧荒地	xɔ³¹ pha⁵⁵	布
xɔ³¹ nɔ³¹	苋菜	xɔ³¹ pha⁵⁵ za¹³ kɯ³³	织布机
xɔ³¹ pha⁵⁵ khai⁵⁵ no³³	布鞋	xɔ³¹ pha⁵⁵ tsha³³ khɯ³³	带子
xɔ⁵⁵ phi³¹	山地	xɔ⁵⁵ phi³¹ zo³³ kho⁵⁵	地洞
xɔ⁵⁵ phi³¹ xɯ³¹	挖地	xɔ³¹ phɔ³¹ pi³¹ ta⁵⁵	癞蛤蟆
xɔ⁵⁵ phi³¹ tshu⁵⁵	锄地	xɔ³¹ phɔ³¹ pi³¹ ta³³ ko³¹ tsha³¹	车前草
xɔ³¹ phɔ³¹ tɛ³³ lɛ³¹	青蛙	xɔ⁵⁵ phɯ³¹	糠
xɔ⁵⁵ phu³¹	苍蝇	xɔ⁵⁵ pi³¹ li³¹	荒山
xɔ⁵⁵ pi³¹ li³¹	荒地	xɔ⁵⁵ sa³³	小蚊子
xɔ⁵⁵ pi³¹ li³¹ tho³¹	开荒	xɔ¹³ tɔ³³	这里
xɔ⁵⁵ sa³³	小黑虫	xɔ³¹ tsɿ³¹	鹦鹉
xɔ³¹ tɔ⁵⁵	蕨菜	xɔ⁵⁵ tshu⁵⁵ lu⁵⁵	草棚
xɔ⁵⁵ tɕhi³¹	犁田	xɔ⁵⁵ tshu⁵⁵ lu⁵⁵	棚子
xo³¹	饭	xo³¹	盒
xo³¹	正确	xo³¹	站
xo³¹ a³³	站的地方	xo³¹	合
xo³¹ zɔ³¹	饭碗	xo³¹ tho⁵⁵	站住
xo³³	骗	xo⁵⁵	捉鱼
xo⁵⁵	祸	xo⁵⁵	拢
xo⁵⁵	像	xo⁵⁵	拿
xo⁵⁵	弯	xo⁵⁵ xa⁵⁵	大人
xo⁵⁵ sɿ⁵⁵	打死	xo³³ i³³	嗬嗬
xo³¹ xa³³	硬饭	xo⁵⁵ xa⁵⁵	成人
xo³¹ xaŋ³¹	软饭	xo³¹ xɛ³¹	斑鸠
xo³¹ xɛ³¹	鸽子	xo¹³ xo³¹	合上
xo³¹ xo⁵⁵	盒子	xo¹³ xo³¹ mɛ⁵⁵	恰巧
xo³¹ jo³¹	火药	xo¹³ xo³¹ mɛ⁵⁵ i³³ tha³¹ la³¹	刚才
xo³¹ ka³³	中饭	xo³¹ ka³¹ tsɔ³¹ tho³¹	中午
xo³¹ ka³³ tsɔ³¹	吃中饭	xo⁵⁵ khɯ⁵⁵	柱子
xo³¹ kɯ³³ lɯ³³	白饭	xo⁵⁵ la⁵⁵ mɔ³¹ xo⁵⁵	像不像
xo⁵⁵ lɔ⁵⁵	遇拢	xo³¹ mi³¹	饿肚子
xo³¹ mi³³	热饭	xo⁵⁵ mi⁵⁵ li⁵⁵	小腿
xo³³ mɔ³³	鸡枞	xo³¹ mɔ³¹ xo³¹	对不对

xo^{55} ŋa^{33} la^{31} tshi^{55}	鸡油菌
xo^{31} pɛ^{33}	稀饭
xo^{55} pha^{31}	捆
xo^{31} phɯ^{31}	锅盖
xo^{33} phɤ^{55}	豪猪
xo^{31} pi^{33} la^{31} kha^{33}	筲箕
xo^{31} pɔ^{31} pɛŋ^{13}	蜂蜜
xo^{55} pu^{31} tu^{55} lu^{55}	青头菌
xo^{31} sa^{31}	蒸饭
xo^{55} si^{31}	雹子
xo^{55} so^{31}	浇
xo^{31} sɔ^{55} tsɔ^{31}	讨饭
xo^{31} sɯ^{31}	春节
xo^{31} sɯ^{33} no^{31} a^{33}	年初
xo^{31} sɯ^{31} pɔ^{33} ɬɔ^{33}	春天
xo^{31} sɯ^{31} sɯ^{31}	过春节
xo^{31} sɯ^{31} ta^{33} thi^{31}	大年初一
xo^{55} sɿ^{31}	蒙
xo^{31} tɕhɛn^{31}	火钳
xo^{31} thu^{55}	站起
xo^{31} to^{55}	捧
xo^{31} tshi^{55}	和气
xo^{55} tshi^{31}	白参菌
xo^{33} tshɿ^{31}	包围
xo^{31} wo^{55} tsɔ^{31}	煮饭
xo^{31} zɔ^{31}	碗
xo^{31} zɔ^{31} xɤ^{13} kɯ^{33}	大碗
xo^{31} tsha^{31}	做饭
xo^{31} tshɤ^{33}	火车
xɤ^{31}	粗
xɤ^{55}	PL
xɤ^{31} lɔ^{55}	长大
xɤ^{31} lɔ^{55} mo^{55} lɔ^{55}	生长
xɤ^{31} paŋ^{31}	黑板
xo^{31} nu^{55} nu^{55}	噎着了
xo^{31} pɛ^{33} pɛ^{33}	撒娇
xo^{31} phɤ^{55} phɤ^{55}	灰（颜色）
xo^{33} phu^{55}	刺猬
xo^{31} pi^{33} la^{31} kha^{33}	捞箕
xo^{31} pɔ^{31}	蜜蜂
xo^{31} pɔ^{33} pɛŋ^{13}	大蜜蜂
xo^{55} pu^{31} tsho^{31} xo^{31}	松鼠
xo^{31} ʂaŋ^{55}	和尚
xo^{31} sɔ^{55}	讨饭
xo^{31} sɔ^{55} tsɔ^{31} phɔ^{31}	乞丐
xo^{31} sɯ^{31}	正月
xo^{31} sɯ^{33} xo^{31} a^{33}	年底
xo^{31} sɯ^{31} pɔ^{33} ɬɔ^{33}	正月
xo^{31} sɯ^{31} pɔ^{33} ɬɔ^{33}	一月
xo^{31} sɯ^{31} sɯ^{31}	过年
xo^{31} sɯ^{33} tɕhi^{55} khu^{31}	元宵节
xo^{13} sɿ^{55} lɔ^{33}	合适
xo^{33} tɕi^{55}	围住
xo^{31} thu^{55}	竖立
xo^{55} tɔ^{33}	里面
xo^{33} tshi^{31}	挡
xo^{55} tshi^{33}	奶浆菌
xo^{55} tshɿ^{31}	拦住
xo^{31} wo^{55} tsɔ^{31} ji^{55} xo^{55}	厨房
xo^{31} zɔ^{31} a^{55} ti^{55} ti^{55} kɯ^{33}	小碗
xo^{31} zɔ^{31} tɕhɔ^{31}	洗碗
xo^{31} tɕhi^{33} tsha^{33} ma^{33}	饭勺
xɤ^{31}	大
xɤ^{31}	长
xɤ^{31} xɤ^{31} ŋi^{55} ŋi^{55}	大大小小
xɤ^{31} la^{55} sa^{55}	长得快
xɤ^{31} thu^{55} lɔ^{31}	大起来了
xɯ^{31}	挖

xɤ⁵⁵	肯	xɯ³¹pu³¹	挖开
xɯ³¹tɕhi³³	挖断	xɯ³³tu³¹	埋
xɤ⁵⁵tɯ³¹xe³³	打嗝	xua¹³	划
xua⁵⁵	画	xua⁵⁵	融化
xua⁵⁵	哗	xua⁵⁵fei³¹	化肥
xua⁵⁵kai⁵⁵	花街	xua³¹li³¹	华里
xua⁵⁵nu³¹	划破	xua³¹zɔ³¹phi⁵⁵	洗锅把
xuaŋ⁵⁵lo³¹	欢乐	xuaŋ³³xuaŋ³³tʂaŋ³³tʂaŋ³³	慌张
xui³³	随便	xui⁵⁵khai³³	开会
xui³¹pau⁵⁵	汇报	xui³³phu³³phu³³	灰（颜色）
xui³¹zi⁵⁵	回忆	xui³¹tshau³¹	（牛）反刍
xun³³mɛ⁵⁵khu⁵⁵	乱说	xun³³	乱
xun⁵⁵ȵi³¹thu³¹	混泥土	xuɔ¹³	前
xuɔ³¹	碗	xuɔ¹³tɔ³³	面前

图书在版编目（CIP）数据

　　哈尼语窝尼话研究 / 杨艳著. -- 北京：社会科学
文献出版社，2021.6
　　（云南省哲学社会科学创新团队成果文库）
　　ISBN 978 - 7 - 5201 - 8332 - 1

　　Ⅰ.①哈… 　Ⅱ.①杨… 　Ⅲ.①哈尼语 - 研究 　Ⅳ.
①H254

　　中国版本图书馆 CIP 数据核字（2021）第 081745 号

·云南省哲学社会科学创新团队成果文库·

哈尼语窝尼话研究

著　　者 / 杨　艳

出 版 人 / 王利民
责任编辑 / 范　迎

出　　版 / 社会科学文献出版社·人文分社（010）59367215
　　　　　　地址：北京市北三环中路甲 29 号院华龙大厦　邮编：100029
　　　　　　网址：www.ssap.com.cn
发　　行 / 市场营销中心（010）59367081　59367083
印　　装 / 北京玺诚印务有限公司

规　　格 / 开　本：787mm × 1092mm　1/16
　　　　　　印　张：29.75　字　数：483 千字
版　　次 / 2021 年 6 月第 1 版　2021 年 6 月第 1 次印刷
书　　号 / ISBN 978 - 7 - 5201 - 8332 - 1
定　　价 / 198.00 元

本书如有印装质量问题，请与读者服务中心（010 -59367028）联系